アーレント＝ブリュッヒャー往復書簡

1936 - 1968

ロッテ・ケーラー編
大島かおり・初見 基訳

みすず書房

Hannah ARENDT / Heinrich BLÜCHER

BRIEFE 1936-1968

Herausgegeben und mit einer Einführung
von Lotte Köhler

アーレント＝ブリュッヒャー往復書簡　一九三六—一九六八

目次

序文　v
編集者注　xxvi

凡例

一、本書は *Hannah Arendt/ Heinrich Blücher BRIEFE 1936–1968*, herausgegeben und mit einer Einführung von Lotte Köhler, Piper, München 1996 の全訳である。翻訳にあたっては英語版 *Within Four Walls: The Correspondence Between Hannah Arendt and Heinrich Blücher, 1936–1968*, Houghton Mifflin 2000 およびフランス語版 *Hannah Arendt, Heinrich Blücher, correspondance (1936–1968)*, Calmann-Lévy 1999 も適宜参照した。もともとフランス語で書かれた第2部はフランス語版から、英語で書かれた巻末の「共通課程の一講義」は英語版から訳出した。

一、日本語版では読者の便宜のため、原書にはない書簡番号を振った。

一、原書の編者注は日本語版では不要なものは除きほぼすべて訳出し、各書簡末尾に（1）（2）のかたちで記した。そのさい、英語版の訳注で編者注にないものは必要に応じて編者注に組み入れた。〔 〕は訳者による補いである。＊は訳注をしめす。

一、本文にある［ ］は編者による、〔 〕は割注もふくめ訳者による補いである。

一、ドイツ語で書かれた二人のやりとりのなかに、ときに英語・フランス語・イディッシュ語で表現されているところがある。日本語版では短い語句はほぼルビで、長いものは該当箇所を〈 〉で括り、その後に〔英〕〔仏〕などで記してわかるようにした。〈 〉は文意や語句を強調する意味で使っている場合もある。

一、ロッテ・ケーラーによる「編集者注」も併せて参照してください。

序 文

過去二、三〇年のあいだに遺稿から公刊された、ないしは刊行が予定されているハンナ・アーレントの（カール・ヤスパース、メアリー・マッカーシー、クルト・ブルーメンフェルト、ヘルマン・ブロッホ、マルティン・ハイデガーとの）往復書簡のうちで、夫ハインリヒ・ブリュッヒャーとの手紙のやり取りは特別な位置を占めている。他の往復書簡のどれにあっても、手紙の書き手は相手に向けてこれほどまでごく自然な親密さと憚りのない率直さで語ってはおらず、他ではいっさい挙げられていない、あるいは温和な表現でしか触れられていない主題や人物も、ここでは扱われている。まったく個人的なこと、人間くさいことを書いているときも、芸術作品や都市や自然について、あるいは国際政治上の出来事について書いているときも、二人は遠慮のない伴侶としての言葉遣いをしている。

このようにこの往復書簡はその直截さによって、これまで公刊された書簡を解説して補うものとなっている。これはハンナ・アーレントの遺稿のなかでももっとも個人的な証言として、彼女の傷つきやすさ、人間的な依存心、女性的な繊細さを見せてくれるのではないだろうか。ここには、恋愛関係と結婚というかたちで実現した生活共同体の永続的な結びつきが、暗い時代における避難所として、三〇年以上にわたって記録されている。

手紙を交わした二人が知り合ったのは一九三六年春——彼女は二九歳、彼は三七歳だった——、双方ともベルリンから逃れた先のパリでのことだった。ハンナ・アーレントはあるシオニズム組織での非合法とされた活動のために短期間拘留された後で、ハインリヒ・ブリュッヒャーは共産党員としてプラハを経由して、パリに逃れていた。手紙のやり取りはその直後の一九三六年八月、ハンナ・アーレントが世界ユダヤ人会議の創設大会に出席するためにジュネーヴに向かったときからはじまった。当時両者はまだ別の相手と結婚していた。ハンナ・アーレントはギュンター・シュテルン（ギュンター・アンダース）と、ハインリヒ・ブリュッヒャーはナターリエ・ジェフロイキン（二六〇頁・書簡140、注2参照）と。一九三七年と一九三八年にそれぞれの離婚が成立してはじめて、一九四〇年一月に二人は結婚できた。

最初期段階の書簡からは、横溢する感情にもかかわらず、相手の思いがどこまで確かかという不安、結びつきが長くつづくだろうかという疑いが読み取れる。そこでアーレントは、「第三の席」に着くようにとのブリュッヒャーの誘い――第二の席には彼のいちばんの親友が着いていた――に応えて、「あなたはご自分でおっしゃったでしょ、なにもかもマイナス材料ばかりだ、と。この「なにもかも」というのは［…］わたしたちが共通の世界をもつことはないだろう、ということ以外の何でしょう」（一四頁・書簡8）と抗議している。彼女は市民階級に同化した世界の出身で、当時の関心と行動の中心にあるのは青少年アリヤーのための仕事と、それと結びついたユダヤ関連の業務だった。ブリュッヒャーは非ユダヤ系のプロレタリアを出自としており、パリにいた時期は世界革命の夢と共産主義者の友人との議論準備に明け暮れていた。

　これは当初からすでに、両人の明確な立場表明に反映されている。ユダヤ問題についての長い書簡でブリュッヒャーは、カール・マルクスという「偉大なる奇蹟のラビ」の「取るに足りない弟子」として、「ユダヤ人戦闘団をスペインのファシズムに対して」呼びかけて、共産主義世界革命の枠内でユダヤ人が「民族となる」ことを願い、「アラブ人労働者・勤労者と手を携え」たユダヤ人労働者がパレスティナを「イギリスの盗賊ども」から解放するよう望んでいる（二四頁および二一頁以下・書簡11）。これに対してアーレントは冷静かつ現実的に、歴史的・政治的な展望を示している。ユダヤ人と国際労働者階級との「一体化」などありえない、というのもユダヤ人が「他の民族と同様に」一つの民族である、ということはなく、「明白な利益政治」が必要であり、そしてパレスティナが「われわれの国民的熱望の中心」にある、なぜならば「諸民族中でもいちばん常軌を逸した民族が、二〇〇〇年ものあいだ、過去を現在のうちに抱きしめておくという愉悦にふけってきたからです、彼らにとって「イェルサレムの廃墟はいわば時間の中核に据えられている」（ヘルダー）からなのです」（二六―二七頁・書簡12）。

　ジュネーヴ滞在を終えるにあたってハンナ・アーレントには、結びつきが長くつづくかどうかという疑いも、また自分がまだ結婚しているという「事実」も、「吹っ切れていない」。けれども始めるためにはこれで充分と感じている。「いっしょにやってみましょう――わたしたちの愛のために」（二七頁・書簡12）。その後の数年間で、対照的な世界を出自としている意味は、「わたしがどんなにあなたのものか、こんなにもはっきりとわかった」（四六頁・書簡26）という強い結びつきの意識を前に霞んでゆく。ブリュッヒャーへの愛のなかに彼女は、自分の生の根本状態からの、護られていないという繰り返し浮かび上がる感情からの避難所を見いだしている。この精神状態をいちばん早くに証しているのは、一九二五年にハイデガー宛書簡に付した〔『アーレント＝ハイデガー往復書簡』編者は直接渡したと推定している〕自伝的な散文小品「影」だ。そのなかで彼女は重い心におしひしがれながらも一見したところは距離を保った調子で、みずからの感情世界を、とてつもない傷つきやすさに脅かされ、「現実への……、生そのものへの不安」に支配されていると素描している。一二年後にはこの不安は払いのけられているように見える。ブリュッヒャーに宛てて彼女は書いている。「最愛のひと、わたしはいつも——ほんの小娘《ゲール》のころから——知っていました、わたしがほんとうに存在しうるのは愛においてのみだと。だから、自分を簡単に見失ってしまうのではないかと、不安で不安でたまらなかった。……そしてあなたと出会って、やっと不安をもたずにいられるようになったのです……信じられないような気分です。片方を得たからこそ、はじめてもう片方も得られたということが。でもいまやっと、幸せとはほんとうはどういうことなのかもわかったのです。」（五二―五三頁・書簡33）

故郷を失い、護られることなく、世界のなかで見捨てられている、そんな不安の噴出は繰り返される——「わたしはやたらと心配でたまらない」（八八頁・書簡58）——「離れ離れでいるなんていけない。狂気の沙汰です」（九二頁・書簡60）——そして安らぎを見いだすのは、夫の癒しの言葉のなか、すぐ目の前にいるかのような書簡のなかだけ——「わたしがどんなにお便りを待っていたか、あなたはまるで想像がおできにならない。あなたの手紙は、わたしは迷子になりっこないと繰り返し保証してくれる結び紐なのです」（二九五頁・書簡158）——そして彼女の避難所であってくれるよう懇請している。「シュトゥプス——お願いです、あなたはわたしの四つの壁。」（一六九頁・書簡99）

情緒不安定というハンナ・アーレントを苦しめる経験がどれほどの過剰さに陥る場合があったか、結婚生活もようやく九年を経て、ブリュッヒャーが手紙を書く期日の約束を守らなかったことに対して彼女の書いた「悲憤慷慨の手紙」（一六五頁・書簡98）が示している。彼女には、「わが家との連絡、信頼しているものとの連絡がちっともつかないまま、わたしは車から外れた車輪みたいにあてどなく世界を転がって回っている」（一六一頁・書簡96）ことなどできない、と述べ、「どういうことになるのか」について、夫と妹という二人の忘恩の輩を「生涯ずっと」養った友人アンヌ・ヴェイユの例を「憤激」をもって彼に突きつけてみせる。

この頃かなり体調を崩していたブリュッヒャーは、「形而上学的に〔…〕理解できない」「奇妙な比較」に驚愕したが、それでも寛容に宥めつつ手紙を閉じている。「不安になったり悲しんだりしないでくれ。きみの家はここにあり、きみを待っている。そして幽霊ソナタがここで演じられることは決してない。」（一六五頁・書簡97）次便で彼はこの主題をふたたび取り上げ、「たしかにぼくは、生計を立てることのできる男ではない」と認め、二人のあいだには「口に出された言葉も書かれた言葉も」立ちはだかるものはなにもないと彼女に保証し、彼が「めいっぱい経験し、受け容れ」てきた自身の故郷喪失を思い出すよう告げている。「ぼくは……「ぼくのいるところ、そこは我が家ではない」といつでも言うことができた。けれどそれに対して、この世のここで……、この世のただなかで、ぼくはきみや友人たちを通して永遠の家郷を打ち立てた。」（一七三頁・書簡100）

　ブリュッヒャーが居合わせないと、わずかな日常的なきっかけによってすらハンナの情緒の安定は揺るがされ、「以前のように傷つきやすくなってしまう」。あるときなど、アメリカ版のニーチェ著作集のなかである詩につけられた、彼女が称するに「前代未聞の俗っぽい注釈」を目にした際に、「すっかり絶望して涙が出そうになり……傷ついてしまう」（二九五—二九六頁・書簡158）のだった。

　これらの書簡のなかできわだっている情緒の不安定は、ハンナ・アーレントの感受性の強さと子ども時代の経験に帰されるかもしれない。七歳で父親を失い、八歳のときに第一次世界大戦が勃発して、限られた期間ではあるがケーニヒスベルクからベルリンに逃れたのだった。また、彼らが皮肉に言っている「いわゆる世界史」（一九一頁・書簡108、四〇八頁・書簡237）の暴発に対して夫婦二人はいつも心配でならないという態度をとったが、これは成人してからの二人の生の決定的な体験からすればあまりにもっともな帰結だろう。すなわち、ドイツからの脱出、パリでの亡命の歳月、一九三九年および一九四〇年における抑留所の経験（本書第2部参照）、一九四一年のフランスからの脱出、そしてアメリカでの、慣れない言語で見知らぬ土地での、無国籍者として（一九五一年および一九五二年まで）の新しい出発、というように。

　脅かされることのなくなった合州国での生活が何年も経ってすら、二人が安心することは決してなかった。一九五二年五月にドイツ条約〔西ドイツと米英仏三国との間で締結された占領状態終結と西ドイツのＮＡＴＯ加盟を定めた条約〕が結ばれたとき、ブリュッヒャーは即座にロシアが妨害行動に出て、妻が「突如身動きできなくなってしまう」ことを恐れ（二二六頁・書簡126）、またハンナは「この状況では」計画通りにベルリンに飛ぶことはしないという決断をした（二四〇頁・書簡132）。一九五五年のマレンコフ退陣はブリュッヒャーを「ぞっと」させ、より悪い事態を恐れた彼は万一を慮り、バードを「事態がなんらかのかたちで深刻化したとき」に「落ち合う場所」（二九九頁・書簡159）としている。ハンガリー革命の報道に接したアーレントはなにもかも「おっぽり出して」飛んで帰ろうかと考えていた（四〇八頁・書簡237）。六〇年代にヴェトナム戦争が激化し、内政上の抑圧を心配する必要があると彼女が考えたとき、スイスへの移住の可能性ばかりでなくドイツ旅券を取り戻すことすら検討した。ふたたび逃げなくてはならないという潜在意識でのこうした思いに対して夫妻両人は、結婚という愛と友情に護られた「永遠の家」の絶対的な信頼で抗った。

　ハンナ・アーレントの軽度の情緒不安定、「美しい日の光」をしばしば遮ってしまう「心配のヴェール」、「過度の感受性」（一〇〇頁・書簡64）は、彼女の公的な行動の自負に満ちた豪胆さと際だった対照をなしているように見えるが、この往復書簡が証しているハンナの性格の一面に合致している。公的に姿をさらすことに怖じ、生産的な精神労働への集中ができるよう私生活に引きこもることを愛した、そんな一面に。「どんなに成功をおさめようと、「公衆に自分を曝して生きる」ことのこの不幸を消し去ってはくれません。」（三一一頁・書簡166）彼女は教え、学生たちと議論をするのを好んだ――「そのおかげで楽しいですよ。」（三一八頁・書簡171）――のに対して、大学での教職活動およびそれと結びついた運営関係の仕事における箍をはめられた日常には堪えられないと感じていた。「書くのと教えるのを同時にすることはわたしにはできない、この二つは根本的に相容れない活動で、わたしにはそれを両立させる才能はない。」（三四〇頁・書簡188）

　ハンナが公衆の前に現われるさいの助けとなるのが、対話相手のすぐれた作法だ。カリフォルニアの学生たちが「きわめて礼儀正しい」のを彼女は、「ニューヨーカーやブルックリンのユダヤ人の不作法さばかり見てきたあとでは」「ほんとうの保養」になると感じている。「わたしにとってこれはやっぱり大事なこと」（二九六―二九七頁・書簡158）だった。見紛いようなく保守的な性向は、彼女に自明となっていた礼儀作法にも表われている。母親の死後ハンナは喪服を着たいと考える。これは彼女にとって「モードの問題」ではなく、「すっかり身に染みついて第二の天性になってしまったらしい慣習《コンヴェンツィオン》」なのだ（一二〇頁・書簡77、一二五頁・書簡79）。独身女性の地位は不完全である、との彼女の確信は、あらゆる近代的な見解に明確に対立している。「ほんとうですよ、愛するひと、女は結婚していない

と生きられないのです。」（四二五―四二六頁・書簡246）

ハンナ・アーレントの生涯と人柄が、伝記、研究書、往復書簡やインタヴューを通じて広く知られ議論されている一方で、彼女の作品の専門家ですら、生涯のいちばん多くをともに過ごした人物については、せいぜい漠然とした像を抱くにすぎない。それに対して、ブリュッヒャーを知っていた人びと、とりわけ外見と会話から彼をソクラテスの再来のように感じていた教え子たちの思い出のなかでは、彼はそれだけいっそうありありと生きている。没後二五年が経ってもいまだに彼らは、彼の活動場所だったバード大学の図書館に収蔵された、講義を収録したテープとして残っている師の教えを後世に伝えようと努めている。

ブリュッヒャーは政治経験豊かな哲学者で、独特な思考の歩みとその華麗な提示の仕方で人びとに感銘を与えた。独学ながらきわめて博識だった彼は――ベルリンの労働者環境のなか、生まれる前に父親を事故で亡くして育ち――少年時から哲学、美学の驚くべき教養、そして同様の驚くべき歴史知識を身につけていた。ある幸運な偶然――グリニッチ・ヴィレッジでのアルコプレーの画家クラブにおいて講演の晩があった一九五〇年二月、美術史を主題にした講演者が突然欠席となり、ブリュッヒャーの飛び入りが可能となった〔一八〇―一八一頁・書簡103〕――から、説得的な修辞力と天分豊かな講演者の身振りでもって開陳された知識により聴衆に強い印象を与えたため、その後の講演を要請されることになった。さらに一九五〇年秋には、アルフレッド・ケイジンの仲介で（一八八頁・書簡106）ニューヨーク・スクール・フォア・ソーシャル・リサーチでの講義委嘱を受け、芸術史と哲学についての講義を開始するにいたった。そしてその後、ヨーロッパでならまず考えられないことがアメリカで可能になった。きわめて才能に恵まれているとはいえ、大学入学資格をもたず、大学で系統的な修練を経ていないアマチュア哲学者が、ニューヨーク州のバード大学で教授（一九五二―一九六七年）となったのだ。そして一九六八年六月の定年退職後、彼にはこの大学から名誉博士号が授与された。

ブリュッヒャーは哲学を、哲学的に思索することを通じて教えた。原稿なしで。「どの言葉も頭のなかにあり、集中力でクラス全体を摑んでいます」と、ハンナ・アーレントが一九五一年四月一日付の手紙でクルト・ブルーメンフェルトに宛てて、誇らしげに書いている通りだ。論述的に著述をする才能を欠いた自分の能力の限界をはっきりと意識していたブリュッヒャーは、「とんでもなく拙い文章能力をあらたに克服」（八一頁・書簡55）するべく努めた。教職を開始する前に彼は、ある手紙の感動的な一説で次のように認めている。「よい妖精が、「この子に判断力を授けようね」と言ったとさ。するとわるい妖精が口を出して、「それ以外はなにも授けないよ」と締めくくった。おそらくずっとこんな状態なんだろう。」（一七二頁・書簡100）

彼の思考は往復書簡からは充分にうかがえず、ハンナ・アーレントの思想の発展に計り知れない影響をおよぼしているものの、公刊物がない。そこでこれを紹介できるよう、本書では唯一印刷された彼の哲学的講演を書簡につづいて掲載する。「共通課程の一講義」である。

ハインリヒ・ブリュッヒャーは哲学を、その歴史の流れのなかで二つの観点から見ていた。一方では、体系を形成し、幻想を生み出し、妥当する真理を要求し、支配を安定させる形而上学として、他方では、体系を疑問視し、幻想を破壊する、自由で批判的な哲学的な思索として。前者の哲学が伝統を築き、歴史をつくってきた。諸学派の形而上学として、神学の婢女として、絶対的な自己措定をする近代学として、全体主義イデオロギーとして。それに対して、体系の強制に対して何度でも幻滅を通じてあらたに反抗する自由な哲学的思索は、むしろひとつの可能性と使命に留まっており、ソクラテス以降カントとニーチェにいたる批判的思想家によって印象深く代表されてはいるが、具体的な歴史的連続性を国家と社会のなかにもっていない。

妻に宛てたブリュッヒャーの初期の書簡からは、四〇年代の流れのなかで彼の思索の根本的確信がよりいっそう明瞭に形成されていった点が窺える。この確信を基盤として、引きつづくニューヨーク・スクール・フォア・ソーシャル・リサーチ並びにバード大学での哲学教授としての教職活動は積み上げられた。それに加えてとりわけて、内部で格闘してきた長い歴史過程の末での伝統的な西洋哲学の終焉、という思想があった。「哲学に終止符が打たれる」と一九四八年七月二九日付の書簡では書かれている。「哲学がついに真理についての真理を述べ、ひいては哲学のさまざまな幻想を捨て去り、これ以上夢を拵えるのを断念するならば。」（一二二頁・書簡78）

神学および形而上学の幻想いっさいを放棄するとは、歴史の現在段階にあってはニヒリズムの経験と同義である。「われわれはニヒリズムの時代に生きている。」（五二二頁）そこでニヒリズムとの対決は、大々的な破局の後で歴史的に新しい開始をするための不可欠の前提である。ニヒリズムを克服しようとして無と真摯に係わるならば、それもまた幻想であり、さらなる形而上学的な夢である「無の神話」のもとに服するわけにはゆかない。「〈無〉を信じているというのに、なんだってそんなに自分のことを崇拝できるんだ。」（一〇六頁・書簡67）ブリュッヒャーにとってニヒリズムを克服するのは、理論的思考においてではなく、責任ある行動のなかでなのだ。それを乗り越えた向こうへ到達するためには、そこを通り抜けたことが前提される。

一九四六年にすでに妻に宛てた書簡で「「西洋思想」との断絶」を語るとき、ハインリヒ・ブリュッヒャーはそれを「哲学的に大まじめ」に考えている旨、強調している（一〇六頁・書簡67）。この挑発的な修辞が含意するところは、閉じた体系および絶対真理の哲学（「偶像論理（Idol-logien）」（一〇六頁）としての神話、神学、形而上学、絶対化された科学、あらゆる近代イデオロギー）は、幻想を破壊し疑問をつきつける哲学的思索（非知を意識したソクラテス的な批判的新思考）に取って代わられなければならない、という根底的な要求に他ならない。それ以外には、戦争と革命のこの世紀において人類を助けることはできないというのだ。なぜならば、これこそが自由の意識における進歩の道であり、これのみが政治的自由の確立にとっても前提となりうるからだ。閉じた体系と諸イデオロギーはその内に暴政の可能性を秘めている。そこにある排他性要求によって、それらは政治権力と暴力支配の道具として機能するのに適したものとなる。

したがって、自己をもそこに含めて「あらゆる価値を根本的に疑って徹底的に疑問視する」（一〇五頁・書簡67）こと、これがハインリヒ・ブリュッヒャーを動かす主要な衝迫となった。彼は共産党活動家として、ドイツでもパリでも対ナショナリズム、対ファシズムの闘いにおいて、マルクス主義の未来構想に貢献しようとしていたが、四〇年代に世界革命の夢とマルクス主義の救済の約束を全体主義イデオロギーであると見抜いたとき、その未来構想に対する幻滅を決然とみずから引きうけて最後まで徹底させた。そのときでも、マルクスがもっとも影響力をもっている「科学的」思想家（五二三頁）であり、社会的・経済的生活条件の批判的分析にとって不可欠であると見ることに変わりはない。しかし、「われわれはこの間、社会主義が地獄のごとき状態を打ち立てうる（打ち立てざるをえない、というわけではない）と学んできた」（五二七頁）。

不可避な「哲学の終焉」についての最近の自分の考えをハインリヒ・ブリュッヒャーがハンナ・アーレントに伝えた一九四八年七月二九日付の手紙で、幻想破壊の例として彼はカントとニーチェの批判的エネルギーを熱烈に述べ立てている。この二人の「巨神《ティターン》」は「人類の精神的・神話的時代の天空」に襲いかかって打ち砕いた。カントの場合は「〈学問の基礎づけとしての哲学〉という外側の存在の天空」を、ニーチェの場合は「道徳的な存在の天空」を。それを超えてさらに先へと進む洞察が、「ひらめき《ブレインストーム》」を得たかのように現われたのだ、と彼は書く。これについて彼はここではより詳細には立ち入っていないが、手紙から間接的に読み取れる。というのも彼は最後に簡潔に記している。「いまやぼくは巨神からも巨人属からもはるかに離れている。カントは召使い、ニーチェは君主、マルクスは暴君、キルケゴールは奴隷だった。そしてぼくは「将来《プロスペクティヴ》の市民《シティズン》」なのだ。」（一二二頁、一二四頁・書簡78）結果として明らかになるのは、国家と社会に対する責任にもとづく哲学史のまったく新たな読解への要求だった。

　彼が洞察の「新天地」（一二四頁・書簡78）を語るとき、それは哲学に関してでも、彼が長いこと熟知している政治に関してでもなかった。ブリュッヒャーが語ったのは両者の関係にであって、それが彼にはより明瞭になったのだ。つまり、言葉から行為へ、理論的観察から出て人間関係の現実のなかへ、歩みつづけなくてはならないという、不可避性だ。この社会的現実における人間の行動についての自然科学的な理論などありえない。「われわれは何をするべきか」という問いに対する答え、人間同胞同士の交際にとっての人間にふさわしい規則は、対話の実践においてのみ見いだされ、確立されうる。

　哲学史と同様にハインリヒ・ブリュッヒャーは政治史をも二つの観点のもとで見た。一方で政治は西洋史のきわめておおきな害悪だ。それは神学および形而上学の体系を道具として利用して、いつでも国家の支配・抑圧システムをあらたに生み出し、ついには今世紀の究極的到達点にまで、戦争と革命を伴った全体主義の暴力独裁にまでいたった。

　それに対してもうひとつ、対極的な政治概念がある。政治を新たに定義し、非暴力的な人間の生活形式を打ち立てるための可能性であり、そのための挑戦であるとして政治の価値を高める、そんな概念だ。科学が今世紀最高の勝利をみずからに要求するのに対して、歴史的影響力をもつようになった政治は「そのもっとも危険な失敗の一部」（五二二頁）だ。これに批判的に対立するブリュッヒャーは自分のことを、「ソクラテスに倣って、人間のもっとも重要な使命は、最終的には人類のすべてを覆うべき人と人との関係を打ち立てることである、そしてこれこそが政治の課題である、そう確信する一般市民《シティズン》のひとり」（五二二頁）であると捉えている。

　批判的に疑問をつきつけ絶対的「本質」の迷妄を払う哲学的思索は、政治的なものに対して開かれて、政治へと影響を行使しなくてはならない、これは、ブリュッヒャーにとっての欠くことのできない倫理的要請となった。一九四六年に刊行されたヤスパースの著作『罪責論』に対する彼の激烈な非難の例〔書簡70〕では、それは過剰な怒りの爆発のかたちをとってとりわけはっきりと見て取れる。ブリュッヒャーはヤスパースに「本質」が反映されていると見る。キリスト教、ドイツ精神、「きわめて高貴なソクラテス的倫理ならある。ただ悲しいかな、いかなる政治もなく、その結果、いま利用できる倫理ももはやない」(一一二頁・書簡71)。

ヘルマン・ブロッホがハインリヒ・ブリュッヒャーの「夢から覚醒状態へという跳躍」に認めたと考えた「驚くべき政治的意志」(一〇六頁・書簡67)がここでは効力を発揮している。ブリュッヒャーにとって罪責問題において適切であるのは、キリスト教、ドイツ精神、内的変化の「真の本質」を求めることではなく、「多数派のコサック的‐奴隷的傾向に対して少数派がもっていた共和主義的‐自由主義的な意志のなかにつねにある」「真のドイツ的葛藤」(一一〇頁・書簡70、二五九頁・書簡140、七〇頁・書簡49をも参照)を認識することなのだ。重要なのは、「共和派対コサック、つまり市民対野蛮人の戦いという」「現代における現実の内戦における戦いの局面を明快に定める」ことであり、「ぼくたちが求めるのは、コサックの道から共和派の道への反転であり、辱められた者たちと連帯する行為であり、自由のための責任を引き受けることだ」(一一〇頁)。ヤスパースについてブリュッヒャーは、「彼は実際とても立派な学者だ。ただ悲しいかな、単なる学者にすぎない」と述べる。そして、「彼をあれだけ罵ったのは、ただ政治的なもののため、そしてドイツ人のためだった」(一一二頁・書簡71)と。

ブリュッヒャーの論拠は、同時期のハンナ・アーレントのカール・ヤスパース宛の手紙のなかに見紛いようなく跡を残しているが、彼女は態度を和らげている。「ムッシューと新たにつぶさに議論をしました」、と一九四六年八月一七日付で書かれている。「それを承けて、本当なら「私たち」の名で書かれる必要があるでしょう。……とりわけムッシューが固執するのは、責任を引きうけることは敗北を受け容れる以上の内実でなくてはならない、という点」であり、「犠牲者に宛てた前向きな政治的意志表明」と結びついていなくてはならない、という。夫宛の手紙においてならハンナ・アーレントは、敬愛する師ヤスパースについてもっと無遠慮に、歯に衣を着せることなく意見を述べることがすでにできていた。たとえば一九四六年七月一〇日付の手紙ではこうだ。「ヤスパースの冊子を読んでごらんなさい、なんと彼がねえ、このわずか九ヶ月のあいだにどんなにおどろくほど現実を判断する力を身につけたかわかりますよ。」(一〇七―一〇八頁・書簡68)そしてそれに応じるようにハインリヒ・ブリュッヒャーは自分の野卑であからさまな表現法に許しを請うている（「〔…〕卑屈さで国民に向かうどうしようもない無駄口」「〔彼が〕坊主のように語るのも不思議はない」）。「最愛の人、悪く取らないでほしい。だって思いつきのおしゃべりをいったい誰としたらいいというんだ。」（一〇九―一一二頁・書簡70）

一九五八年にヤスパースの著作『原子爆弾と人間の将来』が刊行されて、ブリュッヒャーがようやく政治的に充分に同意できると安堵しているのが見て取れる。「ヤスパースの本はじつに並外れているように思える。ここではいうなれば現代のカントが語っている。自由の新たな政治的必然性にとって、この本は政治の不可欠な哲学的基盤を明快に復元するものだ。この基盤なしに新たな建造物を建てることなどできない。しかしきみも知ってのとおり、共和国概念が新たに、そしてもっと決定的に把握されなくてはならない。このようにぼくたちはやはり、ヤスパースと内面的にしっかり結びついている。」（四四三頁・書簡260）新しい本は「じつにみごとなところがたくさんあります」と、ハンナもすでにそれに先立つ夫への手紙で認めており、著者についてこう加えている。「あの説教臭さだけは捨ててくださるといいんですけれどね。でも無理です。」（四三七頁・書簡255）

一九四九年から五〇年にかけての冬にブリュッヒャーは、ヤスパースの浩瀚な主著のひとつ、一九四七年に出版された『哲学的論理学』の第一巻『真理について』の一部をはじめて読んだ。しだいに魅了されながら読み進めていた彼は、それについて妻に書き送った。彼女は戦後初のヨーロッパ旅行の途上でヤスパース家の客となり、この本の意見を彼に求めていたのだ。これらの手紙における賞讃の表現を割り引いたとしても（なぜならヤスパースもこれを読むことは計算済みだったからだ）、ブリュッヒャーがヤスパース哲学を、自分自身求めてやまない、ソクラテスのように疑問を呈し、幻想を払う、体系批判的な「哲学的思索」の系列に位置づけている点に変わりはない。彼がそこに見たのは、「密かに深みを流れる啓蒙の底流、すなわちカントとレッシングにおいて迸り出た……本来の自由の要素……だ。西洋思想の本質が、プラトンに発してアウグスティヌス、クザーヌス、カントを経由して、ニーチェの爆発へ、というようにぐるりと弧を描いていたかのようだとすると、この作品は突如としてプラトン思想の根本本質と極端にまで近づいている」（一五八―一五九頁・書簡95）。

この意味でブリュッヒャーは、戦中に書かれたこの書物に――「ヒトラー時代のドイツで書きあげられていた」――抵抗の作品であるという、政治的な重要性をも保証した。「なぜならこれは少なくとも、抵抗《レジスタンス》の真に形而上学的な、ひいてはその最大にして中心的な成果だからだ。西洋哲学のもっとも高貴で最良の力が危険に立ち向かっており、そこではその変わることのない価値、その永遠の価値であるものが、保証されているのだ。この義務をぼくは、自分の哲学にとって必要なひとつの準備作業であるとつねづね感じていた。」（一七一頁・書簡100）

ハインリヒ・ブリュッヒャーは、市民《シティズン》としての哲学者を、「哲人市民《フィロソファー・シティズン》」（五三一頁）を求める。なぜなら誰もが「同時に哲学者でないならば善き市民――すなわち政治的存在――でいられもしない」（五三〇頁）からだ。「人間を精神だけの存在から、道徳やそれに伴う倫理的属性のすべてを身につけた人格へと育成する」（五二八頁）ことこそが哲学の使命だという。ブリュッヒャーにとってここには、哲学と政治の相互作用がある。なぜなら「ソクラテスが哲学的思索と呼んだ」「この営みの前提条件」は、「どんな高次の生活にとってもそうであるように、政治的自由という点だ」（五三一頁）。このような自由の指標となるのは、単一性ではなく複数性、差異における同等性だ。そこで政治の使命とは、人間のあいだの非暴力的で対話的な関係を守るための制度、集団を確立する、ということになる。ブリュッヒャーが繰り返し立てた問い、「われわれは何をするべきか」に対して、彼自身なら次のように答えることができた。（そして実際それをしばしば公言していた。）「政治の意味は自由である。」

この一節にあってわれわれはとうにハインリヒ・ブリュッヒャーとハンナ・アーレントの共通の思想の領域のうちをめぐっていることは、すでにお気づきだろう。二人は生涯をとおして、家庭での会話において「哲人市民《フィロソファー・シティズン》」だった。彼は政治について彼女の教師に、後には助言者になった、そして哲学のうえで彼は彼女の批判的な「がみがみ守護霊」（二三一頁・書簡128）だった。一九三七年九月一一日付で彼女はジュネーヴからパリにいる夫に書いていた。「利口なシュトゥプス、賢人シュトゥプス――わたしはと言えば、目下の政治のことはちっともわかりません。」（四八頁・書簡28）

ハンナ・アーレントが一九五一年に全体主義を論じた書物をハインリヒ・ブリュッヒャーに捧げたのには理由があったし当然でもあった。そしてその後も彼女は政治的な事柄についても哲学的な事柄についても、繰り返し彼に助言を求めた。一九四六年一月二九日付の彼女のヤスパース宛書簡は、この生産的である知的協力関係をもっとも雄弁に語る証拠かもしれない。「私の非市民階級的もしくは文筆家なあり方は、夫のおかげで政治的に思考し歴史的に見るのを学んだこと、また他方で歴史的にも政治的にもユダヤ問題の側からみずからの位置を測るのを私が放棄しなかったことに依っています。」

ブリュッヒャー夫妻の哲学的会話がいかに集中的に行なわれたか、ときによって定期的に必要となった手紙のやり取りから読み取ることはたしかにできるが、それは偶然によっており、しばしば間接的なかたちでしかない。これらの書簡は、夫婦の対話が何十年も持続された共同生活から考えるなら一定部分を伝えるにすぎないこと、ときとして詳細であるにもかかわらず断片に留まっていること、活き活きとした思考の交換の代わりにはならないにしても——「すぐにでもきみと話し込みたいという欲求がとてつもなく強まっている」（三一頁・書簡15）——別れ別れでいる期間にそれを継続するための応急措置であること、これがその特性である。

一九三六年から一九六八年のあいだ、ハンナ・アーレントはさまざまな催しや仕事の理由で——会議、調査、講演のため——パリやニューヨークを離れ、数日、数週間、それどころか四ヶ月になることもあったが、ヨーロッパのさまざまな国で過ごした。旅行時期の順や長さが不均等であるため、この手紙のやり取りはヤスパース、ブルーメンフエルトあるいはメアリー・マッカーシーとの往復書簡とは異なって、切り抜きのような性格を帯びており、一定の——実のところは偶然によっている——局面や事件を強調しているように見え、それ以外の事柄を欠如させている。そこでたとえば、ハンナ・アーレントの生においてもっとも由々しい衝撃のひとつ、彼女のアイヒマン論に対する公的および個人的批判という激しい否定的反応は、ここに反映されていない。それは、ブリュッヒャー夫妻が憤激の規模を、一九六三年八月に二人で行ったヨーロッパ・ギリシャの長期旅行から帰ってはじめて知ったからだった。

アーレントの作品でもブリュッヒャーの講義でも明らかに増大している、思考と判断における夫婦相互の影響は、手紙では折々の発言によって証明されるにとどまる。アーレントの政治思想に対するブリュッヒャーの多大なる影響についてはすでに触れた。彼の側でも、教職の仕事にあたっては妻の判断のみを「ほんとうに信頼」できる（二六七頁・書簡145）と述べ、「新しい問題をめぐってぼく自身努力をしてきた」がこれによって彼女の「思考の歩み」に「かなり近づけた」（四〇二頁・書簡232）のを感じていた。アメリカに渡った当初の歳月にあっては、言語上の困難から二人だけの議論を余儀なくされたが、これによって可能となった継続的な思想の交換——「私はここで精神的にはムッシューとだけで生きています……互いに何かを言うことのできるのは、ただひとえに私たちだけなのです」（一九四六年八月一七日付ヤスパース宛）――が、後には、自嘲気味の相互に対する賛嘆に行き着いた。彼の「高名な」妻にプリンストン大学での講義への招待の知らせを送った（二二三頁・書簡125）ブリュッヒャーに、彼女はこう答えていた。「笑ってしまいますね、わたしたちがどれほどおたがいを信じきって、相手の「すばらしさ」を確信しているかを思うと。」（二二八頁・書簡127）

相手の理性と判断力は信頼できるという夫妻の揺るぐことなき確信が、初期アメリカ時代に、経済的に不安定だった生活の辛さから二人を守る防御壁だった。ハンナの母親との三人で家具付き二間の狭い住居で暮らし、さまざまな救援組織からの月々の援助金を除くと、だいたいにおいて、編集顧問（ショッケン出版）、実行委員（ユダヤ文化再建機構）、講師（ブルックリン大学）、そしてジャーナリスト（『アウフバウ』『パーティザン・レヴュー』『レヴュー・オヴ・ポリティックス』他）としてのハンナ・アーレントの収入に依っていた。一九四九年、夫妻は自分たちの所有となる住居にすでに転居していたが、ハンナが何ヶ月にもわたって不在となるあいだ、住居の一部を人に貸さなければならないと二人は考えた（二三八頁・書簡85）。一九五二年になってすらなお、あらたに部屋を貸すことの理由として彼女がとりたてて挙げるのは「金欠病」（二五七頁・書簡139）だったし、ブリュッヒャーは一九五五年、中古の背広を遺贈されて「領主」のような気分になっている（三二七頁・書簡177）。論文への支払いが遅れたとき、アーレントは腹を立てると同時に反抗的に、こう反応している。「こっちはこっちのやり方でちゃんとやっていきますからね。」（二二九頁・書簡127）

容易に外国語を学べるような年齢をとうに超えていた二人は、当初から、そして何年ものあいだ、母語を失ったことに苦しんだ。ブリュッヒャーは苦々しげに、「ストラディヴァリを盗まれて、よその土地の言葉ではもうそれ以外どうにもならないということで安物ヴァイオリンを手に入れ」なくてはならない、と嘆いていた（八二頁・書簡55）。ハンナ・アーレントは、「外国語でふたたびおのれを思うままに統御できるようになるまで」「何年もかか」る（一八三頁・書簡104）ことを知っており、一九五二年にもなお「言語の問題」は彼女に、どんなに仕事の意欲があっても「少々頭痛のたね」を与えている（二七六頁・書簡148）。

アメリカ時代の初期に抱えていたさまざまな困難のひとつに、ブリュッヒャーとハンナの母のあいだでの緊張関係もある。これが話題にのぼったのは、母の死――一九四八年、イギリスにいる義理の娘を訪問中のことだった――の後になる。何年にもわたる同居生活は計画によるのではなく諸事情に強いられた末であり、「ほんとうにどうしようもなかった」とアーレントは訴える（一二〇頁・書簡77）。これに対してブリュッヒャーは、母親の非難に対するたまりにたまった怒りを辛辣な言葉でぶちまけている。彼女は、生計に本質的に役立つ仕事を見つける能力を彼がもたないことを悪く思っており、それはたえず態度に表われたにとどまらず、口に出されずにはいなかったようだ。ブリュッヒャーはアーレントへの手紙で、「私的でブルジョワ的な観点が、偏狭だけれど強力に正当化されること」（一二一頁・書簡78）があったと断言した。

その二年前、ブリュッヒャーには自身の母親に宛てた手紙が「「受取人死亡」と付され」（一〇二頁・書簡65）返送されていた。喪に服す夫が〈充分にやってあげなかった〉という罪の意識を克服するのを手助けしようと、ハンナ・アーレントは冷静かつ厳格に、「〈親子ごっこ〉」は「子どもが成長すれば」どうしても非人間的になり、自身の生を母親に捧げ、息子であることを「生涯つづく職業」として語るなら「正しくない」と確認している（一〇三―一〇四頁・書簡66）。

戦後に再開された、ハンナ・アーレントと彼女の哲学的な師であるヤスパースおよびハイデガーとの個人的関係を理解するためには、ブリュッヒャー宛書簡の率直な言葉は少なからず役に立つ。ヤスパースが友情の場、救いとなる信頼の場となったのに対して、ハイデガーとの関係は緊張をはらみ不確かなままだった。それは以前の恋愛時代の思い出に刻印され、過去におけるハイデガーの政治行動という重荷を伴い、言うまでもなく、ヤスパースとハイデガーの架橋できない溝を前に曇らされずにはいなかった。「わたしの哲学者たちときたら、わたしをすごく心配させています」と、一九五二年のあるときハンナの夫に宛てた手紙（一二三頁・書簡120）には書かれており、戦後の最初の頃に交わされた個人的な会話のひとつから彼女は、ヤスパースの悄然とした発言を彼に報告している。「かわいそうなハイデガー、彼の最良の友であるわれわれ両人がいまここに座って、彼を見透かしている。」（一四七頁・書簡89）一九五九年になっても彼女はハイデガーをあるとき皮肉を込めて「シュヴァルツヴァルトの鳥どの」（四六二頁・書簡273）と呼んでいる。

ブリュッヒャー夫妻はハイデガーの戦後の著作に変わることのない注意を向け、繰り返し敬意のこもった批判的な論評を行なっている。たとえばハインリヒはこうだ。「ハイデガーはここでいつもと同じに驚くべき深層で仕事をしている。彼はあいかわらずニーチェの道をたどっている……。哲学には、芸術におけるのと同様に……やはり質という現象がある。そしてこれは以前と変わらずここでも第一級だ。」（一八二頁・書簡103）またハンナもこうだ。「じつにすばらしい、いきいきとした叙述も解釈も。」（四九五頁・書簡290）あるいは、「……一抹の狂気が感じられる。そういうときでも［ハイデガーは］たしかに正常なのです。ただ、自分自身の思考（あるいはそれが何であれ）の赴くがままに、どうしようもなく引きずられていっているにすぎません。……ちなみに彼は、ほんとうにすばらしい詩を書きますよ。」（一八四頁・書簡104）ただそうではあっても、もっとも信頼している人間である夫に向かって、その他では見られることのないような、言いつくろうことをせず辛辣きわまりない言い回しをハイデガーという人物に向けることが、憚られはしない。「純粋さと虚言癖——卑怯さと言ったほうがいいかしら——の混合、その両方がおなじように本源的なのです。」（一五〇頁・書簡91）ハイデガーは「嘘をつけるなら、いつでもどこでもつくという名うての嘘つき」（一六八頁・書簡99）である、と。ブリュッヒャーにとって、ハイデガーの件は「正真正銘の悲劇だ。ぼくはヤスパースという幸福な例を享受するとともに、この形而上学的不幸を辛く思う」（一八九頁・書簡106）。

ヤスパースとハイデガーの仲を取り持とうというハンナ・アーレントの努力は根本的に失敗した。彼女の生涯最後まで、二人の哲学者はあらたに接近することはなかった。ハンナがしばしば途切れがちとはいえハイデガーとの個人的な対話を再開したことを、ヤスパースはよくは知らないままだった。連絡が密になってきたのを隠さなくてはならないという気持を、彼女はしだいに強めていった。一九六九年九月二六日のハイデガーの生誕八〇年に向けられた祝詞（『メルクーア』一九六九年第一〇号）を、同年二月二六日に没したヤスパースが目にすることはもはやなかった。

ハンナとハインリヒそれぞれの古くからの友人たちにとっても、新たに得た共通の友人たちにとっても、出自がおおきく異なり、もともと関心も別で、あれほどきわだった、激しやすい気性をもった二人の人間の結びつきは、はじめのうちは謎だったかもしれない。けれども彼らと同席し自分の目で見た友人たちは、互いを支配しようとせず、相手のしあわせと独立性に心を砕いている、そんな結婚の共同生活が成功していることに、まもなく納得できた。共通の友人であるランダル・ジャレルは、小説『ある大学風景』で、ブリュッヒャー夫妻が明らかに影を落としたある男女の結婚生活を「二重君主制」と呼んでいた。ハインリヒ自身、ブロッホの結婚を機に、そして妻とはじめて数ヶ月にわたり別居している期間に、自分の結婚生活を支える要因を描いている。相手の人格に無制限な敬意を払い、相手になんら求めず、相手が自分自身のうちにいられるようにする——「ぼくたちが互いに保証している、ひとりでいること」、それは、「ふたりでいるという暗黙の基盤のうえに築かれている」のだ（一三七頁・書簡85）。なぜなら「生についてのおおきな問題に対するぼくたちの見解はいつも同じである」のだから（七二頁・書簡50）。

二人の共通の友人ドワイト・マクドナルドが一九七〇年一一月一八日付ハンナ宛の手紙のなかで「本質と思考において真の度し難きアナーキスト」と呼んだブリュッヒャーは、誘惑に負けぬ模範的な夫では決してなかった。彼は近しい友人仲間のうちの女性の魅力にはまったく弱かった。彼の妻はそれを知っていたか、あるいは少なくともうすうす感じており、これを辛く感じ、ごく個人的にこのことについて思案していた。その感動的な証言としては、未公開の〔その後公刊〕『思索日記』の一九五〇年の「誠実《トロイエ》」をめぐる長めの省察がある。ここで彼女は、「生と生の活力が進行するなかで示される」「いわば無垢な不誠実」を、「自身が世界にもたらした、かつて真実であったもの」を「殺害する」「不誠実の大犯罪」から区別している。この後者によってはじめて「本当の破壊となる。というのも私たちは誠実さにおいて、それも誠実さにおいてのみ、過去をわがものとするからだ。誠実さの存続は、私たちにかかっている。もしも真実とかつて真実であったものに可能性がないとするなら、誠実さは強情さとなってしまう。もし誠実さがないとすれば、真実が存続することはなく、まったく本質を失ってしまう。」「通常の意味での不誠実」に対して「嫉妬」で応えることは「倒錯した誠実さ」であって、「生の活力を取り除こう」とするものであり、「化石化」を意味する。真の不誠実、「真実を、かつてあった真実を抹消するがゆえ、ただひとつの本当の罪」であるのは、「忘却」だ。

「生の進行」にあっての「かつて真実であったもの」への誠実さという概念は、ブリュッヒャー夫妻両人にとっては、彼らの生を幸福にし支えてくれる力としての持続性という観念と緊密に結びついている。これは、重ねてあらたに確証される婚姻の信頼性において、また友人たちとの固い結びつきにおいて、はっきりとしたかたちをとる。「世界で友人ほど重要なものはありません。」（一九四七年七月一九日付クルト・ブルーメンフェルト宛のハンナ・アーレントの書簡）彼女が戦後はじめてヤスパースを訪問した際の、「わたしが夢見ていたとおり」（一三九頁・書簡86）という「手紙から聞こえる〔…〕歓呼の叫び」に接して、夫は「きみの持続性の結果としてのこの大事件」を喜び、付け加えている。「生にとって本質的な事柄というのは、なんとすばらしいのだろう。近いうちにきみがローベルト〔・ギルベル

ト」と行動をともにするとは、これでぼくの持続性も保たれる。」（一四三頁・書簡88）

広く枝分かれした夫妻の交友の輪のなかには、両者の若い頃の友人からは、ブリュッヒャーの側ではベルリン時代の友人、ローベルト・ギルベルト、シャルロッテ・ベラート、そして画家のカール・ハイデンライヒ、ハンナ・アーレントの側では、アンヌ・ヴェイユ、クルト・ブルーメンフェルト、ヒルデ・フレンケル、ハンス・ヨーナスらがいる。共通のパリ時代からはとりわけ、シャルロッテとハナン・クレンボルトの名が挙げられる。両人ともに友人との交流に長けた才能の持ち主であるため、ニューヨークではこの輪はすぐさま拡がった。ブリュッヒャーは造形芸術に関心をもち、そこに気持を込める能力があったため、カール・ホルティやアルコプレーのような新しい画家の友人ができた。ハンナ・アーレントがさまざまな活動分野を通じて引き寄せ、友人としての結びつきを感じていた多数の人びとのうち、ニューヨークでの三〇年あまりのあいだ変わらず近くにいた者はわずかでしかない。その少数の友人には、一九四二／四三年以降、彼女の著書やエセーを英語で出す際に協力したローズ・ファイテルソン、そして、一九五六年以降、すなわちラーエル・ファルンハーゲン論草稿を印刷するよう編纂を任されて以来の私（ロッテ・ケーラー）が数えられる。

死によって失われた親友たちもいる――ヴァルター・ベンヤミン、ヘルマン・ブロッホ、ヒルデ・フレンケル、ヴァルデマール・グリアン――、友人づきあいが徐々に薄くなった者もいる。五〇年代から後のアルフレッド・ケイジンなどがそうだ。何人かの場合には、アイヒマン論争によって――少なくとも一時的に――決裂した（たとえばブルーメンフェルトとヨーナス）。若干名の友人に対して彼女は、つねに敬意を込めた距離を保っていた。彼女の出版者であったウィリアム・ジョヴァノヴィチやヤスパースの出版者のヘレンおよびクルト・ヴォルフがそうだ。その一方で、メアリー・マッカーシーとの友情は空間的距離をも超えて彼女の死まで情熱的につづいた。会うことは稀ながら書簡による連絡を保った、彼女と近しかった人としては、とりわけW・H・オーデン、グレン・グレイ、ウーヴェ・ヨーンゾン、ヨハネス・ツィルケンス、ハンス・モーゲンソーが挙げられる。

長期にわたるヨーロッパ旅行にあっても、ハンナ・アーレントは、直接にであれ、夫を通してであれ、残してきた一定の友人たちとの交流を維持し、夫のほうも定期的に友人たちの消息を報告していた。これまでのところ話題にしてこなかった、彼女のブリュッヒャー宛書簡の独特なある性格は、とりわけ注目に値する。それは、旅行中の彼女が自然や風景、都市や人間に向かい、そしてそれを伝えるときの、感動的なまでに直接な態度だ。彼女が世界を受け容れる様子に感じられる、くつろぎ楽しむ気持、これが可能であるのは、基盤のしっかりした〈わが家〉という信頼できる地盤があってこそと、彼女自身考えていた。「およそ旅をする意欲がわたしに出てきたのは、わが家がしっかりとした中心となり、それを核にして全世界をまわりに結晶させうるようになってからのことでした。」（四〇三頁・書簡233）

ヨーロッパとはじめて再会したとき彼女は、戦後の状況に批判的かつ分析的な発言を行なっているにもかかわらず、なじみある古い世界を再発見した幸福に圧倒されている。「〔…〕パリ。ああ、なんとこの都の美しいこと。」テルヌ広場で彼女は「わたしはもう少しで声を上げて泣きだすところでした」（一三一頁・書簡82）。ドイツでも風景へのごく親密な思いは、留保をもってであるにかかわらず、また人びとのもとで救いのない気分であるにもかかわらず、その恍惚感を引き起こしている。「なんとも表現できない、すばらしい再会！」（一三六頁・書簡84）

ドイツの都市のうちで、ブリュッヒャーの愛する故郷の町であるベルリン——「一面の瓦礫の原野、昔あったものは何ひとつ見当たらず〔…〕」——についてだけは、彼女はこう報告できた。「いまなおベルリンっ子は健在なのです。ちっとも変わらず、堂々として、人間的でユーモアに溢れ、利口、それも打てば響く利口さ。これを見てはじめてわが家へ帰ったような気がしました。」（一七四—一七五頁・書簡101）——こうして彼女は、内心密かに古きベルリン精神が生きのこっていることを「期待して」いた夫を、おおいに喜ばせた（一八〇頁・書簡103）。「生涯つづく嘘と愚かさで」生きている（一三五頁・書簡84）戦後ドイツ人についての彼女の否定的な判断は、二年後にははるかにきめ細かになっており、たしかに彼女にとって「二〇歳以上は救いようのない人ばかり」に見えるものの、「ただしそれ以外の人たちは別です」（二七四頁・書簡148）と言っている。

アメリカで迎えた最初の夏の、ニューイングランドのある家族のもとに滞在した折に書かれた彼女の手紙をすでに生き生きとさせていた、彼女のもつ生への喜び、発見を楽しむ心——「今回のここでの実験は、それこそぞくぞくするほど新しくて面白いので」（七四頁・書簡51）「この国について」「それこそたくさんのことを学んでいます」（七九—八〇頁・書簡53）——、これが後になっても彼女の旅の報告を一貫して特徴づけている。とりわけ、彼女のいつでもあらたに歓声をあげることができる「美しい、美しい世界」

(二九四頁・書簡156)、そこには自然の音響的な側面もが含まれている。彼女は「蛙たちがすばらしく鳴き立てて」(二六六頁・書簡144)いる様子を、夫が来ていっしょに聞いてくれればよいのにと思う。細かい描写をすることで彼女は、自分のさまざまな体験を彼と分かち合おうとしている。ニューヨークから西部の壮大な風景を通りカリフォルニアへ行く鉄道旅行、太平洋を見ることへのもどかしげな期待感、風土を楽しむこと――「爽やかなやさしさ」のある「空気」(二九六頁・書簡158)――「偉容まるごと」(三三七頁・書簡186)を備えたとてつもないレッドウッドの樹木を讃嘆すること、これらに夫を与らせようとしているのだ。

同年のうちに彼女はさらにヨーロッパ旅行をして、北イタリアの町々を目の前に、ふたたび古い世界に来たことに幸福感を感じている。「ヨーロッパはどうやらここでは現実なのです。それも、築きあげられた世界の見事さ、耕作のゆきとどいた風景――樹々のあいだにひろがる葡萄畑が花づなのようにあらゆるものを結び合わせている風景――こういった点においてではなく、小都市の日々の暮らしや、小料理店や、ちっぽけなカフェなどの日常性においてなのです。」(三五〇頁・書簡195)

「見てばかりいるせいで、ほんとうに目が眩んでしまっています」と彼女はアテネで感じ――「目を持っていることがどれほどの至福か、これまで気がつきもしませんでした」――そしてギリシャの風景をイタリアの風景から事細かに区別している。「デルフォイでは……神殿と風景が姉妹のように手を取り合って、柱の一本一本が自然の永遠性をおのがうちに取りこんでしまっているのです。その凄さ――イタリアで見られるような美しいものの横溢ではまったくない、むしろ質素、けれど「力強い」……すべてが廃墟と化しているにもかかわらず、けっして悲しみはない、ローマのメランコリーがない……松も糸杉もここではずっと明るい色をしている……。」(三六一―三六三頁・書簡203)

そして彼女が一九五二年五月二七日にルガーノから有頂天で「地球はなんと美しい」(二三七頁・書簡130)と書いてくるとき、それはほとんど人生の総決算であるように、彼女の世界への喜びと生きることの楽しみの要約であり、このうえなく簡潔な定式化であるように響く。

ハインリヒ・ブリュッヒャーは一九七〇年一〇月三一日、ニューヨークで没した。彼はニューヨーク州アナンデール・オン・ハドソンのバード大学小キャンパス墓地に埋葬された。「バードの儀式、それはとても礼儀にかなったものでした」とハンナは一一月二二日に友人のメアリー・マッカーシーに宛てて書いていた。「とりわけシェーファー[バード大学の哲学および神学の教授]はソクラテスの

『弁明』のなかの死についての言葉を朗読し、次のようなすばらしい文章で終えました。「私たちはいま行かなくてはならない。私は死ぬため、きみたちは生きるため。どちらがより良いか神のみぞ知る。」このように端正にして率直なものでした。そして聖職者からも。墓地は、ところどころ追悼碑のあるひとつの森で、ほんとうのお墓はありません。とてもすばらしく、とても適切です。」

ハンナ・アーレントが五年後の一九七五年一二月四日に、いまは亡き夫の後を追ったとき、彼の傍らに葬られた。

ロッテ・ケーラー

ニューヨーク　一九九六年五月

編集者注

ハンナ・アーレントと彼女の夫ハインリヒ・ブリュッヒャーが生涯にわたって交わした書簡を集め、はじめて公刊する本書は、抜粋版である。残されている四〇〇通を越える書簡のなかからこの目的のために三〇四通*を選び出してあるが、それらからはさらに、いくつかの箇所において些細な箇所が省略されている。こうした省略は、[…]として表わされており、括弧のない……は手紙の執筆者自身による。個人保護のために第三者についての発言を削除する必要があった例もある。この版がもとにしている書簡は、やり取りのはじめのうちはしばしば手書きで、後には大部分がタイプライターによって書かれており、それらはワシントンDCの国会図書館にハンナ・アーレントの遺稿の一部として収蔵されている。

正書法および句読法はすべて現代的用法に統一した。書き間違いで脱落している語句は[ ]内に加えた。それ以外に書簡本文の誤記に修正を加えた場合、そのつど注のなかにもとの語句を示してある。一般の理解を前提できない外国語による概念や言い回しは、編者の注で訳したものを示している。文体上の特性(»hier ist schön«〔ここでは美しい〕)、さらにはふたりのあいだでのみ用いられている隠語はそのままにした。

人名には、テクスト初出の箇所でそのつど、その人物の伝記的な説明が加えられている。そのような注は人名索引において斜字体でわかるようにしてある〔邦訳の本書では区別していない〕。一般に著名な人物、あるいは書簡のその箇所において説明されている人物は、注を付していない。

L・K

* 本書に書簡番号でしるしたように、じっさいは三〇六通だと思われる。

第1部

1936年8月-1938年10月

［ハンナ・アーレントは一九三五年以来パリで、児童・青少年にパレスティナで暮らすための準備教育をおこなっていたシオニスト組織「アリヤー」のフランス支部長として働いていた。一九三六年八月には「世界ユダヤ人会議」の創設大会に出るためにジュネーヴへ行く。さらに一九三七年と三八年にも休暇でジュネーヴを訪ねて、一九三六年のときと同様に彼女の母親の女友だちの家に泊まっている。］

1

パリ　三六・八・五

最愛の人

クラマール(1)から帰宅したけれど、きみの声がまだ耳に残っているのでもう少し会話をつづけよう。ぼくの代わりにジュネーヴまできみのお供をしてくれるように、この手紙を駅までもっていくことにする。手紙なら道中で仕事の話(2)の邪魔なんかしないで（ぼくだったら絶対そうしてしまう）、部屋でほっとできた瞬間をとらえてきみにこんにちはって言えるだろう。

[…]

自分の身の周りを見回し、資料(3)を手に取る。するとゲーテの「言葉」の意味を確かめられる。「きみはぼくの道具の位置をことごとくずらしてしまった(4)」ってね？　そうでもあるし、そうでもない。だって位置がずらされていっそう手に取りやすくなったのだもの。向こうから優しくにじり寄ってくるかのように。うまくつかめるように気持ちを抑え、今晩早々にも太鼓を叩いて召集をかけ、とんまな奴らのおかしな大耳に「道具」をぴしゃりとくらわせてやろう。ぼくの楽しみのため、そしてきみの旅立ちを「祝う」ため。

「藪《やぶ》」(5)では元気でいてほしい。よく眠り、調子が出るようにね。そして藪が燃えはじめてきみの道を照らしてくれんことを。

心の底から

きみのハインリヒ

(1)　パリ南郊外で、ハンナ・アーレントとハインリヒ・ブリュッヒャーの友人であるヴェイユ夫妻が住んでいた。〔ヴェイユ夫妻とは、アンヌ・（メンデルスゾーン・）ヴェイユ（ドイツ語読みではアンネ・ヴァイル）とエリック・ヴェイユ。アーレントの少女時代からの親友アンネ・メンデルスゾーンは結婚の後に夫婦でフランスに帰化している。〕

(2)　ハンナ・アーレントがジュネーヴまで青少年アリヤーあるいは別のユダヤ機関の誰と同行したのかは不明。

(3)　共産党員の友人たちとの議論をハインリヒ・ブリュッヒャーは準備していた。

(4)　ゲーテの詩「クピド、軽薄で我が儘な童」からの引用。〔『イタリア紀行』「第二次ローマ滞在」中の「報告　一月」に記されている詩句で、愛の精クピドにしばし憩いの場を与えたところ、すっかり家を占拠されてしまった、といった内容。〕

(5)「藪」(書簡7他でも言及されている)が何を示唆しているか不明。〔なお旧約聖書でモーセは「燃える柴」のなかから神に語りかけられて道を示される。〕

2

ジュネーヴ　三六・八・六

ちょうどわたしの「藪《やぶ》」たちをきれいに整えている最中でしたよ、あなたの手紙が最初の突破口《ブレッシュ》をこじあけようとしたのは。[…]

［さて］……律儀なわたしですからね、あなたが火をつけようと英雄的決心をなさっている藪のようすを説明しておきましょう。つまりその決心が、ペシミスティックではないとしても、とにかくヒロイズムであることにお気づきになるようにね、そのかわいい鼻*をなんにでもつっこむ、出しゃばり小僧さん。

第一の大きな藪は、小母さん、もしくはお友だち[1]。わたしより頭一つ分大きくて、倍は太っている——というより屈強——、きっかり三五歳年長。彼女なりの流儀ですばらしいひと。でも同時に第一の突破口ですよ。つまりユダヤ人ではないんです、わたしはそれを忘れていましたけれど。はじめてまた思い出したのは、スペインのことが話題になって彼女と口論になったとき。彼女ははらはらと涙をこぼしながら、ドイツ人であることがとても恥ずかしいと言ったのです[2]。口論といっても、稽古おさおさ怠りなくと思ってのことにすぎません。念には念をいれよ、です。でもそれは別として《ア・パール・ド・スラ》、わたしは彼女を愛しています、熱烈に優しい思いのたけをこめて。最良の子ども時代の記憶があるんですもの。

その彼女がわたしのために、大きな机付きの、大きくてすてきな部屋をととのえてくれました。バルコニーはローヌ渓谷に面していて、その向こうに一連の山々、そのまた背後にはモンブラン山群の赤味を帯びた白い姿。わるくないでしょ《パ・マル》!

アルコール飲料の用意は申し分なし。だれか頭のいかれた女友だちが葡萄山を一つ手に入れたとか。なかなかいい軽口の白ワインです。とてもなつかしい味。

このすべてが、そのほかいま書くには退屈すぎるたくさんのことも、とても必要だったのです。そのことが夜通しの旅のあいだにはっきりわかってきました。わたしは文字どおり、だれかに皮膚をひん剝《む》かれてしまったような気分でした。それにあのときの、「あなた向きの若い娘」云々のわたしの発言、恥ずかしくて気になってしかたなかった。あれは、一〇年まえにあなたに出会っていたら、という意味で言ったのです——でもそのころからわたしは女であることをある程度やめざるをえなくなっていました。[3] そしてあなたのことを思うと、そのことが残念でなりません。

さて、あなたの敵にしっかり牙をお剥きなさいな！　今日のところはこれでおしまいにします。あとひと言、藪について。いまちょうどザルツブルクからブルーノ・ヴァルター[4]のコンサートの中継放送中です、シューマンとブラームス、ウィーン・フィルハーモニー。

［…］

H.

＊　アーレントはブリュッヒャーの鼻をStupsnase（シュトゥプスナーゼ）とからかっているが、これは小さくて少し上向きの、子供によく見られるような愛嬌のあるかたちの鼻の意。

(1)　マルタ・ムント　アーレントの母の友人。三〇年代にはジュネーヴの国際連盟の国際労働事務局勤務。

(2)　スペイン内戦（一九三六—三九）で、フランコの率いるファシスト軍をナチ・ドイツが支援していた。

(3)　ハンナ・アーレントの最初の夫はギュンター・シュテルン（筆名ギュンター・アンダース　一九〇二—一九九二）で、彼は一九三六年六月にアメリカへ亡命したが、そのかなり以前から二人の結婚生活はすでに破綻していた。［アーレントは彼と一九二九年に結婚するまえには、マールブルクでの学生時代からマルティン・ハイデガーとの不幸な恋愛関係に苦しんでいたから、この手紙で彼女が「一〇年まえ」と言っているのはそのあたりを指すものと思われる。］

(4)　ブルーノ・ヴァルター（本名はブルーノ・ヴァルター・シュレジンガー、一八七六—一九六二）　指揮者。ミュンヘン、ベルリン、ライプツィヒ、ウィーンを本拠に活躍、一九四〇年以降はアメリカ合州国でも演奏した。

3

パリ　三六・八・七

ぼくの愛する人

きみのいない一日目が過ぎた。「きみのいない一日なんて一日じゃない」とはアルノー・ホルツ[1]の言葉だった。一日が、自分の内から有機的に満たされた時間であるというなら、たしかにその通り。それに対して、外側からおびただしい数の素材が持ち込まれてどっしりと置かれる時間であるかぎり、一日は少なくとも忙《せわ》しない騒音で満たされて、そこそこにめりはりのある時間の流れであってくれる。（このように人間とは内から外へ、外から内へ、とできている。人間は双方をよくなす、とラビは語り、それを良しとする。)

　パリの空は、きみの不在に鑑みて晴れる理由なし、との見解だ。ぼくもそれに同意し、仕方ないことをよくわきまえ、雲に覆われたパリとぼくの状態を我慢しておこう。そうそう、きみはカント主義者だから、そこに人間の尊厳も少しばかり加えて。空ときたら、いつもの伝で不公正なんだが、きみと遠く離れているといって、公正と不公正をめぐって泣き濡れている。それに対してぼくのほうはやむを得ないんだが、「わが内なる法則」にしたがって正義をひたすら求めつつ、不公正な者たちを束にしてたたき潰してやろうとしている。空が大地を潤してくれるように。そしてぼくのほうは、ぼくの敵たちを、奴らの家、女、子ども、売女に畜生、ごろつきども、それに奴らの一族郎党ともども、打ち倒せるように。

　太陽の輝く地中海へきみといっしょに旅行をして肌をこんがり焼くことのできないぼくは、地中海周辺からたちのぼる硝煙について――スペインの闘牛場で役立たないために、こちらで荷車を引いていっそうぬかるみのなかへ入ってゆくのが関の山の鈍牛たちに向かって――話して、せめて口を火傷するのが関の山だ。

　［…］

　グレートヒェン、きみの宗教的立場はどうなっているのだろう。*きみのハインリヒおじさんのことを[2]、党の聖なるエテ公官僚が昨日、党指導部への「確固たる信頼」と「決定の正しさへの確信」を無条件にもつよう、説き伏せようとした。そこでぼくは自分の宗教的立場を申告してやった。「もし信仰をもつとするなら、ヒトラーやらなんやらのインチキ偶像なんかでは断じてなく、つべこべ言わずに「無原罪の御宿り」を信じる。そのためには少なくとも頑強な信仰が要求されるし、それに加えて、くだくだしいやり方で受胎を済ませるよう強いられるたびに可笑しくなってしまうような、愉快な想像も必要だ」と。いまや連中はおそらくぞっとしてぼくのことを本物の無神論者だと思い、その魂のために祈るといってぼくの肉体を殺しにかかるだろう。それに、ぼくのそばにきみはいないから、たとえ哀れな異教徒であってもぼくがどんなに「宗教的」であるか、きみは証言してくれない。

　こちらでは、人民戦線[3]がフランス人戦線に変質しつつある。文字通りの事実だ。もしドイツ人戦線等々ができて国際的な砦などもう打ち立てられないというなら――いっそのこと割礼を受けてユダヤ人戦線に加わることにしよう。

　国民社会主義が何であるのか、〈血と大地《ブルーボ》〉[4]の教えからぼくには判っている。(実態は、労働者の血、ユダヤ人の血を大地にしみ込ませることだった。）無実の血を吸い込んだ醜い植物が大地に生え、その種をまき育てた若者たちの血管には下肥が流れて、そこには未来の果実をつけるための大地がないんだ。

　国民的な社会主義が何であるのかも、〔第一次大戦〕戦中の労働組合政策からぼくには判っている。肥満した社会民主主義者たちがくつろぎながら、無実の仔羊たちを戦場の大地に連れ出して、その先は右記同様、そんな牧畜方法だ。

　国民的な共産主義がフランスで容れられるとして、それがどんなものとなりうるか、見当もつかない。でも容れられはしないだろう。第一に、この深海の妖怪に対する資本主義の階級的不信感は取り除けない。第二に、そんなものは人造人間のホムンクルスのようなもので、こいつの入ったフラスコなんぞ階級闘争が粉々にしてしまうだろう。不安に叫びをあげる臆病者の感傷に満ちたこの「魅惑的な水」のなかで、「彼の光」は現在まだわずかな「壮麗なる**音」を鳴り響かせてはいるが、明日にはフラスコを粉々にされて悪臭を放ち、まとわりつく信奉者たちの崇拝に淫した鼻をふさいで、信心深げに閉じていた目を開かせるだろう。

　国民的な共産主義はいわば「森のなかのパンの包み紙」のようなものだ。「ドイツ」文化を広めてくれたけなげなユダヤ人、クリスチャン・モルゲンシュテルン[5]に説明してもらおう。「森のなかのパンの包み紙は、雪になったために寒くなり」――「不安から顔かたちを変える」――「不安から」――。ほとんど信じがたい見せかけの生き物に成り上がり、小飛行すら試みる――すると、終わりも近い。「おおきく貪欲な鳥」キツツキが追ってくる。（これを明らかにしてきみに説明していたラビであるぼくはここで割って入って「なあんだ《ネビッヒ》[6]、ファシズムじゃないか」と無邪気に言う！）「要するに野のキツツキはかけがえのない産物を飲み込んでしまった」。

　ああ、王妃様、人生がさほど興味を惹かないものでしたなら、なんとたいへんだったことでしょう。でも王妃様、人生ってとってもすばらしいものです[7]。きみも知るとおり、五一対四九パーセントの割合で。でも喜びという過半数株にとって余剰の二パーセント――わたしが集めたのはいわば自分のためだと、ああ王妃様、恐れ多くも思うのですが――それはきみ自身なのだ。

　それではお元気で、親指を（きみに目隠しする代わりに）立てて成功を祈っている。

　　　　きみのハインリヒ

（1）　アルノー・ホルツ（一八六三―一九二九）は自然主義の作家。

〔引用句は一九二六年に発表された「一二の愛の詩」の一編から。〕

＊　ゲーテ『ファウスト』第一部でグレートヒェンがファウストに「あなたは宗教をどう考えているの」と問う場面があり、信仰問題などを直截ただす問いがドイツ語では「グレートヒェンの問い」と言い習わされている。

（2）　共産党を指す。

（3）　フランス議会政治が危機に陥っていた期間、レオン・ブルムを首相として（一九三六年六月―三七年六月）、急進社会党、社会党、共産党をまとめた人民戦線内閣が組まれた。これは一九三八年にダラディエ率いるブルジョワ内閣に取って代わられた。

（4）「血と大地」（Blut und Boden）の略語。農民を美化した国民社会主義イデオロギーにおけるスローガンのひとつ。

＊＊　ゲーテ『ファウスト』第二部「古典的ヴァルプルギスの夜」のなか「エーゲ海の岩の入江」八四五八―八四六三行における次のやり取りが踏まえられている。「ホムンクルス：この魅惑的な水のなか／私がここで何を照らそうとも／すべてとてつもなく美しい　プロテウス：この生命の水のなか／あなたの光が輝く／壮麗なる音をたてて」。

（5）　クリスチャン・モルゲンシュテルン（一八七一―一九一四）はドイツの詩人。ユダヤ人ではなかった。引用の詩句は『絞首台の歌』所収の「パンの包み紙」が若干変えられている。〔原詩は、森の中でパンの包み紙が不安から〈考える〉ことをはじめ、やがて空を飛んでゆくが、最後はキツツキに捕らえられてしまう、といった内容。〕

（6）「ネビッヒ（nebbich）」はイディッシュ語表現。

（7）　フリードリヒ・シラー『ドン・カルロス』四幕二一場末尾における侯爵の科白、「ああ、王妃様、人生とはすばらしいものです」を踏まえている。〔シラー原文は標準ドイツ語だが、引用はベルリン方言で表記されている。〕

4

三六・八・八

親愛な方

ジュネーヴの空ときたら、あなたを知らないし、あなたがここに来ていないことも知らない――あなたなんて存在しないと思ってる、とんでもない勘違いですねえ。要するに、輝くばかりの上天気ってこと。わたしもですよ。第一に、何ぴとたろうとだれからも奪えない、もろもろの現実への偏愛と共感から。第二には、あなたへの偏愛と共感から。そして第三には、あなたの手紙がこのうえなく嬉しかったから。というわけで、あらゆる義務をまんまと逃れて小さなカフェに陣取り、外見的には申し分なく《コム・イル・フォ》お行儀よくしながら、内心では歌をうたっているところです（講釈好きのラビを参照のこと）。

だが生き残ってるやつらは笑って、
足の小指を振って合図する。
おお、空よ、かがやく紺碧！
すさまじい風よ、帆をふくらませろ！

凪も波も失せるがいい！　ただおれたちに
海だけは聖母マリアにかけて残しておいてくれ！[1]

（これは同時に、ブレヒトへ改宗させようという魂胆からですよ。）

ところで今日は最初のいささか大きな災難が起きました。台所でタマネギを切っていたお友だちに、郵便配達が来る時間はと、自分ではとってもさりげなく訊いたつもりだったのに、「あなた、恋をしてるのね」と言われてしまった。わたしは猛然と抗弁。すると、「でも、べつにかまわないでしょ。」わたしは怒りくるって話題を変えました！

あと半時間で会議がはじまります。[2] 会議で使われるのは、イディッシュ語と――ヘブライ語。この後者はわたしが習ったときのとても憂鬱な経験からすると、[3] 言語なんてものじゃない、国民的災厄ですよ！　だから、あなたも割礼を受けたりしませんように。

こちらでは戦争が話題にのぼっています――つまり、クルト・ローゼンフェルト[4]がパリからのニュースをもとに言い立てているのです。どう思います？　そうなったら、わたしにとって、わたしたちにとって、ひどく厄介《マル・ア・プロポ》なことになりますね。

わたしが戻るころには、あなたにはもうきっと鶏冠《とさか》が生えていることでしょう。これでスペインと闘鶏への準備万端ととのったというわけですね。

ときどき、わたしはあなたにちょっとばかり要求しすぎたかなと思うことがあります。“du”で呼びあうとか、河岸を散歩するとか。でもほんとうのところ、わたしは厚かましい期待をもっているのです、あなたにはなんでも要求していい、つまり、自分自身を扱うのとおなじようにあなたを扱ってもいい、と。

会議の参加者は、メシア待望のラッパ吹き組と究明派に分けられます。わたしは後者に属していて、そこにかなりの Chochome〔イディッシュ語で賢人〕づら、ドイツ語で言う知ったかぶり屋の味を添えています。

昨日の記者会見でも、いくつかの新聞コミュニケでも、経済や法の面でのおよそ考えられるかぎりの政治的抑圧が喋々されています。ところがポーランドでわれわれがポグロムにさらされていることについては、ひと言もなし！　われわれが言わなくて、だれが言います？　そのかわりに今晩は、ポーランド政府代表が国際連盟に公式にご登場！　三年まえ、ドイツのユダヤ人がわれわれの口を封じたのとおなじことを、こんどはポーランドのユダヤ人がやるんでしょうね。こうしてとどのつまりは、われわれみんなが悪魔の餌食になってしまう。

［…］

こんな悪筆をお読みになれるかしら！　タイプライターで打ちましょうか。

などなど《アンド・ソウ・オン》。

H.

（1）　ブレヒトの「海賊のバラード」より。〔『家庭用説教集』第三章。アーレントの引用は、このバラードの第五連の最後の一行と、「おお空よ……」以下のリフレインで、厳密には原詩どおりではないが、ここでは第五連最後のもう一行を加えて原詩にそって訳した。〕

（2）　世界ユダヤ人会議創設に向けての最初の会合を指す。

（3）　アーレントは、ハナン・クレンボルト（書簡43注1参照）が青少年アリヤーの肝煎りで農業・工芸学院でおこなったイディッシュ語とヘブライ語の授業に参加していた。

（4）　クルト・ローゼンフェルト（一八七七―一九四三）　法律家。一九二〇―三〇年、帝国議会議員。社会民主党の党内左派の指導的代表者。

5

パリ――

ベルリンに強烈な砲弾が撃ち込まれた。同志たち、その顔、表情のひとつひとつ、そして別な表情にくるくる変わる様《さま》の、ぼくの手に触れるほど近しい同志たちが、ゲシュタポの地下牢に収監された。

着弾によって真昼間に真っ暗な穴が開けられ、爆風によってぼくはいちばん暗い隅に吹き飛ばされてしまう。骨をぶつけてそこにしゃがみこんでいると、その周りを時が物問いたげにぼんやりとうずくまり、先へ進もうとしない。ようやく灯りをつけたときにぼくは、マルクスがパリ・コミューンの犠牲者について述べた言葉を思い出す。「彼らは労働者階級のおおいなる心の柩に安置される。」そうなんだ。そうでなくては。

ぼくは今日ひとりではないし、今日はひとりでいたくないし、きみがここに来てからいつか話したいと思っていて、いまならそれができるので、ぼくたち三人のあいだでまだ少し言っておきたい。

部屋に椅子は三脚ある。もしきみが、この前のときぼくの隣にいて座っていた椅子にまた座りたいというなら、ローベルト[1]は別の椅子に座ればいい。

まずは、昔の夢を打ち明けよう。この夢を見たのはXが処刑されたときだった。（Xの片足は木の義足で、親しい同志たちが特別上等なのを買うよう党に働きかけた。彼自身がいくら金を積んでも買えない最上の木材から切り出されたようなひとかどの男だったからだ。何年か前にぼくたちの任務のため片足を落とし、今度は首を、とあいなってしまったのだ。)

天を突くようでいながら天まで届いてはいない大きな死刑台が設置されていた。無数の小さな踏み板といくつか広い踊り場のある長い階段が死刑台のうえまで延びていた。男上では死刑執行人が刀をいままさに握ろうとしていた。男の前にはXが縛られて壇の床に投げ出されていた。そのとき、同志たちが次から次へと長い列をなして階段を埋めて、救出にのぼっていくのだった。見ていたぼくは、彼らが間に合わないのがわかった。みんなことごとく木の義足をつけていたから。彼らはうえに向かって激しくどよめき、歩調を合わせた力強い歩みは大地を揺り起こさんばかりに轟きはしたが、大地を目覚めさせるにはいたらない。階段をのぼる同志たちによる救出は、障害のためやはり間に合わない。そのときぼくが走り出し、叫ぶ。通してくれ、通してくれ! 行軍する歩兵の隊列に「右寄れ!」の命令が下され、その脇を砲兵隊が進軍してゆくかのようだった。みながが左側をあけた。そして義足の歩調に合わせて叫びが唱和される。

ハインを
通せ
二本の足のハインだぞ!

ぼくは彼らの傍らを走り抜け、階段をのぼり、昔子どものときリレー競走で賞を獲ったときのように走った。全身全霊を込めて走った。行き着くやXに覆い被さった。まさにそのとき死刑執行人が長い刃渡りの刀を振り下ろした。ぼくの脚にぐさりと刺さる。意識が朦朧としてゆくなか、次の言葉で目が覚めた。「さあ次は他の奴らだ。」

Xは死んだ。ぼくにもぼくたちの誰にも、あいつを救い出すことはできなかった。それでもぼくは、奴らが捕まえている、あるいは今後捕まえる他の誰のためにも全力で走れるよう、つねに鍛えておかなくてはならないだろう。

ハンス・ヴェスターマンがハンブルクの監獄で殴り殺されたとき、あいつはアンドレと並ぶハンブルクで最高の男だった。水夫だった戦時中にすでにぼくたちの仲間となり、どんな戦闘でもいつも最前線にいた。奴らはこの筋金入りの男の頭蓋骨を打ち砕いてみせた。そのなかにはぼくたちの利害を明晰に考えるすぐれた脳髄が納まっていたからだ。奴らは不屈の精神力をもったこの脊髄を打ち砕いた。それがぼくたちのためにどんなに困難な責任をも担う力量をもっていたからだ。

カール・Oが全身のどこも無傷の箇所などわずかもなく、油浴していると知らされたとき――

シャルロッテンブルク*生まれの少年が一〇人の若い衆に文字通り踏み殺されたとき――

モアビート生まれの少年の心臓が、もっぱらぼくたちのために脈打っているからには、奴らにはそれをぶち壊さなくてはならないとばかりに、その胸郭が叩き潰されたとき――


パウル・Jが一晩中叫びつづけていたという知らせを、別な囚人がぼくに送りよこしたとき――ちなみにあいつは人知れぬ強靱さを秘めていて、あいつが叫びつづけるくらいだったらぼくなんかどうやって持ちこたえられるか知れたものではない。

そして、同志たちと集まってあいつらを偲ぶとき、そしてその後ではいつでも繰り返し、あいつかそれともあいつがやっぱり落とされたんじゃないかと自問せざるをえないとき――

そんなときぼくは決まってある言葉を飲み込んできた。その言葉を、ふたたび友人たちがいるところで、きみと彼らにはっきり言おうと思う。きみにはなんでもしゃべると約束したのだから。

すべての者たちを悼んで「献杯」するときには、加えて次のように述べよう。

同志よ、いまぼくたちの名前を吐くよう拷問につぐ拷問で痛めつけられながら吐かないでいる男のために、と。あいつに煙草が切れることのないように、熱に浮かされたあいつの夢が、女房の愛らしい顔に満たされているように、老母の心が張り裂けることのないように。

そしてぼくたち、ぼくたちは忘れはしない。

（1）ローベルト・ギルベルト（一八九九―一九七八）著述家、作曲家。一九一七年からブリュッヒャーと親交を結んでいた。〔出征していた第一次大戦末期からスパルタクス団とかかわり、戦後は活発に政治運動に加わる。オペレッタ台本、流行歌の作詞作曲などを多数手がける。ナチ政権樹立後はユダヤ人であるためアメリカ合州国に亡命、ここで市民権を得るも、四九年に西ドイツに帰還している。〕

＊ シャルロッテンブルクはベルリン西部の比較的富裕な市民層の住宅地区。モアビートはベルリン中央部に近く、その北部は労働者地区。

6

［ジュネーヴ］　三六・八・一一

不安になってます、お便りがないから、というより、わたしの手紙が着いたかどうか、ちゃんとあなたの手に届いているのかどうか、わからないから。

手紙を書けと言っているのではけっしてありません。ただ、着いたかどうか知りたいだけ！

とりいそぎ、雲たちこめる不安のなかで。

H.

7

パリ　三六・八・一二

最愛の人

お手紙落手と書き忘れたのはほんとうに迂闊だった。全部受け取っている。このことを心より「お知らせ」申し上げます。とうに日課に戻っていなくてはならなかったのだが、きみに宛てた不吉な前便をまる一日のあいだどうしても投函できずにいたんだ。だがやはり出さないわけにはいかなかった。

ぼくのほうはこちらで、ありがたいことに容赦ない殴り合いをしなくてはならない。

［…］

さて、きみの「悪筆」について。ぼくはすぐに慣れてしまい、少なくともぼくからきみの「手」が遠ざかることはない。最初の手紙では一行ごとに右下がり、二通目では上がってゆくのを見ては楽しんでいるが、残念ながらわずかな手紙しかない。そして、きみのお友だちがきみに面と向かってずけずけと言っていた事柄をこれと結びつけられたら、なんて夢想している。それに「藪」が光を放ってくれるように、とも。ぼくだったらうってつけの「強風」を吹きつけることだってできるだろう。どうか、ぼくの筆跡が変わったからといって驚かないでほしい。これはきみも知っている頃、それまでの筆跡では読む気を起こさせない幼稚な代物になりかねなかったので、足掻《あが》いたうえで新たに身につけたものだ。きみは「ぼくの道具の位置をことごとくずらしてしまった[1]」、つまり、ずらして正しい位置にしてくれたんだ。そうなら筆跡でも同じようにやってみることができるだろう。

きみにはいま、部屋があり山があり、ワインもあるなんて、羨ましいね。

きみが歌まで歌ってぼくの手紙を喜んでくれて、ぼくに好感をもち、特別な好意をぼくに抱いていると告げてくれていること、とりわけ特別の好意というのを別なふうに理解して恋愛の前段階だなどと考えることで、心が和んでくる。

もちろんきみが自分に要求できることならなんでも、ぼくにも要求してほしい。そして自分を扱うようにぼくのことを扱っていいんだ——ただぼくよりも自分のことはもっと丁寧に扱ってほしい。少なくともぼくはそうする。きみがきみ自身にしているより、きみのことを手厚く扱う。一〇年間がどうのこうのと言ってぼくに気遣いをしないでほしい。ぼくには、自分が何をもっているのか、きみが女性としてなんであるのか、なんでありつづけるのか、なんになってゆくのか、わかっているのだから。どうかぼくに判断させてくれ。きみだってもうわかっているだろう。

［…］

いにしえからの父祖たちの流儀にしたがって、きみが家で使えるよう男は四苦八苦してそれ［愛の詩］[2]をしかるべく絞り出した。けれどいっさいは、民衆の古い流儀で思いつく言葉で簡単に言えることだったようだ。最愛のひと、きみを愛している、と。これに韻を踏んで。*

ハインリヒ

（1）書簡1・注4参照。
（2）「伝統」への「敬意」とブリュッヒャーが称するこの詩はここに収録されていない。
*　「きみを愛している（ich liebe dich）」の「dich」に、彼の名「ハインリヒ（Heinrich）」の語尾が韻を踏んでいるということ。

8

［ジュネーヴ］三六・八・一二

友よ——

まさにそれが問題です、あなたが寛大にも提供してくださった三番目の椅子に、わたしが座れるのかどうか。何ごとも、何ぴとも、わたしにそうする正当な資格があると認めていないのです。それに、わたしのほんとうに最良の友だち[1]は言いました——ただ残念なことに彼女は一〇〇年もまえに死んでいるのですが。「ユダヤ女であるのがこんなにも恐ろしいことなのは、いつだって自分の正当な資格を自分で証明しなければならないから」だと[2]。わたしの考えでは、だれも自分では証明できないし、させてもらえない。正当な資格を認知するのは、かならずほかの人たちだけなのです。それも、どこかのだれか、たとえば中国人といった他者ではなく、同じ歴史的空間に生きている他者。この他者たちが認知したがらなかった。そしてわたしの個人的ケースでも、そのことをわたしの生身にわざわざ叩きこんでくれたのです。

そしていまあなたは、わたしに最高のしあわせと最高の居心地わるさを感じさせるやり方で、信頼せよと強制なさったけれど、わたしの信頼はあなたにたいしてだけ、あなたと二人だけの四つの眼のもとでのことですよ。六つの眼なんて——わたしにとってはすでに馴染みのない領域です。それにわたしはなんらの伝統にも属していないし、ペンで線一本引くだけでわたしを消してしまえるような組織につながってもいない。ただ一九三三年にだけはほんのしばらく、ひじょうに意識して距離をとりながら、そういう関係のなかに身を置いたけれど、それはごく初歩的な安全対策上、わたしのような者が必要とされたからです。(3)

あなたはご自分でおっしゃったでしょ、なにもかもマイナス材料ばかりだ、と。この「なにもかも」というのは——偏見だの、困難だの、ちょっとした不安だのをべつとすれば——、わたしたちが共通の世界をもつことはないだろう、ということ以外の何でしょう。南への旅に、わたしはいっしょに行けないとか(4)——等々。

まともな手紙に仕上げるはずだったのに、中断させられてしまいました。今日、お手紙落手。いまは続きを書く気になれません。でも少なくとも、わたしの手紙がぜんぶ着いていることはわかりました。

［…］

それに今日は大急ぎで記事を一つ(5)なんとか仕上げなくてはなりません。

でもそのあいだも、部屋の三つの椅子の手紙がどうしても頭から離れなくて。

それ以外にも、あなたの助言がほしい実際的問題がいろいろあります。われながらじつに妙な気がする、だれかに助言を求めるなんて一度もしたことがないんですもの。

よかった、わたしの悪筆をお読みになれて。だれも読めないんですよ——母以外はだれひとり。

あなたの筆跡はどちらもあなたが思っているよりずっと似たり寄ったりですよ、おばかさん。

会議中に書いていますが、もう紙が尽きたのでおしまいにします。

H.

(1) ラーエル・ファルンハーゲン（一七七一—一八三三） ユダヤ系ドイツ文筆家。ベルリンの彼女のサロンは長いあいだロマン主義者たち、のちには「若きドイツ派」作家たちの、集う場となっていた。彼女の書簡と回想記はロマン主義時代末期のもっとも重要な史料のうちに数えられる。
（2）レベッカ・フリートレンダー宛の一八〇六年夏の手紙から。少し変えられている。
（3）ドイツのシオニスト組織のために非合法活動をしたことを暗に指している。ギュンター・ガウスのインタヴュー、*Zur Person*, München 1964, S. 18 参照。〔『アーレント政治思想集成１』（みすず書房、二〇〇二）に「何が残った？　母語が残った」（矢野久美子訳）として収録。一六―一七頁〕
（4）ブリュッヒャーの書簡３参照。
（5）不詳。

9

〔ジュネーヴ〕　三六・八・一九

親愛な方

わたしの手紙が届いていなかったのね[1]、金曜日に、あなたの二通の手紙への返事として書いた手紙が。しかもそれには、フランスの女友だちからの手紙も同封しておいたのに——仕事口があると知らせてくれたのです。だからかなり分厚くなっていました。いまはそこに書いたことを繰り返していられません。あと数分で郵便ポストの取集時間だし、あなたをこれ以上待たせてはいけないし。

まったくばかげた話。わたしのほうでは、あなたはわたしの手紙が気に入らなくて、それで手紙をくださらないのだと思ってました。そこで半分は依怙地に、四分の三は絶望的になっていたのです。でももう笑ってくださいな、わたしが笑っているように。

つぎからつぎと記事を書きまくっています[2]。お気に召さないでしょうけれど、ぜんぶ送ります。

わたしはちょっと混乱気味で気が変になりそう。わたしの頭が紡いだ妄想はみんな間違いなのね、あなたはまだちゃんとそこにいるのね。

大好きな方、わたしの思うに、わたしはあなたを愛しています。本気で。そして少しずつ、とてもゆっくりとですが、愛に逆らう理由などありはしないと納得しかけています。

わたしに、あのように忌々しいもっともな理由さえなければよかったのに。

三行よりはちょっぴり長い手紙になってしまいました。償いに、あなたの口とお鼻に口づけを。

H.

（1）ブリュッヒャーが心配して便りがほしいと伝えてきた。

（2）不詳。

10

［ジュネーヴ］　一九三六・八・二〇

最愛のひと

　わたしはたいへんご満悦です、また手紙を書いて、胸のうちをぶちまけられることに。同じ郵便で忌々しい記事三本を送りますね。一つは『世界舞台《ヴェルトビューネ》』（1）、もう一つは『日　記《ターゲブッフ》』（2）、もう一つはごく内密にアメリカふうの名前でアメリカの新聞に渡したものです。最後のはあなただけが読んで、そのあと処分してください。受け取ったとのお知らせもぜひお願いします！　あとの二つは、わたしの友だち、アンヌ・ヴェイユに回してあげてくださいませんか、宛先は Mme Anne Weil, 1 Avenue René Samuel, Clamart/Seine. ただの印刷物扱いにして、なにも書き添えずに。

　こういうものをあなたに送るのは――たんに〈悪魔の代弁者《アドヴォカトゥス・ディアボリ》〉〔故意にあら探しをして異論を唱える者〕としてのわたしの役割に沿っているだけのこと、お読みになれば、それはすぐおわかりになりますよ。もっとましな諫言の方法はなさそうですもの！

　手紙が届かなかったことは気にしないでくださいね。きっと宛先が判読不能だったんでしょう。この種の落胆にはわたしは残念ながら慣れてます。でもあなたに心配させてしまったことは、身震いするほど辛い。――

　今日はまったく何もせず――じつにいい気分。泳ぎさえしない、ひどい天気ですから。いくつか書かなければならない手紙があるけれど、こうしてあなたへ手紙を書くことで、幸せいっぱいにそっちはサボってます。

　わたしのお友だちは聖フランチェスコたろうと修行中で、ジュネーヴじゅうの乞食と浮浪者が心から彼女に味方しています。そのほかの点ではわたしたちの仲はとても良好ですよ。ただあまりにもよくしてくれるので、息がつまりそう。母親は一人だけで十分だとつねづね感じているのに――二人もいては面倒なことになりそうです。

　でもこんな無駄口を弄しているのは時間のせい。あと一〇分で郵便が来る時間なんです。ではこれで！

　郵便屋さんは何ひとつもってきてくれなかった。だからいまはわたしの〈悪魔の代弁者〉の特技はちょっと棚上げにして、そして――これまで自分では何ひとつ気の利いたことは思いつけないでいるので、ただただ伝統にしたがって、なぜわたしがちゃんとした手紙をもらう必要があるのか、正確にご説明いたしましょう。

殿方たちの眼差しをわたしはよく知っています、
ある眼《まなこ》は言う、「ぼくは愛し、苦しんでいる！
焦がれに焦がれ、絶望している！」
そのほかもろもろ、乙女にはすべておなじみ。

どれもわたしには無効です、
どれもわたしの心を動かせません。
でも、ハーテム、あなたの眼差しこそ
この一日に輝きを与えてくれるのです。
なぜならその眼は言っているから。このひとはわが歓び、
ほかの何ものもこれほど心に適いはすまい、と。(3)

H.

（1）*Die Weltbühne, Zeitschrift für Politik, Kunst und Wirtschaft* は、一九〇五年にS・ヤコブゾーンによってベルリンで創刊され、一九三三年にはプラハに逃れて『新世界舞台』として続刊、一九四六年からは東ベルリンでM・フォン・オシエツキーとH・レオンハルトによって発行された。

（2）*Tagebuch* は一九二〇年創刊の政治週刊誌、一九二七年からはL・シュヴァルツシルトが単独で発行した。一九三三年に発行停止。一九三九年まではパリでL・シュヴァルツシルトによって『新日記』として続刊された。

（3）ゲーテ『西東詩集』参照〔「ズライカの書」より〕。

11

パリ　三六・八・二一

最愛の人

お手紙〔書簡9〕昨日落手。ようやくほっとできたよ。おおきく息を吸うと胸の深くまできみの愛に満たされ、心和んでゆく。ジュネーヴの氷のうえで凍りついていた火酒が溶けだして、いまぼくの血の中をめぐっている。

紛失したものと思っていた分厚いほうの手紙は、遅ればせながら今日になって扉の隙間からどさりと届いた。疑心に苦しめられ、フランスの祭日三日間のちゃらんぽらんさでもみくちゃにされた手紙が、定刻通りに到着するわけがあろうか。こいつが道を急がなかったもので、「大好きな方、わたしの思うに、わたしはあなたを愛しています」という調べが先回りしてくれた。でも、そう思ってくれるだろうか。心から。ぼくもきみの言葉を信じよう。これまで

誰に言われても信じやしなかったのに。たくさんの人からそう聞かされ、それでも誰も信じなかった。きみの言葉ならいま信じる。きみさえそう言ってくれるならば。

　後から出した手紙が前の便を追い越して来たため、またしてもきみの行動は思い煩う言葉に先行することとなった。ずっと「きみの日」のことを思い返していたんだ。それはぼくのいのちの日だった。そこできみから疑いに満ちた手紙が届くと、自分にこう言い聞かせていた。おまえはなんだって彼女の苦悩に満ちた言葉をあれこれ詮索しようとするのか。彼女の行動いっさいの証がおまえのくちびるをいつまでも燃え立たせているではないか、と。

　ぼくだってひとつ判っているんだ。きみの行動と言葉の間で矛盾がずっとつづくなんてありえないと。きみのなかではすべてがまとまりをなした一体となっている。でもやはり生きものである以上、あちこちの部位同士が極端な軋轢を起こすことだってあった。ただしその結果、それだけいっそう堅固に結び合うだろう。

　いまではきみはぼくの妻なのだから、きみに会いたくてたまらない、などと腑抜けたことを言っても許してくれるだろうね。

　［…］口づけしたとききみは、泥人形《ゴーレム》*の口に紙切れを差し入れた。そこにはこう書かれていた。「大好きなあなた、愛してます！」そこで彼は、そこらじゅうを歌っては飛び跳ねている――舌はもつれ、足取りはよろよろしているけれど。

　そんなふうに振る舞っていながらも彼は、自分の別な任務をあれこれと思い出している。だって彼は書斎があふれるほどの課題を口に詰め込んでいるのだから。そしてよろめきながら仕事にかかる。

　彼はこちらでいくつかの悪行に手を染めてきた。これについては今度きみに釈明するだろう。

けれどそんなとき、歯の間にはさまり気に障って仕方なかった紙切れが自分にとってとりわけ緊急であるように思われてきた。彼自身の存在がユダヤの伝説に負っているため、この紙切れは彼に特別重要なのだ。紙切れにはこう書かれていた。「ユダヤ人たちに思いを馳せなさい、悪太郎さん。ユダヤ人の女たちのなかでも最良のものを分捕っておいて彼女たちには思いを馳せないでいるなんて、それがあなたの石でできた心には似つかわしいとでも言うのでしょうか。」実直な泥人形《ゴーレム》は何をするのだろうか。感謝の念と思考力の許すかぎり、彼は思いを馳せる。けれども彼はあまりに身勝手であるため、自分の心地良いことを人に役立つことと結びつけ、ユダヤ人たちに宛てた書簡というかたちをとった文章を、彼のユダヤ人女房に送るのだ。

ユダヤ人戦争についての書簡。

若いマルクスがユダヤ人問題について論じた書簡がある。＊＊オット・ヘラー(1)がさんざん踏みつぶしてぶざまな代物にしていたが、この書簡は国際労働者階級の政策に指針を与えてくれるものではない。ここでマルクスは、ヤコブが神と格闘したように、貨幣の「理念」と格闘している。この類の幽霊との格闘は、自分自身との格闘に行き着くのがつねであり、その相手はもとの自分自身よりいっそう強大になる。そのため、こうした戦いでは腰を無理に捻じ曲げないわけにゆかない。無理に捻じ曲げ腰を痛めるという帰結は、この場合で言うなら、抽象的なことを具体化せんとする青年マルクスの途轍もない衝動から生まれた、ユダヤ民族を貨幣と重ね合わせる、過《あやま》てる構想になる。マルクスは、弁証法的唯物論という効験あらたかな湿布を捻った腰に貼り、発育が阻害されていないと確認するのだった。

ユダヤ問題が折に触れまた出現すると、青年マルクスと友人エンゲルスはいくつか発言をしている。これを丁寧に分析することは、労働者政党の喫緊の課題のひとつだ。さらにフランツ・メーリング(2)の、当時はまだ人目を引かなかったドイツの反ユダヤ主義に抗した戦闘的な論文を活用する必要がある。ローザ・ルクセンブルクのユダヤ人問題についての姿勢を、ツァー専制体制からポーランド民族を解放する問題をめぐりレーニンが克服しようとした誤謬の枠で考察すること。レーニンがポーランドのユダヤ人問題（ブンド）(3)に対してとった態度は完全な誤解で、〈ポアレイ・ツィオン〉(4)については、ツァー専制下のロシアで抑圧されている諸民族を、ロシア労働者の勝敗を決する闘争に利するよう結集させる、という政治の枠組のなかで、具体的に光を当てなくてはならない。ツァー専制下で抑圧されていた当時のポーランド民族のなかでのポーランド・ユダヤ人の状況と、ポーランド・ファシズムのもとでの今日の彼らの状況。そうでなくとも、レーニンは予言者などではなく、ファシズムにまで指先を伸ばした帝国主義反革命状況下におけるユダヤ人問題というまったく新しい布陣を予見できていなかった。

できるだけ速やかに引用集めの作業の遅れを取り戻し、方法を綿密に導き出してゆこう。けれどもまずは、現下の情勢に一瞥を投げることにする。

新しい状況はこうだ。瀕死のナショナリズムが人種主義妄想という点滴を受けて血なまぐさい陶酔に向かおうとしている。この毒の調合を促す思想が反ユダヤ主義だ。ユダヤ人がユダヤ人だからという理由で、資本主義世界のなかで殺戮される、これが具体的な帰結になる。この結果、悲痛きわまりない心身の危難を逆転させる必然性から、ユダヤ人はほんとうにひとつの民族になりおおせるかもしれない。ぼくたちは、ユダヤ人たちが大挙して諸国をあちこちと追いやられる事態を見込んでおかなくてはならない。事実とはどうにも頑固なものだ。革命家たちがこの事実を見過ごしてすまそうというのなら、足をすくわれた末に大けがを負うだろう。

反ユダヤ主義が人種主義妄想を醸成させる酵素だとするなら、実はこのひとつの具体的な問題は、世界革命を醸成させる一酵素へと弁証法的に転換されうるものだ。ここにはなんとすばらしい叛逆のダイナマイトが積まれていることか。この爆破力の質と量をぼくたちは精確に調べなくてはならない。（精確な統計的識見が必要。）

ユダヤの民衆は、一民族となるよう強いられているのだろうか。

もしそうだとしたら、どのようにか。そこに好転の見込みがあるとするなら、彼らのもとにある帝国主義に抗する国民革命的な諸要因をぼくたちは発展させなくてはならない。この国民革命的な要因からは、ひと目で次のような特性が示されている。みずからの国土をもつかぎりで少なくともすでに〈民族〉を実現している被抑圧民衆は、国民革命の道のりをいましばらく、ブルジョワジーが裏切るまでは彼らと手を携えて歩む可能性がある。それに対して選ばれた民であるユダヤ人には、彼らのブルジョワジーは種々の帝国主義ブルジョワ階級に同化してしまっているため、すでに道のはじめからブルジョワジーとの断絶が要求されているように感じられる。極度に複雑な過程をたどり、エジプト神話でのオシリス(5)の肉体のようにばらばらにされているとするなら、彼らは国民革命家として世界革命への歩みを開始しなくてはならないだろう。

一例として、ある具体的な事例から次第に明らかになってきたことを素描してみよう。

どうしてユダヤ人はスペインへ行こうとしないのだろうか。彼らは地中海に適している。彼らがそこで交易のために諸民族の間を行き来していたとき、さまざまな民族が相互に結びつきをもつためにこの仲介がもっとも利用されていた。革命によって地中海諸民族の結合が可能となっているいま、どうして仲立ちをしないのだろう。

けれどそのためには、ユダヤの民の課題が、帝国主義に抗した労働者・農民・下層労務者の革命の課題と不可分である点を見ようとする、ユダヤ人の中核となる者らが結集する必要がある。いかなる運命をも甘受してこの課題にしっかりと携わる決心のできた人々だ。ユダヤ人たちは、かつて反動派の暗黒精神によって放逐された地スペインで、今度はスペイン労働者・農民を殲滅せんと邁進している反動派たちと戦闘の第一線でまみえるため、再結集を所望しなくてはならないはずではないか。ユダヤ人たちには、自分たちのため行動に移るべき契機に事欠かない。でも人が戦うのは進歩のためでなくてはならないし、反動派に悪用されてはいけない。ユダヤ人たちには、いたるところでファシズムに立ち向かって死にものぐるいで身を投げ出すだけの充分な理由がないというのか。いったいどうして、自前のユダヤ人戦闘団をスペインのファシズムに対して投入する権利を要求しようという考えにすら誰もいたらないのか。ユダヤ人は革命的マルクス主義に等しい、というヒトラーの悪い冗談を、ついには壮大なる本気にしてしまうことをヒトラーから学びもしないで、彼らときたら胸くその悪くなるおしゃべりにうつつを抜かし、ジュネーヴで世界ユダヤ人愚者会議なんぞを開いてシオン賢者についてのヒトラーのデマ話に無様な裏づけを事後的に提供してみせているありさまだ。こんな会議など実のところ、ロンドンのずる賢い連中に重要なだけだ。勇気があるからではなく抜け目ないため、奴らは民族的・人種主義的煽動を行なう狂った方法をヒトラーに学んでは、ユダの民よ目覚めよ、などとジュネーヴで金切り声をあげている。連中であろうがドイツ人であろうが、こんな叫びを吼え立ててみせる者なら誰に対してでも、歴史のこだまがこう答えるだけだ。くたばれ、と。

ひとつの民族が生まれようとしているのだろうか。そうなら自由を抱きしめる民族でなければならない。ユダヤ人はみずからの民族解放闘争を、地理的な理由からしてすでに、あらかじめ国際規模で遂行しなくてはならない。でもそのためには、このすばらしい国際的な爆薬が、ユダヤ人国際寄食者同盟の手によっておまるのなかで糞便に変えられることのないよう気をつけなくてはならない。ユダヤ人は自負をもつべきであり、何ものをも与えられることを望んではいけない。ユダヤ人を腐敗させているのはユダヤ人ブルジョワジーだ。とりわけパレスティナの地で。パレスティナで彼らは国土をまるごと贈呈されたと主張している。けれど国土とは、女と同じくひとから贈られるものじゃあない。克ち取られるべきものだ。もし表向きではそれが贈呈されているとするなら、代償として奴隷の辱めに甘んじなくてはならない。もしユダヤ大衆のために国土をやみで詐取しようというのなら、それはイギリスの帝国主義が領土を大々的に食い尽くした際に、パン屑として主君たちの食卓から落ちたわずかな中間利益というわけだ。どうぞおいしく召し上がれ。世界の主君たちは、おこぼれにあずかる者の食事に軽蔑の唾液でさぞかし薬味をきかせてくれることだろう。一国をいわば施しとして贈ってもらうなどと望むとは、自分を愛してくれるわけもない女性に、それでもユダヤ教だかキリスト教だかのお慈悲のためといって同衾を強いるがごときではないか。ましてや、ひとつの国土、一国まるごとを、奴ら自身がはたしてまずはいったんどこかで奪ってくるしかない凶賊の手から贈っていただこうというのだ。イギリスの盗賊の故買人になるというのか。未開時代にはこんなふうに女性に迫るのかもしれない。でも、相手の心からの軽蔑と消しがたい憎悪をも買うことになる。

長いこと西洋に滞在して自由を発展させるためのいくどとない戦いに誉れ高く加わったユダヤ人たちが、いまや東洋に帰還しては、その地で古い野蛮を近代の野蛮と結び合わせている、そんな事態にぼくたちは耐えられない。ぼくたちが望んでいるのは、ユダヤ人が東洋に戻り、いまやついに西方から帰還してくる光を携え、究極の言葉〈自由〉をくちびるに、最後まで革命的である唯一の階級、すなわち近代労働者階級の偉大なる闘争を通じ、またその闘争とともに、すべての被搾取者、被抑圧者の解放を謳う、そうなることだ。

けれど、ぼくたちのほうでもばかなことをしている。ぼくたちのスローガンのために斃れているユダヤ人労働者革命家に栄誉あれかし。とはいえ彼らの多くはおそらく志操高き知識人なのだろう。彼らはドイツ観念論の美しき遅咲きの花なのだろうから。ぼくたちのスローガンはかなり正当なものだ。ただ、ひとつ欠けているものがある。それはユダヤ人労働者・勤労者だ。アラブ人労働者・勤労者と手を携え、イギリスの盗賊どもと彼らと同盟しているユダヤ人ブルジョワジーから国土を解放しようじゃないか。そうしたらきみたちは自分の取り分を得られる。世界中の革命家がそれを保証する。これが唯物論にもとづく労働者政治なのだ。

もう少し述べよう。もしもスペインでの機会を利用しないまま見過ごしてしまうとしても、地中海周辺でも世界中でも、自由のために闘う機会には事欠かない。そうした闘いに繰り出すユダヤ人自由義勇軍には、世界中への周遊券をただちに交付するのがいちばんだ。そう、ユダヤ人には自分たちの課題に国民革命的で進歩的な性格を付与できる可能性がひとつある。それは、労働者、農民、被抑圧諸民族の側に立ち全世界でファシズムと帝国主義に対して断固として戦うことだ。なぜなら、ユダヤ人はいまだ実現されていない民族であるため、彼ら自身抑圧され苦しめられている民なのだから。もしこのホムンクルスがいま喜んで「生まれて」こようという気があるなら、このような小人のためのゲーテの処方に心安んじて従い、勇気をもってそのフラスコを打ち砕けばよい。

「せびり屋インターナショナル」がユダヤ人のための職業訓練を組織しているじゃないかと言うかもしれない。唯一利得があるとするなら、そこでなら鎌と鎚の扱いを学べることだ。しかし、有史以来ずっとユダヤ人に欠けていた職業、それは兵士という職業だ。いまやこれはユダヤ人にとって必要な職業になっており、戦闘員となるのが彼らの天命だ。ユダヤ人戦闘員たちがわれわれのために身を挺してくれるような戦闘のさなか、感動した労働者、農民、下層労務者たちから「ユダヤ人が前線に来たぞ」と何度も呼びかけられるようになって、そのときはじめてユダヤ人はひとつの民族になったのだ。世界中のラジオで、モルデカイ・ファイテレス、第一ユダヤ義勇軍団第二中隊第一小隊小隊長、ザラゴサにて戦死、と何度も発表されてはじめて、こうしたユダヤ人名は、汚らしくほくそ笑んだ反動派の醜い面を怯懦な恐怖の表情へと凍りつかせるだけの強い響きをもつことになるだろう。

　そしてぼくたちみんなが自由を解き放った暁には、これらのユダヤ人に対してこう言わなくてはならないときとなるだろう。ご覧なさい、ぼくたちは一緒に全世界を獲得したんだ、と。きみたちがそこから自分たち自身の取り分を求め、そこにおいてさらに自己実現を考えるのなら、なんなりと取ればよい。世界革命によって選ばれより抜かれた民なのだから。きみたちにはそれだけの重みとその能ありと歴史が判定したのだ。安んじて感謝を受け、栄えてもらいたい。

　これは「危険」だろうか、友人諸君。ましてやヒトラーの感情を害するのではないか、と。でも、だからこそぼくは、こんな思いつきを信頼したい気分になるんだ。ぼくはもはや向こう見ずパーシー***じゃない。ナショナリズムの大洪水の水嵩は増すばかりなのに、失禁の悪臭でみんなの心を萎えさせては目をふさがれたガスマスクに顔を突っ込むように強いる、そんな面汚しの政治を見せられては、ぼくとしては「もっとも危険」に見える手段こそもっとも信頼に足る、と思いたい。

　ここで泥人形《ゴーレム》がふたたびラビに姿を変え、これを明らかにしてきみに説明する。どのみち、泥人形《ゴーレム》そのものが、背後にラビ自身がひそんだ隠れ蓑に他ならないのは明らかだったはずだ。そしてラビは語る。「タルムードにはかく記されている。メシアが現われるだろう日の前になるだろう日、イスラエルの民が救済されるだろう日の前に据えられた日、つまりその前の日に、ボリシェヴィキが現われるだろう。彼は手に鎌と鎚を握っているだろう。すなわち彼は、ボリシェヴィキは、メシアのために道を用意するよう定められている。しかしユダヤ人は、その日まではメシアの吹奏楽者の民となっているだろう。数々の試練の最後は、そのように締めくくられるのだ。角笛を手に立ち、御業が遂げられた暁には吹き鳴らすのだ、という妄念に彼らは陥っているだろう。もしもイスラエルのユディト(6)やユダ・マカバイ(7)のような者らが立ち上がり、ユダヤ人たちの手から夢の角笛をたたき落としてその手に鎌と鎚を握らせ、ボリシェヴィキに力を貸し、鎚でもって帝国主義の砦を粉々に砕き、鎌でもって資本主義の首を落とすのでなかったら、ユダヤ人はナショナリズムの洪水の中で溺れるべく運命づけられるだろう。前の日にはボリシェヴィキに姿を変えていたメシアが、メシアであると正体を明かし、世界の屋根のうえに立ち、すべての民が選ばれてあると宣言するだろう。ただユダヤ人だけが追放されているだろう。」

　タルムードにはかくのごとく記されている、とラビは言う。けれどどの頁であるかはラビに訊ねないでくれ。彼は格別賢明なラビだ。彼にはそもそも調べてみるまでのこともない。次のように彼は明らかにしていた。「かつてあったこと、いまあること、そしてこれからあること、それはすべてタルムードに記されている。だから私が何かを考え出すとして、すでにタルムードに書かれていないようなすばらしいことを私が考え出すなどありえようか。だから、タルムードのなかに書かれている智慧から私が語ることができるにしても、どうしてタルムードにあたって調べる必要があろう。」

　かつてはドイツ哲学者になろうと思っていた一人の男がきみにこう言い添える。いわば崇高な喩えとしてユダヤ人には一冊の本が与えられた。そこには、世界でかつてあったこと、いまあること、そしてこれからあること、そのすべてが書かれている。けれどこの書物は生そのものにとってはカバラ的な一記号にすぎない。それなのに彼ら貧しき者たちは座して、近視になった目でこの書物をのぞき込みはしても、生のほうには見向きもしない、と。

　彼らの本物の奇蹟のラビ、カール・マルクスだけが燃え上がる闘士の慧眼でこの書物を透徹して見通し、生という偉大なる書物をみずからひもといたのだ。

　かくして、偉大なる奇蹟のラビの取るに足りない弟子がきみに熱い口づけをお送りする。

きみの夫

＊　「ゴーレム」はボヘミアを中心とする中央ヨーロッパで流布したユダヤ伝承の、泥からできた人形。人間の形姿をしていて魔術によって生命が与えられ、制作者の命令のみを忠実に守る。

＊＊　マルクスが一八四四年『独仏年誌』に発表した論文「ユダヤ人問題について」を指すと思われる。

(1)　共産党員ジャーナリスト・著述家。〔一八九七—一九四五、ブルノでユダヤ系家系に生まれる。チェコスロヴァキアで共産党員として活躍。ナチの強制収容所内で抵抗運動を組織しアウシュヴィッツの状況を連合国側に伝える。最後は衰弱死。ブリュッヒャーが言及しているのは、彼の著書『ユーデントゥムの没落――ユダヤ人問題・その批判・社会主義によるその解決』（一九三二年）と推測される。〕

（2）フランツ・メーリング（一八四八―一九一九）は著述家・政治家。ローザ・ルクセンブルク、カール・リープクネヒトらとともに、スパルタクス団、ドイツ共産党創立者のひとり。〔父はプロイセンの将校で、ユダヤ系ではない。〕

（3）一八九七年に創立された、リトアニア・ポーランド・ロシア全ユダヤ人労働者総同盟。〔同盟内のロシア派は一九二一年共産党に入党したのに対しポーランド派は独自に活動した。〕

（4）〈ポアレイ・ツィオン〉〔「シオンの労働者」の意〕は一八九七年にポーランドのシオニズム運動のなかで成立したユダヤ労働者党。一九一六年に第二インターナショナルに加盟。〔二〇世紀初頭にスラヴ系の国をはじめ、アメリカ合州国、イギリス、オーストリアなどの国でも結成され、パレスティナでは最初のキブツを設立。ソ連では一九二〇年に禁止されている。〕

（5）エジプトの神オシリスは、神話の一説によれば、殺害されて遺体をばらばらにされた。

＊＊＊　ヘンリー四世に反旗を翻したことで知られるイギリス中世の騎士ヘンリー・パーシー（一三六四ないし六六―一四〇三）はその戦闘における勇猛さから、〈燃える拍車（Hotspur）〉と呼ばれていた。そこから英語では hotspur が「向こうみず・性急な人」の意味で使われるようになる。

（6）『旧約聖書』外典「ユディト記」によると、ユディトはみずからの民を救うため、敵軍司令官ホロフェルネスの首を切り落とす。

（7）〔『旧約聖書』外典「マカバイ記」で描かれた民族的英雄〕ユダ・マカバイは、聖職者一族の出で、マカバイ戦争においてシリア支配からユダヤ民族を解放することを目指し、彼の戦死後の紀元前一四二年に彼の兄弟のもとでユダヤ国家が再興された。

12

〔ジュネーヴ〕　三六・八・二四

わがいとしの奇蹟のラビへ――

ユダヤ人の戦争についてのあなたの手紙には、わたしが諸民族（異教徒《ゴーイム》たち）についての書簡でお答えすべきでしょうね。でもそれはまた後ほど。まずはちょっと反論といきましょう。それというのも、一つには生来のぶち壊したがり癖のせいですし――他民族はこれを好戦性と呼びますが――、もう一つには、これだけでなくその他いくつかの隔世遺伝のおかげで、わたしは奇蹟を信じないからです。ユダヤ人がスペインへ行くとしたら奇蹟ですよ――ドイツへ行くというのなら奇蹟ではないでしょうが。もうすぐ五〇〇年にもなる昔に、彼らをスペインから追放した「反動」勢力は、今日フランコ氏が孵化させた勢力とは同じではないからです。――これについては、こちらである人とたいへん真剣に話し合いました。彼はかつてすでに――ロシアの内戦で――大隊長をつとめ、そして一九二六年にはポグロムの雄たるペトリューラ[1]を天下の公道で撃ち殺し、そのあと彼にたいする裁判を、殺されたペトリューラにたいする裁判へと逆転させたほどの男ですが、それ以来いろいろのことに取り組み辛苦を嘗めてきた、それなのに生まれたての赤んぼうのようにナイーヴです。でも彼を英雄に仕立てようとした会議には、とにかく足を踏み入れなかった。その彼がつまり結局はスペインには行かないことにしたのです——死ぬほど行きたいというのに。これが具体的に意味するのは、盟友的結束？　そうです。われわれの利害が直接かかわっているときには、どこでも確実に。抑圧された者たちとの一体化？　ちがいます。われわれは宣教師じゃないから、諸民族に「救済」をもたらすなんて柄ではないからです。パレスティナでもそうです、そこにはユダヤ人の共産主義労働者なんて一人もいない、いるのは世界に幸福を押しつけたがる共産主義知識人ばかり。ほかのところでも同様ですよ。見誤りようのない、明白な利益政治！　そういう《ヴォワラ》こと。

でも実相はもうちょっと複雑だという気がします。というのも、ユダヤ人が他の民族と同様に一つの民族である、もしくはそうであることを実現しつつある、とゴーレムが思っているのなら、それはまちがっている。東では彼らは今日すでに一つの民族です——領土なき民族。でも西では、ユダヤ人は何なのかなんて、だれも知らない。（わたしも含めて！）つまり一方には強制するまでもないし、もう一方には強制しようがない。西ではどこを見渡したって、イディッシュ語を習ったりしたドイツ・ユダヤ人は、わたし一人きりですよ。[2] ヒトラーにもかかわらず。それに、利口な奇蹟のラビたるあなた、反ユダヤ主義が〔人種主義的妄想を醸成する〕ほかならぬ酵素なのはなぜです？　それもすでに長いあいだそうなのは？　そこを「解明」しなくてはならないでしょうね。そしてパレスティナも。あなたのおっしゃることは、残念ながら当たっている。でも施しなんぞ受けない、征服してかちとるというのなら、沼地、マラリヤ、荒野、岩地への進軍も——われらが約束の地はそんなふうに見えますからね——おおいに結構と認めてもいい気はしますよ。世界革命がいつの日か贈ってくれるかもしれないどこかの領土なんて、われわれが民族たろうと志すのなら、役には立たない。民族たることは、われわれの過去と避けがたく結びついていますからね。それに、パレスティナがわれわれの国民的熱望の中心になっている理由は、なんらかの意味でわれわれの祖先に当たるというお方たちが、二〇〇〇年まえにそこに住んでいたなんてことじゃない。そうではなくて、諸民族中でもいちばん常軌を逸した民族が、二〇〇〇年ものあいだ、過去を現在のうちに抱きしめておくという愉悦にふけってきたからです、彼らにとって「イェルサレムの廃墟はいわば時間の中核に据えられている」（ヘルダー[3]）からなのです。

　タルムードのラビのお話はすばらしい。でもご存知でしょう、この強情っぱりの小民族は、どんなメシアが来ても追っ払おうと角笛の稽古に励んでいるんですよ。どいつもこいつも偽メシアなんです。それにボリシェヴィキは——たしかにまずは先駆けにすぎない。でも現在の諸経験はボリシェヴィキの不利を証言しています。失礼ながら！　一つだけ確実なこと——それはほんとにタルムードかどこかに書いてあるんですよ——「メシアはみなが席につくまでは来ないだろう。」

　愛するひと、ここまでがわたしの書簡《エピステル》第一部です。あと付け加えておきたいのは、あなたの書簡をもらえて幸せいっぱいなこと、そして——失礼ながら——誇らしくてたまらないこと。誇らしい——あなたがわたしのものだということが、そしてこんな書簡をもらえるということが。

［…］

　わたしはあなたを愛している——このことをあなたはすでにパリでご存知でした、わたしが知っていたのと同様に。でも口に出さなかったのは、どういう結果になるかが不安だったからです。そして今日、これだけは言えます。いっしょにやってみましょう——わたしたちの愛のために、と。あなたの妻になれるのか、なるのだろうかは、わかりません。迷いはまだ吹っ切れていないのです。それにわたしは結婚している身だという事実も。（赦してくださいね、こんなひどくむきつけな言い方をして——赦せるものならば。）もっとあけすけに言いましょう、こういうことを書くのは不可能に近いけれど、それでも口で言うよりはまだましです。わたしは三年まえに結婚を解消しようとしました——理由はそのうちにいつかお話しするかもしれません。そして唯一可能な方法だとみなしたのは、消極的抵抗、結婚生活のあらゆる義務の破棄通告でした。それはわたしの権利だと思えたのです。でもそれ以上ではありません。相手にとっては離婚がいちばん自然な帰結だったでしょう。でも相手はこの帰結を導き出すことが必要だとはまったく考えなかった。そこでわたしは自分の消極的抵抗をきちんと守りつづけ、同様に相手は相手でわたしと結婚しているつもりでいつづけたのです。今日までずっと。いままでは、そんなことはかなりどうでもよかった。家にいるのが地獄だとしても、あまり気にも留めなかった。なにしろ馬車馬のように働いていたし、ほとんど家にいませんでしたから。そして個人的なことはすべて、たんに神経の問題にすぎなくなっていたのです。

わたしがあなたを愛していること——これはほかの人間にはもはや関係ありません。でもだからこそ同様に、相手の——そう言ってよければ——外向きだけにすぎない結婚の維持をぶち壊すことにもならないのです。

　あなたが理解してくださるかどうか、わかりません。こういう事柄をこんなに剝き出しにあなたの机のうえにどんと載せてしまうなんて、とんでもない負荷実験だとは思うのですが、こうするしかないのです。幻想はわたしたち両方にとって無意味ですから。

　この数行の苦味をやわらげてくれそうな言葉を探しています。でも見つかりません——あなたを愛している、という言葉以外には。

［…］

　そちらに帰ることにまだ現実感がまったく湧きません、あなたがわたしの椅子のうしろに立っているかのように、こんなに身近に感じているのに。

「すべての望みをかなえる力がわたしにあったなら(4)」

あなたの

H.

（1）ウクライナの政治家ジーモン・ワシリエヴィチ・ペトリューラ（一八七九—一九二六）は、パリでシャロム・シュヴァルツバルトに殺された。〔シュヴァルツバルト（一八八六—一九三八）はロシア革命運動に参加して、ポグロムに対するユダヤ人自衛団を組織、一九〇六年にフランスに逃れ、世界大戦ではフランスの外人部隊に加わり、その後ロシアに戻って、一九一九年、ペトリューラによるウクライナのポグロムに対して闘った。一九二六年にペトリューラを射殺、パリでの裁判で逆転無罪をかちとった。〕
（2）書簡4・注3参照。
（3）J. G. Herder: *Die Denkmale der Vorwelt.* 1. Stück.
（4）民謡より。

13

チューリヒ　三六・一一・二三

最愛のひと
　いろいろたいへんでしたが、それでもよく眠れましたよ。汽車の車室はだんだん空いてきて、まずは長い座席の半分を、つぎには四分の三を、しまいには全部をまるごと独り占めにできました。おかげでバーゼルの関税＝旅券検査官(1)は、わたしを呼びおこして生き返らせるのに大骨折り。
　でもここに着くなりもう仕事に取りかかっています。たいへん悪いニュース。一八年の求刑、つまり殺人罪にたいして法律の定める刑期下限を三年も上回る。グリムは(2)〔検察側の弁護人として〕認められています。クルティ(3)は次席弁護人を立てることに抵抗。要するに、ユダヤ人にとってはいやな成り行き。

それでもわたしはチューリヒの利点をしっかり味わっていますよ、おいしいコーヒー、とても上等な朝食、調度のそろったとてもよい部屋――それに、わたしはやっぱり感傷的になっているんでしょうね、だれもがドイツ語を話しているること。ドイツ語でコーヒー一杯注文するのにも、ちょっと胸がつまってしまう。

そして傍らにはいつもゲーテ――ありがとう《メルシ》！(4)　この小さな世界にも該当することがほぼすべてそこにある。たとえば、

よい評判を保つのはむずかしい、なぜなら噂の女神ファーマは
わが主《あるじ》たる恋の神アモルとは犬猿の仲のゆえ。
[…]
つねに権勢を誇るこの女神、だがご一同にとっては
我慢がならぬ、なにしろ発言の主導権はいつも彼女に。
かくてかねてから神々の宴という宴で、あらがねの声を
　あげては、
大小やおよろずの神々に憎まれておった。(5)

[…]　急いでいるというのに、こんなつまらないことを書くなんて！　でも教育的行為のつもりですよ。これでおわかりでしょ、もう何も言うことがなくなったとき、どうしたらいいかが――大好きなおばかさん……

あなたのH.

(1)　一一月にアーレントはスイスへ一週間出かけた。一九三六年一一／一二月におこなわれたダーフィト・フランクフルターにたいする裁判で、反ユダヤ主義反対国際連盟 Ligue Internationale contre l'Anti-sémitisme が被告を法的に支援する組織的努力をしており、その関連での出張だった。フランクフルター（一九〇九年生まれ）は、一九三六年二月四日にダヴォスでナチ党国外組織の指導者ヴィルヘルム・グストロフを殺害し、禁固一八年の刑を宣告された。一九四六年に恩赦を受け、パレスティナへ移住。〔この裁判ではナチがグストロフを殉教者に仕立てて大々的な反ユダヤ・キャンペーンを張ってスイスに圧力をかけたが、裁判の後半で被告の主席弁護人クルティが厖大な証拠と証人をもって、ドイツのユダヤ人に対するナチの蛮行を明らかにしたため、法廷は一転して第三帝国とグストロフを裁く場となった。アーレントはこの裁判の傍聴報告を「グストロフ裁判」と題して Helveticus のペン・ネームで、一九三六年一二月一七日付の文芸週刊誌『新世界舞台』誌に発表している。その後 Hannah Arendt, *The Jewish Writings*, edited by Jerome Kohn and Ron H. Feldman, Shocken Books 2007 に所収、同書の邦訳、ハンナ・アーレント『反ユダヤ主義――ユダヤ論集1』（みすず書房、二〇一三）に同じ「グストロフ裁判」（大島かおり訳）の表題で収められている。〕

（2）　フリードリヒ・グリム博士は、フランクフルターに対する民事訴訟人であるグストロフ未亡人の代理人。〔その資格で検察側弁護人Strafverteidigerとしてこの裁判に加わり、論告をおこなった。彼は国際法学教授でナチ党員、「カイロ裁判」をはじめとして、このグストロフ裁判や、フォム・ラート暗殺事件のグリュンシュパン裁判などで、ドイツの利益を代表。〕

（3）　オイゲン・クルティ博士はフランクフルターの首席弁護人。

（4）　ブリュッヒャーは旅立つアーレントにゲーテの詩集を贈ったらしい。

（5）　ゲーテ『ローマ悲歌』第一九段。

14

パリ　三六・一一・二五

最愛の人

残念ながら今日はきみからの手紙はなかった。仕事に忙殺されているだけなら良いのだが。チューリヒに宛ててきみに二通送ったが、このジュネーヴ宛の三通目で終わりにしておく。金曜日にはきっときみを迎えられているはずだから。

[…]

きみが戻る日が近づいて嬉しい。英雄にでもなった思いをもう十二分にさせられたので、ふたたび夫に戻れるよう願っている。それに、忠実に待ちつづけたことへのご褒美も当然期待できる。「善良なる夫は良きものをも得る」[1]のだから。

ぼくの父祖たちが望んでいたこと、これは、彼らの息子が代々飛び抜けのとんまであったらしくとてつもなく難儀なのだが、ぼくはそれをいまかなえるべく努めている。その一方で、父祖たちから相続したものをさらに身につけようとすることで、ぼくは自分を取り戻している。この宝庫の広がりには誰もがいつでもびっくりする。目下のところぼくは、絶対主義の国家理論をあれこれ手繰っているのだが、真珠に通された糸のおびただしい連に絡め取られて身動きできなくなってしまった。けれどヘーゲルは、「弁証法概念で武装せよ、そうすればいかなる研究を前にしてももはや怖じける必要はない」と述べている。まだそう信ずることができて、弁証法概念で武装し、金羊毛皮を刈りに繰り出していた麗しい時代のことだ。当時ならまだ少なくとも新しい概念の殻くらいなら持ち帰ることができた。けれどその後、子孫たちときたら弁証法という単なる言葉による武装で自足するようになり、それからというもの紙製の剣でもって彼らの獲得しているものといえば、うつろな空文句にすぎない。スコラ的思弁の英雄たちが糊紙細工の剣を振り回し、われら現実をわきまえた政治家なり、と吹聴しているのに対して、事柄そのもののなかに弁証法を求めるぼくたちのような者が、知識人と罵られている。この慢性的敗北の時代にあってはいっさいが根底から覆っているが、人びとは他の者の目から見たときにいったい何になっているのかわかっていない。最新の出来事としては、クルメ・ランケ[2]が反ユダヤ主義の罵詈雑言に習熟し、ぼくの見解は典型的ユダヤ人知識人によるタルムード的な所産だと決めつけた。でもぼくはユダヤ人じゃあないよ、という反論に対しては、模範的な応酬だ。そんなことはなんでもない、あんたはすっかりユダヤ化している、とのこと。すてきだろう。

この広い世界には、いろいろと楽しい思いをさせてくれるものがたくさんある。でも、はじめの瞬間には無邪気に大声で笑っても、やがてそのようなクラッカーボンボンにくるまれている野蛮のペスト菌に毒されて、悲しい気分に深く沈み込むことになる。だからぼくにとっては、きみとぼくとで掟をつくるちいさな世界がいっそうたいせつなのだ。

［…］

たくさんの口づけを

ハインリヒ

（1）　一九世紀後半に活躍した諷刺画家・詩人ヴィルヘルム・ブッシュの作品「へぼ詩人」の一節。
（2）　ベルリン南西部の池の名。当時パリにいたベルリン時代からの知人を指しているものと推測される。

15

パリ　一九三七・二・一五

最愛のひと

きみからの知らせはまだ届かない。どうか一刻も早く書いてほしい。会議[1]に明け暮れる毎日だけれど、どこにいってきみが恋しくてたまらない。朝、手探りをしてもきみがいなくて愕然とするから、というだけじゃない。一日のうちでもいく度となく、まだ戻ってきていないのかと、不機嫌に周りを見回しているざまだ。すぐにでもきみと話し込みたいという欲求がとてつもなく強まっている――だからこそ、まさに慰めのないこの時代にあって自分の慰めとなるものを、旅に出すようなまねをしてはいけないんだ。

仕事は目下順調に進んでいる。わずかながらも、理性の名残を見せてくれるような人も現われはじめている。ぼくは書物のごとく整然と語り、計算盤のごとく緻密にやっている。

愛しい人《シェリ・モン・プティ》、お母さん(2)を大切に。ぼくの分までもね。くれぐれもよろしく。よく休養を取り、散歩をすること。ジュネーヴのお方(3)にもよろしく。すっかり疲れ果てているのでベッドに直行するよ。きみ宛の郵便物はなし。届いているのはユダヤ舞踏会の招待状だけだ。

たくさんの口づけを

きみのハインリヒ

(1) 共産党員の友人たちとの会議。
(2) ハンナ・アーレントの母マルタ・ベーアヴァルトは、一九一三年に夫を亡くした後もケーニヒスベルクに住んでいたが、パリにいたハンナを訪問した後、娘とともにジュネーヴに向かっていた。
(3) マルタ・ムントを指す。

16

ジュネーヴ　三七・二・一五

いとしい最愛のひと――

なにもかも望みどおりに経過。昨日からは家族(1)の懐に抱かれています、うれしいことにはちがいないけれど、有益とはいきません。ご存知のように、いやとは言えない性分だから、もう午後に散歩に行く約束をしてしまいました――仕事(2)をしたいところなのに、それにどうしても散歩というのなら、あなたといっしょがいい。ちなみに、天気は上々です！［…］

こんなふうにひとりで、はっきりした意味も目的もなく世界をうろつくなんて、もういやです。なにもかも、かなり神経にこたえる。今回は部屋がわたし専用じゃない、だから消えてしまえない。その唯一の埋め合わせは天下一品の食事です――それにもちろん、二人の「お母さん」がわたしと三人でいられるのをこれほど喜んでいることも。当然ながら、逃げるわけにいかないじゃありませんか。

たいせつなシュトゥプス*！　おとなしい雄猫よろしく辛抱づよく待っててくださいね――月夜に浮かれ出たりしないで――、そうでなくともご機嫌斜めの娘っ子が、わが家の守護神たるアルコールランプ二つと蓄音機とレコード盤のもとにまた帰ってくるまで(3)。それまでは守護神たちのお世話をよくして、ときどきなにか音楽をかけては、わたしの不在を嘆いていてくださいな。その合間にはフランス語の勉強を！　不規則動詞変化を寝言にまで言えるように、それに鼻音も！

よく眠り、よく働くこと。わたしのことを思って、口づけを忘れるべからず。

あなたのハンナ

(1)　アーレントの母親とその友だちマルタ・ムントを指す。

(2)　アーレントは著書『ラーエル・ファルンハーゲン』の最後の二つの章に取り組んでいる最中だった。本が出版されたのは第二次世界大戦後になってからで、最初は英訳版、*Rahel Varnhagen. The Life of a Jewess.* London 1958. つぎにドイツ語版、*Rahel Varnhagen. Lebensgeschichte einer deutschen Jüdin aus der Romantik.* München, Piper, 1959.〔ドイツ語版にもとづいた邦訳、ハンナ・アーレント『ラーエル・ファルンハーゲン——ドイツ・ロマン派のあるユダヤ女性の伝記』(大島かおり訳、みすず書房、一九九九)〕

＊　Stupsというのはアーレントがブリュッヒャーを呼ぶ愛称。これは何かを軽くつつくか押すかする仕草を表わす名詞で、子どものかわいい上向きの鼻をちょっとつついてみたくなることから、書簡2に出てくるStupsnaseという呼び方ができたのだろう。子どもの絵本などではStupsが兎や仔猫の愛称に使われていることがある。

(3)　一九三六年の夏にアーレントとブリュッヒャーは、セルヴァンドニ街のホテルの一室を借りていた。

17

［ジュネーヴ］　三七・二・一七

最愛のひと

わたしの便りは届いたことでしょうね、あなたのは着いてますよ。でもフランス語で書いてくださらなくては！　わたしのほうは怖くてそれができません、あなたがわたしの手紙をまるっきり読めなくなってしまいそうで。

ここでは相変わらず流刑暮らしを強いられている気分。「お母さん」たちは二人とも近来最良の時をすごしているのだから、申し訳ない気はするのですが。それでもいくらか耐えやすくしようと工夫して、いまは『ドイツ・イデオロギー』[1]をご満悦で拾い読みしています、昔のギリシャ人のことを十分に知らない連中がみんな、当然ながら鼻柱を一発ガツンとやられているところを。おまけに元気づけに午前中にはヴェルモットを、お昼にはキャンティを、午後には取っかえ引きかえちょっとしたものを、夕食にはまたキャンティを飲んでいます。そして晩には火酒。要するに、あなたのハンナは酔いどれツグミ。［…］

できるだけ気持よく付き合っているんですよ。でも散歩はむしろもう災難。わたしはすっかり無口になってます。あなたは書物のように喋りまくってくださいな、でもわたしはそこにいられないなんて、もちろん腹だたしいかぎり。昼食はどこで？　夕食のことはあえてお尋ねしませんが。こちらでは新しいレシピをせっせと集めています。そのかたわら――つまり時刻表と並ぶわが愛玩書たる料理本を見るかたわら――、『ファウスト』を読んでいます。

お元気で。できるだけたっぷり睡眠をとってくださいね！　あなたに口づけを

あなたのハンナ

(1)　カール・マルクス／フリードリヒ・エンゲルス『ドイツ・イデオロギー』、一八四五。はじめて印刷されたのは一九二六年〔リャザーノフ版〕。

18

最愛の人

パリ　三七・二・一七

〔…〕

誰よりも美しく、誰よりも大切な、ぼくの最愛の人、ぼくのほうは同志たちに煩わされっぱなしだ。まるで藁をも摑む思いですがってくる溺死寸前の連中とばかり係わらなくてはならないかのよう。ぼくは彼らに理性的に言って聞かせ、自分の頭で考えることを学ぶようお手本を示している。連中ときたら、屁でもないことばかり習い覚えて信じきっているんだから。まったく！

ハンナ、きみがいてくれないので、退屈しきっている。きみになじむあまり、いまは酸欠状態に陥っているようなもんだ。わかってくれるかい。仲間たちとは個人的な会話は交わさない。みんな退屈な連中だ。質問を受けつけてはさっさと答え、家に走って帰る――それなのにきみの姿はない。

運動内部の分裂[1]は拡がるばかりで、抗争はますます見境なくなっている。ぼくはいま、まさに貴族主義的な規律を導入している。議論の調子は目に見えて洗練されてきた。これでぼくたちがどこまでやれるか、まあ見ていてくれ。ともあれみんな自分の言葉をよく吟味することを学んでいる。今後の衝突に備えて熟練した精神病院の看護人が必要とされる。実践的と称されながらも、ほとんどの人には麻酔薬にすぎず、つまりまさしく非実践的であるこの「労

働」のなかで、ぼくはあっぷあっぷしている。理論のための時間を文字通りくすね盗らなくてはならないんだ。理論なしだとぼくたちは一歩たりとも前進できない。まだ知らない真っ暗な土地が目の前に拡がっていると、ひとは闇雲に走り出したがるものだ。パニックにすぎないそんな態度が英雄的な剛胆さだなどと呼ばれてさえいる。まずいったんは光を灯してみる、それくらい臆病でいようとぼくは決心した。みながそうしていたなら、英雄たちを一歩でも前進させるのは難しいだろう。お祭りを催しては満足しているドイツ社会民主党やら共産党やらに属していないと、かくのごとく心配の種は絶えないんだ。
　最愛の人、きみを愛しているのだから、何度でもきみに口づけを。

きみのハインリヒ

お母さんによろしく。お母さんのことをしばしば懐かしく思い出している。

(1)　ブリュッヒャーは一九二〇年代終わりに、ドイツ共産党（KPD）から分裂してハインリヒ・ブラントラーが建党したドイツ共産党（反対派）（KPO）に加盟していた。〔共産党創立メンバーのひとりで、一九二一―二三年に共産党を指導したブラントラー（一八八一―一九六七）は、その後路線対立から一線を退かされ、一九二八年に共産党指導者となり「社会ファシズム論」を主張したエルンスト・テールマンにより党から排斥され、ドイツ共産党（反対派）を創立した。〕

19

パリ　三七・二・一九

最愛の人
　ぼくは三通の手紙を書いているのに、きみからはようやく一通を受け取っただけだ。怒りのあまり昨日ははじめて書かなかった。今日もまだ知らせがない。怒りが不安に変わってきた。かぎりない心配事の餌食となって仕事が手につかない。ただちに手紙を書いてほしい。きみの沈黙にさしたる理由がないというならよいのだが。ほんとうになんでもないのなら。でももしそうだとすると、結婚この方はじめての大喧嘩をすることになる。覚悟していてくれ。どんなに辛い思いをしているか、きみには想像すらできないのか。それに、ぼくになにか告げたいという欲求すら起こらないというのか。今回の旅行一切合切にぼくはいま腹を立てている。
　何ごともないなら、なんてくだらないことを書きつらねてるんだ。いったいどうしたというんだ。きみは病気にかかったのだろうか。

ただちに手紙を書いてほしい。

きみのことを思いっきりぶん殴ってやる、そしてそれでも、やはりきみに口づけを。

きみのハインリヒ

20

ジュネーヴ　一九三七年二月二〇日[1]

〔この手紙は最後の一行を除いて全文フランス語〕

愛するひと――

手紙が来ないと起きる気になりません！　はじめてですよ、郵便屋さんがなんにももってこなかったなんて。たぶん郵便屋さんのミスでしょうけど、こんな基本中の基本の義務をまた怠るようなことがあれば、クビにしなくては。

フランス語で書いているのは、あらんかぎりの優しさをこめてあなたを懲らしめるためです。わたしが心身のありったけをもってあなたを愛していることは、ご存知のはずだから。（魂は存在しないので何の役割も演じません。）

外はひどい天気。おかげで散歩はなし。助かります、おわかりでしょ。あなたとでなければ散歩なんかしたくない。ハイネの『ドイツ』[2]を読んでいます――白状すると、ろくに読んだことがなかったのです。

さてこれから、グラス一杯、辛口のヴェルモットをとりに行きます――憂い（思慕と読み替えるべし）あるところ酒あり、ですからね。これで腹立ちを抑えてみましょう、二度目の郵便配達がちょっとした便りを届けてくるのを期待して。

愛するひと――たくさん、たくさんの口づけを、そうでしょ？

あなたのH.

（1）　この手紙のまえにアーレントは手紙を一通送っているが、そこには、ブリュッヒャーの手紙（書簡18）のフランス語で書かれた一節〔本書簡集では省略されている〕と、その間違いを訂正したアーレントのフランス語の返事が記されている。

（2）　ハインリヒ・ハイネ『ドイツ冬物語』（Heinrich Heine: *Deutschland, Ein Wintermärchen*）。

21

パリ　三七・二・二一

最愛の人

レンブラントの複製画(1)を今日原画と見比べて、気づかざるをえなかった。人びとはレンブラントを誤解し、それにもとづいて評価をして、誤解に見合うよう複製画は少しばかり変えられている。こうしておけばレンブラントは無害になり、彼について深く考えをめぐらせることなしに気楽なおしゃべりができるからだ。つまり、彼らはレンブラントを「美しい」明暗法と「美しい」金褐色という色調にしている。しかし原画そのものはより硬質で明晰で写実的だった。このアプロディテ（ここに描かれているのもやはりアプロディテだ）の身体は、けっしてこのような「美しい」金の色調によって理想化された過剰な虚飾を帯びておらず、成熟した女性のもつ生身の身体であり、強く摑みかかってくる愛の見まごうことなき痕跡がここには描き込まれている。まさにこれ、この身体の歴史が身体の美をなしていて、このように巧みに使われてきた所有物へのあこがれを呼び覚ましている。この身体は裸ではあるが、このような身体が裸であるのが許されるのは（鑑賞者にとって）、顔が身体をすっかり支配しているときだけだ。ティツィアーノのウェヌスの場合にはまだ、裸体が許されるのは、身体がもつ権利からだけだった。それはもっぱら自然としての身体であり、したがって自然の精華だからだ。そしてその場合、もっとも高貴な箇所であるとはいっても、やはり顔は身体の一部にすぎない。しかしこちらのほうでは、支配しているのは顔だ。

なぜならここにいるのは、彼女以前にいたアプロディテではないからだ。ギリシャ人におけるような女神ではない。それでもやはり女神ではあるけれども。神聖なる恋人であるにせよ、ルネサンスにあってそうだったような自然の恋人ではない。それでもやはり恋人なんだ。彼女はウェヌスの召使い、遊女であるかのようで、裸の身体に装飾具をつけている。それでも思い違いをしてはいけない。顔が他を圧しているのを見るんだ。これは人妻以外の何者でもない（個人的にはレンブラント夫人と考えられる）、ここでウェヌスの化粧をして、その後すぐ夫に対して、恋人、女神、神聖なる恋人にして技芸巧みな遊女であろうとしている者は——しかし夫に対してだけそうなのだ。おわかりだろうか。彼女は顔をもち、歴史をもった一人の人間なのだから。明日にでも彼女と出くわすこともあるだろう。市民の格好をして市場に出かける姿の彼女と。母親としての彼女と遭遇することもあるかもしれない。果てにはまた、何年か経って夫が苦境にある時期に彼女とお目にかかることだってある。悲嘆のヴェール越しに、そして顔にはすでに重なる難儀によって皺が刻まれ、夫の戦友、苦悩の同志としての女性らしい不滅の笑みを、彼女はきみに見せるだろう（ルーヴル所蔵の『ヘンドリッキェ・ストッフェルスの肖像』）。ここではまだ彼女は、まもなく彼女を満たすであろう幸福についての思いにひたっており、愛に対する奉仕を、その年齢からしてもそうなのだが、当然のこととして引き受けている。（だから、この絵画がたったいまジュネーヴで描かれたものだったとしても不思議ではない。）

このように、レンブラントは女性の解放に多大な貢献をした。彼は女性を夫の伴侶として歴史のなかに引き入れ、彼女の足跡を生のさまざまな局面での肖像に描き込むことで、彼女が歴史をもっていると証してみせた。

ギリシャ人は自由の最初の夢を夢見た。奴隷たちの背中に乗った、無邪気な無知状態だったにせよ。奴隷に担がれて歴史の冥界を見おろすことに彼らは長けていたが、見おろされた冥界では、彼らの影がいつまでもぼくたち自身の肉と血を力づけてくれる。当時女性は奴隷とほとんど同等であらざるをえなかった（そもそも万人が自由となってははじめて女性も全面的に自由になる）、そしてギリシャ人は女性を女神として描いた。そのモデルとなったのは当然遊女だった。中世になると芸術のなかの女性は美化された神の母にして聖女としてのみ知られている。モデルは、貧血で倒れるまで自慰に耽る修道女だったと思える。

ラファエロはこの理想に抗い、彼の国に実際にいる処女と母を聖母へと高めた。そのため聖母はいまもって国土のはるか上空を、大地のはるか上を漂っている。ちなみに彼はティツィアーノと同様に自分の恋人をウェヌスに高めているが、そのため彼女は獣と女神の絶妙な混淆となってしまった。レオナルドについて語ることはここではできない。彼はふたたび「魔術化」をしている。他のルネッサンス画家たちは女性を解放している。最富裕層の妻たちが教養によって獲得した、自立した（そしてまた「コミュニケーション能力」を身につけもした）個性をうかがわせる顔を、彼らは着衣の姿にある女性たちを描くことで確証した。

レンブラントは女性を発見し、讃美し、そして女性が同時に女神、恋人、女房そして遊女でありうることを示している。彼は異教徒の官能性とともに「キリスト者の自由」を女性に与えている。ただし残念ながら「キリスト者の自由」とは、結局市民の自由でしかない。このことは歴然としていて、そこでは女性の自由はこの小世界にだけしか当てはまらない。ぼくたちはまだそれより先には行っていない。これより先へと進めなくてはならない、それがいまのぼくたちだ。

愛する人よ、女性解放の道に向けられた偉大なる歩みのいくつかは、絵画芸術に忠実に反映されているかぎりで、以上のように見えてくる。きみの夫は今日、ルーヴル巡りをきみなしで行なわなくてはならなかったとき、こんなことを考えていた。そして、きみは別なやり方でその場に居合わせていた。そんな気持をきみとぼくとが抱けるよう、このようにきみに書き記している。

巨匠の「金の色調」および、貶められている「明暗法」について。中世絵画でも、時代をはるかくだってルネサンスに入ってからでも一定程度は、ひとつの神聖な光がその無限の色彩へとひろがってゆき、闇をも形成している――ちなみにそれは、神が悪魔をつくっているように、むしろ対照をはっきりさせるためであって、ルネサンス絵画では色彩が自立化して拡散してしまっている――、そのように言えるとすると、レンブラントにあっては悪魔のほうが同等の力をもって神に立ち向かっている（ルターの場合とほとんど同じだ）、人間は、決断し決着をつける可能性を獲得しようとしている。ミルトンの天国と地獄のように光と闇が戦闘状態に入っている。このようにレンブラントではすべての色彩は（そこでそれはもはやほとんど本来の「色彩」ではないのだが）いわばある一定の緊張関係、黒と白のなすある一定の戦闘状況なのだ――そして両者の調和のとれた和平状態のためのわずかな原因、両者の綜合、それがあのすばらしい金の色調だった。なによりもこの点のために、「明暗法」と「金の色調」に関して、お歴々たちは問題を美的に貶めるだけの充分な根拠をもっているんだ。彼らときたら、ベートーヴェン（彼の場合も事態がとても似通っていると思わないか）の恐ろしいまでの緊張をお好みの指揮者たちによってヴァーグナー流の音と騒音の熱狂に変えさせてしまっているが、それと同じだ。(2)

最愛の人、ぼくたちの父祖の一人と彼の仕事について語りながらその実、ぼくたちについて、とりわけきみについて語っていることに、ぼくは気づいている。そこでぼくは、ここではいったい何が原因で何が結果であるのかを決めかねて、心地よい混乱に陥っている。つまり、ぼくがこの広い世界のなかで見つけ出すことのできるすべての光はきみに向けられていて、きみのことを明らかにして輝かせてくれているということなのか、それともむしろ、きみから発せられてぼくを暖かく照らすすべての光が、広い世界の美しい物事を照らし出すためにぼくの助けとなってくれているのか、もはや判然としなくなっているんだ。でもぼくは幸福なことに、それをもはやはっきりさせて書くつもりもないし、そんな必要も感じない――なぜなら両者はぼくにとって、生き生きとした運動となり、互いに絡まりあいながら進み、たえず拡大して上方へと揺れてゆくひとつの美しい螺旋を形づくっているのだから。

きみはまだ忘れてなどいないだろうね、ぼくがきみの水深を測る測鉛をもつ男であることを――きみのなかに係留する碇をもっている男――きみのなかからありとあらゆる快楽の生きた泉を迸らせる掘削機をもっている男――きみのことを掘り返しきみのなかの滋養あふれる樹液を生き生きとさせる鍬をもっている男であることを。

ハンナ、ぼくが切望するように、きみのほうでもぼくを、ぼくの大海を、ぼくの港を、ぼくの泉を、ぼく自身の大地を、求めてくれるだろうか。

きみに口づけを、やたらめっぽう、きみへとにじり寄り、きみのなかへ。もういちど、ぼくの妻の腕のなかへ、脚のあいだに、唇のうえに、胸のうえに、膝に、そう願っている。

きみの

ハインリヒ

(1) レンブラント一六五四年の作品『水浴するバテシバ』(ドイツ語題名『ダビデ王の手紙をもつバテシバ』)。〔このモデルは、一六四七年に家政婦としてレンブラントの家に雇われ、後に彼の伴侶となるヘンドリッキェ・ストッフェルスであると推測されている。〕アーレントはこの複製画をジュネーヴに持参していた。

(2) レンブラントを論じた箇所の末尾欄外には次のように書き込まれている。「お母さんのためにも書いたつもりだ。よかったらお母さんに話してあげてほしい。」

22

パリ　三七・二・二三

最愛の人

きみへの嫌疑はきれいさっぱり晴れた。今日、水曜日付の手紙が土曜日付といっしょに配達された。以前にしたような悪さを郵便がまたやらかしたわけだ。かわいそうにきみはまったく不当に鞭を受けていたことになる。でもそれはひたすら愛ゆえだったぞ――それにすこしばかりきみだっていけないんだぞ。だって、なんでまた少女時代に後戻りしてみせて、過剰な愛でぼくを「煩わせる」ことを怖れているんだ。ぼくから煩いを除いてくれるのは、山ほどのきみの愛だということ、ぼくがそんな過剰さを求めており、いくら得ても飽き足らないんだということ、これを知っていてくれなくては。きみのほうではぼくに対して怒りをすっかりさらしていない以上、激昂したことをぼくはそろそろ恥じなくてはならない。身も心も無制限にぼくに委ねてくれるよう望んでいる。きみがいっさいの堰を取り払ってくれるようにと。きみの愛のこんなにもすばらしい激流を、どうかぼくに向けてすっかり放ってくれ。ぼくはそのなかを泳ごう。流れはぼくを運んで、前へ前へと押し流してくれるだろう。きみ自身をすっかり解き放つのだ。女々しい不安をもたないで。だってきみはぼくの女、ぼくだってきみを同じだけ愛しているんだ。これをぼくは何度も何度もきみに訥々と語って、それできみの手紙からも迸るような愛の言葉を求め、繰り返し読んでいるんだ。ハンナ、ぼくたちは遠慮しあうことなんかない。ぼくたちのこの偉大な愛にあって。ただひたすら全力をもってするなら。

　きみの読書について。料理本と『ドイツ・イデオロギー』と『ファウスト』。この滅茶苦茶さといったら、さすがぼくの愛する人だね。二人の「お母さん」はきみと第七天にのぼったかのような最上の幸福を味わっていることと思う。もっともっと心地よくありますよう。でも残念ながらぼくのほうは、誰よりも大切な人が使うためであっても、心づもりより一日たりとも（！）長くぼくの七つの天国をあけておくわけにはいかない。ふたたび閉ざして、ひとりでそこに住まなくてはならない。掟をきみといっしょに明らかにし、世界をきみといっしょにこき下ろし（裁き）、きみという「レヴィアタン」といっしょに戯れるために。あんまり飲み過ぎないように。ぼくといっしょに酔えるときを楽しみに。――

［…］

この郵便を受け取るのは火曜日になるだろうか。水曜日の晩にはきっとぼくのところに戻ってるだろうね。

愛する、最愛の人、ぼくのことを愛してくれ。ぼくはこんなにきみを愛しているんだから。

どうか、どうか、どうか、ぼくのそばへ。

きみのハインリヒ

レンブラント[1]は今日、ウェヌスといっしょにお母さんにお送りした。心からよろしくお伝えしてください。

（1）ハンナの母が複製画をもう一枚所望していた。

23

［ジュネーヴ］　三七・二・二三

いとしい最愛のひと

　わたしももう一度、レンブラントを眺めてみました――よく知っている絵です。そしてあなたといっしょにルーヴルへ出かけました、当然ながら夢想のなかで。こんどの日曜日には現実になることを夢みたにすぎませんけどね。

　レンブラントは美を描く人ではなく、神々や怪物を描く人でも、後光さす聖母や、ヒトという種の無限で動物的な多様性を描く人でもない。彼が描くのは人間の顔です。それによって彼は女性を解放しただけではない、でも人間を解放したのではなくて、人間をあえてその人生の人間的な相において示そうとした。とりわけ、いのちの移ろいやすさにおいてです。それは異教的な美の無惨な崩壊でも、純粋に神の被造物たるしるし、死という「罪の報い」（パウロ）でもない。そういうものはすべて、当人が歴史をもっているなら意味を失う。その場合すべてはまさしく経験の蓄積です。それに彼はしばしば若さと美しさを、衰えた年寄りに対比して、その懸隔を追求していますが（たとえばルーヴル所蔵の、老福音史家の肩ごしに覗きこむティトゥス、いちばん見事なのはハーグ所蔵のサウルとダビデ）、結果はかならず老齢の勝利、つまり真の人間性の勝利となっていて、人間というのは一つの人生を生き、経験をかさね、この人生についての知を得てゆくものだということを示しています。

　似たようなことが、わたしたちのバテシバについても言えますね。ここでは老いた者は召使いの女だけ、いわば独自の価値をもたない老いです。そしてここでの懸隔は外面的なものにすぎません。ほんとうの懸隔はバテシバ自身の身体と顔のあいだにある。彼女はしかし――いいですか、宗教の授業時間ですよ！――極度に両義的な悲しい目的のために装身具で身を飾られる。つまり、彼女の夫ウリアはダビデ王の命令で戦いに赴き、そのダビデは彼女に夜伽を命じたのです。ここでは顔が、それとともに人間が、美しい使い古しの身体から解き放たれている――それ特有の熟れた脆さのなかに、移ろいやすさのすべての痕を示している身体から。けっして完璧に美しい身体ではないからこそ、それは人間的であり、顔によって「支配」されうるのです。人間が神と悪魔から解放されて、もはやその手玉として弄ばれるのではなくなるとき、人間がたんなる運命ではなくなるとき――つまりあらゆる瞬間に運命に屈し、運命とともに変転しつつ、現在のものすべてに支配され呑みこまれてしまうのではなくなるとき――、そのように解放されたときにこそ、人間ははじめて運命を手中におさめ、運命は盲目的な偶然であることをやめて、人間が経験し理解することのできる幸と不幸になる。

いとしいひと、最愛のハインリヒ、わたしの唯一にしてすべて、わたしだけのひと――もう書きつづけられません、いまはもう頭のなかにあることといったら、明日にはあなたがわたしのそばに、わたしのなかにいるということだけ。

[……]

あなたのハンナ

明日の水曜日、二二時三〇分、リヨン駅着。

24

ジュネーヴ　三七・九・六

最愛のひと――

はじめてひとりになれた半時間です。でも生きているより死んでいるのに近いありさま。一見したところでは、すべてがちょっとばかり厄介です。でもそんなに重要なことじゃない。気が疲れるだけ。

明日にはもう――純粋な可能性ですよ――最初の郵便が来るはず。期待しています。つまり、（一）お手紙を、（二）期待が正当となるのを、そして郵便受けに注意怠らないことが有意味となるのを。

いましがた、おいしいキャンティをきこしめしたところ。これはプラス面です。そしてもちろん老母も[1]。今日はちょっとばかり苦言を呈さざるをえなかったけれど、でも大丈夫、元気です。ドイツについてとても興味ぶかいことを話してくれます。みんなの不満が嵩じて、おのずと表面に出てくる。たとえば、帝国牧師ミュラー[2]が説教で、ヒトラーはキリストだと言ったところ、会衆が教会から出ていってしまって、彼は哀願せんばかりに戻ってくれと乞わざるをえなかった。あるいは、ベルリンである電話ボックスに、シラーを想起させるような自由への呼びかけが落書きされた。そこに黒山の人だかりができたものだから、電話ボックスはまるごと撤去される羽目になった。そのほか、ドイツではすでに食料事情が悪化して、栄養不良による病気が増えているという話。

シュトゥプス、最愛の雄猫くん、どこをうろついてます？　痴癪をおこしちゃいけませんよ！　不機嫌になってはいけません！　そうしてもいいのは、わたしがそばにいるときだけ。わたしは夜、うまく寝つけるように、幻想でいっぱいのわたしの枕をもみくしゃにしています。

天気は上々、明日から仕事をはじめます。(3) そしたら万事ましになるでしょう。

これで二日が過ぎたところ。あと一九日も残っている。これは容易なことでは越えられない山ですねえ。でもともかく二日はその一〇パーセント！

いとしい最愛のひと、仕事せよ、よく食べよ！　それがいちばん肝心です。そしてわたしに手紙を書くこと、いいですか？

あなたのハンナ

母から、くれぐれもよろしくとのこと。

（1）　マルタ・アーレントはふたたびジュネーヴを訪れていた。
（2）　ルートヴィヒ・ミュラー（一八八三―一九四五）は福音主義神学者で、一九三三年にプロイセン領邦教会監督に、さらには帝国教会監督となる。プロテスタント教会のナチ派である〈ドイツ的キリスト者 die Deutsche Christen〉〔一九三二―四五〕に属す。
（3）　書簡16・注2参照。

25

［以下に掲載する一九三七年九月九日付ハインリヒ・ブリュッヒャーの書簡に先行したハンナ・アーレントの書簡は、本書に収録されていない。そのなかで彼女は次のように記していた。「彼ら［ナチ］は姉を本当に卑劣なやり方で失職させました。姉は一九三八年初頭に出国する予定で、お金が要るでしょう。」

言及されているのはハンナ・アーレントの義姉で、歯科技工士のエヴァ・ベーアヴァルト（一九〇二年生まれ）。］

パリ　三七・九・九

最愛の人
きみがそちらで明日にでもふたたび一頭のライオンに変身するならば、ぼくがきみを不幸にしているとお母さんは考えて、ぼくに食ってかかるだろう。だからぼくに恥をかかさないでくれよ。また、きみが晩には去勢された牡羊になったところで、ぼくのお利口さんにふさわしいことじゃない。牡羊を餌にして放り込んで、ライオンなど飼い馴らしてしまうんだ。

［…］

議論[1]は延々と続いている。今度はB[2]が重砲として投入されることになる。おもしろくなるだろう。

　気候は湿っぽく、神経きわめて良好とはいかず、頭はまあまあはっきりしていて、心臓は異状なし。ある種の時間はいともゆっくりと過ぎるものだ。それもいつだって、速く進んでほしいと思うようなときにかぎって。身の回りの小世界でも、大世界でも。

　イギリスは見透かすことのできないポーカーフェイスでおもむろに戦争の準備を始めているようだ。ムッソリーニはほんとうにゲームからうまく降りることができるだろうか。スターリンが今度は割り込んできて、机の下でこっそりとイギリスの足を踏みつけるのだろうか。どのみちツケを回される者にとってゲームがこうも見通しがたいのは、由々しいことだ。

　愛するぼくの良き人、お母さんの前では仔羊でいるように。それでぼくの前でも――そうなってくれるだろうね。

　フレンツェ[3]が、きみの脚はこよなくきれいだと言っている。聞いていて嬉しいし、彼女も一級の趣味であることがわかる。つまりぼくと同じ趣味である、と。

　きみに思いきり口づけを。

　　きみのハインリヒ

［…］

(1)　共産主義者の友人たちとの議論。
(2)　ハインリヒ・ブラントラー（一八八一―一九六七）　社会民主党の活動家からスパルタクス団設立時のメンバーとなり、一九一八年以降ドイツ共産党（ＫＰＤ）の指導部の一員。［統一戦線を主張したため二〇年代末にドイツ共産党、ソ連と袂を分かち、］ドイツ共産党反対派（KPD/Opposition）を結成する。一九三三年にフランスへ亡命しここで同党の海外委員会を形成、一九四一年にはキューバへわたる。一九四九年に西ドイツへ帰還［しハンブルクで労働者グループを組織する］。
(3)　ブリュッヒャーの友人フリッツ・フレンケル博士の恋人フレンツェ・ノイマン。

26

［ジュネーヴ］　三七・九・一〇

最愛のひと
［…］
両ご老体とはまことにうまくいっているのですが、仕事のためにひとりになる時間を獲得するには壮絶にたたかわなくてはなりません。どんなにいらいらするか、おわかり

でしょ。晩には二人に『ファウスト』第二部を読んであげていますが、マルタ［・ムント］にはまさしく苦行でしょうね。

　たとえばこの手紙を書くのにも、もう三回も中断させられている始末。シュトゥプス、いまのわたしは別離がそもそもいかに有害かについて、果てしなく哲学しつづけられそう。あなたにはこんな思いをさせたくない。

　今日はちょうど六日目、明日で刑期の三分の一を勤め上げたことになる。溜息が出ます！

　パレスティナから新たなテロのニュース。分割案[1]は空騒ぎに終わったようです。まったくやりきれない。――ゴールドマン[2]のところには礼儀上、挨拶に行くつもりですが、まだ先延ばしにしています。大祭日[3]を口実にして。マルタ［・ムント］は断乎シナゴーグへ行くつもりです。わたし抜きで。

　あなたがひとりでどう這いずりまわっているかと思うと、いたたまれない気分になります。［…］

　いとしい最愛のひと、いいことが一つだけあります――わたしがどんなにあなたのものか、こんなにもはっきりとわかったこと。

あなたのハンナ

（1）　イギリスの委員会がパレスティナの三分割案（ピール案）を提案していたが、アラブ側に拒否された。
（2）　ナウム・ゴールドマン（一八九四―一九八二）は、ロシア生まれでケーニヒスベルク育ちのシオニスト政治家で著作家。一九三五年からジュネーヴの国際連盟で、パレスティナ・ユダヤ機関〔イギリス委任統治時代のパレスティナ・ユダヤ政府〕の代表。
（3）　ユダヤ暦の新年祭、ロシュ・シャハナ〔太陽暦の九月もしくは一〇月はじめに来る〕。

27

パリ　三七・九・一一

最愛の人
　別れ別れでいる、といったきわめて具体的な事柄についてのきみの哲学的見解にぼくはそもそも興味がある。哲学はきみの専門分野なのだから、この問題についてぼくが骨折りしないで済むようきみのほうでやってくれ。
『ファウスト』第二部じゃあ彼女［マルタ・ムント］には物足りず、シナゴーグにまで行かずにいられないとは、これがほんとうの劇場への愛というもんだ。そこまでぼくたちにはとてもじゃないがついていけない。お母さんはどんなだろう。きみと一緒にいられて喜んでいるだろうか。ぼくのほうは最愛のきみがいないのだからたまらない。こんなことをそもそも甘受するのも、ひとえにお母さんのためだ。

［…］

パレスティナについては何ひとつ言えない。イギリスの政策に突如謎が生じたのだ。一瞬にして秘密外交の見通しがまったくつかなくなってしまった。地中海問題と太平洋問題は相互依存状態にあるため、国際政治は由々しき紛糾に陥っている。国際政治が迷走するあまり、いまや毎日いつ戦争が起きてもおかしくないほどだ。イギリスの調子は、ぼくに言わせるとあまりにおとなしくなってしまった。彼らときたら、拳で相手をぶん殴る直前には妙に礼儀正しくなることがある。

［…］

愛しく善良で唯一の、実直で美しいおちびさん。きみのからだのいたるところがぼくを恋い焦がれてくれるよう、どの口づけもきみの好ましき箇所に届きますように。きみはまだ良い子でいるか。ライオンなんかでなく、仔馬でいるだろうか。

よく働き、よく寝て、よく食べて、ぼくを喜ばせてほしい。そしてきみの夫、シュトゥプスからの固い固い抱擁を受け止めてくれ。

ハインリヒ

ぼくのとっても好きなお母さんに心からよろしく。［…］

28

［ジュネーヴ］三七・九・一一

いとしい最愛のひと

想像してみてくださいな、いまわたしは家に完全にひとりでいます、ご両人は市場へでかけて、一〇〇パーセント保証のひとりきり。うれしくなって家じゅうを点検してきたところです。すべて異状なし。

ほんとうはすぐにもあなたのもとに行きたい、いつだってそう思うから、いつもひとりになりたい。そうしていれば、ちょっぴりあなたといる気分になれるから。それに、いろいろな動物に変身するのもそのせいです。でも少しは慣れようという気にはなっています、もしくは理性を身につけよう、と——なにごとにも終わりがありますからね。

ロッテ［・ゼンペル］の手紙、ありがたいですね。出されたた食事に好き嫌いを言ってはいけませんよ！　お招ばれした行儀のいい雄猫にはふさわしくありません！　あなたの胃袋の名誉を重んじること！　まっとうな猫が不平のうなり声を立てるのは自分の家でだけ、お客にいくときは、逆立った毛並みをきれいに撫でつけておくものです。

［…］

利口なシュトゥプス、賢人シュトゥプス——〈わたしはと言えば、目下の政治のことはちっともわかりません〉〔仏〕。すてきな具合に、あなたの手紙はいつも最初の郵便配達時間に来ます。おかげでそのあとはなんとか一日を切り抜けられる。

毎日、シュトゥプスのために体型を維持すべく体重を測ってますよ。いまのところはまだ問題なし。

［…］

昨日は母といっしょに街なかへ出ました——ぶらぶら歩いたり、コーヒーを飲みケーキを食べたり。とてもよかった。楽しんでいるときの母には、若い娘の魅力のようなものがまだあります。そういうところが、わたしは好き。

『ファウスト』の朗読は進んでいます。メフィストがファウストの魂を得られないことは、〔第二部〕第二幕、ホムンクルスが古典的なヴァルプルギスの夜へ案内するところで、すでに明らかになります——そこは悪魔が手も足も出せずに「あわれな悪魔」になりさがる領域。ファウストがメフィストに「けものたち」のところに何度も連れていかれる代わりに——「母たちの国」へ、つまりもっと遠い過去へ、それでもなおわれわれにもっと固く結びついている古代へ行ってきたあとでは、メフィストができるのは魔術の呪文を唱えることだけ。メフィストは混沌の息子にとどまりますが、これもまた、神が世界を無から創造したことと同様に、キリスト教の否定的起源です。ファウストはメフィストを放っておいて、ヘレナに「唯一無比の形、姿」〔『ファウスト』第二部七四三九行〕を見出す。そこで無はもはや彼を支配する力をもたなくなり、人間によって作られたものだけがその力をもつ。たとえそれがホムンクルスのように笑止千万であってもです。この人造人間は科学のおかげで存在したのであり、それゆえに道を示すことができるのです。

いとしい最愛のひと、あなたにキスしては、日々を指折り数え、郵便受けを覗きこんでは、欣喜雀躍、あなたにキスします。

あなたのハンナ

29

［ジュネーヴ］　三七・九・一三

いとしい最愛のひと

今日はまたしてもうれしい手紙日。おまけに新しい週の始まり、つまり前進がはっきり目に見える日。あまりの恋しさに、哲学する気もすっかり失せてしまいました。家へ帰りたい、シュトゥプスのところへ。もうライオンじゃなく仔馬になって、たくさんキスしてもらいたい、彼のジャケットに潜りこみたい、腕を組んで散歩したい、彼の不平不満に腹を立てたい、などなど。そうはできずに、いまはここに座って甘やかされ放題、義務感にとらわれ、見当違いに注がれる愛情に周章狼狽——ただ、ときどきは母と町をぶらついたり、ヒトラー失脚の暁のために、ほんとにぞくぞくするほど子どもじみた祝宴のメニューを考えたり。どんな料理になるか。

母はおおむねドイツとまたすっかり折り合いをつけていて、わたしの帰国ばかりを夢見ています。それを言われるたびに、ひどく心が痛みます。

仕事(1)は規則正しくやっていて、順調に進んでいますよ。

［…］ニヨン会議(2)は、ロシアを地中海から追っ払う以上のことをしたのかしら？　結局ロシアにとっては、こうして不可抗力《パール・フォルス・マジュール》によって引き揚げさせられるのは、まことに好都合かもしれませんね。

［…］

いとしい最愛のひと、シュトゥプスにして雄猫、わたしのひと、お利口に、そして賢くね——だれにもむかっ腹をたてず、わたしのことをたんと想い、わたしが喜んでいるように喜び、そして雨あられと降るほどのキスを受けてください。

あなたのハンナ

（1）　書簡16・注2参照。

（2）　ジュネーヴ湖畔のニヨンで一九三七年八月一〇—一四日におこなわれた会議で、地中海および黒海諸国（イタリアを除く）は、「海賊行為」制圧のための地中海警備を分担しておこなうことを決めた。「海賊行為」はとりわけ、スペインの共和国軍に物資を輸送するロシア船に対して、イタリアの潜水艦がおこなっていた攻撃を指す。

30

パリ　三七・九・一三

最愛の人

［…］

ブラントラーと激しくやり合った。しっかりとした議論をできる男とまたもや四つに組み合うことができて爽快だった。でも彼の議論も充分ではないと思っている。論争はつづくだろう。ぼくも襟を正してかからなくてはならない。いくつかの点では妥協が必要で、それは可能でもある。路線に関して、ぼくは態度の先鋭化を推し進めなくては。

［…］

きみのファウスト解釈は、数多くある、いずれも正しい可能性のなかでもすてきなもののひとつだ。けれど「唯一無比の形姿」ですら、幽霊となってしまっている以上、今後は、幽霊たちの主、醜悪このうえない姿で現われる混沌の息子に服従して、救いとなる助言を彼から得なくてはならない。かくのごとくに否定が創造的な為事をしており、メフィストは老ヘーゲルその人のように唯一の形姿をドイツ精神の新床に寝かせるのだ。ぼくの愛する「唯一の形姿」、早くぼくのところに戻ってくれるように。

きみを愛している、何から何まで、どこもかしこも、どこまでも。

きみのハインリヒ

どうかどうか、お母さんに心からよろしく。

31

パリ　三七・九・一五

最愛のおちびさん

［…］

ロシアが地中海から出て行くよう、そして案の定イギリスとフランスを地中海に招き入れるよう、会議[1]が手を貸した、というのはその通りだ。いっぱい食わされ動きを封じられたスターリンは、イギリスが極東でロシアを必要とすることを期待しているだろう。そのうちわかる。

きのうぼくははじめてベンジ[2]とチェスをして、長時間にわたったなかなかおもしろい一局で彼に勝った。彼は紳士そのものだ。彼は以前、『時代《タン》』紙の論説がヒトラーのとくに「偏狭な反ユダヤ主義《アンティセミティスム・セクテール》」を非難していることを指摘して、いみじくもこう評していた。「反ユダヤ主義を非難するために、そこに侮蔑的な形容詞を付けなくてはならないところまできてしまったんだ。」

愛する人、ようやく一一日が過ぎた。時の歩みはゆっくりだ。人前に出たくないとき――そんなのはもっとうんざりだ――独身男の習慣がほとんど避けられない。会議(3)が長引いて、床に着くのが二時になってしまうこともよくある。三週間とはもとより長すぎたが、いまとなってはまあいいことにしておこう。

きみのことをあれこれと思っている。ぼくのおちびさん。どこにいてもきみに会いたい。

お元気で。何度も何度も口づけを。

ハインリヒ

お母さんはぼくに反感を抱いているのだろうか。それでもよろしく。

(1)　前掲書簡29で触れられているニヨン会議。
(2)　夫妻の友人だったヴァルター・ベンヤミンに対して二人が用いた愛称。
(3)　共産主義者の友人たちとの会議。

32

［ジュネーヴ］　三七・九・一六

最愛のひと――

たったいま、あなたの手紙が来たところ。［…］

最愛のひと、わたしだってすぐ帰りたい。三週間が長すぎることはわかっています、始まるまえからわかっていました。でも、どうしろっていうの《ク・フェール》？　母は今回、パリへは来られない。いつまた旅券がおりるかは、神のみぞ知る(1)。わたしが生まれてこのかた、彼女はわたしのためになんでもやってくれました。わたしはどうすべきだというの？　ここでのすべてが彼女にとって何を意味するのか、あなたにはわかっていない。彼女がこの先どんなに長いあいだ、それを糧に生きなければならないことか。彼女はあなたに反感をもっているどころか、いつもよろしくと言っています。それを伝えるのを、もちろんわたしがすぐ忘れてしま

うのだけど。［…］
あれこれ考えてみても、ほかにどんなやりようがあったのかわかりません。
ハインリヒ、お願いだからわかってください。わたしの印象では、あなたはなにかを悪くとっている、いえ、なにかではなく、わたしがこんなに長くこちらにいるのを。
［…］
ベンジに勝ったとは、わたしは鼻高々です。わたしの手ほどきのたまもの、そして——まあ、いいことにしましょう、偉大なるシュトゥプス、賢人シュトゥプス。

Lieber, liebster, liebe mich,
denn ich liebe, Liebster, Dich.*

いったいどうしたらいい？　こんな愚にもつかないばかばかしい手紙を書く以外に。

あなたのハンナ

［…］

（1）マルタ・アーレントがパリに亡命するのは、一九三九年の春。
＊　愛Liebeという語ばかりを使って、「いとしい最愛のひと、わたしを愛して、わたしはいとしいあなたを愛しているから」という意味の戯れ唄。

33

［ジュネーヴ］三七・九・一八

わたしの恋人、唯一のひと、最愛のひと——
わたしが夜あなたのそばにいたとのこと（1）、とても誇らしくて、とてもうれしい。最愛のひと、わたしはいつも——ほんの小娘《ゲール》*のころから——知っていました、わたしがほんとうに存在しうるのは愛においてのみだと。だから、自分を簡単に見失ってしまうのではないかと、不安で不安でたまらなかった。そこで独立独歩でいくことにした。そしてわたしのことを冷たいと言うほかの人たちの恋を見ては、いつも思ったものです、恋がわたしにとってどんなに危険なものか、この人たちはわかっているのかしら、と。
そしてあなたと出会って、やっと不安をもたずにいられるようになったのです——あの最初の驚愕のあとに。あれはそもそも、大人になったふりをしていたにすぎない子どもの驚愕でした。いまでもまだ、「大いなる愛」と、わたしがわたしでいられる自己同一性の両方を得られたということが、信じられないような気分です。片方を得たからこそ、はじめてもう片方も得られたということが。でもいまやっと、幸せとはほんとうはどういうことなのかもわかったのです。

　わたしの大好きなおばかさん――もちろん、あなたのことを思い浮かべるなんて、全然してませんよ、あなたは一刻も離れずいっしょにいるんですもの。わたしは恋こがれ、郵便受けを見張っている。あなたなしではただの怪獣です。

　今日、離婚判決(2)の通告が来ました。これであちこち駆けずりまわることになりそうです。でもいくらかうれしいんですよ――子どもっぽいと笑ってください――、もとの名前にもどれることが。――

[…]

　母のことはもう書きましたね。[…] 彼女はわたしの暮らしの不安定さを見て、ここにわたしのための家庭をこしらえようとしているんです、逃げこめる一種の後ろ盾として。彼女から見ると、わたしはまるで暴れ馬ですからね。以上、これで全部です《ヴォワラセ・トゥ》。――いま彼女が入ってきて、よろしくと伝えるのを忘れないで、とのこと。だからこうしてちゃんと書いておきますね。

　最愛のひと、あなたに頭のてっぺんから足の先まで口づけを。

あなたのハンナ

（1）ブリュッヒャーは三七年九月一七日付の手紙で、夢を見たことを告げていた。
＊　Gör　北ドイツやベルリンで使われている語。
（2）書簡2・注3参照。

34

パリ　三七・九・一九

ぼくのすばらしき、美しき、愛する人、ぼくの喜び
ぼくの誇り、ぼくのありとあらゆる快楽の庭――
　今日は一時間リュクサンブール公園をぶらぶらしたが、心と頭のなかはきみのことばかり、公園の道はどれもきみのもとへつながり、ぼくが愛情をこめて見入るすばらしき自然が群をなすのも、きみをその中心に据えるためだ。ハンナ、一年前と同じくらい、いやほとんどそれ以上に惚れ込んでいて、まともな頭でいられるわけがない。だってあいかわらず欲望も愛と同じくらいに激しいんだ。こんなに

むくむくとわき上がる、それを耐えるだなんて。そんなときにきみの手紙が届くと、歓喜のあまりただただ猛り狂う。幸福とは何か、きみに教えたことがあっただろう。きみがぼくを幸せにしてくれているように、ぼくはきみを幸せにしているだろうか。だってきみこそぼくの幸福なのだから、そこでぼくはきみにきみのことを教えたことになるだろうか。きみはそうしていまのきみになったのだね。ぼくもそうだ。ぼくはきみを少女から女にしたんだね。なんてすばらしいことか——でもなんだってぼくにそんなことができたんだろう。ぼくだって、きみによってはじめてまともに男となったんだ。ここに奇跡がある。ただ信ずるのだ。「しげしげと自然を見つめるまなざし(1)」

我が愛する妻、きみは夫にとって、ひとりの女がひとりの男にとってありうるすべてだ。(もちろんここでは、同衾できる女の現象形態だけが考えられている。だから天使、母親、娘などは入っていない。)さらにきみはこれらすべてであり、さらにそれ以上だ。我が妻よ、「それ以上」がどういうことなのかはわからない。説明できないものだ。きみは、ぼくの愛の〈一切〉であり、ぼくの愛のすべてを内に含みこんでいるのだから、その〈一切〉が部分の総和に長じてもっている〈それ以上〉こそが問題なのだ。「天上の残りを、もつことは厳かなり。(2)」きみは自分が何であるのかちゃんとわかっているだろうか。きみはぼくのもの、ぼくはきみのもの、お互いがそんなふうに、永遠なる浄福の混合のうちに——ぼくたちが自分たちの子どものなかでもはや区別ができなくなるまで。愛によってすくすくと育った子どものなかではこのようなものだ。たとえばきみのなかで、お父さんの精神がお母さんの心をもっているのか、それともお母さんの心がお父さんの精神をもっているのか、ぼくにはわからない。最愛の人、ねえ——そう、ぼくたち二人、そしてぼく。その通りだろうか、ぼくの言っていることは正しいだろうか。

口づけをきみのからだのいたるところに、何度も何度も。

きみはすっかりぼくのもの。

きみのハインリヒ

お母さんによろしく、すくすく育ったお子さん。

(1) ゲーテ『ファウスト』第一部五幕一二二八八—九行のメフィストフェレスの科白。

(2) ゲーテ『ファウスト』第二部一一九五四—五行「我らに大地の残りを/担うのは苦難なり。」の言い換え。

35

パリ　三八・四・一六

最愛の人

［…］

アメリカ大使館が数日前から何人かのドイツ人とオーストリア人に電報による証書《エヴィデンス》(1)で移住を認めたという。何の問題もなしに。

［…］

カール(2)が慰めようのないすっかり絶望的な手紙を書いてきた。他方でこちら側では、向こうで外国人はすべて釈放され、スペイン人に対する裁判がはじまったという噂が流れている。Kのためにぼくたちはできるかぎりのことをやってみる。ぼくは今日考えつくかぎりの人士のもとへ走った。ミンカ(3)は文字通り粉骨砕身の活躍をしている。スペインへ向かうのはぞっとすることのようだ。共産党はファシストの前から逃走するにあたって、それまでいっしょになって闘ってきた何千人もを事前に射殺していった。司令官たちは軍勢を見込みのない状況へ意図的に追い込んでいる。

ここまでにさせてもらう。口づけの挨拶を

きみのH.

（1）どのような「証書」であるのかは判明していない。
（2）カール・ハイデンライヒ（一九〇一―一九六五）画家。ブリュッヒャーの友人で、この当時スペインにいて、後にニューヨークへ亡命。
（3）ミンカ・フーバー。旧姓ジェフロイキン、ブリュッヒャーの友人ペーター・フーバーの妻。

36

ジュネーヴ　三八・四・一七

最愛のひと

［…］

母から知らせがありました、わたしたちみんなの大好きな叔父が出国直前に逮捕されたとのこと！　詳しいことはP［パリ］に帰ってから聞けるかもしれません。あなたと離れてひとりになってからというもの、どんなに悲しいかをはじめて実感しています。

人間って不当なものですね、母のことを思うとわたしはマルタの平穏で安全な暮らしを憎らしく感じてしまう。
[…]
木曜日にはなんとしても家に帰らなくては、さもないとメランコリーになってしまいそうです。
あなたに隅から隅まで口づけを

あなたのH.

[…]

37

［ジュネーヴ］三八・一〇・一六

大切なムッシュー＊
旅[1]はとても快適でした、上天気、暖房なしの汽車、『ブヴァールとペキュシェ[2]』、フロベール作品のうちでも抜群の傑作ですね、退屈のゆえのファウスト的努力、実証主義というもののどうしようもなさ。まさしく晩年作です、とてもグロテスクで、とても滑稽で、まったく虚無的。
というわけで、こちらにはご機嫌で到着しました。すばらしい天気、暖房のきいた住まい！——断然、この世でいちばん重要なものですよ——なにもかも申し分なし。食事についても散歩についても、わたしたちは大々的な予定表を組んでいます。前者については、まず昨晩の鶏料理ではじまり、今晩の兎の焼き肉がつづきます。後者は今日の午後に開始。
シュトゥプス、お願いだから《ジュ・タン・プリ》忘れないでくださいね、新聞代の支払いとロンドンの署名を！——いまさっき、やたらとごたごたを起こしてくれる姉[3]に手紙を書いたところです。彼女がここへ来るわけにはいきません。〈そんなこと、問題外です〉〔仏〕。でも手紙に冷酷にそう書くなんてこともできない。どっちみち彼女に旅券がおりる見込みがないのが、いっそありがたく思えるほどです。どうかこのことで責め立てられつづけませんように。[…]
ちゃんと食べてくださいね、散歩もして！　むかっ腹を立てないこと！　臨時の男やもめ暮らしをお楽しみくださいな！　みんなによろしく。
挨拶と口づけを

あなたのハンナ

＊　パリで不法滞在者だったブリュッヒャーが三つ揃いスーツでしゃれた旅行客を装っていたことから、アーレントはこの呼び方をよく使った。

（1）　アーレントはまたジュネーヴのマルタ・ムントを訪ねていった。

（2）ギュスターヴ・フロベール（一八二一―一八八〇）の一八八一年発表の小説。
（3）エヴァ・ベーアヴァルトはこの直後、一九三八年のうちにイギリスへ亡命。

38

［パリ］［三八・一〇・二二］　土曜日

我が愛するお方

［…］

ベンジが来ていてことのほか理性的に振る舞っている。今日は長いこと彼と話した。彼はユダヤ関連について強い関心を抱いており、ぼくたちの件[1]のこともとても高く評価してくれた。いっしょにやってくれるという。ほんとうにいっしょにやると。昨日あからさまに訊ねたところ、ほとんど感動的な答えが返ってきた。ユダヤ人を学ぶのは、自分もユダヤ人の一人であるとようやくわかったからだ、と。これで充分にはっきりした。礼儀にかなった降伏だ。

［…］

明日ローベルト［・ギルベルト］がやってくるという。彼が［ドイツを］抜け出したことは嬉しい。いや、嬉しいなんてものではなく、彼が危険を脱したのですっかり幸福な気分だ。

［…］

散歩をしてぼくのことを思ってくれ。ではまた。きみはぼくの愛のすべて。

口づけを

きみの夫

［…］

（1）共産主義者の友人とのブリュッヒャーの活動を指す。

39

［ジュネーヴ］　三八・一〇・二二

最愛のひと――

昨日は山へ行きました。寒かったけど、すてきでした、とくにたくさんの森が！　ジュラ山脈。中くらいの高さの山々というのは、神さまのなかなか悪くない発明品ですね。

二日後にはようやく家に帰れます。明日は鴨ではじまるコースでわたしの出発祝いの宴。

今日、有り金をぜんぶはたいて金貨を買いました。しばらくはもうこういうことで頭を絞るのはご免こうむりたい。

[…]

ユダヤ人のことといえば、イェルサレム、その他もろもろ、心配でなりません。――こんなにひどく気を滅入らされると、すぐまた陽気さに反転するんじゃないかと思うほどです。

この葉書、わたしより先には着きそうにはないけれど、ただ念のため、月曜日の晩にわたしがちゃんと帰ってくることを思い出してもらおうと思いまして――でもなにか用事があるなら、どうぞお構いなく！

封のできない葉書だから、節度にふさわしい範囲でたくさんの口づけを――

あなたのハンナ

第２部

1939年9月-12月

［戦争勃発の際、パリにいたすべてのドイツ人亡命者男性は市北部コロンブにあるオリンピック・スタジアムに収容され、その後地方にある個別の収容所に振り分けられた。ハインリヒ・ブリュッヒャーがフランス語で書いた書簡――検閲のためフランス語で書かれた書簡のみが郵送された――は保存されているが、ハンナ・アーレントのハインリヒ宛書簡は残されていない。一二月はじめに彼は解放されパリに戻ることができた。二三通の書簡のうち一一通がここには収録されている。］

40

コロンブ・オリンピック・スタジアム

［一九三九年九月初頭］

ぼくのおちびさん

二晩、きれいな芝のうえで寝た。かなり冷えたけれど、コーン[1]とぼくにとってこの二晩はとてもすてきだった。

ぼくは元気で、今日スタジアムの施設で収容手続きをした。警察の通知書が出頭命令書代わりになっている。

ここには仲間がみんないる――不幸なベンジ[2]も含めて。日曜日には面会許可がおりると噂されている。でもこれだけたくさんの人を見るととてもそうは思えない。登録手続等々――これを全部終えるには少なくとも数日はかかるだろう。

ここではぼくたちの結婚に関心をもつ者など誰もいない[3]。まだ待たなくてはならない。戦争の問題がまず先だ。

これまでのところぼくたちには何もわからない。兵隊も警官もみなあふれるほどに親切だ。ナイフとライターとマッチを除けば足りないものはない。髭を伸ばすことにした。ぼくのおちびさん、うまくやってくれ。ぼくもそうする。星空のもとできみを思うことができるなんて乙なもんだ。

きみに口づけを

きみのH.

小包なら郵送で差し入れできる。ぼくのグループは三八番だ。

（1）　アルフレート・コーン（?―一九五四）はヴァルター・ベンヤミンの若い頃からの友人。

（2）　ヴァルター・ベンヤミンは後にヌヴェールのクロ・サン＝ジョゼフ収容所に移送された。

（3）　ハンナ・アーレントとハインリヒ・ブリュッヒャーはこの書簡の時期にはまだ結婚していなかった。婚姻は一九四〇年一月一六日に結ばれた。

愛しい人、心の底からきみを愛している。

H.

41

［コロンブ　一九三九年九月］

ぼくのおちびさん

こちらではぼくたちの運命についての「言葉」がおびただしく飛び交っている――だからぼくはいっさい信用せずにじっと我慢して（これが必要なこと）、成り行きを見守っている。水曜日には地方の別の収容所に向けて出発だ、と言っている者もいれば、まだまだ何週間もここにとどまる、と言っている者もいる。ぼくにはもうすべてにほとんど興味がない。だって自分では何も変えられないのだからね。ところで面会許可は出ていない――そりゃそうだろうな――、なんだってそんなことをしようとする者がいるのか、ほとんど想像を絶するよ。

手紙を書くのは毎週土曜日以外は許されてない。ぼくたちに小包を送ることはできる、という話だが、郵送に限られる。そこでもしできれば、赤ワイン、煙草、チョコレートを。ぼくたちをどうしようというのか誰にもわからない。そのうち見えてくると思う。何事も容易でないが、どうにかなるだろう。

42

［ヴィルマラール］三九・九・一八

愛しい人

きみの手紙を受け取ることができて嬉しい。きみの書いている通りなので、ぼくから言うことはなにもない。いまぼくたちは新しい収容所に落ち着いた。宛先は以下の通り。ロワール＝エ＝シェール県フォセ市ヴィルマラール、集中収容所、H.Bl.〔ハインリヒ・ブリュッヒャー〕。こちらでは万事順調だ。日曜日ならぼくと面会できる。けれど一二時から一二時半までのたった三〇分間だ。大旅行には見あわない――でも一度くらいいいだろう。

次のものがまだ必要だ。

一　スキー靴

二　冬用上着

三　ズボン（マンチェスター絹〔コーデュロイ〕のもの、ベージ

ュか茶）
四　冬用靴下
五　肌着二枚
六　料理ナイフ（先の丸いやつ！）ステンレス製
七　飯盒
八　洗髪剤［…］
九　ちいさいパイプ（きみが贈ってくれたやつ）
一〇　煙草入れ
マラールはブロワから七キロ半離れている。ブロワで往復乗車券を買い、その後は駅で他の面会者たちといっしょにうまく切り抜けてくれ。ぼくのおちびさん、いつもきみのことを思って、きみを待っている。
きみたち二人(1)のために最善を祈る。

H.

(1)　ハンナ・アーレントは、一九三九年四月にケーニヒスベルクからパリに逃れた実母と暮らしていた。

43

［ヴィルマラール］　一九三九・九・二九

ぼくのとても愛しい人
きみからのおおきな荷物を昨日もう受け取っている——郵便網が現在完璧であるのがわかるだろう。ぼくたちの家のこまごまとした品を目にするのは大きな喜びで、きみの手によって少しばかり面倒をみてもらっている気持になる。二本目のパイプはアルフレート・コーンにちょうどいい。彼とはいい仲間になった。今日はきみからのタイプ書きの手紙が届いた。これで手紙二通と葉書二枚をもらったことになる。
ぼくのおちびさん、きみが気をもむ理由はなんらない。能弁は戦時に適切でないので、おしゃべりはしないでおく。とくに自分自身について大騒ぎするべきではない。もちろん自分のちっぽけな個人的運命以外考えないような人たちもここにはごまんといる——そういうのを見せられて、ぼくは少しばかり反対の極端に陥ってしまった。
いくつか「詳細」を書いておこう。ぼくたちが目下いるのはロワールの美しい地域で、とてもちいさな村のまんなかだ。こんな村を愛するのをぼくはセザンヌを通して習っていた。ぼくたちは演習中の兵隊が宿営するみたいに住まわされていて、かなり簡素ではあるがまったく充分だ。朝にはコーヒーが出て、一日に二回、スープと野菜、肉の食事がある。パンとワインもついている。朝（起床は六時半）ぼくたちは住まいを掃除するため少しばかり働く。そして毎日午後には、ごくちいさな川の岸をちょっとばかり散歩する。そのときぼくは一時間ばかり座り込んできみのことを考える。太陽の光のまっただなかで。こちらではまだ好天なんだ。午後にはなにかしら自分のことをする。七時半にぼくはもう就寝している。

きみたちが二人とも順調にやっていてくれて嬉しいよ。そして君に旅行許可証がおりるのを楽しみにしている。これについてはこちらから解決するのは不可能だ。まだ待たなくてはならない。きみができるかぎりのことをやってくれているのはよくわかっている。だからぼくも平静で、ぼくたちの運命について政府が決定をくだすのを根気よく待っているんだ。シャルロッテとハナン[1]にくれぐれもよろしく。

この次きみに手紙を書くのは火曜日になるが、もっとあれこれと「詳細」を伝えよう。きみが役に立てるよう最善を尽くしているのはわかっている。ぼくも同じようにしていると、きみもわかってくれているだろう。いまのところ本はいらない。まだデカルトがある。週に五〇フラン以上使えるんだ――それに収容所長のもとにはさらに二〇〇フラン預けてある。金が必要になったらお願いするよ。

心の底からきみを愛し、きみに口づけを送る。

H.

お母さんにも口づけを。M・ストラ[2]によろしく。

（1）シャルロッテ・クレンボルト、旧姓ゼンペル（一九〇九年二月八日生まれ）はドイツの歴史家。ポーランドからの亡命ユダヤ人、ハナン・クレンボルトと結婚し、一九三二年秋以降パリに住んでいた。ハナン・クレンボルトはハナン・アヤルティ名でイディッシュ語の小説や掌編小説を発表している。二人は一九三九年一一月一三日に生まれた息子ダニエルともどもウルグアイへ逃れ、そこから一九四六年にはニューヨークへ移っている。アーレント＝ブリュッヒャー夫妻とは家族ぐるみの親交をもっていた。

（2）誰を指すか不明。

44

ヴィルマラール　三九・一〇・三

ぼくのおちびさん

きみには週に二回手紙を書いている。金曜日の手紙では、きみが求めてきた詳細をすべて知らせた。きみもいまは、少しばかり満足できたと思う。

日曜日にアンネ[1]に会った。きみたちのほうでは万事順調だと聞いてとても嬉しかった。きみにはひとの役に立てる可能性がまだあり、お母さんも情勢に関心をもっているそうじゃないか。まだしばらくぼくたちがここにいるようなら、旅行許可証の問題がこの二、三週のうちに決着してほしいものだ。ぼくもまったくきみと同じ考えだ。おそらくぼくたちにも兵役がまもなくはじまる。そうなると、もっと簡単に再会の機会ができる。

アンネは、アルフレート・コーンがここにいることを知らなかった。理解できない話だ。だってぼくの手紙では、彼のことに二回触れていたじゃないか。彼の奥さんに容態報告書を届けてくれるよう、アンネに頼んでおいた。期待していた以上に容態は良くなっている。

ぼくたちは午後、いつもきみのことを考えて過ごす例の小川の岸に座っていた。ぼくたちのちいさな住まいのまんなかにきみがいるのを想像して、きみがすぐそばにいるのを感じるあまり、ぼくの愛する人よ、幸福な思い出によって、戸外で一〇月の美しい太陽によって暖まるよりも、心のなかはずっと暖かくなった。愛しい人、きみを愛している、そしてこれをきみに何度でも告げよう。だってそのように繰り返して言い表わすことによってしか、気持の強さを説明できないのだから。

仲間の何人かは援農に出ていった。機会があればぼくもそうするつもりだ。残ったぼくたちはといえば、こまごまとした仕事をしている。これについてはすでに、アンネを介して、また金曜日のぼくの手紙からもきみの知るとおりだ。ぼくたちは動員されるのを待っている。

日中に二時間か三時間、デカルトとカントに取り組む機会は依然としてあって、そのたびにちょっとした発見をしている。フランス語で哲学の問題について意見を述べるには、まだ充分に通じていない。でも近いうちちいちど、少しばかり笑いものになってしまう危険をおかしてでも試みるつもりだ。

シャルロッテ〔・クレンボルト〕が賢明にも、いまから出産のための病院を見つけたのはよかった。

ぼくのおちびさん、きみがまともな寝具で寝ているからといって「恥じる」ことはない。ぼくのほうはそれだからこそ、ぼくの毛布にくるまりいっそう幸福でいられるのだから。

心の底から愛している。

きみの

H.

(1) アンヌ（ネ）・ヴェイユ、旧姓メンデルスゾーンとは、ハンナ・アーレントが若い頃から親しく交わっていた。彼女はフランス国籍をもっていたため、ハンナ・アーレントより前に面会許可を得ていた。［アーレントは彼女をアンネあるいはほとんどの場合アンヒェンと呼んでいる。］

45

［ヴィルマラール］　三九・一〇・一七

ぼくのとても愛しい人

ぼくはまだとても幸福な気分だ(1)。とりわけ、三年間の幸福なぼくたちの結婚生活のなかで育まれた愛というおおいなる宝庫のことを考えるときには(2)。きみの目の輝きのなかに、ぼくはこの時間の反映をいまなお見ている。そしてぼくの目にもそれがあるのを知っている。そんなふうで、詩人のH・フォン・ホフマンスタールをよく理解できる。だってまさに、思いを寄せるべきものをぼくはもっているのだから。

こちらでぼくらはいつもながらの生活を送っている。月が満ちるとともに好天が戻ってくる見込みもある。体調はよくなっている(3)。医者から許可がおりて、二日後には午後の短い散歩に加わって具合の善し悪しを確認し、腹の反応を検査することになっている。晴天がつづけばとても美しくなるだろう。ロワール地方は葡萄収穫のまっただなかだ。葡萄の収穫に参加している二人のユダヤ人の若い仲間から手紙をもらった。二人は農民にも食べ物にもたいそう満足している。こちらでは品種改善が進められている。

先週ぼくが出した手紙はもう受け取っていると思う。郵便物が定期的に届かないことにじつに苛立つのはたしかだ。でもなんといっても戦争なんだ。そこでぼくもきみのように、胸を締めつけられる思いで郵便を待っているすべてのフランス人女性たちに思いを馳せることにする。郵便による連絡も、時とともに改善されるだろう。

お母さんのお菓子はすばらしくおいしかった。とても嬉しかったよ。ほんとうに愛情を込めて焼かれているね。何度でもお礼を伝えてください。

シャルロッテ［・クレンボルト］とマダム・プジョロン(4)にぼくからの挨拶を。

きみを抱きしめ千回の口づけを送る。心の底から愛しているのだから。

きみの H.

（1）一九三九年一〇月一五日日曜日にハンナ・アーレントは収容所のブリュッヒャーを訪問した。
（2）書簡40・注3参照。
（3）この時期ハインリヒ・ブリュッヒャーは腎臓を患っていた。
（4）プジョロン夫人はパリ警視総監の寡婦で、シャルロッテ・クレンボルトと親交を結んでおり、とりわけハインリヒ・ブリュッヒャーの即時釈放のために骨を折った。

46

［ヴィルマラール］　三九・一〇・三一

愛しい人

　あいかわらず心のなかはとても暖かく頭のなかはとても明晰だ。(1)きみに深く感謝する。きみがつつがなくやっていると知るのは、どれだけの励ましとなることか。うるわしい人、変化する可能性がなく、むしろ昂じてゆくことで一生涯持続されるような強い感情をいだけるとは、なんという幸福の贈り物だろうか。わかってくれるだろうね。

　昨日は満月だった（きみは覚えているかな？）、そして今日はまたしてもこの地方の美しい太陽だ。一一月が戸口まで来ているので、営舎を配置換えするためたっぷり作業をすることになる。今晩からもうぼくはベッドをもらえて、寝袋がくるのを待ちかねている。でもこれがぼくの感じている唯一のもどかしい気持なのだから、深刻なもんじゃないだろう。ぼくの病気について述べておけば、治療のためならなんでもするつもりだ。でも持病だとなるとかなりの忍耐が必要とされる。コーン夫人(2)がぼくにつくってくれた毛糸の腹巻きはびっくりするほどいい。感謝に堪えないよ。ちいさな腎臓結石がいくつかあったけれど、医者が和らげてくれた。軽めの作業を果たすため最善を尽くしたいとは思っている。それでも完全に休まなくてはならない日もある。すべてはフランス風良識の決まりに則ってなされているようだ。だからその根っこをデカルトから探しだすのがおおいに楽しみだ。

　昨日はコーンとごく短い散歩をして、かなりよくなっていることをたしかめた。いまはきみを思うだけの時間が充分にある。そしてきみについてなら考えをめぐらせることがたくさんあり、それは昂じている。それというのも、ただただきみのことを、全身全霊をもって愛しているからだ。

ちょうどいまきみの小包が届いたという知らせがあった。ぼくたちは幸せものだ。今晩は自分の寝袋で眠れるのだから――これでぼくの宿営は少しばかり、ぼくたちの家のちいさな属領地のようなものに変貌する。そう考えるのもいいもんだ。

カントの道徳論関係の本がおもしろくて仕方ない。新しいものごと、新しい人間たちを理解するときにはいつだって、哲学の大家たちの主題のあれこれが一瞬にして、いままでよりもずっとよく理解できるようになるものだね。

全身から
全霊から
全理性から

きみのアンリ〔ハインリヒのフランス語表記〕

お母さんに心からよろしく。お菓子はとってもおいしい。

（1）ハンナ・アーレントが前の日曜日に収容所をふたたび訪問したものと思われる。
（2）アルフレート・コーンの妻。

47

〔ヴィルマラール〕三九・一一・六

愛しい人

きみがコロンブ(1)に送った手紙と葉書の何通かをさっき突然受け取って、心をおおいに動かされながら繰り返し読んでいる。ぼくにとってはいつだって真新しいままでありつづけるこれらの古い手紙の一通で、きみは指摘しているね。愛の手紙にはつねにある種の単調さがあると。それはたしかだけれど、なんという驚くべき単調さなのだろう。海のざわめきのような単調さ。耳を傾ければそれだけよりいっそう聞きたくなる。その「壮大な」枠のなかで世界全体の、生全体の無限のあらゆる変奏に余地が与えられるほどの、原初的な単調さだ。このようにぼくはきみの愛の手紙を読む。そこで何回も何回も読み返さずにいられない。

きみからの月曜日の葉書も受け取ったし、ジュリエット(2)の訪問も受けた。彼女はじつに優しいが、ぼくの目に間違いがなければ、少しばかり楽観的に過ぎる振る舞いだ。まだ判断はできないし、結論を下すためによく省察してみる習慣を、ぼくは徹底させている。寝袋が届いたことはもうきみに知らせたね。でもこれがぼくたちにもたらした喜びをもういちど伝えよう。ぼくたちはベッドをきちんとつくったので、とてもよく眠れる。寝袋と毛皮がぼくの腎臓のためにとてもよいこともわかったよ。

でも、もっとよかったのは、きみに手紙を書くためにようやく机に向かったことだ。それが終わると、いまぼくたちの宿営にある同じ机で読書もできるだろう。親切なクナウスさんがつくってくれたんだ。彼は収容所でも最良の仲間のひとりだ。明日かあさってぼくたちのところにストーヴが入る。すべてよい方向に少しずつ進んでいるのがわかるだろう。

きみにロワンジェ兄弟、レーボック兄弟とリプシッツさんのために冬服をお願いしてあった。みんな好青年だ。とくにロワンジェ兄弟は。その片方はパレスティナ行きに備えて家具製造を習った。ロワンジェ兄弟のサイズは四三と四四、レーボック兄弟は四三だ。ロワンジェの父親が情報を得るためきみを訪ねたいと言っていた。アミエル氏に関していうなら、もう物資援助は必要としていないが、この高潔な若者の道徳心の高さとフランスへの貢献についての情報が当局に伝わるよう、できる限りのことをしてあげてほしい。

水曜日には収容所司令官から出所証明書がおりる可能性がある。そうなるとパリへの通行許可証を得られるかもしれない。

ぼくの最愛の人、さてここからは例の「単調さ」だ。全霊をもって、全理性をもって、全身をもって、きみを愛している。いつでもきみをぼくの近くに感じている、それにもかかわらず、どこを見回してもきみがいなくて寂しい。毎日きみを探して、自分の心のなかにだけはきみを見いだすけれど、少なくともそれは絶対たしかだ。それというのも、まもなくきみに会えるという希望を抱いているからだ。我慢しているよ、愛しい人、心配するには及ばない。

きみに口づけを。

きみのH.

(1) 最初の収容所を指している。書簡40参照。
(2) ジュリエット・ステルン(一八九三—一九六三)はフランスの工場経営者の妻。〔オランダから亡命してきた両親のもと、パリで生まれた、フランスにおける積極的なユダヤ人女性活動家のひとり。〕青少年アリヤーの資金面での責任者で、ハンナ・アーレントはその事務所で事務局長を務めており、両者は親しくしていた。

48

［ヴィルマラール］　三九・一一・二四

こよなく愛する人

　出所証明書を取りつけるため、これまでほんとうになんでもやってきた。選別手続きに向けてだったが、これがいまはじまった。きみももうアルフレート［・コーン］と話をしたものと思う。彼はこの恩恵に最初に浴したひとりだ(1)。選別の帰結についてはまだなにも言えないが、まずはじめはフランス人を妻にもつ男たちになると思われる。それに続いてぼくのような収容所の医者の第二リスト上にいる病人になる可能性がある。だから、愛しい人よ、辛抱してくれるように、いまいちどお願いする。選別が終わったら出所証明書の問題があらたに現実的になる。すべて解決するだろう。

　きみからの一六日付の手紙を受け取った。いつもと同様きみにまったく同意する。ドイツからの亡命者に関する政令に応じた庇護権を得るため、フランスに対する義務をいつでも果たしますとぼくはもう五回も表明している——それも精いっぱい心を込めて。ぼくたちの境遇はまもなく政府によって決定されるだろう。戦時にあっては、ぼくたちのことなどよりはるかに緊急を要する必要事を考えるなら、辛抱しなくてはならない。

　愛しい人、いまこちらは寒いけれど、太陽の光に照らされた美しい冬の光景には感嘆してしまう。昨日はヴィルマラールを少し散歩して、あれこれと考えることがあった。とくにきみのこと。それというのも、きみが自分のそばにいるようにぼくは感じており、それも、この風景の印象やぼくの考えにきみが加わってくれるようきみに言葉を送りたい気分になるほどに頻繁なのだから。愛している、大切な人、きみを愛している、どう告げたらいいのかそれ以上わからない。

　きみに口づけを

きみのH.

（1）アルフレート・コーンはすでに釈放されてパリに戻っていた。

49

［ヴィルマラール］　三九・一一・二八

こよなく愛する人

きみからの小包を今回受け取って、格別嬉しい思いをした。それというのもまずは、コーンが無事にパリに着いたとわかったからだ。それと、荷物の中身のためでもある。とりわけオリーヴを食べると、その味からはアヴィニヨンやコートダジュールでのぼくたちの幸福な日々のとても麗しい光景が呼び覚まされる。感謝に堪えないよ、ぼくのおちびさん。ぼくの健康状態を報告しておく。一週間床についていたのでいま、結石はまた出ていった。中休みが長くつづくよう願う。目下のところよく食べなくてはならず、できるだけそうしている。医者の委員会はぼくの釈放を二回撥ねつけている。今回は障害者の釈放だけ。そこで、結石が少なくとも一、二週間はおとなしくしてくれているのを願うところだ。収容所の担当医は三度目の推薦をしてくれる腹づもりだ。でもぼくに個人的な解決に頼る習慣などないのはきみも知っているとおり。だからけっしてせっついたりしない。

「重大な」問題について言うならば、とはつまり、収容所からの観点で重大な、ということだが、解決はゆっくりと近づいているように思える。まだ充分にはっきりとは見えないがおおよそのところでは、四〇歳までの男に対して、一種の外国人義勇軍に入るか、正規部隊の分隊である外人部隊にフランス兵と同等の権利をもって入るか、この可能性があるらしい。最終的な公表を待っているところだ。医療関連部局が完璧に健康であることを要求しているため、不適格者はかなりの数にのぼるが、そうした者たちはおそらく、志願労働の枠でフランスに役立てる機会ができるようだ。四〇歳以上（ぼくもそこに入る）はまだ指令を受けていない。つまり、パリの中央委員会の管轄下にある。ほんとうに「熱意をもった人間」ならば誰にでも、野蛮に対して文明を援助するためにやはりなにかできる場が少しずつ見いだせるようになればいいんだが。

ここでようやく、世界中のすべての人にとって重大な問題について。病床でいろいろと思案した末に、ヨーロッパの状況についてのぼくの基本的見解はさらに確固としたものとなった。ナポレオンがセント・ヘレナで予言したように、ヨーロッパは、ここを統治するのはコサックか、それとも共和派か、という問いに直面している。まさにこれが問題だ。いま最初のコサックたち〔ナチのこと〕がライン河畔にいる。そして最後のコサックたちはまだモスクワだ。これが人間文明にとっていつの時代にも最大の脅威なのだ。そしていま、ダラディエ氏[1]はこの状況を前に次のように述べていた。「いまや指揮を執るのはフランスだ」——そうだすると、そのための熱意をもった外国人にとって残されているのは、このスローガンを次の言葉で補うことだけだ。「いかにも。世界がそれを必要としているのだから。」

このような一般的な観点からこそ、他のすべての特殊な観点を立てなくてはならない。各自がそれぞれの義務を果たすように。

神経戦の様相を呈している大戦のこの最初の段階にあって、ぼくたちはみなフランス国民のように、静かに心を落ち着けていなくてはならない。

だから、ぼくのおちびさん、辛抱、もうひとつ辛抱だ。数日のうちにはきみのための証明書を取れると思う。そして数週間後にようやくきみに再会できるだろう。ぼくの存在の深いところに、きみへの愛に根をもつ、そしてぼくの存在全体、ぼくの生全体にいたるところに見いだせる、ひとつの力がある。全身、全理性、全霊をもって、きみを愛している。

きみに口づけをおくる

きみのH.

お母さん、シャルロッテ［・クレンボルト］、そして彼女の赤ちゃんに心からの挨拶を。ベッドのなかで書いたため乱筆ごめん。

(1)　エドゥアール・ダラディエ（一八八四―一九七〇）一九三八年から四〇年のあいだ、フランス首相を務めた。

50

［ヴィルマラール］三九・一二・四

こよなく愛する人

きみからの手紙とちいさな荷物を受け取った。きみのお菓子を焼く腕と特製のお菓子にはむろん、うっとりしている。手紙に関して言うならば、きみの心配はよく理解できる。でもきみは思い違いをしている、愛しい人よ。ぼくはあらゆることをして養生している。収容所の担当医はとてもよくわきまえていて、できるかぎりのことをしてくれる。パリでかかっていた医者の指示をぼくはとても尊重しており、彼は当然ほかの誰よりもぼくの症状を知っているので、それに従っている。でも収容所の担当医の出す処方がだいたい同じなのだ、ぼくのおちびさん。ぼくの病気について仔細をこれまできみに報告するつもりはなかった。だって自分の妻を不安にさせるべきでないからだ。けれどアルフレート［・コーン］がこの成り行きを話していると思うので、事実を伝えたほうがいまはいい。二週間ほど前からぼくは寝ついている。すでに六週間前から担当医はぼくに作業のいっさいを禁じていた。点呼にも散歩にも出ていない。散歩のことをきみに書いたとすれば、それは建物の周りのほんの数歩だけのことだった。収容所の担当医はだいぶ前からぼくを病室に入れるべきだと主張している。病室はいっぱいなので、病人から場所を奪うことのないように、ぼくは長いこと抵抗していた。けれど結石が極度に悪化して、病室に入ることがどうしても必要となってしまった。食事はぼく向けの食事療法に厳密にしたがって必ず調理されている。これが事実だ。

薬を出してもらっているが、これをきちんと服用しているときみに誓っておく。収容所の担当医はもういちどぼくの件を医者の委員会にかけるつもりでいる。でもこの悲しい病気についてはこれで充分だ、ぼくのおちびさん。

ベッドに押し込められているため、きみのことを思う時間ならいつでもある。そしていつでもあらためて、きみのことを心から愛している、というところに見事に落ち着く。これはずっと変わらないままだろう。ぼくたちがいっしょに過ごしたこの三年のあいだ、きみだって知っているとおりだ。でもその理由といったら、日々増えるばかりだ。変わることのない理由のひとつ、それは、ただのひとたびもきみのことを「愚か者」と見るようなことはなかった、という事実だ。変わらない理由のもうひとつは、ぼくたちが知り合った最初の日々から、もはやきみとの関係なしにぼくにはものごとを見られなくなった、ということだ。突然ぼくは感じた、おいおい、おまえはもうひとりじゃないんだぞ、って。いつもこんなふうだったし、ずっとこんなふうにつづくだろう。きみを楽しませるためにもう少しだけおしゃべりさせてほしい、ぼくの愛する人。だってぼくはきみのもとにいないので、こんなふうにしかきみに讃辞を送ることができないのだから。もうひとつ、ぼくの愛の根本的な理由は、生についてのおおきな問題に対するぼくたちの見解はいつも同じである、この点だ。ぼくたちのあいだに違いはない。こんなふうであり、こんなふうにつづくだろう。

ぼくのおちびさん、こよなく愛する人、きみがぼくのものであると考えるとぼくは幸福だ。そしていろいろと考えている、愛しい人。

きみに口づけを。

きみのH.

第3部

1941年7月－8月

［一九四一年五月にハンナ・アーレントと夫ブリュッヒャーはリスボンからの船でニューヨークに着いた。彼女はただちに、入国査証の取得に力を貸してくれたギュンター・シュテルンに電報を打っている。「無事到着。住所は西九五丁目三一七。ハンナ。一九四一年五月二三日」。ハンナ・アーレントの母親はもっと後の船でリスボンをようやく発つことができ、六月二一日にニューヨーク到着。ブリュッヒャー夫妻はさまざまな救助組織の支援で入居していた同じ建物にもう一つ家具付き部屋を借りて、そこにアーレントの母親が入った。

一九四一年七月一八日から八月一五日まで、ハンナ・アーレントは「難民自助会 Self-help for Refugees」の斡旋で、マサチューセッツ州ウィンチェスターのあるアメリカ人家庭に一種のオペア客*として滞在した。］

＊ 英語を学ぶために住み込んで家事手伝いをする女性外国人客。

51

四一・七・二一
アーリントン街九二
ウィンチェスター、マサチューセッツ

おふたりへ(1)

それぞれへ手紙を書くという二度手間はかけられないこと、わかってくださるでしょうね。他方、今回のここでの実験は、それこそぞくぞくするほど新しくて面白いので、詳しい報告のし甲斐があります。全体図をもう少しはっきり摑んでからにしようと、今日までわざわざ待ったのですが、でもいまはそんな図を先取りするのはやめて、最初のところから報告をはじめましょう。

わたしの隣に座っていたあのご婦人は、汽車がまだニューヨークの外に出もしないうちから、彼女の全人生物語を打ち明ける時間ができたとばかり、微に入り細に入り話しはじめて、郊外へ入ったころには遠い親戚にまで話がおよんでいました。ボストンに着いたときには、わたしの知らない甥や姪はもう一人も残ってないほどで、わたしがみんなをごちゃごちゃ取り違えようにも、そんなことは許さないと言わんばかりのいきおい。彼女の政治的見解も、そして家族の女性陣のそれも——ここではどうやら男たちはこれほど重要な問題には口をはさめないようですよ——、事細かに説明してくれました。いつも判で押したように、〈わたしたちは戦争を望んではいない、イギリス人なんか好きじゃない〉〔英〕。それに、風景や町やその他、なにもかもきちんと説明しようと、ほんとうに感動的なくらい骨を折ってくれて。わたしたちはボンボンと煙草とサクランボを仲良くわけあい、ボストンで別れるまでには、わたしが滞在先の家族に馴染んだらぜひご馳走してもらいなさいと、彼女は特別においしい料理のあれこれをこれまた詳しく説明してくれたのでした。ボストンでは、若い娘さんが出迎えてくれました、委員会(2)の秘書のミス・ロング。しばらく待つと彼女のボーイフレンドのポーランド系ユダヤ人があらわれて、彼の車か彼女の車か、ともかく車でここへ無事につれてきてくれた次第です。

ここの家族が住んでいる家はほんとに小ぎれいで、まるで書物つき居住用器械《マシーン》です。ウィンチェスターは果てしなく拡がった庭園都市で、一戸建て住宅ばかり。なんとかここで暮らせる余裕がある人はだれでも――わたしのいる家族のようなごくつましい中産階級の人でも――、労働者の住む町からは遠いここに住んでいるのです。家は森のすぐわきにあって、すばらしく静かで落ち着いた環境。むろん庭仕事その他はそれこそ山ほどあって、実際には――つまり男にとっては――居住用マシーンの利点を大きく上回っています。気の毒に、わがミスター・ギドゥーズは土曜と日曜は働きづめでした。家には部屋が四つあって、一つは妻の居間、もう一つが夫の居間、あと寝室と客室（いまはわたしの部屋）。いちばん度肝を抜く家具はなんとグランドピアノ、いつも蓋が開けてあるけれど、だれも弾ける人はいません。譜面台には六曲の歌の楽譜が載っていて、奥さんがお歌いになる。けっして調子っぱずれじゃないとはいえ、だれもが御免こうむりたいところ。本がやたらとたくさんあります。寝室には愛の秘技についての本、ピアノの部屋にはごく少しの小説本と、ものすごくたくさんの政治本、どれも平和主義《パシフィズム》のものばかりで、あとは歴史もの少々、夫の居間には建築関係の本と、何冊かのりっぱな辞典類（わたしを迎える準備のために分厚い英独辞典が新たに購入されています）、わたしの部屋に並べてあるのは、わたしの興味を惹くだろうと夫妻が想像した本（なかなかいい選択）、台所には、頓死につながる心配のない食物についてのふんだんな蔵書。これについては、またいずれ。どの部屋にもそのほか、室内温度計、屋外温度計、気圧計、それに一ないし二個のどれもちゃんと動いている電気時計があります。お母さんの夢想の楽園図ですね。

さて、つぎは住人について。この家の奥さんはイギリス系で、メソジスト派、髪は薄茶色、少し太り気味、歳はほぼわたしくらい、服装はたいへんきちんとしています。わたしが着いたその晩にはもう、彼女が入っているクラブの話をひとくさり、毎週日曜日にそろって森に出かけて鳥を観察し、なんの鳥かを識別することを目的とするクラブだそうです。彼女は最初のひと目で、わたしがハイカー（ワンダーフォーゲル）だと見抜いてしまった――おみごと《ワンダフル》。最初のバード・ウォッチングに連れていかれるのは、なんとか免れましたが、昨日の彼女は、識別できた鳥六二種というみごとな成果をたずさえてご満悦で帰ってきました。ちなみに、彼女はけっして愚かしいわけでも、けっして才能がないわけでもない、まさにMちゃんのタイプですが、(3)ただ彼女ほどの活力はない。一九二八年には、ある平和会議に出るためにヨーロッパへ行ったそうです。パリについては、ぜったい内緒よと断り付きで、汚らしくて、だれもかも喧嘩腰だという意見。でもオランダとドイツは美しい、と。彼女はどんな戦争だろうと反対で、そのためならバリケードにのぼることだって辞さない。おどろくほどお説教が得意ですが、ものを教えるのも上手で、わたしにはたいへんありがたい。そのうえ、健康食のためなら死地までもというほどの覚悟。健康食とは、一、肉ぬき、二、脂肪ぬき（胆嚢のためのダイエット）、三、たくさんの野菜をなるべく生で、四、白パンはだめ。そのせいでミスターGとわたしは昨日すでに、彼女の留守をいいことに、ベーコンと卵で一日を開始して、昼には巨大なニワトリをまるごとふたりで平らげてしまいました。すごいでしょ。でもフライド・ポテトまでは彼を説得できませんでした。彼は幼少のみぎり母親の料理で育ったのに、若死にはしなかったなあと、いまでも驚嘆しきりです。奇蹟だ、と。でもわたしの焼いたニワトリはたいそうお気に召しました。ただしわたしがサラダを作るのにキュウリの皮をきれいに剝いてしまったのは、彼の健康食志向にとってはむろん一大損失だったようです。彼は薄茶色の髪の小柄なひとで、最初に会ったとき、わたしはてっきり反ユダヤ主義者だと思ってしまいました。そのうちお互いにわかってきたのは、わたしは「フランス」的タイプではなく、彼はドイツ的タイプでないこと、わたしはユダヤ人で、彼もやはりユダヤ人、ポーランド系であること――アメリカ生まれですが、まったく訛りのない完璧なドイツ語を話します。このすべてに彼はいささか違和感をもっていて、これらの事実を話してくれたのは奥さんです。ずしりと重たい秘密のように。彼らはユニテリアン派*の一分派グループに属していて、そのグループはもはやなにも信仰せず、教会へは行かず、どの宗派のひとでも受けいれるそうです。メンバーはユダヤ人ばかりじゃないかなという気がしますが、ま、様子を見ることにしましょう。彼の政治的意見は奥さんの意見そのまま、もっとも彼のほうがはるかに分別があり、理性的ですけれどね。お似合いの相棒。彼は気の毒なくらいわたしに気をつかいます。こいつはおれより優秀らしいぞとひそかに思っていて、笑われたらどうしようと、まことにアメリカ的な不安を抱いている。でもいいユーモア感覚をもっています。奥さんのほうは、わたしがなにかで気を悪くするんじゃないか、搾取されているなんて思うんじゃないかと、たえず不安でならない様子。きわめつきの喜劇です。だってわたしのほうは、友だちの家にいればどこでも手伝うだろう程度のことをしているだけですもの。でもここではその程度のことでも反対される。それどころか彼らのほうがほんとうにあらんかぎりの努力をしてくれて、それはもう感動的なほどです。もう一つ、いかにも彼らしいのは、ご夫君はヘビースモーカーなのに、家のなかでは吸わせてもらえず、庭に出てゆくこと。わたしはもちろん、どこでも吸っていいんです。いちばんの難問は夜ベッドへ引き揚げること、夫妻が夜遅くまで話し込みたがるからです。朝は何時に起きようとわたしの好きにできるので、いっこうに構わないのですが。でもご両人は七時にはもう家を出て、帰ってくるのは夕方六時半ごろです。——

日中については報告するほどのことはほとんどなし。読書と勉強と散歩。でも土曜と日曜にはそれができない、労働のためではなく団欒のためです。昨日の午後はミスターGが近所一帯をくまなく案内してくれましたし——とびきり美しくて気持いい環境——、晩にはみんなで、当地のすばらしい交響楽団が毎晩やっている野外演奏会へ出かけました、聴衆は二万人。若い人がとても多い。——第一報はこれくらいにしておきましょう。どうか、どうか、お手紙を。

挨拶とキスを

ハンナ

(1) ハンナ・アーレントの夫と、彼女の母親のふたり。
(2) 難民自助会の委員会。この会はニューヨークにあるユダヤ博愛団体 the United Jewish Appeal Federation of Jewish Philanthropies の一機関である。
(3) 不詳。

＊ ユニテリアン派はキリスト教の合理的・人道主義的解釈に立つ教会的団体で、一九世紀以来、アメリカではニューイングランドにその中心勢力があった。

52

［ニューヨーク］水曜日［四一・七・二三］

我が愛しのシュヌッパー＊さん

きみの書いてくれた手紙からは、きみの走り回っている様子がありありと目に浮かぶ。新しい境遇に鼻を突っ込みすてきな経験を伝えてくれて、きみがいなくてすっかりしょぼくれているぼくにはありがたい。ぼくのほうは冷や汗を流し悩み抜きながら、第一次大戦勃発記念日のための講演[1]にかかっている。住環境[2]はきみも知ってのとおりなので、容易に想像できるだろう。［…］

サロモン[3]のことならたいがい大目に見てやれる。神経が細く礼儀正しい男が、のんびりしてまったく礼儀を知らない人たちの前に出ると、卑屈なまでの礼儀正しさに陥ってしまいがちだ。彼はきみを気遣って消息を訊ねてくれたので、彼の仕事[4]について親切な言葉の一つ二つ書いてあげたらどうだろう。とはいえ、ぼくにとっては不快きわまりないディルタイ[5]をどのように扱っているか、今日見たかぎりにおいては、この社会学的な類型学試論は実際のところ理性を促進するというよりは、失敗した司祭を紹介しようと努める新たな儀式となってしまっている。自己実現だとか自己意識化だとかのなんやかんやのすべてからは、「我が名を崇めよ」という個人の新たなスローガン以外なにも見られやしない。そして、プラトンは自分の時代に対してそうするべきようにしか思考できなかった、などとどうにか証明できたというならば、そんな傲慢さに復讐するべくプラトンは、いまわれわれの時代に存在してみせることによって、そうした人士たちが自分の時代に対してそうするべきとまでいわないまでも、少なくともできたはずのやり方で思考するのを阻んでみせたのだろう。

もうすぐまたいっしょによく考え抜くことにしよう。

口づけと肩をぽんと

H.

＊　ハンナ・アーレントへの呼びかけにハインリヒ・ブリュッヒャーが用いている »Schnupper« は、動詞 »schnuppern«「鼻をクンクンさせて嗅ぎ回る」を思わせるとともに、後ろに名詞を伴う合成語として、「事情をよく知らないまま瞬時にして何ものかを得る」といった使われ方もする。方言では相手を罵倒する語として使われる場合もある。ここでは「知りたがり」の含意が強いかと推測されるが、アーレントに対する愛称として訳さずに片仮名表記をする。

（1）　ハインリヒは国民道徳委員会（Committee for National Morale）のためにドイツ戦争史についての印刷および講演原稿を作成し、その朗読はラジオで放送された。

（2）　ハンナ、彼女の夫と母親はニューヨーク九五番街に家具付きの部屋を二つ借りていた。夫妻がここを出てモーニングサイド・ドライヴ一三〇番の自身の住居に転居できたのは一九四九年夏になってのことだった。マルタ・アーレントは一九四八年、娘のエヴァ・ベーアヴァルトをイギリスに船で訪れた旅の途中で亡くなった。第3部の冒頭部分を参照。

（3）　アルバート・サロモン（一八九一—一九六六）（ベルリンでユダヤ家系に生まれる。カール・ヤスパースのもとなどで学ぶ。一九二八年から『社会（*Gesellschaft*）』誌編集を担い、ハンナ・アーレント、ヴァルター・ベンヤミンらを起用する。）一九三五年以降アメリカ合州国に住み、ニューヨークのニュー・スクール・フォア・ソーシャル・リサーチで社会学教授を務めた。

（4）　Albert Salomon: *The Tyranny of Progress*. New York 1955 を指すと推測される。

（5）　ヴィルヘルム・ディルタイ（一八三三—一九一一）　心理学者としては「歴史的な心的事象」の理解学説の創始者であり、哲学者としては精神科学の認識論を基礎づけた。

53

［ウィンチェスター、MA］
木曜日　［四一・七・二四］
（日付はもうわからなくなりました）

おふたりへ――

　わたしの最初の詳しい手紙はもうお受け取りになったことでしょうね。もっと早くには書けなかったのです、週末にはわたしの自由になる時間はほんの一分もなくて。そのかわり週日のあいだはずっと自由に過ごせます。こちらではなにも変化なし。わたしはじつに大いなる善行《ミツヴェー》(1)の対象――お母さんがこういうたぐいのことを拒否なさるのは、まったく不当ですよ。わたしのすべきことといったら相変わらず無きに等しく、ときおり役に立つところを見せようものなら、この家族は感動的なほど感謝して、少し恥入っている様子。昨日は映画に連れていってもらいました。かなりひどい映画でしたが、おもしろくなくもなかった。わたしの英語はまあまあというところで、わたしにじかに話しかけられたことでなくとも、いくらかわかるようになりはじめましたが、自分で話すとなると、お粗末なかぎりです。

　火曜日になってやっとミセス・エップスタインのところに出向いたのですが、彼女は会うなりすぐに、ここの地元の学校で勉強するための奨学金を申請して、ソーシャルワーカーの資格試験を受けてはどうかと提案してきました。このお愉しみは九ヶ月つづき、受かればほぼ確実に職につけるとか。どうかムッシュー、あなたの意見を言って、お願い《ジュ・タン・プリ》。わたしはもちろん、かなりぞっとしています。

　ラジオの件、うまくいってよかったですね。仕事《ジョブ》のためじゃない――あるいはたんに仕事のためだけであっても。意義あることだし。［…］サロモンの講義はどんなふうです？　彼の原稿はおもしろくないことはない、たとえいろいろあっても……。ドイツの社会学は、一つの類型学という意味での新しい哲学的省察をはじめる気なんですね。これがどうやら彼には最後の手だと見えます。そこはヤスパース(2)が二〇年以上もまえにスタートしたところですよ。あの方にしても、そこからたいして進んではおられない。これはわれわれみんなの不名誉として、言っておいてしかるべきことでしょう。

［…］

　いまから思うと、こんどの実験に踏み切ってほんとによかった。それこそたくさんのことを学んでいます、言語そのもの以上に、この国についてもっとたくさんのことを。心慰められることばかりとはいきません。新聞やラジオが描いてみせている図は、まるっきり誤っています、とりわけ戦争にたいする人びとの態度に関して。とくにニューヨークの新聞がそうです、どれも完全にユダヤ人が握っている新聞ですけれどね。じっさいには一人として戦争を望んでいないし、少なくともなんのために戦われているのかさえ、一人として理解していないのです。それを見ていて、わたしにはますますはっきりしてきたのですが、この諸民族ごった混ぜ集団はヨーロッパと切れてしまえばもうおしまいです。いずれにせよ、わたしたちにとっては。ここではヨーロッパ系の人は、移民だった先祖から数えて第三世代目に当たる。うちの奥さんの話では、たとえば彼女のオフィスに一人のスウェーデン人が入ってきたという――でもその両親はもうここで生まれた人たちなのですよ。

　さて――これから本とその他一式をかかえて庭へ居場所を移します。こっちもやはり暑いですよ、わたしにはちょうどいいくらいに。お気の毒に、お母さん。

　愛するひとたち*――挨拶とキスを

あなたがたのH.

（1）　ミツヴェー（善行）はイディッシュ語。

（2）　アーレントの哲学の師、カール・ヤスパース（一八八三―一九六九）。

*　フランス語の Chérie にドイツ語の縮少語尾をつけて Chérieschen と書かれている。

54

［ウィンチェスター、MA］［四一・七・二五頃］

最愛のひと

　あなたが恋しくてたまりません。講座[1]にお出になるとのこと、とってもうれしい。それに小冊子[2]、とてもどころか、とてつもなく楽しみです。

『ラーエル』[3]がなくなってしまったとのこと、がっくり落ち込んでいます。ものすごく腹も立つ。あなたに読んでもらってもいないのに！　かく浮き世の名誉は移りゆく

Sic transit gloria mundi!*

たくさんの大きなキスと小さなキスを

あなたの

(1) ブリュッヒャーは英語講座に出るつもりだと知らせてきていた。
(2) ブリュッヒャーが小冊子を書くというこの計画は、実現しなかった。
(3) ハンナ・アーレントが書いたラーエル・ファルンハーゲンの本。書簡16・注2参照。おそらく彼女の夫からの郵便物に、パリかスイスからの報告が同封されていて、彼女がそこに残してきた原稿がなくなったことを知らせてきたのだろう。しかし原稿は見つかって、戦後にアーレントのもとに送られてきた。書簡64・注12参照。
＊ トマス・ア・ケンピス『キリストに倣いて』より。

55

［ニューヨーク］土曜日　［四一・七・二六］

我が恋人《マ・ベル》

きみの手紙はとても愉快で、ずいぶんうまくやっているようで嬉しい。［…］

汗でみんなくっついてしまうので、ここから先はタイプを使わなくてはならない。奨学金(1)はばかげていると思う。きみに資格が認可される頃には、もう労働許可なんか得られなくなっているだろう。それにこの類の勉強に耐えられるのは、托鉢僧かよっぽど才能に恵まれた馬鹿だけだ。『ラーエル』については訂正だけけしておきたい。ぼくはこれを読んだだけじゃなく、すっかり魅了され、その完成(2)を文字通り強制したじゃないか。でもこんな事実すら忘れてしまっているとすると、著者がもとから負っていた傷(3)はきわめて深くに及んでいるようだな。

美術館(4)の絵葉書はとてもきれいだ。でもメトロポリタンにだって、非常に美しいギリシャの馬のひとつと第一級のセザンヌが四枚ある。

ラジオの新しい仕事に取り組んでいるので、ぼくはてんやわんやの状態だ。またもや小冊子を一冊書くくらいの骨折りになっている。とんでもなく拙い文章能力をあらたに克服するべく、このぼくなんかが無理やり倦まず弛まず励まなくてはならないなんて。

サロモンだが、ぼくのおちびさん、彼はひどい目にあっている。賢明で親切な男が、教え子たちに対して拳で机を叩くこともできず、屈従を強いられた気になっているんだ。でもあの人と奥さんと子どもたちは、受講者数の数値と、神聖なものとされた効率性《イフィシェンシー》の機械的検査に左右させられているわけだが、そんなものは精神生活を窒息させ、信念を抱く意気を阻喪させてしまう。ぼくは、ドイツ社会学が長いこと大山鳴動しながら産んだと称している鼠一匹のことだってちゃんちゃらおかしいと思っている。ただ、アメリカ社会学の一連の鼠たちのなかでなら、ドイツ社会学も威張り散らしていっしょにチューチュー鳴いてみせる権利をまだもっているようだ。善良なるこの男はぼくのことを博士様に降格して、正式な弟子をもう一人登録しなけりゃとでも思っている。こんな運動会のどんちゃん騒ぎの末に哲学の世界チャンピオンでもラジオにご登場した暁には、人間とは思考能力をまったくもたない動物であり、考えるという営みなぞ結局は放棄してよろしい、という待望久しい証明書を、ついに世界はみずからに向けて発行してみせたということにでもなるだろう。絶望のどん底で進退窮まっているこのかわいそうな男を、ぼくは褒めそやしたり厚顔《フッペ》〔イディッシュ語〕になるよう煽ったりして、元気づけようとしている。彼からきみのためになにかしてくれることなんかない。自分のためにだってなにかできるのか、はなはだ疑わしいくらいだ。だからあの男のためになにかしてやれるようぼくは試みている。

もしも今日の立派な新聞記者たちが、ほんとうに才能ある少数の教授たちを大学業務から身受けして、腰をじっくり落ち着けさせるという決断をようやくのこと下さなければ、もしも流行歌の作曲家たちが有能な作曲家の何人かを養おうとせず、ハリウッド・スターが本物の詩人のためになにかしようという考えに到らないのならば、文化はいまだかつてなかったおふざけのなかで果ててしまうだろう。

我が愛してやまない人よ、自分の部屋をもつのは、そのすぐ隣にきみもひと部屋もつというならすてきだ。さもなければ、人が考えるほどにとりたててすてきなことではこれっぽっちもない。

きみが、当地で生まれた小学生ならただで身につけている、生活を支えることなんかとうていできやしないどうでもいい知識をたっぷり得てもうすぐ戻ってくるのを楽しみにしているよ。ストラディヴァリを盗まれて、よその土地の言葉ではもうそれ以外どうにもならないということで安物ヴァイオリンを手に入れるのに途轍もない額を払わされたとして、そんな安物ヴァイオリンの使用許可証を得るだけのために新たに学びはじめるなんぞという事態は少なくとも拒否するべきだ。それに、自分のヴァイオリンを買い戻せるかもしれないし。

大切な人よ、ぼくはただ、きみにつきつけられた不当な要求に腹を立てているだけだ。そしてこの暑さのなかで仕事をするうえで、この腹立ちはぼくに必要なのだ。

口づけと肩をぽんと

きみのシュトゥプス

(1) ハンナが書簡53でハインリヒの意見を求めている件。

（2）移住の際にはまだ二つの章が書かれていなかったこの書物を、ハインリヒとヴァルター・ベンヤミンに強く迫られて、ハンナは完成させた。
（3）草稿成立とその保存に関する不幸な状況を指している。
（4）ハンナはボストンを訪れていた。

56

［ウィンチェスター、MA］四一・七・二八

愛するひと——

［…］

もっと報告をつづけたくてうずうずしているので、あなたがたのけしからぬ筆無精を、こっちも手紙を書かないことで罰するのはやめておきます。では、報告のつづきを。木曜の晩に奥さんが話してくれたのですが、彼女の夫はまる一一年も失業していて、そのせいで精神異常の寸前までいったそうです。それも、彼女の収入で暮らしは十分に立ち、自動車も持ち、家の支払いもできたというのに。失業の精神的影響は、たとえ生活苦まで加わらなくとも、わたしたちが知っているものとまったく同じなんですね。彼の場合、食事を拒んだとか、その他いろいろ。彼女は何度も逃げ出したくなった。子どもができないという大きな悩みもあった。彼は元来、平均的水準をはるかに超えて、ありとあらゆることに興味をもつひとなのに、何年ものあいだ、ただただ寝てばかり。わたしが最初、彼のことを一種のナチじゃないかと思った理由も、そこにあります。心理的な事実というのはそれほど強く作用するのですね。六ヶ月まえから彼はまた働いていますが、いつまた馘になるかもしれない。この国には彼と同じ状況にある家族が何十万といます。失業の事実にたえず目を注いでいないと、この国のことはそもそも理解できません。彼はこれまで、およそ考えられるかぎりのことを試してみたけれど、何ひとつうまくいかなかった、ちょっとしたもの一つ売ることさえも。セールスマンの資質がまるでないのです、彼女のほうはそれが得意なのに。いまでは事態は好転して、彼は少しずつもちなおしてきた、でもむろんまだ重い傷を引きずっている。なにしろ彼の人生の最良の年月がだめにされたのですからね。とりわけ強い感銘を受けた話があります。彼らがほんの少し事態が好転するかしないかのうちに、はやくもある難民のために力を尽くしたこと、そしていまこそ、ただちに何かしなければいけないと思ったこと。ほんとうにすばらしい。

週末には、彼女は両親のところへ出かけました、彼らはここからそう遠くないごく小さな古巣――村――に住んでいます。でもそれについてはまた後ほど。そこで金曜日の晩を使って、彼女の夫はぜんぶの話をもういちど自分で話してくれました。彼はじつに風変わりな境遇の出です。両親ともユダヤ人で、父親はロシア系、母親はライプツィヒ出身。わたしたちはほとんどドイツ語で話すことはしませんが、彼にザクセン方言を使われると、どうも落ち着かなくなってしまいます。両親とも完全な同化ユダヤ人で、父親はドイツ社会民主党に、母親はよき市民階級に同化。彼はユダヤ人についてはほとんど何ひとつ知らない、掛け値なしにですよ。でも洗礼は受けてない。「独立《インディペンデント》」しすぎていて、どれかの教会や政党に属そうという気もない。おもしろいことに、彼にとって教会と政党は同じものです。われわれのホワイトカラー・プロレタリアートと似たところが大いにあって、もちろん社会主義者ですが――付き合うのも同類とばかり――、労働者へのひそかな恨みをいくらか抱いている。なににもまして妻を尊敬していて、そうするだけの理由は十分あるものの、それでも彼が自分で言うように、自他にたいする彼女のピューリタン的厳しさには怖れをなしています。わたしたちは金曜の夕方、このじつに魅力的な地方全体を車でひとめぐりしました。ボストン全体がウィンチェスターのような小さな庭園都市でぐるりと取り巻かれているのです。労働者もこれらの一戸建て小住宅に住みたがる。いわゆる「貧困層」地区を見たら、あなたがたもきっとびっくりなさいますよ。

昨日はわたしたちふたりで奥さんの両親の家を訪ねましたが、これまたほんとうに注目すべき出来事でした。彼女の父親はたいへん裕福な家族の出ですが、子どものころあまりに虚弱だったために長くは生きられまいと思われて、自由気儘に放任されていた。そこで人生を楽しもうと心を決めて、狩猟よ乗馬よと、あちこち遊びまわった。かくて彼は生き永らえたばかりか、いまでも並外れて屈強で、大柄な、たいへんな美丈夫です。生涯、労働者としてさまざまな職種で働いてきた。金属労働者、製靴工場、それにとりわけ、この地域の主な雇用元の一つである艀《はしけ》造船所。お金ができるとすぐ彼は逃げだして、狩りや釣りにうつつを抜かしていた、それに読書にも。結局、彼にいくらか腰を落ち着ける気にさせたのは、五人の子どもだった。五人とも彼からつよい独立心を受け継いでいます。いまでは老夫婦は田園地方のどまんなかの、いくばくかの園芸用地付きの一一部屋あるすてきな家に住んでいます。おわかりでしょ、娘さんが事前の警告としてわたしに言ったとおり、じつに単純素朴な人たち。この家族は一七世紀以来この国で暮らしています。両親ともひじょうに高い道徳的水準にあって、最初のひと目で、とても好感のもてる人だとわかる。カレヌー(1)のように、ただしもっと裕福で教養もありますが。とても印象的。老主人は菜園の世話をひとりでやっています、ひじょうに気品ある紳士といった風格です。未婚の娘が二人いて、一人は小学校の先生、もう一人はピアノ教師。晩には音楽をやってくれましたが、まずまずといったところでした。これはこれで微妙な問題ですけれどね。でも感動的なところもありました。わたしたち、つまり三人姉妹とわたしは、森へ散歩にでかけました、オペラグラスで武装して、いざバード・ウォッチングへと。わたしが裸眼で見つけたのは、一匹のみごとなヤマネコと、たくさんのブラックベリーとブルーベリー、これもけっこう楽しかった。ここの人たちは魅力的で、わたしにとても関心を示しました。話題はもちろん「闇夜からの脱出《アウト・オヴ・ザ・ナイト》」(2)。ここに古くから定住している家族と、新しい移住者——後者には、地元の人たちにならって第三世代も加えたいところですが——、この両者の違いはびっくりするほど大きい。まったく別の世界です。洗練された植民者タイプと言っていいでしょう、すばらしい。このタイプがもっといればいいのに。ひじょうにピューリタン的、しかし偏見をもたず、じつに寛容で、独善的ではなく、「プロイセン」的なところがとてもある。義務 Pflicht はとくべつ大きな大文字Pでもって強調される。ここの主人は村が授けることのできるすべての名誉職を占めています。暮らし方はたいへん質素です、娘はむろん自分の車をもっていますが。それにあらゆる快適さも。でも家事使用人のたぐいはまったく使っていないのです。

さて、一〇時半には郵便屋さんが来てこの手紙をもっていきます。こんどこそ詳しい手紙を書いてくださらなかったら、悪魔にいやというほどぶん殴ってもらいますからね。明日はボストンでベルトヒェン・ゼーガルと会う約束。たいへんな出来事《エヴェヌマン》ですよ。

ひとこと追記を。ここの主人が昨日言うには、このまえの戦争のときまでは彼は自分をアメリカ人だと感じていた、わがワシントン、わが何々というふうに。わたしがびっくりして、いまはどうなのかと訊くと、すべてが変わってしまったと言うのです。ユダヤ人だからじゃない、そのことはほとんどだれも知らない、しかし、たとえばドイツ語がまだできるというようなことは、知られちゃまずいんだ、と。けっこうな見通しですね、まったく。

挨拶とキスを

あなたがたのH.

[…]

（1）不祥。
（2）おそらくアーレント夫妻のヨーロッパ脱出のことを指しているのだろう。〔英語版の注によると、おそらくJan Valtin (1904-1951): *Out of the Night*, New York 1941. ドイツの革命家でロシアのＧＰＵのスパイだったリヒャルト・ユリウス・ヘルマン・クレプスがアメリカ亡命後にジャン・ヴァルティンの筆名で書いた自伝的小説で、一九四一年のベストセラーになっていた。〕

57

〔ウィンチェスター、ＭＡ〕 月曜日〔四一・七・二八〕

最愛のひと――

〔…〕

土曜日の手紙をもらって幸せいっぱいです、かわいそうに、食欲もなく、大汗をかいているあなた。せいぜい大汗をおかきなさい、でも手紙は書くべし、さもないとわたしはここを脱出して、ひと騒ぎ起こしにいきますよ。あなたの手紙を言祝《ことほ》ごうと、ピアノへ駆け寄るなり弾きました、「あのひとがやって来た、嵐と雨のなかを、わたしの胸は彼にむかって苦しいまでに高鳴った……」（1）お読みになれるなら楽譜を書いてさしあげますけど、でもあの歌曲はご存知ですよね。ピアノはぞっとする音でしたが、でもほんとうにあの曲は完全に純粋な表現芸術すべてのまことの手本です。芸術がそれ以外のなにものでもないとすれば、あれは完璧にそうでしたよ。

あの突拍子もないソーシャルワーカー案にあなたが反対なのは、もっけの幸い。わたしはあれほどの有為さと善意を思うと絶望的な気分になって、哀れな疲れた頭にすべてが重くのしかかっていました。これでもうあそこには二度と顔出ししないでいられます。わたしの英語は人前に出しても恥ずかしくないとはとても言えませんが、いまではなんでもかなりよく理解できるようになりました、とくにこの人たちの英語はアメリカふうというより遥かにイギリスふうですから。言いたいこともなんとか通じます。

アルバート〔・サロモン〕の件、つとに薄々予感していました。わたしがそこにいなくて、じつに気の毒、そしてじつによかった。卑下する身振りなんて、わたしはけっして忘れも赦しもしませんからね。でも彼はそういうのとは正反対でした。そしてほかの人がそうするのを嫌っていました。だから大学教授には絶対になろうとしなかったのです。お願いだから信じてくださいな、彼はとっても繊細な若者だったんですよ、ずば抜けた才能には恵まれていなくとも。それを自覚してもいて、そのことに自足していました。恨みなんぞからは、ほかのだれよりも自由でした。どうかお願いだから、大目に見てあげて。ときおり、ヤスパースがここにいなくてよかった、ドイツを離れなくてよかった、と思いますよ。

厄介な要求をされるからといって、かっかと腹を立てないでくださいな。そんなにひどいことじゃないでしょ。わたしのほうは、ここの人たちと上々の関係で、とても仲良くやっていますよ。心から気に入ってくれているんです、おわかりでしょ、それがわたしにとってどんなに重要か、そしてわたしがどんなにやすやすと虜になってしまうか。

とはいっても、帰るまでの日をいつもひそかに指折り数えています。でもあの人たちに、八月半ばにはさよならしますと言う勇気はまだ出ません。どんなふうに持ちだしたらいいか、わからなくて。

わたしの愛するひと、唯一のひと、利口で賢いシュトゥプス、たくさんのキスを、とりわけいちばん柔らかなお腹に。

あなたのH.

ここの美術館にはすばらしいものがたくさんありますよ、とりわけ、ギリシャの彫刻とみごとな壺のかずかず、わたしの知るいちばん美しいものです。でも写真があまりない。レンブラントの父もありますよ、それにマネのすばらしい女性像が一枚。マネについてのあなたの見方を正すために、それをあなたに送ってあげられたらいいのに。

（1）　フリードリヒ・リュッケルトの詩にローベルト・シューマンが曲を付けた『愛の春』の一曲の最初の二行。

58

［ウィンチェスター、MA］［四一・八・二］

そう、サロモンのことはまったくおっしゃるとおりね。彼のネズミにもチューチュー鳴かせておけばいい。でもほんとうに、しかもすばらしく正しいのは、あなたの言うプラトンの復讐。それを考えることでしか慰めが得られませんね。けれどそうしてみても、いまのわたしにはたいして役に立ちません、なにしろアルバートの原稿を読むのは気が狂いそうなほど退屈で、原稿についてそれ以外のことなど、なにもかもどうでもよくなってしまう。方法論の論争には昔からわたしは偏見をもっていたけれど、それがまた裏書きされてしまいました。そういう喧嘩はただただ我慢なりません。しかも彼ときたら、マックス・ヴェーバー(1)まで味気のない阿呆みたいな方法論者に仕立て上げてしまっている。もちろん、好意的な言葉を彼に書き送らなくてはいけないのに、そんな言葉は喉にというかペンにというか、引っかかったまま出てこない。ひょっとして、シュトゥプス……なにかいい言葉を思いつきませんか？　ぜひ、ぜひ、ぜひ、お願い……

　いずれにせよ、わたしは覚悟をきめました、そんな情けない姿になりさがるくらいなら、このすばらしい冗談の国で飢えてくたばってやろう、と。わたしにはとてもできない。それでもやっぱり不安になりますね。ブルルルル。

　ギュンター［・シュテルン］が手紙で、ブレヒトが着いたと知らせてきました。彼は昔のようにブレヒトに会いに行っています。ああ、そういう定めだったというのなら、せめてベンジ(2)だって……。でもこればかりはどうしようもない。彼［ギュンター・シュテルン］はといえば、一九三二年に彼がほとんど辿り着きかけていたその同じ地点にまだいるようです。〈ラーエル〉(3)については望みなし、ほんとうにやりきれない思いで怒り狂っています。でもそれ以上に、気落ちして。

［…］

あなたの「作品」を見たくてたまりません、あなたの鞄からこんどもまたこっそり引っぱりだして見たいくらい。

こちらではここ数日、ひんやりした雨。わたしはやたらと心配でたまらない、なんだか自分が鉛の兵隊みたいに、動きもならず突っ立っているような気がしはじめています。クルト(4)からなにか聞いてます？　彼はもう休暇に入っているはずだけど。

　しっかり英語を勉強してくださいな、わたしが母への手紙に書いたあんな経験にめげないで。経験はやっぱりちょっとは必要ですよ。わたしはいまメレディスを読んでいるところ、『十字路館のダイアナ』(5)、じつにすばらしい本です。ではこれで、最愛のひと――ああ、シュトゥプス、家へ帰りたい。もううんざりです。

あなたの

口づけを

(1)　マックス・ヴェーバー（一八六四―一九二〇）　社会科学者。学問における価値自由な研究と、論理的構成としての理念型を使っての理解社会学を提唱した。

(2)　書簡31・注2参照。ブリュッヒャー夫妻は、ヴァルター・ベンヤミンが一九四〇年九月二六日にスペイン国境で自殺したことを、一九四〇年一〇月に南フランスで知らされていた。

（3）書簡54・注3参照。

（4）クルト・ブルーメンフェルト（一八八四―一九六三）指導的シオニスト。アーレントはハイデルベルク時代、彼の講演のときに知り合って、それ以来親しくしていた。Hannah Arendt / Kurt Blumenfeld. *"...in keinem Besitz verwurzelt": Die Korrespondenz.* Herausgegeben von Ingeborg Nordmann und Iris Pilling. Hamburg 1995 参照。

（5）George Meredith（1828-1909）: *Diana of the Crossways*, 1885.

59

［ニューヨーク］　土曜日［四一・八・二］

愛しのシュヌッパーさん

　ちょっとばかり辛辣なぼくの冗談がきみをまた元気づけたようでよかった。そちらの空模様がこちらよりもよければいいのだが。今日は脳みそがすっかり溶け出してもう二度と取り戻せないかと思うほどの日だ。ほんとうは、ぼくたちが別れているあいだにしこたま書いておこうと思っていた――でもたいして進まなかった。この一週間ほど『決断《ディシジョン》』[1]のための仕事にだらだらとかかっていたが、今日はとうとう書き殴ったすべてをゴミ箱に放り込んでやって、くじけずに最初から書きはじめている[2]。政治的兵士の「心理学」の研究になるはずだ。これと同時に、新ドイツ帝国主義の描写をぐずぐずと書きあぐねているもので、そんなことだから何もできあがらないのかもしれない。こちらの表題は、新しいバベルの塔、となるはずだ。これは危なっかしい主題で、ぼくは早くも言語混乱のまっただなかにいる。そうでなくとも最大の頭痛の種は、クラウス・マン殿の雑誌で書く気があるのかどうか、そもそも彼のもとを訪れる気があるのかどうか、だ。すでに彼には訪問を告げてしまっているのだけれど。大切な人、怒らないでいてほしい。いま少しだけぼくに我慢してくれ。あれこれの由々しき事態からの抜け道をもうすぐ見つけるから。

　英語のほうはかなりいい線を行っている。女の先生も相変わらず見事で、ぼくはほんとうに上達している。言葉と国柄への関心が日増しに深くなってきた。表面的に過ぎずに役に立つ判断を近いうちもてるのではないかと思う。言葉に関しては、もうきみのほうがぼくを手伝ってくれるだろうが。

　サロモンはきみから手紙をもらってとても喜んでいた。彼に嬉しい思いをさせてあげる潮時でもあった。彼ときたら自信喪失のあまり息も絶え絶えで、そのお手上げ状態は涙ぐましいばかりだったからだ。教え子たちとは前よりうまくやっている。ぼくの処方をきちんと守って、合間合間でおずおずと自信なさげに、よろしいでしょうかぁ？なんぞと卑屈な真似をして訊ねることをやめて、拳で机をどんと叩いて要点をたたき込もうとしている。そこで教え子たちのほうだって、こいつは歴史を教えるなんてばかげた試みばかりでなくなにかを本気でやるつもりなのかもしれないと考え、耳を傾けはじめている。でも彼は本気でそれ以上するつもりはない。マックス・ヴェーバーが社会学のベックメッサー*だったばかりでなく活動的な政治家でもあったことに、彼は全然思いいたらなかったようだ。もしそんなことでもふた言三言しゃべりさえすれば、教え子たちはきっと大喜びするだろうに。ヴェーバーが自分の国を悲嘆し心を蝕んで大酒をくらっていたのを知るほうが、若者にとっては有益なのだ。そして彼らの耳には、棺桶に足を突っ込むまでヴェーバーが浸りきっていた理念型図式なるメチルアルコールを注ぐよりも、職業としての政治についていくつか話してやったほうがいい。ぼくたちのほうでもサロモンをもっと元気づけてやろう。とてもいい奴なんだから。

　我が愛しの善き人よ、やたらとよろめいてばかりのきみのシュトゥプスを悪く思わないでくれ。あまりにもたくさんのことが頭を駆けめぐり、それでもすべてを明晰にとらえようとしているんだ。奴らときたら社会学やら精神分析やらといった迷信の実践に胃を痛めてしまい、そこで宗教感情という下剤や人間行動学《ヒューマン・ビヘイヴィアー》なる浣腸器に向かって殺到している。

　彼らに必要なのは、学問から迷信を追い払ってそれを本来の場所に叩き戻してくれる、そんな哲学だ。生徒の尻を叩いて調教する教師になるなんてまっぴらとばかり養成所[3]から遁走したはいいが、そこから入り込んだ時代にあっては、坊主と教師と学者、つまり概して知ったかぶりたちがすべてを牛耳っていて、人間に何かをする余地などなく、理性の火花が散ることもなくなっていた。だって理性とは何かをできるという能力なのであって、その気になれば神なり先祖なり群衆なり悪魔なりが何をできるか知っている、という知識ではないのだから。

　みんな坊主とか調教師の顔をしてみせて、それでみんな解決策を示す。何世紀にもわたる洋服箪笥を引っ掻き回しては、現代のごときこれこれの時代にとってこれが典型的であるなどと言って歴史のぼろ切れを引っ張り出し、それを人びとに着せている。まったく唾棄すべきもんだ。奴らはみんな「自分の世紀の制服」を見つけられないでいるが、そんなものは既製服店ならできあいでどこにでもごまんと吊り下がっている。

我が大切な人、うんざりすることはない。ばか騒ぎは終わるから。もしも、どんちゃん騒ぎを奴らが悔い改めてみせてそこからふたたび逃げ出すような真似を次のときまでに阻めるようなら、小市民どもが催したこの仮面舞踏会を大笑いしてやろう。

窓辺に座っていると、町が日増しに幻想的になり、その幻想的な姿のなかで人間的になってゆく。ここには人間性に対するおおきな可能性がある、まさにここには。

ぼくがきみを愛していること、これはきみにとってあますところなくあきらかだろうね。ぼくには日増しにあきらかになってゆく。早く戻ってきて口づけさせておくれ。

ハインリヒ

（1）『決断（*Decision*）』はクラウス・マン（一九〇六―一九四九）の発行していた雑誌。〔「自由文化の雑誌」を副題に一九四一年一月から翌年二月まで刊行されるも、購読者が少なく休刊する。〕

（2）ハインリヒ・ブリュッヒャーが書き物に不得手であることについては、書簡100・注1を参照。

＊ ベックメッサーはリヒャルト・ヴァーグナーの楽劇『ニュルンベルクのマイスタージンガー』に登場する町書記。第一幕のマイスタージンガー（職匠歌人）資格試験の場で、登場人物ヴァルターの歌に対して逐一厳密に規則を適用し落第点をつける。ここでは杓子定規でごく些末な粗探しをする態度を含意している。

（3）ハインリヒは国民学校修了後教員養成所に通っていた。

60

〔ウィンチェスター、MA〕　土曜日〔四一・八・二〕

最愛のシュトゥプス――

今朝、凶報[1]を受けとりました、それを同封しておきます。こんなことをわたしに書いてくるなんて、その厚かましさ《フッペ》〔イディッシュ語〕と、ナイーヴなほどの恥知らずさに、わたしはすっかり取り乱しています。でもそれだって問題中のいちばん些細な問題。思うに、あのブタども[2]も同じ考えなのでしょう、きっと彼らは原稿[3]をあっさり握りつぶす気なんです。わたしが原稿をもっているのは、不幸中の幸い。結局のところわたしは、ベンジがもう一つのコピーを彼らに送ったのに着かなかったことを知ったからには、手もとの原稿を彼らに渡す義務があったのです。シュトゥプス、どうかどうか、なにか言って。わたしはひとりきり、そしてこんなにおそろしく絶望的な気分で、彼らが印刷する気がないことに不安ばかり募ります。滅茶苦茶に腹が立って、彼らをあっさりひとまとめに殺しかねないほど。ベンジの安らかな眠りと安心の代償がこれでは高くつきすぎます。ああ——こんなばかなことに係わり合わされるなんて。G［ギュンター・アンダース］はどう見てもすっかりおかしくなってしまった。わたしにとってはそれでも構いませんけどね。

せめてパレスティナへ手紙が出せれば、ショーレム[4]がショッケン[5]のところでちゃんと出版できるようにしてくれるかもしれないけれど——ショッケンはいまニューヨークにいます。でもそれにはまず、あの阿呆どもが原稿を横取りしないとわかっていなくては。でも卑劣な彼らのことだから、けっしてそうは言わないで、こっちをやきもきさせておくだけでしょう。あの連中には、亡き友への忠誠を説いてみてもはじまらない。彼らは復讐する気でしょうね、ベンジがそもそもこの原稿を書くことで復讐したのと同じように。

わたしはサロモンに見てもらおうと原稿を渡しました。彼の意見を訊いてみてください。そしてよろしくと伝えてくださいね。わたしからも一両日中に手紙を書きます。でもそのまえにまず頭を冷やさなくては。

愛するひと、唯一のひと、離れ離れでいるなんていけない。狂気の沙汰です、文字どおり。

あなたの

あなたの

（1） おそらくこれはギュンター・シュテルンからの手紙で、ヴァルター・ベンヤミンが最後に遺した原稿が当面のところ公刊されないことを知らせてきたのだろう。

（2） おそらくマックス・ホルクハイマー（一八九五—一九七三）とテオドール・W・アドルノ（一九〇三—一九六九）を指しているのだろう。二人とも哲学者・社会学者で、一九三三年に社会研究所とともにジュネーヴへ移り、一九三四年にはアメリカへ亡命した。

（3） この原稿は一九四二年にホルクハイマーとアドルノによって、謄写版刷りのかたちで社会研究所のための回顧録 *Walter Benjamin zum Gedächtnis* に発表され、一九五〇年にはつぎのかたちで公刊された。Walter Benjamin: "Über den Begriff der Geschichte." In: *Die neue Rundschau*. 61. Jg. 1950. 4.Heft. S. 560-570.［「歴史の概念について」にはいくつか異稿があり、そのひとつがアーレントの手元にあった。社会研究所によって公表された版とは異同がある。なお二〇〇八年に刊行が開始された『ベンヤミン全集』の第一九巻（二〇一〇）にこれら異稿は収められている。］

（4） ゲルハルト（ゲルショム）・ショーレム（一八九七—一九八二）ユダヤ宗教史家。一九三三—六五年、イェルサレムのヘブライ大学教授。ベンヤミンともアーレントとも親しかった。

（5） 第4部の冒頭部分を参照。

61

［ニューヨーク］月曜日［四一・八・四］

ぼくの愛しいおちびさん

文士様たちの「ヴァルター・ベンヤミンの」遺稿に対する態度を別なふうには想定していなかったので、呆れもしないし、もう驚くことなどなんにもない。でもそれは、カプチン会修道士たちとの長い付き合いを経た末で、一生涯驚くことのなかったノルマンディーのローベルト伯(1)の精神的境地へととうとう追いやられたからだ。きみが驚くのもまったく無理はない。でも見事な怒りで即座に反応するきみの様子は壮観でうっとりするほど魅力的だ。燃える目と激しい仕草でぼくのまえに立つきみが見える――そして次の瞬間に、ぼくは身を投げ出してきみに躍りかかっているだろう。きみはぼくのものだと鼻を高くして。

ともあれ、すべて坊主どものいさかいで、奴らときたら死んだ法王に復讐しているにすぎない。なにしろ法王ときたら同業者組合に対して、自分を聖人に列するよう、そしてそれとともに、自分が奴らを愚弄していたのを悟るよう要求し、奴ら全員から聖職を剝奪する封印状を残そうとしているのだから。はなからベンジは薄々気づいていた。自分も坊主たちもことごとく楽園から、つまり、彼らが何百年ものあいだ座しており、まったくほんとうのところ楽園から追放されているという認識を人類が完璧に理解することを阻むよう編成されていた、そんな楽園の機能から、ということだが、ここから追放されていることを。けれどもいまや人類がそれに気づき、この考えを完璧に理解しようとするときなのだ。人類はいままさに、血まみれの地獄というかたちで楽園をこの大地のうえで現実化しようというう最後の狂気の沙汰を試みている。彼らがこれにもううんざりするならば、彼らとの理性的な話し合いがはじまるにちがいない。まずここからぼくははじめたい。はじめてしまえばそれだけで、坊主という職業を廃止するのに充分だ。当面のところお歴々は、自分たちが昨日いただいていた偶像と、相手が今日いただいている偶像に唾をかけ、自分たちを慰めている。この「戦い」の射撃の方向へと巻き込まれてはならない。ある者たちの信ずるところでは、地上に楽園を築こうという自分たちの試みを改悛の情をもって悔い、楽園は彼岸にあるとふたたび告げることで職を再度確保できるという。また別の者たちは、いよいよもって新たな楽園を地上に求め、彼岸の楽園など存在しないと今度こそは最終的に証明しようとするところからはじめる。ベンジは綜合を試みて、弁証法的唯物論という悪魔の技を手助けとして、楽園から直接に地上の地獄を導こうとしている。でもみんなの口からは怨恨がしたたり落ちて、神官たちを失業させておくことが彼らの神々にはお気に召したのだ。

口角泡を飛ばしたこの神学論争で起きているのは結局のところ、一〇〇ドルというケチな代償で進歩の「カテゴリー」が唾で汚され、その死でもって車がつくられる、ということだ。[2] ぼくにしてみればいっさいは妖術のようなものだ。カプチン会修道士たちはぼくたちの父祖に唾していることを全然わかっていない。でも彼らには家系というものがないのだから、どうやったら家系に対する敬意をもてるというのか。もしも彼らが父祖の思想を教理として説教を垂れるのでなく、自分たち自身の思想をいったんほんとうに何年も後ろに退かせて父祖の意志に仕えることに敬意を払っていたなら、そしてもしも、彼らがその逆に父祖の思想を自分たち自身の思いつきであるかのように言い立てる、そんなことに精を出していないなら、そうならば、ぼくたちの父祖はたしかにロマン主義的な連中ではあったし、技術に酔って、破廉恥な楽観主義にも破廉恥な悲観主義にもなびいてはいたものの、それでも、尊大であるだけでなく雄大でもある男たちで、ぼくたちの祖父たち（一八世紀）の認識を現実化しようという抑えることのできない意志をもっていた、このことに気づかないはずはなかったのだ。自分の父をまずは敬慕し、それから唾を吐きかけ、無から世界を新たに創出するため出てゆく、そんな真似で父と手を切ることなどにはならない。その意志が心に刻まれるまで長いこと父に耳を傾け、まさにそれ故にこそそのやり方をお払い箱にする、そうしてはじめて父を克服したことになる。そこでぼくはまたもや祖父たちに、ライプニッツ、レッシング、カントに、自分の息子たちのことをどう考えているのかを問い合わせた。孫たちは彼らとその点について合意ができるだろう。そしてそのときはじめて、ぼくたちは何と取り組んでいるのか知ることになるだろう。

［…］

ぼくのおちびさん、きみは自分の意志を実行し自分の時間を有効に使っていて、偉いと思う。また、ぼくたちが別れ別れにいるのをきみが辛く思ってくれるのもすてきだ。こうしてぼくは二つを得ている。人間としてのきみをぼくが好むとき、独立した自由なきみをぼくは得ている。女としてのきみをぼくが求めるときには、ぼくに依存したきみをぼくは得ている。そしてそんな状態をぼくは楽しく味わえている。だってきみがまもなく家に帰ってくるのだから。

ぽんと肩を叩いて口づけを、そしてにんまり笑いながらきみの好意を授かっている

シュトゥプス・ハインリヒ

［…］

（1） ハインリヒは「ローベルト」と誤記しているが、正しくはウーラ

ントの詩「怖れ知らずのリヒャルト伯」で、その最初の二行は次の通り。

ノルマンディーのリヒャルト伯は
生涯驚くことがなかった。

「カプチン会修道士」とは、フランクフルト学派の「結社員」であるホルクハイマーとアドルノを皮肉っている。

（2）何が暗示されているのか不明。

62

［ウィンチェスター、MA］水曜日［四一・八・六］

最愛のひと――

あなたの手紙はまさにわたしが必要としていた慰めでした。でもほんとうに、わたしはノルマンディー伯じゃなくて、死ぬほどびっくりしたことが生涯何度となくあります――経験からすると、ちゃんとまた恢復しますけどね。ひょっとしたらいつか、恐慌をきたす悪い癖を直せるかもしれない――でもそれは霧にかすんだ遠い遠い先のこと。いずれにせよ憤慨癖のほうは絶対に直りそうもありません。しかもこんどのそれは、道義的な怒りでもあったし。死者は自分を守りようがないんですもの。――ほんとにそう、シュトゥプス、父たちに敬意を払って、彼らとは縁を切りましょう。そうすれば祖父たちとはもっと早く折り合いがつけられる。大仰な言辞をふりまわすこれら子ども＝革命家たち、自分ではもうなにも思いつけなくなったという絶望の落とし子たちときたら、ほんとに吐き気をもよおさせるだけです。

［…］

ショーを読んでます、おもしろいですよ。ぼんくらだとしても、せめてこんなふうでなきゃいけません。こっちはほんものの驚きから恢復しようとしてのことですが、ワトソンの行動主義（1）をちょっと見てみました。読めたものじゃない。これに比べたらフロイトはまさしく深遠な思想家、いや、天才、神さまです。ほんとに愚の骨頂《コーンブル》。魂を救うとやらのたわごと、クリスチャン・サイエンスの高邁な叡智に反対して説教を垂れている。それをここではだれもが本気で受け取っているんですよ。そしてヨーロッパの心理学においても、高い評価と尊敬をあつめているとはねえ。

［…］

挨拶とキスを。もうすぐ帰ります。

あなたのH.

（1）ジョン・ブローダス・ワトソン（一八七八―一九五八）アメリカの心理学者。いわゆる行動主義の創始者の一人。J. B. Watson: *Behaviorism*, 1925; *Ways of Behaviorism*, 1928.

63

［ウィンチェスター、MA］火曜日［四一・八・一二］

わが愛しのシュトゥプス――

もうすぐ家に帰るのだから手紙はもうもらえないなんて、悲しくて泣きたいくらいです。まるっきり想像がおできにならないのね、あなたのこのまえの長い、憤懣やるかたない手紙が、わたしにはどんなにうれしかったことか。そう、たぶんわたしたちはこんなばかげた冗談が終わるのを見届けられるでしょうね、そしてまたいくばくかの品位をもって真面目なことが話しあえるようになるでしょう。

［…］

というわけで、最愛のひと、ありがたいことにとうとう金曜日には帰れます。バスはここを朝八時一五分に出て、わたしが発ったあの鉄道駅に五時四〇分ごろ到着の予定。

しなくてはならないことがまだたくさんあって、日にちを数える暇はみつかりそうもありません。そのうえわが家族はわたしをとことん利用しようという魂胆で、夜遅くまでわたしにヴェルサイユ条約から霊魂の不滅にいたるまで、ありとあらゆる世界の謎を解かせる始末。彼らがどうやって朝早くまた仕事に行けるのか、わたしには謎です。昨日は、三人でとても感じのいいスコットランド人のところへ招かれて行きました。そこの息子で、とても才能ある哲学の学生が、獲物をみつけた飢えたオオカミさながら、わたしに飛びかかってきました。彼はどこかでレオ・シュトラウス(1)と会ったことがあり、魂の渇きをかかえています。それに才能もあって、われわれの若者たちがそうだったのとほんとうに同じ。でも一字一句にこだわる几帳面さがある。いまカントの倫理学について論文(2)を書いていて――本来はあなた向きですね――、ドイツ語の本との果てしない悪戦苦闘をつづけています。彼の参考書一覧に目を通して、こんなばかばかしいものは読まなくていいと、かなりたくさんの本を撥ねてあげたところ、彼はすっかり感謝感激、明日にはもうここへ友だちを一人連れてきたいという、その友だちも――まあ、いいでしょう、こんな話がまだまだいろいろと。彼はときどきニューヨークへ来ると思います、シュトラウスにまた会うためだけにでも。そのときはあなたも会うことになるでしょう。彼は近代ドイツ哲学の名士録を隅から隅までそらんじている。ほんとに可笑しい。かわいそうにこの坊や、この晩にそなえて何日も、ここのハーヴァード大学図書館にあるわたしのアウグスティヌスと格闘したんですって。わたしの英語はちゃんと通じますよ。ここの人たちは、こっちがこの言語をどんなふうに扱おうと少しも気にしない、言ってることがわかれば、それでいいんです。

日曜日にはあの家族――両親と妹たち――がここへ来て、なんとも大がかりな晩餐会になってしまいました。つまり、わがレディーたちはせっせと働き、わたしはもっぱら歓談のお相手役をつとめたというわけです。自分がメイドとして働くならこんなふうにと、いつも想像していた図とまったく同じ。

［…］

もうすぐですね。この手紙はお母さんにも宛てたつもりです。おふたりに挨拶とキスを、あなたがたの

H.

（1）　レオ・シュトラウス（一八九九―一九七三）　ドイツ系ユダヤ人の歴史家・哲学者で、一九三八年にアメリカへ亡命、のちにシカゴ大学で教えた。

（2）　期末試験論文。

（3）　ハンナ・アーレントの学位論文、*Der Liebesbegriff bei Augustin.* Berlin 1929.［邦訳『アウグスティヌスの愛の概念』、千葉眞一訳、みすず書房、二〇一二］

第4部

1945年8月-1948年8月

［一九四五年から一九四七年まで、ハンナ・アーレントはブルックリン・カレッジの大学院でヨーロッパ史を教えた。そのほか一九四六―四八年には、ザルマン・ショッケン（一八七七―一九五九）の率いるショッケン出版の編集者としても働いていた。彼は一九三一年にベルリンで創設した出版社を、アメリカへの移住後、ニューヨークでショッケン・ブックス・Inc. として新たに設立しなおしている。

この期間、アーレントは毎年夏の休暇をユーリエ・ブラウン・フォーゲルシュタインといっしょにニューハンプシャー州のハノーヴァーで過ごした。］

64

［ニューハンプシャー州ハノーヴァー］
水曜日［一九四五年八月］

最愛のひと

なにひとつ郵便が来ないのが悲しくてたまらず、少し心配になっていました（ユダヤ流に《モード・ユダイコ》）。そこへこんなにすてきな手紙(1)。あなたは水泳も習うおつもりなのね、また泳げるようになりますよ、たとえわたしがあまり力を貸せなくても。なにしろわたしときたら心配のヴェールに包まれて、美しい日の光はほとんどいつも遮られているし、あるいは（「しかも」と言うべきでしょうか）、若いころから身につけたばかげた強迫観念に駆られて、あなたのまえで以外、世間のあらゆる人のまえで、万事順調で言うことなしといったふりをいつもして、精力のほとんどをそれに使い果たしてしまうのですから。それにこれは、なんとも災難なことに、神さまがじつにお憎みになるあの自負心と、人間にはまったく無用な過度の感受性とが混じり合ったしろものにほかならず、おまけにわたしのけっして〈よりよい〉とはいえない自我がそれに反抗するものですから、事態はとてつもなく悪化してしまうのです。

ここはとても美しくて、じつに好ましい穏やかな風景の土地。近くの家に自分用の部屋を借りています。［…］ユーリエ(3)は、たいていはもちまえの自然な声で話すし、たくさん仕事をするし、元気潑剌としていて、いっしょにいるのがちっとも苦にならない相手です。［…］

町はここのあらゆる町と似たり寄ったり、でも図書館(4)はほんとうにすばらしい。二、三年ここに隠棲できたらすてきでしょうね、本に当たってみる必要のあることはほとんどすべて見つかるし、どの本でも家に持って帰れて、閲覧室で読まなくていい。でも仕事に精を出しているとは思わないでくださいな、まるでやっていないのです。レオン・ブロワ(5)を少し読みました、嫌悪と興味を大いにかきたてられます。それにしてもド・メーストル(6)以後、キリスト教ないしはカトリック教が評論家しか生み出していないことは、注目に値しますね。ほんものの哲学者は一人もいない、芸術の分野については言わずもがな。

ペギー(7)も読んでいます、ものによっては楽しくさえ読める。ひじょうにいいのは、ベルクソン[8]を論じたもの。あなたも機会があったら見てみるといいですよ。

ホワイトヘッド[9]に〈おめでとう〉を――ちなみに彼はイギリス人ですけどね。――原子爆弾の爆発このかた[10]、これまでよりいっそう不気味で恐ろしい気持がします。なんという危険なおもちゃを、世界を支配するこの愚者どもが手にしていることか。ほんとに、ポツダム[11]はまったくすばらしい。こちらでベルリンから来た手紙のことを耳にしました、ドイツ人からの手紙で、こう書いてあるそうです。以前には人びとに敗北の可能性を言うことさえ不可能だったが、いまでは、この敗北がそもそもなにを意味するかを彼らにはっきりさせることも不可能なのだ、と。ひとたびすべてが「政治化」されてしまうと、もうだれ一人として政治に関心をもたなくなるのですね。

［…］――ほかに、パレスティナから手紙が。［…］――「ラーエル」[12]を発送したとのこと、神のご加護で無事に着くことでしょう。ひょっとしたらもう届いているのでは？ 母の手紙に、パレスティナから小包が来たと書いてありましたけど。

［…］

では、もうベッドによじのぼることにします、あなたが整えてくださったのではないので、このうえなく無愛想なベッドに。コオロギが鳴いています、そのほかには物音ひとつなし。犬たちさえ吠えるまでもないと思っている。ひとに愛想よくしすぎちゃだめですよ、そのせいであなたの魂に傷がつかないように、そしてわたしが悪評をこうむらないように。

あなたの

（1）この手紙は残っていない。

（2）ニューハンプシャー州ハノーヴァーのこと。

（3）ユーリエ・ブラウン・フォーゲルシュタイン（一八八三―一九七一）美術史家・作家。社会政策論者ハインリヒ・ブラウン（一八五四―一九二七）の三度目の妻。アーレントは彼女をケーニヒスベルクで若いころから知っていた。ブラウン・フォーゲルシュタイン夫人は一九三六年にアメリカに亡命、自分と姪ヘルタ・フォーゲルシュタインのために毎年ニューハンプシャー州ハノーヴァーにサマーハウスを借りていた。

（4）おそらくダートマス大学の図書館だろう。

（5）レオン・ブロワ（一八四六―一九一七）フランスの作家。

（6）ジョゼフ・ド・メーストル（一七五三―一八二一）フランスの著作家・哲学者。

（7）シャルル・ペギー（一八七三―一九一四）フランスの著作家。アーレントはド・メーストルとペギーについて、この夏に書いた小論「キリスト教と革命」で言及している。"Christianity and Revolution": in *The Nation*, 161, Nr. 2 (September 22, 1945).

（8）アンリ・ベルグソン（一八九五―一九四一）フランスの哲学者。

（9）アルフレッド・ノース・ホワイトヘッド（一八六一―一九四七）イギリスの哲学者・数学者。〔ここは、ホワイトヘッドがバートランド・ラッセルとともに、平和主義を唱えつつも、ナチに対抗すべく原

子爆弾をつくるようアメリカに提言していたことを指していると思われる。〕
(10) 最初の原爆実験は一九四五年七月一六日、アメリカのニューメキシコ州ロス・アラモス近くの実験場でおこなわれた。ついで八月六日に広島に、九日には長崎に原爆投下。
(11) 一九四五年八月二日、米・英・ソ連のあいだでポツダム協定が締結され、戦後諸問題の処理についての取り決めがなされた。
(12) これは一九三三年にアーレントが友だちのケーテ・フュルストに渡した『ラーエル・ファルンハーゲン』の草稿コピーで、ケーテ・フュルストは一九三六年に夫とともにパレスティナに移住するさいにこれを持っていった。アーレントとクルト・ブルーメンフェルトの往復書簡、S. 24 参照〔本書の書簡58・注4を見よ〕。

65

〔ニューヨーク、一九四六年七月初頭〕

最愛の人

長いことぼくが打撃を覚悟していて、それに対し確固とした態度で臨もうとしていたのは、きみも知ってのとおりだ。いまその打撃に見舞われてみると、やはりずしりとくる。母宛の手紙が、「受取人死亡」と付され返送されてきた。いまおしゃべりするつもりはない。まずは何日か自分自身と向き合っていろいろ語らなくてはならないと思う。ともあれいまにしてみれば、ぼくをドイツに引っ張って決断を鈍らせていたのは、良心の呵責にすぎなかった。これでようやく問題とまともに向き合える。そしてそれはこうなる。もしもこちらでなすべきことなどからきしなく、あちらにだったらたっぷりある、そんなことででもないかぎりぼくには行く気はない、ということだ。

ブロッホ(1)がきみにくれぐれもよろしくとのことだ。きみの歴史研究を読みたがっていて、政治についてはすでにぼくの言うことを傾聴している。彼の学問的な夢をちょっとばかり難しくしてしまって、ぼくは思いやりのない男だな。彼はきみの援助を必要としていると思う。

ヒルデ(2)をしたたかにこづき回して、境遇をはっきり知らせてやった。彼女ときたらＯＷＩ(3)での三五ドルの勤め口を断わってしまった。子どもなんだな。この先はもう勤め口を断わるようなことはないと思うけれど。でも慌てないで。すべてとても愉快に進んだのだから。彼女だっておとなしく男にこづかれている。ぼくは彼女にはっきりとわからせてやった。たとえ世界が不正であろうとも、仕事以外のことによりいっそうの関心を抱いているのを厚かましくも隠し立てしない彼女やぼくのような人間が、雇い主からさほど熱烈に尊重されないからといって、その点に不正を見いだすような真似をしてはならない。愛という個人的な動機からであれ、政治や哲学という私情を離れた動機からであれ、ぼくたちは善良なる人びとを欺こうとしている。詐欺がうまくいかないからって、少なくとも不正だなんていって愚痴るべきでない。と、まあともあれ、こんな調子で言ったんだ。亡命者支援機関で働くにはアメリカのソーシャル・ワーカーの職業訓練が要求されるので、彼女には加われない。金を支払う人びとがその代償にぼくたちの生の最良の部分を要求する、世界とは実際のところそんなものだということがよい子にはもちろん理解できないでいるが、そんなところもかわいいものだ。

そちらでは万事とてもうまくいっているようで嬉しい。ユーリエ［・ブラウン・フォーゲルシュタイン］によろしく。

ぼくはとても悲しい気持だ。仕事の再開まえに数日、ぼくたちふたりで田舎でいっしょに過ごせそうなのは、嬉しいね。それになんといったって、きみが存在していることはなんてすばらしいんだ、我が愛する人よ。

きみのハインリヒ

（1）ヘルマン・ブロッホ（一八八六―一九五一）は一九三八年からアメリカ合州国に住んでおり、この地で夫妻と親交を結んだ。
（2）ヒルデ・フレンケルは戦後ニューヨークのユニオン神学校でパウル・ティリヒの秘書を務める。ハンナ・アーレントはフランクフルト滞在時の一九三〇年から三一年にかけて彼女と親交を結んでいた。
（3）ＯＷＩ＝ Office of War Information（戦争情報局）

66

［ニューハンプシャー州ハノーヴァー］
月曜日［四六・七・八］

最愛のひと――

悲しみに打ちひしがれてはだめ、妙な考えを弄んじゃいけません。これはなんといっても解放をもたらす打撃でしょ、あなたにとってそれ以外のものではありえない。これまでずっとご自分に言い聞かせてきたことのほかに、まだなにを仰々しく語るおつもり？　あなたが一五歳で（これはこの種の決意をする年齢ですからね）よき息子たろうと決意したとでもいうのでないかぎり、いったいほかにどうしようがありました？　それにそんな決意をしていたとすれば、それは正しくないばかりか、非人間的でもあったでしょう――そういう〈親子ごっこ〉はすべて、子どもが成長すれば自動的演技になってしまうものです。あなたのお母さんがほかに生きる目的をもたなかったとしても、それはあなたの責任じゃないし、あなたがそれを変えることはできなかったでしょう。いいですか、「よき息子」をやるというのは生涯つづく職業ですよ。それならあなたはもっと早くに手紙を出せたはず、でもそうする気はなかったようですね。理由はわたしにはわからない、政治的な理由からだとは、正直なところ思えませんから。経済的に助けることもできなかったし、その必要もきっとなかったでしょう。わたしが「斧を振うよう」な言い方をしているのは、自分でもわかっています。でも心配なんです、あなたがまたふさぎの虫に取り憑かれるのじゃないか、これがそのきっかけになりはしないか、と。

　ブロッホと話ができてよかったですね。こちらで彼の昔の小説を読みました、ここにはあらゆる本が揃っていますから。ある部分はなかなか美しく、ある部分はじつに非凡ですが、大部分はどうということはない。だから『ウェルギリウス』(1)はまるで奇蹟のように思えます。でもこれは彼には内緒ですよ。

［…］

　ここはすばらしく美しい。そしてとても心安らぎます。涼しいですから、みんな好んで日向に座りこんでいます。わたしたちは毎日散歩。わたしはトクヴィルとシェイクスピアを読み、そして人権について(2)絶望的に手こずっているところ。どうしてもうまくまとまりません。

［…］

明日か明後日にヤスパースの小冊子(3)を送ります。あなたの感想を聞きたくてたまらないので、まだなにも言わないことにしますね。

［…］

あなたのことが心配でなりません――わかっておいででしょうが。だからつい、あれこれ言ってしまって。

あなたの、ハンナ

［…］

幾千ものキスを

(1) Hermann Broch: *Der Tod des Vergil*. New York 1945.〔邦訳『ウェルギリウスの死』川村二郎訳、新版世界の文学13、集英社、一九七七〕

(2) アーレントはすでに全体主義の本に取りかかっていた。

(3) Karl Jaspers: *Die Idee der Universität*, Berlin 1946. Karl Jaspers: *Die Schuldfrage*, Heidelberg 1946.〔一九四六年版の『大学の理念』の邦訳は森昭訳、『ヤスパース選集』2、理想社、一九五五、『罪責論』の邦訳は『戦争の罪を問う』の表題で橋本文夫訳、平凡社ライブラリー、一九九八〕

67

［ニューヨーク　四六・七・九ないし一〇］

最愛の人

　ぼくは打ちひしがれてなどいないし、妙な考えなんか断じてもっていない。悲しくて、それにふさわしいようにすこしばかり喪《シーヴェ》［イディッシュ語］に服していた。そうすることで、母がぼくに与えてくれた愛はぼくが母に与えたのよりどれだけ多かったか、罪悪感を抱いた惨めな状態にとどまりつづける気がないならどれだけぼくはこの愛を人びとに受け渡さなくてはならないのか、そして、ぼくの能力ははたしてそれに適しているのかどうか、じっくり考えようとしていた。自分自身に向かい合って語っていたのは、私情とは関係ないことだ。つまり、個人的で不明瞭である良心の欲望と理念的な意図とを、まさにぼくは愚かにも混同していたことをめぐってだった。

　それ以外はまったくきみの言うとおりで、ぼくと比べるならきみは斧を振るう言い方なんか全然していない。これをふさぎの虫の言い訳にしようと思わないのは、第一にぼくは全然ふさいでなんかいないからだ。そうじゃないかと思ってしまったのは、徴候がよく似ていたからにすぎない。けれども、あらゆる価値を根本的に疑って徹底的に疑問視するとき、その中心点には自己も含まれている。そこでそれがいくら絶望状態のように見えようとも、絶望なんかとは関係ない。絶望した者はみずからを疑わず、世界の無意味さに面しても、堅く信じきっている自身の考えにとっては不適切だ、くらいにしか思えないのだ。それに、ふさぎの虫が絶望以上のもの、すなわち狂気の一形式であるかぎりで、ふさいでいるときにはある考えを思い込んでしまい、すべてにその基準をあてる。徹底的に疑う者は、そのような事態からもっともよく守られている。

　〈無〉と真摯に係わるならば、そして、精神のひとつの可能性としてのニヒリズムの流儀によってばかりではなく、そこに〈有《ザイン》〉を見いだすために〈無〉と係わるならば、自分の〈無〉の経験を才気走ったプラトン的独白形式でもって感嘆する同時代人に知らしめようなどという気にならない。もしも〈無〉そのもののなかから、根本的な不確実性にもとづいた現実のひとつの可能性を取り出すことに成功するならば、乏しい結果からであっても、なにものかとして差し出される前にそれがどのような試練にさらされていたのか、見て取れるだろう。

　このあるなにものかに、ぼくは徐々に近づいている。この「麻痺状態」は、夢と醒めた状態とのあいだの揺らぎにすぎなかった。あるいは、半醒半睡のうちの夢をつかまえて破ろうという試みとでも言ったほうがよいだろうか。というのも〈無〉もまたひとつの夢にすぎず、あらゆる神話的思考が始まりまたそこで終わる神話なのだ。なぜならニヒリストはみずからを殺《あや》めることをせずに夢見つづけているじゃないか。彼らの夢では自分の周りは〈無〉ばかりなので、自分のことをそれだけいっそう壮大でたしかなものであると夢見ることができるのだ。いっさいが何にも価しない、ただ私（カミュ）だけが価値なのだ。〈無〉を信じているというのに、なんだってそんなに自分のことを崇拝できるんだ。神話とはすべて人間の願望と不安から生ずる夢だ。〈無〉と自己の神話のなかでそれらは純粋な基本形にされて、ことごとく「偶像論理（Idol-logien）」であったことが判る。願望と不安から起こる夢にはしかし、意志内容が隠されている。半ば眠りながら行なっている拒絶行為には、神話的な哲学的思索から意志内容を融解して取り出そうという目的があった。いまぼくの掌に、金なのか泥なのかまだわからない何粒かがある。それを見分けるために表面を磨いてみようじゃないか。神の現実性についてどれだけたくさんの像をぼくたちはつくってきたことだろう。神を〈無〉として想像することをも含め、いっさいはただ、神を面と向かって見ないで済ませる、つまり、神の本当の可能性と直面しないためだった。

夢から覚醒状態へというぼくの跳躍のなかに、ブロッホは驚くべき政治的意志と、いわば戦術的な策略を見ている。とはいえ、彼にとっては幸福なことだが、ぼくがそれを「西洋思想」との断絶であると哲学的に大まじめに考えているとは思いいたらない。

ぼくへの心配はいらない、最愛の人、いや、やはり心配してほしい、ほんの少しばかりなら。だってぼくの耳に甘く響くんだから。そしてここに写真のある哲学者、ヤスパース個人についてきみが心配する必要はない。あの人はほれぼれとするようじゃないかい。でも全然ゲーテに似ては見えない。少しだけカール・ブロイニング(2)になら似ている。あいつにはとんでもなく名誉なことだ。ご夫人の手紙からきみもわかるだろう、彼がきみという哲学的な理解者を得て、そのひとりでありたいと願っている仲間に位置づけられ心地よく感じているのが。嬉しさのあまりきみの心は真っ赤になるだろう。そしてぼくもきみともどもとても幸福だ。

［…］

人権の箇所が手こずってたいへんだと思う。これについては、事前にあたらしい根拠を挙げておかないと、根底的なことなど何も言えないんじゃないだろうか。でもきみのことだから、うまいことそれらしきものを見つけ出すと思う。

［…］

ところでブロッホはほんとうに政治行動に憧れている。群集心理学[3]の研究が依拠できるものを求めていて、制御や調整が必要であり、〈われわれは〉と言えたらいいのに、等々と思ってるんだ。

生において当然と思われていたさまざまな点それら自体が疑わしくなってしまったとき、それにもかかわらず当然であると振る舞うには、多くの場合おそらく強靱さだけでは不充分だろう。もし当然であると思われていた点が、少しずつその答えを返せるように見えはじめるなら、まだいくばくかの希望があるのかもしれない。でもぼくにとってただ一点はずっと変わらず当然だった。それはきみを愛していることだ。でもこれが当然なのは、きみ自身のなかから理解できるからなんだ。

挨拶と口づけと、そして近いうちに。

ハインリヒ

（1）おそらくハンナ・アーレントが一九四六年七月九日付ヤスパース宛書簡で言及している「ちいさなスナップ写真」のことと推測される。*Hannah Arendt - Karl Jaspers Briefwechsel*, München 1985〔邦訳『アーレント＝ヤスパース往復書簡1』大島かおり訳、みすず書房、二〇〇四、五四頁〕参照。

（2）不詳。

（3）Hermann Broch, *Gesammelte Werke*, Bd. 9: *Massenpsychologie* (Schriften aus dem Nachlaß). Hrsg. und eingeleitet von Wolfgang Rothe. Rhein-Verlag, Zürich 1959.〔邦訳『群集の心理』入野田真右／小崎順／小岸昭訳、法政大学出版局、一九七九〕

68

［ニューハンプシャー州ハノーヴァー］
水曜日［四六・七・一〇］

最愛のひと——

十分に休養をとったので、ほんとうはもう家へ飛んで帰りたいところです。でもここがあまりいいところではないという意味じゃありませんよ。この手紙といっしょにヤスパースの小冊子を送ります。書かなくてはいけない手紙をようやくいくつか片付けたところです。ヤスパースの冊子を読んでごらんなさい、なんと彼がねえ、このわずか九ヶ月のあいだにどんなにおどろくほど現実を判断する力を身につけたかわかりますよ。

［…］

『夢遊の人々』[1]の最後の巻はすでに強く『ウェルギリウス』を彷彿とさせるところがあります――でもその形式は、多弁を弄しすぎと言いたいほどで、わたしにはいまだに完全には理解できません。折りをみてざっと見てごらんになったら？　三巻全部でも一日とはかかりませんよ。読みとばせますから。

［…］

ブロッホによろしくと言うのをお忘れなく。［…］

あなたの

ハンナ

（1）『夢遊の人々 *Schlafwandler*』はのちにこの題名でまとめられた三部作で、ブロッホの初期の小説三篇からなる。*Pasenow oder die Romantik*, Zürich 1931; *Esch oder die Anarchie*, Zürich 1939; *Huguenau oder die Sachlichkeit*, Zürich 1932.〔邦訳『夢遊の人々』菊盛英夫訳、ちくま文庫、上下、二〇〇四〕

69

［ニューハンプシャー州ハノーヴァー］　四六・七・一一

シュトゥプス

これは手紙ではなく、鉄道時刻表。ジャネット[1]がとても心そそる誘いの手紙をくださったのです、だから当然、わたしたちはあそこへ伺わなくてはなりませんよ[2]。

［…］

あなたがぜんぶ調べて確かめるおつもりがあれば――そういうことはまずありそうもないけれど、でも神さまのご意志なら、箒だって鉄砲並に火を噴きますからね――、グランド・セントラル駅で次の路線の時刻表をもらってください。〈一、ニューヨーク＝ニューヘイヴンとハートフォード。二、ボストンとメイン。三、ボストンとオールバニー。わたしはこの問題をきれいに解こうとして、すばらしい時間を過ごしましたよ〉〔英〕――そのあげくにどこかほかの土地へ着いてしまうことも、もちろんあるかもしれませんけど。

こちらは依然として上天気。昨日は長い散歩をしました。そのあとヤスパースの罪責論[3]、今夜読み終えて、今日のうちに発送します。それについてはまたあとで。

シュトゥプス、へこたれないでくださいね、どうかご機嫌よく。そして時刻表を見てじっくり考えて、返事をください——

母によろしく。

いちばんいい種類のキスを

ハンナ

（1）　ジャネット・バロンとその夫サロ・バロン（書簡78・注1参照）は、コネティカット州ケイナンに家をもっていた。
（2）　このあとに鉄道連絡の詳細な時刻表が記されている。
（3）　書簡66・注3参照。

70

［ニューヨーク］　月曜日［四六・七・一五］

最愛の人

ぼくが発てるのは土曜日になってからなので、きみの時刻表で十分だろう。［…］

『夢遊の人々』については、まったくきみが書いているとおりだ。ブロッホはようやくつい最近になっておとなの段階に到ったが、まだ危なげないとは言えない。あれこれの知的遊戯に長年夢中になっていたのは、彼自身も承知のとおりだ。

ここで、とてもつらいことを述べなくてはならない。ヤスパースの罪責論は、美点や気品も備わってはいるけれど、ヘーゲル亜流にしてキリスト教－敬虔主義の卑屈さで国民に向かうどうしようもない無駄口だ。すでにきみに述べてあるように、罪責問題などというものが役立つのはキリスト教的偽善のおしゃべりとしてだけで、勝者は自分自身のためによりよく利用し、敗者はひたすら自分自身とかかずらうことができるようになる。（それが自己解明という高貴な目的だけのためであろうとも。）どちらの場合でも罪責は、責任を絶滅するために役立つ。そうすることが、原罪にはじまってこの方、いつだってその機能だった。ひとは神の前でたえず罪深げに平身低頭する姿勢をみせてきたが、そういう手を使えば責任をもっぱら神に押しつけられるからだ。禊ぎのためにと道徳的にこんなふうにしゃべり散らしてヤスパースが向かうところといえば、辱められた者たちとの連帯にではなく、ドイツ民族共同体、それも国民社会主義者まで含めたドイツ民族共同体との連帯的関係だ。彼はハッソ(1)のように〈ドイツ国民の罪を贖う〉ことを願っているようだ。ロマン派的な民族概念という魔法の眼鏡を鼻の上にかけ、真のドイツ的本質を求めているけれど、それが偽のドイツ的本質と異なっていそうな点は、場合によっては前者のほうがさらに茫漠として実体を欠いている点だけだ。そしてこの幽霊を見いだすために、じつにルター的な隷従がヘーゲル風に受け容れられている。ドイツ国内向けにして内面的行動でもある、民族共同体の宥和をめぐるこのおしゃべりはことごとくナチスに貢献できるだけだ。キリスト教的‐国民主義的なこのばか話は、もちろん占領諸国にはたいそう気に入るだろう。なぜなら目指すところは国内の平穏と秩序だからだ。ヤスパースが真のドイツ的本質を求めるとき、多数派のコサック的‐奴隷的傾向に対して少数派がもっていた共和主義的‐自由主義的な意志のなかにつねにある真のドイツ的葛藤を見いだすことはけっしてない。ドイツではとうとう、現代における現実の内戦における戦いの局面を明快に定める機会が生じた。共和派対コサック、(2)つまり市民対野蛮人の戦いという、永久につづく現実の内戦だ。コサックたちはドイツにおけるこの戦争の分担を滅茶苦茶よく果たしたので、彼らの敵たちは完璧な無力状態に突き落とされた。外から解放されるという幸福な情況によっていくばくか風が通ったかと思うまもなく、早くも宥和のおしゃべりときたもので、それも、ぼくたちが反撃に打って出るのを妨げるだけのためにしかならない。そう、全ドイツ国民がいま政治的な捕虜となっているのはたしかだ。それでもこれはぼくたちにとって、ナチ支配よりも良好な戦闘の地盤だ。ぼくたちを縛っている鉄鎖をコサックたちの顔にめがけ食らわせるのを阻んでいるのは何か。代わりにヤスパースが要求するのは愛による協調と相互の話し合いで、本来的なドイツの本質を確認しようとする。議論が延々とつづくあまり、ついにはコサックたちがふたたび力をつけてぼくたちの頭蓋骨をかち割ることになりかねない。そうすればこれをかぎりにドイツ的本質がはっきりするというものだ。ドイツ的とは、非人間的なもののことだ。ぼくたちが問わなくてはならないのは、ドイツ的とは何か、ではなく、正しいこととは何か、なのだ。ドイツ人の内的変化などぼくたちにとってどうでもよい。変化をしたところでドイツ人はふたたび変化しえないものの支配のもとに服すのが関の山だ。ぼくたちが求めるのは、コサックの道から共和派の道への反転であり、辱められた者たちと連帯する行為であり、自由のための責任を引き受けることだ。良質の戦いは汚れた魂にとって真の洗浄剤であり、それによって多くの者にチャンスが与えられもするだろう。内面を洗浄する相談など後からいくらでもヤスパースに個人的にもちかけることができる。ぼくにとっては外面の洗浄のほうがもっと重要だ。ドイツ人が救い出されなくてはならないのは、罪からではなく汚辱からだ。もしもドイツ人が、辱められた者たち、貶められた者たちの涙を乾かすためにようやくのこと何かをなし、自由のために甦れるというなら、彼らがみないつか地獄で焼かれようが焼かれまいが、ぼくにはどうでもいい。そのときにはともかく、わたしたちは責任を引き受けて贖いました、神よドイツ人の魂に慈悲深くあってください、と言うこともできるだろう。ヤスパースはドイツ人の、そして自分自身の魂の救いを求めており、坊主のように語るのも不思議はない。彼ほどの知性をもった男だからこそ、いまだ哲学的かつプロテスタント的なやり方でこれを試みることができる。より愚直な者たちが同じことをしようと思ったら、カトリック教会と組むほうがよほど役立つと即座に見抜くだろう。こうして信心深い羊たちは敬虔主義的なキルケゴールのたどった曲線を経てやはり教会へと帰還するが、そこでは善意あふれる魂のコサックたちが彼らを意のままにして、悪意あふれるコサックたちは彼らをあらためて殺戮せんと手ぐすね引いて待っているのだ。

愛する人よ、なんでこんな度を超えた罵倒をするかといえば、ヤスパースが望んでいる愛によるコミュニケーションを、彼に与えるつもりだからだ。たしかに彼はおびただしい現実意識を手にした。しかし政治の分野でならば、たとえぼくが世界のあらゆる事実をもって語ることができたとしても、世界に対して怒りをもたないならば、ぼくは紙の剣、ボール紙の盾にすぎない。ヤスパースは自分を賢明なる聖者にして殉教者に仕立てている。ドイツの賢者とユダは、みずから闘士になることなどできないと思っている。罪についてのこうした議論が全体として神の前で演じられることにかけてあまりにはなはだしいが、これは策略であって、ついには、ごろつき殿たちをまっすぐ愛のコミュニケーションで抱きしめようとしない人びとに道徳判断を禁じることにすらなってしまう。たしかに神の前でぼくたちはみな罪びとだ。けれどぼくたち自身の前では栄誉と汚辱の違いがある。だからぼくたちは汚辱について語ろうじゃないか。これは世俗的な事柄であって、周知のとおり血でもって洗い清めることができる。

ぼくの言っていることは不当だと、きみから指摘してもらえるとありがたいのだが。実際そうだ。ぼくは怒りに駆られており、ヤスパースは怒りを思いのたけ語ることがほとんどないので、残念なことになってしまっている。彼の誠実さ、実直さは見上げたものだ。けれどもそれは精神的なもののなかで身動きが取れなくなっている。たしかに精神には明るく照らす能力がある。しかし照らし出すことが変容の域にまですでに達している場合、精神はそれに気づかない。ドイツ人およびドイツ人という集団は、そのような変容を被った偽りの集団なのだ。ひととは何か、あるいは国民とは何か、そればかりを示す、このような「歴史性」からは、人びとが何を考え何を行なっているのかを見ようとする政治にまではとても行き着かない。

最愛の人、悪く取らないでほしい。だって思いつきのおしゃべりをいったい誰としたらいいというんだ。ケイナンではどうやってきみと落ち合うのか、書き送ってくれ。

挨拶と、口づけと、肩をぽんと

H.

(1) ハッソ・フォン・ゼーバッハ（一九〇九―？）は戦争前にアメリカ合州国に亡命し、一九四五年一二月、ドイツに帰還した。夫妻は彼と、ユーリエ・ブラウン・フォーゲルシュタインの家で知り合い、親交を結んだ。

(2) 書簡140・二五九頁参照。

71

［ニューヨーク］　火曜日［四六・七・一六］

最愛の人

それではケイナンにぼくを連れていってくれる列車には土曜日四時二分に乗ることにする。きみのことだから何時間も前から待ちきれないでいるだろう。［…］

『変化（*Wandlung*）』[1]誌にヤスパースが聖書信仰についてのすぐれた論文を書いている。大学論[2]も読んだ。どちらも気高くすばらしく感動的だ。最後の人文主義者がニヒリズムの帰結をなんとか押しとどめようとしている。うるわしい防壁ではあるが、それでも洪水相手では歯が立たない。彼の裡には、当時偉大だったクザーヌスの試みに近いものがある。最良のカトリック的普遍性だ。彼は実際とても立派な学者だ。ただ悲しいかな、単なる学者にすぎない。きわめて高貴なソクラテス的倫理ならある。ただ悲しいかな、いかなる政治もなく、その結果、いま利用できる倫理ももはやない。みずからの内に引き籠もった諸個人にとっての倫理ということなら話は別だけれど。それでも多くの者は、彼が洗い清め明るく照らし出してくれると思うだろうし、また偽りの慰めと偽りの確実さを与えられる者もいるだろう。彼をあれだけ罵ったのは、ただ政治的なもののため、そしてドイツ人のためだった。この場合、ぼくに悪意などなく善意にあふれて言っているのはわかってくれるだろうね。まさに彼だからこそ、些細なことを見て見ぬふりをするべきではないだろう。いまは、何が武器で何がそうでないかを知っておかなければならないんだ。

［…］ローベルト［・ギルベルト］とまる一日をいっしょに過ごし、きみの『アウグスティヌスの愛の概念』について話をした。彼が言うには、「あなたが在ることをわたしは欲する」(3)はこの世でもっとも偉大にしてもっとも美しい愛の詩だそうだ。彼の本(4)はミュンヘンから出る。［…］

こちらではだいたい何でも値上がりしているので、ぼくたちの休暇をさてどうやってやりくりしようか考えている。思いもおよばない観光地の物価についてのとんでもない噂を耳にしているんだ。でもきっとやっていけるよ。

きみがゆっくり骨休みできてよかった。でももっと休まないと。休みすぎるほど休んでほしい。のんびりとお日様にでも当たって肌を焼くことだ。ぼくは小さな著書(5)におずおずとかかりはじめたところで、そのことばかり考えている。思惑どおりにはまだ全然進んでいないが、そのうち雲も晴れるだろう。ぼくはあらゆる側面（九つある）から問題にじわじわと接近している。

最愛の人、ぼくがかなりはっきり書いているのを叱らないでくれ、きみに伝えるに値することをすべて書いたんだ。ヤスパースやその他についてまた話し合うときもすぐくるだろうし。少しばかり淋しくなりはじめている。では土曜に。

挨拶と、口づけと、肩をぽんと、愛を込めて

ハインリヒ

（1）Karl Jaspers: »Von der biblischen Religion«. In: *Die Wandlung*. Jg.1/1945-46, S. 406-413.
（2）書簡66・注3を参照。
（3）書簡63・注3を参照。〔邦訳『アーレント＝ハイデガー往復書簡 1925-1975』大島かおり・木田元訳、みすず書房、二〇〇三、二二頁および二三九頁をも参照。〕
（4）Robert Gilbert: *Meckern ist wichtig – nett sein kann jeder*. Berlin 1951.
（5）この計画は実現しなかった。

72

［ニューハンプシャー州ハノーヴァー］

一九四七年七月二一日

最愛のシュトゥプス

なんにも、ほんとうになんにも報告すべきことなし。歯

痛が治まってよかったですね。郵便物はたしかに雑多でした。ヤスパースについて書けという今度の誘い(1)はとても引き受けられません、それですっかり気が滅入っています、ほんとうにどうにもならないんです。ウェチェンとかいう名でしたっけ、彼を推薦するつもりです。どうお思いですか？
　お愉しみのために、ブロッホの詩のすてきな小品(2)を一篇同封します。それにサッパー(3)の短編小説も一つ、とても天分豊かですよ。そしてあなたのお抱え詩人からも、以下のささやかな捧げものを。

夜の主《あるじ》。*
鈍い黄金色に
夜ごと光の奔流をきらめかせる、
わたしが渇きに喘ぎながら
その冷気に身を浸そうと
丘を駆けおりるとき。
夜の主。
待ちきれない思いでわたしはあなたの夢を待つ、
夜の夢を。
昼は日々鎖を織りなしてゆくのに、
晩がそれをいつも断ち切る。

夜の主。
流れのうえに岸から岸へ
橋を架けてください、
わたしが渇きに喘ぎながら
冷気に身を浸そうと
丘を駆けおりるとき、
最後のひと跳びをするわたしを捕まえてください
その橋のうえで
岸と岸のあいだ、昼とつぎの昼とのあいだで
あなたの金色の光のうえで。

そのほかは、すべてきわめて順調です。例外ユダヤ人についての論文をあれこれいじっているところですが(4)、腹立たしいのは、英訳があまりぱっとしなくて、いまとなってはそもそも新しいことはなにも言えないまま、たっぷり化粧直しをしなくてはならないこと。いつだってそうなのですが、翻訳された文章は著者の耳にはじつに不快にひびきますね。
　明日はヘルタとユーリエがどこかの友だちを訪ねて、一日中留守です。わたしにはそれが言いようもなく楽しみ。といっても、だれかがとくにわたしの神経に障るというわ

けではないんです。それでも、丸一日、ひとりきりでいられるなんて——すばらしい《ゴージャス》。

いまもまだジョイス(5)を少し読んでいます。たくさんの散歩も。体重もまえほど急速にではないけれど減ってきていますよ、是が非でもあと五ポンド落とさなくては。

[…]

こちらの天気は上々、木イチゴがたくさん、最初のブラックベリーも実っています。

わたしのことをちゃんと心配すること、そしてひとり居のよさを愉しむこと、できるだけこの両方をいっしょにね。

あなたの

あなたの

（1）アドルフ・フリゼーが『今日のヨーロッパの思想家と解釈者』(*Denker und Deuter im heutigen Europa*, Oldenburg/Hamburg 1954) という本の、ヤスパースについての章を引き受けてくれと求めていた。

（2）この詩は残されていない。

（3）サッパーはハーマン・シリル・マクニール（Herman Cyril McNeile, 1888-1937）のペンネーム。〔イギリスの作家。〕

＊ ドイツ語では月は男性名詞。

（4）Hannah Arendt: "Die verborgene Tradition". In: *Sechs Essays*, Heidelberg 1948, S. 81-111. この論文は最初英訳で発表されていた。Hannah Arendt: "The Jews as Paria: A Hidden Tradition." In: *Jewish Social Studies* 6 (1944), Nr. 2, S. 99-122.〔邦訳「パーリアとしてのユダヤ人——隠れた伝統」齋藤純一訳、『アイヒマン論争　ユダヤ論集2』、みすず書房、二〇一三所収、五三―八五頁〕

（5）ジェイムズ・ジョイスの有名な小説『ユリシーズ』（一九一四）は、合州国では猥褻物規制法の適用から除外された後の一九四三年になってようやく出版が可能となった。著者の死の一年後である。

73

〔ニューヨーク　一九四七年七月二五日頃〕

最愛の人

ぼくの状態をきみは正確に言い当てた。きみが恋しくてたまらない、そして孤独を享受している、この双方をいっぺんにやっている。それが可能なのは、長い愛の結果じゃないかと思う。

すっかり理解できたわけではないが、お抱え詩人の詩はとってもすてきだ。夜の魅力を湛えて、強い印象を残す。きみの姿がたっぷり込められ、走っているきみがほんとうに見えてくる。

サッパーの才能なんてそこそこにすぎず、かなり未熟だ。デルモアの『創世記』(1)も同じように少しばかり未熟だけど、こちらははるかに才能がある。

[…]

ぼくは西洋精神の迷宮のなかを這いずり回りつづけ、我がミノタウルスの足跡を書きとめている。この迷宮が神話そのものなのだ。そしてぼくは自分の基本思想をアリアドネの糸と考えたい。糸の向こう端をきみが握っているので、きみのところにふたたびたどり着けると判っているのだから。

挨拶と、口づけと、肩をぽんと

ハインリヒ

(1) デルモア・シュウォーツ(一九一三—一九六六) アメリカの作家。散文詩『創世記』は一九四三年に刊行された。

74

[ニューハンプシャー州ハノーヴァー] 四八・七・一一

自分用にわざわざ買った新しいデッキチェアーに座って、肌を焼いているところです。膝の具合は申し分なし。ものすごく怠けています。スーツケースはもちろんここに着いていませんでしたが、今日のうちになんとか受け取れるでしょう。ユーリエは元気です。

シュトゥプス、ブロッホのこと[1]心配してあげてくださいね、気になってしかたありません。[…] カーラー[2]の電話番号はプリンストンの一二六九です。

あなたのハンナ

(1) ヘルマン・ブロッホは、一九四八年六月一七日に転倒して大腿骨頸部を骨折した。

(2) 一九四二年から一九四七年末までブロッホはプリンストンのエーリヒ・フォン・カーラーの家に住んでいた。カーラー(一八八五—一九七〇)はドイツ文学研究者で、一九三八年にアメリカに亡命していた。

75

[ニューヨーク] 四八・七・一六

いとしのハンナ

[…]

ブロッホの具合はまあまあだ。きみの手紙をもらってから医者ともういちど話してみた。レントゲン検査を繰り返した末に医者が言うには、骨折はたいしたことなく手術の必要もない。専門家たちに意見を訊ねたが、同じことを言っている。だから、彼らの言うとおりであると信じるしかない。

ぼくは図書館で「勤勉に」調べているが、これまでのところ残念ながらたいしたものは見当たらない[1]。この件について興味深いものを作りあげるのは、きみが考えていたより難しいようだ。でもやってみるよ。いくつか案もある。旅行者たちの書いたものは雑然としていてくだらないが、詩人たちははるかに賢明で、本質をついている。ただし問題は、芸術を断片的なかたちでどのように提示するか、だ。それが可能なのは、その遺物から判るように、古典芸術においてのみだからだ。二週間もすればもっとはっきりするだろう。

[…]

エリオット[2]が、ベルナルド夫人をはじめドイツ系アメリカ・ユダヤ人たちはみんなきみにすっかり魅せられているとしきりに言っている。ユーリエにどうかよろしく。

心から話しかけたいと思っている相手が突如としていなくなってしまうのは奇妙《ファニー》なことだ。きみがいなくて淋しい《アイ・ミス・ユー》。

きみのハインリヒ

(1)　ハンナ・アーレントはアメリカに関する論集の編纂を企てていたようで（書簡76参照）、ハインリヒはその下準備をしていた。
(2)　エリオット・コーエン（一八九九―一九五九）　一九四五年に創刊されて以来『コメンタリー（*Commentary*）』誌の編集者。

76

［ニューハンプシャー州ハノーヴァー］　一九四八・七・二二

最愛のひと

戦争パニック[1]は少し鎮まったようですね、いずれにせよここの地元各紙によるとそう見えます。[…]

今日、母からヘルタ［・フォーゲルシュタイン］宛に手紙が来て、それによると旅の終わる前日までずっと元気で、すべてが楽しかったようです[2]。ずっと昔の知り合いに再会したこと、などなど。エヴァ［・ベーアヴァルト］から手紙はまだ来ませんが、わたしはふたりにいくらか安心感をもってもらえるように、いま電報を打ってきたところ。

昨日はマグネス支持者たち[3]のために二度目の覚書をここ

で仕上げました。秘書がすでに電話してきました。さて、ことがどう動くか。［…］

そのほかの件。クルト・ヴォルフ(4)からの手紙を同封します、どうか捨てないでくださいね。たいへんな難題になりそうで恐縮ですが、『精神病理学』(5)がわたしの部屋のどこかにあるはずですから、それをヴォルフの手紙に記されているイギリスの宛先へ書留で送っていただけませんか？

［…］

たくさん仕事をしています、たいていは本(6)、でもマグネスのことも。アメリカ本(7)の件ですが、なんとかなるでしょう、なんとかしなくちゃいけないのですから。まずは古典だけを読んでいただけないかしら、ゲーテ、シャトーブリアン、シールズフィールド(8)、クライスト、ヴォルテール等々。あんまりひどく切り縮める必要はありません、一〇ないし一二人以上の著者からの引用を載せるつもりで、四、五〇〇ページほどの本になるとすでに予告してありますから。旅行記のたぐいは導入部のために必要なだけです、コントラストをつけるために。そしてそのためにほんとうに重要なのは、トクヴィルとマシュー・アーノルド(9)とブライス(10)だけ。ちなみに『マーティン・チャズルウィット』(11)はわたしがいま自分で読んでいます、だからこの本まで背負いこまなくて大丈夫ですよ。ご苦労かけてごめんなさい《ソーリー》、でもほかにどうしようもないんです。

［…］

そのうえ、汎民族運動(12)のところがちっともケリがつきません。八月一日までに仕上げなきゃならないのに。だいいち、自分でももううんざりしはじめています。

戦争には当面ならないと信じていますよ、なんと言ったって、わたしたち、まだアパートも見つけていないし(13)、見つかる見通しもないんですものね。唯一、戦争になるかもしれないと思わせるのは、ユーリエが選りも選っていま、彼女の本(14)を出そうとしていること。凶兆です。

手紙をください！　挨拶とキスを

ハンナ

（1）　一九四八年三月、連合軍のベルリン市管理委員会はソ連のボイコットによって機能麻痺におちいった。一九四八年六月二六日にソ連は市の封鎖を開始、翌年五月一二日までこれをつづけたが、その間、市の西部占領地区に対してはアメリカとイギリスが「空の架橋」（空輪作戦）による物資の補給をおこなった。

（2）　ハンナ・アーレントの母は、義理の娘エヴァ・ベーアヴァルトを訪ねに船でイギリスへ出かけていた。

（3）　ジューダ・レオン・マグネス（一八七七—一九四八）は、イェルサレムのヘブライ大学の事務局長、初代総長。ユダヤ－アラブの相互理解を唱導した先駆者で、統一党《イフード》の創設者。アーレントは一九四八年の夏、国連をつうじてイスラエル政策に影響を与えることを期待していたマグネス・グループのために働いた。

(4) クルト・ヴォルフ（一八八七―一九六三）　ドイツ系アメリカ人の出版人。一九四一年以来、在ニューヨーク、一九四二年にパンシオン出版社を創設、一九六一年からは、ニューヨークの出版社 Harcourt Brace & World（一九七〇年以降は Harcourt Brace Javanovich）において、彼の妻と共同で"Helen and Kurt Wolff Books"を刊行した。

(5) Karl Jaspers: *Allgemeine Psychopathologie*, Berlin 1913.〔邦訳『精神病理学総論』内村祐之他訳、全三巻、岩波書店、一九五三―五六〕

(6) アーレントの一九五一年刊行の本『全体主義の起原』。〔邦訳『全体主義の起原』大久保和郎・大島通義・大島かおり訳、全三巻、みすず書房、一九七二、一九七四。日本語版は一九六二年刊行のドイツ語版からの翻訳である。〕

(7) 書簡75・注1参照。

(8) チャールズ・シールズフィールド（一七九三―一八六四）　小説家。本名はカール・アントン・ポストル。

(9) マシュー・アーノルド（一八二二―一八八八）　イギリスの作家。

(10) ジェイムズ・ブライス（一八三八―一九二二）　イギリスの歴史家で外交官。

(11) チャールズ・ディケンズ（一八一二―一八七〇）の小説。

(12) アーレントの『全体主義』の本の第八章〔日本版三分冊本では第二巻第四章〕、「大陸帝国主義と汎民族運動」のこと。

(13) アーレント夫妻が家具付貸間を出て、モーニングサイド・ドライヴ一三〇番地の自分たち自身の住居へ移ることができたのは、ようやく一九四九年の夏になってからだった。

(14) Julie Braun Vogelstein: *Art. The Image of the West*, New York 1952.

77

［ニューハンプシャー州ハノーヴァー］
一九四八年七月二七日

最愛のひと

たったいまイギリスから電報、「母　昨夜　就寝中に死去」

もちろん悲しいのと同時に、ほっとしてもいます。わたしは生涯でこの問題でほど、ひどい失敗をしたことはないかもしれません。母の要求をあっさり撥ねつけることなんてとてもできなかった。それは愛情から出た要求だったし、その無条件の愛はわたしにいつも強い感銘を与えていましたから。でもむろん、要求を十分に満たすこともけっしてできなかった。この愛の徹底性に応えようとすれば、わたしが自分自身と自分の本能のすべてを破壊するという徹底性をもってするしかなかったからです。それでも子ども時代全体と青春期の半ばまでは、多かれ少なかれ、およそこの世にこんなに簡単で自明なことはない、いうなれば自然なことだとでもいうように、あらゆる期待に応えようとしていました。弱さからかもしれない、同情からかもしれない、でも完全に確かなのは、ほかにどうすればいいのかわからなかったからです。

このことであなたのことを考えると、頭がくらくらしてきます。*メンデルスゾーン老夫人[1]がいつか言ったことがあります。ひとをほんとうに愛していても、それでもそのひとを助けてあげられないこともある、と。わたしはほんとうにどうしようもなかったし、あなたに一度だって意識して嘘をついたことはない、いつも一つのこと、つまりけっして母とは同居しないということだけは、いつもきっぱりと決心していたのですから。でもそこへガス室が襲ってきた――ローベルトなら、世界史が、と言うでしょう。

これで全部だ、たしかに十分じゃないが[2]。

いま確かめたところですが、母のいちばん親しい知人たちの住所をわたしはもっていません。『アウフバウ[3]』に死亡広告を出していただけないでしょうか、そうすればあまり煩わしい目に遭わずにすむでしょうし、当面わたしはどっちみち家にいないのですから、この程度のリスクは冒してもかまわないでしょう。わたしの文案は、

マルタ・ベーアヴァルト、アーレント未亡人、旧姓コーン
七月二七日にイギリスで死去、享年七四歳
ハンナ・ブリュッヒャー＝アーレント　ニューヨーク
エヴァ・ベーアヴァルト　ケンジントン・パーク・ガーデン
三七　ロンドン　W一一

あまり大きすぎないようにしてください、でも小さすぎないように、費用を惜しまないで。

わたしは何ヶ月か黒服で過ごしたいと思いますが、そんな姿のわたしはお気に召しません？　そうなら言ってくださいね、わたしにとってもそんなに大事なことじゃありませんから。

ジャネット[4]にはお断りの手紙を出したいけれど、どうお思い？　わたしはむしろここから直接、一、二週間ほど海辺へ行きたい、ロング・アイランドの北端の岬にでも。とても美しいところだそうですよ。

あなたのハンナ

* アーレントの母親マルタはドイツから亡命してのちパリで短期間、ニューヨークに渡ってからは七年間、娘夫婦といっしょに暮らしたが、彼女は娘に関心を集中させ、なにかと構いすぎたし、ブリュッヒャーとは社会的出自や政治的信念ばかりでなく気質の差も大きかったため、家庭内の緊張と軋轢がかなり強まっていた。

(1)　おそらく、アーレントの若いころからの友だちアンヌ・ヴェイユ、旧姓メンデルスゾーンの母親だろう。

(2)　ベルトルト・ブレヒトの詩を少し変えて引用したもの。Bertolt Brecht. *Gesamelte Werke*, Frankfurt 1967. Bd. 8, S. 815.

（3）*Aufbau. Reconstruction. An American Weekly Published in New York.* ドイツ系ユダヤ人亡命者たちが一九四三年から発行している週刊新聞。最初のうちはドイツ語だったが、後には英語で印刷した部分もあった。

（4）ジャネット・バロンはこの夏にもアーレント夫妻をコネティカット州ケイナンのサマーハウスへ招待していた。

78

［ニューヨーク］　一九四八・七・二九

愛する人

これで全部だ、そして十分。だからもう忘れるんだ。きみは最善を尽くしたのだし、どんなにやったところで彼女が満足することはなかっただろう。スポンジのような受動的な愛を抱くと、いつでも自分が乾ききっていると感じるものだ。喪服を着けることに異議はない。でもよく考えてみてほしい。「将来の市民《プロスペクティヴ・シティズン》」のモデルとして、きみはアメリカのならわしを考慮する必要がある。それも服装ならよけいに。モードに反する愚者よりもモードに則った愚者のほうが好ましい、ということだ。きみが何をしてきたか、そして板挟みにあってどんな苦境にあったか、ぼくにはわかりすぎるほどよくわかる。夫を失ったぼくの母もじつに似た性向をもっていたが、彼女の奇矯さから母の愛なんていうものは一種の狂気ではないのか、と疑っていた。そうでもなかったら、母とはどうなってしまっていただろうと想像してみるだけで足りる。もちろんこの疑いはまったくの誤りだ。それでもぼくの特殊例にあってはおおいに助けとなって、きみのような立場に陥らずに済んだんだ。

ぼくに助けが必要だったとき、きみは助けてくれた。阻害要因は多々あったけれど。そして事情が異なっていたとしてもこれ以上の助力は受けられなかっただろう。ヒトラーとスターリンは、ぼくたちにきみのお母さんを押しつける以上のことをした。ぼくの暢気な人格はどこかへすっ飛んでしまい、ぼくは良心の痛みをもちはじめた。そして結婚がそれを強めた。老いたお母さんのおかげで事情は耐えがたくなるばかりだった。私的でブルジョワ的な観点が、偏狭だけれど強力に正当化されることがあると、ぼくだって知っていた。けれどお母さんはこれをぼくに、これでもかというほどありありと見せつけてしまった。

でもぼくがもともと怒っていたのは、お母さんがしじゅうきみから血を吸い取り、そして信じがたいまでのきみの業績にまったく敬意を払わなかった点だ。そのうえお母さんは、きみのことを無造作に男のように扱うような人だった。ぼくたちの周囲にいる他の小心翼々とした愚か者の誰にもまして。でもたしかにきみの言うとおり、彼女の心にはかつて、疑う余地のないすばらしい本物の感情があった。それが結局のところ、滔々とした暗い感傷に解消されてしまったのだ。

もしきみがどうしても来てほしいというのなら、もちろん行く用意はある。けれども本当のところはもう行きたくない。ぼくの身に奇妙なことが起きたんだ。生産性に突然見舞われた、というより急襲された。ぼくはお行儀よく考えなしにアメリカン・ドリームに浸っていたのだが、そのうち淋しさとともに退屈さを感じはじめていた。するとそこに「ひらめき《ブレーンストーム》」が到来した。ぼくは辟易して仕事を放り出してしまっていたのだが、ちょうど行き詰まりを突き抜ける直前だったようで、その瞬間に仕事のほうがぼくを突き破って突如現われ、ぼくのことを頭からひっくり返したんだ。

仕事を打ち切ったときぼくは、概して「哲学」を見限っていた。つまり、哲学による哲学批判を致命的なものにして、ぼくの懸案に移るために、やれることはあとほんのわずかだけだと判っていた。哲学がついに真理についての真理を述べ、ひいては哲学のさまざまな幻想を捨て去り、これ以上夢を拵えるのを断念するならば、哲学に終止符が打たれる。二人の巨神《ティターン》が、人類の精神的・神話的時代の天空（西洋の天空にかぎられない、というのも老子やインドの賢者たちがプラトンと同類であることは、ヤスパースのはるか前からぼくには明らかだった）に、ギリシャの存在概念にもっとも純粋に映っていた天空に襲いかかって、それを打ち砕いた。カントは〈学問の基礎づけとしての哲学〉という外側の存在の天空を。これに彼は疲れ果ててしまったため、道徳哲学という内側の存在の天空をもういちどきわめて徹底的かつ抽象的に打ち固めた。おそらくは自分自身の大胆さに恐れをなしてのことだろう。その際彼は判断力を携えて、覚束ない足取りですでに新天地へと入り込んでいたのだ。彼による学問の破壊は、学問自体によって、そしてヤスパースによってすら継続され、あとは最後の仕上げを待つばかりとなっている。どのようにするかぼくにはわかっている。ニーチェは道徳的な存在の天空を徹底的に取り壊したが、みずからの君主道徳に対してはおずおずと引き下がってしまった。とはいうものの、彼の君主道徳は奴隷道徳の本質的にして弁証法的な構成要素であると証明し、いわば事後的なかたちで彼自身によってそれを破壊させる、なんていうことなら、ぼくにはどうということない。彼の二つ目の過失、それは大胆に自分自身を咎める、生に飢えた貧しい病人の犯す過失なのだが、これすなわち、あらたな存在の天空、というより今度は現世的な天空、これを権力への意志によって打ち立てようという彼の試みであって、そんなものは、彼がここで端的に真理を、つまり営利会社がそもそも見ている夢について語るかぎりにおいてしか、大真面目に取るに値しない。しかし真理を語ることが真理といったい何の関係があるというのか。そこでしまいには絶望的な跳躍の末に狂気に陥り、欺瞞と錯誤こそが生きるために必要であるのだから真理である、ということになる。巨神によって存在の天空が倒壊したとき、巨人族《ギガント》がすぐさま寄ってきて、瓦礫をもてあそんだ。マルクスは存在の天空をただ大地のうえに置こうとした。ありとあらゆる群小空論家たちもそれを求めた。そんなふうなので、ぼくたちは血と黴のもとで窒息するほどだった。これについて何をさらに言うべきかぼくにはわかっている。キルケゴールは倒壊した石材を用いて狭い洞穴を建てて、そこにみずからの道徳的自己を奇怪な神ともども閉じ込めた。これに対しては、そりゃひどいもんだ、とでも言うしかない。私的なことときわまりないこんな「存在」でも救い出すことはできる。体系のもとに死にゆくものとして。けれど、自身の自己という心理上の腹腔など足蹴にされれば破られてしまうものだ。つまり、このような確実な道徳的自己などというものは存在しない、良心が嘘をつくこともある、ということの証明だ。存在という包摂概念を携えたヤスパースはといえば、現実の実情という強烈な臭いを発するチーズにおおきく丸く透き通ったチーズ容器の蓋をかぶせているが、彼に残されているのは透明な釣り鐘型のこの蓋であって、このなかでぼくたちは我が身を超越しながらいつでもいわばほとんど神と出くわしている。ただそれは、ぼくたちが勇ましくも存在しながら、虫たちによる愛のコミュニケーションをいくらでも中断してみせる決心をくだし、個別に、あるいはコミュニケーションをとりつつチーズの蓋に執拗にぶつかってゆく場合にだけだ。ところでぼくは、このチーズ容器の蓋を愛に満ちた敬意をもって造作なくはずしてしまうだろう。そのとき澄み切った蓋には、さまざまな異説に分散しながらも沈んだ太陽の残像がすっかり映っていることに気づかないわけにはゆかない。

　ここまではいいだろう。そしてぼくはここまでだった。夢の天空も代替の天空もぼくは取り払ってしまっていた。そしていまや純粋にして世俗的な可能性をもつ天空が歪みなく姿を現わさなくてはならなかった。とんでもなかった。残存している概念の黴がいつまでたってもそのうえにたなびいているのだった。そのときやってきたのが「ひら《ブレイン》めき《ストーム》」だった。二日とひと晩ぼくは、夢中になって次から次と新しい概念の全体、ぼくの意図の統一性を見た。そしてとうとう新天地を見つけたと確信するに到っている。ぼくが発見したのは大陸であると、いまでは判っている。いまここに上陸しようとしているのだ。いやむしろ、まずは地図を作成しようとしている。いまやぼくは巨神からも巨人族からもはるかに離れている。カントは召使い、ニーチェは君主、マルクスは暴君、キルケゴールは奴隷だった。そしてぼくは「将来《プロスペクティヴ》の市民《シティズン》」なのだ。

こうして毎日新発見の連続なので、もし人と会わないで済むならぼくにはありがたい。いまはちょうど、新しい樹木を知りたいとも思わないところだ。［…］バロン(1)だが、やっぱり一四日には数日の予定で訪れたらどうだろう。ぼくは失礼すると伝えてくれ。それからロング・アイランドだ。その間にぼくから、きみが二週間ほどガンパーズ(2)のところにいられるか当たってみる。あそこはすばらしい。海に出られるから、一日中暑さにうだらずに済むぞ。それに屋敷ではまったく邪魔されずに仕事をできる。あそこだったらぼくも三、四日間ずつ二回ほど、きみのもとへ抜け出せる。これについてはどう思うかい。もし気に入らないようならそのように書いてほしい。別な手配をすることにしよう。でも、もしきみが望むならぼくもハノーヴァーにだって行く。よく考えて《シンク・イット・オーヴァー》おくれ。

たくさんの愛を込めて

H.

（1）サロ・バロン（一八九五―一九八九）ユダヤ人の学者。一九三〇―六三年にはニューヨーク、コロンビア大学教授で、ユダヤの歴史、文学、制度を研究。ハンナ・アーレントが一九四八―五二年に「実行委員」を務めたユダヤ文化再建機構（Organisation Jewish Cultural Reconstruction）理事長、機関誌『ユダヤ社会研究（*Jewish Social Studies*）』編集者。

（2）ジュリアン・ガンパーズ（一八九九―一九七二）はアメリカの金融業者・経済学者。ベルリン大学で学び、この地で亡命までマリク出版運営に係わる。ブリュッヒャー夫妻と親交を結んでいた。〔ドイツ系アメリカ人でニューヨーク生まれ。二〇年代にはドイツ共産党員で、アグネス・スメドレーやジョン・ドス・パソスの翻訳もしている。二八年以降は共産党から離れ、四七年には国際共産主義運動批判の書を出している。〕

79

［ニューハンプシャー州ハノーヴァー］一九四八年八月四日

愛するひと

もちろん、来てくださるにはおよびませんよ。あなたの手紙のすばらしく高らかな響き、それなのにここではあなたは仕事から引き離されてしまう。わたしの場合はちがいます。ああいうことがあっても、ちゃんと仕事をしていますよ。今日はいままでずるけてきた手紙書きばかり。

ショッケンからの小切手を同封します。受けとったらすぐ、そう知らせてくださいね。マグネス・グループからはいまだに支払なし。催促するなんてぞっとしますが、そうするしかないでしょうね。彼らのためにはずいぶん働いたし、いまもずっといっしょにやっているんですもの。ごく気持のいい関係です。

[…]

バロン夫妻の招きはやっぱりお断りするつもりです。とても気が重すぎる。母の死ということで了解してもらえるでしょう。ところで黒服は、わたしにとってはモードの問題なんかじゃありませんよ——すっかり身に染みついて第二の天性になってしまったらしい慣習《コンヴェンツィオン》なんです。死という問題では、わたしはまるっきり環境に順応できそうもない。将来《プロスペクティヴ》の市民《シティズン》とも無関係ですよ。わたしたちがこの社会の一員になるとしたら、どうか神のご加護を。ガンパーズのところへ行くべきかどうか、よくわかりません。行ったほうがいいとあなたがお思いなら、そうしましょう。わたしはちょっぴり怖いんです、あのとても孤独で、とても複雑なように見えるリディアが(1)。おわかりでしょ、こっちは田舎娘だし、等々。

ヤスパースの本(2)、イギリスへ送ってくださいました？（わたしのタイプライター、庭で地面に落ちてしまって、すっかりひん曲がったのをあの手この手でどうにか直したのですが、まだちょっとした面倒をおこします。ひどい体験でした。）

ブロッホの様子はいかがでした？[…]

ほんとうは、ニューヨークにいるのはなるべく日曜日までにしたいのですが。そのあと、ひょっとすると〈労働者の日《レイバー・デイ》〉〔九月の第一日曜日〕の直前まで家を離れていることにいいかしら？

挨拶とキスを、

あなたの

(1) リディア・ガンパーズ、旧姓セント・クレア、一九七〇年没。女優で、ジュリアン・ガンパーズの妻。
(2) 書簡76・注5参照。

80

［ニューヨーク］　一九四八年八月五日

愛する人

　小包はとっくにイギリスに発送してある。小切手は届いたので、銀行に預けた。ブロッホを見舞い、何時間もユーリエの本[1]について話し合った。彼は直ちに読んで、自分の考えをすぐに知らせると言っていた。彼に何かできるのは九月になってからになる。ボリンゲン[2]では理事長が長期にわたって旅行中なんだ。もともと彼は、ヴォルフに絞って話をもってゆくべきではないと考えていて、ぼくのであれ、公式にきみが出してくれるのであれ、所見の追加が有効であるのかどうか知りたがっている。まずは判断を下す必要がある。彼はあの本におそろしく好奇心を抱いていて、自分もそこから多くを学べれば、と思っている。

　ぼくの印象によれば、医者[3]は為すべきことをきちんと心得ている。包帯はとてもよく似合っている。ブロッホはホフマンスタール論[4]を終えて調子良さそうだ。よく休養しているからいらいらしていない。自分でも壮快だと言っている。費用は一〇月までは保険でまかなえる。そしてそれまでは、何が何でもそこ[5]に居座ろうと彼も考えているようだ。この男が長い歳月を経てはじめて休養できて幸福であるのがよくわかる。彼の聖者ぶり[6]についてはしたたか毒づいてやった。彼も認めるところだ。それによってこの大切な一〇年間をほとんど棒に振ってしまった、と言っている。クノップ[7]が彼の小説[8]を出したがっている。ぼくがしきりに勧めておいたんだ。でもブロッホは当然、全面的に手を入れるつもりでいる。一〇月に彼はニューヨークに引っ越すという。ブッシュ[9]についてはひと言もなく、ただ女一般に関して深いため息ばかりついていた。

　カーラーはコーネルに教授職を得た。満足していて、ずっと一年に一学期だけ講義をすればよく、あとはプリンストンで自分の仕事をできるという。［…］

　一三日までにはきみの大きな部屋を空けておいたほうがよいかどうか、すぐ書き送ってほしい。それとも、すでに日曜にはふたたび出ていってしまうつもりだから、間借り人がいても我慢しようということか。九時二〇分にグランド・セントラル駅で待っている。

　ガンパーズの件、ぼくも後からそう思ったので、まだ訊ねていない。［…］でもこの物価の折、どこへ行くつもりだろうか。まあそれについては考えることにしよう。きみが〈労働者の日《レイバー・デイ》〉まで休暇をとることにはもちろん賛成だ。

どのみち休みなく仕事をしつづけなくてはならないのだから、できる範囲で少なくとも新鮮な空気くらいは吸っておくといい。ホルティ[10]はハイデンライヒの展覧会をほんとうに世話するようだ。彼自身九月には一年間ジョージアの大学に行く。

きみが喪服を着るのは当然だよ。「モード」ということで言おうとしたのはそうではない。この地のしきたりに合わせることを望んだわけでもない。ただ、人からじろじろ見られるのが煩わしいのではないかと考えただけだ。

［…］

挨拶と、口づけと、肩をぽんと

H.

（1）書簡76・注14参照。

（2）ボリンゲン財団。

（3）ブロッホのかかっていた医者。

（4）Hermann Broch: »Hofmannsthal und seine Zeit«. In: *Selected Prose of Hugo von Hofmannsthal*. Hg. von James Stern. New York 1951. London 1952. München 1965.〔邦訳『ホフマンスタールとその時代』菊盛英夫訳、筑摩書房、一九七一〕

（5）病院を指す。

（6）「彼の聖者ぶり」とは、時間と力を顧慮することなく他者に捧げる彼の性向を指していると思われる。彼自身「他者の立場に立って」しまわざるをえないとつねづね述べている。（一九四九年二月一五日付書簡）

（7）ニューヨークの出版社アルフレッド・A・クノップを指す。

（8）Hermann Broch: *Der Versucher (Bergroman)*. Aus dem Nachlaß hg. von Felix Stössinger. Zürich 1953.〔邦訳『誘惑者』古井由吉訳、筑摩世界文学大系64所収、一九七三〕

（9）後にブロッホの二番目の妻となるアネマリー・マイアー＝グレーフェ。美術評論家の未亡人で、友人たちのあいだではブッシュ、ブシ、ブーシと呼ばれていた。

（10）カール・ホルティ（一九〇〇―一九七三）はアメリカの画家で、夫婦と親交を結んでいた。

81

〔ニューハンプシャー州ハノーヴァー、
一九四八年八月七日頃〕

最愛のひと

たったいまお手紙落手。［…］

あなたが書いてくださったブロッホの様子からすると、万事ひじょうに具合よくいっているようですね。ユーリエの仕事[1]を気に入ってくれますように。出版社が見つかったら、ほんとに安心できるのですが。

ブロッホがクノップのところで出せるなら、すばらしい。

第一に、そうすればヴォルフから離れられるからです。ヴォルフは彼をとくに厚遇はしてくれない。『夢遊の人々』[2]のためにだって、およそなんにもしてくれなかったんですよ。でももう一つには、ブロッホはもうそろそろ新しい小説[3]をなんとか仕上げなくてはいけないから。そのほうがどんな認識論の本よりずっといい。

[…]

わたしが週末にニューヨークにいること、お願いだからだれにも言わないでくださいね。今日すでに、それを暗に当てにしているらしい手紙が来ています。おそらくマグネス・グループのだれかに会わなくてはならないでしょうが、そのほかには、なるべくぜんぶの時間を自分のために使いたい。できれば。無理なら仕方ありませんが。

どこへ行くか、わたしにもわかりません。あなたがどこか見つけてくださるだろうと、当てにしていましたから。ブロッホかガンパーズに訊いてくだされば、と。見つからなければ、運を天に任せて汽車に乗るしかありませんね、それなら地図と時刻表があれば済みますもの。ロング・アイランド全線の総合時刻表を手に入れていただけませんか、それにはたいてい小さな地図も載っています。あなたも一日か二日、いらっしゃいませんか？　それとも仕事に没頭していてだめ？　わたしは章を一つ書きおえて[4]、いまは次の章をまえにして、少しぐずぐずしているところ。でもそれも悪くありません。

[…]

仕事に精をだしてください。挨拶とキスを

あなたのハンナ

(1) 書簡76・注14参照。
(2) 一九三一／三二年に発表されたこの三部作の英訳は、クルト・ヴォルフのパンシオン出版社から出た。Hermann Broch: *The Sleepwalkers*. New York 1947. ドイツ語では *Die Schlafwandler* という表題で一九五二年のブロッホ全集第二巻に収められている。〔前掲邦訳『夢遊の人々』〕
(3) Broch: *Der Versucher*. 〔前掲邦訳『誘惑者』〕
(4) 彼女の『全体主義』の本。

第5部

1949年11月-1951年6月

［ブルックリン大学で教え、ショッケン出版で編集に携わるかたわら、アーレントは一九四四年から一九四六年まで、〈ユダヤ人諸関係協議会 Conference on Jewish Relationns〉の「調査主任 research director」を、一九四九年から一九五二年までは、一九四八年に設立された〈ユダヤ文化再建機構 Jewish Cultural Reconstruction Organisation〉の「実行委員 exective director」をつとめていた。この組織は失われたユダヤ書籍、写本、祭祀用品の行方をつきとめて取りもどすことを任務としていた。アーレントはその委託をうけて、一九四九年一一月、ドイツからの亡命とフランスからの脱出後はじめて、ふたたびヨーロッパの土を踏んだ。

アーレントは一九五一年六月には、夫妻の休暇地パレンヴィルへ夫より一足先に向かった。］

82

パリ　四九年一一月二八日

最愛のひと——

なにを書いたらいいのでしょう。まだすっかり疲労困憊していています。だからたぶん単純に時間の順を追って書いていくのがいちばんでしょうね。

空を飛ぶのは、言いようもないほどすばらしかった。天空のただなかに浮かんでいる、つまり泳ぎの上手な人が水中にいるときのように、ごく当たりまえのことのように空中を動いていくのです。不安も、目眩も感じません、前へ前へと運ばれていくこと、言い換えれば飛ぶということ自体が、ふだんとは別の準拠座標系を与えてくれるからです。わたしですら眼下の大地をごく平静に見下ろすことができて、落ちはしまいかという不安や、跳びおりたくなる衝動に駆られたりはしない。というのも確固とした準拠点としての大地はもはや存在しないのですから。よく注意していなければ、いつ飛行機が地面を離れたのか、いつまた着陸したのか、わからないほどです。わたしたちの飛行機は三時間遅れました、理由はわかりません。まるっきり予定に反して三時間も、カナダのどこらへんかにあるガンダー(1)の薄汚くてみすぼらしい待合室で待たされる羽目になったのです、ひどく寒いところですが暖房は効いていました。つぎがアイルランド、最初のヨーロッパの印象は、灌木の垣で囲まれた小さな不規則な畑、まだすべてが鮮やかな緑で、すばらしく美しく、平和でした(2)。

［…］

これとはちがってヴェイユ(3)は、禿頭に口髭、まったく人付き合いがわるく、耐えがたいほど専制的になっていました。アンヒェン［アンヌ・ヴェイユ］はまるで半分しかこの家のひとではないかのよう。自分でも、最初のうち再会の興奮からくる率直さで、籠から転がり落ちたリンゴみたいなものよ、と言ったほどです。家にいるときのアンヒェンは、ころころ太った不幸せな子どもといったふうですが、それ以外のときは昔と変わらず生き生きとして魅力的です。どうして彼女が、なんでもおれのほうがよく知ってるぞとばかりにいつも偉そうにしている男といっしょに暮らせるのか、わたしにはどうにもわかりません。彼はアンヒェンにほとんど攻撃的と言えるくらいの態度をとる、少なくともわたしのいるところではそうです、察するにたんに嫉妬からでしょう、わたしが基本的にはアンヒェンのためだけに来たのだと露骨に態度で示しているからです。ケーテ[4]はちっとも変わっていません、気味がわるいくらいに。

さて、こんどはパリ。ああ、なんとこの都の美しいこと。あなたは正確には思い出せないでしょうね。あの小さなみすぼらしいテルヌ広場に足を踏み入れたとき、わたしはもう少しで声を上げて泣きだすところでした、ふたたび一つの場所と相まみえたのだ、と。それからは奇蹟のように、なにを見てもニューヨークでのようにうんざりさせられることがないのです。街をぶらつく人はほとんどなく、まるで天国。今日はウィリアム・フィリップス[5]といっしょにセルヴァンドニ街を歩きました。ここでは彼らはいつもよりずっと親切だし、生き生きしていますよ。わたしたちのプランシポテ・ジュニ[6]に立ち寄ってみたところ、両腕をひろげて迎えてくれました。再会の大きな喜び、〈一九号室の止宿人〉〔仏〕。これはもちろん、無愛想さのメダルの裏面ですね。いったん相手を認めようと決めたら、いつまでも認めてくれる。マダムはまったく昔と変わらないまま、ムッシューはすっかり歳をとりました。ジャンはたいそう美人の妻といっしょ。猫は、確かではないけれどたぶん新しい。

〔…〕

フランス。見かけは昔と変わっていない、でもほんとうのところは、ばらばら《イン・ピーシズ》。民衆はいまなお二つに分かれています——労働者と中小ブルジョワジーに。後者はもっと憎々しくさえなっている。貧しい者は、いまにも爆発しそうな剝き出しの敵意に燃え、苛立っている。金回りのいい下劣なやからが、そこに戦争成金が加わったぶんだけ数を増し、こういう手合いはどう振る舞うべきかさえわかっていない。だれひとり資本投下はしない、住宅はみなこの一〇年間、なんの手も打たれないまま壊れかかっていて、暖房は機能しない、等々。物価はニューヨークに劣らず高いし、衣料品や靴などはむしろもっと値が張る。ここの人たちがどうやって彼らの収入で暮らせるのか、わたしにはまったくの謎です。むろん家賃特権[7]があるせいですが。こんなにお粗末きわまる状況なのに、世の中すべてがどうやらそれに満足している様子。人生のよいところを見つけて満足するフランスの基本的現実主義が変わっていないからです。

（ここまでで、ベッドに入ることにします。）

〔パリ〕　一一月二九日

ニューヨークでも、朝八時半になってもまだこんなに暗いのかしら？　こういうたぐいのことがこちらではどうだったのか、わたしたちはすっかり忘れてしまっているようですね。いまは朝食を待っているところ。ここの封建時代ふうの浴室には、だれも入浴できそうもない時間にしかお湯が出ない始末です。

　こんどいつ手紙を書けるかわかりません。いずれにせよ木曜日の晩にはここを発って、金曜日の朝以降はヴィースバーデンにいます。ヒルデにこの手紙を見せてあげていただけませんか？　こういう信書《エピステル》をほかの人たちにも書く時間はとてもとれませんので。

あなたのハンナ

（1）　ガンダーはカナダのニューファンドランド島の北東部にある。当時のプロペラ機のヨーロッパ便は、給油のためにここに一度寄港しなければならなかった。
（2）　このあとに友人たち、および従姉妹一人との再会の報告がつづく。
（3）　エリック・ヴェイユ（一九〇四—一九七七）　哲学者。一九三三年にパリへ亡命、一九四九—五六年のあいだ、ソルボンヌ高等実業学校教授。アンヌ・ヴェイユの夫。
（4）　ケーテ・メンデルスゾーン　アンヌ・ヴェイユの妹。
（5）　ウィリアム・フィリップスは『パーティザン・レヴュー』の発行者。そのあとの「彼ら」はフィリップスとその同行者を指す。
（6）　プランシポテ・ジュニ（統一公国領）はアーレント夫妻が一九四〇年五月まで住んでいたホテル。
（7）　これは戦前の低い家賃のことを言っている。

83

ニューヨーク　四九・一二・八

最愛の人

フランスに出した簡単な手紙（幼鷲《エグロン》[1]〔仏〕）は届いていないようだね。マダム不在の嘆きをムッシューが切々と歌った以上の内容ではない。これからもこんなことが頻繁に繰り返されないかと心配だ。［…］

　この先は真剣な生の問題について。ぼくの周りでは生と死があまりに激しく渦巻いているため、とてもまともに哲学に向かえたものではない。ブロッホ[2]が結婚した——そして「そこに居合わせた、とわたしは言える[3]」。ベラート[4]が死んで埋葬された。彼女[5]にとっては救いを意味するにしても、それでも当面はかなりの傷手だった。いたずらに長年いっしょに暮らしていたわけではないんだから。次はとんでもない話だ。ジョシュア・スター[6]がみずからの生からさっさと降りちまいやがった。自分自身と世界に嫌気をさし、ガスを使って肉体と精神からみずからを解放した。それも、一週間前からヴォイス・オヴ・アメリカで［…］働き出した矢先のことだ。愛情に満ちた家庭を彼に用意し友人仲間をつくろうと努めていた妻には、「取り乱して申し訳ない」が「もうとてもやってゆけない」〔英〕と伝えていた。バロンが弔辞を述べたが、強い衝撃を受けている。みなが罪の意識《ギルト・フィーリング》をもっているようだ。［…］葬儀はひどいものだった。誰も本当のことを言おうとしなかった。バロンが語りえたのも、この男が何を成し遂げたかという点だけで、彼がいったい何者であったのかはまったく話にのぼらなかった。しかし結局のところ自殺とはいつもひとつの抗議であって、最終的な順応はしないと決断したということだ。セールスマンになることができず、なる気もなかった「ちいさな歴史家の死」*〔英〕だった。彼が抗議したのは、ぼくたちが創った世界に、というよりはおそらく自分自身に対してだったけれど、それは思い違いであって、世界のなかに彼の居場所があるべきだった、そのように言わなくてはならなかったはずだ。〈基本的にいい奴だったが、すべてまったくの苦痛ばかりになってしまった〉〔英〕、とも。ショッケン出版できみといっしょだったときにも、バロンとの最後の仕事にあっても、友人と敵の区別ができないまでに、彼は道に迷い気難しくなっていた。そうである以上、死なずにいられなかったのだろう。おそらく仕事が手にあまり、うんざりしていたんだ。何かを生み出すことはできなかったが、いんちき《フェイク》を憎む器量は持ち合わせていた。ところが国務省でそれを避けられない(7)とまた感じていたのだろう。仕事がなかった、仕事を見つけられなかったとか、金がなかった、なんてことじゃない。自分の場所を見いだせなかったんだ。いまでは徹底的に打ちひしがれてしまっている奥さんが見つけてくれた住居も彼が望んでいた以上のものだったが、彼が望んだものとはまったく違っていた。ローズ(8)は激しい衝撃を受けひどく嘆き悲しみ、罪の意識を感じているものの、その前に彼とは完全に和解していた。彼のことをとても好きだったようなのに、いつも彼を怖れていて、即座に自殺だろうと推測した最初のひとりだった。最愛の人、きみがあの若者を好きだったのは知っている。そしてきみも知るとおり、基本的にぼくも好感をもっていた。でもどうかあまり哀しみすぎないように。どうあっても変えられなかった。結婚したことからすでに、絶望の一歩だったようだ。彼は長いこと死を胸に秘め、もはやこれ以上死とともに生きてゆけなかったのだ。

　われらがヒルデとは、彼女が可能なかぎり頻繁に会っているが、ますます仲良しになっている。いろんな話をする。とくにきみのことだ。彼女にもそれが一番好ましい。彼氏(9)

はあいかわらずへまばかりやらかしていて、どんどんひどくなっている。彼女は彼のために働き、ぼくは本の結末を読めるようになるまで持ちこたえるよう励ましている。[10] 見た様子はあいかわらず良いのだが、ひどくなるばかりの呼吸困難を訴え、何本も注射しなくてはならない。[11] ちなみに今週彼女は、ばかな看護婦にひどく悩まされている。

きみがべらぼうに多忙であるのはわかっている。きみの手紙はヒルデに見せてもらった。ほんとうに余裕ができるまではぼく宛に書かないでいい。わかっているだろう。それに、手紙をもらったところできみがいないことに変わりはない。これについての嘆きの歌は次の手紙で延々と歌ってみせよう。きみのいない家がどんなに殺風景なことか。それに、きみが戻るまでほとんど誰にも敷居すら跨がせたくない。

あまり根を詰めすぎぬよう。たかが書物にすぎないのだから。[12]

ぼくの恋しい人、元気でやってくれ。

ハインリヒ

(1) 航空便を意味している。
(2) ヘルマン・ブロッホは一九四九年一二月五日に、美術批評家の未亡人で二番目の妻となるアネマリー・マイアー゠グレーフェと結婚した。彼女はブッシュと呼ばれていた(書簡80・注9参照)。
(3) ゲーテの「フランス出征」では、一七九二年のヴァルミ砲撃戦に際して次のように書かれている。「ここで今日から世界史の新しい時代がはじまる。そして皆さんはそこに居合わせたと言うことができる。」
(4) マルティン・ベラート(一八八一―一九四九) ベルリンの弁護士にして表現主義作家。ロンドンを経由してニューヨークに亡命(一九四〇年)。
(5) シャルロッテ・ベラート、旧姓アーロン(一九〇一―一九八六) ジャーナリスト。マルティン・ベラートと再婚している。
(6) ジョシュア・スター(一九〇七―一九四九) 歴史家、ヨーロッパ文化再建委員会の初代委員長。
* 一九四九年二月にニューヨークで初演された後ロングランをつづけていたアーサー・ミラー『セールスマンの死』を踏まえている。
(7) スターはアメリカ国務省に職を得られる見込みがあったと思われる。
(8) ローズ・ファイテルソン(一九一四―二〇〇一) 一九六五年よりアメリカ・ユダヤ委員会の企画編集担当。夫妻がニューヨークに着いて以来、二人と親交を結ぶ。
(9) パウル・ティリヒ(一八八六―一九六五) プロテスタント神学者。一九二九年からフランクフルト大学で哲学教授。一九三三年亡命、一九三三―五五年にはニューヨークのユニオン神学校で教える。ヒルデ・フレンケルと恋愛関係にあった。
(10) 『全体主義の起原』を指す。
(11) ヒルデ・フレンケルは肺がんを患っており、一九五〇年に死亡した。
(12) ユダヤ文化再建機構でのハンナ・アーレントの仕事を指している。

84

［ボン］　四九・一二・一四

最愛のひと

ボンにいます――連邦〔政府・議会〕の喧噪をべつとすれば、なかなかいい町。昨日やっとジョシュア［・スター］の死についてのあなたの手紙が着きました。わたしはヴィースバーデンの事務所で知らせを聞くなり言ったのです、自殺だと。悲しい、でもそれ以上ではありません――このメランコリーの若者がとても好きだったけれど。より高きものを希求するということは――意地悪い言い方をしてよければ――こんなふうに終わるものです［…］。

［…］昨夜、バロンへの最初の本格的な報告を書きあげました、月曜日には理事会と予算会議がありますから。なにが可能でなにが不可能かを知るための情報をこんな短時日で集めるのは、それこそたいへんな仕事でした。ほとんど一日ごとに都市から都市へととびまわり――ヴィースバーデン、フランクフルト、ニュルンベルク、エルランゲン、ハイデルベルク――、人と会う約束が文字どおり朝から夜までびっしり。汽車での移動だけが唯一の休息の時間、で

もそれすら一人旅でないこともしばしば。とはいえ、バロンが期待していたような報告を書き送れたかどうか、自信ありません。彼の反応をそれとなく打診してみていただけませんか。

［…］

二度とこっちへ戻りたくないと言ったあなたがどんなに正しかったか、おわかりでしょうか？　最初こそ感傷的な気分がぐっとこみあげてはくるものの、喉もとにひっかかったままになってしまう。ドイツ人は生涯つづく嘘と愚かさで生きている。後者の悪臭は天を衝くほど。ここにいて一週間、左から右までありったけの新聞を読んでいたら、さっさと帰ろうという気になること間違いなし。それにあらゆる記事が、ざまみろ、いい気味だと言わんばかりの調子で書かれています。だれもが戦争に反対しているのはほんとうですが、それを新聞はたとえばこんなふうに言う。いいか、きみらはわれわれが兵隊になるのを突然お望みだがね[1]、へっ、お生憎さま、いまじゃわれわれは平和主義者なんだぞ。ナチがここにたくさんいるというのは、真実ではありません。人びとはヒトラーを懐かしみつつ、戦争はいやだと考えているのです。なに一つ理解していない――学生も、労働者も。

疲れてくると、まったく救いのない気分になってしまい

ます。それでいて、自分を裏切るように、あらゆるものに感じるこの懐かしさ——風景（なんとも表現できない、すばらしい再会！）、町を行けば、記憶がぱっと甦ってくる、どの道を行けばいいのか足がちゃんと心得ている。そして生活している人びと、だからこそ親しみを感じられる人びと。すべてが錯覚させてしまうのです。みんなは遮二無二働いていて、廃墟はハイデルベルク城とおなじに、きれいさっぱり掃ききよめられ、改築中でないかぎり、観光客の訪れを待っている。この国は貧しいのに、暮らし向きはむしろフランスよりもいいくらいです。

わたし個人宛の住所は残念ながらありません、なにしろ軍の旅行指示書《ミリタリー・トラヴェルオーダーズ》を手に、鉄道で移動ばかりしていて、きまった宿所をもてないからです。一月半ばにここへ戻ってくるまで、これは変わりません。つまりそれまでは荷物を解いたり詰めたりばかり、楽しいことはまったくなし。

昨日は連邦議事堂で、いわゆる民主派の集会。ここがドイツで唯一、人びとが自分の足にけつまずいて興奮し、不機嫌な顔をしたまま、なに一つせずにいる場所です。まったくの茶番劇。

さて、これでゆったりと昼食がとれて元気が出ました。今日はなんと昼まえに二時間も眠ってしまったんですよ。

あなたのH.

グリアンへ(2)「帝国主義的性格」と「全体主義のプロパガンダ」(3)を送ってください。わたしには、どうか航空便でバーゼル宛に「結語」(4)を。パリではコレージュ・フィロソフィークで講演をしなければなりません。ヒルデにこの手紙を、あなたが適切とお思いのところを拾って読んであげてください。書けなくて気が咎めます。

（1）これは当時計画にのぼっていた、NATOの枠内でのドイツ再軍備を指している。

（2）ヴァルデマール・グリアン（一九〇二—一九六四）ドイツの出版人。一九三七年にアメリカへ亡命し、インディアナ州のノートルダム大学で政治学教授をつとめるとともに、『レヴュー・オヴ・ポリティックス』を発行した。

（3）「帝国主義的性格」と「全体主義のプロパガンダ」は、アーレントの一九五一年出版の『全体主義の起原』のなかの章。前者は一九五〇年の『レヴュー・オヴ・ポリティックス』に発表された。

（4）「結語」は『全体主義の起原』の最終章。

85

［ニューヨーク］　一九四九・一二・一五

最愛の人

ブロッホが結んだようなひそかな婚姻[1]には、当然ながら賑々しいお祝い気分は期待できない。けれどもぼくたち三人はその晩、彼の友人で奇妙に気乗りの薄いピック[2]を招いて上等なシャンパンを開けた。祝辞を述べるような盛り上がりは欠けた雰囲気だったけれど、その代わりぼくが結婚を定義する魔法の公式を披露したんだ。結婚はすべてを二倍にする、と。じつに活きいきとした公式だ。そこには人の生そのものとまったく同じに、厳粛さと反語が込められている。もし二倍の生をもちうるならば、誰がただそのままの生を望むだろう。他方、そんなことを実際に敢えてなしうると、誰が信じるだろう。女性というのはやはり無謀なものでこれをひどく喜ぶものだが、ご多分にもれず、感情の起伏が乏しいブッシ[3]ですら歓喜を素朴な感動表現にして、あなたの名前が婚姻書類に載ってて嬉しいわ、とばかみたいに一〇回も繰り返していた。どうしたらこういう類と結婚できよう、そして結婚することをどうしたらこのような女に対して拒絶できるだろう。ブロッホは脅威に対してというよりは既成事実《フェタコンプリ》に腹をくくっているが、かわいそうに人生の黄昏という言葉を用いており、胸いっぱいの不安からホフマンスタール流の憂愁すら滲み出ている。

ぼくの述べた公式がどうであれ、一点は正しい。ひとたび二倍の生を送りはじめると、離別はひとを半分にしてしまう。きみには見当つかないだろうし、ぼくにも、きみがいなくなってしまうのがどういうことなのか、本当のところわかっていなかった。今回はひとりでいることに喜びはなかった。一日たりとも。その晩、ぼくにとって家は希望の絶えたからっぽに思えた。だってきみのことを不安に思うあまり、それにすっかりとらわれてしまったんだ。でも翌朝になって航空会社で到着便の確認がとれると、ニーチェの言っていることがわかってきた[4]。ひとりでいることと見捨てられていることとは別ものだ、と。ぼくたちが互いに保証している、ひとりでいることと、ぼくたちがいっしょに世界に向き合っているときのひとりでいること、この両方とも、ふたりでいるという暗黙の基盤のうえに築かれている。いっしょに立っている、という事実から、独自に立ったあり方（空虚な独立状態とは違う）が生まれる、それとてもよく似た奇跡なのだ。

けれど見捨てられていることは、たんに一時的に置き去りにされたかたちであったとしても、別だ。隔たりとその作用を正しく見積もることは難しく思える。これはそのつど、情況にぴったりと合った尺度で測られる必要がある。きみがユーリエのところに四週間の、場合によっては三ヶ月もの滞在（でもこれはたしかなわけじゃないが）をすることですら、どうしてふたりであることへの刺激剤の効果をもち、喜びとして感じられるのか、それに対して、きみがヨーロッパに滞在していると、どうして即座に見捨てられてしまったという不安が湧いてくるのだろう。時間によって隔たりは計れない。きみがいまいるところからの飛行時間は、国内で出かけたときの鉄道時間より長いわけではまずない。尺度はむしろ電話で直接つかまるかどうかだ。さらにそれより、相手を意のままにできるかどうかだ。きみのことを即座に呼び寄せることができるとして、向こうにいたのが保養のためで今回のように義務に拘束されたものでないならば、思いつきでもそんなことをする充分な理由となる。要するに、一定の空間内での隔たりを測ることが重要だ。ようやくわかったんだ。もちろんこれが重要なのはきみにとってよりもぼくにだ。きみは第一に渦のなかにいて、第二に家に対する確かな基準点をもっている。ぼくはと言えば、家のなかにひとり取り残され、渦はぼくにとって何の方向性ももたない。

　話をおしまいにしよう。結局のところ翌朝にはもうわかっている。今日は来ないけれど、普段なら毎朝しぶしぶおまえの扉を叩きおまえを目覚めへと呼び戻すもの、これはなんらかの点でおまえの生そのものなのだ、と。そしてこれを間違えてはならない。

　あのとき固い決心をしたし頭もしっかりしていたのだが、家を貸すなんて考えるだけでも厭わしく感じられた。それでもぼくはそれを押し進めて、すでに述べた理由から大混乱に陥りうまくいかなかった。いまは画家のクラウスコップが妻と赤ん坊を連れて入居し、月に少なくとも五〇ドル払うことになる。きみの寝室は彼らの居間になり、ぼくの寝室は彼らの寝室として、割り振り直される。朝早くきみが廊下をぱたぱたと音をたてて歩いているのを聞いていたいのに、そこには他人がいる。ぼくは事務室(5)で寝ている。今度ホルティがクリスマスを過ごしに来る。彼にはまったく金がないので、喜んでホテルから連れてくることにした。そのあいだ、クラウスコップがぼくの青いソファーベッドを貸してくれるといいのだが。ときどき赤ん坊があまりにうるさく泣いていると、彼は居間（きみの寝室）で寝るためにこのソファーを使っている。彼らのことを引き受けざるをえなかったのは、まずもって早急に宿を必要としていたし、契約期間が条件と合っていたからだ。彼らはどのみちアパートを探さなくてはならないんだ。

　ホルティからきみにくれぐれもよろしくとのこと。彼の芸術活動はとてもうまくいっている。バロンがきみの仕事関係の手紙を見せてくれた。きみから多くの手紙はもらえないだろうと悟り、頭がくらくらする思いだった。夕食に招かれていったのだが、ふたりともとても親切にしてくれた。ぼくは薔薇を持参し、できるだけ感じよく振る舞い、話を独占したりせずにおしゃべりがうまく進むよう気遣い、バロンがまだ夜に仕事ができるよう早々に退散した。（ふたりでいることの効果が発揮されているのがわかるだろう。）［…］

　そうそう、ヒルデのこと。彼女はあいかわらず頑張っている。いっしょに食事をして、日曜日にはぶらぶら歩き映画を観に行ったりする。きみがいなくてとても淋しがっているよ。嬉しそうにきみのことを話題にして、きみからの花をものすごく喜んでいる。いかんせん呼吸困難はひどくなっている。そのうえモルヒネが胃に合わない。そばで見ているのはつらいけれど、ぼくがユダヤ人看護士(6)のように振る舞うのではなどとは考えないでくれ（〈ふたりでいること〉）。ヒルデの顔つきに決定的な変化は現われていない、まだ働いてもいる。とりわけティリヒのために。きみの代わりにはなれないが、できるかぎりきみの穴埋めをしよう。

　愛する人、どうか元気でいてくれ、そしておかしくならないように。充分な睡眠を確保するのも決して忘れずに。睡眠をとることがいかに大切か、きみにもわかっているだろう。栄養状態はどんなだい？

きみを見つめながら《ルッキング・アット・ユー》(7)

ハインリヒ

(1) 書簡83・注2参照。

(2) ローベルト・ピック（一八九八―一九七八）はウィーンの作家。一九三八年合州国へ亡命、クノップ出版で原稿審査員を務める。

(3) 書簡80・注9参照。

(4) 「見捨てられていることと、ひとりでいることとは、別のことである」は、ニーチェ『ツァラトゥストラはこう語った』第三部「帰郷」のなかの言葉。

(5) 住居の一部屋はハンナ・アーレントの事務室として使われていた。

(6) ハンナ・アーレントが折に触れ引用する冗談に、「夕べはひどい目にあわされた」と嘆くユダヤ人看護士がいる。

(7) 映画『カサブランカ』でリックが繰り返し口にする言葉。〔日本では「きみの瞳に乾杯」の訳で知られている。〕

86

バーゼル　四九年一二月一八日

最愛のひと――

ひと言、なにもかも奇蹟のように最高のすばらしさだとお知らせするために。わたしが夢見ていたとおりです。完全に自然で、なんのぎごちなさもない。どんな自己抑制も不要。ヤスパース[1]はじつに若々しくて生気にあふれ、あらゆることに関心を示します。彼女のほうも、じっさいとても感じのいいひとで、やはりとても若々しい。

いまは時間がありません、もうそろそろ下でまたヤスパースが待っています。何時間も何時間もの会話。こんなふうに話に聴き入る人って、ほとんどいない。じつに大きな受容力です。でもあなたが一度も手紙をくれないと、嘆いておいででしたよ。だから、あなたがどんなに仕様もないやつかを説明しておきました。彼はあなたと知り合いたくてたまらないんです。やっぱり手紙を――できれば――書いてくださらないかしら、『真理』[2]について。あの本を読んだ人はあまり多くありません。

彼はハイデガーと交わした手紙[3]を見せてくれました。ヤスパースはこのうえなくみごとな率直さで最初の非難を書いています。ハイデガーは相手に言いたいだけ言わせながらも、ヤスパースがまた手紙をくれたことをものすごく喜んでいる。とても感動的ですが、でもそれだけじゃない、またしても嘘をついてもいます。わたしはヤスパースに、ハイデガーとのあいだのことを率直に打ち明けました[4]。彼の曰く、ほう、じつに興味をそそる話だね。事実を事実として淡々と受け止める彼の反応の仕方は、まったく真似のしようがありません。

[…]

ふうっ！*

あなたの　H.

(1) このときのヤスパース家訪問は、一九三三年の春以来、アーレントの師とのはじめての再会だった。その後も彼女はヨーロッパへ行くごとに彼を訪ねることになる。

(2) Karl Jaspers: *Von der Wahrheit. Philosophische Logik.* Erster Band. München 1947.〔邦訳『真理について』林田新二他訳、『ヤスパース選集』31―35、理想社、一九九七―二〇〇四〕

(3) *Martin Heidegger - Karl Jaspers Briefwechsel 1920-1963.* Herausgegeben von Walter Biemel und Hans Saner. Frankfurt/München 1990.〔邦訳『ハイデッガー＝ヤスパース往復書簡 1920-1963』渡辺二郎訳、名古屋大学出版会、一九九四〕

(4) アーレントはマールブルク大学で勉学中の一九二四／二五年冬学期から一九二五／二六年冬学期のあいだ、マルティン・ハイデガー（一八八九―一九七六）と恋愛関係にあった。

* Uff. 溜息の擬音。

87

ニューヨーク　四九・一二・二〇

最愛なるもじゃ髪のシュヌッパー

ようやくきみの長い手紙が届いて、すでに業務上の手紙から見当はついていたけれど、きみが町から町へと飛び回り汽車に乗って暮らしている様子を伝えてくれた。睡眠を充分にとるようくれぐれも気をつけて。そして最高級の栄養を摂るように。バーゼルではたっぷりと時間がとれればいいね。ヤスパースによって驚異的な元気回復と喜びを得られるんじゃないかと思っているからだ。

帰るにあたっては（それを頻繁に考え楽しみにしているが、きみの消息を始終訊ねてくれるイタリア・レストランで、「仕事は仕事、三ヶ月なんてあっという間さ」〔英〕という言葉に慰められている）、そう、きみが帰るにあたっては、船に乗るべきだ。きみが書いているように、空路はたしかにとても魅力的だ。でもその安全こそ偽りの麗しき感情であって、ぼくの周りではあまりにいろいろ起きている。飛行場に取り残された者の印象はまったく違う。上昇してゆくのを見上げている側からすると、それは壊れやすいブリキ箱の類でしかない。他でもない我がシュヌッパーがそんなものに鰯のように押し込まれているらしい。そしてなによりも、発射されたかのように飛び立つときのそら恐ろしい速度。そのときときみは文字通りぼくから引きさらわれてしまって、ろくに手を振ることもかなわない。二分後にはぼくの視野から消えてきみは空の青みへ、「はるか神の御手のもとへ」行ってしまった。そして、なんだって人間たるものがこんな怖しいまでに急ぐことができるんだ、と憤然と自問する。二通目の長い手紙をやはりヴィースバーデンに送ったが、受け取っていると思う。これを読めば、なぜきみに船に乗ってほしいと思っているかわかるだろう。

［…］

間借り人が入居してきた。赤ん坊はわずかしか泣かない。皆さん感じが好い。けれども、なんとなくぼくたちの住まいじゃなくなってしまったよう。やはりきみが戻ってきて、すべてを元通りに直し、よそ者をみんな追っ払ってほしい。クリスマスの一週間ということでホルティを迎えた。彼は大判の騎士(1)をプレゼントしてくれた。ぼくたちはともあれ大の仲良しとなり、とてもうまくやっている。新しい本当の朋友。きみにどうかどうかよろしくとのことで、彼はきみのことを褒めまくっている。でもそれよりもっと喜んでもらえそうなのは、その他にもユダヤ人の新聞屋にイタリア人の飲み屋の亭主、ドイツ人パン屋、それにフランス人アパート管理人《スーパ》さえ、ほとんどひっきりなしにきみのことを訊ねてくる。そんなふうにぼくはきみの人望に巻き込まれている。

［…］

ぼくはアウグスティヌスの意志論をひっくり返してやろうと試みている。その際に、どんな石も注意深く拾い上げるよう、やたらと注意する必要がある。プラトンやカントにも並ぶ重要な思想家だ。そこにあるさまざまな石は、ひっくり返さなくてはならないにしても、砕いたり撥ねつけたりできるものではない。愛の概念(2)をぼくがどうしたか、また同様にプラトンのエロス概念をどうしたか、きみに見てもらいたいものだ。

骨休みにはいつもヤスパースの『真理について』を読んでいる。ますます気に入ってきた。それと、アルフレッド(3)が貸してくれたメルヴィル(4)の昔のやつも。ケイジン夫妻と会っては、彼らの家ですてきな音楽を聞いている。その他の点も含めて、何もかも順調のよう。彼はきみの本をどうしたら出版できるか、そのことばかりぼくに言ってくる。書き換え《リライト》(5)という悪魔の快楽に彼が陥らなければいいのだが。万が一そんな気になるようなら、本物の文体ならばどれもが有するぎこちない美しさについて、そして宦官たちが意味を剝奪するために文章に与えている見かけの小綺麗さについて、ぼくからいくつか話してやろう。

［…］

ブロッホがよろしくとのことだ。みんながよろしくと言っている。人気があるだけでなく、愛されてもいるシュヌッパーに。

そしてもちろんぼくも、誰にもましてぼくから

ハインリヒ

キャッツキルズ(6)の善き人たちが、ぼくたちふたりがいちばん良く撮れていると思える写真を送ってくれた。木の葉でできたひとつの冠をいっしょに頭に被り、すっかりご機嫌そうに見える。きみとぼくと、こんな新年になるよう祈っている。

ヤスパースご夫妻に心からよろしく。そしてきみもふたりといっしょに生きることを楽しんでくれ。もっと遠くまで届く彼の構想にぼくがどんなに期待を寄せているか、きみの知るとおりだ。

（1）　ホルティの描いた絵のこと。
（2）　書簡63・注3参照。
（3）　アルフレッド・ケイジン（一九一五―一九九八）　アメリカの著述家。夫婦と交友を結んでいた。
（4）　ハーマン・メルヴィル（一八一九―一八九一）　アメリカの作家、『モビー・ディック（白鯨）』。
（5）　一九五〇年七月一一日付ヤスパース宛のアーレントの書簡に書かれているように、ケイジンは彼女の全体主義論〔『全体主義の起原』〕の「英語に関してとても」力を貸した。

（6）　夫妻は一九四九年夏にはじめてキャッツキルズのパレンヴィルに滞在したと思われる。後にはここで頻繁に夏期休暇を彼らは送った。ハインリヒ・ブリュッヒャーは写真を手紙に同封していた。書簡89参照。

88

ニューヨーク　四九・一二・二四

最愛の人

手紙(1)から聞こえるきみの歓呼の叫びのなんとすてきなことか。きみの持続性の結果としてのこの大事件をぼくは徹頭徹尾嬉しく思うし、きみがどう感じて《ハウ・ユー・フィール》いるかありありとわかる気がする。そしてぼくだってそこに同席している。祝日にぼくがどこへ行こうとも（ハナン、ガンパーズ）、ぼくの心はバーゼルにある。生にとって本質的な事柄というのは、なんとすばらしいのだろう。近いうちにきみがローベルト［・ギルベルト］と行動をともにするとは、これでぼくの持続性も保たれる。ローベルトからはだいぶ遅れてミュンヘンから葉書が届いた。そのなかで彼はぼくたちふたりに、つまりきみにもはっきりと、「永遠の愛」を誓っている。

……さらにきみの持続性をきみに保証するために。パン屋、乾物屋、新聞屋のことは報告してあったが、すべてから真心を感じられた。今度は、ヒルデ、ハナン［・クレンボルト］、ユーリエ、ロッテ［・ベラート］(2)、キャロル・ケイジン、アルフレッド、コプレー、ガンパーズ、バロン、ジャネット、ティリヒ、ローズ［・ファイテルソン］、ブッシュ［アネマリー・ブロッホ］、ローゼンバーグ(3)、ホルティ、クリステラー(4)。きみに心からのご挨拶を伝えるように、そしてそのことを決して忘れないように、みんなから言われている。それに、自分たちがそう思っている《ゼイ・ミーン・イット》のを示さざるをえないんだと、わざわざ決まり切った言い回しを持ち出してくるのには驚くばかりだ。すっかり物思いに耽ったキャロルがぼくにぽつりと言った。人生のもっとずっと早いときにきみと知り合っていればよかった、自分にとって都合よいその理由ならいろいろあるけれど、それよりもたんに、もしそうだったらそれだけ長くきみと知り合いでいられたはずだから、と。きみがぼくに手紙を書けるのもごくごく稀なんだとアルフレッドに包み隠さず言ったら、ほっとしていた。彼はきみの手紙が欲しいと叫んでいる。（いい奴だけど女々しくて、キャロルにたしなめられて静まったものの、それでもおどけてではあるけれどぶつくさ言いつづけていた。）ハンス・ヨーナス(5)が電話を掛けてきた。カナダで教授になっている。戻ってくるつもりで、夏まではあちらにとどまるが、その後合州国に逃げ出すという。彼からもきみによろしくとのこと。ジョシュア［・スター］についてのきみの言葉がバロンの気に入ったようだ。(6)その他ジャネットから聞いたところでは、彼は報告書にとても満足しており、いままで見たなかで最良の報告書のひとつと見なしているという。彼は何度も「彼女は《シー・イズ・》いい子だ《ア・グッド・ガール》」と「いい《グッド》」をことさら強調して繰り返していた。

ほうら、よくわかるだろう。そしてぼくの思いはきみも知ってのとおり。これについてはすでにきみに書き送った。ただ次のことだけ付け加えておこう。きみはそちらで過ごしながらも、こうした祝日の祝福を一部であっても授かっていることに、愚かにも気づかないでいる。だってなんと言ったって、きみは本質的なことからしっかり離れないでいるのだから。さらに、多くの人たちにとってきみはまさしく驚異の存在で僥倖となっている、すべてはそのためだ。そんな存在を家にもっているはずなのに、いまは家にいなくて淋しがっている男にとってそうであるのは言うにおよばない。（でもやっぱりかわいい悪魔でもある。）

［…］

ヤスパースのところでも、我が家でのようにちょっとでもくつろげているようでよかった。ぼくもきみたちといっしょに喜んでいる。どうか皆さんにとって良い新年であるよう、それぞれがみずからの持続性を保つよう、お祈りする。

では《ソー・ロング》、愛する人

ハインリヒ

(1) 書簡86を参照。
(2) アルフレッド・コプレー（ペンネームはアルコプレー　一九一〇―一九九二）医師にして画家。ドレスデン生まれ、一九三七年以降ニューヨーク。アーレント-ブリュッヒャー夫妻と交友関係にあった。
(3) ハロルド・ローゼンバーグ（一九〇六―一九七八）アメリカの芸術・文学批評家。
(4) ポール・オスカー・クリステラー　一九〇五年〔ベルリン〕生まれ〔一九九九年ニューヨークで没〕、哲学史研究者でルネサンスを専門とする。一九三九年以降合州国。
(5) ハンス・ヨーナス（一九〇六―一九九三）哲学者・宗教史研究者。一九三三年イギリスに亡命、一九三五年パレスティナに渡り、一九四九年カナダに移って一九五五年からニューヨークのニュー・スクール・フォア・ソーシャル・リサーチ教授。ハンナ・アーレントとは、マールブルクでともに学生だったとき（一九二四年）から親交を結んでいた。
(6) ハンナ・アーレントによる、ユダヤ文化再建機構のための調査結果の報告書。

89

［バーゼル］　四九・一二・二六

最愛のひと――

帰ってきたら、あなたの二通の手紙がここへ届いていました、なんという至福。もちろんわたしは東奔西走中ですが、ほかならぬその渦中でこそ、自分がひとり見捨てられているように感じられて、いやそうじゃない、あなたがそばにいると、どうしても知っている必要があるんです、さもないとにっちもさっちもいかなくなります。写真を送ってくださったのはほんとに卓抜な思いつき、ヤスパースは拡大鏡であなたをよくよく眺めて、そのあとすぐにポケットに仕舞いこんでから言いましたよ、どうしてもあなたを知りたいものだ、それがわかってもらえないかな、と。でもまあ、いずれそうなるでしょう、ヤスパースはこの厄介な病気(1)にもかかわらず九〇歳までだって生きられそうですから。おどろくほど若々しい。わたしたちは毎日何時間も話しこんでいます、すっかり打ち解けて、そしてわたしはまったく腹蔵なく。彼は自伝で若いころのことを書きあげたところですが(3)、それは基本的には農民の物語です。それについては、いずれまたお話ししましょう。あなたと似て、とても可笑しくって奇抜、基本的態度がそうなんです。

ブロッホに、わたしが手紙を書けないと言ってください。このいわゆる休暇週間〔クリスマス〕中ですらしっかり働いて、遅れた仕事を全部仕上げ、必要な手紙を書かなくてはならないんです。今日と明日はバロンへの手紙。要するに、どうも成果があがりすぎてしまったらしくて――自分ではわかりませんけど。ドイツ図書館員協会は会員に呼びかけてくれることになっています、美術館も同じことをやってくれるでしょう。そこまではとてもいい。ところが、ミュンヘンにあるその協会の会長が、さらに政府からも指示を出してもらえるように働きかけたらどうかと言い出したのです。いま、わたしはその準備をしているところ、つまり、ドイツの各州政府による政令をですよ。こんなことまでできそうだなんて、どうも妙な気がしてしようがない。結局のところ、わたしはドイツの法的規制を変えるためにドイツに来たわけじゃありませんからねえ。ところがつぎに来たのは、それこそとびきり注目すべきこと。美術館員の一人が、とても魅力的な美術史家ですが、憤然としてわたしに言うんです。ホイス〔大統領〕のところへ行って、美術品を返還するだけじゃなく、修復もしろと要求すべきですよ、って。これはバロンもかつて考えたことなのですが、アメリカ政府がまったく耳を貸そうとすらしなかったので、わたしたちは断念したのです。どうしたものでしょう。やっぱりホイスのところへ行くかな。わたしはおおかたの人たちといい関係にあるし、彼らは信頼してくれている、それにわたしは彼らの言葉を話しますからね。どうしようもないのは、いわゆるドイツ系ユダヤ人だけです、彼らの共同体はまるで強盗団で、荒廃しきっていて卑俗さとさもしさの極にある。わたしはお手上げになると、アメリカのユダヤ人組織に逃げこむんです。土曜日には、あれこれ相談するためにまた急いでニュルンベルクへ出かけてきました。あそこではわが家でくつろぐような気分になるときがあります。

飛行機のこと、心配しないでくださいな。ベルリンへは飛行機で行くしかないでしょうが、それ以外はどこへでも、汽車の二等寝台でおなじくらい快適に行けます。隣人たちはもちろん大事、ありったけのみなさんに、どうかよろしくね。そして誰にたいしても距離を置けないシュヌッパーに、腹を立てないでくださいね。[…]

アウグスティヌスの愛の概念。ものすごく期待してますよ。わたしもいつかはまたもう一度ちゃんと読めるようにと思っているけど、いまのところはとても無理。

アルフレッドには、もういまから訂正の提案メモを作って原稿[4]に挟みこんでおいてほしいと、頼んでくださいませんか。わたしは帰国しだい、出版社が印刷できるように急いでぜんぶ仕上げなくては。こんどこそこの件にけりをつけてしまいたいのです。

ホルティのこと、ほんとによかったですね。このまえの日曜日、チューリヒでローベルトといっしょでした、エルケ[5]はちょうどドイツへ行っていて留守。最初、彼はとてもよそよそしかったけれど、すぐに打ち解けました。なにやらおかしな事業に巻きこまれて、たえずいくつもの芝居を同時進行で書かされていて、ほんとのところ不幸です。でもきっとまた本格的な仕事ができるようになりますよね。わたしを連れ出してワインとコーヒーをご馳走してくれました。彼のこと、格別に気に入りましたよ、でも気の毒で胸が痛みます。

[…]

これから大急ぎで駅へ行って（ごらんのとおり、いつものアラビアふうの慌ただしさで）、ニューヨークへ電信を打ち、それからわたしを待っているヤスパースのところへ行かなくてはなりません、彼に過重な負担をかけて疲れさせてしまわないかと、いつも心配です。ところで、言い忘れていましたが、このあいだハイデガーのことが話題になり、わたしがほんとうのことを打ち明けたとき、彼が不意に言ったのです。かわいそうなハイデガー、彼の最良の友であるわれわれ両人がいまここに座って、彼を見透かしている、と。あなたに小さな写真を一枚送りますね、わたしの見たどの写真よりも断然よく撮れています。キャッツキルズ［の写真］をもう一枚、わたしたちのために貰ってくださいませんか、**お願いです！**

最愛のひと！

あなたの――

（1）　書簡87・注6参照。
（2）　ヤスパースは手術のできない慢性の気管支拡張症を患っていた。
（3）　Karl Jaspers: *Schicksal und Wille. Autobiographische Schriften.* München 1967.〔邦訳『運命と意志――自伝的文集』林田新二訳、以文社、一九七二〕
（4）　『全体主義の起原』の原稿。
（5）　エリーザベト（エルケ）・ギルベルト（一九〇〇―一九八七）イギリス文学（とくにヴァージニア・ウルフ）の翻訳家、ローベルト・ギルベルトの妻。

90

［バーゼル］四九・一二・二八

シュトゥプス――

あなたが必死の判読実習をしないですむように、急いでタイプライターで打ち直しているところです。以下はたったいまヤスパースがあなた宛にと言って渡してくださった手紙です。「このような呼びかけをお許しください。* なぜならあなたは、私どもの親愛な訪問者の目に見えない同伴者として、確かにここにいらっしゃるからです。あなたのハンナは信じられないほどの元気さです。こちらでの仕事ではどこの扉も彼女に開かれて、この成功を彼女自身さえいささか気味わるく感じているほどです。いま彼女はそのことだけでなく、いろいろと話してくれています、悪しき年月のこと、数々の恐怖とおどろくべき僥倖のこと、そしてどうやってあなたがたがおふたりですべてを乗り越え、自由な精神の国にしっかりと腰を据えて、現在を十全に生き、未来のためにともに考えつつ活動しておられるかを。妻も私もたいへん喜んでおります。ハンナのように、内にひそむ不屈さと信頼のみならず、創造的活動の熱気をもこれほど感じさせるひとを見ていると、こちらまで元気が出てきます。このような現実こそ、今日、本来あるべき現実なのです。

いつかお目にかかって話ができたら、どんなにいいでしよう。このつぎのヨーロッパ旅行には、ごいっしょにいらっしゃるでしょうね。私はハンナの鏡に映ったあなたしかいまは存じあげなくて、これでは直接のコミュニケーションはむずかしいのですが、間接的にはかえってたっぷりとできます。あなたはドイツ人としても私に語りかけてくる。ドイツ人は稀にしかいない、ドイツ人を探し求めています、一人でも会えたらうれしいのです。

妻ともども、心からのご挨拶を送ります。新しい年へのよき願いとともに！」(1)

あなたの二四日付のお手紙はもう着いてますよ。［…］いくつかお願いしたいこと。やっぱりヤスパースのところへも、わたしたちがショッケン出版のために選んだ寓話を送るように手配してくださいませんか。わたしたちはカフカについて語りあいました、そこでヤスパースのすばらしい蔵書の棚に、カフカができるかぎり全部揃うようにしたいのです。もう一つ。ドイツ語の論集(2)を六ないし八冊、ヴィースバーデンへ送っていただけます？　あれを差し上げたいひとが何人かいますので。ひょっとすると、いきなり一〇冊送ってもらったほうがいいかな。仕事部屋にあります、すぐ右手に、ドイツから届いたときの包装のままで。

シュテルンベルガー(3)がベルマン(4)と衝突してしまいました、ブロッホにそう言ってください。でもブロッホの論文(5)はちゃんと掲載されるはず、わたしのブレヒト論(6)と同様に。この巻が採算とれるかどうかは、また別の問題です。アルフレッドとキャロル［・ケイジン］に心からよろしくと伝えてくださいね、ふたりが気を悪くしないように。そして言ってやってくださいな、腹を立てるなんて無意味、どうせまたわたしと仲直りせざるをえないんだから、と。わたしが一旦ほんとうの仲良しになったら、ご存知のように、そのことはもう金輪際変えられません。でも不平不満はぶつけてくれていいんです。エリオット［・コーエン］によろしく、でもあなたが言いたくなければご随意に。手紙を書くべきところなのですが、書けなくて。ただ彼に知ってほしいのです――〈ドイツはいまなお存在するのか〉〔英〕という彼の問いが、ずっとわたしの旅に付き添っていることを。そのうちにいつか、明確な答えを出せるでしょう(7)。ハロルド［・ローゼンバーグ］にお会いになることはあります？　ホルティと騎手(8)のこと、ものすごくうれしくなりました。なんともすばらしい絵。ハイデンライヒのこともちょっと考えてあげてくださいね(9)。ヤスパースは、生命保険をかけておけと力をこめてわたしを説き伏せようとしました。もちろん彼の言うことは完全に正しいのですが。

いま正午の鐘が鳴ったところ。午後はびっしり仕事がつまっています。バーゼルは都市として魅力的。ここにいると安堵と驚嘆とともにドイツのことを思い返さずにはいられません。壊れて駄目になったものは何ひとつないのです。

あなたの

＊ ヤスパースはブリュッヒャーにまだ会ったことがないのに、手紙の書き出しに Sehr geehrter Herr Blücher のような礼儀正しい形式をとらないで、親しみをこめて Lieber Herr Blücher と呼びかけたことを詫びているのである。

（1） *Hannah Arendt – Karl Jaspers Briefwechsel. 1929–1969.* Hrsg. von Lotte Köhler und Hans Saner. München/Zürich 1985, S. 179f.〔前掲邦訳『アーレント＝ヤスパース往復書簡1』、一六五頁〕アーレントのこの手紙では "Lieber Herr Blücher" という呼びかけは省かれている。

（2） Hannah Arendt: "Sechs Essays". In: *Schriften der Wandlung* 3. Heidelberg 1948.

（3） ドルフ・シュテルンベルガー（一九〇七―一九八九） 政治評論家・ジャーナリスト。一九三四―四三年には『フランクフルト新聞』編集者、一九四五年からは『ヴァンドルング』発行者、一九六〇年以降はハイデルベルク大学政治学教授。アーレントともヤスパースとも親しかった。

（4） ゴットフリート・ベルマン＝フィッシャー。出版人、『ノイエ・ルントシャウ』の発行人。

（5） Hermann Broch: "Trotzdem: Humane Politik." In: *Die Neue Rundschau,* Jahrgang 1950, Erstes Heft, S. 1–31.

（6） Hannah Arendt: "Der Dichter Bertolt Brecht." In: *Die Neue Rundschau,* Jahrgang 1950, Erstes Heft, S. 51–67.

（7） その答えとなった論文が、Hannah Arendt: "The Aftermath of Nazi-Rule: Report from Germany." In: *Commentary* 10（1950）, S. 342–353 である。ドイツ語では、"Ein Besuch in Deutschland, 1950: Die Nachwirkungen der Nazi-Herrschaft." In: *Befreiung: Zeitschrift für Politik und Wissenschaft*（1982）, Nr. 26, S. 17–36.〔邦訳「ナチ支配の余波――ドイツからの報告」山田正行訳、『アーレント政治思想集成2　理解と政治』、みすず書房、二〇〇二所収、四七―七四頁〕

（8） 書簡87・注1を見よ。

（9） カール・ハイデンライヒのためになにか支援の道を見つけられないかと、匂わせている。

91

〔ロンドン〕　一九五〇年一月三日

最愛のひと――

取り急ぎ、生きているしるしにほんの一筆。無事にロンドンに到着しましたが、そもそもここにいるということに、まだいささか息を呑む思いです。昨日の午後と晩はエヴァ［・ベーアヴァルト］といっしょ、今日はまだ比較的しずかに過ごしています。経験からすると、最初の日がいつもいちばん平穏ですね。昨日すでにロンドンを少し歩きまわってみました。今日もこれから急いで、できるだけたくさん見てまわるつもり――なにしろ明日からは、あれこれ仕事がありますから。この都は怪物めいた巨大さで醜いですよ。でも活気があります、ヨーロッパを経験したあとでは、その点がとても目に付きます。みんなせっせと働いている、けれどもドイツでのように、絶対的無感覚に陥っているような、酩酊状態《イントキシケーション》のような、働き方ではない。すべてがとても落ち着いていて、静かで、親しみを感じさせます。アメリカ的なものというのは、とても多くがたんにアングロサクソン的なのですね。たとえば警官もアメリカのと同じ態度――ほんとうに公衆を守るためという姿勢です。

ヤスパースのところでは最後の最後まで親しさが増す一方で、ほとんど無遠慮と言えるくらいになりました。おふたりは感動的なほど、わたしを甘やかしてくださった。奥さまについての話は帰ってからにしましょう。おふたりの関係はそれこそ感動的で、ほんものです。彼女には軽い心臓病があります、そう悪いとは見えませんが、お歳がもう七〇を越えておいでですからね。彼はたえず心配して、ポインター犬みたいに見張っているけれど、それでいて彼女に干渉しないように努めています。わたしは彼がひとりでいられる時間をなるべくたくさん、毎日、数時間はとれるように気をつけました。彼はとても孤独です、それもひとえに、自分が信用しないもの一切を容赦のない厳しさで自分から遠ざけておくからです。そして当然ながら、彼はごく僅かなものしか信用しない。いたるところに「魔術」を見てとり、まさしく「魔術を彼の道から遠ざけて」(1)おこうとする。どっちみち妖術を習得するなんて、彼にはできっこないですもの。まったく「非現代的」(現代的というのは悪い意味で)なお人です、カントからじかに生み出されて、ほかのすべてを跳び越えてしまったような。

あなたのことは話せるかぎり彼に話しましたよ。あなたへの彼の手紙はうっとりするほどすばらしくて、それに完全に自発的です、書きたい気持がそれほど強かったからです。ほんの数行でも『真理』(2)について彼へ書いてくださるといいのだけれど。あれを読んだ人はほとんどいないのです。ドイツではまたもやどこもかしこもハイデガーの氾濫。『森の道』(3)を送るか、持って帰るかしましょう。[ハイデガーに]会うかどうか、まだわかりません、すべて偶然に任せます。ヤスパースへの彼の手紙を読ませてもらいましたが、なにもかも以前とおなじで、純粋さと嘘言癖――卑怯さと言ったほうがいいかしら――の混合、その両方が同じように本源的なのです。わたしはヤスパースのところにいるうちに、ハイデガーに会いたい気持が少し薄れてきました。やっぱりまた同じです、関係がはじまったときのあの法則のとおりなのです。

大事なのはもちろん、ヤスパースが大体においてわたしに満足しておいでだということ。あとは、わたしたちが生命保険をかければ、彼は完全に納得するでしょうね。

ヒルデから圧倒されるほどすばらしい手紙をもらいました。ね、おわかりでしょ、ニューヨークの雑踏を離れても、これはしっかり持ちこたえている。そういうものは、ほかにはごく僅かですけれど。でも帰るときのことを思うとうれしくなります。わが家だけでなく、アメリカまで恋しくてたまらないのです。

日曜日までここにいて、それからパリへ行きます。

あなたの――

（1）ゲーテの『ファウスト』より。「魔術をわたしの道から遠ざけておけたら、／呪文をすっかり忘れることができたら、／……」第五部一一四〇四行以下。
（2）書簡86・注2参照。
（3）Martin Heidegger: *Holzwege*. Frankfurt 1950.〔邦訳『杣径』茅野良男他訳、『ハイデガー全集』5、創文社、一九八八〕

92

［パリ］五〇・一一・一一

最愛のひと――

バーゼル以来、音沙汰なし、ロンドンでも、パリでも今日まで、まるっきりなし。明日ジョイント(1)へ行ってみて、もし手紙が来ていなかったら、また電報を打つしかなくなりそう。こんなでは不安になります、あなたにはきっとおわかりにならないでしょうけど。こんなふうに世界をうろつくなんていやです――背中に確かな掩護があれば、それこそ喜び勇んでうろつきますが――、あなたが手紙をくださらなければ、とてもできません。週に一度でいい、でも、かならず来るのでなくては。

ロンドンについての報告を、まだ事務所に、つまりバロンにしていません。おかしなことに、向こうからもわたしへの郵便がひとつも来なくて、おかげで仕事にいささか支障がおきています、つまり必要な書信交換を進められないのです、そうでなくともこの手の手紙を書くのはひどく苦手なのに。長い話をかいつまんで言うと、わたしは現在さるイギリス信託基金のことで交渉中のため(2)、イギリス占領地区には二月一五日以後にならないと行けない。となればどう見ても、予定より二週間ほど長くここにいるしかない。それ以上長くなることはまずなく、むしろ短くなるでしょう。土曜日か日曜日にバロンに改めて正式に報告するつもりですが、そのためにはまず、すべての件をこちらで片付けておきたい。そのうえで、三月半ばには帰途につくという提案をしたいと思っています。

　ロンドンの印象はただもう圧倒的でした――なんといってもかつては世界の心臓部だったのですものね。ヒルデへの手紙に、印象を見出し語みたいにして書き並べましたが、もう憶えていないし、それを繰り返したくもない。彼女への手紙を読んでください。ここではたくさんの人に会います、アンヒエン［・ヴェイユ］とは毎晩、会うごとにいい感じになり親密さが強まります。コーン＝ベンディット[3]――魅力的、でもすっかり衰えてしまっています、昔の魅力《シャルム》も明敏さも。あの奥さんがいなかったら、とっくに駄目になっていたでしょう。転写器を商っていますが、それについて何も理解はしていない。今日は、ニーナ・グルファンケル[4]と会いました、まったく変わっていません、フランスではすべてそうです。（イギリスはまるっきりちがう、じつに生きいきとして、貧しいけれど自足していて、恨みつらみはいっさい言わず、とてもユーモアにあふれ、ほんとうに朗らか《チアフル》。）フランス人はマーシャル・プラン[5]があるからといって、生産に励みはしない、つまりそれを言い訳に使っている。鉄鋼生産は無きにひとしいほどです。マーシャル・プランの金は私腹を肥やすだけ。腐敗は途方もなくひろがっています。だらしない仕事ぶりも同様で、一つのことがどこで始まりどこで終わるのか、だれにもわかりません。たとえばわたしのフランス・ヴィザ。彼らはニューヨークへ三度も（自称です）電報を打った、それもわたしがもうこちらにいたのに。そしてこんどはアンヒエンに、三回か四回分の電報料を請求してきたんです。彼女はこの件につき、政府筋の友人をつうじて正規の問い合わせをしようとしてます。まったくおかしな話ですよ。

　マルロー[6]を二九日に発送しました、でも第二巻だけです、第一巻は目下のところ売り切れで、探してもらうしかありません。何日か何週間かののちには、お届けします。両巻とも支払済みですので、着いたらお知らせくださいね。そのほか雑誌もまた送ります、〈運を天に任せて〉〔仏〕。どれもじつにおもしろいですよ、ちょっとのぞいてみてください。

　金曜日と土曜日には、わたしたちの本[7]がどうなったか、楽しみに見にゆくつもり。

　キャロル［・ケイジン］からすてきな手紙をもらいました。どうかご両人に言ってくださいね、〈わたしはおふたりが大好き、でも手紙を書こうにもいつ書ける？〉〔英〕いつもあちこち移動中ですからね。いくらロンドンに、パンテオンの帯状装飾《フリーズ》やギリシャの壺（世界でいちばん美しいもの）があるからといって、わたしがそれで手紙を書けるなんて思わないでしょ、と。[…] ロンドンではエヴァ[・ベーアヴァルト]とオールド・ヴィック劇場へ行きました。まったくみごとで、じつに洗練され、じつに皮肉が効いている。あなたにヴァージニア・ウルフ(8)の小説も一つ送りますね、『オーランドー』を。わたしにはとびきりイギリス的な作品に思えました。〔読むのならいつも汽車でできます、でもそれなら書くこともできる、というわけにはいきません。〕新聞も読まなくちゃならない。〈それにたまには、静かに座っていたい〉〔英〕。

　ほんとうはヤスパースのことをまた書くべきところですが、今日は無理です。〔アンヒェンがクラマール(9)へわたしを連れてゆくために、すぐにもここに現われるはず。〕明日はいっしょに劇場へカミュの『正義の人びと』(10)を観に行きます。これも見逃せませんよ。そのあとはもちろんパリ、いまでは突然また、ずっとまえから勝手知ったるところという感じです。

　[…]

　シュトゥプス、罪つくりなひと、手紙を書いてくださいよ。そしてニューヨークと友人のみなさんによろしく。

[…]

あなたの

(1) American Joint Distribution Committee.〔アメリカ共同分配委員会〕アメリカ＝ユダヤ系援助組織で、おもにヨーロッパで活動していた。

(2) おそらく「ユダヤ文化再建」のための交渉だろう。

(3) エーリヒ・コーン＝ベンディット　弁護士、アーレント夫妻とはパリ時代からの友人。〔のちに息子のダニエル・コーン＝バンディが、一九六八年パリの学生反乱の指導者として名を馳せた。〕

(4) ニーナ・グルファンケル　生まれはロシア人、著作家。ユダヤ支援組織で活動、アーレントの友人。

(5) マーシャル・プラン（一九四八―五一）はヨーロッパ諸国の経済復興のためにアメリカがおこなった援助計画。

(6) アンドレ・マルロー（一九〇一―一九七六）フランスの作家で政治家。ここで言っているのはおそらく彼の著作、*La Psychologie de l'Art, I: Le Musée Imaginaire*, Paris 1947, および、*La Psychologie de l'Art, II: La Création artistique*, Paris 1946 のことだろう。

(7) 夫妻はパリ脱出のさい、蔵書をあとに残していくしかなかった。

(8) ヴァージニア・ウルフ（一八八二―一九四一）イギリスの作家。彼女の小説『オーランドー』は一九二九年刊。

(9) アンヌ・ヴェイユの住むパリ市の南の地区。

(10) 戯曲『正義の人びと』は一九五〇年にパリで初演された。

93

[ニューヨーク]　五〇・一・一七

最愛の人

なんだってきみはそんなに心配ばかりしてるんだ？　ヒルデがきみにたびたび手紙を書いて、ぼくなら大丈夫《オール・ライト》だといつもちゃんと確認しているだろう。ぼくたちはそのように申し合わせ、彼女とはごく頻繁に会っている。いささか長く黙っていた理由は多数ある。第一に、新年には覚束ない足取りながらこの半世紀の釈明書に何日間にもわたって没頭して、とうとうきみに向けた草稿を作成したものの、あまりにも曖昧なので破棄してしまった。第二に、そのつどの滞在地についてのきみの申し立ては混乱している。それに事務所への電話も、事務所からのぼくへの電話も、事態をよりいっそう紛糾させるばかりだった。ともあれ一月半ばにはヴィースバーデンにきみはいるだろうと言い聞かせ、ぼくたちは元気を出してきた。第三に、ヒルデが自分についてはまだ報告しないでくれと繰り返し頼んできたこともある。ぼくたちはまずは経過を見ることにして、きみに不必要な不安を与えないようにしなければいけないからだ。彼女はきみに知らせられるのをどうしても嫌がっていた。それでも、彼女は今日からふたたび事務所[1]に出ているので、こうして知らせることにする。だからきみにも彼女に気づかれないようにしてもらいたい。実は気がかりな一連の容態の悪化が彼女に起きている。これについてティリヒともぼくは相談した。［…］とりあえずいまはまたなんとかなっている様子だ。彼女はぼくにディナーをご馳走してくれるといつも言っているけれど、彼女と会うのはたいてい午後になる。それでも二回とても得意げに料理をしてくれた。大晦日の晩は彼女のところで過ごした。でも八時には床に就こうとしていた。

そこで夜が深まってからは、ブロッホとブッシュがカーネギーホール[2]に借りた新しい部屋で彼らと時間を過ごした。穏やかな夜で、ぼくたちはきみについて話した。帰宅してからは、半世紀の決算書に何日も何夜もかかりきりだった。

［…］

間借り人たちは感じがよく、問題ない。［…］ところで寒さのほうはどんなだろうか。暖かい部屋にいるのだろうか、またお尻はどうしたろう。こちらは石油ストーヴが据えつけられたので、いまは温かくて心地よい。けれど一昨日は、きみのシュトゥプスがきれいに焼かれてしまうところだった。夜中の三時頃、下の階の台所から火が出たんだ。幸いなことにぼくはまだ仕事をしていて、何人かの隣人と同時に焦げ臭いのに気づいた。管理人はいなかったが、その娘の亭主と一七歳の少年とチャールズが真の英雄の姿を見せてくれた。ぼくが火元をつきとめたときには我が家ではどの部屋も煙がすっかりたちこめていた。消防署に電話をして、脅えた両親ともども赤ん坊を下まで運んだところ、早くも二人の若者が六階の燃えさかる台所に突入し、放水でもって火を制圧しようとしていた。消防隊は電話をしてきっかり五分後にここに着いたが、若者たちはもうほとんど火を消し止めてしまっていた。炎がガス管に到る直前だった。台所は全焼。ぼくらの住まいに被害はなかった。

　気の早いローベルトがみごとで感動的な誕生祝いの手紙を送ってくれたよ。きみとそちらで会えたと喜んでいた。きみのことを熱烈な調子で書いている。

［…］

ヤスパースの手紙(3)はじつにすばらしかった。これについては次の手紙で。ヒルデはフック(4)のばかげた批判をきみのところに送っただろうか。でも彼にしても、何ひとつ理解していないくせに、それでも評価せざるをえないでいる。ヤスパースを相手にしたら彼らは形勢不利だ。ぼくは『真理について』のメモを取っているので、この本について暫定的なことなら彼に何か言うことができるかもしれない。これはすばらしい本だ。

　愛しのシュヌッパー、どうか怒らないでくれ。きみのように多くの人びとから愛されたいと思ってはいないものの、きみからはとても愛してもらいたい。あちこち旅して回ることをきみはどうやら少しばかり楽しめているようだし、たくさんの友人たちと会えてよかった。そしてバーゼル、きっとこよなくすてきだったのだろう。

きみの
ハインリヒ

(1)　ユニオン神学校（Union Theological Seminary）の事務員を務めていた。
(2)　コンサート・ホールが入っている建物。
(3)　書簡90参照。
(4)　シドニー・フック（一九〇二—一九八九）はアメリカの哲学者。カール・ヤスパース『哲学的信仰（*Der philosophische Glaube*）』（ミュンヘン、一九四八年）の英訳である『哲学の永続的視野（*The perennial Scope of Philosophy*）』（ニューヨーク、一九四九年）についての批判を公表していた。

94

［ニューヨーク］　一九五〇・一・二六

最愛の人
この手紙は前便に間を置かずつづくはずだった。ところがニューヨークでは忌まわしい腸インフルエンザが流行し、感染できる腸はないかとうかがっていた。奴らは当然ぼくの腹のなかで一週間心地よく過ごしてから、膝と腕をいささか衰弱させてぼくを置き去りにしていった。きみの住所がころころと変わるという厄介にはそろそろうんざりしている。ヒルデ宛の手紙から察するに、彼女がパリ宛で出した、ぼくが手紙を書かないことも説明していた二通を少なくともきみは受け取っていないようだ。ぼくのこの前の手紙はヴィースバーデンの博物館宛に送ってある。けれども、ヒルデに宛てたきみの手紙では、いまは別の住所になっている。残念ながらヒルデはただしく解読できないでいる。〈ミリタリークラブ〉でいいのだろうか。ぼくはまだ外出できなかったが、明日あたり暗号解読を試みてみるつもりだ。だからこの手紙はシュテルンベルガーの住所に送るので、そちらで三〇日にはきみの手に届くと思う。

[…]

そうそう、ブロッホだ。彼は『アウフバウ』誌のウーゼ[1]に宛てて長い手紙を書き、すごいことを書いてみせたとか、まあ兄弟分のようなもんさとか、なにやら威張ってみせていた。ぼくに判断を求めたので、ここはひとつ言ってやろうじゃないかと腹をくくって、奴に地獄の思いをさせたよ。まずは、すべて誤解を招く不明瞭さで、全体主義がなんであるのか彼にはわかっていない、とはっきりさせた。そして、国際連合についての彼のけっこうなでっち上げなどどれも非政治的な屑だと容赦なく特徴づけた。それから、自分自身の領域でなんら政治的な足場をつくらないのは、彼の非政治的思考の証左だ、と言った。全体主義の平和のラッパ吹きどもに彼から手紙を出すなら、あいつらが殺戮した作家たちの代役として彼が雑誌の頁の穴埋めをするだろうなどと、あいつらは本気で考えているのかどうか、これを問う以外にない、そう言ってぼくは彼にクナッパーツブッシュ[2]の例を出した。ブルーノ・ヴァルターの演奏会の代役を引き受けず、クソ食らえとばかりに最高当局にたてついてみせたのだ。要するに一時間以上に及ぶぶっ殺し合いになった。ブッシュは大喜びだ。すべての点でブロッホは折れ、ぼくのおかげであますところなく見事に明瞭になった、ぼくの言っていることはとにかく本当だ、と認めた。それでも彼が何にでも首を突っ込むのは、物事を成り行きに任せるのに耐えられないからにすぎない、という。煙草を一ポンドもらったが、ぼくに対しておそろしく親切だった。彼はあれから二週間、ウーゼ宛の手紙をぐずぐずと滞らせ、おそろしいほどに気の毒だ。愛する人よ、まあともかく、いつかはこうならざるをえなかったのだ。ぼくにとって慰めなのは、きみがこうせずに済んだことだけだ。もうぼくはさんざん苦しんだが、苦しみながらも彼のことをどんなに好きであるかわかった。もちろんぼくはずいぶん気を配ったし、知識人の怖しい状況のことや、本来の彼の政治的意志がどんなにすばらしいか、彼に示した。他にもあれこれと。いまぼくの望むのは、彼が自分を見いだすことだ。今週もういちど彼には会うはずだ。みんなと同様二人からもよろしくとのことだ。そしてきみができるだけ早く戻ってくるのをみんな望んでいる。涙ぐましいほどに。そしてぼくもみんなとまったく同意見だ。

　次の手紙は、ヤスパース宅できみに渡るよう送ってみる。そして今日はできなかったが、彼ときみとについてももっと語ろう。

　きみがいなくて、日々が不思議に空っぽだ。

ハインリヒ

（1）　ボード・ウーゼ（一九〇四―一九六三）　作家・ジャーナリスト。〔プロイセンの将校家庭に生まれる。軍国主義・民族主義的政治活動に携わり、ナチに入党するも三〇年に離脱、〕三三年にパリへ亡命、スペイン、アメリカ合州国を経てメキシコに渡る。四八年に東ベルリンに帰還、〔ドイツ社会主義統一党に参画、〕四九年から五八年に雑誌『アウフバウ』編集長。〔これは、一九四五年から五八年に、当初はソ連占領地域、後に東ドイツで刊行された雑誌。アメリカでドイツ系ユダヤ人が刊行した同名紙とは別。〕

（2）　ハンス・クナッパーツブッシュ（一八八八―一九六五）　とりわけヴァーグナー指揮者として知られる。一九二二年から三八年、および一九五四年から五八年にミュンヘン、一九三八年から四五年にウィーンで指揮をする。

95

［ニューヨーク］　五〇・一・二九

最愛の妻

　今日は可能なかぎりありとあらゆることをきみに書きつらねることで、ロマンチックで感傷的な気分にひたすら浸り、きみとともに誕生日(1)を祝うことに一日の大部分を充てるつもりでいた。とりわけヤスパースについて、そればかりか彼の本(2)についても書き、そのすべてをバーゼルのきみのところに送っておけば、我が家でくつろいでいるきみと会えることだろう、なんて——なぜならそこは、故郷喪失者の家で、故郷喪失者にとっては友だちのいるところならどこだって家なのだから。

　それなのにこれに代わってきみが受け取らなくてはならないのは、それをかなえたいという気持だけになる。少なくとも差し当たっては——とにかく具合が悪く、からだも頭もふらふらだからだ。この前きみに書いたときは腸インフルエンザが治ったところだということにしてあったが、手紙を郵便局に出しに行ったときにはもうはるかにつらい痛みに襲われた。そして晩には、腎臓結石の疝痛だとわかった。この痛みには覚えがあり、間違いようがない。そんなだったが、二日間またもや地獄の思いをさせられた後で、昨日ようやく結石が外に出た。ただ今回は、痛みというものを不倶戴天の敵としてひたすら熱狂的に駆逐するタネンバウム[3]が事態をとてつもなく軽減してくれた。[…]

たくさんの本と絵葉書がきみから届いた。今日はそれらをぼくの周りにぐるりと並べて、パイプの味が戻ってきたので煙をくゆらせ、安楽椅子に座ってきみにぼくの思いを送る。マルローの第二巻[4]が手元にあるが、ぼくのいまの状態ではぱらぱらと頁をめくるだけしかできないものの、それでもたいしたものだ。ヤスパースの多数の小論[5]。ニーチェとキリスト教についての講演[6]は病気のあいだになんとか読むことができた。ギリシャの光はきっとこんなだったろうと思わせるほどに、晴れやかで温かい。ある思想家の愛用句がすべてを語っているとおりだ。ユンガー*のなかに「気高くも無慈悲な享楽」と繰り返し出てくることをきみに指摘したのを覚えているだろうか。晴れやかにするという言葉がヤスパースの舌から滑り出てくるたびに、なんだか嬉しくなって微笑んでしまう。『論理学』[7]のような彼の包括的な作品に入り込むほどに、古めかしいロマンチックな表現で申し訳ないが、「敬愛する方」の成し遂げたことがそれだけはっきりと見えてくる。この人は、密かに深みを流れる啓蒙の底流、すなわちカントとレッシングにおいて迸り出た本来の要素、汎神論や度し難いキリスト教の末裔の妖術から浄められた本来の自由の要素、これを清らかなままに保ち、そしてこの底流を白日のもとに引き上げてみせたのだ。このように啓蒙は、ものごとを明らかにする働きへと、人間となりつつある人間が自己と結ぶ合意の過程となり、理性的自己意識のもつ機能性を稼働させ、存在についての知識ではなく存在のなかでの生き生きとした方向づけを可能にし、カントの意志を忠実に管理しつつ、信仰の場所が実際に作られる、つまり、信仰に対して創造を通じて創造主に到る無限の道が示されるのだが、そこでは人間は実存に基づき、ほとんどプラトンのエロスの意味で再把握された理性の力によって、「一切を包み込む」さまざまなあり方を徹底させつつ超越し、いわば存在を貫いて振れ動くのだ。西洋思想の本質が、プラトンに発してアウグスティヌス、クザーヌス、カントを経由して、ニーチェの爆発へ、というようにぐるりと弧を描いていたかのようだとすると、この作品は突如としてふたたびプラトン思想の根本本質と極端にまで近づいている。それはほとんど、西洋思想はここまでやってのけた、と言うべきほどだ。この作品にはヘーゲルとの奇妙な親近性があるが、それはまったく見かけだけだ。ここではもちろん西洋思想の成果が、ヤスパースの体現する真理へと到る道の里程標として利用されていないし、またカントが行なったような、西洋思想に新しい光を当てることも、ニーチェがしたような西洋思想への憤怒もない。これらの要因をあらたに動員し、理性的自己意識が機能化（それは「体系性」以上のものだからだ）するよう展開している。そこで、いみじくも彼が言うように、これは伝統のなかにすっぽり収まりはするが、それでも形式を重んじて『論理学』という書名にするのではなく、伝統がつづくことに手を差し伸べつつ、本文中で言及されている名称「理性的自己意識の体系性」を公然と書名としておいたほうが適切だったろう。一切を包み込むもののさまざまなあり方をなぞって描いている点には、言っておきたいことが多々ないわけじゃない。今日のところは、彼がここでも隠れた最深の伝統から出ていることを指摘するにとどめるつもりだ。彼が見ているさまざまな交差は、ゲーテの言葉のなかに予感されている。自然には、精神にあるすべてが、そしてそれを超えるものがある。精神には、自然にあるすべてが、そしてそれを超えるものがある、と。それ以外にも、『賢者ナータン』の解釈にきみは心から喜ぶだろう。これはレッシングの本来の内容をようやく真に発見したものだ。

もうこれ以上は書けない。ほんとうに無理は禁物なんだ。ヤスパースの手紙[8]はすばらしかった。未知の人物の部屋に突如としてごくごく自然にそっと入ってきたかのようだ。彼の「コミュニケーション」の象徴的行為のように。ぼくがきみたちのいるバーゼルで同席しているみたいに彼に思ってもらえて嬉しい。彼がこの間の歳月ずっとぼくたちのところにいつも同席していて、あらゆることの判断に際していっしょに問い、そして道徳的な事柄ではしばしばことの成り行きについての規範であったこと、彼がそれを判ってくれるなら。ぼくには彼にすべてを書くことなどとてもできない。男同士面と向かいあってならぼくだって直截かつ捕らわれなく意見を述べられるのに、まさにそのためなのかもしれないが、文章ではいつも遠回しになってしまうのは、きみの知るとおりだ。だからこの点については彼に、きみの好きなように言ってくれ。とりわけぼくからの感謝を伝えてもらいたい。

最愛の人、ぼくの心配をする必要はない。ほんとうに山は越しており、いまは少しばかり休養をとりさえすればいい。そちらでヤスパースと楽しくやってほしい。ぼくもこちらできみたちといっしょに楽しむことにする。奥様にもどうかよろしく。そして皆さんに、やさしく見ていただけるようお願いする。

これからもう少しばかり寝るつもりだ。ブロッホに会うことになっていて、その後ふたたび床に着くことになる。そしてその合間に、この断食療法の後のとてつもないご馳走が食される。

誕生日に際して、自分が生まれたことに本心ではすっかり満足している。そうでなかったらどうやってきみと出会えたというのだろう。

ハインリヒ

〔…〕

(1) ハインリヒ・ブリュッヒャーは一八九九年一月二九日生まれ。
(2) 書簡86・注2を参照〔『真理について――哲学的論理学』第一巻〕。
(3) ヘルマン・タネンバウム博士は長年、夫妻の主治医だった。
(4) 書簡92・注6参照。
(5) どの著作を個別にハインリヒ・ブリュッヒャーが入手していたかはもはや確認できない。
(6) Karl Jaspers: *Nietzsche und das Christentum.* München 1946.〔邦訳『ニーチェとキリスト教』橋本文夫訳、『ヤスパース選集』11、理想社、一九六五〕
* エルンスト・ユンガーと思われるが、出典は不明。
(7) 注2参照。
(8) 書簡90参照。

96

ハイデルベルク　五〇・一・三〇

ハインリヒ

あなたの手紙[1]、あれじゃわたしの気持はたいして治まりません。ほんとにもう憶えていらっしゃらないの、わたしたち、約束を交わしたじゃないですか、あなたが週に一回はかならず手紙を書くって。宛先がどうのこうのなんて言い逃れは、ばかげています。どうしてヒルデの手紙はどこにでもちゃんと着くのに、あなたのは一度もどこにも着かないんです？　ヤスパースへの返事をほんの数行ですら書いてくださらない！　わたしの手紙に一度も答えないし、受けとったとの返事もない！　カフカをヤスパースへ送ってくださいました？[2]　わたしのエッセイ[3]をヴィースバーデンへ送るのは？　銀行保証の小切手をバーゼルへ送ってくださいました？　質問はこんなにごまんとあるのに、回答はなし。マルロー[4]は着きました？

心がずっしり沈みます。人間のいちばん初歩的な責任と義務の感覚をこんなにも完全に欠いているなんて、わたしには理解できません。あなたがこんなに想像力に乏しくて、わたしがどんな気持でいるかをまるっきり想像できないなんて、理解できません——わが家との連絡、信頼しているものとの連絡がちっともつかないまま、わたしは車から外れた車輪みたいにあてどなく世界を転がって回っているというのに。あなたにこういうことすべてを、お望みなら憤激と言ってもいい痛切な思いで書いています、わたしには当然と思えるとおりの、そして一目瞭然でなくてはならない辛辣さで。

おまけにパリでは、この呪わしい呑気な鷹揚さを骨の髄まで思い知らされるとどういうことになるのか、このうえなくみごとに立証されました。ほんとうになにもする気にならなくなったのです、愉しみに加わることも、先行きを見通すことも、仕事をつづけることも。あなたにとってわたしとの関係が定期的に便りをする努力にすら値しないのだとしたら、わたしはなんと言ったらいいのか、ひょっとしたらどうすべきなのでしょう。そういう問題すべてについて、わたしの考えをあなたにたびたび言いました、でも一度も書いたことはない、書かれた文字がわたしたちのあいだに立ちはだかるようなことにしたくなかったからです。けれどもこんどばかりはもう我慢なりません、書くしかないのです。

パリに関すること、ごく簡単に報告すると、アンヒェン［・ヴェイユ］はこれまでの生涯ずっとヴェイユとケートヒェン［・メンデルスゾーン］を養ってきたのに、いまになってこのふたりはあらゆる手でアンヒェンに嫌がらせをして（たとえば、ケートヒェンがわたしと話し込む、これがほんとに一つの手なんです！）、家族から追い出そうとしています。ところが基本的な所有諸関係——住居や家具がだれの所有か——さえ、はっきりしていない。わたしはアンヒェンにはなにも言いませんでした、彼女はケートヒェンがまだ愛してくれていると信じていますから。ヴェイユはいまのところ有名なブルス・ナシオナル[5]から給料を得ています、これはまあ一種の社会的地位。つまり、いよいよその時が来たというわけです。

シュテルンベルガーが下で待っていますので、これでお終いにしなければなりません。わたしへの郵便物の宛先は、ヴィースバーデン、アレクサンダー街六―八。そこからすべて定期的にわたしのところへ送られてきます。いまもなお毎日べつのところへ移動しています。四日の土曜日から六日までは、バーゼルのヤスパースのところ。

ハンナ＊

（1） 書簡93。
（2） アーレントは書簡90で、ショッケン出版刊の『カフカ全集』をヤスパースへクリスマス・プレゼントとして送るように頼んでいた。
（3） 書簡90参照。
（4） 書簡92・注6参照。
（5） フランスの株式取引所。彼がそこでどんな種類の仕事をしていたのかは不明。
＊ この怒りを爆発させた手紙の背景には、アーレントが友人から知らされたブリュッヒャーの情事があるようで、冒頭の呼びかけも結びの署名も例になく素気ないものになっていることに、彼女の深く傷ついた気持が示されている。一週間後の手紙では彼女は冷静さを取りもどしているが、二人の関係のこの危機には、戦後初の彼女のハイデガーとの再会が微妙な影を落としているように思われる。愛する者同士の誠実《トロイエ》と真実について彼女がこの年の一〇月に『思索日記』に書きとめた考察（編者の「序文」xxi頁参照）は、この危機を彼女がどう乗りこえたかをうかがわせる。

97

［ニューヨーク］ 五〇・一二・四

最愛の人

幸いにして最初のよりもっとちいさな石がもうひとつと、いくぶん多めの腎砂がぼくのなかをゆっくり通り抜けていってくれたので、かなりの地獄の思いだったこと、そして一二月二八日からこの方今日にしてはじめてまったく痛みのない日を迎えたことを、きみに知らせることができる。

［…］

結石という誕生日の贈り物に、今日はきみの手厳しい手紙が加わった。ぼくのせいなのだろうな。きみが心をずっしりと沈ませていること、これがぼくの心を沈ませる。ぼくのせいだというからにはなおさらだ。

ヒルデがどんな状態で、どうして彼女がひとりできみに手紙を書こうとしたか、きみには説明した。そこにぼくの病状が加わった。けれどいま、それらの手紙がどうしてしまったのか、ぼくには知る由もない。一通はヴィースバーデンの旧住所に、これは受け取っていると思う。もう一通はシュテルンベルガーの住所に送られており、きみが着く以前に彼のところに届くはずだった。（これには小切手が入っていた。きみはバーゼルについては何も告げていなかった。）三通目の手紙はヤスパースの住所に送られており、同様にきみの到着以前に着いているはずだった。四通目の手紙にはきみの名刺が同封されており、ヴィースバーデンの新しい住所に送った。

きみの依頼は、きみに書き送った二点を除いてすべて即座に片づけてある。［…］

ヤスパース宛の手紙は滞ったままで心に重くのしかかっている。でも第一に、彼の作品について何か書き送りたいのだが、それはかなり難しい。第二に頭が悪いものだから、自分の考えを作品に即して維持できなかった。ようやく草案を組み立てたときにきみがバーゼルに行くのを知ったため、より安易な道を選んで、まずはじめに作品についてきみにいくばくか述べ、いわば一種の草稿をきみに提出することで、きみが自分の裁量でそれを彼に伝えてくれるようにと考えたのだ[1]。そのなかで示した点を伝えるに値するときみが考えるなら、その線でぼくのほうでもより詳細に彼に書くつもりだ。

　そうでなくともアンヒェンのことで充分に重たいところを、そのうえぼくがきみの心を沈ませてしまったのは、いっそうよくなかった。じつにとんでもないことで、ともあれまったく信じられない。だけどぼくがとても悲しくなったのは、この悲劇で混乱するあまりきみがしてみせた奇妙な比較のためだ。ヴェイユのとった振る舞いは奇矯で別世界でのようではあるが、むしろきみが間違っているのではと推測したくなる。それになにかとんでもないことが起きており、アンヒェンにその責任がないわけではないのだろう、と。それとも三人ともそうとは見えず倒錯しているか、ただただ狂っているということなのか。というのも、きみの説明から読み取れる一点は、ぼくにしてみれば、形而上学的にと言わないまでもたんに生理的に理解できないのだが——ひとりの人間たるもの、心から愛してもいないどこかの他人と、いくらそれがいい人であろうとも、四週間以上もいっしょに暮らせるようでなくてはならないというのか。それによってどれだけ支払うことになるかわからないほど愚鈍でなくてはならないというのか。身売りして魂の奴隷になるというのか。そしていかなる超越の力をも失わざるをえないのか、と。ぼくに関して言うなら、若くてすてきな百万長者のご婦人であってもそんなふうにぼくを動かすことはできない。母さんがそうだったように好ましい人によってぼくの心が乱されているときには、たとえ母さんが気前よく扶養してくれたとしたって、わずかでも心の状態が良くなることはない。これはほんとうにぼくの基本構造の問題なので、きみのそんな方向でのほのめかしに対してはいつも悲しげな笑いでもって接し、それを聞く耳すら本来いっさいもてない。これは異常心理などでは絶対にない。だから、ヴェイユの場合ですら、もう少しよく見てみるといい。もしかしたら彼だって、たんに愚かな化け物ではないかもしれないだろう。しかしそれでも、ということなら、二人とも実際に精神分析医のところへ送ったほうがよい。そうすれば自分自身の混乱した魂のなかで溺れ死ぬことだってできるというものだ。

　ヒルデの状態はよくない。それが理由のひとつで、そのうえぼくまで病気だなんて言ってきみを悩ませたくなかったんだ。ただ残念ながら、一見健康であるかのように振る舞って快活そうな手紙を書くなんてぼくにできるわけがないと、はっきりしただけだった。彼女はとても苦しんでいる。痛みが激しくなっているため、モルヒネの量がますます増えてしまった。彼女に言わせると、そうすることでなんとか動物のように生きている。彼［ティリヒ］が旅先からほとんど書いて寄こさないとまだ怒ってはいるが、本当はもう怒る元気すらないことのほうがもっと由々しいのだと彼女は言っている。手紙の到着などにもはや関心はなく、モルヒネの到着にかろうじて関心があるだけだ、と。もう読書もふだんはできない。手に取ることができなくなってしまった。ラジオが唯一の慰めのようだ。つけっぱなしにしてじっと音楽に耳を傾けている。夕刻には彼女のところにお邪魔しているが、彼女もそうしてほしくて仕方ないのがわかる。ぼくにとてもやさしく接してくれて、ぼくも努めて四方山話をし、そうしてぼくは辞し、彼女はモルヒネで床に着くことができる。ときたまティリヒのためにまだ書類を書いたり、何度か二、三時間事務所に来ていたことだってあった。顔は痩せたため表情が誇張されているが、決定的に変わってはいない。二日前のこと、きらびやかに見えさえしたのには驚いた。昨日はふたりの孫のうちのひとりともう一度会うためフィラデルフィアに行ってきた。彼女は、思いっきり嘆きを訴えさせてほしいとぼくに懇願し、実際ぼくのところで静かに泣きたいだけ泣いており、病状をぼくに対してはほんとうよりもいくぶん悪く言い立てているのかもしれない。ともあれぼくはあいかわらず穏やかに、しかし執拗に、生きつづけるよう言い聞かせている。それどころか、いっしょに映画に連れてゆこうとすら試みている。彼女もそうしてみるつもりでいる。きみとはもう会えないものと彼女は確信しているが、そんなことは絶対ないとぼくはきっぱり言っている。実際まだ少なくとも半年は生きられるだろうと思っているくらいだ。きみには近いうち彼女についてもっと知らせることにする。彼女がきみにすべてを書いているとは思えないからだ。きみを不安にさせたくないんだ。いま、彼が不在のこの数日間、ぼくは毎日彼女を訪問すると申し出ている。でもそれに応じるのも控えめでしかなく、ぼくの邪魔をしているのではないかといつも怖れている。最初に大喀血した夜にぼくをすぐベッドから呼び寄せなかったことをひどく叱ってやったものだから、いまでは、ぼくがいつでも彼女のもとに現われると判ったようだ。こんなに無力のままにひとりの人間の緩慢な死を傍観しなくてはならないなんて、最愛の人よ、ひどく悲しいことだ。それもとっても好きな人であるからこそよけいに。彼女はつらい目に遭っている小さな愛らしい女の子のようだ。

不安になったり悲しんだりしないでくれ。きみの家はここにあり、きみを待っている。そして幽霊ソナタ[2]がここで演じられることは決してない。

ハインリヒ

（1）　書簡95参照。
（2）　アウグスト・ストリンドベリ（一八四九―一九一二）の室内劇『幽霊ソナタ』が示唆されている。

98

［バーゼル］　五〇・二・五

最愛のひと

なんとあなたは腎臓の疝痛の真っ最中にわたしの悲憤慷慨の手紙まで受けとって、しかも誕生日には手紙ではなく電報だけ。年をへた夫婦と年をへた罪びとに、こんなことが起こるんですね。それにフランスへのヒルデの手紙もわたしに届かなかった、それはほんとうです。だからあなたはみごとに弁解できます――でも、ただみごとなだけ。

いまさっきここバーゼルに着いて、あなたの手紙を見つけたところです。それにヴィースバーデンで、ブロッホについての手紙も受け取りました。――でもまずは腎臓結石のことを。タネンバウムはなんと言ってます？　ヤスパースは即座に、じつに専門家らしく言いました。石が出てしまえば問題ない、さもないと化膿することがあって、そうなると腎臓を摘出しなければならない、それでもアルフレート・ヴェーバー[1]はちゃんと切り抜けて、いまはもう八六歳を迎えている、と。これを早口で、いわばひと息に。――〈率直に言って〉〔イディッシュ語〕、なにができます？　どんな食事療法？　痛みにたいするタネンバウムの観方は、ユダヤ的身体観ですよ――われわれが考え出したもののうち断然いちばん理に適っている身体観。

あなたの手紙[2]を、ヤスパースに関係のある部分だけすぐに書き写して渡しました。いま彼はそれを読んでいますから、その間に急いでタイプライターのところへ駆けつけたわけです。

ブロッホ。彼に穏やかに意見を言ってくださったことに、ほんとのところ、とてもほっとしています。わたしにはとてもできない、それくらいなら死ぬほうがましです。だから彼がわたしのことを見掛け倒しで頼りにならないやつ〔原義は偽造五〇ドル札〕と見ているのも当然ですね。あなたのおかげで彼は昔のように詩作に励むようになるかもしれませんよ。考えてもみてください、あのすばらしい恋物語を。[3]——今日だれがあのようなものを書けるでしょう。あの物語を思うと、いまでもじつに幸せな気持になります。

ヒルデ。とても悲しい、それでもきっと覚悟はしていなければならないのでしょうね。手紙を書きます、ここではようやく少し落ち着いた時間をもてますから。でもこんどは二週間の旅[4]に自動車を手配しました、これで移動の苦労がいくらか減ります。なんていまいましい用件に係わりあってしまったのかしら。すべて、努力し甲斐のあることではありますけれど。

昨日はフランクフルトとハイデルベルクに行きました。フランクフルトで三月一五日発のクイーン・メアリー号に乗船予約、ですから二〇日か二一日には、神のご加護があればついに、ついに、またわが家に。パリを思うとぞっとします。一つの理由、いえ、主たる理由は、お便りがずっとなかったことで、どうしてあんなに混乱して絶望的になってしまったのかということ。いままでまた下に行って、たくさんオレンジを食べ、あれやこれやとたくさん話をしてきたところです。完全に気楽に、普通ならわが家でしかできないほどにくつろいで。ヤスパースは、あなたの手紙をそれはそれは喜んでおいででしたよ。理解されたと感じて、すぐにこうおっしゃったのです。そう、わたしが実際にそうであったらねえ、ほんとうはそうありたかったのだ、彼の言うことはじつに正鵠を射ている、と。そして彼が来てくれないものか、ここに泊まって、気楽に過ごしてくれたらいいのに、などなど。

ほんとうはもっと書きたかったのですが、疲れきって眠くてたまりません。それに以下のことが気がかりでならないのです。ハイデルベルクでじつに前代未聞のいやな話を耳にしました。ハイデガーがヤスパースになにやら仕掛けようとした[5]、その一方ではいま、あらゆる手段を使って仲直りしようとしているくせに、というのです。わたしは月曜日にはフライブルクにいる予定、行かなくてはならない用件があるのです、でもあの方[6]に再会したい気持はもうほとんどありません。ヤスパースはなにもご存知ない。話すべきでしょうか？　話すべきではない？　わかりません。途方に暮れています。

こうやって世界をうろついているのが、だんだん我慢ならなくなってきます。これからの数週間に、フライブルク、バーデン＝バーデン、ラシュタット、ヴィースバーデン、コブレンツ、カッセル、マールブルク、ヴィースバーデンと回ります。それから二月一五日に飛行機でベルリンへ。二週間、イギリス占領地区に。そのあとヴィースバーデンへ、そしてフランス経由で帰途に。できれば、つまり通過査証が難なくとれれば、もう一度バーゼルに寄るかもしれません。

最愛の方、よく養生して、お医者の言うとおりにしてくださいよ、道理にかなった指示だと思えたならね。たくさん美味しいものを召し上がれ。いわゆる腸疝痛はたぶん腎臓結石のせいだったのでしょうね。ブロッホに何万回もよろしく、ブッシュにも。わたしはとびきり上等の彼女のショールをいつも羽織って駆けずりまわっています。ヒルデに口づけを。

あなたの

H.

小切手が来ました！　ありがとう。ヤスパースがいましがた、あなたに自分で手紙を書くと言ってましたよ。

(1) アルフレート・ヴェーバー（一八六八―一九五九）　国民経済学者・社会学者。マックス・ヴェーバーの弟。一九〇四年からはハイデルベルク大学教授。
(2) 書簡95。
(3) ヘルマン・ブロッホの小説『罪なき人びと』（ミュンヘン、一九四九）のなかの、「女中ツェルリーネの話」のことだろう。
(4) 運転手付きの車の意、アーレントは運転できなかった。
(5) 書簡99、105、132参照。
(6) マルティン・ハイデガーのこと。アーレントは彼と恋仲だった学生時代以来、一度も再会していなかった。

99

ヴィースバーデン
アレクサンドラ街六―八
ミリタリー・クラブ
五〇・二・八

最愛のひと――

いま車でここに着いたところです。車は一〇日間なんとか確保できたのですが、明日には残念ながらもう帰ってしまいます。残念ながら？　いえいえ、おかげでここに二日間じっと留まって「いなければならない」わけですから、むしろありがたい。

でも腎臓結石——それが気になって、こんな夜遅くに手紙を書いているんですよ。まるっきり打つ手はないのかしら。今回のはごく若いころ以後はじめてだったとはいえ、これからもまた結石ができるのではないかと不安です。でもいったいどうして？　二行でいいから、なにがあったのか手紙で知らせてほしかった、わたしをこんなふうに放っておいたりしないで。いとしい方、赦してはあげますよ、でも一つのことだけは確かです。四週間ものあいだ、あなたはまったく音信不通だった！

　そのあいだにバーゼルからのヤスパース[1]とわたしの手紙はきっと着いたことでしょう。彼がどんなに喜んだか、あなたには想像もつかないほどですよ。これは彼にとってすごく大事なことだったのです。おかげでまたすばらしい気分になり、わたしにはそれが必要だったことがはっきりしました。というのは、そのあとわたしはフライブルクへ出かけ、［ハイデガーが］すぐにホテルへあらわれたのです。わたしたちは生涯ではじめて、ほんとうに話し合えた気がします。その結果わたし自身はといえば、すべてを正しく判断おできになるわたしのいまいましいシュトゥプスのことを、考えずにはいられませんでした。おまけに今朝は、彼の妻[2]と言い合いをする羽目になりました——彼女は二五年来、もしくはどうやってか彼にことの次第を吐かせてからというもの、どう見ても彼にこの世の地獄を味わわせています。そして彼のほうは、嘘をつけるなら、いつでもどこでもつくという名うての嘘つきだとはいえ、やはり明らかに、つまり三人の不愉快しごくな会話から判明したように、この二五年間一度として、あれが彼の人生の情熱であったことを否認していないのです。ハイデガー夫人は、わたしが生きているかぎり、ユダヤ人というユダヤ人をみな溺死させたい気でいることでしょう。残念ながら、どうしようもなくひどいひとです。でもわたしはできるかぎり丸く収められるよう努力するつもりですよ。彼は出版したものや原稿をつぎつぎと渡してくれました。ただただ話ができるように、理解してもらえるように、と。いまの彼はこれまでになく有名になっているのに、そうとは少しも理解していない、言うなれば、実感していないのです。わたしはヤスパースとの彼の見苦しい確執を、なにかがヤスパースの耳に入ってしまわないうちに、なんとか収められるだろうと思います。ヤスパースはわたしの唯一の希望なのですから。

　でももうベッドに入らなくては。土曜日にはベルリンへ行きます、おそらく飛行機で。でも一週間でここへ帰ってきたいと思っています。それからイギリス占領地域へ、そして三月一五日にはシェルブールから乗船。そのまえに、もちろんまたバーゼルに来るつもりです、もしかしたらフライブルクへも、でも［ハイデガーに］こっちへ来てもらえるようにしたいと思っています。

パリのこと、あなたのおっしゃるとおりだといいけれど――〈わたしには疑問ですが〉〔仏〕。でも仰せのとおり(3)もう一度すべてを検分してみましょう。［…］

シュトゥプス――お願いです、あなたはわたしの四つの壁［＝わが家］。

あなたの
ハンナ

［一九五〇年二月九日付の手紙がこれにつづけて同じ便箋に記されている。］

五〇・二・九

いまベルリン行きの航空券の購入とホテルの予約をしてもらったところです――ベルリン＝ダーレムのパルクホテル（たぶん法外に値段の張るところ）。われわれの官僚連中《シュラッテンシャメッセ》(4)ときたら最上級のところしか知らないし、わたしのほうはベルリンでは迷子になりそうで、廃墟のなか、どこをどう行けばいいのかわからないのです。

今日はここでなんともすばらしい休息がとれて、少し読書さえできました。完全にひとりきり――ほら、ふうっという吐息が聞こえるでしょ。手紙はベルリンでなくここ宛にしてください、来週の土曜日にはまたこちらへ来ていますから。

［…］

仕事のほうは万事うまくいっています。ちょっと退屈気味。それに新しい人たちと会うことが増えるいっぽうです。

そして過去、これもまた過ぎたことではなくなっています。時間を過大評価すべきではありませんね。フライブルクでの件は過去の亡霊のようでした。夫人とのあの場面は、きっかり二五年まえに起きていて不思議はなかったでしょうし、まるでそれまでの時間など存在しなかったかのように演じられたのです。

でも三月一五日にはわたしは発つことですし、それからは自分の好きに使える時間が五日半もありますから、あなたが用意してくださったドラマミン〔船酔い防止薬〕が十分あって、吐き気にたえず悩まされずにすむかぎり、あるいは骨折なんぞしないかぎり、念には念をいれてすべてを熟考してみることにします。

それまでは頭がいささか鈍ったままです。

あなたの

［…］

（1）カール・ヤスパースからハインリヒ・ブリュッヒャーへの一九五〇年二月五日の手紙。*Hannah Arendt - Karl Jaspers Briefwechsel 1926-1969*. München 1985, S. 182f.〔前掲邦訳『アーレント＝ヤスパース往復書簡』1、一六八―一六九頁〕

（2）エルフリーデ・ハイデガー　旧姓ペトリ（一八九一―一九九二）。

（3）ブリュッヒャーの書簡97に書いてあるアンヌ・ヴェイユについての意見を指す。

（4）これはSchlatten（玉ねぎの一種であるエシャロット）とSchammes（シナゴーグ勤務者を意味するイディッシュ語）を組み合わせた造語。

100

［ニューヨーク］　一九五〇・二・一四

ぼくの愛する人

ぼくは前より良くなっているが、あいかわらずふらふらだ。結石の分析にもとづいた厳密な食事療法を守って、どんな苦労も負わないよう気をつけなければならない。たくさん寝て、たくさん水分を取らなくちゃ。あいかわらず腎臓がずしんとした感覚で、だるくてだるくて仕方ない。二、三週間経ったらまたしてももっと詳しい再検査がある。タネンバウムはじつに立派にやってくれている。ぼくが稀なまでに快調に哲学に向かい、幾晩でも夜通し仕事ができるようならいちばん望ましい、そんな矢先にすべてこんな具合になってしまった。

ヤスパースの手紙、とりわけ彼がきみに述べた感想は、ぼくにとってひとつの大事件だ。ぼくはいつだって、哲学者たちの根本意志を理解したい、彼らの内奥におけるもっとも本来的な関心事を理解したいとひたすら努めてきた。というのもぼくは、誰もがなすべきである、誰もがなしうるはずである、そんななんらかの遺産相続を望むわけでなく、この意志と彼らの義務を自分で引き受けたかったのだ。プラトン、アウグスティヌス、カント、ニーチェをぼくはいつだってこの意味で捉えてきたつもりだ。いま、ヤスパースにおいてそれをなしえたという、しっかりとした確証を得た。ぼくはいま彼のために、このすばらしい作品を評価する長めの文章を仕上げているところだ。もしかしたら彼は実際にぼくを文書によるコミュニケーションへと強引に巻き込みさえするかもしれない。けれど、この人ほど集中的なコミュニケーションを誰ができるだろう、そしてこれは伝染するようだ。今日のところなんとか書けるのは次の点だけだ。彼に向かってぼくが「ドイツ人としても語りかけてくる」〔書簡90〕ことについては、この関連で彼に対してぼくのなしうる唯一の譲歩なのだが、まさにこの著作がヒトラー時代のドイツで書きあげられていたことは、ぼくにとって心からの慰めとなる考えだ。なぜならこれは少なくとも、抵抗《レジスタンス》の真に形而上学的な、ひいてはその最大にして中心的な成果だからだ。西洋哲学のもっとも高貴で最良の力が危険に立ち向かっており、そこではその変わることのない価値、その永遠の価値であるものが、保証されているのだ。この義務をぼくは、自分の哲学にとって必要なひとつの準備作業であるとつねづね感じていた。いまやぼくは義務から解放され、嬉しそうにただ示しさえすればよくなった。過激な方向性をあらかじめ取り除かずにほんとうに根底的なものへと跳躍するなんて、できるわけもなければふさわしくもないと思っていた。ヤスパースはこれを自分の持ち場のものとした。われわれが西洋の歴史の産物としてもっているこの〈個人〉、人格としてのわれわれを解体し、人類を不可能にし、人間を破壊せんばかりのこの〈個人〉からは、〈個人〉のなしている〈集団〉ともども、みずからを真に偉大な思想家たちの根本意思の帰結であると僭称する口実はここで剝奪されており、彼にはその思想家たちの助けによって人間の自己理解のための案内書が与えられ、こうして〈個人〉のひとりひとりに対して、神の近くにとどまり西洋的意志の諸帰結を回避し、抵抗をなし、ひとに加わるのではなく、真理の視点を失わない、そうした可能性が生み出された。この作品は西洋哲学最後の別れの言葉であり、そのまま持続力をもつだろう。こうして彼は、不本意ながら籠もった象牙の塔を、敵に抵抗するのに最良の武器で身を固めた要塞に改造した。これがいまだ西洋の存在概念の領域において遂行された、そのことはまったくすばらしく、とてつもなく元気づけてくれる。けれど、存在を存在概念そのものから変形させたいと考えているぼくは、この抵抗から攻撃へとわれわれを転じさせるつもりなので、自分の仕事に向かった。そして、古きを破壊しようとしているとの疑いに身をさらすことなく、この要塞を後ろ楯にして、さらなる戦闘に赴くべくそこからいよいよ出撃できるというものだ。そして、哲学者の使命とはそういうものなのだが、存在の奇蹟を説明するのではなく、より深くに達する意味とより高く摑む意志にわれわれが達しうるように振る舞うのだ。

そうだ、時間が問題なんだ、きみも知ってのとおりに。ぼくはいつも時間を把握しようとしているのだが、つれなくぼくの手を逃れてゆく時間は仕事上ぼくの敵である、このことなら理解してくれるだろう。もしもぼくたちが自分たちの持続のなかから時間を摑み、永遠へと強引にもってゆくなら、ぼくたちが生きていられるのは永遠のなかの限られた持続のあいだだけれど、もし可能ならこの時間を別の担い手にさらに手渡し、時間がついには無限へと運び込まれてゆき、さらには、それ自体決して永遠となりえない無限を越えて、永遠へともってゆくならば、そうならぼくたちが時間である必要はなく、ぼくたちだって時間をもつことができる。いまいましききみのシュトゥプスの考えだ。そう、よい妖精が、「この子に判断力を授けようね」と言ったとさ。するとわるい妖精が口を出して、「それ以外はなにも授けないよ」[1]と締めくくった。おそらくずっとこんな状態なんだろう。

なぜなら、天賦の才を神々は与えてくれるが、それはぼくたちの功績ではないからだ。けれども、神々をつくり任務を委託した神はぼくたちに対しても同じようにしており、ぼくたちにも個人的に何かを与えてくれるかもしれない。つまり本来の自由とは、ぼくたちがどの程度理解しようとするのか、ぼくたちがどの程度天賦の才を用いようとするのか、自分たちで決定できる、という点だ。神々に向けてならば、存在が多くの視線をぼくたちに与えてくれ、ぼくはそれをすべて示すことができる。だが神に向けてはひとつだけ、この視線だけしかない。他者のなかに自分を、自分たちのなかに他者を推測し、求め、認識する能力がぼくたちにはあるということ、そうするだけの構えがぼくたちにはあるということ、ここに自由の根源はある。そしてぼくたちが自由を獲得するなら、ここにぼくたちは人間の栄誉という概念を基礎づけることができる。これは、人間の尊厳という概念よりも先へとぼくたちを連れていってくれるはずだ。「自由のなかで私は私自身に贈られている」というこの偉大な発言をするヤスパースは、その点でも近い。ここに神への視線が開かれる。ここからぼくは、これまで唯一尊敬に値したニーチェの立場、「神が存在するかどうか判らない、だが神が存在しないことを私は望むし、存在することは許されない、人間の自由を考えるなら」に対して、ぼくの立場を対置できる。「あなたが存在するかどうか判らない、だがあなたが存在することを私は望む、人間の自由を考えるなら、それは感謝の言葉ばかりでなく助力をも必要とするものなのだから」、と。助力を必要とするというのは、人間の自由が小さすぎるからではなく、大きすぎるからだ。理解する心のもつ可能性は無限であり、ぼくたちはいくらやっても充分であることはない。だから、神に対するさらに恥知らずな要求を含まないならば、祈りというものは本当に許されるだろう。主よ、わたしに理解をする賢い心を与えよ、と。ぼくたちのもつこの自由の永遠の可能性に直面して、奇蹟を正しく認めるには自分では不充分だと感じるからといって、罪悪感を抱く必要はない。そしてここでは、お願いすることが許されるだろう。そのとき神がぼくたちを祝福してくれるかどうか、ここに、ここにのみ神の直接の介入があるのかどうか、己れの弱さという意識にぼくたちを引きとめ、ぼくたちの力を繰り返し発揮させることができるとするなら、それはただお願いだけなのか、それを感知した必然性なのか、それとも適法性なのか。けれどここにある功績の可能性、それはぼくたちが自分に帰することのできる唯一のものだ。そして神自身が与えたこの天賦の才は誰に対しても与えられている。神々がその人に天賦の才を差し出していようがいまいが関係ない。ここに人間の創造力の中心があり、これを摑む者ならば、神々からすら天賦の才をそれに加えて勝ち取るだろう。惑わされずそこにしっかりとしがみつくことによって、たとえば少なくとも、本来神々からの形而上学的な天賦の才にさほど恵まれていないヤスパースは、ついにはこの作品をこのように書いたのであって、この一者の傍らをまさにいつも通り過ぎるだけだった、天賦の才をより多く授けられたハイデガーではなかった。神々と神の奇蹟について今日はここまで。

　ぼくはこうした理解を訓練する機会にならば事欠かない。たしかにぼくは、生計を立てる《メイク・ア・リヴィング》ことのできる男ではない。けれどときとして、それだけの時間がまったくなかったのだったと思いたくなる。順繰りに前よりもひどいものとなっていった五回の心の危機に引きずりこまれ、関係者はだれもぼくからの助力を期待しており、この祈りを唱えるだけの理由がぼくにはある。コプレー、ベアデン[2]、アルフレッドとキャロル、ヒルデ、アッペルバウム[3]。[…]

　ともかく、この手紙が土曜日にはヴィースバーデンのきみのところに届くようにもう出さなくてはならない。懸案はすべて明日か明後日に報告する。

　心穏やかにしていてくれ。ぼくたちのあいだに立ちはだかるものは何もない。口に出された言葉も書かれた言葉も。ぼくはきみを愛していて、きみのすぐ近くにいる。家についてはきみの言うとおりだ。これがぼくとヤスパースを区別する点だが、ぼくはおそらく故郷喪失を誰よりも早くめいっぱい経験し、受け容れ、そして「ぼくのいるところ、そこは我が家ではない」といつでも言うことができた。けれどそれに対して、この世のここで、現世を越えたシオンの故郷などではなく、この世のただなかで、ぼくはきみや友人たちを通して永遠の家郷を打ち立てた。そこでこうも言うことができるのだ。誰か、あるいはきみたちのうちの何人かがぼくといっしょに集まるところ、そこがぼくの故郷である、そしてきみがぼくといっしょにいるところ、そこがぼくの家だ、と。

［…］

きみのことを待っている。

ハインリヒ

（1）ハインリヒ・ブリュッヒャーがものを書くのを得手としていないことを指す。書簡59・注2を参照。

（2）ロメール・ベアデン　画家。カール・ホルティおよびハインリヒ・ブリュッヒャーと交友関係。

（3）クルト・アッペルバウム　ピアニスト。彼の妻はアンネ。

101

ベルリン　五〇・二・一四

最愛のひと——

信じられない気持ですが、確かにいまこうしてふたたびベルリンにいる——ふたたび、つまり一七年の歳月のあとということです。めちゃくちゃに忙しいのですが、手紙を書かずにはいられません。グルーマッハ[1]が空港に出迎えに来てくれて、そのあともたえず顔を合わせています。東プロイセン出のすてきな奥さん、心とろかすような一三歳の娘、考えぶかくて、じつに自由で率直、まだ子どもっぽさの残る歳なのに、もうわたしと大議論をするんですよ、喫茶店で山ほどの泡立てクリーム付のケーキをまえにして、宗教やシオニズムについて。まさにそうあるべきとおりに——なぜなら大地は彼らを昔からずっと生みだしてきたように、いままた生みだすのだから[2]。エルンストはまた詩を書いています。わたしたちの三〇年来の友情を祝した詩を一つ、手紙に添えておきましょう。ほかのことでは疑問に思うことがたくさんありますが、基本的には完全にまともです。いずれにしてもわたしは再会の喜びにひたって、浮き浮きしています。

さてベルリンです、シュトゥプス。シュパンダウからノイケルンまで一面の瓦礫の原野、昔あったものは何ひとつ見当たらず、街頭にはほとんど人影がなくて、まるでとてつもなくだだっ広い村のようです。昨日は車でベルリンじゅうをまわりました。アレクサンダー広場、リュッツォ河岸通り、ティアーガルテン（いちばん不気味なのは空っぽの原野に亡霊のように立っている立像）、ポツダム広場、ライプツィヒ街、フリードリヒ街、さらにオラーニエンブルク街をくだってヴァイセンゼーの墓地〔ヨーロッパ最大のユダヤ人墓地〕まで。ところがなんと、いまなおベルリンっ子は健在なのです。ちっとも変わらず、堂々として、人間的でユーモアに溢れ、利口、それも打てば響く利口さ。これを見てはじめてわが家へ帰ったような気がしました。たとえば、バスの車掌。運賃はいくらかと訊くと、曰く。あんたには高すぎて無理だね、でも安くしてやるよ、たった二〇ペニヒ。あるいは瓦礫の街を車で走りながら、わたしの運転手は、こぎれいで親切な二〇歳の若者ですが、こう言うんです。東部地区〔ソ連占領地区〕は入ればすぐそれとわかりますよ、そこらじゅう、たわごとだらけですからね（旗だのプラカードだののこと）。〈民族の偉大なる友〉と大書したスターリン＝プラカードのそばを通ったときには、ふん、民族の偉大なる友ならぼくらのところにもすでにいたんですがねえ、そいつが自分の愛する民族に遺したものが（瓦礫の山をさして）これですよ。（言っておきますが、ドイツじゅう探したって、瓦礫の山とヒトラーを結びつける人はひとりも、それこそひとりもいないんです。）彼はひっきりなしにコメントしてくれるのですが、これもまたとびきり異例のこと。たとえば、HO店(3)のまえを通りかかったとき——店にはあらゆる商品が並べてあるのが見えるのに、買うお金のある人はいないのです——、彼の曰く。ご覧なさい、これこそベルリンの恥ですよ！　みんなにあんなに見せびらかして。だれも買えないというのに。（ドイツではこれもやはりはじめてでした、この焼け野原に派手な店を出すなんてことがどれほど言語道断か、それを理解している人がいると知ったのは。）もちろん、わたしたちはすっかり仲良しになりました。別れるとき——彼は時間外勤務までしてくれたのに、その報酬は受け取らなかったのです——煙草を二箱進呈。そういう場合、いまのドイツ人の言い方は、あなたはじつに気前がいい〔frei 字義どおりには自由なという意味〕。（胸くそ悪い。）ベルリンっ子の言い方は、そんなお心遣いは無用です。〈これが違うところですね〉〔仏〕。

それにしても、ベルリンを東西に分割占領するなんて、どだい狂ってます。両地区間のとほうもない格差。東部地区では何ひとつ再建がなされていないのに、オペラ劇場にはいま数百万の金が注ぎ込まれようとしていて、住民の憤激を買っています。大量の失業。人びとは怒りを噛みしめ、粗末な服で空腹に耐え、いまでもまだリュックサックを背負っている。ところが角を一つまがると、そちらはすべてがましなのです。常軌を逸している。それに通貨価値の差と、そこからくる価格の差。たとえばイレーネ（グルーマッハの娘）が使うような同じ帳面一冊が、西では二マルク、東では〇・三〇。なにも、何ひとつ、うまく動かない。このままどうやって耐えていこうというのか、まったく理解を超えています。こんなことをやっていられるのは、世界中でベルリンっ子だけですね。あの封鎖の冬[4]のあいだ、石炭は東部地区ではいくらでも手に入りましたが、西の占領地区ではほとんどないも同然でした。それでもベルリンっ子はだれ一人、東部地区でロシア側が拝み倒さんばかりにして売ろうとしていた石炭を、買いには行かなかった。ロシア側にとって、これは高度に政治的な狙いをもつ出来事でしたが、ベルリンっ子はその手に乗らず、アメリカ側にチャンスを与えるために寒さに震えているほうを選んだのでした。考えられないような話ですが、ほんとうなのです。おまけにだれもお金がない、信じがたいほどの貧しさ。すべてが難問です。でも、なぜ西側の人たちが、住みたいところはベルリンだけだと繰り返しわたしに言ったのか、いまは理解できます。そこにだけは、まだほんとうのドイツがあるのです。わたしは心あたたまり、あなたのことを想い、そしてあの胸苦しさ、なにかを必死で探しているのに見つからないという悪夢の苦しさから、解放されました。

　昨日は『モナート』誌のラスキー[5]のところにいました、彼にとっては、わたしはアメリカを体現しているんですよ。おかしいったらありません。いそいでドイツについてちょっと説明してあげました、これもたいへんおかしかった。今日はランチとディナーを彼といっしょに。

　昨日は教区《ゲマインデ》にも出かけて行きました、仕事はたいへん順調、つまり望むらくはということですが。週末にはバロンに手紙を書きます。たくさんの獲物を探り出して、目下、交渉に入っています。むこうのラビはわたしの名を知っていて、そのわたしが来てくれたと、たいへんなご機嫌。おかげで力になってくれるでしょう。わたしは愛想よくして、明日は彼とランチをいっしょに。わたしにアメリカ車をまわしてくれるそうです。

　いまの宿はダーレムのとびきり贅沢なホテル、ブライテンバッハ広場から五分のところです。ここらへんは比較的正常な様子です。フォルスト街も。金曜日には飛行機で帰ります、ただし最後の瞬間になって、ブレヒトの『肝っ玉おっ母』を観るために土曜日の朝までいることにしようなんて、決心しなければのこと。ラスキーがいっしょに行こうと言ってます。ところで、心配はなさらないでね、わたしは不用心じゃありませんよ。

　では最後にエルンスト［・グルーマッハ］の詩を。わたしはもちろん誇らしい気持です。

すべてにいっそう心を開いて歩みいり、
あまたの地平といっそう深く結びついて、
ぼくらはいま、青春期の陽の灼けつく谷間を抜け出て
この澄明な風景へと近づいていく、

だがいまや消えかけている古きもの、
ぼくらにはとうに消え失せた過去が、
はじめてその十全の意味を感得させてくれるようだ、
まるでぼくらがただわが家への道を
見つけただけであるかのように。

だれがその矛盾を解き
だれがそのほんとうの意味を明らかにしてくれる？
それは三〇年たってもなおおのが心を知る者だけだ、
彼とその心の結びつきは最初から固かったのだから

――

というのも、もしこの絆を守りとおさなかったとしたら、
ぼくらは長いあいだただ見知らぬ地平をさまよい、
異国で道に迷っていただけだろう。

おわかりでしょう――東プロイセンの人は連続性をかなり大事にするのです。時間がなくてヒルデにはまだ手紙を書いていません。よろしければ、この手紙を見せてあげてください。なんといっても彼女もいっしょに加わってほしいのです。

あなたの

(1)　エルンスト・グルーマッハ（一九〇二―一九六七）　古典語学者。一九四九―五七年のあいだベルリンのフンボルト大学教授。アーレントのごく若いころの友人（ロマンスの相手）。
(2)　ゲーテ『ファウスト』第二部、九九三七行目以下からの引用。
(3)　ベルリン東部地区と東ドイツの商店の名であるHandelsorganisationの略号。
(4)　書簡76・注1を見よ。
(5)　メルヴィン・J・ラスキー（一九二〇―二〇〇四）　アメリカのジャーナリスト。一九四三―四五年にはフランスとドイツでアメリカ軍の戦史家として働き、その後、『モナート』誌の共同発行人となった。

102

ヴィースバーデン　五〇・一二・一九

最愛のひと――

うれしいことにあなたの手紙が昨日とどきました、すばらしい手紙。写しをとってあるかしら、それをいくらか使えばヤスパース宛の手紙が書けるでしょう？　この手紙のままでは彼に見せにくいし、あなたがおそらくその意図でバーゼルへ送ってくださった手紙のように、彼に見せるた

めにわたしが編集しなおすのだって、そう簡単にはいきそうもありません。

今日の手紙は取り急ぎのお知らせだけ。ベルリンからは無事にここへもどってきて、明日からは、ハノーファー、リューベック、ハンブルク、ケルン、ボン、カッセル、等々をまわります。手紙は転送してもらえますから、安心してヴィースバーデン宛に出してくださいね。

腎臓の問題はやっぱり、あなたが思ったよりもたちが悪いようですね。お願いですから、理性的に判断してください、手術については、絶対に必要なのでなければ、医者の言いなりになんてならないでくださいよ。タネンバウムの意見だけでは、正直なところ、わたしはけっして承服できません。それにどうか、どうか、他人のばかげた魂の危機なんぞにかかずらって、あなたの時間を浪費したりしないでくださいね。それで生計を立てる《メイク・ア・リヴィング》というなら、まだましですよ。ほんとうに。アンネ・アッペルバウムに一五〇回目のブレイクダウンと懺悔を、あなたの目の前で演じさせるなんて代わりに。結局はポンプで吸い尽くされるだけになってしまいます。

ベルリン滞在の最後をとっても愉快に締めくくってくれたのは、政治大学*で一学期間、講義をしてほしいという申し出でした。考えてみてもいいですね、と答えたところ、半時間後にはもう正式に、正規の教授の地位を提供されてしまいました。この話、あなたが大笑いしてくださると思って。『モナート』のラスキーったら言うんですよ、〈すぐここを離れないと、あなたはたちまち花形になってしまいますよ〉〔英〕。発端はエルンスト・ティリヒでした。パウル［・ティリヒ］の甥です。なかば偶然のように出会ったのですが、わたしは彼の講義へ引っぱっていかれました。（こういうことなら、わたしはいつも喜んでします、とても教えられることが多いので。）すると彼はほとんど間髪もいれず、それこそびっくりしたことに、わたしに話をしろと言うのです。かくてわたしはその一時間半を、一三〇人ほどの学生といっしょに楽しんだというわけです。とてもすてきでした。学生はさかんな足踏みで満足の意をあらわし、ティリヒはわたしの手にキスしました、〈仔牛の目《カルプスアウゲン》〉〔思い焦がれた目付き〕になって。（これは東プロイセンの言い方。わたしはグルーマッハのすてきな奥さんと毎日会っていたおかげで、また完璧に東プロイセン語を話せるようになりました。）それにわたしがベルリンで、みんなを、ほとんどみんなを見て、どんなに嬉しかったか、このことはもう書きました。ああ、シュトゥプス、ベルリン万歳、〈ガス工場のコークス伯爵**〉たち万歳です。彼らは苦労を山ほど抱えていても、内面ではなんの屈託もなしに、建築物とい

う点から見ればもはや存在しない都市に生きているのです。まったくローベルト［・ギルベルト］の言ったとおりですね。(1)

ここでは少し休息がとれるし、それにむろん報告書も。そのかたわらハイデガーの『森の道』をのぞいています。きわめて注目すべき作品ですよ。持って帰りますね。目を瞠らされるところがたくさんあると同時に、いんちきで、常軌を逸したところもじつにたくさんある、そうとは信じたくないくらいに。しかも、もちろん、激しく波立ち騒ぐ内面生活、ほんとうの狂宴《オルギア》、でもわたしが巻きこまれて溺れてしまうほどじゃありませんよ。ちゃんとまたニューヨークに姿をあらわしますからね。

それこそ長いことバロンからなんの音沙汰もなくて、ちょっと心配しています。ジャネットか、それともご両人かに会うことがあったら、用心ぶかく誘導尋問してみてくださいませんか。

［…］なにもかもすっかり押し詰まって、てんやわんやです、もう一度バーゼルへ行きたいものですから。十分な時間がどうしてもとれません。おまけにハイデガーのことがやたらと時間を食う。Mach's gut〔がんばれよ〕（いまでもベルリンっ子は折あるたびにこう言いますよ）。これを聞くと、たちどころに元気が出ます。

あなたの

＊　Deutsche Hochschule für Politik. ワイマール共和国の成立直後の一九二〇年に、まったく新しい型の高等教育機関としてリベラル派がベルリンに設立した私学で、最初は夜学としてスタートし、ギムナジウム卒業者でなくとも入学できた。若いころブリュッヒャーは設立当初のこの大学で勉強している。戦後一九四九年に再建、一九五九年にはベルリン自由大学に統合された。

＊＊　"Graf Koks von der Gasanstalt" というのは近代工業で財をなした人物を揶揄して、偉ぶった貴族気取りの洒落者を指す通俗的表現だが、地域によって用法はさまざまらしい。アーレントはここではむしろベルリンの労働者を指して、肯定的にこの句を使っていると思われる。なお、クルト・トゥホルスキーに、このコークス伯爵を主人公にした作品がある。

(1)　ローベルト・ギルベルトは、書簡101でアーレントが書いているように、ベルリンっ子が「ちっとも変わらず、堂々として、人間的でユーモアに溢れ、利口、いや、それも打てば響く利口さ」のままだと確信していて、そう彼女に語ったのだろう。

103

ニューヨーク　一九五〇・二・二二

最愛の人へ

きみがいつ帰るのか判ってからというもの、ヒルデはきみに手紙を書いていない。具合が悪いのはたしかだけど、書くことができないというほどじゃなく、彼女が言うには、もうきみが向こうに見えていて、きみの来るのが実際よりも近くに思え、手紙なんか書いたらふたたび遠ざけてしまうことになるからだ、と。ぼくもそう感じている、でもそんな気持に打ち勝っている。ぼくは重い「罪を負って」おり、そんなことでもしたらきみは理解してくれないだろうからね。

きみのベルリンからの手紙と、後からのベルリンについての手紙で、ぼくはとても安心できたよ。ぼくがずっと期待に期待していたことはきみだって知ってるだろう。でも確信をもてなくなったので、徐々にきみに対して強く求めないようになっていた。そこでローベルトにすら、ベルリンについての「幻想」を捨てるよう言って聞かせてきた。きみの所見に彼はとんでもなく喜ぶだろう。(1)

[…]

さてまずは「仕事《ビジネス》」だ。きみの出版社(2)がきみの原稿をもういちど読んで、「本書の偉大さは折紙付き」と書き添えてアルフレッド［・ケイジン］に渡した。三月末までには印刷に回されるとのことだ。不安なのでアルフレッドに問い合わせたところ、ごくわずかな修正を考えてはいるが、きみの文体を絶対変えたくない、と請け合ってくれた。ヤスパース(3)の本が出てもいちどたりとも連絡もしてこない「哲学叢書」*から電話があり、英語版の出版社が見つかったときみに伝えてくれとのことだ。きみにとってもヤスパースにとっても喜ばしいだろう。ぼくにとってもそうだ。もし彼が正しく前向きに紹介されるなら、アングロサクソン諸国にあってヤスパースこそは他の誰よりもよい影響を与えうるとぼくは考えているからだ。学問的な迷信への明晰で注意深い彼の批判や、宗教の鷹揚な扱いは、この地で感銘を与える。フックが敬意を込めて彼を扱わなくてはならなかったの(4)も故ないことではない。ドイツ的な謹厳さが、声高で乱暴にではなく気品をもって穏健に現われるときには、いつだって強い感銘を与えるものだ。[…]

ベルリンでのきみの成功はぼくには愉快で喜ばしい。でもシュトゥプスなりの「成功」話も聞いてくれ。グリニッチ・ヴィレッジでの新しい芸術家クラブの集会(5)に行って、そこでマルローの本(6)についてのシャピロ(7)と、『パーティザン・レヴュー』(8)にこの本のすぐれた書評を書いていたジョゼフ・フランクとの議論を聞くはずだった。四〇人から五〇人が集まっていた。ところが講演者が現われない。急に支障が生じたのだ。責任者でいっしょにしゃべることになっていたマザーウェル(9)とハロルド(10)の二人とも欠席だった。

ハロルドは突然ワシントンに出向かなくてはならず、マザーウェルはさんざんたたきのめされることを怖れてだ。そこで彼らはぼくを見つけだして、ぼくがすっかり仕切ってみせた次第だ。圧倒的な成功だった。みんな気の利いた質問を次々としてはぼくの応答に満足して、といった具合で、深夜までつづいた。とにかくもう止められなかったのだ。三月二日に今度は様式についての講義《レクチャー》をしなくてはならない。大喜びした何人かがぼくの尻を叩いて、アメリカじゅうに新しい芸術を普及させるために駆り立てたいと考えたもので、勧誘員を引きずり出して五回の講義《レクチャー》をさせようというのだ。ぼくとしては最善を試みるつもりだし、もしかしたらここに「生計を立てる《メイキング・ア・リヴィング》」見込みもあるかもしれない。忌まわしい病気のあいだぼくはごくわずかしか仕事をできなかったし、そうでなくともヤスパースの本に引き留められていた。課題をすっかりこなしてそのなかにますます没頭してゆくことは、すばらしい試みではあったのだけれど。

ぼくの「懸案」については、まったくきみの言うとおり、というわけにはいかない。聖職者などもういないのだし、生の経験ももはやなく、それどころか形而上学的な経験すらもうないんだ。精神分析学者たちが形而上学的な心理学者なり人間通なりにまだなりおおせていない以上、「地上最大の奇矯なる男」〔英〕でないとしたら、誰が助けとなるというのか。大方の懸案をぼくは片づけた。ヒルデはぼくと、まさに死の迫っているある男の問題を扱った映画を観た。その男はふだん人づきあいの悪い頑なな人物なのに、突如として皆が友人であるかのように彼に接するのだ。この場面が疑惑を生じさせてしまった。そこでティリヒとぼくが彼女の気を鎮めた。それは生やさしいものではない。というのも、モルヒネによって性格は破壊されないまでも麻痺してしまうため、そんなことのありそうもない立派な人物にあってすら、われわれみなの裡につねに伏在する自己憐憫《セルフピティ》がまさに絞り出されてくる。それに加え、モルヒネは人を好戦的にするんだ。ケイジンに関して言うなら、ぼくはアルフレッドをショックからしっかり護ってやり、いくぶん気が楽になったと彼の口から無理やり言わせてやった。両人にぼくが事態をはっきりさせてやったので、アルフレッドの執筆活動、これがあるから彼はしゃんとできるのだろうけれど、彼の執筆活動が損なわれずにすみ、むしろそこから得るところがあった。彼は自分の過去を忘れようとしており、自己憐憫《セルフピティ》を憎み、もう感傷的にならないようにして、友人たちと交わろうとしている。そしてなによりもぼくが二人を隔離したので、二人とも毒の含まれていない空気のなかでもういちど事態をはっきりさせられる。

アルフレッドはおそらく彼女をもういちど前より好ましいかたちで取り戻したいと願っているが、彼は思い違いをしているのではないかとぼくは踏んでいる。まだこれからトラブルが起こるにしても、いずれにせよ彼は回復できないほどに傷つきはしないだろう。彼はとてもヒステリックだったが、ぼくの前ではふたたび健気に振る舞っている。アッペルバウムの状況を、きみはぼくと同様にすっかり誤解していた。本当は何が起きているのか、アンネ〔・ヴェイユ〕が伝えなかったせいだ。クルトは本格的な精神病の徴候を示している。（歯医者に口のなかをのぞかせるのは不作法だ。）ぼくは彼をフロム[11]のところへ連れてゆこうとしているが、彼は徹底的に抵抗している。こんな人物を評して精神分析医ならば、やがて私たちが狂っているんだと思いはじめるでしょう、とでも言うしかない。ぼくはこれだけの才能を精神病院に入れたくない。残念なことにゴルトシュタイン[12]はよぼよぼだったために、クルトをいっそう怖がらせたばかりで、おまけに彼ときたら精神分析を反駁するぼくたちの論拠を始終持ち出してくる。かわいそうな奴だ。人は自分に対して語るのと同じように、他者に対して語ってはいけない。そしてこの点でぼくたちは禍を引き起こすのに手を貸してしまった。

　けれどもきみが頭を痛めることはないよ。ぼくがすべてやってみるつもりだ。だから腹を立てないでほしい。ほんとうに時間の浪費どころの沙汰ではないんだ。

『森の道』を読んだ。ブロッホがくれたんだ。ハイデガーはここでいつもと同じに驚くべき深層で仕事をしている。彼はあいかわらずニーチェの道をたどっている。それがいまや、プラトンのもとに戻って西洋の存在概念を掘り崩し、破砕しようとしている。新しいものを見いだしうると彼が考えているのは、彼の言うところの無以外のなにも見いだせないような場所で、その無に彼は鼻面を引きずりまわされてしまっている。ヤスパースの本について「西洋哲学はここまで達した」と言えるとするなら、ハイデガーの本については「そしてここまで迷い込んでしまった」、と言わなければならない。深い森の道で方向を見失ってしまっている。悲劇的ではあるが、きわめて独特で、同時代人の浅薄な楽観的だったり悲観的だったりのおしゃべりいっさいより重要だ。哲学には、芸術におけるのと同様に、さほど決定的にではないにしても、やはり質という現象がある。そしてこれは以前と変わらずここでも第一級だ。

　きみの「内面生活」。困難であるにはせよ、なんてすばらしいんだ。

　きみを見つめながら《ルッキング・アット・ユー》[13]、愛する人へ。

ハインリヒ

（1）ローベルト・ギルベルトとハインリヒ・ブリュッヒャーはベルリンで生まれ育った。
（2）ハーコート・ブレイス・アンド・カンパニーが、ハンナ・アーレント『全体主義の起原』（ニューヨーク、一九五一年）の出版元だった。
（3）カール・ヤスパース『哲学的信仰（*Der philosophische Glaube*）』（ミュンヘン、一九四八年）は『哲学の永続的視野（*The Perennial Scope of Philosophy*）』の題で一九四九年、ニューヨークの「哲学叢書（Philosophical Library）」〔ドイツのものとは別〕の一冊として刊行された。〔邦訳『哲学的信仰』林田新二監訳、理想社、一九九八〕
＊　一八六八年に設立され、一九一一年以降はドイツのフェリクス・マイナー社から刊行されている、西洋哲学の主要著作を収めた叢書。
（4）書簡93・注4参照。
（5）芸術家クラブ「ザ・クラブ（The Club）」は一九四九年に一二人の芸術家によって設立された。ここにアルコプレー、後には妻も加わり、グリニッチ・ヴィレッジ八番街で会合が開かれた。
（6）書簡92・注6参照。〔アンドレ・マルロー『芸術心理学』第三巻は一九四九年に刊行された。〕
（7）メイヤー・シャピロ（一九〇四―一九九六）　美術史研究者。ニューヨークのコロンビア大学教授。
（8）ジョゼフ・N・フランク（一九一八―二〇一三）　プリンストン大学の英文学教授。ブリュッヒャーは「フィリップ」・フランクと呼んでいる。
（9）ロバート・マザーウェル（一九一五―一九九一）　アメリカの画家。アメリカ、ヨーロッパの諸美術館で陳列されている。アルコプレーの口頭による証言によれば、クラブの会員ではなかった。
（10）ハロルド・ローゼンバーグもアルコプレーによればクラブ会員ではなかった。
（11）エーリヒ・フロム（一九〇〇―一九八〇）　精神分析医。
（12）クルト・ゴルトシュタイン（一八七八―一九六五）　精神・神経科医。一九三六年亡命、一九三六年以降ニューヨーク市立大学心理学教授。
（13）書簡85・注7参照。

104

〔ヴィースバーデン〕　一九五〇年三月二日

最愛のひと――

グリニッチ・ヴィレッジのこと、とてもとても嬉しくなりました。それも英語で――ほんとに何年もかかりますね、外国語でふたたびおのれを思うままに統御できるようになるまでには。たとえそうならなくたって、われらの敬愛するシュトゥプスのように、まだほかにメランコリーという贅沢だって愉しめますよ。

ベルリンからは、冬学期になんの講義をしてくれるかと問い合わせる手紙がここへもう届いていました。はっきり引き受けるとは言わなかったのに。でも学生たちにすっかり気に入られてしまって、それでもう話が決まったみたいになったらしいのです。さしあたりは返事をしないでおきます。帰ってからよく相談しましょう。ベルリン！　手紙にいろいろ書きましたが、あれでもまだ言い足りません。想像してみてください、ベルリンっ子というこの小さな民衆集団が、全ドイツに抗し、途方もなく腐ってしまった国に抗して、しかもひどい生活条件のもとで、かくもおのれを持してがんばってきたんですよ。それにもかかわらず心配はあります、すべてが無駄になるのではないかと。でもそうなればなったで、またがんばればいい、先のことはわかりませんものね。それでこそ典型的なベルリンです。わたしの運転手は、同じ都市の東西の地区間で生じるぞっとするほど不条理な話をいろいろしてくれて、最後をこう結びました。そうですよ、冗談がよくわかるようじゃなきゃ、やってられませんよ。（そして一息おいて考えこんでから）、それもおっそろしくたくさんの冗談をね。

　キャロル［・ケイジン］からの手紙を同封しておきます、あなたに関係のある手紙ですから。あなたはあの人たちのいのちの恩人のようなものらしいですね。ふたりに伝えてください、わたしは手紙を書けないけれど、いまは別れていても昔みたいにまたいっしょに会えるのを楽しみにしているし、話したいことがたくさんある、と。ふたりともがんばってほしい。（ベルリンっ子はいまでも別れぎわに“Mach's gut”と言います。爆弾が落ちてきたときの彼らの科白は、“Bleib übrich”でした）〔字義どおりには「残っていろ」、つまり生き残ることを祈るの意〕。

　わたしの成功は、ますます例の方向へ動いていってますよ。〈仔牛の目〉です。ドイツ人にとっては、わたしはこんな歳でもまだすごく魅力的なんです。ケルンでは、ある若いお医者さん(1)。この人はいつかわたしと同じ汽車に乗り合わせ、わたしの名前を見て（トランクに貼ってあったので）、話しかけてきたのです。ブロンドであればあるほど、かっこういいもの。とても愉快です、そしてわたしは精いっぱいお利口さんにしています。

　『森の道』、残念ながらあなたの言うとおりかもしれませんね、でもそれにたいして何ができるのか、したほうがいいのか、わたしにはわかりません。最後の論考で、パルメニデスについて、Fug und Ruch*を論じているところなど、一抹の狂気が感じられる。そういうときでも［ハイデガーは］確かに正常なのです、ただ、自分自身の思考（あるいはそれが何であれ）の赴くがままに、どうしようもなく引きずられていっているにすぎません。ほかのことでもすべてそうですけれどね。ちなみに彼は、ほんとうにすばらしい詩を書きますよ。あなたによろしくとのこと。

　ブロッホ。彼はこちらでカーラーについて、とんでもない論文(2)を発表しました――偉大なる《予見者》カーラーですって。あのおばかさんったら、もちろん、わたしたちには内緒にしていたんです。当然ですけどね。いちばんいいのは、わたしたちは知らないふりをすること。でもわたしは頭に来ています。わたしだって、似たような罪を犯しますけれどね。

最愛のひと、もうすぐ仔馬は厩舎に入ってゆきます。たっぷりとうろつき回って、いささか擦り傷だらけになって帰りつくでしょう。でもそんなこと問題じゃありません。

本の締め切り期限。どうやって間に合わせたものか。けれどわたしには、きっとそれがいちばんです。急いでやるしかない。バロンはもういろいろな会議の日取りを決めています。船でたっぷり眠っておきましょう。

一一と一二日はバーゼルに、一三日にはパリにいます

あなたの

手紙はアンヒェンの住所宛に！

——

(1) ヨハネス・ツィルケンス博士（一九一七―二〇〇一）　このとき知り合ってからアーレントの友人となった。

＊ ハイデガーは『森の道 *Holzuege*』の最後の論文「アナクシマンドロスの箴言」で、“Fug und Ruch verfügend”と彼の表現するきわめて特異な解釈をおこなっている。

(2) Hermann Broch: “Geschichte als moralische Anthropologie. Erich Kahlers >Scienza Nuova<”. In: *Hamburger Akademische Rundschau*, Jg. 3 (1948/49), S. 406-16. English: Hermann Broch: “History as Ethical Anthropology”. In: *Erich Kahler*. New York 1951, S. 18-30.

105

ニュルンベルク　五〇・三・七

シュトゥプス——

万一もう手紙を書かないことになっても、帰りは予定通り。でもどこかで、いつか、一分でも書く暇がみつかったとしても、帰りはやっぱり予定通り。だから手紙を書いても意味はないですね。いまは、われらが親愛なるＪＲＳＯ(1)の事務所に別れを告げにきていて、みんなといっしょに夕食に出かけるのを待っているところ、そのまにここに座って、手紙を書く贅沢を味わっています。ゆうべは、ばかばかしく混乱してまるっきり眠れない一夜を過ごしたし、おまけに、もっとばかみたいにぎっくり腰までも。おかげで、ものすごく気がひけます、ひとさまに気を遣わせてしまうという意味で。でもそれ以外では、しごく元気です。この両件を深刻に受け取ったりしないでくださいね、おもしろ

がってもらえると思って書いただけですから。

今朝早く、シュトゥトガルトで汽車を乗り換えようとしたとき、とてもよく聞き覚えのある声が、「〈びっくりしないでね、おちびさん〉〔仏〕」。目のまえにいたのはアンヒェン［・ヴェイユ］、わたしが乗ろうとしていた汽車からちょうど降りてきたところでした。ドイツへ二日間の通訳の仕事で派遣されてきて、なんと駅でわたしにばったり出会ったのです。ちょっと信じられないような話でしょ。もちろん彼女は、絶対にこういうふうに会えると期待していたと言い張ります。おわかりでしょ、あのアンヒェンのことですからね。でもわたしは腹が立ちました。けれど寝不足で頭がぼうっとしていて、なにも言えない。すると彼女はプラットフォームを飄々と歩み去ってゆきました、かなり痩せてしまったものの、ほかの点ではじつにエレガントな姿で、二人の若い紳士を従えて。わたしはいまでも、夢を見ていたのか目覚めていたのか、定かでありません。でもたぶん、目覚めていたのでしょうね。

こちらではすべてが申し分なく順調です。最後の仕上げがどうなるか、わたしにはよくわかりませんが、金曜日には発ちます。それで終止符。これから予防注射も受けなくてはなりません、さもないとアメリカでまずエリス島(2)に送りこまれてしまう――それも悪くないかもしれませんけど。もう手紙をくださっても、間に合わないでしょうね。なんとかアンヒェンのところなら。月曜日の朝にわたしは着いています。ヤスパースと話ができるのは、うれしくてなりません。少なくとも彼との話の流れのなかでは、わたしは的確だったり、とんでもなかったりではあっても、それでもともかく喜ばしい解明をいくらかは提供できるからです。まえに手紙に書いたあの卑劣な行為は、じっさいにはなされませんでした(3)。ほっとしました。やれやれと吐息をつけるようなことは、じっさいもうたっぷりと起きています。［ハイデガーが］ヤスパースのところへ突然来なくなったのは、自分が何をしたのかをようやく悟って、恥じ入ったからです。ヤスパースが違う見方をしたかもしれないとは思いも寄らず、それを聞いて唖然としていました。つまり、ユダヤ人妻(4)を理由にしたボイコットという見方。じっさいにもあの年月のあいだ、似たような立場にいる多くの人たちと彼は付き合っていました。でもあのいちばん手近な説明には、一度も辿りつかなかったのです。

［ヴィースバーデン］　五〇・三・九

ここまで書いたところで、みんなが夕食に連れ出しにきて、その後はまた協議のつづき。その間にフランクフルトとヴィースバーデンを一往復。ぎっくり腰はあいかわらずですが、ほんとに不愉快なかたちでアトーファン〔もともとはリューマチや痛風の薬の名〕に、つまり《エルゴ》、痛風に反応してしまうんです。どうしようもありません。こんな状態で荷造りをするのは、まさにとんだお愉しみ、いまはちょっと休んでいるところです。

そのほかにも、急いでハッソ［・ゼーバッハ］にちょっと会いましたし、わが官僚諸氏《シュラッテンシャメッセ》(5)と協議し、アメリカ人たちに別れを告げ、ベルリンから来たあるご婦人と交渉をおこない、文化大臣を訪ね、本と書類の荷造りをやり（郵便小包で送ります）、新しいトランクを買い（ばらばらに壊れてしまったので）、いまは、いたるところから電報だの電話だのを浴びせてきたセイウチ(6)くんが来るのを待っているところ。明日の朝にはフライブルク経由でバーゼルへ、つぎにはパリへ。切符はありがたいことに全部入手できました。こちらはすばらしい上天気。船の旅でも幸運にめぐまれるかもしれません。嵐のような忙しさがまた始まるまえの、ほんの数日の休息。

あなたからは、たったいま郵便局で確かめたのですが、またしても何も、それこそ何ひとつ届いていない。シュトゥプス、迎えにくるのだけは忘れないでくださいよ。どうも漠たる予感がするのです、忘れられて、わたしが本気であなたを恨むことになるんじゃないかと。

さて、荷造りを終わらせなくては。ヘラ(7)に明日の朝ここに来てくれるよう頼んであります。何時間かの汽車の旅をいっしょにしてもらえるでしょう。みんなによろしく伝えてください、そしていよいよ本格的に首尾一貫してしまったわたしの無音を責めたてたりしないよう、みんなをうまく宥めておいてくださいね。

あなたの

(1) ユダヤ財産返還継承者委員会 Jewish Restitution Successor Organization の略号。共同分配委員会 Joint Distribution Committee の一支部である。書簡92・注1参照。

(2) ニューヨークの港にある小さな島で、一八九二―一九四三年には移住者の入国管理局があった。

(3) 書簡98・注5参照。

(4) ゲルトルート・ヤスパースはユダヤ人だった。

(5) 書簡99・注4参照。

(6) おそらくアーレントの友人ヴァルデマール・グリアンのことだろう。（書簡127、一三〇ページ参照。）彼の「巨体」が「漂着」するという表現をしている。

(7) ヘラ・イエンシュは、アーレントが部長として働いていた〈青少年アリヤー〉が三〇年代にパリからパレスティナへ移住させた若者の一人で、それ以来アーレントと親しくしていた。

106

［ニューヨーク］　一九五〇・三・八

最愛にして最良のひと

あと数日だけになったが、そのあいだをただ寝てやり過ごしたいという誘惑に駆られる。そうでないなら、どうしたらよいというんだ。ぼくはすっかり疲れ果てている。冷気は腎臓にまったく良くない。疝痛はなくても始終調子悪く、いつもぐったりしている。二週間のあいだ人とのつき合いはもっぱら電話を通じてだけだった。ちなみに芸術家クラブでの第二回目の講義《レクチャー》は、きわめて難解な美学の形而上学問題についてしゃべったんだが、またしても大成功だった。明日は第三回目の講義で、現代の様式について扱うことになっている。ぼくはこのひと月もっぱら自分の芸術論に携わっていたため、いよいよ調子づいてきた。格段の進歩を遂げたと思っている。それだけでなく講義を準備するというこの方法はぼくを駆り立ててくれるし、聴衆はこれまでまったく自分に手の届く範囲外と思っていた事柄を見て、理解しはじめている。そんな具合なので熱中しているんだ。ブロッホがキッチュについての昔の論文(1)をくれた。これは彼の立場の危うさをとりわけはっきりと示している。芸術における倫理的おしゃべりによってキッチュが直接に芸術のなかに持ち込まれている。彼がぼくたちから逃れてフランス(2)へ渡る前に、彼にはだいぶ苦労させられるぞ。結婚生活は予想よりはるかに円満にいっているようだ。ブッシュは急に分別と理解力をしっかり身につけ、つまらない話で誰かをげんなりさせることはもうない。アルフレッドはニュー・スクールでぼくが芸術についての講義をできるよう吹聴してくれるという(3)。普段のぼくは始終職探しに時間を取られている。面接はたくさん受けたがどれひとつうまくゆかない。あの連中はみんな、ぼくのことが疑わしくて仕方ないんだと思う。ぼくができるだけ穏健にしゃべっていることすら彼らを驚愕させ、穏やかで謙虚な態度を取れば取るほど、ぼくのことを高慢であると見なす。あいつらはみんな如才《クレヴァー》なくそしてご立派《リスペクタブル》になってしまって、ぼくのことを怖れているくせに見下している。ペスト患者にでもなった気分だ。彼らは良心が咎めており、ぼくがただいるだけでそれを強めているようだ。加えてみんなぼくの頭はちょっとばかりいかれていると思っているらしい。なんだってぼくは連中のことなんかをまた追い回したのだったか。なんといっても好機を逃したくないのだが、そのためにすっかりずたずたにされている。それだけでなく、この連中がみな心の底からぼくをただただ憎んでいるとは、これまで容易には信じられないでいた。でもそうなのだ。ケイジンはそうでないしローゼンバーグもちがう、けれどそれ以外ほとんど全員だ。ぼくにはきみと家にいることがとても必要だ。きみが必要としていたよりはるかに。

ぼくの懸案はすべて片づいた。もう誰もアッペルバウムに近づく者はいないだろう。ヒルデはいまではおそろしいまでに痩せさらばえてしまった。ベッドに寝たきりで、胸水に圧迫され肋膜炎を起こしている。すっかり惨めな気分になっているが、まだきみに会えるという望みをもっている。

ハイデガーの件は、正真正銘の悲劇だ。ぼくはヤスパースという幸福な例を享受するとともに、この形而上学的不幸を辛く思う。己れの思索のなかのよりいっそう深くへと、二人はぼくを衝き動かした。そしてぼくは疲れて動けなくなるまで、少しも中断することなく研究をつづけている。目下のところすべていささか熱に浮かされたような状態だ。けれどまた平常に戻ると思う。ぼくは不安に駆られているかのようだ。それでも芸術理論でいろいろの発見があるので喜んでいる。この領域でまったく決定的な一歩を踏み出したと思っているんだ。あとは、きみがここにいてくれさえすれば。そう、ぼくは書きつけておくし、少なくともたえず書きつけるよう努力する。はっきりと考えを取り出す。ぼく自身の心を読《リーディング・マイ・オウン・マインド》んでいる。

ハンナ、最愛のひと、体調はどんなか、きみは書いてよこさない。かなり無理をしすぎているんじゃないのか。実際随分忙しかったんだろうな。ベルリンにきみが大喜びしているのはよかった。やっぱりぼくが言っていた通りだろう。いまは船と海の静けさのうえでよく休んで、無事な航海を祈る。なんだかいつもきみと会っているような気がする。きみが存在していてくれることはなんてすばらしいんだ。

きみのために家を掃除してもらっておくよ。

ハインリヒ

［…］

（1）　Hermann Broch: »Der Kitsch«. *Dichten und Erkennen. Essays.* Bd.1. Zürich 1955, S. 342ff.

（2）　ブロッホの妻アネマリーはプロヴァンスに家をもっていた。

（3）　Alfred Kazin: *A Lifetime Burning in Every Moment*. New York 1996, S.107 参照。「ニュースクールが彼を使うよう、ぼくが動いた。」

［一九五〇年六月、ブリュッヒャー夫妻はアルフレッド・ケイジンとローズ・ファイテルソンといっしょに、マサチューセッツの海辺のマノメットで何週間かを過ごし、ハインリヒ・ブリ

ユッヒャーは一足さきにニューヨークへ帰った。］

107

［ニューヨーク］　一九五〇年七月二日

最愛のひと

ぼくはヤンキー・クリッパー号[1]でゆったりとこちらに着き、豪勢な食事を摂ったよ。町はあいかわらず暑すぎず、家のなかは快適だ。

ハーコート・ブレイスではまだ校正刷り[2]が出ていない。八月一日までにできた全部をそちらに送るという。ぼくから、きみの本の予告が載った書籍目録を後で送ろう。そこでは残念ながらきみのことが『レヴュー・オヴ・ポリティックス』[3]ではなく『ポリティックス』[4]の寄稿者とされているし、神経質なコーエンのためには『コメンタリー』誌のことも忘れるべきではなかった。

わがお歴々[5]はまだぼくのための時間を取れず、忙しげにもったいぶってみせているが、明日会う。アルフレッドがキャロルに、ぼくたちといっしょだったすばらしい滞在のことを話したようだ。

きみが休暇をこれまでどおり、そしてそれ以上に楽しく過ごせるよう祈っているよ。

それでは《ソー・ロング》、肩をぽんと、そして口づけを

H.

（1）ブリュッヒャーが休暇の滞在地からニューヨークに戻る際に乗った列車の名称。
（2）全体主義論の校正刷り。
（3）『ザ・レヴュー・オヴ・ポリティックス』はヴァルデマール・グリアンが編集していた雑誌。
（4）『ポリティックス』はドワイト・マクドナルドが編集していた雑誌。
（5）ブリュッヒャーとの面接を望んだニュー・スクールの「お歴々」と推定される。ブリュッヒャーはここで秋から講義をはじめる。

108

［マサチューセッツ州マノメット］　五〇・七・二六

最愛のひと——

［…］

ソドムとゴモラ[1]はいまや真っ盛り《イン・フル・スウィング》。リチャード[2]の友人がほんものの浮気娘みたいな若造を連れてあらわれて、リチャードは苦痛で悶々。わたしは最高におもしろがっています。だれもかもミセス・フランク[3]のご機嫌をとりむすび、おかげで食事はもうかなりましになりました。

やっと今日、ロレンスの章[4]を『モナート』誌のためにベルリンのラスキー宛に送りました。およそなにもする気になれません——政治状況のせいで[5]。いわゆる世界史がふたたび勝手にフル回転しだしたら、もうすべてが無意味に思えてきます。

ニューヨークはどうですか？　とても暑い？　こっちはすばらしいですよ。クロッケー芝地で撮った写真はぜんぶ失敗でしたが、でもそのかわりに、悟性よりも幸運のおかげで、存在するかぎり唯一の、よく撮れたあなたの肖像ができました。

あなたの

（1）　同性愛を指すアーレントの表現。
（2）　リチャード・プラント（一九一〇—一九九八）　フランクフルト生まれのドイツ文学者。スイスを経て合州国に渡った。
（3）　ペンションの所有者。
（4）　『全体主義』の本の一つの章を指す。Hannah Arendt: “Der imperialistische Charakter: Eine psychologisch-soziologische Studie”. In: *Der Monat*, 2. Jg. Heft 24. S. 509-522.〔邦訳『全体主義の起原2　帝国主義』の第三章－3「帝国主義的伝説と帝国主義的性格」、一三六—一六〇頁〕
（5）　一九五〇年六月二六日に朝鮮戦争がはじまっていた。

109

［インディアナ　一九五〇年一一月末[1]］　水曜日

最愛のひと

万事、最高にうまくいきました、帰ったらもっとお話ししますね、詳しく。七時間もの延着！　グリアンはパニックを起こしていましたが、わたしたちが汽車からまっすぐに駆けつけるまで、みんな待っていてくれました。とても愉快でしたよ。——今日またもう一回、本格的な講演、やはり全体主義について、これにたいする関心はキャンパスでも教授たちのあいだでも、とても強いのです。

戦争パニック[2]のせいで、なにもかもどうでもよくなってしまいます。明日の晩、シカゴへ向かいます、今日の午後にはジルソン[3]が話をするので、それを聴きたいのです。ドウンス・スコトゥス(4)についてです。

[…]

挨拶とキスを

ハンナ

(1) アーレントは一一月の末に、ヴァルデマール・グリアンが教えているノートルダム大学で講演をおこなった。ヤスパース宛の一九五〇年一二月二五日付の彼女の手紙から、それが一一月末だったとわかる。〔前掲邦訳『アーレント＝ヤスパース往復書簡1』、一八三―一八五頁〕

(2) 朝鮮戦争。

(3) エティエンヌ・H・ジルソン（一八八四―一九七八） フランスの哲学史家で、中世の専門家。トロント大学の中世研究所およびソルボンヌ大学で教えた。

(4) ヨハネス・ドゥンス・スコトゥス（ほぼ一二六六―一三〇八） スコットランド出の神学者・哲学者。

110

［アーレントは一九五一年六月に、ブリュッヒャーより一足さきに休暇地へ出かけた。］

［パレンヴィル(1) 一九五一年六月］

最愛のひと

あなたはちょっとご機嫌ななめでしたね、ニューヨークにいるのでは、それも仕方のないことですけれど、でも声を聴けてよかった。ここはじっさいまったくの天国、なにしろわたしは、ヘン(2)のところばかりか村じゅうで唯一の「保養客」といえそうなくらいですから。みんなはわたしを見て期待をふくらませています。シーズン最初のツバメ。昼間は仕事をし、夕暮れには小一時間ほどヘン夫妻とポーチに座って雷雨をながめ、わたしは寂しがってなどいないと彼らを安心させます。（マダムはわかってくれるけど、彼のほうはどうしても納得しそうもありません。）散歩をするには暑くてうっとうしすぎるし、たえずちょっとした夕立があります。

[…]

以下のものを、もってきていただけませんか。一、オフィスにあるわたしの電話手帳（住所録ではありません）、手帳《ダイアリー》です、そこにわたしの忘れてしまったいくつかの住所が載っているのです。二、口紅、どこかに転がっているわたしの小さなベージュ色のハンドバッグに入っています。三、机の上の黒い缶からわたしのポケットナイフ。四、できればどこかのドラッグストアー・ノッドで、耳栓を一組買ってきてください。五、インディアペーパー版のデカルト。

それからロッテ［・ベラート］と相談してほしい件。ヘン夫妻はスピーカー付ハイファイ装置をもっていますが、レコードは一枚しかありません。どっちみちこの器機にずっと付き合わされることでしょうから、レコードを何枚かもってくるというのはいかがかしら。そしたらここで村のために定期コンサートができますよ。でもこんなアイデアに惹かれるのは、わたしだけでしょうね、あなたたちはそんなに博愛主義的じゃないですから。いずれにしても、シュトラウスのワルツはどうかしら、ヘン夫妻はきっと気に入るでしょうから、まずもってきて、最後はお餞別として謹呈すればいい。そのほかは、あなたたちがいいと思うものをもってきて。多すぎないように。ロッテの意見で決めてください、わたしはなんでもいい。そうねえ、ブランデンブルク協奏曲は？　ハイドン？　モーツァルトも少し――魔笛？　要するに――あなたたちにお任せします。こういうことは電話で言うわけにいかなくて。

七月四日には、ここではものすごい人出が予想されます。ロッテに来る気があるようなら、まえもってお知らせください。

もうすぐですね！

あなたのH.

（1）　ニューヨーク北部のキャッツキル山地にある村。ここでアーレント夫妻は友人たちといっしょにしばしば休暇を過ごした。

（2）　ペンション所有者の名。

第6部

1952年3月–1953年8月

［一九五二年三月から八月半ばまで続く今回のヨーロッパ旅行に先立ち、ハンナ・アーレントは、ヨーロッパの図書館で彼女の『全体主義』本を補足する研究をおこなうために、グゲンハイム奨学金を申請していて、この研究を「マルクス主義の全体主義的要素」と題する論文にまとめるつもりでいた。そのほかにも、非公式にだがユダヤ文化再建機構のためにひきつづき働き、またさまざまな都市で講演もおこなった。滞在の終わるころには、ヤスパース夫妻といっしょにエンガディン〔スイス〕のサン・モリッツで休暇を過ごしている。］

111

［フレンチ・ライン、イル゠ド゠フランス号］

五二・三・二六　水曜日

最愛のひと——

　取り急ぎ一筆、ゆらゆら揺れるご挨拶を——明日、イギリスで投函します。航海は少なくとも二年まえのときと同じくらいの大荒れ。仕事をするなんてとてもとても。残念《タン・ピ》ながら。海の大きな呼吸のままに、からだはブランコに乗っているように上へ下へ、船なんてものを発明した人間に驚嘆することしきりです。今日まではずっとお日さまが照ってかなり暖かでしたから、外のデッキに出て日向で寝そべっていられました。でも今日は残念ながら雨、こうなるとまわりの人たちが神経にさわりはじめます。わたしの船室でのお隣さんときたら——典型的なアメリカ産新種、愚かしくて、着るものにしか興味がなく、いつも退屈してばかり。ベッドでの朝食サーヴィスを受けた経験がなくて、どう注文したらいいのかと、おっかなびっくりわたしに訊くのです。見ものでしたよ、その彼女が三度目にはもう、すてきにかわいいフランス人の女の子を顎で使いはじめたんですからねえ。先が思いやられます。ほかには二人連れの感じのいいニュー・イングランド・レイディ、昔ふうのアメリカン・タイプで、克己心がつよく、好奇心に富んでいて、あれこれと計画を目一杯かかえています。その一人は、バーナード大学の教授で、並はずれて感じがいいひと、住まいはモーニングサイド・ドライヴのわたしたちの家の角をまわったところ、そしてこれから泊まる宿はオテル・ダングルテールですって——ね、おもしろいでしょ？

　ローズ〔・ファイテルソン〕の花！　船室はチューリップと金魚草でいっぱいです。船が揺れるたびに、チューリップの茎が上がったり下がったり。彼女はどうしてます？　こんどまた手紙が書けるのは、たぶんバーゼルへ行ってからでしょう。船はもう大幅に遅れていますから、パリでは目の回る忙しさになりそうです。

　筆跡を見ればおわかりでしょ、ほんとに船はぐらぐら揺れる大鍋。でも海と空と雲と太陽——ほかには一切なし、だから喜んでそれくらいのことは我慢します。

　最愛のひと、心配してくださいね、しすぎない程度に。

112

［ニューヨーク］　五二・三・二九

最愛のひと

今回は、きみが発って一日目にしてもう、とんでもなく我慢できなくなってしまった。良き習慣とは、なんと良きものであることか。きみといっしょでいるのになじみすぎてしまっていたため、きみがいないのが日々身にこたえる。いまようやく、不在を受け入れ、悟り、きみの帰りを待つ心境に到ったので、少しずつよくなるだろう。でもきみが住み慣れた住まいはここにある。ここからきみが立ち去れはしても、そこにきみがいたことを頭から消し去れはしない。

これは嘆きの歌ではないよ。ご挨拶だ。

そのほかはすべてそこそこだ。講座(1)は順調な滑り出しで、学生たちは活気いっぱいで、ぼくは仕事いっぱいだ。［…］

パリはどんなだろうか。きみの不在という犠牲をぼくが払っている分、この旅行を二倍楽しんでくれ。そして難しいだろうけれど、くれぐれも自分自身をいたわるように。

こころからの思いを

あなたの

ハインリヒ

（1）　一九五〇年からブリュッヒャーはニュー・スクール・フォア・ソーシャル・リサーチで哲学を教えている。この関係が結ばれたのは芸術家クラブでの成功を通じて、そしてケイジンの仲介によってだった。書簡103、107参照。

113

パリ　一九五二年三月三〇日

最愛のひと——

この手紙を読み終えれば、おわかりになるでしょう——何がわかるのか、わたしにもわかっていないのだけれど。たぶん、私の頭がおかしくなっているのか、それとも、最後の土壇場で、救いがたいほど突拍子もないことをしでかすのは思いとどまるか、どちらかでしょう。要するに、たったいまパレスティナとギリシャへの旅をキャンセル(1)したところなのです。

理由は以下のとおり――論理的順序よりも時間的順序を追って書くほうがよさそうです。ここへの到着はかなり遅れました。そして旅行社で知らされたのは、わたしが計画していた日程では飛行機の席がとれる望みは皆無だということ、なにしろイスラエルは過越祭[2]の最中ですから。どこでも見通しはきわめて悲観的、これでは飛行機の予約客のだれかが死ぬのを期待しながら、バーゼルでどれくらい長く（長すぎるほど）もしくは短く（短かすぎるほど）待つことになるのか、見当もつきません。おまけに（時間的順序がぐちゃぐちゃにならないよう気をつけなくてはいけませんね、なんといってもわたしは歴史家なのに、そもそも今回はあらゆる点でわたしの全威信が危うくなっているようです）、アンヒェン［・ヴェイユ］とパリ。アンヒェンはわたしと過ごせる時間がますます減ってきているのを、死ぬほど悲しがっています。わたしにとって結局どっちが大事なのでしょう――アンヒェン、それとも親戚[3]？　それにパリ、突然わたしを途方もなく魅了してしまって、ここでもう一度、何週間かじっさいに暮らしてみたい、手負いの兎みたいに走りまわるのはいやだ、世界中をスケート靴で走り抜けるのはご免だ、という気にさせます。もう一度、ヨーロッパを指先の感覚に取りこみたいのなら（まさにいまそう思うのです）、ここに四週間はいて、たくさんの人に会い、落ち着いて仕事もしなくてはなりません。（書き忘れましたが、飛行機はいまではジュネーヴ経由だけで、チューリヒ経由はなくなりましたから、これではチューリヒ滞在を断念するか、ヤスパース家滞在をぐっと切り詰めるか、せざるをえないでしょう。）さらにもう一つ。ここへ親戚から手紙が来ていて、過越祭に一族の人たちを何人かは知りませんがたくさん（きっと一五人はいるでしょう）招待してあると知らせてきました。〈とっても誇らしげにですよ。わたしの受洗一族全員といっしょに過越祭のテーブルを囲むなんて、想像もできません！〉〔英〕。さらに加えて――そしてこれが公式の理由です、シュトゥプス、思ってもみてくださいな、あなたのシュヌッパーは人付き合いを大事に《ソーシャリー・マインデッド》するひとですからね、あなたがこっちへ転送してくださったニュータ[4]の手紙は、インドへ来いとまた改めて強調しているんです――ですから、もしすべてがうまくいけば、一九五四年か一九五三年末には、どっちみち中東経由でインドへ飛ぶことになりそうです。

ね、お願いだからお小言はほんの少しにしてくださいね。解約で損するお金は、ほぼ二五から三〇ドル以上にはなりませんよ、もちろん三〇〇ドル以上の節約になるという事実は別としても。（ギリシャでは暴走《ランナウェイ》インフレーションでものすごく物価が高いそうです。）むろんいつものようにすぐにあなたの意見を聞くべきだったと、おおいに後悔していますが、それでも、ほっとしてもいます。しかも旅のあいだ、海の大荒れと船酔いのせいで仕事ができなかった。またしても一週間がふいになってしまったのです。それにこちらにいると、すべてが違って見えてくる。思ったより距離は遠いし、困難もずっと多い。飛行機でまっすぐ行けば簡単ですが、そうでないと、しょっちゅう旅程変更を強いられます。どうかお願いだからわかってくださいね、ここから見ると、すべて様子が違うのです。どうも今回わたしは、いろいろなことをよく考えてみなかった——技術的な問題ばかりに目が行って。それが間違いのもとでした、なにしろ過越祭なのですから。

アルフレッドと、とても魅力的になったアン[5]が、アンヒェン［・ヴェイユ］といっしょに、もちろん鉄道駅に出迎えに来てくれましたよ。今日は一日じゅう駆けずりまわりました、半分は楽しむために、半分は旅行キャンセルのために。いまは夕方、これからクラマール[6]へ向かうところ。どうも気が重くてなりません。アルフレッドはいつものようにたいへん魅力的で友情に厚い。（わたしの写真が彼の部屋の目立つところに飾ってあるんですよ。）彼もあなたに一筆書いてくれるでしょう、わたしの精神状態をあなたが心配したりしないように。

結び。さてこれであなたは離婚する気になるか、ならないか。ならないほうがいいですよ。ご一同に、つまりバロンとバーサ［・グルーナー］[7]にすぐにこう伝えてください。わたしは予約がとれなかったので旅を断念することにした、インドへ招待されているから、どっちみち一年半か二年以内にあそこに行くことになるから、と。もしくは、なにか信じてもらえそうなことを。ローズに相談してくださいな。でもあんまりやりすぎないように。

わたしの居所。月曜日の夕方バーゼルへ、八日まで滞在。そのあと二日間チューリヒに、そこからパリへ戻ります。パリには五月はじめまで。宿はまたオテル・ルテシアにするつもり、いまでもそこがいちばんいいし、いちばん安いですから。ほかはどこも高くて、比較にならないほど質が落ちています。手紙はアメリカン・エクスプレス気付でもかまいません。そこならいつもきちんと受け取れます。

バロンには、予定していたよりも多くの時間を国立図書館での調べものに使えるようになったと[8]、伝えてください。ただし、それが無難《アクセプタブル》だとあなたが思った場合に限りますよ。〈わたしは恥じ入っています〉〔英〕。ＪＤＣ[9]には、昨日はここへ着くのが遅すぎて行けなかったので、万一の場合にはウィークデーが使えるように、月曜までここにいることにします。（そう言えばバロンに意味が通じます。）パレスティナへは電報を打ちました、明日には手紙を書きます、ショーレムにも。

最愛のひとへ――

あなたの

（1）このgekanzeltという語は、cancelledという英語をドイツ語化したもの。
（2）過越祭は出エジプトを記念するユダヤ教の祭り。
（3）アーレントはMespocheと綴っているが、これは親戚縁者をあらわすイディッシュ語のMischpoche. Mischpokeで、彼女の従兄弟エルンスト・フュルスト（一九一〇―一九九六）の家族を指している。彼は妻ケーテ・フュルスト（旧姓レーヴィン、一九一一年生まれ）とともに、一九三五年にパレスティナへ移住していた。
（4）ニュータ・ゴッシュ　アーレントの従姉妹でインドに住んでいた。
（5）アルフレッド・ケイジンと、のちに彼の妻となるアン・バースタイン（アーレントは彼女の名AnnをしばしばAnneと書いている）。
（6）ヴェイユ夫妻はアンヌの妹ケーテ・メンデルスゾーンとともにそこに住んでいた。
（7）アーレントの秘書。
（8）ユダヤ文化再建機構のための仕事。
（9）アメリカ共同分配委員会、書簡92・注1参照。

114

［パリ］五二・三・二一

最愛のひと――

発つまえに大急ぎでひとこと。たったいまジョイント[1]へ行ってきたところです――万事順調。来週にはユダヤ賠償協議会[2]の人たちがみんな集まります――ですからわたしも。一〇日か一一日には戻ってきていると思います。でも宿はオテル・ダングルテールにします、結局そこにまともな部屋をせしめましたから、WC！と化粧室付き、〈全部込みで八〇〇フラン〉［仏］。これは当節、とっても安いんですよ。なにもかもニューヨークよりむしろ高いくらい！　だから次の土曜定期便はジャコブ街のオテル・ダングルテール宛に出してくださいね！　なにごともなければ《ソーファンプレヴュ》、そこに四週間ほどいるつもりです。壮大な計画をたてて、大いに意欲を燃やしてますよ、またパリで仕事ができるんですもの。

［…］

明日はヤスパースのところへ――楽しみです、うれしいし、睡眠も十分とったし、やる気満々。昨日はルーヴルへ。

晩はブッシ[3]のところ、彼女はやっぱりシャガールと結婚することになりそうですよ。愉快でしょ？　アンヒェンのことはまた次の機会に。悲しいです。わたしがここにいて、よかった！

あなたの

（1）　アメリカ共同分配委員会。

（2）　Conference on Jewish Material Claims against Germany. ドイツに対するユダヤ賠償請求のための協議会で、これに加わっている一三のユダヤ人組織が、イスラエル以外の地に住むユダヤ人の代表として、ハーグでの賠償交渉に臨んだ。その結果、成立したのが、一九五二年九月一〇日のルクセンブルク賠償協定である。

（3）　ヘルマン・ブロッホの妻だったアネマリー。ブロッホは一九五一年五月三〇日に死去。

115

［バーゼル］　五二・四・五

最愛のひと——

一日じゅう、わたしは自分と押し問答を繰り返していました、電報を打つべきか、打たざるべきかと。どうしてまたしても音沙汰なし？　なぜ？　今日は土曜日、あなたの最初の手紙は火曜日には着いて当然のはずでしょ。そして今日こそこちらで、わたしの突拍子もない（気が狂ったわけではありません！）旅行計画変更へのあなたの返答が読めると期待していたのに。いいですか、これじゃやっていけません。どんな理由があるのかわからなくて、あれこれ憶測するばかりです——グゲンハイム[1]が断ってきた？　いったい、わかっていらっしゃらないの？　便りがないと、わたしは何もかもどうでもよくなってしまうことを。どんな便りでも、こんなふうなのよりましだということを。

この手紙がそちらに着くのは火曜日か、遅くとも水曜日。わたしは木曜日にはパリに戻っています、一〇日です。このことはもうパリからの手紙に書きましたね。だからこの手紙を受けとったとき、もしもまだあなたがここへ間に合うように手紙を出していなかったなら、あるいはパリへ出してあっても木曜日にならないとわたしは読めませんから、すぐに電報を打ってください。つまりこの手紙が火曜日に着いたならバーゼルへ、水曜日だったらパリ、ジャコブ街のオテル・ダングルテールへ。

ここでのすばらしい日々——最初の日はちょっと難儀でしたけれど——でも、それについては書きたくありません[2]。チューリヒについても、昨日の出版社との交渉についても。

そういう気分にならない、なれないのです。あなたの沈黙、またしてもダ・カーポのように繰り返された沈黙が、わたしの喉を締めつけ、口をふさいでしまう。おまけにあまり時間もありません。ヤスパースはすばらしく元気だし、わたしはほかのことをする暇がないし、すべてをとことん活用したいとも思っていますから。それにいまちょうど午後のコーヒーの合図が鳴っています。
ゆえに《エルゴ》——

あなたの

たったいま、出版社からの速達が来たところ。もう一度チューリヒへ行かなくてはなりません。もう一つ、ヤスパースがラーエル(3)をどうしても見たいそうです、いまもわたしのところに来て、あなたに手紙をちゃんと書いたかとお訊ねでした。ですからお願いします。一束に綴じてある原稿が書庫にあります、ラーエル関係書籍の隣に——わたしの記憶ちがいでなければ。それを直接彼に送ってください、普通便で。

　綴じた原稿がみつからなかったら、綴じてないままのタイプライター原稿がファイリング・キャビネットに入っています、一番上の段かな？

(1) アーレントは一九五二／五三年の一年間、ジョン・サイモン・グゲンハイム記念基金の奨学金を受けた。
(2) アーレントの全体主義の本の出版交渉だったが、契約にはいたらなかった。
(3) アーレントのラーエル・ファルンハーゲン伝記の原稿。書簡16・注2参照。

116

［パリ］　オテル・ダングルテール
ジャコブ街四四
一九五二年四月一一日

わたしの愛してやまないヒツジ頭さん*——

　いまアメリカン・エクスプレスから帰ってきたところ、あそこで何もかも、みごとにすっきりしました。［…］おどろいたことに、あなたの第二信はわたしがまだいるうちにバーゼルに届いて、第一信のほうは、きょうやっとここで手にしたのです。電報はホテルでわたしを待っていました。ということは、グゲンハイム奨学金をもらえるということでしょうね？　いずれにしても昨日わたしたちは——

アンヒェンと、アルフレッドとそのお相手のお嬢さん(1)（ところで彼女はすっかり魅力的になっている、わたしはご両人を祝福しますよ）——祝杯を上げました。もしちがっていたら、残念《タン・ピ》。

［…］

お願いがあります、むずかしくて面倒な頼みなのですが、〈いたしかたありません〉〔英〕。ヤスパース夫人がわたしの新しいナイロンブラウスに一目惚れなのです。これを買った店は、五番街の西側、四四丁目と四八丁目のあいだあたりにある小さな紳士用品店。店の両側のショーウィンドウのあいだが入口になっていて、南側のウィンドウに婦人用ブラウスが並べてあります。ブラウスの製品表示、〈ガーベイ・オリジナル、ナイロンとの混織アセテート〉〔英〕。そこで長袖の、もちろん色は白、サイズ一六のブラウスを買って、直接、店から送らせてください。不平を鳴らさないで。ロックフェラー・センターからほんの数歩のところですから、ガンパーズ家を訪ねたときには簡単に寄れますよ。

［…］

バーゼル。あなたがここにいてくださったら。書くのはとてもむずかしくて、少し心が重いのです。ヤスパースがあなた宛に何行か書くだろうと思います（そうならないといいのですが）、あなたには読めそうもなく答えようもないい手紙でしょうが。どうか、どうか、お願いですから、もし彼から手紙が来たら、今回はきっと返事を書いてくださいね。絶対にその必要があるのです。彼は〔あの人と〕わたしの関係について、二、三のことをわたしに言ったのですが、それをあなたに繰り返す気にはなれません。でもそれは、あなたがいつも推測しているとおりのことで、彼だけがそれについて基本的にまったく気がついていないのです。そのために彼が、文字どおり彼を追いまわしてきたハイデガーとけりをつけようとしてきた努力といったら、ほんとうに筆舌に尽くせないほどです。

彼との会話はじつに壮大でした、一〇日間、ずっと一つの会話をつづけていたのです。最後の三日間は、どうしても彼を［ハイデガーから］引き離せませんでした。彼はいつでも同じことを試みる。果てしない比較と合理的解明によって、個々の出来事、たとえばガス室等々までも、すべて相対化する、そうすることで、つねに同じでありつづける絶対的なもの、破壊できない実質に、到達しようとするのです。結局のところ、ほんとうにゲームみたいなもの。彼にとって妥当なもの、基準となるものは、究極的にはつねに伝統であって、それもしばしば古典主義的な刻印を帯びた伝統です。だからたとえばリルケを話題にすると、彼と話すのはどうしようもなくむずかしくなる。彼はすぐさまヘルダーリンと比較して、リルケを片づけてしまいますから。（同様にハイデガーをニーチェと比較して片づける――それもわたしがともかくまず、ハイデガーのごく最近の著作は、たとえ「まともな人たち」みんながそう言おうとも、けっして「たわごと」などではないことを、なんとかわかってもらおうとした挙げ句に。）彼が本来なにを目論んでいるのかがはじめて判然とするのは、ヘルダーリンと比較してリルケを片づけたあとで、突然、ホフマンスタールを手品みたいにポケットから引っ張り出してくるときです。言い換えれば、彼が近代のもののうちに事実上認めるのは、意識的亜流だけなのです。

彼のところへ行った最初の日、わたしはほとんど絶望しかけました、彼の合理化と道徳家ぶりはそれほどに強まっていたのです。でもやがて彼をまた取り返しましたよ、なんと言っても彼はほんとにすばらしい人、二人といない人ですから。五月のいつごろかにまた彼のところに行くつもりです。でもなによりまずチューリヒへまた行かなくてはなりません。『チューリヒ新聞』の編集長がすでにある出版人を見つけてくれました。ところがその人は短縮版しか出せない。ということはつまり、もっと長い序論を新しく書かなくてはならないということ。残念《タン・ピ》ながら。短縮についての詳細は五月に話し合う予定です。もう手紙に書いたかしら、とても親切で活きのいいその人は、あの本を一ダースも買ってあちこちに配ったんですって。

でももう一つ、あの方たち[2]はサン・モリッツにわたしを招待してくださいました。今回おふたりは七月半ばにはもうそこへ行くとのこと。どうお思いになります？

さて、わたしはパリにいて、酔っています。春ですもの、しかもパリにとってすら例外的なほどの春。とても暖かで、木々はみどり。町はかつてないほど美しい。フランス人たちはふたたび幸せそう、二年まえとはずいぶん違います。――今朝は早くからすぐにジョイント[3]に行きました。イスラエル側は、あなたもご存じかもしれませんが、ハーグでの会議[4]でほとんど関係を絶ってしまうところでした。公式にはジョイントの代表は連帯を表明しました。でもこちらで副会長の一人（とても感じのいい人）と話をしたのですが、彼はまったく違う意見で、ドイツの立場に完全な共感を寄せています。イスラエル側は、ドイツ側がこの交渉をロンドンでの債務調整交渉と結びつけて、明らかにいささか常軌を逸した《メシューゲ》〔イディッシュ語〕態度をとっていると抗議していますが、結局これでは全世界と対立することになりはすまいかと、当然ながら不安をもっています――ロンドン交渉は全世界を代表しておこなわれるのですから。どう見ても連合国側は、ユダヤ人へ賠償金を払えとドイツに圧力をかけているでしょうが、しかしこの交渉を国際的な債務協定と切り離しておこなうことは望んでいない。論理的にも、ふつうに考えても。ほかのやり方はすべておかしい。いまわたしはハーグからの電話を待っているところで、話によっては明日朝早く（八時！）ハーグへ発たなければなりません。予定されていたパリでの過越祭の集まり⑤ができなくなったからです。

こう書き終わるか終わらないかのうちに、電話が鳴りました――万歳、ハーグへ行かなくていいことになりました。どうかバロンに電話して、こう伝えてください。〈オランダのレーヴィト氏に連絡を取ろうとしたけれど、つかまらなくて代わりにジェローム・ジェイコブソンと話をした。ジェイコブソンはバロンの手紙について知らされていて、わたしに言うには、ケイガンがニューヨークへ戻って、問題全体をバロンに相談することになっているとのこと。ユダヤ諸施設の行方不明の写本類に関して。ブレスラウ神学校の写本には言及しないほうがいい、わたしが聞いた話では、全部イェルサレムにあるということだから。まえにはポーランドにあったことがわかっていたので、わたしはショーレムにこの情報を確かめてほしいとすでに頼んである。ドイツの諸施設にあった写本に関して。フランクフルトの所蔵品は、一部はニューヨークへ売られ、一部は破壊されてしまった。いくらかの写本はまだフランクフルトにあるが、どの写本かは不明。ハンブルク、ミュンヘン、ベルリンのは無事。ベルリンの写本はいまチュービンゲンにある〉〔「オランダの」以下はすべて英文〕。

ハーグ交渉にかかわりあわずにすんで、わたしがどんなにほっとしているか、あなたには想像もつかないでしょうね。それも、いまは絶対にパリを離れたくないという理由からだけじゃないんですよ。代わりにわたしたち、月曜日にシャルトルへ行くことになるでしょう。〈ユダヤ人のことなんかもう知るもんですか〉〔英〕。（ショーレムから感動的な手紙がバーゼルに来ていました――やはり過越祭への招待状といっしょに。なんとまあ、わたしがこの国民的＝宗教的な祝いの席に連なるなんて！　ほかでもわたしはとんだへまをやって、自分で後始末をしなくてはならないありさまです。なんともばかなわたし！）

今日はもう図書館に行ってきました。グゲンハイムがどうやらうまくいったようなので、すぐに文献目録⑥の作成にとりかかったのです。また仕事ができるのはすばらしい。そのあと、セーヌ街とビュシ街で夕食の買い物。ねえ、オーヴェルニュの人の店を憶えていらっしゃる？　そこに行き着いたんですよ。かなり大きな店になってはいるけれど、それでも昔と変わらないまま。すると小さな男の子をつれた女のひとが、猫が欲しいと無心しに入ってきました。彼女がちょっともじもじして言うには、〈うちにくれれば彼は不幸になんてなりませんよ〉〔仏〕――つまり雄猫ってわけですね。［…］

ローズに、あの大芝居(7)の詳しい報告を頼むと伝えてください、ませんか。あれはすべてタフト(8)のためのプロパガンダになりますよ、彼はこれらのユダヤ人を厄介払いするでしょう、なにしろこちらの連中と完全に同意しあって、スターリンを宥めようとしていますから。

アンヒェンが来ました。お終いにします。いいですか、これはどんなに長い手紙が可能であるかのお手本だと思ってくださいね。

あなたのハンナ

＊「ヒツジ頭」は、とんま、まぬけの意。
（1）アン・バースタイン。
（2）ヤスパース夫妻を指す。
（3）アメリカ共同分配委員会。
（4）書簡114・注2参照。
（5）ハーグ会議参加者の何人かがパリで過越祭を祝うために集まる予定だったらしい。
（6）『マルクス主義における全体主義的要素』という計画されていたグゲンハイム＝プロジェクトの本を指しているが、これはついに陽の目を見なかった。Hannah Arendt: *Was ist Politik?* Aus dem Nachlaß hrsg. von Ursula Lutz. München 1993, S. 145f. 参照。
（7）書簡117・注1参照。
（8）ロバート・A・タフト（一八八九―一九五三）アメリカの政治家。一九四八年と一九五二年に共和党の大統領候補に名乗り出たが、二度とも指名されなかった。

117

［ニューヨーク］五二・四・一二

最愛のひと

ぼくの手紙が遅れて不必要な頭痛をきみに引き起こしてしまい、悲しい思いをしている。いけないのは、ニューヨーク郵便局、とりわけぼくが投函したこちらの郵便局に違いない。一通目はパリ、アメリカン・エクスプレスに、二通目はバーゼルに送った。

この手紙ではグゲンハイム書類を送る。税務署のハイエナどもが学者たちのせっかくのご馳走を台なしにしようとしているのが、わかるだろう。グゲンハイム財団が彼らに勝利するのでは、という望みをぼくはあまりもっていない。

いずれにせよ純然たる贈り物としてそれを税務署に示せるように、あいつらに何にも渡してはならない。財団みずからそれを勧めているくらいだ。ともあれそうすれば、そちらでのきみの日々もいくぶん心配が減って幸福なものになるだろう。我らが有名なるシュヌッパー。加えてこの方に宛てて、ラビ・エルマー・バーガーがアメリカ・ユダヤ教評議会*で行なった長い演説が送付されましたぞ。そのなかでラビはこの方の本を巧みに使って、シオニズムを同時かつ同空間に成立した種族ナショナリズム（tribal nationalism）と同根として、イスラエル国家のなかに人種主義的・全体主義的傾向を指摘しているんだ。〈「先に言及した書物を吟味するよう皆さまにお勧めします。ハンナ・アーレントはユダヤ人女性で（非ユダヤ人たちの自尊心に注意されたし）、この方の書いたもののことを、第二次大戦後もっとも重要な書籍と一定の人びとが呼びはじめています。やさしく読める代物ではありません。本書は、〈全体主義の起原〉についての深遠で詳細にして心の底から不安にさせられる分析です。」ぼくが何を言いたいかわかるだろう〉〔英〕。

〔…〕

　祖国救済者たちの著名な会議[1]では、大山は鳴動したものの、当然鼠の一匹も出なかった。イーストマン[2]は過半数をとれず、指導部一味がうまいことひねりつぶさなかったなら、マッカーシー[3]非難決議が通ってより厳しい状況を迎えたはずだ。ともあれ委員会ですら決議を免れることはできないか、分裂することになるだろう。メアリー[4]はとてもよくやっていたという。彼女がぼくに語ったところでは、きみの代役を徹底して演じようとしたのであって、だから自身で望んでいたのよりうまくいったんだとのこと。

　ぼくの講義は順調に進んでいて、楽しんでやっている。もっといっそうのことアクチュアルなものにしてゆくつもりだ。学生たちも喜んでいる。今週はクララ[5]の家に二回晩餐に呼ばれていて、その後で一回はビジネスマンの小グループに一般教育《リベラル・アーツ》と哲学教育《フィロソフィー・エデュケーション》の価値について、もう一回は知識人と実業家のグループにアメリカとドイツの協調の新しい道について話すことになっている。〈どうだね、彼女はぼくを獲得して、ぼくはこのタイプに引っかかりやすくてそれを喜んでいる〉〔英〕。

〔…〕

きみ自身を、そしてすてきな町パリを、楽しんでくれ。

　きみがそっちにいるというのに、ぼくは窓際に置かれた安楽椅子に、あるいはラジエーター［暖房器具の放熱体］に座っているきみをよく見る。

ぼくがきみを好きであるように、いつもぼくのことを好きでいてくれ。情けない日々だ。

愛《ラヴ》を

ハインリヒ

* The American Council for Judaism は、シオニズムに反対する改革派のラビたちによって一九四二年に設立された。

（1） 一九五二年三月二九日、ニューヨークのウォルドルフ・アストリア・ホテルでアメリカ文化自由委員会（American Committee for Cultural Freedom）の会議が開催された。これは、一九五〇年六月、ベルリンで約一〇〇名の西側作家、芸術家、学者が参加した文化自由会議（Congress for Cultural Freedom）の姉妹組織である。

（2） マックス・F・イーストマン（一八八三―一九六九） アメリカの政治的著述家・評論家。雑誌『大衆（*Masses*）』の編集者。〔若い頃は左翼でソ連を訪問するが、権力闘争を目の当たりにしてスターリニズム批判を強めてゆく。後に社会主義思想を放棄、戦後はマッカーシーの「赤狩り」に協力する。〕

（3） ジョゼフ・R・マッカーシー（一九〇九―一九五七） ウィスコンシン州選出の共和党上院議員。共産主義活動調査のための上院委員会委員長（一九五〇―五四）、非米活動委員会。

（4） メアリー・マッカーシー（一九一二―一九八九） アメリカの著述家、ハンナ・アーレントの親友。

（5） クララ・メイヤーはニューヨークのニュー・スクール・フォア・ソーシャル・リサーチ附設成人教育部の部長。

118

［パリ］ 五二年四月一七日

最愛のひと

今日は手紙書きの日のようですね。それにニューヨークからの郵便がちゃんと届くようになってからは、人生はまたとても生き甲斐のあるものになっています。グゲンハイム文書を同封してくださった一二日付の手紙は無事に遅れずに着きました。彼らは税務署のハイエナなんぞに負けはしないだろうと思いますが、それでも安全のために、わたしが奨学金を受けとるのは四月一日からだと返事を出しておきました。ヨーロッパ滞在費を控除できるようにするためです。とにかく彼らにびた一文渡すつもりはありません。そのためにも今後はホテルの領収書をちゃんととっておきます。お気の毒《タン・ピ》さま。

あなたが募金役《マネー・レイザー》とは、すっかり愉快になりました。

［…］

月曜日には二人の子ども、つまりアルフレッドと彼のアン［・バースタイン］といっしょに、シャルトルへ行ってきました。なんというみごとさ。そしてこのうえなくすばらしい春日和、陽光が青い窓から射し込んで、青をいっそう青くして。いまになってはじめて、わたしは建築にほんとうに開眼したところです。それがどんなに完璧な奇蹟であるのか、まるでわかっていなかったのです。

　ほかにも、それこそありとあらゆる人に出会いますよ。昨日はフランソワ・ボンディ、祖国救済者たちの事務局長(1)に——ただしこちらの会議の人たちは、そっちの連中とは違います。彼はスイス旅券をもつプラハ出のユダヤ人で、かつてはブラントラー派に属していたと判明。どうもおそろしく馴染みのある人のような気がして（フランツ・ボンディという名のひとをご存じ?）、もっと立ち入って詮索するのが怖くなったほどです。なにか関係があった人だと思えてなりません。とても感じがよく、とても礼儀ただしく、それにじつに知性ある男。——これよりずっと重要なのは（ローズにとって!）ミウォシュ(2)、バルト諸国についての彼の文章が『プルーヴ』誌の二月号に出ています(3)。たぶんうちにあるでしょう、なければローズがくれますよ。ほんとに、たいした人物《ケルカン》だと思います。若くて、混乱して、途方もなく不幸で、とても共感のもてる人、あらゆる点から見て愛すべき若者。いずれアメリカへ来るかもしれません。そうするのはほんとうに意味がある。ここにいては駄目になってしまいます。

　ここにはそんなところがあるのです。コジェーヴ(4)は（ヘーゲル学者、覚えておいででしょ《テュ・トゥ・ラペル》?）、六〇〇万のユダヤ人の殺害なぞまったく興味を惹かない、そんなものは「歴史的出来事」ではないのだから、と言い切っています。なにが歴史なのかを、ここではだれもが完全に自分ひとりで決めてしまう。事実、つまり歴史として認められた事実にすら、けっして確信がもてないかわりに、図式《シェーマ》はヘーゲルから来るのだと信じている。すべてが、大いなる明敏さを示しているにせよ、それほどでないにせよ、ばかげています。だれもかも書きまくり、出版しまくって、およそ大盛況。そしてパリは、さっきも言ったように、それなりの小さな《ソン・プティ・》幸せ《ボヌール》をまた見つけだしている——そしてだれ一人、たとえばフランはどうなっているのか、もしアメリカが支払うのをやめたらどうなるのかなんて、意に介さない。シャルトルでは時間があったので町なかも歩いてみました——川で洗濯する女たち、建ててから少なくとも三〇〇年はたっているばかりか（それでも新しいほう）、一〇〇年以上、修理もされないままの家々。〈地方は死にかけているのではもはやない、すでに死んでいるのです〉（仏）。

［…］

　部屋というのは重要ですね、昨日からわたしは王侯貴族のような暮らしです、むろんパリの屋根の下で《ス・レ・トワ・ド・パリ》(5)、独立した入口の間と浴室が付いている大きくてきれいな部屋。ここのホテルでせしめたのです、じつに安い値段で。なにしろ五階なので、だれもそんなに階段をのぼりたがらない、わたしはそんなこと平気です。――午前中はきちんと図書館に通っています。午後は書くことにしたのですが、でもまだ実行にいたりません。ねえ、わたしがばかになっても、かまわないでしょ？

［…］

ユダヤ教評議会はもうかなりまえからわたしをご贔屓にしてくれています。そういうことはいつだって少しは宣伝になるし、たしかに《ゴッド・ノウズ》、わたしにとってもありがたい。メアリーのこと、とてもうれしかった。彼女はそのときのスピーチをわたしに送ってくれないかしら？

［…］

あなたの

（1）フランソワ・ボンディ（一九一五―二〇〇四）スイスのジャーナリストで評論家。「祖国救済者たち」というのは、〈文化自由会議〉を指す。書簡117・注1参照。

（2）チェスワフ・ミウォシュ（一九一一―二〇〇四）ポーランドの作家〔一九八〇年ノーベル文学賞〕。この当時はパリで暮らしていた。一九五八年にアメリカへ移住。

（3）Czeslaw Milosz: "Je pense aux Baltes". In: *Preuves*, Février 1952, S. 13-24.

（4）コジェーヴ（一九〇二―一九六八）はもともとの名をアレクサンドル・ウラディミロウィチ・コジェフニコフといい、十月革命後にロシアからドイツへ逃れ、ヤスパースのもとで学位を得て、三〇年代はじめにはパリの高等研究院 Ecole Pratique des Hautes Etudes でヘーゲル講義をおこなっていた。

（5）おそらくシャンソン「パリの屋根の下」をもじったもの。

119

［ニューヨーク］一九五二・四・一八

最愛の人

いつも目の前に置いてあるアドレス・リストのなかで、第一に挙がっているのがパリのアドレスなので、日程なんかかまわずにただ機械的にそれに従っていた。

きみの長い手紙は見事なまでにパリ的で、ほとんどホームシックを起こすほどだったよ。ぼくだって実際にそこにいて話に加わりたかった。こんなふうに思う機会がそのうちまたあるだろうか。あるいはそうした場面に居合わせたことがあっただろうか。何もかもがみんなきみの周りに集まり、きみにやさしくしてくれているようだね、誰からも愛される人よ。エルケはひとりで旧世界を歩き回って楽しんでいるんだろうな。あんなひどい病気の後なのだからそれも許してやろう。それであとはきみたちが絵葉書でパリという都市の心を送ってくれさえすれば、他に何を言うことがあろうか。［…］ぼくには、ビュシ通りとオーヴェルニュの男〔書簡116〕が目に浮かぶ。そしてきみがあそこの角のカフェでぼくと一刻も早く会うために彼の傍らを小走りで通る様子が。この住まいにきみがいないなんてにわかには考えられないのだから、きみはここにいる。でもそれだけじゃなく、ぼくのほうでもときとしてきみのもとにいる。ぼくたち二人は現にまさしくそこでいっしょに住んでいたんだもの。現にそこにいたという事実によって、いつだってそこにいることとなる。もしも実際に生を生きられるようになりはじめると、生はよりいっそう奇妙なものとなる。そこできみは、飲むべき場所、パリで、それも友人たちと飲んでいるし、仕事のできる場所パリで、それも過去のすばらしい連中に囲まれ、仕事をしている。それに、ぼくに長い手紙なんか書かなくてよいなら、もっとよかっただろう。でもそこからすぐぼくに縄をかけようとして(アリアドネの糸が引き綱になる様子を考えてもみてくれ)ぼくに長い手紙を要求するなんて、女らしいものだ。ぼくはといえば、あらゆる真理を拒む現代のバビロンの状況下でニヒリスティックな大渦巻きのラッシュアワーに右往左往させられていて、それを週に二回同時代人たちに向かって描き出してなんとか切り抜けているんだから。

加えて、愛情あふれるクララが、学校の資金獲得のための三つの計画にぼくも巻き込んだので、ぼくはまったく見知らぬ人ばかりをまえにして彼らに感銘を与えている。ソクラテスなら夢にも考えなかったような哲学活動だ。この秋のぼくの計画を、一週間内にでも練り上げなくてはならない。ぼくは政治的なものの概念をめぐり、政治的理性批判を講義して、アテネ〔知恵・学芸の女神〕をふたたび呼び戻し、そして同時に「哲学的エロスの理解について」というまさに新しい種類の頌歌をアプロディテ〔美と愛の女神〕に向かって歌うつもりだ。さらに、近代のバビロンでひそかに育った近代のアテネ〔都市名〕の若者たちを誘惑するのだ。でも言うまでもなくここでソクラテスはさほど幸福でなかったし、彼の乙女たちも同様だ。時代は変転して、ソクラテスは彼女たちを神々から遠ざけ、ぼくは彼らをふたたび神々へと誘惑した。けれど神々もまたこの間のぼくたちとのあいだでひどい経験を被った後ではみずからのうちに引きこもり、形を変えて壮大きわまりないものとなりおおせた。ただ神々がこの先ずっと何をできるものなのか、人にはわからない。

夏の「空虚の神話《ミス・オヴ・ザ・ヴォイド》」(3)のためにたくさん読んで準備しなくてはならない。すでに新しい計画に没頭しすぎているので、好ましい状態でない。それをしないで済むならばどんなにすてきなことか。哲学入門講義をまさしく衝撃的なものにしてみせる気でいるんだ。

メトロポリタンでのセザンヌ展のこと。一〇〇点を超す傑作が一堂に会している。バッハがほとんど音楽全体を包括しているようにセザンヌは絵画全体を包括している。こんな展覧会は五〇年に一度しか実現しない。きみが見られないのは残念だ。でもぼくが四回は見ておいて、きみが帰ってきたらどんなだったか話してやろう。キースラー(4)が彫刻と建築のすばらしい近代的な綜合を果たした作品を展示し、ロダンが挫折した問題を解決した。彼はすっかり喜んで、ぼくはそれを理解した唯一の者だと言って、お墨付きをいただけた。彼とホルティ、そして何人かぼくが選んだ人たちといっしょに、秋にはニュー・スクールで変化の様式についての討論会を鳴り物入りで開き、ぼくが司会をすることになっている。

その前に、来週にはビジネスマンのグループに話をするつもりだ。彼らは関心を気ままにめぐらせているが、その関心が突如として神の摂理による転回のように、ぼくたちがそうであるような一般教育《リベラル・アーツ》を担う者の存在と関係してくる。このことを彼らはまったく判っていないから、こんな話にとんでもなくびっくりするだろう。大衆の背中にひらりと跨り、大衆がもっとも密集しているところ、つまり収容所でぼくたちを大衆のなかに埋葬しようとしている、生半可な知識人《セミ・インテレクチュアル》によって、ぼくたちのような本物の自由な知識人と同様に彼らだって、その存在を脅かされているんだ。

[…]

そうそうヤスパースだった。当然ぼくの言っているのは正しかった。だってそれがまさにもっとも壮大な最良の意味で自然だからだ。きみの哲学者たちがきみに対してやっていることと言ったら。でもきみが望んだことだったし、「すべてを神々は与える」(5)、ただ、どのようにかをぼくに訊かないでくれ。もしきみが少しばかり長く留まることができてサン・モリッツでヤスパース夫妻と夏休みを取れるようなら、ぜひともそうしなさい。こうした機会はそう頻繁にあるものじゃない。きみをふたたび家で迎えられるまで、ぼくは喜んでパレンヴィルにひとりでいよう。

何度も何度も肩をぽんと、最良のやり方で

ハインリヒ

(1) ハンナ・アーレントとエルケ・ギルベルト（書簡89・注5参照）。

（2）　ニュー・スクール・フォア・ソーシャル・リサーチでの講座を指す。
（3）　ブリュッヒャーの一講義の題名。
（4）　フレデリク・J・キースラー（一八九六―一九六五）ウィーン生まれ、一九二六年以降ニューヨーク。建築家、彫刻家、画家。
（5）　ゲーテの短詩。全行は次の通り。「すべてを神々は与える、無限の神々は、／彼らの寵児にいっさい、／すべての喜び、無限の喜び、／すべての悲しみ、無限の悲しみいっさいを。」

120

［パリ］　五二・四・二四

最愛のひと――

今日はわたしの書く日のようですね。パリを泳ぎまわっています、残念ながら少し冷え込んでいますが、それ以外ではすばらしい。あなたのうれしい、すてきな、長い！（これがいちばん重要）手紙は、きちんと火曜日に着きました。

［…］

またパリのこと。「現にそこにいたという事実によって、いつだってそこにいることとなる。」わたしの賢いシュトゥプス。ずば抜けているその賢さは、ビジネスマンたちにさえ役に立ちますね。――わたしは自分の決心に忠実に図書館に通って、資料室で仕事をしています、たくさん興味ぶかい資料があるけれど、まだたんなる資料。

わたしの哲学者たちときたら、わたしをすごく心配させています。ヤスパースはほぼ一日おきくらいに手紙を書いてくる。フライブルク(1)には、わたしはとうとう手紙を書きました。最初のうち、彼にわたしの住所を知らせずにいたのです。五月一九日と決めました、どういうことになるかは会ってみてからのこと。彼はほっとしたように、これで少なくともわたしの居所がわかったと、返事に書いてきました。夫人と揉めているのは明々白々。彼女はおそらく、ヤスパースが彼女の夫をまるで下劣者《カナーユ》あつかいしたと怒り狂っていて、それをどうやらわたしのせいにしているようです。要するに、もうめちゃくちゃ、わたしたちがすでにニューヨークで察していたとおりに。

［…］

じつにいろいろな人と会っています。ミウォシュのことはもう書きましたね、彼とはまた土曜日に会います、ジャンヌ・エルシュ(2)と、フランス人作家のルオーといっしょに。ヘルベルト・リュティも気に入りました、スイス人です、若くて、賢くて、とても気持のいい人物。また会うことになるでしょう。カミュはいましがた電話をかけてきたところ、レイモン・アロン(3)とジャン・ヴァール(4)には来週会います。今晩はコイレ(5)に、彼は少しはよくなってきたようです。とても老けてしまいました。サルトルたちには会うつもりはありません。無意味ですから。彼らは自分の説にすっかりたてこもってしまって、ヘーゲル流にしつらえたお月さまで暮らしています。ヴェイユのヘーゲル・ゼミナールに行ってみました。かなり退屈だし、ひじょうなガリ勉スタイル。格別なところは皆無です。

グリアンがひょっこりここのどこかに姿をあらわしそう。フライブルクではよく気をつけていることにしましょう、ちょっとはうまくいくよう念じています。わたしのフライブルク訪問それ自体は、秘密にはしておけません。まずは少なくとも一週間は滞在することになります。でもなるべくビジネスを口実にしておきましょう。

アルフレッドはアメリカ大使館でほんとにいい講演をしました。わたしたちみんな、とても誇らしく、満足でした。そのあとこの子たちふたりはいっしょに旅立ち、彼はオランダをへてケルンへ向かい、彼女［アン・バースタイン］はここへ戻ってきます。このかわいい娘さんはもう彼にかなりの不安を感じています。いつもおなじ顛末ですよ、彼は気分屋で、どう変わるのか予測がつきませんものね。わたしは彼女がとても気に入っています、彼女はこの坊やをほんとうに愛しているんです。

ラスキーからのベルリンへの招待、受けようかと思っています、それにチュービンゲンからも（このことをアルコプレーに伝えてください）、ライプニッツ講義《コレーク》*で話をするように招かれています。

書くひまがほとんどありません、図書館での仕事に時間を目いっぱい使わざるをえなくて。唯一どうしても書かなくてはならないのが、ヤスパース記念論集に寄せる論文、テーマはたぶんイデオロギーとテロル(6)。問題は時間だけです、これをちゃんと紙に書きおろせれば、あとで講演にそのまま使えて好都合なのですが。

最愛のひと、あなたの少年たち、乙女たちを、神々のところへしっかり誘ってあげてくださいな、あなたの書斎の壁にあんなにすてきに飾ってあるあなたの神々のところへ。わたしはヤスパースを見ていてとうとうわかりましたよ、つねに唯一神であることに偏執的にこだわる、老いて嫉妬ぶかいヤハウェを神として選んでしまうのが、どんなに残酷でおそろしいことかを。

今日はあなたへ本の小包を一つ二つ発送しました。もしなにか特に欲しいものがあれば知らせてください。本は比較的安いんです。

明日はアンヒェンといっしょにライプツィヒのトマス教会少年合唱団を聴きにいきます。

あなたの

（1）マルティン・ハイデガーのこと。
（2）ジャンヌ・エルシュ（一九一〇—二〇〇〇）ヤスパースの弟子。一九五六年以降、ジュネーヴ大学の体系哲学教授。
（3）レイモン・アロン（一九〇五—一九八三）フランスの社会学者で時事評論家。
（4）ジャン・ヴァール（一八八八—一九七四）フランスの哲学者。一九二七年からソルボンヌ大学教授。
（5）アレクサンドル・コイレ（一八九二—一九六四）ロシア生まれのフランスの哲学者。戦争中はアメリカに亡命して、ニューヨークのニュー・スクール・フォア・ソーシャル・リサーチで教えた。
＊ Leibnitzkolleg はチュービンゲン大学の一般教養課程の名称。
（6）Hannah Arendt: "Ideologie und Terror". In: *Offener Horizont. Festschrift für Karl Jaspers*. München 1953, S. 229-254.〔ドイツ語版にもとづく邦訳『全体主義の起原3　全体主義』の第四章として収録された〕

121

〔ニューヨーク〕　五二・四・二六

最愛の人

きみがパリの屋根の下《ス・レ・トワ・ド・パリ》に暮らし、パリがふたたび見いだした小さな幸せ《プティ・ボヌール》に与って、したたか飲んだり大聖堂を見学している分には、ちょっとぐらい幸福感にお馬鹿になっていようが、なんらかまわない。建築に対する感覚にきみが開眼したことは、心の底から嬉しい。これでパリが二倍すてきになるだろう。

〔…〕

そしてみんな揃っている。シャルトル、セルネ〔アルザス地方の都市〕、都市《ラ・ヴィル》〔パリ〕、樹木の開花。「ぼくがこんな言葉で歌うとき、もっと大きなことが必要だ、春の日、おまえを讃えることが。(1)」きみは本気でぼくにホームシックを起こさせようというのか。でもそうは問屋が卸さない。ぼくはさまざまな問題を扱い、大家たちにお伺いを立て、教え子たちに語り、そしていまはすっかり引きこもっている。近いうちきみに話してあげよう、するときみは言葉を差し挟むだろう、するともっとすばらしくなるだろう。そうしている間にも晩餐の招待を断り切れなくなってしまった。

〔…〕

グゲンハイムについての祝辞が舞い込んでいる。きみに代わってぼくからお礼を述べておこう。

今日はニュージャージーまで出て、学生や画家たち数人に教えながら一帯を巡礼しなくてはならない。哲学コースにいる年取った魅力的なユダヤ人がついてきて離れないのだが、ニュー・スクールの準学士《アソシエイト》だと身分を明かして、ぼくを訪問したいという。哲学からも社交生活《ソーシャル・ライフ》が生まれるものだ。いかにも彼は魅力に満ちている。何日かすばらしい春日和だったが、いまはまた寒く湿っぽい。太陽の輝きをパリが引きつづき浴び、きみもまたそうであるように。

（〈タイプライターのリボンをきみはひどいことにしていたぞ。〉）〔英〕

きみからの長い手紙はすばらしかった。

きみのハインリヒ

（1）ルートヴィヒ・ウーラントの詩「春を讃える」の第二連。〔全二連の前半部は次の通り。「苗の緑、スミレの香り／ツバメの旋回、ツグミのさえずり／天気雨、穏やかな空気！」〕

122

パリ　一九五二年五月一日

わたしの最愛のひと——

五月一日は公式の休日、わたしはがむしゃらにほっつき歩いています。暖かくて、陽が降りそそいで——こういうのをパリっ子はうっとうしいと言うんですよ、なにしろ彼らは蒸し暑さ《ヒューミディティ》を知りませんからね。要するにすばらしい天気です。

あなたの今度の手紙はことのほかすてきでした。とても軽やかで、くつろいでいて、ほんとうに楽しげで。［…］

昨日はカミュを訪ねました。いまのフランスでは断然、最良の男です。ほかの知識人たちはみな、せいぜいまあ我慢できるといった程度。これは、ここだけの話《アントル・ヌ》、レイモン・アロンについても当てはまります。わたしをとても温かく友情をもって迎えてくれましたから、こんなこと、人まえで言いたくはありませんが。ジャン・ヴァールは相も変わらず、いわゆるポエジーの厚い衣をまぶしただけの、リセの生徒なみの知性。今日はアンリ・フルネのところへ行きました、かつてのレジスタンス運動の閣僚〔ド・ゴールの亡命政権〕(1)、いまはヨーロッパ運動の会長です。*彼はわたしの本をプロン(2)にもちこむつもりです、うまくいくとは思えませんが。抜群の男で、士官学校出、サン＝シル＝レコールだと思います、男の見本《マスキュリニ・ゲネリス》のような男。解放のあと権力を握れたはずの唯一の人物——しかし慎みと愚かさからそうはしなかった、でもけっして愚昧ではありません、それどころか綿密・的確で、知性ある人、アメリカのことを少しはわかっている。（これはまさに驚くべきことなんですよ。）れっきとした近代人で、本来なら、先の見えないいまの連邦主義的ヨーロッパ＝安物店でぶつぶつ文句を言い言い働いてなんかいないで、じっさいに政治をやるべき人なんです。わたしはとても気に入りました、きっとまた会うことになるでしょう。彼は共産主義者による政治的殺戮のことを話してくれました。解放の直後、彼らがレジスタンスの名において、レジスタンス内の彼らの反対派にたいしておこなった殺戮で、彼によると数万もの数にのぼるとのこと。ガロンヌ県のある小都市一つだけでも、八〇〇人のスペイン人（アナキスト、ＰＯＵＭ[3]の人たち等々）が殺害された。これだけでもどんなだったか見当がつくでしょう。このせいでたちまち、人びと、つまり住民すべての目に、レジスタンス全体の評判が救いようのないほど落ちてしまったのです。それに彼らはみな、この件を徹底的に暴いてただちに共産主義者の殺人者どもと縁を切る勇気はなかった。そういうこと《ヴォワラ》ですよ。彼は、これがいちばん重要だと言ってもいいくらいの原因で、すべてがうまくいかなくなったのだと言います。わたしはこの闇の歴史を正確に知りたい、近いうちにだれか詳しく《アン・デターユ》話してくれる人と会うつもりです。わたしのシュトゥプスのために、できるかぎりのことをします。

　昨日は無料入場券でアルバン・ベルクの[4]『ヴォツェク』を観にゆきました、みごとなウィーン舞台。アンヒェンに言わせると、芝居ができるのはドイツ人だけ、これはすごいことよ、音楽そのものだって。（笑っちゃいけませんよ。）明日はまた無料入場券で、あるオーストリア人の作品。彼はパリじゅうの話題になっています。どんなものかは見てのお楽しみ《オン・ヴァ・ヴォワール》。日曜日にはジュリエット［・ステルン］といっしょに『守銭奴』[5]へ。先週はライプツィヒのトマス教会少年合唱団。信じられないほど美しかった。こうして書き並べたのは、わたしがどんなふうに過ごしているかを知っていただくため。でも毎日、ちゃんと図書館に行っているんですよ。それでもやはり、信じられないほどすてきな休暇。アンヒェンといっしょなのも、ほんとにすてき。

　ここではいま、みごとなフランス絵画五〇年展をやっていて、これを見てはじめて、どんなに壮大な発展だったのかがよくわかります。いくつかのとてもいいモディリアーニと、あなたの好きなピカソの雄牛の頭。残念なことに複製は一枚もありませんでした。あったら展覧会まるごと送ってあげたいところだったのに。［…］

　本が大量に溜まっています、買ったものと、ひとりでに集まってきたものもあって。そのなかに掘出し物《トルヴァーユ》が一つありますよ――ホルバッハの(6)『自然の体系』、きれいな一八世紀版で、約二・五〇ドル。この本の山をどうしたらいいかわかりません。小包づくりの練習が必要でしょうね。これでひとまずお終いにします、フランが尽きてしまいましたから。本はこちらでは、新刊でなければほんとうにとんでもなく安いし、あらゆる本が見つかるんですよ。

わたしの手紙はどうも長くなってしまいますね、書くことがたくさんありすぎて。もっともっと長くだって書けそうです。ちょっと気恥ずかしいけれど、わたしがどんな気分か知っていただくために、シャルトルからの帰りに花盛りの田園地方を車で走ったとき胸に浮かんだ小さな詩を書いておきます。

大地はびっしりと野原に野原を重ね、
そのかたわらに木々を織り込んで、
わたしたちの道はそこを縫って走る糸、
畑をへめぐって世界のなかへと。

花々は風のなかで歓びの声をあげ、
草はすくすくと伸びて、花に心地よい臥所をととのえ、
空は青く冴えておだやかに挨拶を送り、
陽の光はやわらかな鎖を紡ぐ。

ひとびとは道に迷うことはない――
大地、空、光、そして森――
春ごとにあらたに生まれてくる
こよなく壮麗な力のたわむれのうちに。

この天国は来週で終わって、それからは人生の厳しさがはじまります。でももう潮時でもあるんです。ほんとに、わたしたちはもうここでは暮らせない。愚者の天国、されど天国。そこに暮らすには、ひじょうに若いか、ひじょうに年寄りでなくてはだめなのです。でも休暇を過ごすには、ああ、あまりにすばらしくて、ほんとうとは思えないほどです。

あなたの

最愛のひと――

[…]

＊　アンリ・フルネ（一九〇五―一九八八）は第二次大戦後盛んとなったヨーロッパ統合運動で活躍し、一九四八年ブリュッセルでの「ヨーロッパ会議」で組織的結成に努めたのち、そのフランス組織ＵＥＦの会長をつとめた。

（1）　アーレントの『全体主義』の本。

（2）フィリップ・アンリ・プロン（一八〇六―一八七二）が創業した出版社リブレリ・プロンのこと。
（3）P.O.U.M = Partido Obrero de Unification Marxista. マルクス主義統一労働者党。スペイン内戦期のトロツキスト組織で、党員はファシスト勝利のあとフランスに逃れた。
（4）アルバン・ベルク（一八八五―一九三五）オーストリアの作曲家。オペラ『ヴォツェク』（一九二五）はゲオルク・ビュヒナー（一八一三―一八三七）の戯曲『ヴォイツェク』にもとづく。
（5）モリエールの戯曲。
（6）パウル・H・フォン・ホルバッハ（一七二三―一七八九）哲学者。百科全書家の一人。

123

［ニューヨーク］五二・五・三

最愛の人

きみからの手紙がすっかりぼくの必需品となってしまい、ぼくは郵便受けに走っている。手紙のなかからはきみの声がよく聞こえてくる。きみのおかげで、パリとヨーロッパのおこぼれをいっしょに楽しむことがちゃんとできている。すべてをまたありありと思い浮かべることができる。

バロン夫妻のお宅にぼくが晩餐に招かれて行ったとき、ありがたいことに彼らはきみの手紙[1]を受け取っていた。ジャネットのいくぶん不機嫌そうな表情が消えて愛想の良い微笑みに変わり、内面の傷つきやすい感情が反映されるのをすでに男らしく抑制していたバロンの顔は、いまや深い満足を表わしていた。二人はきみと個人的につながっていたいと願っているんだ。じっさいどれほど多くの人がきみからの評価を頼りにしているか、驚くばかりだ。そんな様子に接してぼくは嬉しいかぎり。なんとか筆無精に打ち克って、心のこもった言葉を添えた葉書でも何枚か書いてあげてほしい。

［…］

パドーヴァー[2]から、ニュー・スクールできみは何の講義をするつもりか問い合わせがあった。月曜日に他のものといっしょに手紙もきみに送る。ブラウスは見つかった。ラーエル[3]といっしょに月曜日に発送できると思う。

こちらの催しでぼくの気を引くのはセザンヌ展だけだ。それ以外はニュー・スクールでのくだらない仕事ばかり。学生の論文を読む、試験の準備、夏期講習に適した本を探す、秋の計画を書く、ビジネスマンのためのメモを作る、大陸間理解の仕事についてのプログラムを作成する、といった具合だ。きみが手伝ってくれたらどんなによかっただろう。もしかしたら後でお願いするかもしれない。ニュー・スクールの件はよく考えておいてほしい。もしかしたらきみの集める聴衆は、ぼくのとかなり重なるかもしれない。

［…］

きみの哲学者たち(4)はなんともお見事に地金を出しているな。でもこの娘さんはこの間いろいろ学んできたことだし、彼らもそれをよく知ることになるだろう。この男の子たちには丁重に振る舞ってほしい。彼らがいまや老いた娘たちと結婚しているからにはなおさらだ。彼女たちとて何年も前にはまだそんな老いた娘などとはっきりわかったわけじゃない。自然というのはかくも慈悲深く、長いこと真実をぼくたちの前から隠しておくことができるのだ。人間とは気の毒なもんだ。

こちらは、日は照っているが涼しく、インディアン居住地に出かけないかとしじゅう誘われる。けれど夏のすてきな時にきみみたいにフランク人の土地へ行くだけの心がまえもないぼくは、たいていお断りしている。ぼくは仕事に打ち込み、教室以外ではほとんど人とは会わず、目下のところ新しい問題とかなり集中的に取り組んでいる。ということは、ぼくはいますごく陽気なわけではない。だから人びとに接してもかなり気むずかしい。クララ・メイヤーに対してすらそうだ。ローズはすてきな音楽で気分を盛り上げてくれようとするが、うまくゆくのはごく稀だ。本だって？　もちろんハイデガーだ。あとは現代フランス哲学ときみが欲しいと思うものならなんでも。

きみがいてくれるのはなんとすてきなことか。［…］

心の底から

きみの

ハインリヒ

(1) ハンナ・アーレントは比較的長い間手紙を書いていなかった。
(2) ソール・パドーヴァー（一九〇五―一九八一）〔ウィーン生まれで一九二〇年に両親とともにアメリカ合州国にうつる。〕ニュー・スクール・フォア・ソーシャル・リサーチの政治学教授。
(3) ハンナ・アーレント『ラーエル・ファルンハーゲン』原稿。
(4) ヤスパースとハイデガー。

124

［パリ］一九五二年五月八日

最愛のひと――

わたしたちの手紙、今回はとても順調に行き交いましたね。わたしの手紙はあなたの気に入り、あなたのはわたしの気に入って、すべて申し分なし。バロンからは今日、心のこもった短い手紙が来ました。一両日中に彼に詳しい手紙を書きます。でもまずは、すべての人に会ってからにしたいのです。いずれにしても彼は承知していますよ、わたしが土曜日にはドイツへ発つことも、ドイツではちゃんといい子になって、われわれの関心事[1]のために働くだろうことも。その準備のために、昨日からずっとユダヤ人ばかりに会っています、いうなればベルト・コンベアー方式で。フランスのユダヤ人はなんとも形容しがたい。今日、連合[2]では、まったくオペレッタの渦中にいるような気分でした。欠けていたのは、彼らが歌い出さなかったことだけです。

　エルケのこと、たぶんおっしゃるとおりですね[3]。ほんの数日まえ、彼女はわたしをカフェに引っ張っていったのですが、そこには二、三のお笑い芸人も居合わせていました。そのおしゃべりたるや、形容を絶するほどです。こういう連中がいまドイツやとくにオーストリアで、ほんもののユダヤ人憎悪（反ユダヤ主義ではありません）を煽っているなんて、まったく我慢なりません。わたしはさっさと逃げ出して、その後はエルケに電話もかけていません。もちろんそんな時間がないからでもありますが。

　わたしのユダヤ人のうち、ルイス・フィンケルスタイン[4]も姿を見せましたよ――なんとまあ、朝九時の朝食どきに。〈彼はわたしに心の重荷をぶちまけ、魂をすっかり開いて見せたのですが〉〔英〕、そこから何が出てきたと思います？〈ユダヤ神学校を世界最大の霊的センターに〉〔英〕すべし。そのためにわれわれみんなが協力すべし。そのことで彼は、わたしにすらとても可能とは思えないほどの盲滅法さでパリじゅうをかけずりまわっているのです。霊的センターの組織者！　それでいてとても感じがよくて友好的なんですよ。

　アンヒェンと昨日、わたしの反ユダヤ主義（ママ！）について本気で議論しました。話しているうちにわかったのですが、彼女は、わたしが彼女の人物像を描いたと思っているのです[5]。ほんとに、そんなことはないのに。ここのユダヤ人はみんな、どう見てもわたしに腹を立てているようですが、それをわたしには言わない。プロンはあの本に関心があるらしいですよ。様子を見ていましょう《オン・ヴァ・ヴォワール》[6]。ハーコート・ブレイスが書評のフォルダーを公表する決心さえしてくれればいいのですが。ほんとうにそういうものが要るんです。わたしのところには書評は一つとして来ていません。

［…］

　アルフレッド[7]はケルンで退屈しています。彼の退屈がドイツ語を知らないという事実といくらか関係があるとは、

どうも気づいていないらしい。[…]

パドーヴァーの提案については、パリで考えられる範囲でではありますけど、よくよく考えてみました。秋では問題になりませんが、春ならまだ時間がありますよね。それとも？　春になら、マルクス主義について講義をしたい、つまりイデオロギーと、そのほか労働、歴史、等々のいくつか中心的な要素について。どうお思いになります？　まずはあの本(8)を一五回の講義にしてみるのは、意味があるかもしれない。でも反面ではもちろん、またしてもたくさん背負い込みすぎて、グゲンハイムを十分に活用できなくなりはしないか、不安もあります。

[…]

文化会議《コングレ・ド・ラ・クルテュール》(9)とはもうあまり関係がなくなっています。ここの人たちは、右翼のあんな阿呆どもを使うなんて真似はできないので、そっちの連中よりはましなのですが、そのかわり、結構な生活で堕落していますし、そもそもかなり感じのよくないユダヤ人の一団なのです。わたしの見るところ、非ユダヤ人はたんに広告用にときおり迎え入れられているにすぎません。こちらではこの種の組織はすべて、ただのお楽しみの会に堕していて、それに文句をつけるつもりはありませんが、加わろうという気にはなれません。こうなったのは結局のところ《オ・フォン》、することなすことすべてが文字どおり間違っているという状況だからで、それならいっそ、なにもやらないのが一番いいのです。これでは対抗勢力なんてけっして伸びはしない。楽しもう《オン・サミューズ》、それがすべてだ《ヴォワラ・トゥ》、ではね。

ヤスパースはいま、どうしてもサン・モリッツへ来るようにと招待してくださっています。ただ彼自身、その家をまた使えるのかどうかがまだわからないとのこと。わたしはいま承諾の返事を出したところです。ということは、ねえ、あなた、わたしは八月後半まえには家へ帰れないということですよ。飛行機で帰るつもりで、アメリカン・エクスプレスへ行ってきたところですが、予約は七月はじめでいいと言われました。

[…]

パリはアメリカ人だらけ――みんな食べ物について不平たらたらです。いつまでたっても、わかっちゃいないんですね。でもサクランボとイチゴはあるし、とっても安い。わたしは思いっきり食べています。

[…]

最愛のひと、これらの手紙がこんなふうで、わたしその人のようだとすると、そこから出てくる結論は、わたしはかなりとりとめもなく喋るばかりで、何ひとつ順序立てられない、ということにしかなりませんね。

ちょっとばかり行き詰まったからといって、くよくよしないでくださいね、そういうことはこの職業にはつきものなんです。なにがほんとうに大事なのか、わたしたちふたりだけは知っている。（ユダヤの諺によると、真実は神のもとにしかないけれど、わたしのもとにも少しはある。）わたしだっておよそ生涯かけても、何ひとつちゃんとしたものはもう仕上げられないだろうと思います。

［…］

ハイデガーがチューリヒでの討議の記録を送ってきました。部分的にはとてもいい活発な論議、でもある部分はやはり――とにかく《アンファン》、見ていただきましょう《オン・ヴァラ》。フライブルクに着いたら、あなたに送ります。

あなたの

ハンナ

(1)　ユダヤ文化再建機構のこと。

(2)　Alliance Israelite Universelle.　教育・文化のためのユダヤ人組織。

(3)　ブリュッヒャーはこのまえの手紙で、本書では省略されているが、エルケ・ギルベルトについて感想を述べている。

(4)　ルイス・フィンケルスタイン（一八九五―一九九一）　ニューヨークに一八八六年に創設されたラビ教育機関であるユダヤ神学校の校長。

(5)　おそらくアーレントが『ラーエル・ファルンハーゲン』で示したラーエル解釈のことを言っているのだろう。アンヌ・ヴェイユはこの本を原稿段階で読んでいた。

(6)　アーレントの『全体主義』の書評を集めたフォルダー。

(7)　ケイジンはこのころケルン大学でアメリカ学の客員教授をしていた。

(8)　計画中のグゲンハイム＝プロジェクトのこと。書簡116・注６参照。

(9)　「文化自由会議」のフランス支部。書簡117・注１参照。

125

［ニューヨーク］　五二・五・一〇

親愛なる《ディア》アーレント博士《ドクター・アーレント》

これ以外のどのように、わが高名なシュヌッパーに呼びかけたらよいというのだろうか、最愛の人よ、いまやプリンストン大学(1)での六回の講義に一五〇〇ドルが支払われるという、それはしかしロックフェラーの分け前(2)に与えることにもなるわけだが、そんなきみに呼びかけるんだもの。グゲンハイムにしても今回の依頼にしても、きみが本で(3)果たした仕事に対するわずかながらの後払いの報酬としかぼくは見なしていない。それでもきみがよりいっそう影響を与えられるのは嬉しい。それにここできみに提供されている枠はこの国で最良のもののひとつだと思う。このためにきみは今年についてはニュー・スクールから遠ざかることになるだろう。というのも、きみの新しい課題を生き生きした主題に即して少しばかり確証する機会としては同じようだし、こちらはたった六週間ですむのだから。そこでぼくの側では、政治的理性について講義する講座を秋に開くつもりだ。そうでなければ春まで延ばすはずだったんだが、お互いの学生がかち合わないようにと思って。そうすれば春にはきみもニュー・スクールでの講座を開く気になるかもしれない。

きみの本が、短縮されてではあれ、ドイツ人に読めるようになるのはいいことだ[4]。どうしてカミュはフランスでの出版に尽力してくれないんだ。いまこれをもっとも切実に必要としているのはフランス人だろう。まだ間に合ううちにフランス人は本書を読むべきだ。きみも少し本腰を入れてかからなければ。これは個人的に重要な問題にとどまらない。

ゲーテのライプツィヒですら小パリとして同時代の人びとの教養を育成したのだから、本物の大パリならどれだけになるだろう。そこでは建築、絵画、さらには現代音楽すらきみを囲んで磨いてくれ、シュトゥプスの教えが実地で理解されるだろう。きみはそもそも自分がどんなにすばらしいのか、よくわかってないね。もしわかっていたなら、しまいには気が変になってしまうだろうけど。きみは生まれつきギリシャ的な度量をもっているのだから、どんなに熱狂したって許されるんだ。真理であるには美しすぎる。それは確かだ。ただ持続するには真理がかちすぎる。それでも永遠につづくだろう。人間には思い出すことができるし、また、繰り返す《ヴィーダーホーレン》ことを、取り戻す《ヴィーダー・ホーレン》ことを求める、そのかぎりで、人びとによって繰り返しよみがえらせられるのだから。

ローベルトのことなら目に浮かぶようだ。元気の出る言葉の二つ三つ、送っておいてやろう[5]。青春にしがみつこうとする者は時間によって後ろへと引っ張られてゆく。老齢を迎えに出る者は、いっしょに自分の青春を未来に連れてゆく。哀れな歌手は歳を取って声を失うことを怖れる。だがまさにそのときに本当の歌は始まる。

きみの詩は、ウーラントの春の歌*くらいすばらしかった。三行の修正を提案しておこう。

空は青く冴えておだやかに挨拶を送り
陽の光はあたたかな鎖を紡ぐ
……
やわらかな全能のたわむれのうちに

何冊かフランス語の本が届いた。とくに嬉しいのは、ベルクソン、ソレル、プルードンだ。

ヤスパースは、グゲンハイムとプリンストンのせいで、きみのことをよけい誇りに思うだろう。それに対してハイデガーは、女性の哲学への進出を遺憾に思う新たな理由をもつことになる。二人の新しいものを送ってほしい。そうすれば二人は、彼らを理解しようと努める少なくとも一人の人間を得ることになる。

この何週間かぼくは骨〔困難〕を抱えていたが、今日になってそれを叩き潰し、やはりまだ思考をできるんじゃないかとふたたび思いはじめている。ぼくが骨を抱えているときには、きみのいないのがただただ耐え難い。喜ばしいこのときにきみは骨など抱えていないよう祈る。そんなことでもあればおそらくシュトゥプスに向かって叫ばなくちゃならないだろう。

［…］

ぼくたちはみずからの道を歩み、神々に仕えたい。

ぼくはおびただしい量の雑務を学期末に片づけなきゃいけない。でも合間にはクララ・メイヤーとまたセザンヌに行く。セザンヌが絵を描くように、ぼくも考えることができればな。

学識あるご婦人に挨拶をお送りする。きみはしっかりとこのご婦人に汗をかかせ、それでも同時に異郷から来た小娘[6]のままで、似合わない帽子をかぶってぼくの部屋にいつもいつも入ってくるんだろう。

きみの

ハインリヒ

（1）一九五三年一〇月にハンナ・アーレントは、「カール・マルクスと政治思想の伝統」の題のもとでプリンストン大学の「批評についてのクリスチャン・ガウス・セミナー」を受け持った。これは後に『人間の条件』（一九五八年）に組み入れられる。

（2）私立大学であるプリンストン大学は、ロックフェラー財団からも支援を受けていた。

（3）ハンナ・アーレント『全体主義の起原』。

（4）Hannah Arendt: *Elemente und Ursprünge totaler Herrschaft*. Frankfurt: Europäische Verlagsanstalt, 1955 (ungekürzt). これは短縮されていない版で、その後一九五八年に同書九―一三章を収めた短縮版が刊行され、一九六八年以降はミュンヘンのピーパー出版から出されている。

（5）ハンナ・アーレントはギルベルトの人生上の危機と、後に二番目の妻となるドイツ人の恋人について報告していた。

＊　書簡121・注1参照。

（6）シラーの詩「異郷から来た娘」を示唆している。ハンナ・アーレントは会話においても書簡においても、しばしば自分をそのように称していた。ハイデガー宛一九五〇年二月九日付書簡を参照。「わたしは自分をいままさにそうであるとおりのもの、異郷から来た娘だと感じています。」〔前掲邦訳『アーレント＝ハイデガー往復書簡』五九頁および六二頁〕

126

［ニューヨーク］　五二・五・一七

最愛の人

学期末を迎えぼくはひたすら事務的な雑用に追われているが、それ以外にも本来ぼくの管轄でない用件を片づけなくちゃならない。[1]加えて夏期講習の、とくにゼミナールの準備がある。エロスについて秋の講義では扱わず、宗教講座を繰り返すことにする。こっちのほうが政治講座と並行に走らせるにはよいだろう。そこでエロスは春だ。こちらのほうがふさわしいし、春に予告してある新しい芸術講座ともうまく合うんじゃあないだろうか。新講座の題は「現代美術の世界像《ザ・ワールド・イメージ・オヴ・モダーン・アート》」だ。いま終えた二つの講座には、とても熱心なアメリカ娘がいる。ドイツ系ユダヤ人の実業家と幸福な結婚をしていて、勉学のためのお金を出してもらっている。[2]彼女は講義をはしからはしまで筆記していて、ぼくのしゃべることをタイプに打ってくれることになっている。なんというすばらしい巡り合わせか。

きみはいまフライブルクにいるんじゃないだろうか。八日付の手紙の後は知らせをもらっていないので、そのように推測している。ベルリンの件はどうかよく考えてほしい。禍々しい予感がする。ロシアのやっていることはまったく気に食わない。奴らはベルリンをふたたび封鎖しようとしているようだ。それに旅客機を砲撃したことだってあった。きみが突如身動きできなくなってしまうなんてご免だ。ベルリンへ行くことは重要ではないし、今回は義務というわけでもない。ラスキーに断りをいれて、臆病者[3]の夫《ハズバンド》を盾に取ればいい。ぼくは不安だ。西側の結束を妨害するためにロシアが何をやらかそうというのか、わかったもんじゃない。

ローズはまたパリに手紙を送ってしまっていた。彼女は新しい手紙をフライブルクに送る。メアリー［・マッカーシー］はいまちょうどこちらの住まいに二日間泊まっている。とても感じよく、おしゃべりも分別に富んでいる。法学を勉強して真の自由《フリーダム》のための戦士《ファイター》となるためにもういちど大学に三年間行きたいと言っている。彼女ならやり遂げるだろう。ともあれしっかりした娘だ。人には言わないでもらいたいが、彼女はまずは金をかき集めるべく努めようとしている。

八月になってもきみが遠く離れているとは、ぼくにはつらい。けれどすばらしい機会なのだから、きみも受ければいいと思う。それに、ヤスパースを妬んだりはしない。でもベルリンには行かないでくれ。どんなに好奇心がそそられるにしても。きみがその時々どこにいるのかぼくに判るように、ドイツでの計画の正確なところを書き送ってほしい。部屋のどこを見渡してもきみがいなくて淋しいので、少なくともありありと想像だけでもしたいんだ。ベルリンについては軽率な真似をしないよう。

［…］

最愛のひと、くよくよしないように。きみがユダヤ人たちと容易な状態でないことは知っている。そんなのは笑い飛ばしてしまえばいい。

ミウォシュのためには何かされているのだろうか。ローベルトのことがとても心配だ。こちらでは、ヨーロッパに行ったきりの演劇人から容赦なく国籍を剝奪しはじめている[4]。周りじゅう《オール・アラウンド》嫌な予感ばかりだ。すべてがいまや、すっかり疲れ果てて偽りの安全を信じ込まされている。きわめて怪しげだ。知っておいてほしい。毅然と耳をぴんと立てて、注視する《ルック・アウト》んだ。

きみのハインリヒ

(1)　講義の題は「形而上学的エロスの惨めさと偉大さ。哲学的愛の概念について」。

(2)　ジューリアス・シュルツとルース・シュルツは後にハインリヒ・ブリュッヒャーの講義をテープレコーダで録音した。

(3)　一九五二年五月二六日に、ドイツ連邦共和国とアメリカ合州国、イギリスおよびフランスとのあいだで、一九四九年の占領条例に替わる協定が調印された。

(4)　帰化市民が国外に長期滞在していると国籍を剝奪できた。アメリカ市民に対するこの差別待遇は後に法的に廃止された。

127

ミュンヘン　五二年五月一八日

わたしの最愛のひと――

あなたの今週の手紙は重量超過で料金不足だったため、わたしの手に届いたのはやっと昨日。でもわたしのほうも今回はちゃんと手紙が書けませんでした、文字どおり書く暇がなかったのです。（『モナート』が警察の章[1]を送ってきて、言うまでもなく、書き直さなくてはなりませんでした。ちなみに彼ら[2]は、もしも公刊前印刷権をもらえるなら、本全体のドイツ語翻訳経費は負担してもいいと言っています。）

プリンストンはほんとに思いがけないことです、名誉なこと、それればかりか大当たりの賞金とさえ言えますね。一九五三年の春、できれば四月半ばからということで、引き受けましょう。それなら時間がたっぷりある、できれば印刷にまわせるように準備をしなくてはなりませんからね。そう、ヤスパースは喜んでくださるでしょう。ハイデガーには明日会います、彼はそれほど喜んではくれないでしょうが、そんなことはわたしにはどうでもいい。

　でもあなたは、どうかそんな「高名な」シュヌッパーなんぞ無視して、あなたのいつもの台所小悪魔さんのほうへもどってきてくださいよ。笑ってしまいますね、わたしたちがどれほどおたがいを信じきって、相手の「すばらしさ」を確信しているかを思うと。

　フランスでの本の出版。レイモン・アロンが彼の叢書に採り入れるつもりでいます。六月はじめには契約が結べるでしょう。カミュは英語ができませんせん、好意的な言葉をいくらか言ってはくれましたが、そのことは明らかでした。

　こちらにツィルケンス(3)が、汽車で知り合ったあのケルンの人ですよ、ぶらりとやってきていました、今晩にはまた帰ってゆくとのこと。じつにおもしろい人、わたしがはじめてまともな接点をもてたドイツ人と言えます。

　でもまずは近況をお話ししなくてはね。火曜日からここミュンヘンに来ていて、明日にはフライブルクへ発ちます。パリ、パリ――あそこはあまりにすばらしかったので、ここではなにを見ても感心できません、そうでなくとも気に入らないでしょうが。（でも今日はツィルケンスが車を調達して、この周辺の建築物をいくつか見せてくれるそうです。）そのあとはニュルンベルクへ。それについてはサロン［・バロン］に書き送ってあります、今度もまたとても感じよく友好的な口調で。つぎはミュンヘンへ。でもパリに話をもどしましょう。アンヒェンといっしょというのは、なんといってもすばらしかった。結局わたしたちの親密さは、おたがいの身にぴったり馴染むところにまで達したのです、肩を包む温かなショールのように。パリでは『モナート』（上記参照）のラスキーにも会いました。彼はベルリンでのわたしの講演のお膳立てをする気でいて、大学か政治大学《ホッホシューレ・フュア・ポリティーク》で七月七日か八日にやりたい、旅の費用は全部もつ、と言っています。ですからもしも世界の歴史が邪魔立てしなければ――おおいにその可能性はありますが――、七月の第一週にはベルリンにいることになります。

　ミュンヘン。「ユダヤ文化再建機構のことで」大忙しでした。（これについては近いうちにバロンにもっと詳しく報告するつもりですが、いつ書けるかわからないので――

彼は悪く取りはしないと思います――、以下のことをいまから彼に言っておいてください。）今回は、図書館員連盟会長、州立図書館長その他を兼ねているミュンヘンのホフマンと、たいへん気持よく、ごく委細にわたって話し合えました。彼は今回、ほんとうに協力する気です、彼のむずかしい立場をわたしに率直に縷々説明して、図書館員への呼びかけをまた申し出てくれました。そこでわたしは、繰り返し圧力をかけるために半年ごとに呼びかけを公表するよう提案するつもりです。彼は今後もまた遺失品の発見《ディスカヴァリーズ》はありうると見ています。さらにマインツでおこなわれる図書館員の年次大会にも招待してくれました、そこには東部占領地区の同僚たちも来るとのこと。状況を知るにはまたとない機会ですから、もちろん行くつもりです。彼はわれわれのために東部地区からの情報を一手に集めて――ほかの手をへた情報は怪しいし危険でもあるので――、ニューヨークへ送ろうと言ってくれています。以上《ヴォワラ》です。――その他のことはどれもこれもうまくいきませんでした――文化大臣と会う約束は、彼が急遽、州議会に呼ばれてしまったし、州連盟との交渉は実現にいたらなかったし。ミュンヘンはいまもなお策謀や腐敗などなどのうずまく巣窟です。もう一度全部やりなおしてみるしかありませんが、そのためにまた一週間、このいやな都に来なければなりません――チュービンゲンでの講演のあとで、六月一二―一九日あたりに。

［…］

ニュー・スクール。こちらは断ることにしましょう、どっちみち春でないとできないと考えていましたからね。自分でパドーヴァーに手紙を書きます。でもあなたからも、よろしく言ってください、彼のことは好きですから。それと、ガンパーズとクララ・メイヤーにもどうかよろしく。

ところで骨〔困難〕のこと、おめでとう。ああ、だいじなひと、あなたが恋しい――言葉では言えないほどに。骨はあるとも言えるし、ないとも言えます。

昨日はピーパー[4]のところへ行って、ヤスパース記念論集[5]のことで話し合いました。彼を元気づける重要な提案ができたと思いますよ。いい人です。

ローズによろしく、そしてわたしが『コメンタリー』のクリストル[6]に無遠慮な手紙を書いて、未払いの論文のことで騒ぎたててやったと伝えてください。あんな手合いにはやりたいようにやらせておけばいい、こっちはこっちのやり方でちゃんとやっていきますからね。たとえ「こっちのやり方」でやって、なんとか生きる、つまり飢え死にせずにいることしかできなくとも、得るところはひじょうに大きいでしょう。いずれにしても、これまでそうやってきて、やった甲斐がありましたね。声がもう出なくなったときにこそ、ほんとうの歌がはじまる、という理由からだけでも。

　休むことも憩うことも知らない厄神、つまりグリアンの巨体にひそむその厄神が、昨日、ケルンから電話をかけてきました。わたしの連絡先はニュルンベルク以外、だれも知らないのに、どうやって嗅ぎつけたのか。（アルフレッドから聞いた?）今日の午後にはここへ漂着するらしい。みんな、わたしを訪ねるためならば夜汽車の旅もいとわない。あーあ。

　ここではこぢんまりとした、すてきな宿、ホテル・マリーエンバートに腰をすえています、部屋はきれいだし、みんな親切で感じがいい。とても快適で、値段も高くありません。ドイツはフランスにくらべて安い。ミュンヘンはまるごと一つの建設現場のように見えます。ガルディーニ[7]の講義に出てみました、やはり少なくとも一二〇〇人の人が押しかけて、立ったままの人、床にすわりこんだ人もたくさん。倫理の講義で、最高水準の道徳哲学、まったく近づきがたい話でした。さらにゼードルマイア[8]の講義も聴きました（彼の[9]本をあなたはお読みでしたね、元——元？——ナチです）、ハギア・ソフィアについての講義。ここも出席者が多く、よい水準の話でした。さらに、さらに、ミュンヘン・フィルハーモニーによるヘンデルの『メサイア』、彼らはまだ音楽はみごとにできるんですよ、満席で、独唱者には有名な人はいなかったのに、とてもすばらしく、音楽的には、端正でたいへん好ましい演奏でした。それになんという作品。ハレルヤの合唱が、まだ耳に、からだじゅうに、鳴りひびいています。「わたしたちのもとに一人の子どもが生まれた。*」これがどんなにすばらしいことか、はじめてはっきりわかりました。キリスト教は捨てたものじゃありませんね。

　わたしの正確な飛行時刻はスイスからお知らせします、ひょっとしたらすでにフライブルクでわかるかもしれません。それまでに、最愛のひと、お手紙を！　わたしがいつもどんなに待っているか、考えてくださいね。

あなたの——あなたの！

（1）Hannah Arendt: “Die Geheimpolizei”. In: *Der Monat* 4, 1952, Nr. 46, S. 370-88.
（2）『全体主義』の本。書簡125・注4参照。
（3）書簡104・注1参照。
（4）クラウス・ピーパー（一九一一—二〇〇〇）ヤスパースとハンナ・アーレントの著作の出版者。
（5）書簡120・注6参照。
（6）アーヴィング・クリストル（一九二〇—二〇〇九）社会科学者。一九四七—五二年には『コメンタリー』誌の編集長、一九五三—五八年には『エンカウンター』誌の共同発行人、のちにはニューヨーク大学で社会科学の教授をつとめた。

(7) ロマーノ・ガルディーニ（一八八五—一九六八）　イタリアのカトリック神学者・宗教哲学者。ドイツを第二の故郷として、一九四八—六三年にはミュンヘン大学で教授をつとめた。

(8) ハンス・ゼードルマイア（一八九六—一九八四）　オーストリアの美術史家。一九五一—六四年、ミュンヘンで教えた。

(9) Hans Sedlmayr: *Verlust der Mitte*. 1948.〔邦訳『中心の喪失——危機に立つ近代芸術』石川公一他訳、美術出版社、一九五七〕

＊『メサイア』のこのテクストに触発されて、アーレントはこの時期の『思索日記』（一九五二年五月[12]）に、「新たな誕生」と「始まり」について、その後の「出生 natality」概念へつながると思われる考察を書きとめている。

128

［ニューヨーク］　五二・五・二三

最愛の人

ぼくたちはお互いの「すばらしさ」をよりいっそう確信して、それでもきみは台所の小悪魔で、ぼくは家のがみがみ守護霊おじさんのままだ。これがぼくをニーチェの不幸から、そしてきみを「イディッシュ性」*によってちりぢりにされることから、唯一守ってくれている。ぼくは芸術講座を立派に締め括った。みんな大喜びだった。多くの人の喉に形而上学の小骨が刺さったままではあったけれど。しかし芸術ということでまだ、このさえない魂たちはかなり安心する。みんな教養俗物へと歪められかねない。それでも、実存講座の最後の回で彼らは驚愕に陥ってしまった。

これはぼくがいままでやったなかでいちばんの講義で、なにものからも独立していて自由である人間の思考についての最初の構想だった。聴衆を見る必要のなかったニーチェはなんと幸福だったことか。これは執筆する人の労苦に対するあるべき報酬であるようにぼくには思える。ぼくは彼らに、存在の形而上学的な現実性における自由人を示した。すると彼らは、〈超人〉を前にしたかのようにそこから後ずさりして、こんな自由人になるより〈末人〉になるほうがどんなにましか、あからさまに示すのだった。ぼくが予知してみせたニヒリズム状況それ自体の内側からの克服とは、快適なリベラリズムに戻ることである、そう彼らは期待していたのだ。イディッシュ性について述べておこう。ニーチェはやはりイディッシュ性を理解していなかった、ある男[1]がそうローズに言っていたが、いま彼ら〔ユダヤ人たち〕はおそらくぼくのことも、やっぱり異教徒《ゴーイ》にすぎずイディッシュ性を理解していない、そんなふうに見ているのだろう。ニーチェは彼らのことを理解しすぎるほどに理解していた。彼が原始キリスト教徒やロシア知識人のうちで徹底的に軽蔑していた点は、まさにこの〈末人〉体質だった。ぼくがまずもって彼らをなんと理解しているか、これを彼らがもし知るならどうだろう。近代知識人と文化俗物のなかでユダヤ人がまさっている本当の理由はまさに、彼らがほぼ二〇〇〇年前からすでにアレクサンドリア派である点だ。彼らの求めるのは、慰めとも呼ばれる内面の快適さで、これを与えてくれるのは、タルムードのヤハウェであり、あるいは彼の息子もそうだ。と同時に、外面の快適さも求められており、マルクスは彼らにこれを約束した。ぼくは彼らから両方とも奪うつもりだ。ぼくの「きらめき」を讃美するにもかかわらず、なんという嘆きの声だ。非ユダヤ人のほうがまだましだ。怠け者のテイトは若い退役軍人で、どうしようもないお粗末な小論文《ペイパー》を書いてくるのだが、彼は事柄をよりよく理解していた。退室する際に彼はうめきながらぼくにこう言った。「自由人であることがなんて恐ろしく困難であるか、いまわかったよ。なんてこったい。それになんてこったい、おれたちみんな奴隷でいるのを好んでいる、みんな好んでいるとは、ひどいもんだ。」〔英〕

〔…〕

ニュー・スクールの状態はめちゃめちゃだ。レーヴィット(2)を雇う金もなかった。カレン(3)やリーツラー(4)の後任を雇える金もない。そこで彼らはいま、ぼくの講座に学位取得《グラデュエイト》のための単位《クレジット》(5)を与えることを検討している。でもこれはおそらく、不安と陰謀のために失敗するだろう。気の毒なことにクララ・メイヤーが集中砲火を浴びている。同調者《フェロウトラヴェラー》(6)に対して無礼《インディセント》な振る舞いを充分しないからだ。これを切り抜けられるようにぼくが彼女を操縦しなくてはならない。彼女ときたら、ひどく吐き気をもよおすからといって、政治的な危険をあまりにちいさく見ている。『コメンタリー』誌の書評原稿料(7)はもうとっくに支払われている。伝えるのをぼくが忘れていた。それに、政治的に賢明でないのだから無遠慮な手紙なんて書かないでくれ。人の群に向かって叫ぶのでなく、群が散らばりはじめて自分たちがあげている叫びに少しばかり飽きてしまうまで待つんだ。風上に向かって唾を吐いたりしないのと同じだ。本(8)がフランスで出されるのは嬉しい。そう、プリンストンはいい。文句を言い立てる奴らより本のほうが長生きするだろう。そこできみは心配なしでいられる。リースマン(9)氏がマーガレット・ミード(10)の駄本への書評のなかで、きみを当てこすって復讐をしてきた。まさにこのような仕事は「ハンナ・アーレントの神秘的な認識」よりどれだけ実質的であるか、彼は見いだしたんだと。

〔…〕

これほど長い間きみからの手紙がないのはよくない。不安になるとか、きみみたいに怒り狂うとかいうのでなく、喜びがないんだ。

きみがヤスパースと休暇《ヴァケーション》を取るのはいいことだ。二人の哲学者がもっと仲良くしてくれさえすればな。まあ、人生は短し、哲学は長し、といったところだね。だからぼくはいままた哲学に向かい、いくつかの政治的問題を、通常の同時代人よりよく理解していたシュペングラー氏とやらを参照しつつ、徹底的に考察している。

愛する人、善良なる小悪魔さん、元気で、そしてベルリンの件は細心の注意を。

きみの

ハインリヒ

［…］

＊　ブリュッヒャーの用いている「イディッシュ性（Jiddischkeit）」の含意は必ずしもはっきりしないが、西欧ユダヤ人として引き裂かれながらも偏狭な殻に籠もってしまうような心性を指しているかと推測される。

（1）　書簡131・注1参照。

＊＊　「アレクサンドリア派」とはここでは、アレクサンドリアの図書館を拠点に西暦紀元前後の約千年間活躍した学者集団を指すと思われる。プラトン哲学がユダヤ教、キリスト教などの教義と混淆したもので、ヘレニズム・ユダヤ教などがそこから生じている。

（2）　カール・レーヴィット（一八九七―一九七三）　哲学者。一九三四年に亡命、イタリア、日本を経由してアメリカ合州国へ（一九四一年）。一九五二年以降ハイデルベルク大学教授。

（3）　ホレイス・カレン（一八八二―一九七四）〔シレージエンでラビ家系のもとに生まれ、一八八七年に一家でアメリカに渡る。〕哲学者。ニュー・スクール・フォア・ソーシャル・リサーチでは設立の一九一九年から教えていた。

（4）　クルト・リーツラー（一八八二―一九五二）　外交官・政治家。一九三八年、合州国へ亡命。一九三八―五二年、ニュー・スクール・フォア・ソーシャル・リサーチ哲学教授。

（5）　アメリカのカレッジ教育における単位制度を指す。一定数の「単位《クレジット・ポイント》」が「卒業《グラデュエイション》」のためにも「文学士《バチェラー・オヴ・アーツ》」「理学士《バチェラー・オヴ・サイエンス》」のためにも、またその後の「大学院《グラデュエイト・スタディーズ》」のためにも必要とされる。

（6）　共産党シンパは、マッカーシー時代（書簡117・注3参照）にその職が脅かされていた。

（7）　Hannah Arendt: »The History of the Great Crime«. In: *Commentary* 13. March 1952. S. 300-4. Buchbesprechung von Léon Poliakow: *Bréviaire de la Haine: Le IIIe Reich et les Juifs.*〔邦訳「巨大な犯罪の歴史――レオン・ポリアコフ『憎悪の祈禱書――第三帝国とユダヤ人』書評」山田正行訳、『アイヒマン論争――ユダヤ論集2』、みすず書房、二〇一三所収、三〇〇―三一一頁〕

（8）　ハンナ・アーレントの『全体主義の起原』。

（9）　デイヴィッド・リースマン（一九〇九―二〇〇二）　アメリカの社会学者。シカゴおよびハーヴァード大学教授。一九五〇年に彼の著書『孤独な群衆――アメリカ人の性格の変化（*The Lonely Crowd. The Changing of the American Character*）』が刊行される。

（10）　マーガレット・ミード（一九〇一―一九七八）　アメリカの人類学者。*Soviet Attitudes Toward Authority.* New York 1952. デイヴィッド・リースマンによる書評は『パーティザン・レヴュー』第一九巻、一九五二年、二四二―四六ページに掲載。

129

フライブルク　一九五二年五月二四日

最愛のひと

もうミュンヘンからの手紙は届いたことでしょうね、遅れたのは一つには、『モナート』に渡す警察の章の論文を[1]大急ぎで仕上げなければならなかったから、そしてもう一つには、あの手紙をばかなことにアメリカ便で出してしまったからです、そっちのほうが安あがりですが、時間がかかるのです。バロンがあなたに電話してきたことでしょう、あの木曜日には、わたしは彼に長文の書簡を書くことになっていましたから。

あなたの手紙は、わたしの利口で賢いシュトゥプス、ちょうどよいときに来ました。わたしはほんとうにあなたを必要としていたのです。ここでの今週は楽しいどころではありませんせん、何度も、ぜんぶ放り出して帰ってしまいたくなったほどです。夫人[2]は嫉妬で頭がおかしくなりかけています。わたしのことなぞ彼が忘れるようにと念じつづけていたらしい何年ものあいだに、嫉妬がひどく嵩じてしまったのです。このことは、彼のいないところで彼女の演じた半ば反ユダヤ主義的な一場面で、わたしにははっきりと示されました。およそこのご婦人の政治的信念ときたら（彼女のご贔屓の新聞をついでのときに送るか、持ち帰るかしましょう、ドイツでこれまで目にしたうちでも、いちばん胸くそわるい低俗紙[3]）、あれほどの経験によっても毫も変わらず、骨身に沁みつき、悪意と怨みを積み上げた愚かしさのかたまりで、これでは彼がとやかく言われても仕方ないと納得できます。あげくの果てに彼女は、彼の「弁明書」[4]の署名入りのコピーをわたしにそっと手渡すことが必要だとまで考えたのです。かいつまんで言うと、最後はわたしが彼の目のまえでひと騒ぎやらかすことでけりがつき、それからは万事がかなりましになりました。

こんなことはみな、どうでもいいことかもしれません。なんといっても彼はすばらしく好調なのですから。講義の重要な部分をわたしに読んで聞かせてくれました。彼はそれこそ感動的な仕方で準備しているんですよ、一つの講義をいつも二度書きなおしていて、四度も五度も書いたページもたくさんあります。講演のときに彼が使った「摘要」よりはるかにアカデミックです――たとえば「物　Das Ding」[5]、あるいは「詩人のごとく人間は住まう」[6]、これは持って帰りますね――、でもそれでいてもはやアカデミックではない。あたかも彼は自分の中心をじつに確実に見つけ出していて、いつでも、どこからでも始めることができる、すべてを関連づけることができる、そして何ひとつ、ほかのものを前提とはしていない、というふうなのです。恣意でもなく、開始のための必要性でもなく、ほんとうの自由。彼はひじょうに落ち着いて講義します、もったいぶったところは微塵もなく、ほんとうに冷静に。講義室ははちきれんばかりの満員でしたが、彼が席を一列確保しておいてくれたので大丈夫でした。ほかにも大学のいちばん大きな講義室が二つ、放送で講義が聴けるように用意されましたが、そちらもやはり満員でした。

シュトゥプス、わたしはちょっぴり利口になったんですよ、さもなければ、こんなにやれなかったでしょうからね。それくらいはやれると感じる一方で、なにやら身のほど知らずのことをやっているという気もします。それに拮抗するものはただ、あの確かさだけ――わたしには完全に信じられるけれど、ほかのだれの心にも届いていない彼の内なる根本的な善良さ、わたしをいつも震撼させてやまない信じきったところ（ほかには言い表わしようがありません）、それらの確かさです。わたしといっしょにいると、いつもなら前面に出やすいものすべてがたちまち影をひそめて、彼の純粋な寄る辺なさと無防備さが露わになる。生産性が維持できているかぎりは、なんの危険もありません。ただ心配なのは、繰り返し彼に訪れる鬱状態。その予防策をいま試みているところです。わたしがいなくなっても、それを思い出してくれるかもしれませんから。

ヤスパースとのこと(7)は彼にはおそろしく応えています。彼は苦しんでいるのに、わたしはなにもできなくて情けない。あなたも知ってのとおり、わたしはここからルガーノへ向かいますから、来週にはヤスパースに会います。でも希望はもてそうもありません。

タイプを打ってくれる女の子(8)がとうとう見つかったとは、うれしいかぎりです。春にはエロス(9)――最愛のひと、そのあとにはわたしたち、その国を離れざるをえなくなりそうですね。秋にはなにをなさるの？　わたしは政治学コースがとても楽しみ。プリンストンには手紙を書いて、五三年の春か五三年の秋なら引き受けられると言ってあります。そうなればいずれにせよ邪魔の入らない長い仕事期間がもてるわけで、それがうれしくて、待ち焦がれています。いまは、あとでヤスパースの記念論集に入ることになっている講演「イデオロギーとテロル」(10)を書いているところ。とてもいいものになりそうな気がしています。ここにいても何時間か、仕事の時間がとれますよ。小ぎれいなホテルに泊まっていて、まっすぐ目のまえに大聖堂の塔がのぞめます。

さて、わたしの旅程。スイスからもう一度ここへ来て、そのあと、ヴィースバーデンに六月三日にもどり、五日あたりまでいます。たぶんそのあとマルティン［・ハイデガー］とボーデンゼーの近くで内密に会うことになるでしょう、一一日にはチュービンゲンに行きます。［…］

ベルリン。まったく仰せのとおりです、安全だという確かな見通しがなければベルリンへは行かないことにします。もっとも、アメリカの旅券があり、しかもラスキーの招待、つまりアメリカ占領軍当局の招待とあれば、ちゃんと飛行機で脱出できるとは思いますが。でもけっして危険は冒しませんから、心配しないでくださいね。

最愛のひと、八月――ヤスパースとの約束がありますから八月半ばよりまえには帰りの飛行機に乗れないのですが、まだ決めかねているのは、もう一度どこかでマルティンに会うことにするかどうか。会うとすると、帰るのは八月末になってしまいます。そうなるとあなたはひとりでパレンヴィルへ行かなきゃならない。それがどんなにひどいことか、わかっています。でもどうしたらいいでしょう？　このあと二年は、またここへは来られない、それもまずい。すると、いますべてを安定させておかなくてはならないけれど、そんなにさっさとできるわけがない。望みは、マルティンが講義「思惟とは何の謂いか」(11)（つまり、何がわれわれに思惟させるのか、考えよとの命令を下すのか）をその間に出版してくれること。彼は冬学期には講義をしないで、出版の準備をするつもりでいます。しばらくは時間がかかるでしょう。でも出来上がれば、おそらく『存在と時間』(12)のようなものにまたなると思います。

メアリーのこと、とてもうれしかった。見せかけだけの安全については、あなたの言うとおり、いえそれ以上ですね。こちらでも、すべてが平常にもどっています。ヤスパースにはそのことがすでにはっきり見えていました。ふたたび昔どおりの鼻もちならないリベラリズム。ああ、わたしたちがおたがいを見つけて結ばれ合っているのは、なんという幸福でしょう。

あなたの

あなたの

（1）書簡127・注1参照。

（2）ハイデガーの妻エルフリーデ。

（3）おそらく『ナツィオナールツァイトゥング』だろう。

（4）この文書はハンナ・アーレント／マルティン・ハイデガー往復書簡とともに、マルバッハのドイツ文学史料館に所蔵されている。

（5）Martin Heidegger: "Das Ding". In: *Gestalt und Gedanke. Ein Jahrbuch*. Hg. von der Bayerishen Akademie der Schönen Künste. München 1951.

（6）Martin Heidegger: "...dichterrisch wohnet der Mensch..." In:

Akzente 1 1954, S. 57-71.〔ヘルダーリンの詩をめぐる講演録〕

（7）二人のあいだには深刻な感情のこじれが生じていた。書簡98・注5参照。

（8）書簡126・注2参照。

（9）書簡126・注1参照。

（10）書簡120・注6参照。

（11）Martin Heidegger: "Was heißt Denken?" In: *Merkur* 6 (1952), S. 601-611.〔邦訳『思惟とは何の謂いか』辻村公一訳、『ハイデガー全集8』、創文社、二〇〇六〕

（12）Martin Heidegger: *Sein und Zeit.* Halle 1927.〔邦訳『存在と時間』〕

130

ルガーノ　一九五二年五月二七日

最愛のひと——

ここがどんなところか、お粗末な絵葉書からでは想像がつかないでしょうね。ゴットハルト峠を越えると——「水は滾り落ちる、ぼくらを呑みこもうと、岩は転がりくる、ぼくらを打ち砕こうと、……果実の影が齢《よわい》を知らぬ湖のおもてに果てしなくつづく」[1]。緑の山々の天鵞絨《びろうど》のような美しさに、わたしはすっかり酔っています——山々は身をかがめて青い湖に楽しげに浸り、上の山々と挨拶を交わしあう。地球はなんと美しい。

こちらでは万事が望みどおりにすすんでいます。ブロッホの出版者、ブロディ[2]は、彼をほんとうに愛していました、彼の死を語りながら泣きだしたほどです。わたしのことは完全に認めてくれています。カーラーは、ばかげた寄せ集めの詩を引き渡して、出来のわるい序文を書いてきたり、その他いろいろ。わたしはまず全部をちゃんと整理しているところで、何時間も落ち着いて働いています。こうやって友だちへのつとめ[3]を果たせて満足です。明日の朝早くバーゼルへ向かい、その後はまえにお知らせしたとおり。これはほんの中途のご挨拶です。

あなたの

（1）フーゴ・フォン・ホフマンスタールの詩「旅の歌」からの引用。

（2）ダニエル・ブロディ博士。

（3）ヘルマン・ブロッホの全集 *Gesammelte Werke* のために、アーレントは彼の遺稿を集めた二つの巻、*Dichten und Erkennen* (Essays, Bd.1) および *Erkennen und Handeln* (Essays, Bd.2) の編集の任に当たって、第一巻に序文を書いた。

131

［ニューヨーク］　五二・五・二九

最愛の人

［…］

こちらは突然ものすごい暑さになった。今度の休暇をきみがスイスとボーデン湖畔で過ごすと知って、いっそう嬉しくなった。ぼくに気を遣うことはない。またとない機会なのだから気に病むことなく利用すればいい。ぼくがいっしょに喜びそれを心から理解できるって、きみだって判っているだろう。マルティンの置かれた状況を目の当たりにしたら、彼を落ち着かせるためのあらゆる手立てを試みないとするなら無責任だ。だからできるかぎりとどまりなさい。それには意味がある。夫人のことは忘れるんだ。愚かしさが執拗になる、そのとき愚かしさは悪事に移行する、あるいは少なくとも悪事ともう区別できなくなっている。黙ってやり過ごすんだ。何がわれわれに思索させるのか、神に対するもっともすぐれた哲学的問いのひとつだ。問うている彼に手を貸してやりなさい。ぼくは暑い時期に二つの骨の折れる講座で講義をしている。でもペーター［・フーバー］が頻繁に、週末《ウィークエンド》の木曜夜から月曜朝にかけてパレンヴィルかどこか田舎に、ぼくが望むときに連れていってくれる。だから万事うまくゆくだろう。それから八月にはたぶんパレンヴィルでひとりでちゃんと自分の仕事につくことができると思う。仕事をやりたくて仕方がないんだ。ひとつ奇蹟が起きた。学校《スクール》運営共同体の一員である老ユダヤ人(1)がぼくの立場にとりわけ驚嘆しているのはきみに書いたとおりだが、その男がぼくのところへやってきてこう言うんだ。後になって突然理解した、これは人間の本当の自由であって、それ以前のどれよりも根底的であり、カントの約束の成就だ、そして自由からほんとうに正義を掌握し自由な男として神に近づくことを、まさにユダヤ人たちならぼくから学ぶことができる。そしてこれは哲学の現実的で行動的な生への決定的な転換であって、この純然たる可能性は彼を無条件に幸福にする、と。さて、きみはどう思う？

秋には政治講座を受け持って宗教をもういちど扱う。春講座は「形而上学的エロスの惨めさと偉大さ。哲学的愛の概念について」という。この講義のために国から追われるようなことには決してならず、若い人びとがよく考えてみるための助けとなるだろう。神秘としての愛が当然ながら破壊された後で、ぼくたちは愛を凡庸なものにしてしまった。愛とは創造的な奇蹟であると、ぼくたちはいまようやく理解しはじめている、これをぼくは示すつもりだ。きみもちょうどいまヘンデル(2)を聞いた際に、福音とは形而上学的にいって本来何であったのかがなんとなく判ったとは、驚くべきことだ。〈無原罪の御宿り〉の、つまりあらゆる生誕の形而上学的可能性としてのその永遠の現実性を、ぼくは証明してみせよう。神秘とは、現実の奇蹟の予感にすぎない。

もしきみにヤスパースとハイデガーのあいだの件をまるくおさめられるようなら。そう夢見ている。そうなればこよなくすてきだろうに。それと、ローベルトの居場所を調べてほしい。ぼくの見立てでは、たぶんドイツにとどまらざるをえないでいるのだろう。心配だ。こちらに戻ってこないのではないかと怖れているので、手紙を書くつもりだ。でも住所がわからない。「輪廻は正しくめぐる」*とはラマ僧の言うとおりだ。

あれこれあったが、アンヒェンがふたたびきみのそばにいて、真の友情(3)においてはあいかわらずすべて架橋できるということ、きみにはそれができるということ、これがぼくには嬉しい。ときどき、きみはぼくの思想を、ぼく自身ができるのよりもはるかにうまく生きることができるのではないかという気になる。きみはぼくにいつも、ぼくがきみを愛しているかどうか訊ねる。まるでそれがまだ決断の問題であるかのように。きみはぼくの心の一部となっている。そしてぼくたちの生の歩みは揃っている。

きみがそちらでもくろんでいるすべてはすばらしい。楽しく、心配せずにやってくれ。

きみのハインリヒ

(1)　書簡128・注1参照。
(2)　書簡127・二三〇頁を参照。
*　ラディヤード・キプリング『少年キム』(一九〇一年)のなかでラマ僧が繰り返すせりふを踏まえていると思われる。
(3)　書簡124・二二一頁を参照。

132

バーゼル　一九五二年五月三〇日

最愛のひと——

ほんの短いご挨拶を。東奔西走でいささか目がまわります。あなたのうれしい手紙はここで拝見。そしていつも、あなたのなさっていることに大きな喜びを感じます。あなたの実存哲学の講義を最後まで聴けたらどんなによかったことでしょうに。

ベルリンのことで気を揉んで白髪を増やしたりする必要はもうありませんよ。この状況(1)ではもちろん行きません、ラスキーにもすぐ断りを入れます。ヤスパースにも強く反対されました、あなたが心配していることは言ってないのに。ここではふたたび、すてきな毎日です。一昨日はじつにすばらしいヤスパースの講義、アンセルムスの神の存在証明(2)について。これまでに聴いた彼の講義のうちでもおそらく最高といえるでしょう。みんな感激して、わたしが出席していたから彼はあんなに生き生きとしていたって言うんですよ。彼の学生の一人とこちらで知り合いました、魅力あるアメリカ人です。そのほかのこと。いくらかは効果があったようで、わたしの思うに、彼はフライブルクとの関係(3)を修復しようという気になっています。自分のやったことを少し恥じている、ひじょうに、とはいきませんが。

[…]

さっきも言ったように、取り急ぎ。汽車の出るまでの時間に書いているんです。フライブルクへ行きます。

貧弱な手紙で、がっかりなさいませんように。ルガーノでは仕事がとてもたいへんで、その締めくくりはなんと、出版者ブロディの愛の告白、加えてホテルの部屋でのちょっとしたアタック。ああ、なんということ。

[…]

こちらではすべてがこの上なく暗い様相。どの国の民衆もすべてアメリカとの協定(4)に反対していて、こんな条約を遵守するものかと意を決しています。ひどい騒ぎ《メス》。最愛のひと——

あなたの

(1)　書簡126・注3参照。
(2)　カンタベリーのアンセルムス（一〇三三—一一〇九）　ベネディクト会修道士で、スコラ学の「父」と呼ばれる。『プロスロギオン』においていわゆる存在論的な神の存在証明を展開した。
(3)　ヤスパースとハイデガーのこじれた関係を指す。
(4)　注1参照。

133

シュトゥトガルト　五二・六・六

最愛のひと——

アメリカで六月六日の祝日(1)って、聞いたことおありかしら？　いずれにしろこちらでは今日はどこもかしこも閉まっていて、アメリカン・エクスプレスからすごすご引き返してきたところです。仕方ない、明日の朝にしましょう。──ここへ来たのはもっぱらユダヤ人のためで、もうたくさんの人に会いました。明日は文化省での本来の仕事がはじまりますが、一日ですませられるだろうと期待しています。ちょっと途方に暮れた気分なので、理由はなんであれいつもそうするように、わたしの週定期便を書くことにしました。

フランクフルトはじつによかった。アルフレッドと彼のアン[2]がおなじホテルにいました、でも感心なことにわたしの仕事を邪魔せずに。シュテルンベルガー等々には会いませんでしたが、グリアンはもちろん顔を見せに来ました。ご心配なく、フライブルクへは追いかけてきませんでしたよ、それについては、彼はなにも知りませんでしたから。これはべつとしても、いつもいつもわたしの居所を探り出してしまう彼の手腕は不気味というより、その努力たるや感動的なくらいです。こんどの彼はとても親切。でもいちばん嬉しかったのはヘラ［・イェンシュ］の一七になる息子に会ったことです。じつにりっぱに育っていて、農場経営者になるつもりである農場で労働者として一所懸命に働いています。わたしたちは会ってすぐ、すばらしく気が合いました、ほんとに不思議なくらいに。アメリカへ行きたがっています、あそこには民主主義と責任があるという理由からでしょう。責任をもつことを強烈に願っているんです、こういう渇望はドイツ人にはほとんど見受けられませんね。ご注目を、彼はわたしに向かってアデナウアー政治を弁護した最初のドイツ人なんですよ！　それでいてひじょうに敬虔で、キリスト教徒的、でもそれがじつに自然な感じなのです。聖書を隅から隅まで読んでいる、一冊以上の本は読めないからだそうです。女の子、小さなハンナのほうはずっと問題の多い子で、精神的な傷を負っているにちがいありません、ほとんどの時期、他人の手で育てられましたから。ヘラはやっとこの四月にこの子を引き取ることができたのです。わたしはこの子を連れてフランクフルト一番のカフェに行ったり、ホテルのエレベーターに乗って彼女がもういいと言うまで何度も昇ったり降りたり。でもこの子とはどうしても気持が触れあえませんでした。

そのほかでは、またフランツ・ベーム[3]に会いに行ったし（これについてはバロンに報告します）、ドイツ図書館員のここでのいまいましい大会にも出ました。まったく、お話にならない大会で、そのひどさは出てみなければわかりませんよ。ありがたいことにギーゼラ・フォン・ブッセとエッペルスハイマー[4]が来ていて、おかげで、（a）おおかたの時間は会議をサボっておしゃべりできたし、(b)人間というものにすっかり絶望はしないですみました。いわゆる「祝宴」でのご婦人方のおめかしぶりだけでも頭にくるし、スピーチはどれもこれも「美しきマインツ」を讃えるばかり——わたしたちのすぐ目のまえには、ドイツでいちばんおそろしい破壊の痕の一つであるすさまじい瓦礫の山が拡がっているというのに。それを気にする人はいなかった、読み上げた詩でも、散文でも。けれどそれ以外の点では、行ってよかったと思います。

グリアンとわたしは、今度の変てこなモンテスキュー省察[5]について口約束を交わしました。彼はわたしのホテルでそれを読んで、まず彼の雑誌に載せてから、そのあと小冊子にして出版したいと言いますので。まだいろいろと書きたいことが頭に浮かんで、じつにおかしなことに、旅ばかりしているのにおおかたは自分の仕事にすっかり集中しています。グリアンは四〇〇ドル払ってくれるとのこと、ロックフェラー基金からです。なかなかいい話でしょ。

フライブルクは令夫人[6]がまた新たな騒ぎを演じて幕となりました。わたしはもうどうしたらいいかわかりません。彼「ハイデガー」はあまり元気がなく講義の声も冴えなかったとはいえ、こんども内容はすばらしかった。彼の息子も来ていて、講義のあとで言いました。そう、ここにはまったく抽象的な風が吹いている、と。[…]どう見ても彼「ハイデガー」は、息子たちが家を出ていって彼の妻が唯一の生き甲斐を失う日の来るのを怖れています。というのも彼はいつも二の次にされていた——だから平穏が保てたのです。でもこれがいま変わろうとしている、息子たちが出ていくことはもう目に見えていますから。ほんとうに悲劇的な話です。彼女がなにをしたらいいかわからず、ひたすら悪意を募らせてゆくあいだも、メスキルヒにはほぼ五万ページもの原稿が手書きのままに放ってある。彼女はこの何年ものあいだにタイプライターで清書できたはずなのに。いまとなっては、もちろん遅れをとりもどすことはできません。ほんとうに彼の力になれる唯一の人は彼の弟です。——夫人についていちばんよく物語ってくれるのは、彼女の蔵書。わたしはじっくりと眺めてみました。一〇〇冊ほどの本のなかにあるのは、ゲルトルート・ボイマー全集[7](ママ!)と、ひと山のただの低俗本。まともな本も一ダースほどはあるものの、それらはどれも贈りものとして彼の署名が入っている。それもまるで役には立たなかったわけです。——生産性が停滞したら彼はたちまちこういう環境にいやでも引き戻されるのかと想像すると、頭がくらくらしてきます。

[…]

ここでは事態はいくらか落ち着いてきたように見えます。ベルリンでなにか起きるとは思いませんが、行きません、行きたいのはやまやまですけれど。今日ここでベルリンの人に出会いました――あそこの人はいつでも断然ちがいますね。

フランクフルトからじつに典型的な新聞[8]を何号か送りました。インクで印のつけてある号はわたしのためにとっておいてください。ハイデガー夫人からもらったのです、下線も彼女がつけたもの。いつかもう一度見たいと思っていますので。

明日にはたぶんあなたの手紙が来るのに、この手紙を今日出すなんてばかげていますが、あなたを待たせたくありません。ミュンヘンへ行くまでは、また手紙を書けるかどうかわからないのです。［ユダヤ文化再建機構の］仕事、プラス講演[9]、プラス私的なお愉しみと、いささか盛りだくさんですからね。でもご覧のとおり、わたしはいたって気は確かで、おどろくべきことに、頭をどこかに落っことしてしまったりはしてませんよ。この間にあなたがとてもしっかり肩の上に据えてくださったのですもの。

ごきげんよう、最愛のひと、お元気で。今日はあなたから遠く離れていることがとても辛く感じられます。もうそろそろ帰る潮時ですね。すっかり書き終えたのに、この手紙と別れたくない気持です。

最愛のひと――

あなたの
ハンナ

(1) 米英軍がノルマンディに上陸した一九四四年六月六日――D＝デイ――をもって、第二次世界大戦の最後の局面、ヨーロッパの解放が開始された。

(2) アルフレッド・ケイジンとアン・バースタイン。

(3) フランツ・ベーム（一八九五―一九七七）法律家・政治家。一九三六―三八年にはイェーナ大学私講師、一九四〇年にその資格を剝奪された。一九四六―六二年にはフランクフルト・アム・マインの大学教授。この手紙の書かれたころには、イスラエルおよびユダヤ人の世界諸組織との賠償交渉の担当責任者だった。

(4) ギーゼラ・フォン・ブッセ（一八九九―一九八七）は司書、図書館学者で、一九三四年から、ドイツ図書館体制の資料蒐集部門の調達部長、一九四九―六五年には、ドイツ学術振興会（DFG）の資料交換・購入部門の責任者を務めた。編著に *Handbook of the International Exchange of Publications* (UNESCO, 1964) ほか。

ハンス・ヴィルヘルム・エッペルスハイマー（一八九〇―一九七二）は著名な司書、書誌学者、図書館学者、著作家。一九二九年にヘッセン州立図書館の館長となったが、妻がユダヤ人だったために辞めさせられた。一九四六―五八年には、フランクフルト・アム・マインの市および大学図書館の館長。戦後ドイツの図書館の再組織と蔵書補充に大きな役割を果たした。著書に *Handbuch der Weltliteratur*, 1937 その他がある。

(5) アーレントの未公刊のノートからわかるように、彼女は一九五一年秋からモンテスキュー研究に打ち込んでいたが、ここで計画されていたような出版には結局いたらなかった。

(6) ハイデガーの妻エルフリーデ。
(7) ゲルトルート・ボイマー(一八七三―一九五四) ドイツの作家・女権論者。
(8) 書簡129・注3参照。
(9) 書簡120・注6参照。

134

[ニューヨーク] 五二・六・七

最愛の人

学期《ターム》が終わり、試験《イグザミネーション》を実施した。結果はたいそう満足のゆくものだった。そこで一六日に夏学期がはじまるまでの数日間、少しほっとできる。残念なことにヨーナスが水曜日にはもうぼくの家に来る。ちょっと心配だ。きみがここにいないだけですでに手放しですばらしいわけじゃないのに、おまけに誰か他人が家にいるなんて。ありがたいことに、ホルティが数日ここに来てくれる。そうすれば少なくともひとりの友だちを迎えられる。こころからいっしょにいたいと思う人間だ。誰かといっしょにいたいなんて思うのも、日増しに稀になっている。今度の日曜日に何人かの学生がぼくを連れてジャージーを回ってくれる。先週末のハンチントン(1)ではひどい雨で台無しだった。その代わりに、力量を問われる役を当てられたリディア[・ガンパーズ]が劇をまだすっかりこなせないでいたので、手を貸してやった。ぼくが演劇をよく知ってると彼女は大喜びだった。〈まあこんなもんさ〉(2)〔イディッシュ語〕。

そのときにバート・ウルフと会った。彼が話してくれたところでは、きみのグゲンハイムは行き詰まり《デッドロック》を見せてしまったため、こうした場合通例であるように、彼が外部の第三者審査員として呼ばれたという。きみの出した要旨が非常にぞんざい《スロッピィ》だったので、その射程を人びとに理解してもらえなかった、と彼は言っていた。それだけでなく、彼らはきみの本(3)を決定的な第三部まで読んでおらず、全体主義との関連が欠けているとの批判が申し立てられていたそうだ。彼もこの批判に与しており、いちどこの点についてきみと議論したいという。この点はただ目をつぶっておくことが最良だと考えた彼は、彼らには、自分の意見がどうであれ第三部はこれまで全体主義について述べられてきたもののなかでもっとも根底的なものであって、もしもわれわれがこの主題について盤石の見解を得たいと思うなら、これを教本としてアメリカのすべての学校教師の手に義務的にもたせるべきである、と彼らに述べたという。これがきみの件にとって決め手だったとのこと、それに加え、きみほどにマルクス主義を批判できる人はいないという保証も功を奏したという。彼がこう振る舞わざるをえなかったのは、私情をまじえぬ確信に迫られて本意に反したのであって、これによって彼が推していた候補者はおそらく落とされるだろうと知ってのことだったが、事実そうなってしまった、と。この男はぼくの目にはいささか疑わしい意気地なしで、うぬぼれがやけに強く、それにいくぶん卑屈だ。でも彼の話の内容は本当で、ぼくは彼に丁重にお礼を述べておいた。彼の細君はとても感じよく、きみに特段の好意をもっている。彼の意見では、きみの本のことをアロンに、彼が自分の本のときにそうしたように、三部に分けて刊行するよう提案するのがよいという。そうすればフランスでの売れ行きもよくなるだろう、と。その通りだとぼくも思う。それとは別だが、教養のないこうしたアメリカ人たちは当然に否定的帝国主義の問題を理解できない。彼らは汎運動をまったくわかっていない。おそらくイギリス人もそうだ。お幸せな方々だ。

［…］

レーヴィットがハイデガーについて『〔新〕展望《ノイエ・ルントシャウ》』に「乏しき時代の哲学者《ママ》」という新しい論文を書いた(4)。前のやつよりいい。ハイデガーの歴史概念に疑問を呈しているが、ぼくがいつもきみに言っているように、彼はやはりここにかなりの弱点をもっている。レーヴィットはもちろんいつものように積極的には何も言うことがない。それだから、真の哲学構想に対するこの手の粗探し的な批判はいつだって不適切におわってしまう。といっても、哲学教授連中に何をせよと言えるだろう。そんなものにはいっさいあきあきしている。哲学教授たちによるあまたある独自の教授哲学をショーペンハウアーは徹底して軽蔑してみせたが、レーヴィットは少なくともそのひとつとしてぼくたちに提示していない。けれどもハイデガーには、こうした批判によく耳を傾けるだけの充分な根拠があるだろう。もしかしたらきみには、彼に歴史性の概念は若干疑わしいと言ってやるよい機会になるかもしれない。惜しいことだがレーヴィットはまたしても具体的になるのを抑えられなかった。でもなんだってユダヤ人たちすらこんなにも早く忘れてしまうんだ。残念《タン・ピ》だ。

あれこれに嫌気を起こさないように。きみがヤスパースの気持を少しばかりほぐしたのは嬉しい。きみを妬む奴にはそうさせておけばいい。この家では、まったく妬むことなんかなく、その代わりに自分なりのやり方で心からきみを愛しているシュトゥプスが、きみを待ち受けているんだから。

ローベルトはミュンヘンのゲルトナー劇場でいつも捕まるといま聞いた。どうか試みてくれ。

きみのハインリヒ

（1） ジュリアン・ガンパーズの居住地。
（2） バートラム・ウルフ（一八九六—一九七七） アメリカの著述家・批評家。アメリカ共産党創設者のひとり。
（3） ハンナ・アーレント『全体主義の起原』。
（4） Karl Löwith: »Martin Heidegger. Denker in dürftiger Zeit«. In: *Die neue Rundschau*, Jg. 1952, 1. Heft, S. 1-27.〔邦訳『ハイデガー　乏しき時代の思索者』杉田泰一他訳、未來社、一九六八〕

135

〔ミュンヘン〕 一九五二年六月一三日

愛するひと

一つの町に着いて、そこにあなたの手紙が待っていると、がらりとすべてが違ってきます。シュトゥトガルトでは、あなたの手紙がヴィースバーデンから追いかけてきたし、ここミュンヘンでもそうです。ほんとに、わたしたちの心臓はおたがい一つになって、わたしたちの歩みは同じリズムを刻んでいる。そして人生がどこまでつづこうと、この同じリズムを乱せるものはなに一つない。世の愚者たちは、おたがいに誠実《トロイ》であるというのは人生がそこで停まって、いわば相手の人生にがっしり喰らいこまれてしまうことだと信じています。彼らはそうやってふたりの共同の生を殺してしまうだけではなく、生きることそれ自体をやめてすらいる。結婚とはほんとうのところ何なのか、それを語ることがこんなに危険でさえなければ、だれかが世にちゃんと物語るべきですね。

この話題の出たついでに。こちらにアルフレッドとアン［・バースタイン］がまた現われました。七月にバーゼルで結婚して、既成事実《フェタコンプリ》をもって帰国できるようにするつもりなのです。彼は『街を歩く人』[1]の続編ではなく、アメリカについての本（*The Western Island*）[2]を書くと決めています。きっといい本になるでしょう、うれしいことです。結婚のほうについては、ゆくゆくどうなるかを見ているしかありませんね。

チュービンゲンでの講演[3]は大成功で、しかもとても喜ばしい反応でした。新しい世代、いま二〇歳になるかならないかの世代の全体が、またしっかりしてきているようです。あそこでは一九歳の若者が、いま思い出しても惚れ惚れするような的確さで質問したんですよ。ほかの点でも眩しいばかりの若造。どうか神のご加護を、彼にはそれが必要でしょう。みんなはフランクフルトで、場合によってはハイデルベルクでも講演してくれと言います。「若い人たちみんなに聴かせなくてはいけない」などなどと。うれしかったのは、東部占領地区から来た若者、つまり難民たちの示した大きな賛意です。彼らはいまになってようやく自分たちの経験を理解しはじめているのです。もっと年上の人たちも、『ヴァンドルング』論文[4]がとてもありがたかった、あの当時、どんなにあの論文に助けられたことかと、熱っぽく話してくれました。要するに、彼らはまとも《オール・ライト》です。

[…]

あなたの老ユダヤ人のこと、とてもうれしい話でした。ユダヤ人がいい人である場合――悲しいかな、そういう人はドイツ人の場合と同様めったにいませんが――、それこそほんとにいい人なのです。おまけに人間味がある。ドイツ人だってそうですね。

そう、ドイツ。政治のことは新聞でご存じでしょう。アデナウアーが一般条約[5]〔通称ドイツ条約〕の批准のためには三分の二の多数票を必要とするとなると、われわれは欧州防衛共同体[6]にさよならできます。彼はそれを絶対に得られませんから。フランスでも同じ抵抗が出ています。この問題がうまくいくとは、わたしにはとても思えません。なにしろ各国の民衆は断乎として反対しているし、ドイツでは始末のわるいナショナリスティックな議論が沸騰しています。（軍をもつなら完全な主権をもつ自国軍を、とか、ヨーロッパ人はわれわれ抜きなら殴り合いはしないだろうが、われわれにはロシアと手を結ぶチャンスがあるんだぞ、とか。）だからこれらの条約は、まるっきり締結にいたらないのが最善かもしれません、どうせ破られてしまうでしょうから。

ここ何週間かに、ドイツのごく小さな田舎をたくさん見ました。目をみはるほどの活気です。どこもかしこも建物の建設中、どこもかしこも農業はすっかり機械化されて、農民の暮らしはすばらしくいい。難民の流入はどこかしらに吸収されていって、その地域に新しい活力をもたらしています。地方の生命力はおどろくほど。どこでも小ぎれいな家々、ちゃんとした服装の人びと、悲惨と言えるほどのものはほとんどなく、せいぜい、なんとか耐えられる程度の貧しさがあるだけです。フランスとの対照は圧倒的で、悲しくもあります。ひょっとしたらピネー[7]には成算があるのかも。まだその時間が少しは残っているかもしれません。神のみぞ知る！

バート・ウルフには、わたしは大きな不信感をもっています。彼の言うことがほんとうだったためしはほとんどない。ひどい威張り屋なのですが、でもまるっきりでたらめを言っているわけでもないでしょう。アルフレッドに訊いてみてもいいのですが、あまり気がすすみません。アロンはいずれにせよあの本を出版する気でいます。七月はじめに彼にまた会うことになっています。

レーヴィットの二つ目の論文はヤスパースのところで読みました。あなたの意見にわたしは完全に賛成とはいきませんよ、つまりハイデガーの歴史概念に関して。それはお粗末ではあるにしても、いま彼のやっている仕事のなかではなんら重要な役割を演じてはいないのです。しかし、ハイデガー自身の諸概念を使って彼をこきおろすレーヴィットのやり方は、かなり的はずれだと思います。(8) それにレーヴィットの歴史概念、つまりオーヴァーベックとキリスト教に拠ってなんとか立て直そうとした歴史概念は、ハイデガーのそれに始末をつけるのに適しているとは思いません。そのことについて話してみてもほとんど意味がない。ハイデガーはひどく傷ついていますが、それはある面では当然でもあるのです。レーヴィットは問題の論文を彼にせめて印刷まえに送ればよかったのに、掲載誌を自分で送ることすらせずに、出版社から送らせました。そんなやり方はないでしょう。彼は結局のところ二年まえにはハイデガーのところへ来て、すべてがまた元通りになったかのような態度を示したのに——そこへもってきて今度のことです。いったい、どっちなのか。

察するにじっさいに起きたこと、あるいは起きた可能性のあることは、こうではないでしょうか。レーヴィットはまったくの善意をもって出かけていった、ところがなんらかの発言があって、すべてをぶち壊してしまった。それがなんだったのかも、見当がつきます。それについてはいずれ口頭で。そういうことをくだくだ書くのは、うんざりですから。むろんそこで決定的役割を果たしているのは例によってハイデガー夫人で、彼を文字どおりだれとでも仲違いさせてしまうようなことを、このときもやってのけたのでしょう。彼自身はどう振る舞うべきかを知らず、渦巻きのなかできりきり舞いして、あるときはこの面を、あるときはあの面をと、違った面を見せるのです。いまのところ彼は気が立ちすぎて多少とも病気ぎみです。だからわたしはフライブルクへまた行くつもりはありません。このさき何年か彼がいくらかでも安定していられるようにしてあげられたかどうか、わたしにはわかりません。そう努力はしたのです。彼にはなんとしてでも平穏が必要です、でもわたしが近くにいようものなら、彼女は彼の平穏を妨げる。あの標題どおり、「モップとエリートの同盟」(9) が固く結ばれているのです！　まさしく古典的な事例。〈残念だけれど仕方ない〉〔仏〕。でも、わたしたちのあいだで何かが変わったということではありません。そういうことは、じっさいもうありえないという気がします。

［…］

一四日

『〔後宮からの〕誘拐』を観てきました。じつにすばらしかった、まさにドイツでのオペラならではですね。これからローベルトに会います、午後に来てくれて、晩には彼の舞台を観にいくのです。それについては次回に書きますね、この手紙はもう出さなくては。——たったいまここに知らせが届きました、ケーテ・フュルストがヨーロッパのどこかに来ているんですって。ご存じのように、パレスティナからですよ。つぎつぎといろんな人で、目眩がしそう。それが——あちこち飛び回ることではなく——いちばん疲れます。

これでおしまいにします、紙面が尽きました。『コメンタリー』はいくら払ってくれました？　あなたの夏学期はいつ終わりますか？　あなたの帰化のこと、なにか知らせがありました？（怒らないでくださいね、ただ訊いているだけですから。）

あなたの——

（1）Alfred Kazin: *A Walker in the City*. New York 1951.

（2）この本は *An American Procession* という題名で、一九八四年にニューヨークで出版された。

（3）書簡120・注6参照。

（4）Hannah Arendt: Sechs Essays. Heidelberg 1948（『ヴァンドルング（*Wandlung*）』第三号に寄せた論文）。

（5）書簡126・注3参照。

（6）欧州防衛共同体は一九五二年、ベネルクス三国、フランス、イタリア、ドイツ連邦共和国の六ヶ国による統合軍を設置すべく条約の締結を見たものの、批准されないままになっていた。これに代えて、ドイツは一九五五年にNATOに加盟。

（7）アントワーヌ・ピネー（一八九一—一九九四）　フランスの政治家、この当時は首相。

（8）フランツ・カミーユ・オーヴァーベック（一八三七—一九〇五）　ドイツの新約学者、キリスト教の純粋に歴史的な解釈をおこなった。

（9）アーレント『全体主義の起原』の「モッブとエリートの一時的同盟」参照。*The Origins of Totalitarianism*. New York 1951, S. 318ff.〔前掲邦訳『全体主義の起原3　全体主義』の第一章－2、四〇—六二頁〕

136

［ニューヨーク］　五二・六・一四

最愛の人

ぼくのすることにいつもいつもきみが喜んでくれるのはじつに心強い。明後日には新しい講座をはじめなくてはならず、もちろんまったく嬉しくなどなく、ひどいパニックに陥っていたところだったんだ。ありがたいことに、今回きみはこのパニックと遭遇せずに済んだ。笑わないでほしい。どんな様子かきみも知ってるだろう。そして頭のなかで並べ立てているなにもかもがくだらないことだと、ぼくだってもちろんわかっている。それがまったくのくだらないことではなくとも、事柄を適切に提示する能力を欠いているため、ぼくが事柄をくだらないものにしてしまっているのだろう。などなど《アンド・ソー・オン》といった感じ。

ぼくはこんなに混乱しているので、おそらくこの手紙もそうなってしまうだろう。ぼくには考えをまとめることができない。そもそも考えることすらできないのだから。そんな感じだ。わかってくれるだろう。この危機をきみなしで克服するのは生やさしいことじゃない。ひそかに笑い飛ばしてくれる人が必要だ。緊急に。そうすればきまりが悪くなって気を取り直しもするのだが。

[…]

ランダムハウスがきみにチェンバーズの本[1]を送ってきた。ありがたいことに、おそらくきみは、こちらに戻って腰を落ち着けてから読めば充分だ。彼が申し立てている内容が本当であることに、ほとんど疑いはない。残念なことに、この男は別なふうに行動することができなかった。〔共産党内情の〕情報提供者《インフォーマー》にならざるをえなかったのだ。ヒトラー＝スターリン協定の際に[2]、そう決心したが、これは必然的だった。それにもかかわらず、個人的には醜悪な本だし、普遍的・政治的には有害な本だ。意図がよこしまだからというのではなく、まったく無邪気だからだ。

ヨーナスが悠然とやってきて、きみに心からよろしくとのことだ。きみがイスラエル[3]に行かなかったのを当然ながら残念がっている。彼自身の計画では、カナダ市民権《シティズンシップ》を得ようとしているようで、それにも理がある。きみがイスラエルに行かなかったことをぼくは喜んでいる。ドイツでもうすでにうんざりした気分にさせられているようだし。それが、パリからの手紙の響きはなんと異なっていたことか。サン・モリッツからの手紙もおそらく違う響きとなるだろうね。気にしなさるな。ハイデガーの話はおそろしい。心底おそろしい。でも心配することはない。生産性がまた枯渇することはいまのところないだろう。心的な原因さえなければ。そうであってもやはりなんとかやっていけるものだ。彼は原稿作成のために若い娘を必要としているが、若い娘やら若奥様やらとばったり出くわすことだってあるんじゃないか。

　カミュの新しい本[4]をきみは過小評価していると思う。これはニヒリズム批判にとって本質的であり、多くの点でぼくもまったく似たような結論に達していた。ともあれ本物の現代哲学者だ。そしてこれはとてつもなく慰めとなる。

　ヤスパースの歴史哲学計画はいったいどうなったのだろう。それとも、『真理』[5]の浩瀚な、あるいは前より浩瀚な第二巻にかかりきりなのだろうか。

　ぼくはすっかり混乱してパニック状態なんだ、最愛の人よ、それで仕事に戻らなくてはならない。そうでもしなければ、いらいらのあまりはち切れてしまう。

　ぼくの休暇についての心配はいらないよ。仕事の計画があり、それをどこで進めようと、かなりどうでもいいんだ。たぶんパレンヴィルになる。ひっきりなしにご招待にあずかるのだが、全部応じないでいるのがいいだろう。だって応じたら人としゃべることになるが、そんなことをしたい気分ではまったくないんだ。ヨーナスにもこの点ではごくわずかしか許していない。きみが身近にいてくれないならば、ぼくは本物の悪魔になってやろう。

　仕事のうえでのユダヤ問題やそれ以外のドイツの諸問題に、あまり気を揉んだり憤慨したりすることのないように。ぼくたちにとって何もかももはや全然重要ではないのだから。それに誰が誰をどうしたといった問いに関心があるとするなら、今日ぼくにはせいぜいのところ、敬愛している方々のそれぞれがそれぞれを、であってほしいというかぎりにおいてでしかない。

　ぼくのこと、そして夏期講習がうまくゆくよう、念じていてくれ。

きみのハインリヒ

（1）　Whittaker Chambers: *Witness.* New York 1952. ハンナ・アーレントのこの著書との対決は次の文章。Hannah Arendt: »The Ex-Communists«. In: *Commonweal*, Bd. 57. 20. März 1953. S. 595-599.〔邦訳「元共産党員」齋藤純一訳、『アーレント政治思想集成2　理解と政治』みすず書房、二〇〇二所収、二二九―二四二頁〕〔チェンバーズ（一九〇一―一九六一）は、アメリカ共産党員だったがその後転向、四八年の非米活動委員会証言で元政府高官アルジャー・ヒス（一九〇四―一九九六）の名をソ連のスパイとして挙げ、スキャンダルとなる。ヒスは否認するも受け容れられなかった。なお解体後のソ連の書類からは、ヒスが実際スパイ行為をおこなっていたことが判明したという。一方チェンバースは、裁判の過程で彼の私的な事柄などが暴かれ、彼の主張も信憑性の薄いものとして扱われるようになった。五二年に刊行された『証人』は、彼の自伝的作品。〕

（2）　一九三九年八月二三日、ヒトラーとスターリンは独ソ不可侵条約を結ぶ。これは一九四一年六月二二日にヒトラーによって破られる。

（3）　書簡113参照。

（4）　アルベール・カミュ『反抗的人間』（一九五二年）〔邦訳、佐藤朔・高畠正明訳、『カミュ全集6』、新潮社、一九七三〕

（5） Karl Jaspers: *Von der Wahrheit.* München 1947.〔前掲邦訳『真理について』〕第二巻は刊行されなかった。

137

［ミュンヘン］ 五二・六・二〇

最愛のひと——

今朝、あなたの手紙。そして今晩にはロンドンへ発ちます。それまでのあいだに、いささか無限につづきそうな省庁めぐり、わたしにはわからない理由で、にわかに面会が実現しだしたのです。選りにも選って、わたしが荷物をまとめて、人生を楽しもうとしているときに。でもまあ、バロンは喜ぶでしょうし、ご満足でしょうね。わたしのほうは、いいですか、信じてくださいな、この仕事全体にもうまるっきり気を揉んだり憤慨したりすることがなくなっています。願いはただ、［ユダヤ文化再建］事業がいつか終わってくれること。ところが〈この組織を眠らせよう〉〔英〕とするわたしの努力が、かえって新しい可能性をいろいろと拓いてしまうのです。では重要なことから始めましょう。つまりローベルト。彼の書き置きを同封します、お別れの贈りもの（『カフカとの対話』[1]）といっしょに、ここのホテルに置いていってくれたのです。彼と過ごした時間はほんとにすばらしかった、おたがいすっかり打ち解けて、彼はじつに率直に彼の抱える問題をぜんぶ話してくれました。［…］加えてパスポートの苦労*。アメリカには、お金がないから戻れないし、戻りたくもない。彼にそれを期待はできません。でもそれならどうする？ アメリカ側は厳しい態度になって、たいへんまずい状況です[2]。戻っていった人は多いけれど、かなりの数がこちらに留まって、ドイツかオーストリアのパスポートをとった。彼はオーストリアのパスポートを考えています。こういう状態なのに、彼は娘のことをほとんど考慮していない、お金に関してすらも。わたしが彼女のことに言い及ぶと、その子のためにも何百ドルか工面してやればいいんだが、と言う。それというのも、自分にはまるっきり功名心がなくて、ほんの一かけらでも生きることを味わうほうが、ものを書くことより大切だからだ。夜にはしばしば長々と思考を紡ぐのだが、それを書き留めることはしたくない、いわば夜の純粋な思念を愉しむという、まじり気のない歓びを壊したくないのだ、と。あなたのことを、ほかのどんな人よりもよく理解していて、こう言っていましたよ。あなたは今日、知性の舞台の最大の演し物だ、しかし知性を仰々しくひけらかしはせず、過度の敬意さえ払わずに、そこに気持よく馴染んで、そこを自分の居場所だと感じている、と。わたしは彼の寄席《カバレット》へ行きましたよ、なかなかいい気のきいた公演で、二〇年代の演し物。ドイツでの特異な現象は、哲学のどんな講演でもこういう「娯楽」よりも多くの客足を集めていることですが、ちなみに、わたしにはこの娯楽がほんとうにおもしろかった。いまここでは彼の四本の映画と、それに加えてあの永遠の『白い馬**』をやっています、うれしいことにこれも映画化されているんですよ。［…］

　一昨日は『魔笛』を観にゆきましたが、それほどよくなかった。そのほかはしっかり仕事をしています、図書館での勉強と、イギリスでのマンチェスター講演の準備と。

　かわいそうに、でもこの手紙が着くころには、あなたはもう演壇恐怖症から解放されていることでしょうね。だれにでもあることですよ。ヤスパース夫人が言っていましたけど、ヤスパースだって毎回それにかかるそうです。それにマルティンも講義のまえに、用意した原稿を手にすっかり気後れした様子で、いつもこんな不安にとりつかれるんだ、と言いました。三〇年もやっていて、それでも慣れて平気になるということはないんですね！

［…］

　マルティンのこと、ほんとうに、そして少なくとも当面は、なにも「おそろしい」事態になってなどいませんよ、ただ悲しい状況だというだけです。なにも変わらなかったし、これからも変わらないでしょう。ただ、たとえばアルフレッド［・ケイジン］がじつに無邪気に、ハイデガーの名前はドイツではアカデミズムの世界でも余所でも「忌み言葉《カス・ワード》」になっているようだ、と言ったりするのを聞くと、残念な気がします。わたしにはなに一つ変えられません。彼はただただ絶望して、たった一通の手紙を書くことすらできず、すっかり夫人に任せて、自分では署名するだけ。こういうのはたしかに、避けがたい付随的コスト《フォ・フレ》ですね。

［…］

　心配なさらないで、きっと講義はすばらしくうまくいきますよ！　八月にはなにを予定しています？　わたしはやっぱり八月半ばに帰るつもりです、今度は飛行機で。パリで一五日ごろの便を予約しようと思っています。でもあなたの予定は変えないでくださいね。予定どおりになさっていれば、どこだろうとあなたのいるところへ行きますから。家の鍵はもっています。パレンヴィルへ行ってください、というよりむしろ、節約のためにだれかの招待を受けたりしないでくださいね。当面のところ、そんな必要はありませんから。

暑くなったら、あなたの部屋に空調機《エア・コンディション》をつけること！ 分割払いで買えます！

あなたの

(1) Gustav Janouch: *Unterhaltungen mit Kafka.* Frankfurt/M. 1951.〔邦訳、ヤノーホ『カフカとの対話――手記と追想』吉田仙太郎訳、みすず書房、二〇一二〕

* ローベルト・ギルベルトはユダヤ人で、一九三八年にパリへ亡命、翌年アメリカへ移って、四四年にはアメリカ市民権を得ていたが、四九年にはドイツのミュンヘンに戻って音楽活動をおこなっていた。五四年にはふたたびドイツ市民に。

(2) 書簡126・注4参照。

** 一九三三年初演のローベルト・ギルベルトの歌芝居《ジングシュピール》。

138

〔ニューヨーク〕 五二・六・二一

最愛の人

今日きみはおそらくバロンと会って、ジャネット〔・バロン〕がきみに話したいと思っていたこと、つまりきみがいないためぼくがぼろぼろで生きることすらからきしできなくなっている、と聞かされているだろう。きみの知るとおりに、より深い意味でまったくそのとおりなのだが、それにもかかわらず、彼女は普通の人の流儀で知ったつもりになっているのだから、おそらくとても滑稽に感じるだろう。彼らにとってそれはいつでも砂糖にくるまれた嘘なのだけれど、それでも到達することのできない生のための糧なのだ。

きみに心配してもらうには及ばない。ぼくが働きすぎなんてことは断じてない。夏期講習は見事に進行して、とてもうまくいっていると感じている。よい汗をかいている。夏のわりには驚くほどの参加者だ。ニヒリズム神話(1)についての講座に三〇人の学生（聴講生を含めると四〇にもなる）、そして入門講座に最大二〇人。長く激しい議論。今回は議論の時間を長くとっている。夏なので、この特別講座にそれがふさわしいからだ。先学期の最終決算では、一講義につきおよそ二三ドル受け取っていた。今回はそこまでの額にはならないだろうが、二ヶ月でそれくらいの額になるだろう。いささか安心してやる気が起きてくる。

空調装置をつけるかどうか、まだ決心がつかない。ヘルマンが四割引で調達してくれそうだ。そうすると見通しも変わってくる。ぼくはいまからパレンヴィルに決めておきたくない。あそこはひとりの宿ならいつだってとれる。別荘を借りる気はない。二人分を払わなけりゃならず、無駄遣いだ。ニュー・スクールの教授には身分不相応。冗談はさておき、静けさならば確保できるように考えている。ヨーナスがここにいるのはかなり煩わしい。この住まいではこれ以上いささかも我慢できない。だが他人を一概に拒否なんかできない。哀れな青年は初めて家族から解放されてせいせいとした気分になり、自分の時間を有効に使いたいと考えている。お利口に図書館で過ごす、というのもあるが、人生のために、というのもある。ぼくの人生になら興味深い人びともたくさんいて、精神の田舎者にとってとても誘惑的なのは当然だ。メアリーが二日間泊まっていった。彼女に対してあいつが何をしたか、きみにも見てもらいたかった。彼女はとてもおもしろがっていたが、ぼくはけっこう気に障った。なれなれしく自分勝手なのが天真爛漫なので、彼に腹を立てることもまったくできない。高らかにやたらきみを褒めそやす歌を歌うのだが、ぼくを宥めるためにそれは当然いちばんなんだ。だからお願いだから、シュトゥプスに同情するあまり、苦しんだり口を出したりしないでくれ。もう我慢できてるんだから。でも二度とはごめんだ。

何度も何度もぼくととことん議論したのだが、メアリーは法学《ロー》を学ぶ苦役に敢えて飛び込もうとしているようだ。(2) どう考えても、どんな犠牲を払ってでも現実的な内実を得たいと考えているんだね。彼女に神のご加護《ゴッド・ブレス・ハー》があるように。

誤解をしないでくれ。レーヴィットについて、ぼくは寸分違わずきみと同じ意見だ。もし師を追い越すことができずに弟子にとどまっているなら、師の解釈者として振る舞うべきだ。師に自身の石を投げつけるもんじゃない。だが通常のこの道を、この師は自分の弟子たち、とりわけユダヤ人の弟子たちに対して遮断してしまった。そこですべて毒されてしまっている。レーヴィットに残されたものといったら当然ながら、何にでも懐疑的な脱力感だ。それもハイデガーの概念を使って。もしこんなに悲惨になっていなければ、とても滑稽であるところだ。ぼくが言ったのは、レーヴィットはここでハイデガーの傷の箇所を見つけたこと、師は自分の痛みなんか忘れてその点に気をつけていればいいこと、それだけだ。残念ながら彼にあっては、いまだに欺瞞と不誠実の膿に満ちて疑わしき〈歴史的なもの〉という概念が大きな役割を果たしている。いま彼はドイツ国民をその〈宿命性〉に送り出している。文字をいくつか入れ替えることで膿疱がはじける*。これは言語で思索する者にとってまさに象徴的だ。

ぼくはメイヤーに、今年の秋に一回か二回、講話会の夕べにきみが登壇する旨予告する許可を与えた。ヨーロッパに旅行をしたいと思っている学生たちに手ほどきして、種々の経験ができるように、という催しだ。アルフレッドの名も出していいと彼女に許した。彼にその旨伝えて、謝っておいてくれ。催し自体とても重要で、きみたちにも手伝ってもらいたいんだ。一晩に三五ドル報酬が出るから、そんなに泣いてもらうわけではない。それに登壇予告はきみたちを義務づけるものじゃない。いつでも降りることは可能だ。

［…］

ロシアは、今回はまだ本気でやるつもりはないようだ。でも目を見開いておかなくてはいけない。きみから届いたシュヴァーベンの絵葉書はすばらしかった。

最愛の人、きみが走り回っているのが見える。どうか愉快に、だけど走るのが速すぎないように。何事にも嫌気を起こしてはならない。ハイデガーはたいへん気の毒に思う。きみだって楽しいはずもない。たった一人のどうということのない女が何もかもぶち壊しにしてしまうとは。無によって無にされてしまう。

さて、ぼくたちが会うときを期して。なんといっても、また会えるんだ。

きみのハインリヒ

（1）講座は「空虚の神話《ザ・ミス・オヴ・ザ・ヴォイド》」と銘打たれた。書簡119・注3参照。
（2）計画は放棄された。
＊ 前期ハイデガーの〈歴史的なもの（das Geschichtliche）〉という概念が、ナチ加担という挫折を経つついまや数文字異なるだけの〈宿命性（Geschicklichkeit）〉へとつながっていることへの批判。

139

マンチェスター　五一・六・二六

最愛のひと——

手書きするくらいなら、いっそなにも書かないことにすべきかもしれませんね。でもわたしはここマンチェスターにいて、ここはニューヨーク以上にヨーロッパから遠く離れている、しかも今日は木曜日。タイプライターはロンドンに置いてきてしまったし、講演[1]はもう済ませたところなのです。イギリス人はどんなに努力しても、〈わたしが何について話しているのか〉〔英〕摑めなかった。これはわたしのせいじゃありません。ここはイギリスです。彼らは、もう少しで自分たちの息の根を止めてしまうところだったあれらの事柄、今後もそうなりかねない事柄について、これっぽっちも予感さえしていないのです。

明日の朝、ニューカッスル、というよりはダーラムへ行って、そこにいるわたしの旧友[2]のところで週末を過ごします。ロンドンで断然よかったのは、外務省（ダウニング街、ほんとですよ、誓って）を訪ねて詳しい話が聞けたことです。調査部門の並はずれて知識豊富な二人の殿方と、何時間も話したんですよ。

そのほかイギリスについて。〈地球上でもっとも文明化された国〉〔英〕、でもいちばん退屈な国！　重苦しい不安が国じゅうをおおっています。ところがそれを和らげているのが、食べ物の乏しさがもうこんなに長くつづいているせいで、格差がほとんど目立たなくなっていることなのです。じっさい、信じられないほどですよ。商店のありさまだけじゃありません——食料品もなにもかも、品不足のうえに品質も悪い（この国にはかつてなかったことです）——、そればかりか〈生活を不快なものにしてしまうこの天賦の才〉〔英〕。すべてが、わざわざ暮らしを惨めたらしくするため、しかしあるいは、せめて困難を克服できるだけの元気を奮いおこせと挑発するためであるかのような、やり方なのです。

それでもほかのどの民族よりも、わたしはイギリス人、つまり民族としてのイギリス人には感心します。われわれがアメリカ人のいいところだと思うもの、品位《ディセンシー》、嘘のなさ、仰々しく騒ぎ立てないこと、公正さ《フェアネス》などはすべて、アングロサクソン的なものですね。でもこのすべてに、およそどんな熱意《エラン》も生命力も感じられない。——ジョージ・リヒトハイム[3]に会いましたが（このことをヨーナスに伝えてください、わたしの心からの挨拶も）、彼は悲しそうな面持ちで、次の戦争を彼らは生き延びられないと言っていました。でもそれはすべてのヨーロッパ民族について言えることかもしれません。にもかかわらずアメリカはこの国を支えるために、なんでもやらなくてはならないし、それとともに、ただそのためだけに、つまりひとえにイギリスのことを考えて、ヨーロッパ政治をおこなわざるをえないでしょう。たとえヨーロッパ諸国がいかに興味ぶかくて生産的であろうと、結局のところ、頼りになるのはイギリスだけなのです。

さて、最愛のひと、おしゃべりはこれくらいで！　是が非でもあなたの部屋に空調設備を！　ヨーナスのことはとても後悔しています、わたしのせいですから。いくらかは見るに見かねて、いくらかは金欠病でパニックになって。つまり二重に頭がおかしくなっていたわけです。かわいそうなシュトゥプス。

ハイデガーのことは、完全にあなたの言うとおりです。あの膿んだ患部からくる欺瞞と不誠実が、わたしを憤懣やるかたなくさせます、とりわけその存在が家の雰囲気全体にはっきりと滲みでているときには。というのもそれはけっして夫人だけでなく、息子たちも、そして彼自身もなのですから。もっとも彼は今回とても率直に話してくれて、愚痴をこぼしたと言ってもいいほどで（そんなことはこれまで一度もなかったのです）、事態をありのままに見ていますが、でもそれはわたしがその場に攪乱分子としているときだけでしょう――まるで鯉の池に飛び込んだ鱒みたいに。

ニューヨークの軽い講話の件、たいへん結構です。準備の必要がない話に三五ドルとは、悪くありませんね。それに、そういう話なら喜んでしますよ。アルフレッドには七月六日あたりに、もし彼がちょうどそのころ結婚のためにバーゼルにいるのでなければ、ケルンで会えます。

［…］

ひどい悪筆だと怒らないでくださいね。読めるような字を書こうと努力したのですから。もうすぐまた、わたしのいるべきあなたのおそばに帰ります。

あなたの――

（1）この講演はおそらく「イデオロギーとテロル」の英語版だろう。Hannah Arendt: "Ideology and Terror: A Novel Form of Government." In: *The Review of Politics* 15 (1953), Nr. 3, S. 303-327. ドイツ語版については、書簡120・注6参照。

（2）フリーデ・クローネンベルガー　アーレントの若いころからの友だち。

（3）ジョージ・リヒトハイム（一九一二―一九七三）ベルリン生まれの歴史家・政治学者。一九三三年にイギリスに亡命したのち、パレスティナに移住（一九三四）、一九四六年以降はイギリスに。

140

［ニューヨーク］　五二・六・二八

最愛の人

きみとローベルトがそんなに仲良くいっしょに過ごせたとは、ぼくはとても嬉しい。きみのことをローベルトがほんとうに心から好きなんだと、ようやく思えるようになった。普段ならぼく以外の誰にも自分の問題なんかしゃべらなかった。彼のことで唯一恐れているのは戦争、国籍を失うことだ。でも実際にはかなり長期的に戦争は起こらないかもしれない。そうなら彼の身に降りかかることもほとんどない。海の向こうで相変わらずなんとかやってゆき、女性たちとの生き方を押し通すこともできる。こうした構造的なところではぼくたちは誰も変わらない。これを理解してはじめて、自分が愛する人びととうまくいっしょに生きることもできるし、ほんとうに能動的なかたちで寛容かつ思いやりをもつ《コンパッショネイト》ことになるだろう。なんといってもこれは人間の最大の可能性のひとつだ。でも悲しいかなそのためには、愚かな女性を使うことはできない。そして悲しいかな、エルケ［・ギルベルト］は愚かだ。マルティンの奥方(1)ほどあからさまに悪意があるわけじゃまだないにしても。

ナターシャ(2)がミンカ［・フーバー］を訪れるためにこちらに到着した。近代の熱狂的信仰運動が人間をどのように変えてしまうかを見るのは、悲惨なものだ。とりわけユダヤ人の場合、道徳的な理想主義のため、そして自由をまったく理解していないため、その素地がある。従順さと支配欲のこの混淆が、西洋の全歴史を、少なくともヨーロッパにおいてはすでにすっかり破壊してきたようだ。そしてこれが女性たちをいかに醜くしていることか。哀れな子たちだ。彼女たちを政治から閉め出して、その奉仕精神の相手を愛人に限定しておけばましだったろうに。ナポレオンは正しかった。世界が共和制となるのか、それともコサック的になるのか、それが問題だ。そして近代の大衆にしても、古代の根深い「エジプトの不健全な信仰(3)」にしても、いかなる自由への萌芽をもコサック的なものへと曲げる術を心得ていることに、ぼくたちは感づいてすらいなかった。それになんといっても、ぼくの言葉に耳を傾けたことのある人間なのだ。なんにも残っていなかった。それにぼくの神々にもうほほえみかけられなくなると、顔もなんと歪んでしまうことだろう。でもぼくはそれだからこそ、永遠の、そしてたいていは目に見えないアテネの青年男女たちを神々のもとへと誘惑しようと思う。

こちらでは何回かにわたる恐ろしい熱波だった。それでも講座は順調に開かれ、みんな英雄的に通ってきていた。かえって増えたくらいだ。ニュー・スクールでは夏期講習として記録的な参加者数だという。長時間にわたる大々的な議論。彼らはぼくをいっときも離そうとしない。以前の講座の学生の何人かからは感動的な感謝状をもらった。また、学生の輪のなかではいつもぼくが話題になっていた。人びとのあいだでちいさな議論の集まりができている。彼らはいっしょに美術展を見に行き、その後でぼくに、芸術作品をどんなに良く評価できるようになったか、語ってくれる。知り合い、友人の輪がつながり合い、若者たちはすっかり生き生きとしてきた。でも心配はいらない。運動や党派が生まれているわけじゃない。たとえ望む者がいたとしたって、熱狂がぼくの哲学から出てくるはずもない。決して運動《ベヴェーグング》なんかではない。でもゆっくりとたゆまずに活性化《ベレーブング》している。それに、聴衆《オーディエンス》の質は二回目にはもうよくなっている。適切な受講者が適切な人たちに広めてくれているようだ。これこそぼくが望む宣伝の唯一のあり方なんだ。

[……]

ヤスパース夫人がブラウスについて感じのいい礼状をくれた。[……]

こちらでは、一同きみがいなくて淋しがっている。ローズにホルティ、それにボウドン(4)からくれぐれもよろしくとのことだ。ヨーナスもきみにここにいてほしかったんだろう。哀れな青年の気持はぼくにもよくわかる。誰かが少し長めにぼくといっしょにいなくてはならないという不運な目にあったとき、きみも知ってのとおり、ぼくがいかに非社交的であるかが露呈してしまう。このような異教徒《ゴーイ》が、とりわけ哲学者として、なんと孤独な猛獣であるのか、彼らは誰もほとんど理解できない。でもぼくは、名高くして好まれているイディッシュ性、つまり暖かく抱き合う魂など、そこに伴う濁った精神の空気ともども、いまではもう手に入れることができず、冷たい奴として使い潰されるしかないんだ。暖かな輝きをぼくに投げかけ、それによって貧しい心の人びとがぼくを慈悲深く思い違いするために、きみがいてくれることがどんなに必要か、わかるだろう。きみがマルティン伝説(5)でどんなに嫌な悪い思いをさせられているかはわかっている。それにまた、にもかかわらずきみが根本においては快活でいられることも知っている。きみがやすやすくたばるわけもなく、それどころかよりいっそう生き生きとしているのだろう。ああ、異郷から来た娘よ(6)、きみは善き奇蹟だ。

きみのハインリヒ

(1) エルフリーデ・ハイデガー。
(2) ナターリエ・モッホ。旧姓ジェフロイキン、ロシア・ユダヤ系。ハインリヒ・ブリュッヒャーは彼女と二度目の結婚をしていた。(最初の妻はリーゼロッテ・オストヴァルトで、彼女は著名な化学者にして哲学者だったヴィルヘルム・オストヴァルトの姪だった。)
(3) ハインリヒ・ハイネの詩「ハンブルクの新しいユダヤ施療院」には次のような詩句がある。
「千年にわたる家族の不幸
ナイルの谷から引きずってこられた災い
古代エジプトの不健全な信仰」
(4) メアリー・マッカーシーの三番目の夫、ボウドン・ブロードウォーター。
(5) マルティン・ハイデガーのこと。書簡137・二五三頁を参照。
(6) 書簡125・注6参照。

141

五二・六・二九

最愛のひと――

この近くの大聖堂[1]の魅力にこんなに取り憑かれてしまうなんて、おかしいかしら？　とにかく念のために何枚か絵葉書を送ります、もちろんほんとうの姿はこれでは伝わりませんが。内部空間は、わたしの見たロマネスク様式建築のなかでもいちばん美しいものの一つです。この近辺にはノルマン様式のものがたくさんあるけれど、わたしはあまり好きじゃありません。それにひきかえこの大聖堂は――

ほかの点では好調ですよ。こちらですばらしく休養できて、すごくいい気分。フリーデ[2]の夫は――医者で、ユダヤ系農民家族の出ですが、ユダヤ人というより農民の感じ――、わたしの記憶にあった以上にとても好ましい人柄です。ここはニューカッスル近郊の小さな町で、鉱山地帯のどまんなか。でもそもそもイギリス全体が、まるで石炭ばかりで成り立っているかのような様子ですからね。なにもかも一五〇年来の石炭の塵埃で真っ黒。人びとの暮らし向きはよくて、ここでは労働者階級の向上がロンドンよりずっとはっきり見てとれます。北部へ足を伸ばしてイギリスを少しはこの目で見ようと決心して、ほんとによかったと思います。ロンドンは神経をひどく苛立たせ、混乱させるところで、さっぱり勝手がわからない、厄介なのは十二進法[3]ばかりじゃありません、車もほかと違って左側通行、でもこれらはイギリス特有のややこしさの徴候にすぎなくて、なんとも言い表わしがたいその煩わしさは、生活の隅々にまでじつにはっきりと及んでいるのです。にもかかわらず、だれもがおどろくほど親切だから、なんとかやっていける。じつにふしぎですよ、すべてが。

今日は日曜日、わたしたちはこれからすぐ車で近郊へ出かけるところです。ノーサンバーランド大公の城と海を見るつもり。明日の朝にはロンドンへ戻って、午後にはハーバート・リード[4]に、晩にはヤスパースの翻訳者[5]に会います。火曜日にはケンブリッジへ、それから晩にパリへ。世界じゅうをうろついているわけです。でも結構おもしろいですよ。

あなたにまたお願いがあるのですけれど。ケーテ・フュルストがパレスティナから出られなくて、行けないと電報してきました。おそらく新しい税のせいです、〔外貨で〕五〇ポンド以上のお金がかかるものはほとんどすべて、税によって巻き上げられてしまうのです。これが意味しているのはもちろん、みんなの暮らしがこれまでよりもっと苦しくなっているということ。ケア小包＊を送らなくてはいけないと思うのです。とても簡単ですよ、ケア協会（ブロードストリート二五番地だと思いますが、確かではありません）に、先方の住所を添えて一〇ドル小切手を送ればいいのです。お願いですから、すぐにやってくださいね、そしてまた七月か、八月はじめにもう一度。宛先—— Mrs. Käte Fürst, 16 Halevanonstreet, Tel Aviv, Israel.

二つ目のお願い。フリーデの名前で『ハーパーズ・マガジン』の一年間の予約購読を申し込んでいただけませんか。住所—— Mrs. Friede Kronenberger, 52 Hartley Avenue, Monkseaton, Whitley, Northumberland.

文句を言わないでくださいね。

熱波のニュースは読みました。こうなっては、空調機を付ける決心がついたでしょうね。講座が終わりしだい、ニューヨークを離れてください、わたしを待たないで。

あなたの——

ハンナ

書き忘れたこと。昨日、あなた用の毛織りのヴェストと、わたしのカーディガンを買って、わたし宛に直接、うちへ送ってもらいました。こうすると、とても高い消費税を払わずにすむのです。ですから、びっくりしないで——防虫剤を入れておくこと！ こちらではこういう品は良質なうえに安いので、誘惑に勝つなんてとてもできません。

（1） ダーラムの大聖堂。この便りは一連の絵葉書に書かれている。
（2） フリーデ・クローネンベルガー。
（3） イギリス通貨が十二進法から十進法に切り替えられたのは、ようやく一九七一年になってからだった。
（4） ハーバート・リード（一八九三―一九六八） イギリスの著作家・美術評論家。
（5） ラルフ・マンハイム。書簡239・注1参照。
＊ 第二次大戦後に創設された米国援助物資発送協会（ＣＡＲＥ）を通じて、アメリカからヨーロッパにいる友人や家族へ援助物資の小包を送ることができた。

142

ケンブリッジ 五二年七月一日

最愛のひと

大急ぎで一筆、わたしのこの次の住所がわかりましたの

で。[…]

ここでは手紙を書くのはとても無理、とってもかわいい子どもが二人、わたしのまわりではしゃぎ回っているんです。いまわたしは、とても魅力的で、容姿も魅力的なわたしの「小さな」従妹とその夫[1]のところにいます。彼はひじょうにまっとうで分別のある美術史家で、ケンブリッジで歴史的記念碑保存の仕事をしています。ケンブリッジは夢のようなところ、そしてイギリスではすべてがそうであるように、とてもとてもふしぎなところ。ここではひじょうにいい、分別のある会話ができる。楽しいですよ。

晩にはここを発って、明日朝早くにアンヒェンが待っているパリに。そこにはまたあなたからの手紙が来ているでしょう、そうすれば万事申し分なしです。

ここをいわゆる熱波が襲っていて、ロンドンはじっさい少々不快《スライトリー・アンカムフォタブル》ですが、わたしの見るところ、どっちにしろ生活を不快にすることにかけては途方もない天分をそなえているイギリス人には、どうということはないようです。

[…]

本の小包について、あなたはまるっきり書いてくださいませんね。ぜんぶ着いているといいのですが。ときには、受けとったことを知らせてくださいな。

ごきげんよう、最愛のひと、空調機を付けてください!!!

もうすぐ、もうすぐ、もうすぐですね——

あなたの

ヨーナスによろしく。

(1) エルゼ・ブロイデ（旧姓アーレント、一九一七—一九九三）　夫はマンフレート・ブロイデ。

143

[ニューヨーク]　五二・七・五

最愛の人

住所変更の短い手紙は、このとおりなんとか間に合った。この手紙もきみのと同じくらい短くなりそうだ。こちらでは耐えがたい熱波がやってきて、自分の講義《レクチャー》以外は何にもできないんだ。何もかも耐えられない。あいかわらず空調は入れていない。あんまり長くぐずぐずしていたものだから、安く買い損なってしまった。そもそもぼくは何にも決められないんだな。講義はこれまでのところ順調で、受講者は大喜びしている。でもどうやったらいいのか、ぼくはちゃんとやっているのか、自分ではよくわからない。いつもくたくたになってしまう。毛織りものを送ってきていたとは！　なんてこった、まだなにひとつ防虫剤を入れてしまい込んでなかった。すぐに確かめてみたよ。どれもまだ無事のようだ。きみの毛皮は別にしておかなければな。いまヨーナスがぼくの前の部屋にいる。どうやって彼にこの悪臭を嗅がせてやろうか。今日までぼくは町から外に出ていない。誘いなどに応じるにはあまりに煮え切らず、人間みんなにあまりに飽き飽きとしていたからだ。誰と会うこともできず、何も聞きたくない。仕事に没頭している。暑さのため、すべて緩慢な進み具合ではあるが。［…］恐ろしい新移民法案が反対もなく採択されたことで、この地の最良の人びとは完全に意気阻喪してしまった。すっかり右翼になっていた左翼の馬鹿どもすら唖然としている。彼らだってこれに手を貸しているくせに。これで、ちょっと密告されれば誰からも国籍を剥奪できるようだ(1)。ぼくの件もまったく動きがない(2)。アメリカ国籍は、世界で一番無価値な国籍となってしまったようだ。そしてまもなく奴らは、「アメリカ生まれ《ボーン・アメリカン》」を支配人種へと昇格させようとするだろう。きみがいないのが残念だね。思いの丈罵ることができない。そしてすべてを黙って飲み込まなくてはならないとはぞっとするようだ。

［…］

エンガディン(3)のことが確定してよかった。きみも少しは休養を必要としていると認めなさい。フライブルクでの状況(4)に衝撃を受けた後だけになおさらだ。きみのしたことはきっとすべて正しかった。けれどあんなふうに人生が行き詰まってしまうとは、どうしようもないものだね。いっさいが愚かな偏見と社会的な弱さのせいだ。こんな社会、地獄落ちに値するよ、そして実際そうなりそうだ。少なくとも原稿の安全だけは確保されればいいのだが。

最愛の人、こんな不機嫌な手紙に腹を立てないでくれ。そんなひどいいわけじゃあない。ぼくにはきみがいてくれる、そして、それで充分なんだ。

きみのハインリヒ

（1）　五〇年代初頭（マッカーシー時代、書簡117・注3参照）に、アメリカ合州国への共産主義者の潜入とみなされる事態に対する行政側の嫌疑、調査が厳しくなった。
（2）　八月七日にハインリヒ・ブリュッヒャーはアメリカ国籍を得る。書簡151参照。
（3）　ヤスパース夫妻とともになされたサン・モリッツ滞在を指す。
（4）　ハイデガー。

144

ゲオルクハウゼン城*
一九五二年七月七日

最愛のひと――

　こうやってまたしてもどこかに来てしまっていることに、自分でもほんとうにびっくりしています。昨日、パリからじっさいかなりひどい旅をして――おそろしく汚い列車で、気温はほぼ〔華氏〕九五度かそれ以上、摂氏では三八度――ケルンに着くと、アルフレッドとツィルケンスが駅に迎えにきていました。ツィルケンスがそれからすぐに車でわたしたちみんなをここへ連れてきたのですが、旅の苦労のねぎらいとしても、ただもうこの世ならぬすばらしさ。一七世紀末に建てられたバロック様式の城で、まったく変えられてなく、豪華な部屋には（わたしのところの衣裳簞笥には一六八四年製というすてきな刻印）、新旧の時代のあらゆる快適な設備が整っています。わたしの部屋は、感動的なほど親切なツィルケンスがわたしのために何ヶ月もまえからわざわざ予約しておいてくれた、全館でいちばんいい部屋です。ツィルケンスは、ご注意《ノータベネ》を、まず第一に、アルフレッドがいつもベッド脇のテーブルに置いているあなたの写真を誘拐し、第二に、あなたのためにツヴィーファルテン**のすばらしい写真集をくれました。それを送ります――できればひと言、お礼の手紙を書いてくださると嬉しいのですが。この若者がわたしにどんなに親切にしてくれるか、想像がおつきにならないでしょうね。ゆっくり休養をとったあと、こんどの日曜日には、わたしはそこのごく小規模の集まりで話をすることになっています。彼はほんとうの友だち、本来ならむしろあなた向きの人ですよ、美術を見る眼がひじょうにすぐれていますから。プレゼントの話が出たついでに――ミュンヘンから送って、もう着いているかもしれない本の小包の一つに、たしか、ボエティウス(1)が入っていますが、これはヤスパースからあなたへのプレゼントです。

　アルフレッドとアンはバーゼルで結婚しました。アルフレッドは今日、ドイツの大学の学期が終わるのを待たずにケンブリッジへ向かいます、ここにもう我慢できなくなったからです。でもこれは他のなにより、むしろ彼の落ち着かなさのせいですね。この坊やはいまは幸福に浸っていますが、問題児です、これからもそうでしょう。おちびさん

〔アン〕には、そういうところはずっと少ない。ケンブリッジではわたしの従妹に彼のことを頼んでおきました。彼女は夫ともども、とてもいい人ですからね。わたしはいつも、どこへ行ってもだれか少しは面倒を見てくれる人がいてもらえるように、心掛けているんです。

　これからすぐに記念論集(2)のためのペーパーの、マルティンなら「清書」と言うだろうものに取りかからなくてはなりません。だからイギリスのことは、いまでもわたしの頭をいっぱいにしているのですが書かないことにします、気が逸れてしまわないように。帰ってからじかにお話しするまで、棚上げにしておきましょう。最愛のひと——帰る日が待ち遠しい。——そこで、ふたたびわが家のようになったパリのことだけ。今回はそれ以上でした、わたしはフランス語をまた完全に話せるようになっていたし、世界中のどの都市よりも知り尽くしていますから。地下鉄網だってまだぜんぶ頭に入っているくらいです。

〔…〕

　ナターシャ〔・モッホ〕のこと、ものすごく残念です。そういうことがどれほど始末が悪いかは知っています。自由のなんたるかを知らないのは、ユダヤ人ばかりじゃありません。大体においてだれもかれも、もしくはほとんどだれもが、唯々諾々と強制に従ってしまう。テロルという外からの強制に、内面でのイデオロギーの自己強制が加われば、それこそ喜んでどんなことでも耐え忍ぶ気になる。そうなると、わたしたちみたいな輩は敵でしかなく、極度の危険と目される。あなたにはどうすることもできませんよ。でもあなたは講座で教えられる、そしてそのことはやっぱり、人のなしうる最善でいちばんすばらしいことじゃありませんか。若い人たちを誘惑する。神々の誘惑を受けつけないような人は、どっちみちもうだめですからね。

（最愛のひと、いますぐ、ここに来てくださったら！　蛙たちがすばらしく鳴き立てています。）

　秋になって、あなたの講座に定期的に行けるのを楽しみにしています。そういう時間がもてること、そしてあなたのために料理ができることを思うと、天にものぼる心地がします。行くさきざきでいろいろ苦労はありますが、もちろんちゃんと休養はとっています。疲れさせられたのはイギリスでだけ——物価も高いし。あんなに居心地の悪いところはほかにないほどで、腹がたちます。パリに着いたときには、たった一つの考えしか頭にありませんでした——まともな食事《ワン・スクエア・ミール》を。そしてアンヒェンといっしょに、がつがつと食べたのでした。

〔…〕

　どうか空調機を買う決心をしてくださいな。小さな部屋向きのちゃんとした器機で三〇〇ドル以上はしないものを見たことがありますよ。それをあなたの部屋に付けて、暑さの最悪の時期にはそこへ寝椅子も置くようにしてくださいね。

もうすぐ会えるのを楽しみに、

あなたの

＊　ケルンの東にある古城で、一九五一年からはゴルフ場付ホテルとなっている。

＊＊　バーデン＝ヴュルテンブルクのツヴィーファルテンにある後期バロック様式のベネディクト会僧院。

（1）　アニツィウス・マンティウス・トルカトゥス・セヴェリーヌス・ボエティウス（ほぼ四八〇―五二四）ローマの政治家で哲学者。獄中で『哲学の慰め（*Consolatio Philosophiae*）』を書いた。

（2）　書簡120・注6参照。

145

［ニューヨーク］　五二・七・一二

最愛の人

この前の不機嫌な手紙のことはどうか気にかけないでくれ。ご存じのとおり、こちらの夏ではちょっとしたことで神経が痛めつけられてしまう。そうとなったら空調だって役に立たないだろう。たんに、毎日講義《レクチャー》をするのが少しばかり難儀なだけなんだ。一講座は三時間ある。それにニュー・スクールに空調を贈呈するわけにもいかないし。

「空虚の神話」についての講座は、ぼくがこれまでやったなかでいちばん判りやすいもののひとつだと思っていた。それが、すみずみまで時宜に適っているせいで、感心してしまうような敵意と頻繁に出くわすのだ。ぼくは受講者からあまりに多くの幻想を奪おうとしている。それに彼らときたら充分な教養がないため、事柄の文学的な側面を正しく摑めない。そこでぼくは、改善のため絶え間なくあちこちに手を入れているのだが、これは当然骨が折れる。みんな口をそろえて、輝かしいばかりだと言うけれど、ぼくはそんなに満足しているわけじゃない。ぼくがほんとうに信頼できるのはきみの判断だけなのはきみも知ってるだろう。今回の講座では、きみのチェックがないのがぼくにはとりわけ痛い。でももうすぐだ。もう半ばは過ぎていて、講座それぞれにあと六回の講義を残すだけだ。加えて、ぼくの不機嫌は胃の調子が悪いせいであると判った。それもいまではやり過ごした。すっかり調子は戻っているし、熱気ももうさほどではない。

きみより先にぼくがパレンヴィルに行くことはないと思う。八月一日かそこらにようやくひとりになって講座を済ませたなら、誰にも邪魔されずにまずは秋の件を準備したい。よそ者(1)にうろちょろされるのはめちゃくちゃ神経に障る。ぼくだってもう若くないんだ。それだけでなく、あれこれ嗅ぎまわる無神経さだ。これは下賤な家族伝統をもつたいていのユダヤ人に特有のもので、彼らにはどうすることもできない。でも難はぼくに降りかかっている。彼は元気でやっている。ただ熱気がてんで耐えられないでいる。

　メアリーが是非に、と招待してくれた。もしぼくがきみをここで待つなら、いっしょに四日間かそこら海辺の彼女のところへ行って、それからパレンヴィルに行く気はあるかい。そうしてもまだ三週間ほどあり、十二分だ。ともあれぼくに決めさせてくれ。ようやくまたひとりになってはじめて、きみの仕事部屋はぼくにとって真底魅力的なものとなるだろう。

　ダーラム大聖堂(2)には、じつにはっとさせられる。そしていまはなんとバロック宮殿にいて、それからサン・モリッツに行くんだね。何から何まで吸収するんだ。まさにぼくがきみに願っていたことだ。仕事を終えたあとのとてつもなく大きな喜びだろう。そしてすべてを聞くのをわくわくして待っているよ。そうそう、パリだったね。ときどきたまらなく郷愁を感じる。きみがいるからには、当然なおさらのこと。そう、ぼくたちはたしかにそこにいて、その一部となっていた。

　[…]

　ところで講座での抵抗は、主としてまたもや年長のユダヤ人たちと若いアメリカ人の脳足りんどもに限られている。その分、より知的な人たちはいっそう心の底から魅惑されているようで、ぼくを質問攻めにする。とはいえ、ティリヒの弟子のあるプロテスタントの牧師は、宗教問題をめぐる講義《レクチャー》とそれにつづいて行なわれた彼との議論に明らかに衝撃を受けていたが、その後ではあっという間に、ぼくが悪魔であるかのようにふたたび離反していったけど。そうなんだ、哲学をするというのは、この世でもっとも危険なことなんだ。そして彼らはこれをぼくに感じている。でも年長のユダヤ人たちは、ぼくの言うことにさんざっぱらぞっとしているのだが、それでもぼくを愛してくれている。ところでバーサ[・グルーナー]がこの講座を取っていて、大喜びだ!

　ぼくたちがようやく二人になれてパレンヴィルに滞在し、すべてをしゃべり合うことができればいいんだが。くそ忌々しいタフト*はいま、マッカーサー(3)、マッカーシー(4)とつるんだツケを、自分の党から突きつけられた。一条の光明だな。もうひとつの光明は、フランスが突如共産主義のはったりに挑んだことだ。しかしいまはもう一味に対してふたたび腰が引けた合法的な振る舞いをしている。もしアメリカがヨーロッパとアジアで彼ら独自の進歩的な労働者政策を行なっていたなら、戦争をするにおよばずロシアの妖怪など一〇年もすれば潰れていたんだが。

アルフレッド［・ケイジン］と彼の奥さんにどうかくれぐれもよろしく。万事うまくいくよう祈っている。ヤスパース夫妻と、きみが出会うみんなにもよろしく。ご親切なツィルケンス氏とはどういう人なんだ。彼によろしく。そしてきみのために骨折りをしてくれたことに対してぼくからのお礼を述べておいてほしい。もしかしてローベルトともういちど会うだろうか。

ぼくは新しい主題に取り組んでいるが、ぼく自身にはとても興味深い。〈無理をせず楽しくやってくれ〉〔英〕。こちらでは、シュトゥプスと住まいと友だちがきみを待っている。

きみのハインリヒ

すてきな古き《アルト》ハイデルベルクによろしく。そこできみは何についてしゃべっているんだろう。ともあれ、必要とされていることなのだろう。それで、バロック宮殿では少数の選ばれた者に何を話すつもりなんだ。きみの仕事に少しばかり好奇心が湧きますな、我がかしこきお嬢様。ではときたまひと言かふた言、送ってくれるように。

（1）宿泊客のハンス・ヨーナスを指す。
（2）書簡141・注1参照。
＊　書簡116・注8参照。
（3）ダグラス・マッカーサー（一八八〇―一九六四）アメリカ軍総司令官。一九四二年、太平洋連合国軍最高司令官、一九四五年日本占領軍総司令官、一九五〇年、朝鮮戦争における国連軍総司令官、一九五一年、トルーマン大統領に解任される。
（4）書簡117・注3参照。

146

ハイデルベルク　五二・七・一八

最愛のひと――

あなたの手紙でとくに心配になるのは、止宿人を引き受けたことをそんなにも不愉快がっていらっしゃること。わたしにはどうもよく理解できません。だってわたしたちの住居は、あなたたちがたえずお互いの領分を侵しあわずに済むだけの広さがあるじゃありませんか。ほんとにあなたとじゃ、だれもやっていけませんね。わたしのかわいそうな、大好きな、誤解されているシュトゥプス。

　今年の暑さはじっさい耐えがたいにちがいありませんね。こちらではその点、もうすっかり峠を越して、ハイデルベルクですら、たいてい上着を着て歩き回っているくらいの涼しさです。先週はとても緊張つづきで、いささか疲労困憊ぎみ。まずケルンで二回、長い討論の夕べ、これが夜更けまで続いたあと、わたしにしかるべく賞賛を呈しようとシャンパンで打ち上げ。とてもいい感じでした。わたしはどこでも「テロルとイデオロギー」について話すのですが、これはヤスパース記念論集[1]への論文としてしっかり仕上げられたという気がします。いずれにせよそれだけの苦労は払いましたしね。――ここではヤスパースの手紙がわたしを出迎えてくれました。――ケルンでは、ボンのさる省参事官（あるいは似たような役職の人）に会いました。パリで完全に公式にドイツ側の人間として交渉に当たっている人で、フランス人のショーヴィニズムを激しくこき下ろしていましたが、その同じ息の下で言うんですよ、自分は「当時のドイツ帝国の大学、いまではまた在外ドイツ大学になってしまったシュトラースブルク大学」で学んだのだ、と。こういう発言にはいたるところでぶつかります、みんな自分がなにを言っているのかまるで自覚していないのです。――ここハイデルベルクは、わたし個人にとってはこれまでをはるかに凌ぐ成功でしたが、やはりここでも、ほんとに最悪のことを危惧させるような言動に数えきれないほどぶつかります。わたしはいま学生たちとの討論会から戻ってきたばかりなのですが、これは学生たち自身がわたしの講演についてさらに議論をするために催したのです。（教授陣はもちろんわたしを不信の目で見ていますからね。）高水準の議論でしたが、それも全学部から合わせて二五人ほどの、最良の学生しか来なかったからです。

　そのほか、セクト主義もあります。水曜日には、ニーメラー[2]派のある牧師が話をしたのですが、彼は自派の神学生をまるで襲撃部隊みたいに組織して連れてきました。その連中は議論のあいだ、号令でもかけられているように一斉に足で床を擦ったり踏み鳴らしたり、とうとうわたしが介入して、そういうことがやりにくい雰囲気をつくったので、ようやく音は立てなくなりました。グリアンときたら挑発されて、おそろしく無礼な態度に出てしまいました（無理もないのですが）。するとその同じ学生連中は、命令に従うかのようにそろって部屋を出てゆき、そのあとになんと学部長（ママ！）と、何人かの教授がつづいて、ドアをガチャンと閉めていったのです。しばらくすると彼らはまた戻ってきました、こんどはおとなしく、ドアの音も立てずに。こういうセクトはここではハイデガーにもあります――その水準たるや最低中の最低。そういう連中の何人かがわたしの話のときにも来ていました、なんとも愚鈍で――ことをよけい面倒にするばかり。なににつけ彼らの関心はこういう似非＝政治的な組織にばかり集中して、哲学はここではあまり学ばれていないのです。こういう状況下では、レーヴィットはおそらくかなりいい線を行っていると言えるでしょう、多くのことを知っていて、それをはっきりわからせることのできる人ですから。このバリケードの向こう側に立っているのがリュストウ(3)のような人たちで、シュテルンベルガーも彼らと腕を組んでいます。シュテルンベルガーに言わせると（これはわたしに向けられた発言ですが）、「形而上学なんて完全に無用の長物」。このリュストウなる人物は、わたしが彼の著書(4)から見て取ったよりもさらにどうしようもない人です。おつむが弱い。シュテルンベルガーはすっかり俗物になりさがっています。レーヴィットはとてもいい感じでした――わたしは彼のところへ行ってきましたよ。でもこの闘いは断じて遂行する決意でいるのです。魔女の釜さながらのばかばかしい騒動で、わたしにはいっさい関わりのないのがありがたいかぎり。――アルフレート・ヴェーバーにも会いにゆきました。残念ながら、ひどく「若わかしく」なってしまって、ほとんど子どもと区別がつかないほどです。でもこれにも、ここではほとんどだれも気がついていない。大体のところ、わたしはハイデルベルクからまた出ていけるのがうれしいくらいです。

　この手紙を書いていて、自分が腹を立てているのに気がつきました。でも人にたいしてじゃありませんよ。だれもがとてもよくしてくれましたし、ハイデガー一派ときたら、熱狂的に歓迎してくれたほどです。腹立ちはじっさい完全に客観的理由からなのです。

　長たらしいおしゃべりに短い結論を。すぐにもシュトゥプスのところに帰って、思いっきり気楽な口をたたきたい、質問したい、耳を傾けたい、ひとりでいたくない。

　あなたの言うところのご親切なツィルケンス氏は、汽車で知り合った人で、いまではもうすっかり「旧友」です。感動的でしたよ。医師で、ケルンの古いカトリック家族の出、三四歳くらいで、女房・子どももあり、わたしの論文をみんな読んでいて、ケルンでの催しすべてを取り仕切ってくれました。おまけに車でどこへでも、たとえ夜じゅうかけてでも連れていってくれたのです。要するに、わたしの最後の（？）ボーイフレンド。

　メアリーのところへ行くこと、了解です。海辺はとてもいいでしょうね。ただわたしは二五日か二六日だけは、なにかくだらない会議があってバッファローへ行かなくてはなりません。でも大丈夫ですよね。そのあと、もしあなたの予定と合うようなら、わたしもパレンヴィルへ行きます。あなたはいずれにしても最低四週間、違う空気を吸ってほんとうに休養することが必要ですよ！　わたしにはその必要がありません。元気はとりもどしたし、ヨーロッパの夏がどっちみち提供してくれる休息がありますからね。そのうえまだ、サン・モリッツで過ごす日々も。

　これからマールブルク（ユダヤ文化再建機構）へ行って、ほかではどこにも見つからないものを閲覧してきます。そのあと、週のはじめにフランクフルトへ、たぶんドルフ［・シュテルンベルガー］のところに泊まります。

　空調機。これがあればきっと楽になると思うのですが、あなたが取りつけさせない理由がどうも呑み込めません。これまで買わなかったのは、家計がひどく不安定だったからにすぎないでしょう？　でもいまではもう、ちゃんとやっていけそうじゃありませんか。ゆえに《エルゴ》……

　どうかお願い、わたしの毛皮コートを虫喰いにしてしまわないで！　絶対に。ご自分でクローゼットに防虫剤を入れるのがお嫌なら、保管所に預ければ済むこと。とにかく、そもそも防虫措置を当然しなければいけないんです、さもないと、そもそも虫に喰われます——なんと、「そもそも」の連発がもう止まらない。

［…］

ごきげんよう、最愛のひと、わたしの旅程表《アイティネラリ》はもうおもちですね。もうすぐです、あとひと月たらず。そわそわしています。

あなたの

（1）書簡120・注6参照。

（2）マルティン・ニーメラー（一八九二―一九八四）プロテスタント神学者。第一次世界大戦では潜水艦艦長、一九三七―四五年は強制収容所に入れられていた。一九四七―六四年、ヘッセンおよびナッサウのプロテスタント教会の領邦教会議長。

（3）アレクサンダー・リュストウ（一八八五―一九六三）社会学者・国民経済学者。

（4）Alexander Rüstow: *Ortsbestimmung der Gegenwart. Eine universalgeschichtliche Kulturkritik.* 1. Bd.: *Ursprung der Herrschaft.* Erlenbach-Zürich 1950.

147

［ニューヨーク］　五二・七・一八

最愛の人

　この手紙は金曜日のものとなる。今日はこれからどうしても、ただちにコネチカットへ行ってガンパーズの新しい居所を検分しなければならないんだ。もっと都合のよい時を選べなかった。こちらでは、今回はこれまでほとんどなかったような高湿度の新しい熱波が襲い、まともにものを見ることもできず、どこもかしこも大汗だ。講座では学生も教師も生きているというよりは死んでいる……　ほとんどすべての講座を学生たちが大挙してすっぽかしている。ぼくのを除いてね。それは英雄行為と呼べるほどだ。でも神話講座ではクララ・メイヤーが規則正しく先頭を切って現われる。ぼくが今回二日間まるまる町から出るのはけっこうだ。でもそのための準備と三時間の鉄道旅行はぼくにはほとんど煩わしすぎる。空調では、クララ・メイヤーの事務所に二、三時間いたときいやな経験をした。ここでもみなむっとする空気のなかに座り、汗をかきはじめ、おまけに絶え間なくぶんぶんいっている。やれやれ。

　ぼくはまだ旅行のためにいろいろ片づけなくてはいけないし、たぶんバード大学[1]のケイス学長と会わなくてはならない。彼はカレンの薦めにしたがって今朝まもなくここに電話をかけてくる。何をしたいというのだろう。ああ、ちょっとばかり高尚な鵞鳥どもの大学だ、もう女たちが思い上がった顔をして座っているのが見えるし、べちゃべちゃしゃべっているのが聞こえる、どいつもこいつも薄ら馬鹿《チリー・シリーズ》ばかり。差し出された杯が金製ならば突き返すわけにもいかないだろうが、ぼくから過ぎ去ってゆくのかもしれない。* ケア小包[2]は発送した。その他はまだまったく片づいていない。

　いま電話で話した学長殿はやはり傲慢にしていい加減で、アングロサクソン気取りの声だった。すぐに彼と面会しなくてはならない。お歴々はいつもお忙しいようで、最初に口にした時間にこだわり融通が利かない。三〇分後もありえないんだ。

　さて、最愛の人、この手紙では気持が言葉にされていないことに甘んじてもらいたい。でも気持はたっぷりある。その埋め合わせに、著名なご婦人シュヌッパーさん宛に届いている仕事上の郵便を同封するよ。

　きみがまもなくサン・モリッツに行くと知って嬉しい。そしてぼくは八月一七日に備えている。その日ももうそんなに遠いわけではない。

きみのハインリヒ

（1）ニューヨークにあるリベラル・アーツ・カレッジ。ここでハインリヒ・ブリュッヒャーは一九五二年から教えることになる。当時の校長はジェイムズ・ケイス。
＊　イエスの祈り、「わが父よ、もしできることでしたらどうか、この杯をわたしから過ぎ去らせてください」（マタイ福音書第二六章三九）による。
（2）　書簡141参照。

148

フランクフルト　一九五二・七・二五

最愛のひと——

望むらくは、アングロサクソン気取りの声の主が差し出す杯が金製ではなく、あなたは無事に難を逃れたことでしょうね。バード大学はかくべつ不愉快なところでしょうけれど、あなたがその種族ぜんぶを一律に鵞鳥呼ばわりなさるのは、わたしにはいささかカチンときましたよ。

いまはここフランクフルトでシュテルンベルガー家に滞在中。彼らは感動的なくらいよくしてくれます。ドルフにはハイデルベルクで偶然に出会って、彼の家に泊まるよう招かれたのに応じるほかなかったのです。もちろんそれはとてもありがたいのですが、ただ、まわりのざわつきが大きすぎて、仕事はできません。マールブルクではブルトマン(1)とクリューガー(2)にも会いました。後者はドイツの政治の動向についてひじょうに悲観的な見方をしている一方、前者はいささかのほほんとしていましたが、でも昔と変わらずとても親切で、しっかりしておられます。ハンス［・ヨーナス］はブルトマンにまだ便りを出していないようなら、すぐに書かなくてはいけませんね。音沙汰ないことで少し気分を害しておられますよ、こんなにいい方の気分を害するなんて、してはいけないことです。マールブルクは精神的には完全に死んでいて、ハイデルベルクの似非＝知性すらありません。それに引き替え、学生組合の連中がうようよといますから、できれば街なかに出ないことにするのがいちばんです。二〇歳以上は救いようのない人ばかり、ただしそれ以外の人たちは別です。

昨日は夜中の一時までフリッツヒェン(3)といっしょでした、ヘラの息子です。朝四時半から晩九時までの勤務時間が終わってから市内へ来てくれたのです。これもまた一つの光明でした。ほんとにこの若者は利発で明晰な理解力と、見ていると心が温まるような快活さをもっています。神よ、彼にそれをもちつづけさせてください。大統領選挙(4)について少なくともわたしと同じくらいに知っていて、判断も、自分では気づいていないでしょうが、同じような基準に従っています。

でもほかの点では、ここをまた出ていけるのがうれしいくらいです。もっとも、そういうのはいまじゃ流行遅れ。こちらにはアメリカからの「引揚者」がたくさんいて、それもぜんぶ知識人です。あの国にもう我慢できなくなって、鼻先にぶらさがっている結構なチャンスを――一時的なチャンスにすぎないとわたしには思えますけれど――逃すまいとしているのです。レーヴィットに会ったことは、もう書きましたね。彼もそういう大勢のうちの一人です。でもあなたはそんな誘惑に引っかからないでくださいよ。わたしたちは二〇世紀のこの仮装舞踏会に耐えられそうもありません、プルーストの死の舞踏会そっくりです。ハイデガーの名声についても、いまの趨勢にはむしろ憂慮をおぼえます、つまり彼のために心配なのです。これは一つの「運動」、一つの「流派」であって、明日には風向きが変わって、べつの方向へ行く可能性がある。彼はそのことを十分に知ってはいても、なんとなくその流れに乗って泳いでいます。わたしは彼に、そういう方向への不信の念を少し注ぎこんでおいたのですけれど。ごく慎重に。たとえばユンガーのことを考えてみるといい、二年まえには猫も杓子も彼のことをしゃべりまくっていたのに、いまではぴたりと止んでしまった。彼の本はもうどこにも見つからない、もう存在しないも同然です。ここではそんなふうに、今日から明日へとすぐ変わってしまう。同じことはいまのヤスパースについても言えますが、まったく意味のないことなんです。それがいまのドイツの風潮で、すべてがあっという間に吹き過ぎていってしまう。わたしが間違っているのかもしれない、でも自分ではそうとは思えません。

サン・モリッツへ行くのはとても楽しみです。それにヨーロッパの涼しい夏は、わたしにほんとうによい効き目をもたらしているようです。少しあなたに分けてあげられたらねえ。今年の暑さはこれまでになくひどいようですね。空調機に反対するあなたの言い分には、どうも納得しかねますよ。それに毛皮の防虫をまだしてくださっていないなんて、心配でたまりません。上等で高価な品なのです。

［…］

あなたがメアリーの申し出についてどう決めたか、わたしたちはすぐにそっちへ行くことになるのか、知らせてください。わたしとしては、あなたが仕事の終わりしだいすぐニューヨークを離れてくださるようお願いしたい。ローズはどうしてます？　ちっとも音沙汰ないのです。友だちみんなに心からの挨拶を伝えてくださいね。わたしの不在に慣れてしまっては困る、もうすぐ帰るから友情のかぎりをこめて迎えてほしい、と。
いまのわたしは、またまともにしっかり仕事をしたいという想いで燃えています。自分がなにをしようとしているのか、とうとうわかったと思うのです。だからふたたび飛び立とうと身構えているところ。* 言語の問題がまたしても少々頭痛のたねですが、こればかりはどうしようもない、愚痴ることしかできませんね。
最愛のひと、あなたなしではもういやです、あなたがわたしの聴きにいけない講義をするのもいや。クララがそこにも姿を見せているとは、とてもうれしい。ほんとに、利口なシュトゥプス、賢いシュトゥプス……

［…］

ごきげんよう、帰国がもう念頭にあって邪魔するので、おかしな手紙になってしまいました。すべて、言わずもがなのことのような気がします。

あなたの

追記。ブルトマンのところにいたとき、クリューガーが言うには、ヤスパースはわたしのことをひどく熱をこめて語って、わたしの書くものはじつに「卓越している」、などなどと太鼓判を押している、と。それにたいしてブルトマンが、そうとも、われわれだってそう思うよ、と言うと、クリューガーはわたしに向かって、いや、あの人はただただあなたのことが好きなんだ。わたしが赤くならなかったことを願わずにはいられません。

（1） ルドルフ・K・ブルトマン（一八八四―一九七六）のもとで、アーレントは一九二四／二五年にプロテスタント神学を学んでいた。
（2） ゲルハルト・クリューガー（一九〇二―一九七二） 哲学者。
（3） フリッツ・イェンシュ、ヘラ・イェンシュの息子。
（4） アメリカ大統領選挙。
＊ Es hat mich wieder mal am Schlawittchen. この Schlawittchen は北ドイツその他の地方の俗語らしく、Schlafittchen とも言い、もとは Schlagfittich（羽ばたき）から来ている。

149

［ニューヨーク］ 五二・七・二六

最愛の人
ヨーナスのことで頭がいっぱいのあまりきみに泣き言を並べ立ててしまい、済まなかった。こちらの夏は歴史上《イン・ヒストリー》もっとも暑い夏だった、ということだ。想像のつかないほどだった。いまもまだひどいが、比べものにならない。みんな自殺でもしたい気持に駆られていた。ぼくはそこまではいかなかったが、それでも誰に対しても機嫌が悪かった。講義《レクチャー》をしくじったんじゃないかと毎回考えていた。どれもとてもうまくいっていたんだけど。それでも麻痺した頭でよく働いて、はるか先までつながる新しい問題を発見したと思っている。ただ貯金を使い果たして、毎回すっかりくたくただ。安くて良質の空調を手に入れようと、あちこち尋ね歩くのが長くなり過ぎてしまった。その後鉄鋼ストライキのために一挙にしてすべて消え去ってしまったが、ストライキもいまようやく終わった。そこで来年の夏にしよう。そうすればきみも使える。天候がいまのままつづくようなら、きっときみをここで待つことになるだろう。新しい講座準備のための時間が必要なんだ。おまけにバード大学とは困難で手間のかかる交渉に陥ってしまった。学長は、新入生《フレッシュマン》向けの一般課程をここの教育の中心にするという非常にすばらしい計画をあたためている。彼はソクラテスのような男を求めており、ぼくのなかにそれを見いだしたと信じている。学部側はこれを恐れていて、別な候補者を立てている。ぼくは月曜日にあそこまで行って学部と話し合わなくてはならない。彼らはすでに同僚のひとりをぼくの講座に送り込んでいて、その男は同調者《フェロー・トラヴェラー》然とした顔を真面目に横に振っていた。ぼくから逃げてゆくかもしれない金のことを考慮するなら、とても麗しい状況とは言えない。学長は一年間最高の俸給を払うという。ぼくだって一年間きみの後援者となれるならそれに越したことはない。その場合にはバードに住まなくてはならない。彼らは社会的必要から、きみにも来てもらいたがっている。でもぼくは部分的な約束をしただけだ。とんでもないに違いない。月曜日に見てくる。まだよくよく計画を検討しなくてはならないが、これがぼくの唯一のチャンスだ。ぼくには二月からはじまるのが望ましく、秋には何回か無給で出て行って、計画を学部と徹底的に準備するよう提案している。ニュー・スクールでの秋講座をあっさり放棄する気はまったくない。そして春になったら向こうに住むつもりだが、木曜の晩には離れる許可を取って、金曜日にはニュー・スクールでの二つの講座を行なう。こうするのが当を得ているときみは思うだろうか。

それとも即座にすべてに同意しておくべきだったろうか。こうした事柄の場合、きみがいないとまったく自信をもてない。それにすっきりしない。何かを台無しにしてしまったんではないかと恐れている。でもおそらく学部はぼくを反動派とみなしていて、ぼくには芽がないのだろう。ともあれニュー・スクールにとっては、他ではぼくに七〇〇〇ドル払う用意があると知ることはいい薬だ。ああ、最愛の人、きみがここにいてくれたなら。ぼくはとても心配だ。学長と学部をこの問題において和解させるためにぼくは最善を尽くすつもりで、学部の人たちが自分たちは重要なのだと感じるような、気持をそそる譲歩をしよう。要するに、もし金を得られなくてもぼくのせいじゃないだろう。しかしやはり、ニュー・スクールをきれいさっぱり諦めておくべきだったろうか。でも聴衆が増加していきそうなんだ。

　ぼくの計画がバード大学で認可されるなら、それは哲学者にとってとても魅力的な事態になるかもしれない。ぼくは一年間両方をやれたらそれがいちばんだけど、実際かなり無理をすることになる。いまの自分の状態を見ると、笑止なもくろみだ。でもこんなにぐったりしてしまったのは、ほんとうに夏のせいだけなんだ。二、三週間のパレンヴィルでは体調は万全だろうと確信している。

　きみがドイツから書いてくる内容は、もの悲しく感じられる。哲学に向けられる情熱が高潔な問題ではすっかりなくなっていると、ぼくもかねがね思っていた。ぼくにはここでの四〇人の聴講生のほうがはるかに好ましい。それにぼくの哲学はよりいっそうアメリカ的になっているようだ。ぼくの追求している本物の自由概念のためだ。きみにも判るだろう。

　ヤスパースからたったいま嬉しくなる手紙[1]が届いた。きみのサン・モリッツ行きを認めたからと、ぼくに感謝している。彼はきみとのちょっとした考えの相違について心を込めて語り、きみたちの休暇のことを楽しみにしている。今度の手紙では、彼に一枚書いて同封するつもりだ。その頃には夏学期も終えて、バードの件もなんらかのかたちで頭から離れているだろうし。彼の手紙には、限りない魅力がある。志操の清らかさと接近の率直さ。そして真理そのものを求める気持からしか出てこないような、とらわれのなさ。そう、この世のものならぬ自信のようなものがある。彼はそれをもっている。きみはぼくについていくばくか彼にしゃべったようだね。彼は、本質的に明らかにするという彼の根本的な情熱において太陽そのもののように好奇心に満ちている。バード大学がどうにかなったなら、彼の大学改革計画のいくつかの点に関連して、助言を求めようと思う。残念なことに小冊子[2]をまた誰かに貸したままなくしてしまったようだ。ぼくに一部すぐにでも送ってもらえるだろうか。

　きみはときとともにぼくに手紙を書くのが難しくなっているようだ。ぼくならかまわない。紙ではもどかしくなってしまい、しまいにはもういっしょにしゃべり、いっしょにいたくなってしまう。それにもうそれほど先ではないけれど、それでももどかしさは増大してゆくんだろう。

きみのハインリヒ

ご心配なく。きみの毛皮は救われている。他のものは少しずつだけどずっとチェックしている。それ以外はてんやわんやの状態だ。［…］

（1）　カール・ヤスパースのハインリヒ・ブリュッヒャー宛一九五二年七月二一日付書簡。*Hannah Arendt - Karl Jaspers Briefwechsel.* München 1985, S. 222〔前掲邦訳『アーレント＝ヤスパース往復書簡1』、二二五—二二九頁〕

（2）　Karl Jaspers: *Die Idee der Universität.* Berlin 1946.〔前掲邦訳『大学の理念』〕書簡66・注3も参照。

150

サン・モリッツ　五二年八月一日

最愛のひと——

ああ、シュトゥプス、これであなたはきっと教授になりますよ、あれこれ厄介なことがあったとしても。そのうちにもう、どうにか決まってしまっていることでしょうし、ほんとうのところわたしは、そちらに居合わせていなくてよかったと思っているんです。だって確信していますもの、あなたご自身がいちばんうまく対処なさる、そういう連中をどう扱えばいいかも、いちばんよくご存知だと。ニュー・スクールをあっさり断念するよりは、無理してでも両方で働きたいというのは——少々ぞっとはしますけれど——正しい選択ですね。ただまずいのは、わたしたちがニューヨークに半分しかいられない、あるいはわたしがあなたと半分しかいっしょにいられないこと。なにがあろうといまの住居を諦めるわけにはいきません。部分的約束って、どういう部分を？　わたしもいっしょでなくてはいけないの？　まあ、そのうちにわかるでしょう。ともかく言っておいてくださいね——半分はほんとうのことですからね——、わたしはグゲンハイムのお金による新しい本のため(1)に、絶対にコロンビア大学図書館が必要なのだと。

あなたの手紙で頭がちょっと混乱してしまいましたが、ここはすばらしいですよ。ヤスパースはまことに意気盛んで、わたしはまた少し彼が怖くなってしまうほどです。とことん質問攻めになさる、それも、また会えるかどうかわからないじゃないか、という調子で。すばらしくお元気です。あなたがちょっとでもここにいらっしゃれたらねえ。会話についてはご報告するほどのことはまだありません

——昨晩ここに着いたばかりですもの。でも、もうはっきりしているのは、わたしがマルティンのためにしてあげられると思っていたことは、やっぱりうまくいきそうもないということ。もうお手あげです。彼は「災厄」ばかり見ていて、メダルのもう一つの面には目がいかない。もしくは、その面に目が向くのはほんのひととき、わたしがいるあいだだけ。これではわたしに何ができます？　ほんとうに何もできない。おまけに機会あるごとに持ちあがるごたごたに、彼がいつまた巻きこまれてしまうか、残念ながら確かなことはちっともわからないのですから、なおさらです。この先ずっと目を光らせているなんて、できそうもありません。ハイデガーの影響力についてハイデルベルクで見聞したことは、たとえあんなにばかげていなくても、じっさい命取りになるほど重大です。しかしリュストウやシュテルンベルガーといったぼんくらが、あるいはレーヴィットのような善良な人たちですら、そんな事態を防ぐことができると期待するのは、幻想です——ヤスパースもそんな幻想は抱いていません。それならだれが？　ヤスパース自身が？　そんなことをすれば、彼は悪意に満ちたやり方で全大学の教授陣に壁ぎわへ追い詰められて、ぼんくらだの時流に乗ったペテン師だのに袋叩きにされるでしょう。あとから聞かされたところでは、わたしはハイデルベルクで大きな感銘を与えたそうですが、でもこの雰囲気があっては、そんなことはなんの意味ももちません。

あなたが新たに取り組んでいる仕事を知りたくてたまりません。そもそもどこにいても、なにを見ても、うちに帰ってあなたのそばにいたいと、どうしようもなく焦れています。でもあちこちうろつくのも悪くはありませんでしたよ。この娘《こ》〔das Mädchen　アーレントはしばしばこう自分を呼ぶ。ブリュッヒャーもこの呼び方を使う〕はいくぶんか学び知ったのです。世の習いどおりですね。ドイツではまた何人か、いい人たちに出会いました。その一人は、『デァ・ライニッシェ・メルクーア』の編集長で、わたしの協力を得ようとわざわざフランクフルトまで来てくれました。チューリヒではあの本のドイツ語版についての交渉がとうとう成立して、これでまたやるべき仕事が増えましたが、ほかの点ではいい条件。フランス語版はドイツ語原稿から翻訳してもらうことになるでしょう。おもしろいものですね、わたしたちふたりのうち、いまでは結局あなたのほうがアメリカ的になって、わたしは繰り返しドイツ語領域へひきもどされているというのは。

働き過ぎについて。わたしはこのさき二、三年はものすごく仕事をしなければならなくなりそうですが、職業にはもう戻らなくてもすむようになるのを、期待をこめて楽しみにしています。なんといってもそれが肝心要ですからね。

わたしのモンテスキューの勉強[4]からは、いくつか、なかなかいいものが生まれてきそうな気がして、それらをさらに展開することもできそうです。そうなればシュトゥプスが決め手ですよ。ああ、最愛のひと、ニーチェ曰く——さっきヤスパースがそれを言ったところなのですが——、真理は二人のところにしかない[5]。わたしひとりではけっしてできないのです。

もう報告を書く気になりません、すべて、じかにお話ししますね。でもヘラの息子[6]に会ったのはまさしく喜びでしたし、そのあとマリアンネ・ヴェント[7]——あなたにお話ししましたよね、フルトヴェングラー[8]の姪です——、彼女に再会できたのもうれしかった。アルフレッドはケンブリッジから幸せいっぱいの手紙をよこしましたよ。彼がケルンをだしぬけに離れて行ってしまったのは、ほんとにひどい。しかも——わたしはいまになってはじめて聞かされたのですが——同じことを一年まえにザルツブルクでもやったというのですから、なおさらです。この坊やはこれからもわたしたちをたんと心配させることでしょうけど、なにがあろうと見放すわけにはいきませんね。

[…]

さあ、もう隣の部屋へ行かなくてはなりません、ヤスパースが待っています。彼は好奇心に燃えたって、ほんとうに太陽そのもののようです。あなたの手紙が来たのを機に、わたしたちはあなたのことをとことん話題にしましたよ。こんどはどうか彼宛の何行かを書きそえてください。そして次回にはここへあなたを引っ張ってきますからね。

最愛のひと、もうすぐですね。

あなたの

あなたの

あなたの

ローズに二枚のレコードを送ってあります、ハイドンの小盤と、現代的でひじょうに民衆的な音楽家オルフのもの。オルフをあなたに聴かせたかったのです、わたしはハイデガーをつうじて彼を知って、とても気に入ったものですから。

(1) 書簡116・注6参照。
(2) 全体主義の本。
(3) ショッケン出版での編集顧問、およびユダヤ文化再建機構の責任者としての彼女の活動を指す。
(4) 書簡133・注5参照。
(5) ニーチェ『悦ばしき知識』（第三書二六〇）には、「一人というのはつねに間違う。だが二人になるとともに真理が始まる」とある。
(6) フリッツ・イェンシュ。
(7) マリアンネ・ヴェント（一九〇七—一九五九）　ハイデルベルク

で一九二五—二九年に古典言語学とドイツ文学を学び、そのとき以来アーレントと親しかった。
（8）ヴィルヘルム・フルトヴェングラー（一八八六—一九五四）指揮者・作曲家。

151

［ニューヨーク］五二・八・二

最愛の人

月曜日は試験、そうすると、仕事に明け暮れて汗まみれだったこの夏もぼくにとって終わりだ。今回はとことん疲れ果てた。それでもずっと仕事をしてきてよかった。受講者数はたぶん維持されるだろう。それどころかもっと増えるかもしれない。来年の夏にもまたやるのはいいとして、でも二講座ももつのは二度とご免だ。おまけにひとつは三時間だったんだ。

けれど、ブッシュが言うように、善き男は善きものをも得る。(1) そしてぼくも八月七日には市民《シティズン》としての誓約をさせられることになる。サン・モリッツでのきみの最後の数日もこれできっと悩みが減ってより楽しいものとなるだろう。ヤスパースは書いていた。「私たちはサン・モリッツでご一緒できる時間を楽しみにしております。仕事をし、休息し、気分と幸福感にまかせお話をして、と。」ゲーテが書いていてもおかしくない文章だ。そして実際にそうなるように。

バード大学はぼくの条件を飲んだ。学長の根本思想をほんとうに理解したのはぼくだけだと彼は確信していた。学部のメンバーとは行ったその場（風景がすてきな場所だった）で議論をしたが、みんなぼくに感激していた。そこで、九月一〇日から一二月末まで毎週一度、一日か、ときとして二日、向こうへ行って教師グループを組織し、彼らと計画を検討して実現してゆくことになる。新入生《フレッシュマン》向けの哲学課程を設け、彼らに究極的問題《アルティメイト・クエスチョン》の意義を吹き込み、同時に彼らをさまざまな研究分野に有機的に導き入れる、というものだ。ぼくは進歩的教育《プログレッシヴ・エデュケーション》(2)に取って代わるべきすっかり現代的な教育計画を作成するつもりだ。企画の長にぼくは指名されたので、とてつもない地位《テリフィック・スタンディング》を得ている。この仕事に最初の学期は一二五〇ドル支払われる。それから二月に講座ははじまる。月曜日から木曜日まで大学で、金曜日一日でニュー・スクールでの二つの春講座を済まさなくてはならない。五月末までのこの学期には三二五〇ドル払われることになっている。企画だけが進行してゆくか、それともさらにもう一学期ぼくが行かなくてはならないかは、その後ではっきりするだろう。ニュー・スクールでの口を維持できるのだから、この話は非常にすばらしいとぼくは考えている。かなりの骨折りはするようだが、あらゆる点から見て報われると思う。ちなみにバード大学は女子大ではなく共学《コ・エド》だ。それにぼくが手紙で言っていたのは単なる鶩鳥ではなく、ちょっとばかり高尚な鶩鳥だった。もっと違う態度を取ったところでアメリカ市民《アメリカン・シティズン》には全然ふさわしくないだろう。仕事にあたっては、学長の計画を一貫して認めていない学部からのたくさんの抵抗があるにしても、いっしょに働いてくれる信頼できるグループもいるだろう。

ニュー・スクールが九月二〇日にようやくはじまり、一〇日からのバード大学には週一回パレンヴィルからのほうが行きやすいので、いまの涼しめの陽気がつづくようなら、きみをここで待つのがよいと思う。新しい講義内容を準備しなくてはならず、そのためにはここにいるのがいちばんだ。ヨーナスは出て行った。くれぐれもよろしく言っていた。最後の数日は特別親切に接して、ほとんどまったくと言っていいほど彼の面倒をみられなかったことを詫びておいた。でも彼だってすでに、ここで一講座をほとんどやり通すことができなかったのだから、理解したものと思う。もしぼくが先にパレンヴィルか他のどこかへ行くとしても、きっと一七日にはニューヨークに戻りきみを待ち受けることにしよう。そのほうがご帰宅にふさわしいし、交通費なんてぼくみたいな高額所得者にはもちろんもう問題とならない。

なにもかもとてもうまくいっていると思っている。きみもそう思ってくれるものと期待している。でも、とりあえずいまはまず、二日か三日ひたすら眠ること、それとステーキが必要だ。いいことずくめの知らせのこの手紙すら、この瞬間つらくなっている。少なくとも二日間は何にも考えずに済むようでなくてはならない。ぐらついてしまっている。ローズ、そして親しくなった学生たち何人かと、試験終了と市民権《シティズンシップ》を、飲み食いして思い切り盛大に祝うつもりだ。

ヤスパースの大学改革についての論文(3)を送ってほしい。題名はもう忘れた。彼によろしく伝えて、ぼくのことを少しばかりたくさん伝えておいてくれ。ぼくも彼に手紙を書くが、少し後になる。

きみのことを切に待っている。ニュー・スクールにこだわるあまりバードの一件を台なしにしてしまうことにならず、まったくよかった。そんなことになっていたら、良心が疼いたろう。

最愛の人、心ゆくまで楽しんで、よく休むように。

きみのハインリヒ

（1） Wilhelm Busch: *Maler Klecksel.*〔ヴィルヘルム・ブッシュ『画家クレクセル』からの引用。〕
（2） 一九世紀末からヨーロッパととりわけアメリカの学校制度に影響を与えた思想方針で、幼稚園から大学にいたる教育を、権威的強制からの自由および、教育内容と目標をみずから経験し自己決定することを強調する根本信念に導かれたものと見ようとした。
（3） 書簡149・注2参照。

152

［サン・モリッツ］ 一九五二年八月七日

最愛のひと——

これが最後の手紙、サン・モリッツを発つ明日をまえにして書いています。いま、あなたはちょうど宣誓をなさっているところでしょうね。わたしが心配でどきどきしながら同席して、興奮のあまりなにやらとんでもないごたごたを惹きよせることができないとは、残念至極。ヤスパースはいいニュースをとてもとても喜んでくださって、そのおかげでサン・モリッツ全体がいっそう明るく華やぎました。わたしたちはみんなで楽しくやっています、みんなというのは、とてもすてきなスイス人の医師夫人[1]もいっしょにということ。ヤスパースの親しいお友だちで、頭がよく、すてきで、魅力的で、とても機知に富んでいて、お仲間にぴったりの人です。わたしは山歩きもしましたよ、ほどほどにですけど。帰ったらぜんぶ話しましょう、すぐに、もうすぐです、ものすごい勢いでしゃべりまくりますよ。つまり一七日以降は、いつまでもとめどなく。

シュトゥプスのことでわたしはすっかり鼻高々、アメリカの大学の教授陣すら納得させるほど、利口な人、賢い人ですもの。条件はいい、みごとな手腕ですねえ。どうやらわたしがそこへ行く必要があるのは、一、なにか自然的カタストローフ——腎臓結石とか、ひどい熱波とか——に襲われたとき、二、ムッシューが栄達をとげたとき、この二つの場合だけでいいみたいですね。でもあなたがそんなに家を留守にばかりしているのは、気に入りません。だれがわたしを寝かしつけてくれるんです？　真面目な話、もういまからすっかり見捨てられたような気分で、足取り軽く家路につく等々なんてできそうもありません。ま、なるようになるでしょう。働き過ぎはいけませんよ。もう若くはないんですからね。様子を見ることにしましょう。いずれにせよわたしは奨学生(2)になって、いまわしい勤勉さとはもうおさらば。ほかのこともいろいろできるようになります。

[…]

ここのことをお話ししましょう。毎日が忘れがたい日々です、ささやかなこと一つ一つ、しばしばほとんど目につかないようなことすべてが。ヤスパースから正当なお叱りを受けるたびにいつも思い浮かべる言葉を、ここで繰り返すしかありません――「反駁をつうじていっそう自由になる／それのできる喜び(3)。」でも次回には、わたしの尊敬してやまないムッシュー、あなたもいっしょに来るんですよ！　これで決まり《アンド・ザット・イズ・ザット》。――ところでお願いが一つ。ラーエル(4)をバーゼルの住所へ郵送していただけませんか。そうすれば冬学期が始まるまえに着いて、ヤスパースにちょっと目を通していただけますから。

[…]

お終いにしますね。もう書くのは無駄ですもの。

あなたの(5)

(1)　エリカ・ヴァルツ（通称ロッテ）、一九〇五年生まれ。
(2)　グゲンハイム奨学金のことを指す。
(3)　Rainer Maria Rilke: "Briefwechsel in Gedichten mit Erika Mitterer. Dreizehnte Antwort." In: R. M. R.: *Sämtliche Werke*. Frankfurt 1955 ff. Bd. 2. S. 318.
(4)　アーレントのラーエル・ファルンハーゲンの本の原稿。
(5)　このあとに手書きで以下の挨拶が記されている。
「心からお祝いを申し上げます！　あなたの気宇壮大な課題が、このまたとない有利なチャンスを恵まれてどんなふうに進捗するかと、わたしは想像をふくらませているところです。市民権を得られたこともすばらしい、ハンナによると、こちらのほうがもっと重要だそうですね。
ご多幸を祈ります
カール・ヤスパース」

153

[チューリヒ　一九五二・八・九]

最愛のひと――

また挨拶と、この家(1)とを、あなたに送らずにはいられません。ヤスパース夫妻はあなたの手紙(2)をもらって有頂天でした。「彼は可能的な神という言い方でなにを意味しているのかな？」夫人はもうあなたがバーゼルでの彼の後継者になるのを夢見ていますよ！　昨日はバロン（健康がすぐれず、とても疲れている）と、ショーレム。後者とは、今回はすべて順調にいきました！　わたしは楽しくやっています、チューリヒはすてきです。

あなたの

（1）これは絵葉書に書かれた挨拶で、裏側はシルス＝マリアのニーチェの家の写真。
（2）ブリュッヒャーがヤスパースに出した五二年八月五日付の手紙。*Hannah Arendt - Karl Jaspers Briefwechsel.* München 1985, S. 225ff.〔前掲邦訳『アーレント＝ヤスパース往復書簡1』二二九―二三二頁〕参照。

154

［ニューヨーク］　五二・八・一一

最愛の人

　誓約をしてきた。書類は数日後に届く。そうすれば、書類のなかった恐ろしい時期、このもっと恐ろしい書類の時代のなかの一時期が、ようやくさしあたってのところ終わる。明日弁護士への支払いを済ませ、すべてを忘れることにする[1]。週末《ウィークエンド》にかけて聴講者の二人[2]と彼らの車に乗せてもらい、パレンヴィルに行ってきた。まだたくさん人がいたけれど、まもなく立ち去るだろう。バンガローを二五日から借りてある。それまでは、きみといっしょにメアリーのところに泊まれると思う。彼女ときたら今日もまた、約束を忘れないでね、と切に頼んでくるんだ。残念だけどぼくは九月五日にはもうバードではじめなくてはならない。でもパレンヴィルからなら週に一回通い、ぼくがその気なら二二日かそこらまで田舎にいられる。バンガローを取ったのは、ぼくたち二人が少し仕事をしたいだろうと考えたからだ。少なくともぼくはしなくてはならないだろう。きみはサン・モリッツでゆっくり休養をとれたようだね。でも念には念を入れたほうがいい。それに、長旅でどんなに疲労がたまっているか、たいてい後になってはじめてわかるものだ。

　パリをもういちどしっかりとぶらつくのがいい。そうすればきみも、いい点も含めて、たくさん報告できる。パレンヴィルにいっしょに行ったぼくの二人の学生（妻のほうがぼくの講座を筆記してくれている）の住んでいるのがアイドルワイルド[3]のそばなので、日曜の一〇時頃にそこできみを出迎え、まっすぐ家に運べるだろう。家では、きみがニューヨークともちゃんと再会できるように、特別きれいに窓が磨いてあるし、メイ(4)がもういちど全部磨き直すだろう。

だってようやく家に帰ってくるんだもの。

きみのハインリヒ

(1) 書簡151参照。
(2) ジューリアス・シュルツとルース・シュルツ。
(3) ニューヨークのジョン・F・ケネディ空港の当時の名称。
(4) ハンナ・アーレントの家政婦。

155

［ウェルフリート］　五三・八・一九

最愛のひと——

ここはお伽の国ですよ、森あり、丘あり、谷あり、荒地あり、猛々しく繁茂する草ありの広大な土地（三二エーカー、このほうがピンとくるのでしたらね）、そこに二軒の魔法の家(1)。わたしの居場所は古い納屋、とてもすてきにしつらえてあって、四部屋あります、ものすごく大きな部屋が一つと、中ぐらいのが三つ。あたりには人影も声もまったくなし。メアリーは魅力的だし、なにもかもすばらしい。いまわたしたちは車でビーチへ連れていってもらうのを待っているところ。アルフレッドとアン［・ケイジン］はふたりとも心やさしくて、いっしょに泳ぎに来てくれます。ビーチは遠くて、どこらへんなのかよくわからないのでちょっと不安。まだ探検《エクスプローリング》に出かけるところまでいっていないのです。

こちらに［『パーティザン・レヴュー』(2)からの］手紙と、グリアン(3)の本の書評の校正刷が来ていましたが、ところどころにちょっとした間違いがありそうな感じです。でもいますぐ取り組む気はありません。すみませんが、わたしの机の上のフォルダーをのぞいてみて、原稿コピーをこちらに送っていただけませんか??? すぐにお願いしますね、もし見つからなかったら、ひとことお知らせください、そのときは原稿なしでするしかありませんから。

もう仕事をしていますよ、あまり勤勉とはいかないにしても。明日は明日でまた変わるでしょうけれど。キケロを読んでいますが、たぶんわたしはその魅力に取り憑かれてしまった最初の人間でしょうね。

メアリーはいまとても悩んでいます。なにを書いても、それがたんに私的な事柄ではなく社会《ソサイアティ》にかかわるものだと、彼女の書き方ではどうも非民主的なしろものになりそうで心配だというのです。彼女はほんとうに魅力的で、惚れぼれと見とれてしまいます。仕事だけじゃなく、何人とも知れない大人数のために料理までやってのけるんですよ、そういうときの彼女はじつにいい感じで、いちばんすてき。息子もここに来ていて、やはりいっしょにいるのが純粋な喜びとなるひとです。

ニューヨークはどんなかしら。仕事がおできになりそう？　そして独り居をちょっとは楽しんでいる？　西部劇でもたくさん観にお出かけなさいな、冬まで元気が保つように。

あなたの

挨拶とキスを

（1）　アーレントはマサチューセッツ州ウェルフリート〔ケープ・コッドの先端近く〕で何日かを過ごした。メアリー・マッカーシーと彼女の夫ボウドン・ブロードウォーターがこれらの「魔法の家」の所有者。

（2）　『パーティザン・レヴュー』は一九三七年にウィリアム・フィリップスとフィリップ・ラーヴによって新たに創刊された文芸誌。

（3）　Hannah Arendt: "Understanding Communism." In: *Partisan Review* 20, 1953, Nr. 5, S. 580-583. これは、Waldemar Gurian: *Bolshevism: An Introduction to Soviet Communism*, 1953 の書評である。〔邦訳「共産主義を理解する」矢野久美子訳、前掲『アーレント政治思想集成2』一九三―一九八頁〕

第7部

1955年2月-6月

［一九五五年二月から六月まで、ハンナ・アーレントはカリフォルニア大学バークレー校の政治学部で客員教授をつとめた。担当したのは「われわれの時代の根本的な政治的経験」を扱ったプロゼミナール（ヤスパース宛の一九五五年二月六日付書簡）と、全体主義に関するゼミナール（ヤスパース宛の五五年三月二六日付書簡）、さらに政治理論（マキャヴェリ、モンテスキュー）についての三時間の講義である。］

156

［バークレー］　五五・二・四

最愛のひと――

　ひとは旅をすると――いずれにしてもわたしはもうすでに話したいことが山ほどあって、もういい加減でやめてくれって、あなたに言われそうです。というわけで、まずは旅の話。ほんとに、ただただ言語に絶する凄さです。あたかも天地創造に立ち会っているかのようで、果てしなく坦々とひろがる平地から、いっさいの移行段階ぬきで、いきなりロッキー山脈のすさまじい山容がぐっと立ち上がってくるのです、まるでカフカのなんとも不可解きわまる絶壁の岩山のように。途方もなくて、しかも崇高、しかし完全に非人間的。その手前には月光に照らされたミシシッピ、なんたる河！　これにくらべたらハドソンなんておもしろくもなんともありません。なにしろミシシッピは、河岸に高い堤など築かれてなくて、その平らな拡がりが平坦な地面を区分し、切り分け、貫流してゆく、いえ、滔々とうねりゆくのです。でもロッキーに話をもどしましょう。何日も高いところを汽車はゆきます（約五〇〇〇～九〇〇〇フィート）〔一五〇〇～二七〇〇メートル〕、一面の雪原、そこに風が吹きすさび、陽が昇り、星も出る。そして太陽の昇るとき、ひとは知るのです、「そのとき神は曙の紅を創りたもうた」と。ほんとうに、「宇宙の万物が力みなぎる身振りとともに、現実の中へ現れでた」(1)かのようなのです。そしてついにそこを抜けでて、想像を絶する絶壁の岩山と、それ以上に想像を絶する平地のひろがりと、雪原のおそろしい嵐とをあとにすると、そこは――カリフォルニアではなく――シエラ・ネヴァダ、ほんとうに魔法のように美しくて変化に富み、すばらしい眺め。それからもずっと川沿いに進みます――それまでにすでに、あなたもきっとご存知のコロラド川といっしょに二五〇〇マイル以上も旅をして、小さな谷川が力強い流れになっていくのを見てきたのです。そう、河川なしではここの大地は死んでしまうでしょう。河川が決め手なのです。愛すべき川。そしてシエラ・ネヴァダを過ぎると、棕櫚と鮮やかな緑の草の国へ入ります。（ちなみに、ここの人たちは家畜を雪のなかでも「放牧」していて、動物たちはじつにせっせと食べていますが、いったいなにを食べているのかは、わかりませんでした。ルース［・シュルツ］(2)なら知っているかもしれませんね。〉そして夾竹桃の花盛り。それに日中はとても暖かで、わたしは絹の服で散歩するほど。日が暮れても、ほどよく爽やかで気持よく、冷え込むほどではありません。ここの気候は、まさしくひとの説明で聞いていたとおりのようです。でも旅については、まるでちがいます。想像していたのとは比べものにならないほど壮大です。

　旅の道連れについても急いでひと言。二日目の朝には、向かい側の紳士がチェコ出身の建築技師で、すでに一九二三年以来、合州国にいて、いまはフランスから帰ってきたばかりだと判明。世界をくまなく知っていて、たいていの国の言葉を話せます。きわめて聡明。アメリカの現世代のまさにどうしようもない愚かさを話題にして、なにもかも進歩的教育《プログレッシヴ・エデュケーション》(3)のせいだ、と言っていました。アメリカ人は怠惰と愚昧と高慢さによって世界中の笑いものになっている。とりわけ技術者としてはおよそなんの役にも立たず、器械工とさえ呼べないほどだ。フランスへ行って、なにかをフランス人に教えようなんて思った連中も、結局は恥をかいて引き下がり、なんとか腰をすえなおして必死で遅れを取りもどさざるをえない。そういうのはまだましな部類だ、と。彼に言わせると、〈彼らは子どもたちを幸福にし、人間を不幸にしている〉〔英〕。同じことを中東でもやっている。おまけに、それと密接に結びついているのが、あらゆる地位、あらゆる事務所、あらゆる仕事に、ばかばかしいほど過剰な人員を配していること。たとえば、アメリカがおよそなんの利害関心ももたないベルギー領コンゴの辺鄙な町に、ほかの大国はいずれも領事館に二人か、せいぜい三人を置いているだけなのに、アメリカ人は約四五人。どこでもそうだ。とくにロンドンとパリ。彼はなにか知りたいことがあって情報を得たいときは、イギリス領事館へ行く、たしかに彼らは皮肉屋だが、みごとに必要に応えてくれるので、こうするのを諦めるわけにはいかない。わたしたちはそのあと、マンデス＝フランス(4)について大いに論じ合いました。彼は、ここの新聞を読むと笑ってしまう、でもマンデス＝フランスがやりとおせるとはどうも思えない、と言う。彼はフランスのことをひじょうに正しく判断しています。フランスの道路・鉄道建設の技術者にたいする彼の高い評価もふくめて。アメリカの旧態依然の仕事ぶりと愚鈍化の例として、自動車を挙げていました。規格部品《プリファブリケーテッド・パーツ》はひじょうにすぐれているのに、アメリカ車は役に立たなくなる一方で、フランスやドイツの車よりずっと質が悪い、アセンブリー・ラインがもうまく働いていないからだ、と。彼はこれからカリフォルニアに子どもと孫たちに会いにいくところで、孫たちのことをひどく心配していました。彼らがばかになってしまうのではないか不安だと。

　これがわたしの同席の技術者でした。それから一度、食堂車でちゃんとしたディナーをとってみました。そこではいわゆるイタリアン・ディナーが食べられるのです。たいへん人気があるのですが、わたしがそれを選んだのは安いから。向かいの席にはロチェスターから来たご婦人――あなたに見せてあげたかったですよ、彼女が文明の極致とみなすのはエスプレッソとニンニク、そして読むのは推理小説。ニンニクに関して言えば、食堂車はなにが最新の流行なのか心得てのことでしょう、大陸全体を「文明化する」に足るほどたっぷりと入れてありましたよ。ニンニクにまたこんな未来がひらけるなんて、だれが予想したでしょう。ちなみにこのご婦人はたいへん感じのいい人。ただとても典型的なアメリカ女性なので、しっかり目をあけて見ていないと、向かい側にいるのはルース［・シュルツ］かメアリー［・マッカーシー］だと思ってしまいそうでした。

　そのほかでは仲良くなったのはプルマン寝台車の車掌さんだけで、彼といっしょに月光に浮かぶミシシッピにみとれたのですが、そんなことをしたのはわたしたちだけでした。ほかの人はみんなウィスキーを飲んだり、カードに興じたり、推理小説を読んだり（これは教養ある人《ハイブラウ》だけ）。おかげでわたしは鉄道労働者の賃金・年金体系についてすっかり詳しくなりました。それに、農民はみな一ドルの稼ぎにつき一ドルの政府支給があることも。そのおかげで農家では家族のだれもが自分の車をもっていて、わが車掌氏の娘婿は、おどろくなかれ、一三台も。彼の結論はこうです。鉄道労働者だってそうしてもらう必要がある――わたしの計算では彼の稼ぎは七〇〇〇ドルくらい、それ以上ではないでしょうが――、政府は農民とそのバターにしているような支援を、鉄道労働者にも与えられるはずだ、と。おもしろいのは、彼が自分たちの待遇が「悪い」のは会社のせいじゃないと、何度も強調していたことです。退職すれば、もらえる年金は月額「たった」一四〇ドル、それに加えて社会保障。こんな絶望的な境遇で、彼らは八〇過ぎまで働くのだそうです。とりわけ、ゴルフに興味のない連中は。まったくおどろきですね。言っておきますが、彼は初老の男で、とても好感のもてる人でした。

　シュトゥプス、この娘《こ》が新しいことをたくさん学ぼうとしているのがおわかりでしょ。汽車は夢のよう、つまりシカゴからのこの汽車は。世界一だと思いますよ。それにじつに時間に正確。時間にだらしないのは、セントラルとペンシルヴェニア系統だけです。それに運賃だってあまり高くないし、ビュッフェ車でなら安く食べられる。シカゴを出ると、すべてがずっとずっとよくなります。すべてが違ってくるのです。それにみんな大声で話しますから、自分がハーネマンおじさん[5]だということを忘れますよ。

さて、こうして時間どおりに着き、学部[6]の若い殿方の出迎えを受けて、ここへ連れてきてもらいました。ここのわたしの部屋は、居心地のいい僧坊を想像してくださればぴったりです。きっと修道院でも新来者がくると、修道士がみんな、あれこれ口実をもうけては押しかけてくるんでしょうね。もうすでに一人の女性が、サンフランシスコとバークレーとキャンパスの地図ぜんぶと、時刻表その他を、ドアの下から押し込んで、どうぞお持ちくださいと懇願せんばかりに声をかけてきましたし、いましがたは隣室のとてもかわいい子が、彼女の辞書をよかったらお使いくださいませんかと訊きにきました。そのちょっとまえには、尼僧の一人が彼女のラジオを抱えてしょんぼりして、私の部屋から出ていったところでした。なにか推し量りがたい理由から、彼女はなんとわたしにこのラジオを、もちろんただで、お譲りしますと申し出た[7]のです。彼女たちがとくべつ興奮しているのは、わたしの本を知っているせい、もしくは知っていると自称しているせいです。どっちにせよ、本の著者なんてものに会ったことは一度もないらしい。最悪なのは、この修道院のどこかにドイツ人が二人いて、興奮を煽るのに一役買っていること。今日すでに廊下でドイツ語を話している声が聞こえたので、部屋にしっかり錠をおろしておくことに決めたところです。でも騒ぎはきっとすぐ収まるでしょう、みんな感じのいい、礼儀を心得た人たちです。それに月曜日には大学内にすてきなオフィスをもらえますから、そこに立てこもれば邪魔されないですみます。

それに、まあ、ご想像くださいな、手紙が一通、すでにわたしを待っていたんですよ。でも心配性のシュトゥプスからじゃありません、とんでもない、さる退役将軍からです。現在はコモンウェルス・クラブの会長で、そこで話をしてくれと頼んできたのです。ここは〈クラブがシラミみたいにうじゃうじゃある〉〔英〕土地柄で、そのなかでこれがピカ一の威信あるクラブですから、たいへんな名誉だということ。お慰みの話をしに行くべきでしょうかね。クラブ員は、大学学長だの将軍だのというたぐいの人ばかりです。最初にもらった手紙が退役将軍から——すてきな話でしょ。

今日、学部に顔を出しに行きました、万事うまく運んでいるようです。巨大複合企業ですよ、学生がどんなかは、まだわかりません。ただ、なにやらギリシャ文字の会名を名乗る二人の学生にとっつかまりました（つまり男子学生友愛会《フラターニティ》の一つです）、もちろん、話をしろと。トルーマン(8)もその会で話をした、等々と言ってました。ひとまず彼らとコーヒーを——ちなみに、ここのコーヒーはどこよりもひどいんですよ、どの店でも。いましがた自分用の電気コーヒーメーカーを買ってきたところです、さもないと死んでしまいそう。それとも、ばかになるのかな、あのチェコ人の技師が言っていたように、ばかな若い世代と同様に。落ち着き場所はととのいましたが、ほかのことにはまだなにも手が着きません。太平洋は遠くに見えます、湾が。明日はたぶんサンフランシスコへ出かけます、電車時刻表と市街地図で武装して。太平洋を見ないうちは仕事にとりかかれませんからね。美しい、美しい世界。

ところで、ここのクラブでの食事はなかなかよくて、しかもたいへん安いようです。すべてが快適。朝食をすませてもどってくれれば、部屋はもうきれいになっています。わたしの講義は九時から一〇時。だいじょうぶですよ。時差のおかげで、七時に起きるのにすぐ慣れました。それに一一時きっかりに就寝、なにかがそれを妨げるなんてことは、ここではおよそありそうもないですし。

最愛のひと、これでぜんぶです。いまのところは。わたしに手紙を書くのをお忘れなく。電話は、ソーンウォールド五—五〇八四、でも指名通話の申込が必要です。部屋には電話はなく、廊下にあります。

ご挨拶とキスを

あなたの

(1) ゲーテ『西東詩集』より「再会」第二節。
(2) ルース・シュルツは中西部出身。
(3) 書簡151・注2参照。
(4) ピエール・マンデス＝フランス（一九〇七—一九八二）　フランスの政治家。一九五四／五五年には首相。
(5) ハーネマンおじさんは、ドイツの子どものお話に出てくる耳の遠いおじいさんで、聞き違いをしては、たえずおかしな語呂合わせを生みだしたり、どたばたを演じたりする。
(6) 政治学部。
(7) 全体主義の本。
(8) ハリー・S・トルーマン（一八八四—一九七二）　合州国大統領。

157

［ニューヨーク］　一九五五・二・五

最愛の人

今回は、列車が駅舎から出てゆくなり、もうきみを待つことがはじまった。ぼくたちがこんなにまで一つに結ばれているとは、なんとすてきなんだ。じっと耐えて待たなくてはならないのだろうと思う。すべてきちんとお膳立てができてしまっているんだから。でもそのため、たえず待ちつづけることにもなるだろう。

そうは言っても、おそらくぼくはきみよりもずっと楽だ。ぼくはこうして家にいて、ぼくたちのものであるあれやこれやにいつでも囲まれている。このように馴染んだものがあると、なんとなくきみの姿が目の前に見えてくる。

どうかそちらにいても、少なくとも仕事に打ち込めるくらいには快適であるよう祈っている。目新しいこともあるだろうが、それも刺激的なんじゃないだろうか。

ぼくは学生たちと彼らの抱える問題に忙殺されている。ニュー・スクールの試験は終え、新学期の準備をしているところだ。試験の結果に頭を抱えている。思考すること、理解することを彼らに教えるのを、ぼくがいかにできていなかったか、と。

[...]

晩にはロッテ[・ベラート]と『魔笛』を聞いてくるよ。明日は学生たちがやってくる。ぼくは一日じゅう読書と勉強だ。

きみがそちらでどんなふうにやっていて、どう感じているか、もう聞きたくてたまらない。

きみの
ハインリヒ

158

[バークレー]　五五・二・一二

大切な最愛のひと——

わたしがどんなにお便りを待っていたか、あなたはまるで想像がおできにならない。あなたの手紙は、わたしは迷子になりっこないと繰り返し保証してくれる結び紐なのです。なにしろあなたがいないと、わたしはたちまち以前のように傷つきやすくなってしまう。そうなるとなにが起きるかというと、たとえば、カウフマンのヴァイキング社ポータブル叢書[1]をぱらぱらめくっていて、ほんとに前代未聞の俗っぽい注釈を目にすると——たとえばあの「真午《まひる》」の歌[2]の、「うかがい、そして待つことの、不安まじりの幸福」を、「チャーミング」だなどと評しているんですからね——、わたしはすっかり絶望して涙が出そうになり、頭をぶんなぐられでもしたように傷ついてしまう。あなたがいないと、こんなありさまです。そしてうれしいのは、一つに結ばれていること。

では、順序だててお話ししますね。サンフランシスコへ行ってきました、とてもとても美しくて、リスボンを途方もなく大きくしたような都市。太平洋はものすごいですよ。黒い砂――想像してみてください！――そして長ながとつながる危険な波。ゴールデン・ゲイト橋は、［ジョージ・］ワシントン橋と同様にりっぱで、ここの人たちはこういう面では第一級ですね。街には優美さがあって、どうみても住んでいるのは年金生活者ばかり。ここのほんとうの奇蹟は、なんといってもその気候です。どうにも説明のしようがないのですが、なにを着ていようと、けっして寒すぎも暑すぎもしない。どうしてなのかはわかりません。すべてがもちろん一年中いつでも緑。それでいて気温はそれほど高くない。けれどいつも空気に爽やかなやさしさがあるのが、じつにふしぎです。躰《からだ》もまったくちがう感じ方になる、というよりはむしろ、自分に躰があるとは感じなくなってしまう。だからここの人たちがスピリチュアリズムにあんなにいかれて《メシューガ》しまうのも、わかる気がしますね。気候と関係があるのです。レッドウッド〔セコイア〕はまだ見に行っていません。わたしの住む建物のすぐうしろにはとても美しい丘が連なっていて、そこも大学の土地で、みごとな大木があります。来週、たぶん土曜日には見に行くつもりです。車がなくては行けないなんて、まったくのナンセンス。バスはニューヨークと同じくらいしょっちゅう出ていて、接続もたいへん便利です。ただ、ここではだれもが車で出かけるのはほんとうです、ほんのちょっと角を回ったところへ行くのにさえも。わたしはそんなことしませんよ。

ここのクラブはなにもかもすばらしい。食事はちょっとパレンヴィルのに似ていて、殿方用のクラブではもっと上等、わたしはそっちでも食べられます。そもそもたいへん安い、つまりここのクラブではということで、ほかのところでは何もかもニューヨークよりむしろ高いような気がします。尼僧たちはもううるさく付きまとわなくなりましたし、何人かはとても感じのいい人です。おもしろいことにここには二つの派があって、一つはウルトラ・リベラル＝ラディカル派、この派はあっぱれな本能でたちまちわたしを攻略、もう一方のマッカーシー派も、わたしを引き入れようと躍起です。わたしはなんにも気がつかないようなふりをしています。きっとこれでうまく切り抜けられるでしょう。この派閥抗争は、リベラル派の話によると、ここではずっと荒れくるってきたとか。ところが個人間の関係にはひびいていないのです。みんなきわめて礼儀正しく、たいへんお上品で、躾がゆきとどいていて、ニューヨーカーやブルックリンのユダヤ人の不作法さばかり見てきたあとでは、ほんとうの保養になります。学生もたいへんお行儀がよく、作法を心得ている。ほっとしますね。わたしにとってこれはやっぱり大事なことで、〈どうしようもありません〉〔英〕。

学部。完全にわたし専用の大きくてりっぱなオフィスをもらいました、昼夜を問わずいつでもそこにいられます。タイプライターと――これはまず要求しなければなりませんでしたが――、大きな机と、本や書類の置ける巨大テーブル付きです。わたしの住む建物からここへはほんの五分。わたしがなにをしていようと、彼らはおよそ関心を払いません、それがまた度を越しているんです。〈まるっきり気にしない〉〔英〕。学部長はわたしに会うことすら必要ないと言ったくらいですからね。非友好性といったたぐいのせいではありません。(わたしたちはオフィスでも、定期的に隔週におこなわれるまったく格式張らない学部《デパートメンタル・》午餐会《ランチョン》でも、顔を合わせていますもの。) そうではなくて、〈会う〉とか〈話す〉とかいうとき、彼は社交的催し《ソーシャル・アフェアー》しか思い浮かべていないからで、いまのところはそういうものに割く時間がないからなのです。そのほか、たとえばわたしは試験をすべてほかとは違うやり方でするとか、中間試験はやらないとか(ぜんぶの答案を読むなんてまっぴらですし、助手《リーダー》(3)を置く気もない。〈楽しくやってください――合点です、そうしましょう〉〔英〕、というわけで、やりたいようにやっています。学生たちはすでに幾度となく、〈大いに楽しいことを期待してますよ〉〔英〕と、わたしに断言しています。オフィスのおおぜいの助言者からまともな情報がもらえないとなると、学生たちはわたしのオフィスにお行儀よく行進してくるんですよ。授業が始まるのは月曜日からで、わたしは火曜日からすぐにフル稼働、朝(九時から)講義と、午後早い時間にゼミナールです。講義は週三回で、九―一〇時。毎日、おどろくなかれ七時に起床。大学院のゼミナールは水曜の夕方です。それに加えて週二時間の個人面談。かなりの仕事量で、こなせるかどうかまだ見当もつきません。不安もあります。さて――どういうことになりますやら。

そのほかでは――ギーゼキング(4)のコンサート、でも時間とお金の無駄でした。今晩は、エイドリエン・コッホのところでディナー・パーティ、グリアンの知己でやはりこの学部で教えている女性です。どうということはない人。学部の連中はみんな死せる魂ですが、例外はハンス・ケルゼン(5)。七四歳で、ひじょうにはっきりした意見をドイツ語と英語でみごとに語る、とても生気のある人です。これからもたびたび会うことになるでしょう。偉大な知性とはいかないにしても、たいへん有名で、まさに死んではいないのです。子どもたちのなかには、明らかにまだ生きていると思える者がかなりの数います。その子たちが連中に、おまえたちは死滅しゆく身だと思い知らせることでしょう。おまけに、〈なにをやってもかまわない、楽しくやりたまえ〉〔英〕、等々とくるんですからね。ちなみに、学部では〈だれもがだれにでもお世辞を言う〉〔英〕。これはお互いまともに付き合わないですますための彼ら流のやり方です。彼らにもやはり激しく敵対する二つの派があって、一方は理論派、他方は反理論派。わたしは耳が聞こえないふりをしています。

それから例の将軍もわたしのオフィスに来ました。とんでもなくおかしかったですよ。わたしが全体主義に賛成なのか反対なのかと訊くんですもの。〈どっちだってかまわないけれど〉〔英〕、ただ彼のプログラムのどこにわたしを突っ込んだらいいかを知りたいからなんですって。だれかに、〈わたしがたぶんたいへんな人気を博すだろう〉〔英〕と言われたので、すぐにわたしを確保しにやってきたのです。わたしが講演でなにを話すか——これまた完全にどうでもいい。ああ、最愛のひと、なんて突拍子もない世界でしょう。手紙をくださいね!!

最愛のひと、この手紙はあなたの学期がはじまる直前にとどきますね。ニュー・スクールはどうですか？　気落ちしてはいけませんよ、学生たちだってまたもっとよくなります！　ところで、ここでのお愉しみは思っていたより長く続きそうです。試験が始まるのは、少なくともわたしの場合、やっと七月一三日。一八日よりまえにはここを離れられそうもありません。ブルルル……

いまからもう不安になっています。

あなたの

（1） *The Portable Nietzsche, Selected and Translated, with an introduction, prefaces, and notes*, by Walter Kaufmann. New York 1954.

（2） ニーチェの詩「高い山々から　後の歌 Aus hohen Bergen Nachgesang」（『善悪の彼岸』にそえて）の最初は、「おお、いのちの真午よ！　華やぐ時間よ」で始まり、一行置いて、「たたずみ、うかがい、そして待つことの不安まじりの幸福よ！」という行がくる。Friedrich Nietzsche, Werke in drei Bänden. München 1966, Bd. II, S. 757ff. 参照。

（3） 答案を読む助手。

（4） ヴァルター・ギーゼキング（一八九五—一九五六）　ドイツのピアニスト。

（5） ハンス・ケルゼン（一八八一—一九七三）　プラハ生まれの政治学者、一九三三年にスイスへ亡命、一九四〇年に合州国へ移住。

159

［ニューヨーク　一九五五年二月半ば］

ぼくの恋しい人

いまようやく手練れの書き手であるきみからの手紙を、それもすばらしく長い手紙を受け取って、そちらでまずは仕事にひとたまりもなく飲み込まれてしまったんだろうと当たりをつけている。でもそれが人づきあいに巻き込まれることなんかでなければいいのだが。

ロシアでの騒動[1]には、ますますもってぞっとした。事態がなんらかのかたちで深刻化したときにはもちろんバードが落ち合う場所だと、きみに電報を打とうとしたほどだ。奴らは、農業ではかなり苦しい状態であるらしいにもかかわらず、あいかわらず厚かましい様子だ。ともあれ全体主義者が手綱を緩めるはずもなく、農民相手だったらなおさら断じてない。指導者間でもまだ何にも実際には決定されておらず、彼らがいっそう慎重になったことが、新しい解任方法からわかる。おそらく首相は最初から、グループが前へ押し出した表看板《フィギュアヘッド》と考えられていた。ともあれ今度はそれがブルガーニン[2]だ。いまアイゼンハワーにとってはじつに天の恵みだ。彼はアジアの事態[3]から抜け出すため策を練っている。どのみちロシアには得るところがあったはずだが、そのときわれわれにより多く損をさせるつもりだ。ネルーはがっかりしていることだろう。ばか者どもがまるごともっとましになるのを彼ほど望んでいたものはいなかった。

［…］

ニュー・スクールの第二学期はおよそ四〇人の聴講者のまえで開幕し、とても順調な滑り出しができた。でもいまはバードがふたたび恐ろしげに地平線上に現れつつある。それでもぼくはまたまた大忙しとなるのを歓迎しているんだ。きみがいないことを少しだけ感じないで済むからだよ。

文字通り家のどこにいても、きみがいなくてつらい。なによりも、ぼくの存在の中心で。いやはや、ほとんどの人間を退屈に感じるようになってしまった。彼らの側から退屈に感じられてなければいいのだが。でもいまのところはまだそんなことになっていないようだ。さもなければ、彼らに押しかけられて退屈させられることだってないだろう。そんなこんなで、バードとそこでの仕事は実はとてもうまくいっている。

この間ぼくはやっとのことまともに読書に向かって、講座のためいくつかあたらしい課題についてまとめている。また楽しくやっているよ。きみが必要でなくなったらすぐにハイデガー(4)をぼくに送ってほしい。

　そちらでは少なくとも気候は良いようでよかった。こちらはただただおそろしく寒い。バードの寒さには心から不安を抱いている。でもこれもそう長つづきはしないだろう。ときにはサンフランシスコに逃げ出せるような機会はちゃんともてているかい。

　お元気で、たいせつな人

きみの

ハインリヒ

(1)　ソヴィエト首相ゲオルギー・マクシミリアーノヴィチ・マレンコフが苦境に陥った経済状態の責任を公に認めて「自発的に」退陣した。

(2)　ニコライ・アレクサンドロヴィチ・ブルガーニン（一八九五―一九七五）は一九五二―五五年に国防大臣、一九五五―五八年に首相。

(3)　ヴェトナムにおける一九五四年のフランス敗北後、合州国に支援されたゴ・ディン・ジエムが首相の座に就く。基本的に彼の政策が後の内戦を引き起こす。

(4)　どの著作であるかは突き止められていない。

160

［バークレー］　一九五五年二月一九日

最愛のひと

　手紙を定期的に書いてくださいね、さもないとわたしはここで死んでしまいますよ。なにかおそろしいことが起きたとか、これから起きそうだというわけじゃありません――思うにわたしがしでかしそうな最悪のことは、ＩＢＴ(1)（とかなんとか）いう機械をぶっ壊してしまうこと、そうやってお手柄をたててしまうことです。なにしろこの機械はここでは万事を支配していて、登録カードを呑みこんでは、一人ひとりの学生にその成果を吐きだしてやるんですからねえ。じつに興味ぶかいしろものです。官僚制はこの器械に、おのれが Niemand の統治〔人間ではなく机 bureau が人間を支配する形式〕たることの具象化を見いだしたのです。かくて出来《しゅったい》したのは、一人の autós すらそこには存在せず、あるのは autó だけという(2)、一つの専制《アウトクラティー》です。

　今日でちょうど最初の一週間が終わったところ。滑り出しはこんな具合です。午前九時に教室へ、三〇人収容できる部屋――理論というものがここではそれ以上の人数の学生を「惹きよせた」ためしがないので——、ところがおおぜいが廊下にまで立っていて、わたしはばかみたいに大声を出す羽目に。今日で三度目の教室替えをしましたが、来週にはやっと、わたしが絶叫せずにすみ、大多数が立ちっぱなしにならないですむように一二〇人収容の教室がもらえます。これは講義。つぎは学部ゼミナールで、登録者数を三五名に限定するという約束を取りつけておいたんですよ。ちゃんと文書にして！　ところがその結果ときたら、文書に署名した主任以外、その約束のことを知っている者は一人もいない始末。わたしはこの一週間、あっちへ行きこっちへ行っては、いろんな人と話し、質問し、質問してもらうよう、努めてきました。ところがだれ一人、わたしの授業に学生を登録してしまうまえにわたしに相談しようとは、およそ考えてもみなかった。ゆえに《エルゴ》、わたしのゼミナールに登録した子は約一二〇名。どうやって減らすかが問題でした。わたしの講義はこの点で早くもキャンパス中の噂のたねになっていて、わたしの心配をみんなおもしろがっています。わたしにはおもしろいどころじゃない《アイ・アム・ノット・アミューズド》。そこで、うんと厳しい話《タフ・スピーチ》をして、各自が提出すべきとびきり厳しい課題《タフ・アサインメンツ》などなど、あれこれと出したところ、三分の一以上がいなくなりました。そこで五分の休憩、みんな席について、ほっと一息。この成果にうれしくなっていると、残った子の一人が人数をかぞえようと言い出して——結果は七五人。仕方ない、そんなところでしょう——少なくとも当面は。そして水曜日には大学院ゼミナール、四〇人かそこら現れましたが、もう数をかぞえるのは諦めました。学部のほうにも、わたしは三つまでしか数をかぞえられないと言っておきましたよ。席は足りないし、立っている場所もない、ずっとドアを開けっ放しにして、半ダースもの大の大人の学生が立ったままノートをとる始末。わたしは序論として二時間話しました。おそらく来週には人数が少しは減るでしょう。こんなでは、わたしは六月までもちそうにありません。学部はわたしの人気にそれほど大喜びはしていませんが、いまのところわたしにはどうしようもない。違うかもしれませんが。

先週の日曜日には、ここの丘陵を車でひとめぐり、昨夜もまた、夜景を見に行きました。サンフランシスコ湾と二つの大きな橋が見えて、夢のように美しい光景でした。山や丘の連なりはもうすでに日本的で（ここ一帯がかつてはアジアの一部だったことは、疑問の余地がないように思えます）、わたしたちのところとはまるで違う。つまり、本来の山脈のように山がひとつながりになっているのではなく、丸みのある丘がそれぞれ独立に平地から盛り上がっているのです、ほんとうにアーチ型に。こういう風景は日本や中国の絵でしかお目にかかったことがありません。

パーティやランチの約束が入りはじめました。先週の土曜日はエイドリアン・コッホのところで、半ばニューヨーカー・ボヘミアン風のおかしなパーティ。参加者の一人が長ながと話をしたんですよ、それも奥さんのいるところで。彼らは一三年間、子どもに恵まれなかったのでボルティモアの病院へ行った、そこで当然ながら彼の精子を調べなければということになり、二人は科学的な役目をはたすべくホテルへ入った——その結果を彼が勝ちほこって宣言するには、「ぼくじゃなかった!」《イット・ワズ・ノット・ミー》言葉にするにはなんとも結構な話。いまでも笑ってしまいます。ところがそこで突然、学部の連中がわたしに質問を浴びせはじめたのです。〈「科学的」って、あなたならどういう意味でお使いになる? この言葉でなにを意味します?〉〔英〕等々。かなりこっぴどくとっちめてやりましたよ、この手はいままで（いままでのところは!）うまくいっています。首謀者のリプソン氏はオクスフォード出のイギリス人で、奥さんはアメリカ人、彼女ときたら、ふた言目にはかならず言うんです、〈レスリー、もちろんですわ、あなたのオクスフォードの基準をもってすれば……〉〔英〕。彼は豆がらみたいに空っぽで、蛙みたいに虚勢を張る。ちょっぴり嘴でつついてやりました。我慢できなくて。

今晩、またそういうお付き合いの会がありますが、今回はあの真に信ずる者《トゥルー・ビリーヴァー》、エリック・ホッファー[3]を迎えてです。この人が何者か、たぶんご存知ですね。おもしろいことになりそうです。でもここのクラブでは、なにもかもすてきですよ。わたしの隣室にはウィスコンシン出の魅力的で小柄な女性がいて、とても知的で、とても気持のいいひとです。なぜみんながわたしの部屋につぎつぎとやってきたのかもわかってきました。彼女たちは「左派」で、わたしがべつの派の手中に落ちるのを防ごうとしていたのです。正真正銘の共謀。彼女たちは感動的なほど思いやりがあって、いまはみごとに静かにしています。

こんどは気候の話。ねえ、おもしろいんですよ、ここではなにを着ていようと、いつでもちょうどいい感じで、寒すぎも暑すぎもしない。まるで魔法の園です。ここでは天然の災厄は、暑さや寒さ等々として襲ってはこないで、いうなれば背後から忍び寄るのです[4]——そんなものがあるとは思いもしないところにウルシがあるし、ヘビもいるらしい。もっと目に付くのは、ひどい喘息の人がとても多いこと、などなど。油断なりません。

ニュー・スクールの授業はいかがですか? バードの滑り出しは? ロシアのことでは、わたしも最初はひどく驚きましたが、何かがおっぱじまるとは思いませんよ。彼らがほんとうの困難にぶつかっているとは信じられないのです。でも、もっと大規模な農業生産単位をというフルシチョフ氏の壮大な計画がもし実現しないとすると、彼らはつぎの粛正をおこなうための組織原理をもたないわけで、そうなれば強制収容所は消滅するし、警察は飢えてしまう――死に絶えます。それにしても見逃せないのは、中国の新たな攻撃的政策がロシアの出来事と密接な関係にあることですね、このほうが頂けない話です。あなたは［ダグラス・］マッカーサーをどうお思いですか？

［…］

あと、もう一つ。最初の校正刷りをわたしに送ってきてくださいましたが、出版社からは原稿[5]もいっしょに届いたのではないかしら。送るという手紙が来ていますから。どうかお返事ください、そして原稿も来ているのだったら、すぐにこっちへ送ってくださいませんか。でも航空便にする必要はありませんよ、高くつきすぎますから。

ここにはドイツ人の学生がたくさんいます。きっと一人くらい、校正を手伝ってくれる人が見つかるでしょう。

では、これでお終いにします、最愛のひと、

あなたの!!!

（1）　おそらくＩＢＭコンピューターだろう。

（2）　古代ギリシャ語で、ここでは autós は“Er”つまり人間、autó は“Es”つまり「もの」を意味する。

（3）　エリック・ホッファー（一九〇二―一九八三）　この並はずれた人物はのちにカリフォルニア大学バークレー校で講義をおこなった。最初の著書は、*The True Believer*, 1951〔邦訳『大衆運動』〕。一九八三年、大統領が文民に授ける合州国最高の勲章である自由勲章《メダル・オヴ・フリーダム》を授与された。彼自身はあるインタヴューで、「あなたは知識人ですね」と言われて、「いいえ、港湾労働者です」と答えている。

（4）　poison oak や poison ivy など、ウルシ属植物は、肌に触れると痒みや痛みを伴う発疹を惹きおこし、それが消えるまでには四週間ほどかかる。

（5）　おそらく全体主義の本のドイツ語版、Hannah Arendt: *Elemente und Ursprünge totaler Herrschaft*. Frankfurt 1955 のことだろう。

161

［バークレー］　五五・二・二二

最愛のひと

［…］

たったいま、一時間のはずが三時間にも延びてしまった面接時間を終えて、死ぬほどくたびれて帰ってきたところです。この先どうなることやら、ほんとに見当もつきませ

ん。学部はあらゆる行政問題におよそ考えられないほど無能で、ほんのつまらぬことで途方もなく時間を無駄にしてしまうのですから、なおさらです。ご覧のとおり、わたしは頭にきています。でも考えてもみてください、わたしはこの二週間、晩や休日（たとえば明日！）に自分のオフィスのある建物に入れるように、鍵をもらえるのをずっと待ちつづけているんですよ。ひどい話です。まずは申請用紙、正副三枚に記入させられる……等々。こういうことはすべてじつに興味ぶかいとはいえ、絶望的です。あなたは小規模の大学にいるという幸運をよろこばなくちゃいけませんよ。ここはずっとひどい。身動きがとれません。しかもそのせいで教育プログラム全体がめちゃめちゃになりかけている。なにしろだれ一人、なんとかしようという関心をもたないんですからねえ。

　このまえの土曜日にエリック・ホッファーと知り合いました。労働者、それも港湾労働者で、ひじょうに好感がもてます、才気はないけれど、誠実で、ひじょうにドイツ的な変人。わたしにサンフランシスコを見せてやろうと言ってくれました。もちろん願ってもないこと。土曜日は時間外労働《タイム・アンド・ア・ハーフ》があるのでだめだそうですが。——今日は、わたしの同僚で隣人のイギリス人とちょっとお喋り。彼はチベット出で、もとインド植民地行政官、アメリカははじめてですが、それ以外は全世界を、とくにアジアをよく知っています。もうくたびれて眠い……

　日曜日に、あなたがバードにいるとは知らずに電話してしまいました。つながるかどうか、ちょっと試してみただけです。こんどの日曜日にはスタンフォード(1)へ。あそこでは行動科学(2)をやっています。話に聞いたかぎりでは、完全に狂ってますね。どんなふうか見てきましょう。

　ちゃんと定期的に手紙をくださいね。ここは不毛の地なんです。昨日はここの音楽会へ行ってみました。満席で、聴衆は熱狂していましたが、わたしは子どものとき以来、ベートーヴェンがこんなふうに演奏されるのを聴いたためしがありません——まったく音痴の一〇歳児たちの演奏なんですよ。ほかのところでは、こんなことはありえないでしょうね。どのトリルもまるでげっぷのよう。とても我慢できなくて逃げ帰りました。

　やれやれ《アンファン》、なにごとであれ、ともかく終わりはある。そしてそれでもやっぱり教えられることはたくさんありますね。

　　　　　あなたの——

（1）　カリフォルニア州のパロ・アルトにあるスタンフォード大学。
（2）　behaviorial science. 書簡62・注1参照。

162

［ニューヨーク　一九五五年二月末］

ぼくの恋しい人

三〇分後にはバードに向かって腰を上げる。今度の一回は土曜から行っていなくてはならない。きみもこの間学生たちを見てきたので、ぼくが自分の学生たちと向かいあってふたたびどんな気分になるか、わかるだろう。……それでも、今回も何人か優秀な子ならこちらにでもバードにでもいたし、きみのところにだっているだろう。こうして人はいつもいつも、ものごとを耐えてゆくものなのだ。学部の側がきみにある程度は好き勝手に仕事をさせてくれるということで、よかった。きみが書いてくるそちらの天候は羨ましいかぎりだ。

きみのグリアン追悼文(1)が印刷されたが、とてもすばらしい。他の人たちもそう思っているのが、同封した手紙からきみもわかるだろう。

こちらでは何も起きていない。そこでようやく読書をしている。家にいられるのはいいことだ。ただこの家は奇妙に空っぽになってしまうことがしばしばだけれど。そこでぼくはよく何分間か途方に暮れたように家の中を歩き回り、結局馴れてしまっている。［…］

口づけと、肩をぽんと

ハインリヒ

（1）Hannah Arendt: »The Personality of Waldemar Gurian«. in: *The Review of Politics* 17/1, Januar 1955, S. 33-42. 後に、Hannah Arendt: *Men in Dark Times*. New York 1968, S. 251-262. deutsch: *Menschen in finsteren Zeiten*. Hrsg. und übersetzt von Ursula Lutz, München 1989, S. 310-323.〔邦訳「ワルデマール・グリアン　一九〇三―一九五四」、『暗い時代の人々』、阿部斉訳、ちくま学芸文庫、二〇〇五所収〕

163

ニューヨーク　五五・二・二七

恋しい人

きみの声がまた聞けたので、すっかり幸福な気分だ。ぼくには、パリにいるぼくにスイスからきみがはじめて電話をくれたときとまったく同じように聞こえた。ぼくみたいにしゃべり言葉にすっかり縛りつけられた者にとっては、電話や蓄音機やテープレコーダーのような発明品は必需品となっている。きみと二言三言交わしたおかげで、日曜日が本物の日曜日になったよ。

　きみの原稿を出版社は同送してこなかった。きみのほうから催促しなくちゃな。[…]

　ニュー・スクールでの第二学期は、第一学期よりも良いクラスで、議論も活発だ。もしカウフマンをぼくと同じ時間にあててこなかったなら、クラスははち切れるところだった。そのうえカウフマンは機転を利かせて鼻を頼りに心理学と哲学の講義を行なっている。ともあれぼくには三〇人ほど多すぎる。ぼくとしては一〇〇〇ドルの保証を手放さないでいたいだけだ。

　バードではまた問題が山積みだ。学長は教会の坊主とキャンパスの精神科医の力を借りて大学をよりいっそうご立派なものとすることにしたようだ。ぼくたちはみんな深く憂慮して、この趨勢に反対している。だってそんなのはバードでは長期的に不可能であり、これによってバードは不必要なものとなってしまうからだ。ぼく個人は問題ない。子どもたちは依然として感激しているが、ぼくのほうは彼らに感激することはますます少なくなってしまった。

　ここニューヨークにいると、晩餐やら何やら体に悪そうな集まりへの招待からほとんど逃れられない。[…]

　突然いろいろな思いつきがまたもや生まれているので、ひとりでいるほうがよく、それがどうにか可能なときには何時間も考えに耽っている。[…]

きみのハインリヒ

164

[バークレー]　一九五五年三月一日

大切な最愛のひと――

　さて、火曜日の授業が済みました、プロ＝ゼミナールです。このまえわたしは鼻高々と、人数をばっさり減らしてやったと書きましたね。ところが子どもたちはまたみんな現われたんです、そしてどうか追い出さないでと哀訴せんばかりの目でわたしを見つめている――どうすればいいんです？　学部がとにかく助手を一人つけてくれることになりましたから、少なくともドイツ語の[1]本の校正くらいはしてもらえそう。〈まあ、ないよりはましです〉〔仏〕。わたしはいま疲れきっているけれど、あなたがバードから帰ってきたときにちゃんと手紙が着いているようにしたいので、大急ぎで書きますね。このさき何日かは、書く時間がないんです。明日はゼミナール。金曜日にはサンフランシスコへ行って、哲学する沖仲仕《ロングショアーマン》、エリック・ホッファー（ドイツ系の労働者、典型的な労働者＝知識人）にあちこち案内してもらいます。（土曜日は、彼は港で時間外労働をするのでだめ。）ね、おわかりでしょ、人間はどんなにじたばたしても、いつもまた同じ行動パターンにはまってしまうんですねえ。彼はとても感じがよくて、半ば深淵、半ばそうでないといったところが少しあり、とても分別のある人。わたしにとっては砂漠のなかのオアシスです。西部辺境出身のわたしの小柄な隣人もそう。彼女の部屋はアリストテレスやヘーゲルやなにやらでいっぱいです。でもサンフランシスコを愉しむとなると、わたしの（大入り満員の）面接時間を木曜日の講義のあとにもっていかなければなりません。だからわたしの木曜日もすっかり潰れてしまいます。

　スタンフォードと行動科学のことをお話しするはずでしたね。でもタイプライターが反抗して言うことをききません。あそこにはハーヴァードのクラックホーン[2]という名のたいへん有名な人類学者が来ていて、歴史的には抽象的思考がはじまったのはどんなに遅かったかという話をしました。例としてアリストテレスを引いて曰く、彼はまだそれができなかったのだ、なにしろ時間と空間について語るかわりに、to pou と to pote、〈どこ〉と〈いつ〉について語っていたのだから、と。おどろくなかれ、ローマ人がようやく抽象的に考えることができるようになった、と言うんですよ。まあ、それはさておき、本題にもどりましょう。わたしをあそこへ連れていったのはある若い教授で、彼とはここに着いた最初の晩にすぐに知り合ったのです――〈とても熱心に、わたしと近づきになりたい等々という態度〉〔英〕。でもそのうち徐々にわかってきたのですが、彼はほんとうの陰の実力者《パワー・ビハインド・ザ・スローン》、つまり大学総長の右腕なのです。なんともおかしな話。でもそういう人たちにままあるように、じつに感じがよくて、ひじょうに知的です。スタンフォードでは、わたしたちみんなでスチュアート・ヒューズ[3]のところで夕食。そのまえにはカクテルが出て、たいへんな賑わいでした。でもわたしはあのアリストテレスの一件のあと、会議を抜け出してフーヴァー研究所図書館へ行ったのです。（あの若い教授が、パークという名ですが、わたしが驚き呆れているのを見て、車で送ろうと申し出てくれました。）すばらしい図書館ですよ、ナチ時代のもっとも興味ぶかい記録文書がいっぱいあるし、共産主義とロシアに関する他に類のないコレクションもある。ほかの連中がくだらぬ議論をしているあいだ、わたしは図書館で何時間かしずかに、ひと目につかないように仕事をしていたというわけです。――なにやら気味がわるいですよ。なにしろ三八人の学者先生が集まって、毎朝たがいに自分の夢を話す、そしてそんなお喋りにたんまり報酬をもらうんですからね。まるで超近代的犯罪者のリハビリテーションのための、超近代的監獄みたいな感じです。どんな高額報酬をもらっても、わたしはこんなところに入りたくない。世界中のお金を積まれたって、我慢できっこありません。(もしヨーナスにお会いになったら、カナダの彼の友人、どうにも発音しにくい名前の生理学者に会ったと伝えてください。そしてヨーナスはこんなところに行ってはいけない、見てくれは天国のようだけれど、近代のあらゆる快適さをそなえた地獄だ、と。) わたしにはみんなとても愛想よくしてくれました。なぜなのか、見当もつきません。

それからオルシュキ(4)氏とも知り合いましたよ。ヤスパースがすてきな手紙をくださって、彼のことを書いておられたからです。かつてはハイデルベルクにいたロマンス語学者で、そこではイタリア人のふりをしていました――家族はもちろん東プロイセン出です。その彼がこんどは奥さんともども、「黒んぼ村」で暮らしているような気がすると言うんです。これにはさすがに腹が立ちました。ときどきはこういう教養人に会う必要がありますね、そうすれば絶対にその連中の世界には戻りたくないとはっきり実感できます。

[…]

でもミラノ(5)の件はほんとに言いようもないほどの幸運です。そう思いませんか? 好都合だし、費用さえたいしてかからない。ほんとについてますねえ。明日、さっそく返事を出します。

そう、最愛のひと、声ですよ。わたしたち、もっと声を使えるでしょうね、とくにいまは、この間抜けな〈文化自由会議〉がわたしに旅費をくれるんですもの。ペーパーを書かなくてはならないのかどうかさえ、知りません。彼らは討論に参加するだけでお金を払うと言っているんですよ。でもまあ、あんまりいい気な期待をしすぎちゃいけませんね、ぶつぶつ言わずにペーパーを書くことにしましょう。

バードのことはもちろん悲しいですけれど、ばかばかしさにかけては、ここだって大差ありませんよ、ただ、その表われ方がちがうだけ。ここではみんなが死ぬほど試験に追いまくられています。これまでのところ、ほんとうに才能ある若者にはまだお目にかかっていませんが、探し出すのもわたしにはむずかしい。なにしろ学生の数が多すぎます。学習意欲はものすごくあって、勉強熱心ですが、研究発表はまだまだ水準に達していません。

このまえの日曜日には、レーヴェンタール(6)が遥かシエラ・ネヴァダにまで、ドライヴに連れ出してくれました。言いようもなく美しいところでした、花盛りのミモザの樹々の下を走って、山々へ分け入ったのです。レーヴェンタールはわたしを困ったときの代役《ノートナーゲル》として利用していますから（彼はホルクハイマー派に属しています）、わたしは彼を運転手がわりに使うのをちっとも遠慮するにおよばないのです。

では、これまで。これから食事に行って、そのあとは仕事です。

あなたの
い、、、

もし時間があったら、『メルクール』に載っているヤスパースのシェリング論(7)を読んでみてください、コロンビアの定期刊行物閲覧室に行けば見つかりますよ。それについては、またいずれ。

［…］

（1）全体主義の本。

（2）クライド・K・M・クラックホーン（一九〇五—一九六〇）人類学者。ハーヴァード大学教授で、そこのロシア研究センターの創設者。

（3）歴史家スチュアート・ヒューズは一九五一年三月二四日の『ネイション』誌に載せた論文、“Historical Sources of Totalitarianism”で、アーレントの全体主義の本を論じていた。

（4）レオナルド・オルシュキ（一八八五—一九六一）ロマンス語学者。一九〇八—三二年、ハイデルベルク大学で教えていた。〔ユダヤ人で、ヒトラー政権奪取のころはローマに、のちに合州国へ亡命。〕

（5）この〈文化自由会議〉主催の国際会議は一九五五年九月一二—一七日にミラノでおこなわれた。そこでのアーレントの講演、“The Rise and Development of Totalitarianism and Authoritarian Forms of Government in the Twentieth Century”は、会議によってタイプライター原稿として公表され、のちに会議の記録集に収録されている。*The Future of Freedom. A Compilation of Papers submitted to the International Conference on the Future of Freedom by the Congress for Cultural Freedom held in Milan (Italy) from 12 to 17 September 1955*, Bombay 1955, S. 180-206.

（6）レオ・レーヴェンタール（一九〇〇—一九九三）一九二六年からフランクフルト社会研究所の研究員、一九四一—五五年にはコロンビア大学、一九五五年からはカリフォルニア大学バークレー校の社会学教授。

（7）Karl Jaspers: “Schellings Größe und sein Verhängnis.” In: *Merkur* 9 /1955, S. 11-34.

165

［ニューヨーク］五五・三・六

恋しい人

状況次第であまりに煩わしいようなときには、良心的にやりすぎないように。とくに書類だとか統計だとかのお役人仕事は払いのけるんだ。ぼくのクラスでは、できるだけ講義《レクチャー》で片づけている。こんなにたくさんではとてもゼミナールは無理だ。学生もゼミナールより直接話を聞ける講義を受講している。

バードではまた学校運営上の雑用に攻めまくられている。どこに行ったたって助けを求められ、逃れることができない。これもまたちいさな大学の欠点だ。どこに座っていても場違いになってしまう、家にいる以外は。

ニュー・スクールでは、ぼくも加わっている大々的な人文主義的な計画が、建築計画によってもうすっかり押しのけられてしまった。図書のための金はないし、教師とコースのための金もない、でも建物のためには金をせしめてくる。おそらく拡張にともなって、他のあらゆるものも入ってくると期待してるんだ。そのうえ、もしかしたら彼らの考えどおりなのかもしれない。もしバードが夏に経済的に破綻をしなければ、ぼくはもう一年待てる。でも、ベビー・ブーマーの到来を目の前にしてどこかの大学を閉校するなど、もうとてもできない時代になっているようだ。田舎では生産はつねに増加しているが、それとともに失業も増えている。ロボットがますます仕事を引き受けるようになっているんだ。でも教師不足はしじゅう話題になっている。ぼくたちも少しのあいだいい稼ぎになる飯の種《ラケット》につけということになるのか。

自分のやりたい仕事にはほとんど向かえないでいるが、いくつかやるだけの価値がありそうな問題に取り組んでいる。まずはいくばくか摑めるように、ともあれその草案をニュー・スクールの講座で取り上げてみる。

［…］

日曜日にあんな短い会話をしただけで、きみととても近づくことができる。合一の手段として声にまさるものはないね。

耳をぴんと立てて頑張ってくれ

ハインリヒ

166

［バークレー］　一九五五年三月八日

大切な最愛のひと――

ぴんと立ててばかりいるせいで耳がすっかりこわばってしまいそう。でもちゃんとやれそうですよ。今日は、あの大人数のゼミナールさえなんとかうまくいきそうな感じでした。助手を一人つけてもらえたので、もう雑用にはいっさい係わらないですみます。おまけにその助手はドイツ語ができるので、校正まで手伝ってもらえます。

そうこうするうちに少なくとも一つ、なにがわたしをここでこんなに不幸せにしているのかを、突き止めましたよ。週に五回も公衆のまえに自分を曝すのが、そう、言うなれば衆人環視から逃げようがないことが、わたしにはどうしても耐えられないのです。まるで、どこかにわたし自身を探しにいかなくてはならないような気がしてきます。どんなに成功をおさめようと、「公衆に自分を曝して生きる」ことのこの不幸を消し去ってはくれません。見ててください、わたしはいつの日か――それがいつになるかはどうでもいい、そのうちにいつか――政治的＝公共的なものの本来の領国を描出することができるようになりますよ。なぜなら、ある領土の境界をもっとも正確に歩測できるのは、外側からそこを歩いて回る者ですからね。

これでも、なにもないよりはまし。ここでのいわゆる反応はよくて、学生のあいだでもっぱらの話題になっているとか、いずれにせよ、みんなそう言っています。クラスの人数は減らないし、熱心な傾聴ぶりも変わりません、少なくともいまのところは。わたしにはたいへんな努力がいりますが、できないわけではない。どうしてもできないことは、人まえに出されたお盆にずっと載せられっぱなしになっていることなんです。だからここのクラブに住んでいるのは、いくら便利だとはいえ愚かしい。マルクスの言う社会化された人間になったような気がします。おわかりでしょ、仮にこれがこのさき何年か、いい稼ぎになる飯の種《ラケット》だとしても、わたしの飯の種にするのはご免こうむりたいものです。

ここでは学部についてとやかく言わない分だけ、キリスト教的隣人愛が強いんです。わたしもその稽古をすることにしましょう。でもあの哲学する港湾労働者(1)と過ごした金曜日はすてきでしたよ――国王たる偉大なあるじが、尊敬する客人におのが王国を案内するようにして、ゴールデン・ゲイト・パークと橋と、彼の働いている港のドックを見せてくれたのです。今日は彼の箴言を集めた小さな本がとどきました。多くは、ロシュフコー[2]の箴言の借用みたいで（でも彼はそうとは知りません）、とてもいいものがたくさんあるものの、ほんとうに重要なものと言えるほどのものはない。でもそんなことは問題じゃありません。彼は話しているときのほうがずっといい、イメージに溢れています。本に出てくるような正真正銘のドイツ的霊視者ですよ。彼の英語にははっきりドイツ訛りが目立ちます。（一五歳までドイツ語しか話さなかったし、しかも七歳から一五歳までは失明していました。）でもいまではドイツ語はもちろんできません。

　日曜日を待ちきれない思いです。そうですとも、それ〔日曜ごとの電話〕を習慣にして続けましょう。いくら貧乏暮らしでも、せめてそれくらいの贅沢は許されるはずですもの。

〔…〕

　この国の失業のことを書いていらっしゃいましたね。それは違うと思いますよ。就業人口はここではものすごく増えています、まさにロボットの増加にもかかわらず。そういうことなんです。

　では日曜日まで、大切なひと。

あなたの

（1）エリック・ホッファー。
（2）〔英語版注記〕フランソワ・ラ・ロシュフコー（一六一三―一六八〇）フランスの作家・モラリスト。

167

〔ニューヨーク〕五五・三・一二

恋しい人

　そちらではなんとかうまく落ち着きつつあると聞けてよかった。ただきみが働きすぎてへとへとにならなければいいのだが。ともあれぼくたちは一連のすばらしい日曜日の会話によってつながれて、ふたりを隔てる時間の深い淵を飛び越すだろう。電話をするときの電報的な会話様式を形式的につくりあげて、三分のあいだにどれだけ言葉を交わすことができるか、やってみようじゃないか。何にせよ即座に聞き取れるのはいちばん本質的な点、つまりそこに心身ともに居るということだ。

〔…〕

バードでは学長ばかりか他の連中もまたまたばかばかし

いまでに楽観的だ。ぼくは、充分な数の学生が入学してこないんじゃないか、そして多くがさまざまな理由から転学したがるのではないか、そう踏んでいるだけだ。最近では教育《エデュケーション》のためかなり高額な補助金をさまざまな財団《ファウンデーションズ》が用意してくれている。できればバードもその分け前に与り、次年度も生きながらえて給料を支払えるならいいのだが。フォード財団もようやくまっとうになって、一九五八年くらいから教員に給与の助成金を出すというような話だ。そんなときまで彼らが計画の組織化をつづけるつもりなら、組織者への支払いで金は使い果たされてしまうだろう。

　ニュー・スクールの学生たち、それにバードの学生たちまで、あいかわらずぼくにはおおいに満足していて、バードでは感謝状を書いてくる学生たちなどもいるくらい。けれどそれ以外に、別な理由のために大学を去らなくてはならないという詫び状もある。ほとんどの学生のだらしなさは多くの人の反感を買っている。また他方では、自然科学と歴史で提供されているコースに対する不満もある。この財政状態に合わせてやってゆくのが学部にはだんだんと無理になってきていて、あちこちからぼろが出てしまっている。ましな教師たちは過労で苛立っており、質の悪い教師はなんでもいい加減にやって状況に引きずられている。

カール・ハイデンライヒが見事な展覧会をこちらで開いている。ホルティはもう帰っていて講義《レクチャー》狂いに戻っている。［…］みんなからくれぐれもよろしくとのことだ。

口づけと肩をぽんと

きみのハインリヒ

168

［バークレー］五五・三・一六

最愛のひと――

　あなたが家に帰ったときにはこの手紙が着いているように、大急ぎで書かなくては。あなたの手紙は今日来ました（でも転送してくださった書類はまだです）。わたしは過労になってはいませんよ。これくらいはやっていけます、でもね、ちゃんと眠れるならばの話。これが今度はじめて本格的にむずかしくなってしまいました。古い習慣のしみついた躰《からだ》が、新しい日課表にどうしても馴染もうとしないのです。そこでレーネ・グルーマッハ[1]に手紙を書いたら、軌道修正がうまくいくようにと入眠剤を処方してくれました。

これがとても効いています。軽い薬なので眠気で頭がぼんやりすることもありません。生活がおおかた、とても楽になりました。

すべて順調です。ほかの学部からも聴講生がたくさん来ています、物理や歴史の専攻者などなど。歴史の専攻者がいちばん優秀です。ここでは彼らの学部はたいへんいいですから。わたしたちの学部は最低。昨日は学部長がキャンパスで話をするというので、聴きにいってみました。ほんとうに言いようのないお粗末さでしたよ、どの点から見ても。学生はとてもとても意欲的で、必死に勉強する気はあるのですが、ちょっと頭が鈍い。まったく違うのが歴史学部の学生で、つねに攻撃に備えて怠りない。その理由はとりわけ、歴史専攻者は大学教授になるよりほかの目当てがまったくないからです、たいして崇高な目的じゃありませんけれどね。だから歴史学部には、ほんとうにやる気のある者しか来ないのです。——それ以外にも、教授たちがいつもわたしの講義に、ときにはゼミナールにも来ています。彼らには講義が気に入るときもあれば入らないときもある。彼らの、そしてわたしのご機嫌しだいです。おおぜいの若い子たちとのプロ＝ゼミナールは、わたしにも彼らにも楽しくなりはじめています。とてもよく勉強するようになって、何人か、抜きん出た子もいます。たとえば昨日など、ほんとうに愉快《ファン》でした。でもやっぱりたいへんです。面接の時間を設けてあるのですが、来る学生がだんだん増えて、前回は一〇人。ほかの時間に特約《スペシャル・アポイントメント》を取って来る学生をべつにしても、この興行が週に二回あるんですよ。次から次へと違う相談で頭を切り換えなくてはならないので、済んだあとはまるでソーセージ製造器のなかでこねくりまわされてきたような気がします。

日曜日にはまたレーヴェンタールとサンフランシスコに行きました。夕方で、最初は暮れなずみ、やがて真っ暗に。最愛のひと、ほんとうですよ、あれは地上に存在するもっとも美しい光景の一つです。絶対に忘れられない。[…]

今晩はまた大学院ゼミナールがあり、明日の朝は早くから講義です。最悪の日は火曜から木曜の午前まで。そのあとは少しゆっくりできます。そうなるとたいてい日曜を待ち焦がれはじめます——わたしたちを隔てる深い淵すべてを、近代技術のたすけを借りて飛びこえるときを。

バードはたしかに困った状態ですね。必要なのは、何人か優秀な人を連れてきてくれる新しい学長かもしれませんね。学生のだらしなさは大目に見るべきじゃありません。ここでは簡単なルールが決まっていますよ。きちんとした服装をすべし、簡素でいい、しかしジーンズは不可、乱れた髪もいけない、等々。これは大いに効いています。学生は椅子にもきちんと座っていて、あまりだらしない姿勢になることもありません。マスプロ的経営体ではこれは絶対に必要ですね。

［…］新聞でご覧になりました？　クリスティアーネ・ツィンマー[2]（彼女にはクルト・ヴォルフのところで会ったでしょ）の息子がオクスフォードで殺されたこと。なんておそろしい、途方もない事件でしょう。彼女にひと言、手紙を書こうかと思います。

最愛のひと、大切な最愛のひと、では日曜日まで

あなたのH.

い、い、い、い、い、い、

ロッテによろしく!!

（1）　レーネ・グルーマッハ　旧姓ファビアン。アーレントの若いころからの友人エルンスト・グルーマッハの妻。

（2）　クリスティアーネ・ツィンマー（一九〇二―一九八六）　フーゴ・フォン・ホフマンスタールの娘。インド学者のハインリヒ・ツィンマーと結婚していた。

169

［ニューヨーク］　五五・三・二〇

恋しい人

［…］

バードでは、最良の学生のひとり（暴れん坊のわがリーバーマン君だ）を放校にしなくてはならなかった。女学生用寄宿舎《ドーミトリー》に泊まってそこでいわばハーレムでのように暮らしていたんだ。学生たちが彼を守るために本格的に反乱を起こしていて、ぼくは当局を擁護するというけっこうな役目を負うようだ。まあ今回はあのようにせざるをえなかった。この状態にはかなり厳格に介入しなくてはならない。多くの良質な女子学生が逃げ出してしまうし、他の学生たちがセックスや彼らの心理学的問題を絶え間なくおしゃべりしているところではまともに勉学に向かう学生などいなくなるような雰囲気が支配的になるからだ。いまの若い世代の放縦《セルフ・インダルジェンス》には際限がない。教育活動は、知的な暴れん坊のこんな生活の口実にしかほとんどなっていない。

今学期のニュー・スクールでは、先学期よりも明らかにすぐれたクラスをなんとかもてた。何人かのあたらしいじつに聡明な学生と、感じの好いおとなたち。それに対してバードでは、愚かでまったく退屈な平均的な者たちに対して何人か才能があるのがいるだけ。きみのほうでも知性の花は目下開いていないように見受けられる。

[…]

こっちのお役所ではきみのことを陪審員にしようとしている(1)。ぼくが出向いて奴らの幻想を取り除いてやらなけりゃ。

では日曜日にまた電話で。

きみの
ハインリヒ

(1) 陪審員としての務め《ジュリー・デューティ》はアメリカ公民の義務のひとつで、民事事件並びに刑事事件において陪審員としての務めを果たさなくてはならない。

170

［バークレー］ 五五・三・二四

大切な最愛のひと——

なんて怖いこと、流感で腸をやられたとは(1)。でもきっともうよくなったでしょうね。ペニシリンをやたらと「打つ《シーセン》」のをあなたが許さなかったのは、とてもよかった。なしですむなら、使わないほうがいい。いつかほんとうに必要になったとき、菌に耐性ができていたら困りますもの。——バードの状況はほんとうにひどいですね。わたしの印象では、そういうことはここでは起こりそうもありません、いずれにせよおおっぴらには。たしかにその点はかなり違います。われわれの世界の崩壊はここではまだまったく未知の事柄で、学生たちはある意味ではひじょうに純真だし、いまの世紀に生きてゆくための備えがとくによくできているとは言えません。それにひきかえ、漠とした不安感はすでにいたるところに鬱積していて、心理学めいたナンセンスがはびこっています。なにしろこの国では、まさにありとあらゆるナンセンスが花盛りですからね。

わたしはとても元気ですが、それでも緊張はとても大きくて、とくに木曜にはそれを感じます。水曜の晩にゼミナールをやったあと、翌朝の九時からまた授業があるのです。なんとかやっていますし、たいていは、たとえば今日のように、とてもうまくいきます。学生たちはものすごく熱心。ゼミナールには、聴講だけに来る人がますます増えているし、講義でもそうです。わたしはといえば、自分にこう言い聞かせています。もう戦うのはやめなさい。

そのかわり今日はもう夏のよう。薄手の絹の服でも温かすぎて、講義のあとまっすぐ家に帰ってきました。夏服に着替えなくてはなりません。でもこれは暑すぎるというのとは違うんですよ、経験するまではどんなに快適か知らなかったと言いたいような暑さなんです。このほかにも、教えることとはべつの愉しみも少しはありますよ。たとえば、猿の研究のケーラー(2)がここでやっている連続講演を聴きにいってます。これはいいシリーズになるかもしれません。これまでのところはそれほどじゃないですが。それにわたしの助手、彼はすばらしいレコード・コレクションをもっていて、『カルミナ・ブラーナ』と第六交響曲を聴かせてくれましたよ。オルフがじつに偉大な作曲家で、まったく新しいことを試みていることが、改めてはっきりとわかりました。とりわけそれは、じつに美しい詩歌のテクストを見ながら聴いたからなのです。テクストは必要ですね、なにしろ彼は音楽と言葉をみごとに結びつけているし、それゆえにまた叙唱《レツィタティーフ》の影響も受けていますからね。

　学生について言えば、学部学生《アンダーグラデュエイト》のほうが大学院生《グラデュエイト》よりましです。昨日、二人の院生がゼミナールで報告をしたのですが、両方ともひどかったし、これまでもこれらの院生からほんとうにおもしろい報告はなに一つ聞けませんでした。歴史学部の院生はすこし違いますが、彼らがいるのは講義だけで、ゼミナールにはいないのです。[…]

　陪審員の件。やったらおもしろいでしょうね。でも女はいつでもご免こうむれると思いますよ。(3)

[…]

レースヒェン［ローズ・ファイテルソン］にはいまだに手紙を書かずじまい。ここでの様子を話してあげてくださいね。〈わたしは人気が出れば出るほど、しんどくなってきます〉〔英〕。ときには自分のオフィスへ行くのにキャンパスを歩いていくのも怖くなるくらい。とはいえ、みんな愛想がよくて、とてもよく配慮してくれて、腹の立つようなことはなにもないのですけれど。それでもここを発てる日まであと何週間かと、数えてばかりいます。

[…]

日曜日はもうすぐ、あなたの声が聴けて、絆の確かさを味わえる日。最愛のひと——

あなたの

(1)　ブリュッヒャーはこのまえの手紙でそのことを報じていた。

(2)　ヴォルフガング・ケーラー（一八八七—一九六七）ゲシュタルト心理学者。一九二四年から合州国に移住。〔正確には、アメリカに移住したのはナチ政権と対立してからの一九三五年。それ以前には、ベルリン大学の心理学研究所を率いるかたわら、合州国にもたびたび招かれて教えている。〕とりわけ著書 *Intelligenzprüfungen an Menschenaffen* (1917)〔邦訳『類人猿の知恵試験』〕によってよく知られていた。

(3)　アーレントは一九六七年に「二週間、陪審員をつとめる義務」を果たし、「たいへんおもしろかった」と言っている。*Hannah Arendt – Karl Jaspers Briefwechsel.* a.a.O., S. 700.〔前掲邦訳『アーレント＝ヤスパース往復書簡3』、二三四頁〕

171

〔バークレー〕　五五年三月三〇日

大切な最愛のひと――

［…］あなたの復活祭休暇が羨ましい。わたしたちも一週間の休みがありますけど、四月末になってからです。その休みにはたぶんスタンフォードへ行って、フーヴァー[1]研究所図書館でいろいろ見てくることになるでしょう。

昨日はまたプロ＝ゼミナールで、八〇人もの熱心すぎるほどの仔ライオンを相手に調教師役をつとめました。でも気分がよくて元気なときは、ちゃんとやれますよ、昨日みたいに。それに子どもたちはなにごとかを学びとってくれるし、何人か、とてもいいのがいます。そのおかげで楽しいですよ。講義ではマキャヴェリを終えたところ。もしも来世があるのならば、この先生は腕をひろげてわたしを迎えてくれることでしょうね。ほんとうにうまくできたのです。部分的にはイタリア語で読んだほどです、わたしはイタリア語がぜんぜんだめなので、ほんとうに苦労しました。

学生はわたしのことをいまでは多かれ少なかれ「すごい《テリフィック》」と思ってくれていますが、はじめのうちは当惑する者、しばしば敵意を示す者、暴君だとみなす者、さまざまでした。いまはいい質問も出ますよ、とくに歴史学部の学生から。やはりそのなかに一人、ハーバーという名のとくにいい若者がいますが、どうも彼はカイザー・ヴィルヘルム研究所〔現在のマックス・プランク研究所〕のハーバー[2]の孫ではないかという気がします。だからといって、どうこうできるわけではありませんが。おもしろいことに、ここカリフォルニア生まれでドイツ語をひと言も知らずに育ったドイツ系学生はたくさんいて（名前でそれとわかります）、哲学や純理論の問題となると、彼らは断然光るのです。

同僚たちのほうは、わたしにそれほど感心していないようですよ。わたしはここでおこなわれるくだらぬ話ぜんぶに参加はできないし、それに彼らはわたしが学生にひどくもてるのも気にくわない。みんな講義をそのとき次第に適当にすませていて、大体がおそろしく愚鈍《ステューピッド》。四月にはわたしは二回、学生のまえで話をしなければならなくて、もちろん楽しみだとは言えませんが、どちらも学生クラブからの招待で、学部からではありません。〈ちっとも気にしてはいません〉〔英〕が、これが事実。招待はもともとできるだけ断っています。

ヤスパースから感動的な手紙をいただきました。また昨日は航空便で、ケーニヒスベルクの破壊とソ連の収容所についての報告が載っている小さな本も。(3)彼はどうやら、わたしがここで授業をするなら何でも知っておいてほしいとお思いのようです。

ようやくここのクラブにある程度は住み慣れました。いちばん助かるのは、まえにも書いた小柄な隣人女性がいることです。でもほかにもまともな人間はいて、そうではない人たちとははっきり違います。

ニュー・スクールでの授業のこと、よかったですね。そうですとも、短期の休暇《リーヴ・オヴ・アブセンス》(4)をお取りになる必要がありますよ。ルース［・シュルツ］は、あなたの新しい講義をあとでわたしが読めるように、ぜんぶ記録してくれているでしょうね。ジューリアス［・シュルツ］はいまどこに？　ここに来るはずだったのでしょう？　なにか音沙汰がありました？

今週の土曜日にはまたサンフランシスコへ逃げだして、エリック・ホッファーにあちこち案内してもらいます。これはいつも光明です。キャンパスではいろいろなことがおこなわれ、たえず講演があります。おサルのケーラーによる心理学と物理学の連続講演を聴きにいってますが、たいへん興味ぶかいものの、興奮させるほどではありません。基本的にはゲシュタルト心理学の初歩を超え出るところまではいかないのです。もっとも彼はそのためのいくつかの糸口をつかんでいますから、いずれその話をしてくれるかもしれません。ところで、物理学が苦手なわたしの弱点が改善されてきましたよ。いまではなんでもかなりよくわかるようになって、しかもちゃんと覚えていられます。

健康は上々です。ふつうに眠れるようになりました、それもたいてい睡眠薬なしで。薬に頼るのはもうやめられたし、朝に疲れが残ることもなくなりました。ではまた日曜日に——最愛のひと！

あなたの

(1)　ハーバート・C・フーヴァー（一八七四—一九六四）　一九二九年から三三年までの合州国大統領。

(2)　フリッツ・ハーバー（一八六八—一九三四）　化学者。ハーバー＝ボッシュ＝合成法を開発し、一九一八年にノーベル賞を受賞。〔彼は第一次世界大戦でドイツの毒ガス兵器開発の指揮をとり、戦後、戦争犯罪人として世の非難を浴びたが、同じ空中窒素固定法が肥料開発を可能にしたことからノーベル賞を授けられて名誉回復、しかしヒトラー政権になってユダヤ人として職を追われ、スイスで客死した。〕

(3) 書名不詳。
(4) 大学教員が一学期間、教育活動を免除される研究休暇。書簡174参照。

172

[ニューヨーク] 一九五五・四・三

恋しい人

おぞましい三週間が去った。遊走性のウィルス性流感が二回、三回とぶり返し、教える以外にはまったく仕事できなかった。頭にはずっと圧迫感があり、ついに痴呆化したのかと思うほどだった。それに、少なくともこの疑惑を晴らそうとしてくれるシュヌッパーはいない。それが四日前からすべて吹き飛んでしまったかのようで、新しい問題に飛び込めるようになった。それどころかバードではあたらしい内容の講義に入り、ニューヨークでは八時間ぶっ続けで机に向かい、天気がひどかったにもかかわらず疲れることもなかった。

監督教会の坊主どものバードへの介入は、あの愚かな学長がいなければ、ぼくたちにとってむしろ役立ちすらしたろう。あの学長ときたら、磁器店内のなかの雄牛よろしく権力欲に取り憑かれてどたばたしてみせて、彼を支える何人かの学部の連中といったら定年退職しているに等しい完壁に無能な終身雇用《テニュア》教員で、俗物道徳をべちゃべちゃしゃべくるしかできない。この御仁が大学のかたちを変え、愚かでご立派な学生だけを入学させようとしているのは、いまや一目瞭然だ。さらには、坊主たちのご機嫌さえ取りはじめて、牧師《ミニスター》としてぼくたちのところにいる白痴の獣を徹底して学部全体に刃向かわせ、そのうえ奴を教壇に立たせようとすらしている。この間ぼくは、来年にはもう哲学客員教授《ヴィジティング・プロフェッサー・オヴ・フィロソフィー》としてではなく哲学教授として任用されることになっている。終身雇用《テニュア》については来年の秋に決定されるはずだ。たとえ大学がこれからも存続するとしても、その顔はおおきく変化してしまい、ぼくのいる余地なんかなくなってしまうかもしれない。昇格に伴い給料はまるまる四〇〇ドル上がる。さらに言うなら、学長はこれを昇給《レイズ》と言い表わしていたが、向こうの間違いでぼくが報酬を満額受け取っていないことを認める手紙をぼくに寄越してるくせに、もうそれを覚えていないんだ。これでは本来もらうはずの満額にすらなっていない。それを彼は昇給と言い表わしてみせる。彼は詐欺師のように見えるばかりではなく、よりいっそうそのものになっていく。でも、こうしたすべてのことに気を悪くしているとは、どうか思わないでくれ。この手のことにはもういっさい、心のなかではほとんど関心がないんだ。ぼくは学生のために最善を尽くし、他人のとんでもない失敗を修復し、その他は何も心を動かすものはない。もし大学がいくぶんでもまともに生きながらえ、ぼくを雇いつづける気ならば、それは好ましい。ぼくひとりでは手の施しようもなく、もうやってみる気もないよ。興味のないままになんとか切り抜けてみせる。

ニュー・スクールの講座では、いつもあたらしい問題を採り入れ、それがぼくにも聴衆にも、とても楽しい。

［…］

きみの今日の訪問(1)は、またしてなんという喜びだったことか。

きみの

H.

（1）電話のこと。

173

［バークレー］一九五五年四月八日

大切な最愛のひと――

わたしが定期便を書くはずの日に書かなかったなんて、たぶんこれまでになかったことですね。ほんとにわたしは磨り減ってしまって、もうすぐなんにも残らなくなりそう。クラスはますます膨れあがって、とくに哲学部など他学部の学生が押しかけてくるし、なかには、ほんとうに才能があって力になってやる必要のある学生がいます。その結果は、ほんものの個人教授をやる羽目に。そのうちの一人、哲学部の一九歳の生意気娘の場合など、毎週の個人教授がすでに決まった慣習になってしまいました。どうしたらいいんでしょう。おまけにもちろんクラブのごたごたがあり、最大の災難は、ともかくクラブ員の七五パーセントが加わっているそこの右派が（ここはカリフォルニアですよ！）完全に解体しかけていることです。わたしたちみんなにとっては喜ばしいことではあるものの、ほかならぬわたしの負担緩和には貢献するどころではありません。おかげでますますたくさんの人生物語をデザートに食べさせられているんです。あなたはご存知ですね、わたしがこんなことに対応できるかどうか——もうお手上げです。たとえば今日のPhD試験[1]。それにはなにやらくだらないルールがあって、受験者は二時間半にわたっていじめ抜かれる——わたしも含めた試験官に。誓ってもいいですよ、わたしはもうすっかりへとへと、自分がPhD試験を受けたときよりもっと疲れました。こうしていろんなことが次から次へと積み重なっていく。もういまは一つのことしか眼中にありません。これは六月には終わる、そうしたら家へ帰れる。

自分を慰めてやろうと、いま苺を買ってきたところです。桜んぼの時期になったら、きっと好転するでしょうね。そして日曜日にはシュトゥプスに電話して、長い、長い線の両端で声を聴きあう。——ちょうどいまここはとても美しい季節です。それなのに、まともにそれを味わう暇はほとんどありません。講義とゼミナールはうまくいっていて、いまではその効果がもう出はじめています。子どもたちがときおり、なにごとかを理解しだしたのです。最初わたしのことを（文字どおり）「暴君」だと思った子が、いまでは感動的なほどの信頼を寄せています。

大切なひと、わたしの頭のなかはばかなことばかり。この手紙を悪くとらないでくださいね、それに手紙が遅れたことも。

では、日曜日まで——

あなたの！

（1）博士学位 Doctor of Philosophy の試験。

174

［バークレー］一九五五年四月一〇日

最愛のひと

今日のあなたの声はとても元気そうで、かなりよく休養がとれたように聞こえました。急いで何行か書いて送りますね、そうすれば次の手紙を少し省けますから。この前はなにを書いたか、もう覚えていませんが、あのときはすっかり参っていて。またあることかもしれませんが、そんなにひどいというわけじゃありませんよ。——

ここのところ、あなたが研究休暇[1]を取れたらどんなにいいかと考えています。そうなったらほんとにすばらしい！まさにいまあなたが必要としているのは、ご自分のための一年間、そしてほかの人たちとの生きいきとした接触をまた取りもどすこと。それについてハーコート・ブレイスの手紙[2]が役立つとお思いなら、喜んで送りますよ。昨日とどいたのですが、読んですぐ思ったのです、これをロックフェラーかどこかの奨学金《フェローシップ》をもらうために使えないかしら、と。

もうすぐ出かけなければなりません。レーヴェンタールがパーティにわたしを拾っていってくれます。みんな、善意でしてくれることばかり、それがなにもかも、やたらと多すぎる。二週間たてば、一週間の休みがあるので、そのあいだはパロ・アルトへ行ってフーヴァー図書館で勉強します、でもそれはなによりもここのキャンパスから逃げ出すためです。さもないと休暇がまるっきりふいになってしまいますからね。講義等々はここのところ、いちばん苦労の少ないものになっているほどです。ロッテ［・ベラート］とみんなに（みんなですよ！）よろしく。わたしは一度も言葉に詰まったことが[3]ないと、伝えてくださいな。そして言葉に詰まる蓋然性はおよそありそうもないとわかったこと、それでもやっぱり、わたしが救いがたい落伍者《アビスマル・フェイリヤー》として帰ってきても、受け容れる気でいてくれる彼女に感謝していることも。そうなる心配は今回はないようですから、その問題は先送りにいたしましょう。

レーヴェンタールについて。彼はこんどの休暇にはニューヨークへ飛ぶので、わたしの冬のコートを持っていってくれます。彼の住まいは角を回ったところ（モーニングサイド・ドライヴ九〇番地）ですから、そこでコートを受け取って、よいクリーニング店へ持っていっていただけませんか。洗濯したあと九月まで保管してもらってください。彼はここのことを少し話してくれるかもしれませんよ。あなたがお聴きになりたければ。ちょっと間が抜けていて、かならずしも趣のある人物じゃありません。わたしの接し方は――説明するには退屈すぎます。ほどよく丁重に、感じよく接してくださいね。ありがとう《サンクス》！

あなたの

（1）書簡175からわかるように、ブリュッヒャーが研究休暇を取れるようにしてやろうと、ジュリアン・ガンパーズが考えてくれていた。
（2）ハーコート・ブレイスはアーレントの全体主義の本の出版者。この手紙自体は遺稿中にはない。
（3）講義の最中に言葉に詰まって立ち往生すること。

175

［ニューヨーク　一九五五・四・一〇］

ぼくの恋しい人

バードでぼくがそうなる羽目だったように、そちらできみもそうなるだろうとは、つまり無給でおびただしい個人教授をせざるをえない件だが、予想できたことだ。なにしろぼくたちは大学人ではないし、たいていはそこから遠ざけようと狙われてすらいる。それがいったん入るのを許されると、そこはぼくたちの手によってただちに変化し、私的な雰囲気が漂うことになる。これは大学にはまったくふさわしくないものの、学生たちにとってはいいことだが、ぼくたちはだんだんと蝕まれてしまう。ぼくたちのような人間に大学当局は長期間辛抱することなんかできない。同僚たちは、バードで何人かそうだったが、妬みではちきれずにいられるのがせいいっぱいだ。同封の手紙でシカゴ大がきみに提案している[1]ように、ときどき大学に顔を出さなくてはならないくらいのほうがいい。ありがたいことにここでは一学期だけだ。それでもすでに多すぎるほどではあるけれど。

復活祭週間は仕事のためにまるごと使える。驚くほど快調だし、暖かい春が突然やってきた。

それでは[2]、今日はロング・アイランドに行って、善良なる老ユダヤ人が哲学のために実際に何かやってくれるのか、

それともただそう振る舞っているだけで、彼のミツバ[3]のため、彼の求めるコヴェト[4]のあるところで、ぼくをどれだけ束縛しようとしているのか、確かめてこよう。ロレースヒェン〔ローズ〕からよろしく言われている。ロッテからもだ。バーサはまだつかまらない。明日また試みるつもりだ。

また電話で

きみのH.

（1）一九五六年四月にハンナ・アーレントはシカゴ大学でウォルグリーン講義として、六回の講義を行なった。これは後に『人間の条件』（シカゴ、一九五八年）〔邦訳、志水速雄訳、ちくま学芸文庫、一九九四〕のなかに採り入れられている。

（2）ジュリアン・ガンパーズのこと。ハインリヒ・ブリュッヒャーは彼に、一年間講義をしないで済む奨学金取得の助力を期待していた。書簡174・注1参照。

（3）善行。

（4）栄誉。

176

〔バークレー〕五五・四・一四

最愛のひと——

かの老ユダヤ人[1]がどう決心したか、あるいはなにを提案してきたか、知りたくてうずうずしています。あなたの言うとおり、わたしたちはこういう暮らしには向いていませんね。青少年アリヤー[2]のころと同じ感じです、つまりほかの人たちの心配と不安の洪水に呑みこまれてしまっている感じ。わたしはそれを防げない、できるのはただ、すべてに押しつぶされてしまいそうな状況に立ちいたるのを避けることだけ。たとえば昨日——大学院ゼミナールのわたしの最良の学生が、自分のかかっている「わけのわからない」病気のことをわたしに話しました——彼はそれがなにかを知らないのですが、白血病なのです。それを考えていると、わたしもすっかり落ち込んでしまいます。こんなに優秀で、賢い若者が。こんなふうなことが果てしなくつづくのです。今日の午後はまたあの小柄な女の子、ベルクマンのための個人教授。どうして断れます⁇　おまけにここでもむろん〈女性旅団〉がすでに結成されていますが、それだって人生を生き易くしてくれるわけじゃない。困ったことに、反ユダヤ主義者は反ユダヤ的であるのをやめ、外国人排斥者は外国人を憎むのをやめかけている。そしてこれまでわたしに、知性は性格をだめにする、アメリカでは「教　育《エデュケーション》」のやり過ぎだ（これはもちろんヨーロッパが悪影響を与えたせいだ）と言っていた女たちが、いまでは、〈この国にはもっと多くの頭脳が必要だ！〉〔英〕、と言い出しているのですからね。

ウォルグリーン講義はたいへんな名誉というところですね。これまで大学人や有名人のほかはだれ一人、招聘されたことがないのですよ。すっかり面食らっています。もちろんお受けすることになるでしょう、これでまたほかの仕事に手がまわらなくなってしまうでしょうけれど。お金はたいして払ってくれませんが、それはどうしようもありません。あとになって謝礼《ロイヤルティ》がもらえます。もうすぐまた日曜ですね。明日はここでわたしがパーティを開きます。そのための手配はクラブがやってくれるんですよ。助かります。レーヴェンタールが二マイルも離れた酒店に車で連れていってくれて、おかげでアルマニャックとキャンティ（上等の）が用意できています。それ以来、晩にちびちびやっています、いままでそんなことは倹約のせいでやれませんでしたけど。もう出かけなくては。今日は学部昼食会《ファカルティ・ランチ》で、顔を出さないと本格的な嫌われ者になりそうです。もうその方向にどんどん進みかけていますからね。でもそのほうがかえって好都合。気に入られようとはもう思いませんもの。ほんとうにうんざりなんです。ああ、あらゆる願いを叶えてくれる皮肉屋の神々よ！――

あなたの

(1) 書簡175・注2参照。
(2) アーレントはパリ亡命中の一九三五年以降、若者のパレスティナ移住を援けていた組織〈青少年アリヤー〉パリ支部の事務長として働いていた。書簡47・注2も見よ。

177

［ニューヨーク］　五五・四・一七

恋しい人

一週間ごたごたから離れられるとは(1)喜ばしい。学生に対して真に関心を抱くとはどういうことなのかは、バードでの経験で承知している。きみが生まれてきたのは、教えるためや、そもそも大きな世界の営みのためでは断じてない。そのように余儀なくされたときにはたいていの人よりうまくできてしまうにしても。でも、あまりに高くつきすぎる。

きみがまたもや仕事《ジョブ》(2)につくことを考えていたらしいと知って、少しばかり仰天した。バードに対するぼくの懸念は一般的な性質であるにすぎず、少しでも的中するとはかぎらない。目下のところ新しい年間契約はぼくの思い通りにできるし、おまけにおしもおされぬ哲学正教授でもある。それに助成金《グラント》(3)の見込みもあって、これはまったく悪くない。金持ち連中が次の瞬間に何を思いつくか知れたものではないのだが。そこで、きみはいまのそちらでの仕事の後、まずはゆっくりとヨーロッパ(4)を見てきて、我が家に戻って人の指図を受けずにきみの本(5)にかかればいい、ぼくはそう考える。そのためにきみがロックフェラー(6)を取れるものと確信している。もし取れなくたって、そのときはそのとき。だって、ぼくが稼いでいる時期があるなら、徹底的に活用されるべきだからだ。そんな状態は、そう滅多にないことだろう。

ユダヤ問題(7)に関してだが、彼らはきみを顧問として喜んで迎え入れるだろう。これはおそらく渦巻きパイ生地のようにのびることになるだろうから、最後の仕上げに手を貸せるだろうと、きみは彼らに約束できる。そうすれば、この先数年は短期的な副業だって確保できるかもしれない。たとえウォルグリーン講義の支払いが充分でなくとも、八〇〇ドルはかなりの額で、これがきみにとって、より適切な道だ。そしてぼくにとっては、家に帰るとそこには、この家と自分の生活状況を熱烈に讃えることを心得た完璧に幸福な娘がいる、これは喜ばしいことだ。

ロッテ［・ベラート］が昨年の夏にパレンヴィルで訪ねていったヴァッサー女子大の女性には感じのいい夫がいたのだが、その彼が路上で突然心臓発作を起こして倒れてしまった。彼の姿格好がちょうどぼくくらいだったため、ぼくは突如として夏向き背広二着、冬向き背広二着、それに冬用外套一着分、豊かになった。そこで領主のように立派な衣装持ちになっている。

ぼくはいま来年のニュー・スクールでの講座の準備を練り上げているところで、一週間なんにもしないで過ごした後、またしっかりと仕事に戻る。

口づけと肩をぽんと　　きみのH.

［…］

(1) 書簡174参照。
(2) 「仕事」について電話での会話で議論がされたと思われる。
(3) 書簡175・注2参照。
(4) 書簡164・注5参照。
(5) 『人間の条件』が指されている。書簡175・注1参照。
(6) ロックフェラー奨学金。
(7) ユダヤ文化再建機構を指す。ハンナ・アーレントは一九四九―五二年、ここで主導的に働いた。

178

［バークレー］火曜日［一九五五・四・一九］

最愛のかた――

さっきお手紙拝受、午前中でした、そのあとがサーカス（七〇人の子ども相手のゼミナール）、もう死ぬほどくたびれてしまいました。明日は歴史家クラブで、金曜日には社会学と政治学の学生連合会で、話をしなくてはなりません。でもそのうちにまた日曜日が来て、あなたの声が聴けるし、それからはまる一週間、スタンフォードで「ひたすら」勉強だけしていられます。［…］

仕事《ジョブ》の件は、そんなに本気で考えていたわけじゃありません。ただ、なんとかあなたにちょっと一息ついていただきたくて。［…］

ごきげんよう、最愛のひと、今日はもう余力がまるでありません。もうベッドに入ります、T・E・ロレンス*の本、『造幣所』［一九五五］をもって。おもしろいけれど、がっかりさせられる面もあります。

ところで、ここの子たちがわたしを夢中にさせないようなら、わたしの頭がどうかしているんですよ。わたしのクラスはますます膨れあがっています。

すばらしいですね、新しい講座のプランを練っておいでとは。

では、おやすみなさい。

あなたの

＊ アラビアのロレンス。

179

［ニューヨーク］ 五五・四・二四

恋しい人

きみが何日間か自分だけの時間をもてて、ガキどもからすっかり離れられるのは、ぼくにも気持いい。同僚たちの悪意もいがみ合いの雰囲気を醸しているが、そんなのからは離れていたいもの。ぼくは中間試験のごたごたのさなかだ。いまちょうど、自己陶酔した学生たちが全員一致で評価表《クリテリア・シーツ》(1)に抗議し、学部の腰抜けどもはもちろん即座に折れたので、ぼくが学部に働きかけて、学期中間には簡略化したかたちの評価表を全員一致で受け容れるようにしたところだ。今回のぼくの評価表を彼らもよく吟味してみるがいい、ガンジーの消極的抵抗《パッシヴ・レジスタンス》が正しく適用されればどんなに好ましい武器であるか、奴らに教えてやろうじゃないか。ぼくたちの見通しはますます悪くなっている。この前、ロマンチックでまったく肌の白い、見目麗しい黒人青年が銃弾を自分の頭に撃ち込んだばかりだった。あらゆる新聞で扱われているが、ぼくたちに利する宣伝はない。誰も信じないだろうが、動機は何年も抱かれていた黒人の自己憎悪だった。何ヶ月も前から自殺の脅しというかたちで表わされていたのに、学生たちは連帯を取り違えてぼくたちに公表していない。学長は当然ながら楽観的で、来年の予算のための金を思い通りにできると主張している。しかし入学登録は去年の同じ時期よりも今年は一〇パーセント減っている。他の大学ではどこでもすでに出生率上昇のご利益に与っており、一〇パーセント増加を伝えているのに。いろいろな会社が今年は、一般教養教育《リベラル・アーツ・エデュケーション》のためにかなりの無駄金を注ぎ込もうとしている。このお裾分けすらぼくたちはまだ何ももらっていない。

ニュー・スクールでは万事順調だ。来年はおそらく、人類の愛の経験の形而上学的含意についての講座ももつことになりそうだ。一種の人間関係哲学《フィロソフィー・オヴ・ヒューマン・リレーション》で、個人的なこと、社会的なこと、そして政治的なことを、それらの関連のうちで検討する。[…]

スタンフォードでは行動学《ビヘイヴィアー》(2)なんかに係わらないでおくのがいい。さもないと、きみがまったく非学問的であるとみなされてしまう。今日の世界がなんとも愚かで卑劣であるかなどと、新聞をあまりにしげしげと読まないように。ぼくは日曜日にしかまともに読まないことにしている。それだけでもう、おちおち休むこともできなくなってしまう。『ニュー・リーダー』(3)が突如として理性的になり、マッカーシーと政府全体に反対し、イギリスのアジア政策に賛成している。[…]

挨拶と口づけと肩をぽんと、

きみのH.

(1) 学部によって作成される詳細な学生評価。
(2) スタンフォード大学での動物行動学を指す。
(3) 『ザ・ニュー・リーダー』(*The New Leader*)は社会主義の週刊誌。

180

スタンフォード　五五・四・二六

わたしの最愛のひと――

いま図書館から帰ってきたところにあなたの手紙が来ていて、そのとたんに、あたりがなにもかも、これまでとは違うふうに見えてきました。[…] ここではすべてが申し分なく順調です。フーヴァー図書館の史料はとてつもなく興味ぶかいですよ。ヒムラー司令部の文書ファイルからはじめてわかったのは、警察職務のためのＳＳ隊員をドイツ民衆のあいだから募るのが、どんなに途方もなく困難だったかです。ＳＳ隊員がまだ前線に送られてさえいなかった一九四〇年においてすら、きっぱり拒絶したドイツ人の比率は、その後、一九四三年にフランス労働者から募集した際の拒否率と、正確におなじ高さを示しています。たとえばケーニヒスベルクで、ＳＳでの警察任務のための徴兵検査にＳＡが召集されたとき、該当者ほぼ二〇〇〇人のうち、一〇〇〇人以上が出頭もせず、あとの一〇〇〇人中、採用されたのはわずか八二名。出頭したのは目や耳や足の悪い者ばかりだった、等々という具合です。ＳＡ隊員でない者の場合（SAにとっては、SSの検査に召集されるだけでもほんとうは名誉だったはず）、もちろん結果はずっとひどい。一九四三年からは、SSはフランス外人部隊のようにドイツ内外から外国人を徴募、身の毛のよだつ手段を使った。しかしピストルを突きつけなければ、成果はいつも同じ、ゼロ。たとえばヒトラー・ユーゲントはいくら揺さぶりをかけてもだめで、だれもが軍にしか入ろうとしない。三〇〇人の少年のうち、うまくすると一人くらいは志願者が出る。あるベルリンっ子が手紙に書いているように（SSがこの手紙を押収したのでしょう）、「いつだってバカはいるもの」だからです。フランス人労働者にたいしては、SSは金と休暇と戦勝後のすばらしい勤め口を約束したが、ほとんどが答え代わりにラ・マルセイエーズを歌い、窓から飛び出していってしまう。（わたしが読んでいるのはどれもSS隊員の報告書ばかりなんですよ！）ときおりあがる唯一の成果は、在外ドイツ人、とりわけルーマニアにいるドイツ人から。しかしこの場合も、脅されてのことかどうかは不明。――こういうことはすべて、まったく知られていないんですよ。ひょっとしたら、この信じられないほどの史料の宝庫をここでそもそも見た人間は、わたしが最初かもしれません。――

これでおわかりでしょ、わたしは快調です。口はしっかり閉じたままですよ。行動科学者たちが――ちなみにここのキャンパスに部屋を用意してくれたのは彼らなのです――部屋のベルを鳴らしても、わたしはありがたいことに不在で、めったに捕まりません。そのかわり今日はスチュアート・ヒューズとランチをいっしょにとりました。でも彼といても、もうちっとも楽しくありませんでした。ここのキャンパスはいかにも変わった造りですが、いくつかきれいな内庭があって、どこもかしこも棕櫚の木陰。パロ・アルトはとても豊かで美しいところ――棕櫚の小都市です。ところがハイウェイに乗り入れるやいなや、あたりはまるで軍のキャンプ。ニューヨークへの乗り入れ口あたりだってこれほど醜悪じゃないけれど、でも同じスタイルです。人間がこんなふうなところに住んで生きていけるなんて、どうにも理解しがたいですね。

先週はバークレーで二つも大きな番外の講演をやって、かなりたいへんでした。でももう疲れはとれました。やっぱりわたしは起き上がり小法師ですね。ひと晩、八時間でなく九時間眠ったら、すっかりまた調子を取りもどしましたよ。どの講演も頼んできたのは大学院生たち――歴史学、政治学、社会学の学生です。晩の講演は超満員で、こんなに聴衆が集まったのははじめてだったとのこと。ぜんぶ学生、それと何人かの若手の教授たち、とくに歴史学部からでした。たいへんな熱狂ぶりで、そのあとの学生パーティもなかなかよかった。

ここでは九時半から五時まで図書館にこもって、そのあとも順調にいけば、校正刷り(1)をひたすら読みつづけています。わたしがあてがわれているのは浴室付の小ぎれいな部屋で、図書館からは五分の距離。キャフェテリアはすぐそばの角を回ったところ。これはとても重要です、ここではほかに食事のできるところがまったくありませんから。昨日は七時半に夕食をしに行ったら——当てはずれ。二マイルほど離れたパロ・アルトまで行かざるをえなくなり、そこでも苦労の末ようやく町一番のホテルで食べ物にありついた始末です。七時過ぎると、なにもかも死んだようにひっそり。田舎なんです。フーヴァー氏*の亡霊はここでは図書館だけでなく、いたるところで感じとれます。わたしをパロ・アルトへ車で連れてきてくれた学生の話ときたら、なんと彼のもっている「株《ストック》」のこと。彼がこの大学にいる唯一の目的は、株のしっかりした運用方法を学ぶことなんですって。目に見えるでしょ、この場面《タブロー》！　その点、バークレーは貧しい学生のための州立大学だけに、まだましです。ここはほんとに嫌なところだという気がします。

[…]

ごきげんよう、最愛のひと、こんどの日曜日まで。そう遠い先じゃありませんね。（ところで中間試験《ミッド・ターム》のこと。わたしは中間試験はぜんぶやめてしまいました、学生の意見を訊いたりせずに。学部は学生からの抗議を予想していました。どこも同じですね。でも学生は抗議しても無駄だと知っているので、なにも言いませんでした。）数えてみると、あと五週間の正規の授業、それからは青息吐息で試験に振り回される無駄な二週間。そうしたら家へ、もう二度と戦争はなし。

あなたの

(1)　ドイツ語版の全体主義の本の校正刷り。

*　子どものころから自力で暮らす道を切り拓いてきたフーヴァーは、スタンフォードの学生時代にも、経理や実業的な活動で名を馳せていた。

181

[ニューヨーク]　五五・五・一

恋しい人

今学期はもうすっかりくたくたで、六月まで待つなんて無茶だ。バードでの四クラスはただただ多すぎる。そのうえ始終新たな大学運営上の義務が加わるので、とくにそう感じてしまう。いまや危機が由々しくなっているので、みんなぼくとぼくの「大学の新しい精神」についての講演に奇蹟を期待するばかりだ。よし、最善を尽くしてやろう。そうすると学長は妬みのあまり眠れなくなってしまい、教授連はぼくが学部長《ディーン》を狙っていると恐れるだろう。学生たちはぼくを学長に据えたいと考えるだろう。ぼくがどちもまったく望んでないなんて、誰も信じないだろう。

この大学は実際のところどうなってしまうことか。ヨーナスから便りはまったくこない。でもずいぶん忙しいようだ。ニュー・スクールはあいかわらずぼくには文句なしに親切だ。とりわけクララ・メイヤーは。でもぼくの雇用について話題になることはもうない。

[……]ロッテは傾いている店を維持するのにさんざん手を焼いている。かわいそうにたびたび襲ってくる頭痛に悩まされているが、それでも、ぼくの生活が楽になるようにと、できるかぎりのことをしてくれている(1)。

[……]

(1) ロッテ・ベラートは理容師として自宅で営業していた。ハンナ・アーレントがニューヨーク不在のときに彼女はハインリヒ・ブリュッヒャーのために夕食を用意してくれていた。

182

［バークレー］五五年五月五日

最愛のひと――

望むらくはあなたがもう講演を済ませて、少しは息をつけるようになっていますように。こちらではありがたいことに、まるっきり不必要なそういう困難が生じようなんて、予感すらしていませんよ。進歩主義教育《プログレッシヴ・エデュケーション》が蔓延しているのは、純粋な知の領域、というよりはむしろ無知の領域だけで、「道徳的」には、ここの子たちはまだ損なわれていないのです。とりわけ、いわゆる道徳のまさに最初にして最後である慣習《モーレス》の面で。彼らはほんとにお行儀いい。さもなければ、わたしがこのサーカスを、七〇人の子ども相手のゼミナールですよ、どうしてやってこれたでしょう、謎です。あなたがたのところで使える解決策はただ一つ、聖職者でも精神科医でもなくて、規律です。大学ではジーンズ不可、不潔なのも不可、授業中にきちんと座っていられないのも不可、などなど。ほかには手がありませんよ。

ハーコート・ブレイスから手紙が来て、あなたがジェリー・グロス(1)に電話なさったことを知り、うれしくもあり、驚きもしました。日曜日には、ばかなことにサンフランシスコでのカクテル・パーティへ行きました。そのときの主賓の有名なイタリアの作家、モラヴィアが、一人だけ知り合いたい人がある、それがわたしだと宣うたからです。ところがなんと《アンファン》、おたがいひと目見るなり、これはとんだ間違いだったとわかったのです。彼は見栄っ張りで愚かな人物、ツヴァイク(2)ばりのやから、等々なんです。わたしは大急ぎで逃げだしました。でもそこに彼の出版者もいて、わたしの本をイタリア語で出すことに関心をもっていました。背徳的な道楽者タイプのイタリアの伯爵、見るからにデカダン的で、そもそも自分の足で立っていられるのが不思議なくらいでした。

[…] いま個人教授から帰ってきたところです、あの小柄なもじゃもじゃ頭とカントの勉強、わたしにもとても楽しいし、彼女もしっかり学んでいます。もう下ではあるご婦人《レディ》が、わたしといっしょに食事に行こうと待っています。そのあとは女子学生クラブ会館《ソローリティ・ハウス》の一つに行かなくてはなりません。わたしの子どもたちのだれかにお茶に招かれたので。こういうことはしょっちゅうありますが、たまには応じなくてはね。その間にも、頭のいかれたバークレー放送局がたえず電話をかけてきます。わたしには話す気も、インタヴューに応じる気もないことが、どうしても理解できないらしい。わが退役将軍《リタイアッド・ジェネラル》も、また会いに来る予定。要するに——最愛のひと、わたしはくたびれてしまって、こういうお愉しみが終わるのを待ち焦がれています。でもやっぱり愉しみではありますね！

[…]

では日曜日まで、最愛のひと！

あなたの

(1) ジェラルド・グロス（一九二一年生まれ）この手紙のころはハーコート・ブレイス社の企画顧問、のちにパンセオン・ブックス社の副社長、一九七六年からはボストン大学の副学長。

(2) アルノルト・ツヴァイク（一八八七—一九六八）ドイツの作家。

183

ぼくの恋しい人

[ニューヨーク]　五五・五・八

今日は胆石が痛んでしかたなかったので、きみの声を聞くのが慰めとなった。来週にはレントゲンを撮ることになっていて、そうすればどうしたらいいかわかる。当面は胆石のための食事療法だ。これはじつに人間からあらゆる外面的な生の楽しみを奪ってしまう。［…］

評価表《クリテリア・シーツ》(1)の作成はいま終わった。これで彼らは普段より少しばかり機嫌が悪くなるんじゃないかと思う。学期終了前の最終警告としてはとてもよいのかもしれない。バードでの忌々しい芝居騒ぎが、ぼくの学生の何人かを蝕んでしまった。本物の芝居など大学に求められようもないのに。詩人がいることも、たとえ彼らがすぐれた教師であっても、何人かの若者たちの頭をおかしくさせているだけだ。連中ときたら詩をつくる以外のなにもする気がないのだが、それもたいていは詩人のなりそこねのベーラム(2)で、とりわけ何かを学ぶことの邪魔となっている。やがてはものを書くためと言っていなくなるのだろう。ひどい話だ。

それやこれやのすばらしい問題と、火曜日には講演のなかで格闘することになる。ニュー・スクールでの仕事が残すところ二回の講義で終わるのは嬉しいかぎりだ。その後少なくとも金曜日には一息ついて、手始めにはゲーテかカントでも連れて安楽椅子に飛び込むさ。

ぼくは空調《エアー・コンディション》とそのために必要な条件《コンディション》を問い合わせてみるつもりだ。あるいはむしろジューリアス［・シュルツ］がやってくれるかもしれない。建物の配線を見定めるのに、電気技師《エレクトリシャン》が必要だ。ある人からはすでに、この建物では二台以上は無理だと言われている。

ところで、ぼくはどうしても田舎に行く必要なんかない。でもたぶんきみには必要だろう。それともヨーロッパ旅行が充分代わりになるだろうか。でも都会はきみをおそろしく苛立たせるだろうし、きみもまだ仕事をしたいだろう。どうするにせよ、顔を合わせてからにしよう。肝心なのは、まずもってぼくたちがまたいっしょになることだ。ひとりの胆石患者が、そうでなくともすでにちょっと退屈な人たちに対して、とりわけアルコールなしに彼らに耳を傾けなくてはならないので、辟易している。

挨拶と口づけと肩をぽんと

きみのH.

(1) 書簡179・注1参照。
(2) ヴィルヘルム・ブッシュの絵入り物語『バルドゥイン・ベーラム』の表題となっている人物。

184

［バークレー］　一九五五年五月一三日

最愛のひと――

　胆石の痛みであんまり鬱ぎ込まないでくださいね。きっと治まります、食事療法はふつうとても効果がありますもの。そのうちにあなたの大好きなウィスキーにまた戻れますよ。ええ、ほんとに、ひとのお喋りをアルコールなしでじっと聴いているなんて辛いですね。そういうときこっちははじめて気がつくんです、自分がどんなに非社交的になっているかに。わたしもここで似たような問題をかかえています――アルコールは一切なしでも。それにレディーたちが寄せてくれる敬愛が、おそろしく神経にこたえるんです。わたしの部屋のドアのまえになにか置いてない日はほとんどない――苺、桜んぼ、雑誌、などなど。そして、なにかアイロンをおかけしましょうか？　お洗濯は？　縫い物は？　答えはいつも「いえ、結構です」。でもこんな調子じゃ生きていけませんね。

　昨日は、まことに洗練されたコモンウェルス・クラブで話をしましたよ、わが退役将軍が紹介の辞を述べてくれて。彼はマッカーシー[1]の崇拝者だと明かしてくれましたが、それ以外の点では非凡な男、そして彼なりの流儀ではありますが大した人物です。彼によると、世の中には存在するに値するタイプはそもそも二つしかない――軍人と詩人です。わたしのスピーチ自体はうまくいって、とても温かく迎えられました。そのあとわたしたち、つまり将軍とわたしは少しばかり飲みに出かけて、五時ごろわたしはかなり酔っぱらってここへ帰ってきた次第。飲みながら大いに意気投合したんですよ、目と目のあいだがちょっと狭すぎるけれど、美しい目をしたこの老人と。話題は、比喩の力。まったくこの国は、表構えの奥を覗いてみると、おかしな国ですねえ。彼はまた訪ねてくるでしょう、でもわたしは友人たちには、マッカーシー崇拝者と友情を結んだなんて絶対に話せませんね。（彼はこういう問題についてはまったく疎くて、ことは「治安問題《セキュリティ・プロブレム》」だと大真面目に信じているんです。）

　わたしはとても休暇を必要としています。夏のことは様子を見て決めましょう。とても暑いようなら、ニューヨークを離れざるをえないでしょうね。でもパレンヴィルは駄目でしょ、あそこではご存知のように、どんな食事療法もできない。あなたにはよくありませんよ。でもどこか、それができるペンションはきっとあります、ちょっとくらい高くてもいいじゃありませんか。バークシャー・マウンテンズにはあるかもしれませんよ。『アウフバウ』(2)をちょっと覗いてみてください。でも夏まではまだ時間が十分ありますからね。[…]

ヨーロッパ旅行までには、まだかなりたくさん、することがあります。ミラノ会議(3)のためのペーパーを七月半ばまでに書きあげなくてはいけない。これにはちゃんと別払い(4)の報酬がもらえるんですよ！　つぎはブロッホの第一巻の仕上げ。こんなにあっては少し不安になります。それにドイツ語版の校正(5)もまだ残っています。いつもちょっとたいへんなんです。たとえば今日は義務に縛られないいわゆる自由日《フライアー・ターク》ですが、午前は個人面談を少なくとも二時間。午後は例のもしゃもしゃ頭のおちびさんとカントを読む。晩には講演を聴きにいく。明日はまた講義、そして晩には歴史学部の院生たち。まるひと月ずっとこんな調子です。

それでもともかく、少なくともお天気はよくなってきました、これだけでも少しは助かります。

今回は手紙を書くのがまたちょっと遅れてしまいました。ひどい一週間だったものですから。あなたがまたバードへ出かけてしまわないうちに着くように、これは特別《スペシャル・》配達便《デリヴァリー》で送りますね。

お芝居、等々のこと、まったくおっしゃるとおりですね。ここではそういうことは限られた範囲でしか起こらないし、それに子どもたちはたいてい、ひじょうに貧しい境遇の出なので（これはむろんアメリカ的基準から言ってのことで、ほんとうの貧しさとは違います）、学ぶことにもっと関心をもっています。とりわけ学部学生《アンダーグラデュエイト》には、その点、文句のつけようがありません。ほんとによく勉強しますよ。

ごきげんよう、最愛のひと、では日曜日に。お願いですから、この贅沢をこの先もつづけましょうね。

あなたの——

(1) ジョゼフ・マッカーシー。
(2) 書簡77・注3参照。
(3) 書簡164・注5参照。
(4) 書簡130・注3参照。
(5) 全体主義の本。

185

［ニューヨーク］五五・五・一五

恋しい人

今週に入って俄然具合が良くなった。胆石もふたたび落ち着いてくれると思う。たくさん食べたほうがよいことがなんとなくわかってきた。そうしているとますます良くなっているように感じる。とくに肉の大皿だ。

バードでぼくは講演と改革の提案によって強い印象を与えた。けれども地獄への道は善き意図で敷き詰められている。* ともあれなんらかの効果はあるだろう。最悪の事態に到ったとき、あれこれに介入するための手がかりはできているんだ。いずれにせよ学生の多数はぼくを信頼しているばかりでなく心酔していて、いますぐ何かをしたいと思っている。もちろん、ぼくが大学当局に身も心も売り渡していて、学生のためになるようなものはことごとくバードでは失われようとしている、と広めている小グループも存在する。

来週にはニュー・スクールでの仕事を終えられる。バードでのラストスパートはいつも凄まじいので、そのための余力を少しばかり残すことができる。［…］

どうか体をこわすことなどないように。でもそもそもきみがかなりおもしろがっている印象を受けてはいるけれど。

きみの
H.

＊「地獄への道は善意に塗り固められている」とも訳される俚諺。良き計画であろうと実行されなければ破滅に到るとの含意。

186

［バークレー］五五・五・一九

ああ、最愛のひと

いまここで書いているのは、すっかり磨り減ってボタン穴しか残っていないわたしの残骸。ここ何週間か、なんとも言えないほどのたいへんさです。それがおもしろいのは否定できませんが、でもそれはまさに地獄のおもしろさ、もっと的確には、地獄で見つけたおもしろさですよ。説明するのはむずかしすぎます。会って話せるときまで延期にしましょう。

それでも先週の土曜日には、レーヴェンタールとレッドウッド〔国立公園〕に行きました。すごいところでしたよ。いつも森ばかり見ていて、一本の木のこれほどの偉容まるごとを見たことは、これまで一度もなかったような気がします。とても奇妙な成長の仕方なんですよ。同じ一つの根からいくつもの幹が出て、それらが輪を描くようにして並んで伸びてゆき、梢でまた一つに合体しているのです。ゲーテはこの木を知らなかったのですね、さもなければ彼は、〈東洋からわたしの庭に移し植えられた木の葉〉(1)についてあのような思いを巡らしはしなかったでしょう。幹はまるで風雪に耐えてきた岩壁のようです。試験週間にもう一度行くつもり。この機会を逃すわけにはいきません。

わが学部学生諸君はわたしに詩だの絵だのエッセイだの何だのを、雨霰と降らせてきます。でもよく面倒を見てあげているのは、あのおちびさん、ベルクマンだけで、今日もいつもの木曜日のようにいっしょにカントを読みました。彼女についてはまたたぶんいつか、じかにお話ししましょう。ユーモア小説ふうの短編を書くんですよ。少なくともわたしを笑わせてくれるものがあるというわけです。

でもいまは一つ、とても感銘をうけたので急いで書きたいことがあります。昨日のゼミナールでいつものレポートをしたのは、ケニヤ出身のジェントルマン、おそらくマウ・マウ団(2)に加わっていて、そのために国外へ逃げざるをえなかったのでしょう。このゼミナールではこれまでなかったほどの最良のレポートでした。この若者はすべてを理解していて、しかもその整然とした論の進め方は抜群、それに比べるとほかの院生たちはキャンキャン泣くだけの仔犬みたいなものです。ね、すばらしいでしょ？　彼の肌はこれ以上黒くなりようがないほど黒いのですが、それでいて学生のあいだでは有名で、西洋のどこかの国の出身者かと思うほどです。世界にはなにが起きているのでしょう、こういうことがありうるとは！　すばらしい世界！

今晩はほかの学部の大学院生たちが押しかけてきました、わたしを「クイズ」攻めにして試すつもりなんですよ。いやとは言えませんでした。歴史学部の院生には許してきたんですからね、彼らはわたしのいちばんいい学生です。（いちばん優秀なのはむろん一人のドイツ系ユダヤ人。）明日は、外国人学生《フォーリン・ステューデント》にとくべつ関心があってどういう態度を取るべきか知りたいというあるグループに、話をしなくてはなりません。それに、困ったことに、土曜日の講義ではのっけからカントの話を始めてしまったせいで、これじゃうまくいきそうもないと不安になっています。考えてもみてくださいな！　下手をすれば、自殺するしかないじゃありませんか。これでおわかりでしょ——もうボタン穴一つしか残っていないのが。強調点は「一つ」に。

学部の教授たちにはもうだれにも会っていません。連中は本格的にわたしを憎らしく思いはじめています。おかげで少なくとも彼らに会う義務はなくなりました。逆に、歴史学部の重鎮教授の一人が言うには（彼はわたしの講義をよく聴きにきています〉、わたしがここでやっている講義その他は〈このキャンパスでこれまであった最高のものだ〉〔英〕とのこと。学生たちも多かれ少なかれそういう意見のようです。教室に行くと、目に入るのはほんとに喜びに溢れた顔ばかり。これはたしかに嬉しいこと——まさに地獄で見つけたおもしろさです。

あなたの

（1）ゲーテの『西東詩集』にある詩「銀杏」の、冒頭の二行。「この木の葉、それは東の国から／わたしの庭に委ねられて……」。〔恋人に捧げられたこの詩は、深い切れ込みのある銀杏の葉について、一枚が二つに分かれたのか、二枚がたがいに相手を選んで一枚となったのかと、思い巡らしている。〕

（2）イギリスがこのような蔑称で呼んだ植民地ケニヤでのこの運動は、キクユ族の秘密結社から生まれた独立運動で、一九四九／五〇年にイギリス植民地政府と白人支配に対して蜂起した。

187

［ニューヨーク］　五五・五・二二

ぼくの恋しい人

バードの政治学《ポリティカル・サイエンス》教授が一年間研究奨励金《グラント》でインドに行く。そこで学長はこれを、きみという著名人を大学に迎える良い機会だと考えた。何人かの教授もそれに熱心だった。ぼくがとくに興味深く思っている二、三の学生にとってみれば、そうなれば天の恵みだ。ぼく自身長いこと、そのような可能性はないものか考えていた。でもたった一コースの担当でも、バードでは指導学生《アドヴァイジー》、卒業研究《シニア・プロジェクト》、そして会議《ミーティング》が義務づけられる。学生たちはこの機会を遠慮なく利用し尽くすだろう。だからぼくの考えでは、ウォルグリーン講義（1）は別として次の春学期はおとなしく家にいて、やりたいことをやれたほうがいいのではないだろうか。きみはもう充分に学生に煩わされていて、秋にはヨーロッパ（2）で始終人びとと接しなくてはならないのだから、その後は家に戻ってくる潮時だろう。

　ニュー・スクールでの講座は拍手喝采で幕を閉じた。クララ・メイヤーですら、彼女の人生ではじめてと思われるが、ぼくに個人的に感謝するほどだった。

　バードは、学期末が近づくといつもそうなのだが、盛況になる。そして講演を成功させてからというもの、余分な義務からほとんど逃げられない。ともあれ来年は、いまよりましなスタッフを得ることができた。でもぼくの労働負担は、正式雇用を考えたらおそらく変わらないだろう。ニユー・スクールでは昔の講座をひとつ新たに開く。「人間による神の探求」というのだ。新しい偽善者、新しい神秘主義者たちに一泡食らわせてやりたいと思ったからだ。これはたいした仕事にはならないし、少なくとも来年は週末《ウィークエンド》にはさほど熱っぽくもならないだろう。

まず今度の日曜日には家にいて、家できみの声を聞けると思う。

そちらでのきみの同僚たちがそんなあけすけに妬みをあらわにするのがぼくには理解できない。いったいなんという下品な場所なんだ。すばらしい樹木の写真を何枚か持ってきてくれないか。きみの描写にすっかり魅了されてしまった。

ハイデガーとヤスパースからは知らせをもらっているだろうか。ぼくの覚えているかぎりで、こちらには一通も届いていない。

まもなく終わりになって、きみが家に戻ってくるのがいまから嬉しい。体重を減らしてくるんじゃないかと心配している。もうこれ以上仕事をしてはいけないぞ。学生たちには少しばかり待たせて控えめになってもらうほうがいい。

挨拶と口づけと肩をぽんと

H.

(1) 書簡175・注1参照。
(2) ミラノでの会議にハンナ・アーレントが参加することを指している。書簡164・注5参照。

188

［バークレー］ 一九五五年五月二五日

最愛のひと——

バードの件、もう一度よく考えてみました。でもやっぱりお引き受けしないほうがいいと思います。わたしにとって教職はすぐさま半分は社会福祉活動になってしまって、かつての懐かしの青少年アリヤー[1]のころのように、わたしを喰らいつくしてしまうのです。一つだけ確実に言えるのは、書くのと教えるのを同時にすることはわたしにはできない、この二つは根本的に相容れない活動で、わたしにはそれを両立させる才能はない、ということです。そしてヨーロッパから帰ってきたら、まずはシカゴでの講義[2]をやりたい——題は〈われわれの肉体の労働と、わたしの手の仕事〉〔英〕（ロックからの引用）——そのつぎはわたしの本。（題名は「世界への愛《アモール・ムンディ》」(3)でもこれについては会ってからもっと詳しく話しましょう。）うまくいくかどうかはわかりませんが、でも教えていると、書きたい欲求がどうにもならないくらいに刺激されるのです。ときには、いろいろな考えがアブのようにブンブンたかってきて、わたしのいのちの血を吸い尽くしているような感じがします——なにしろアブを振り払うには書くしかないのに、それができないのですから。これについても、つまり書くことと講義をすることについてですが、またお目にかかってじかに。

ここでの最後の数週間はもうお話にならない忙しさです。これまでは思いやりからとても控えめだった学生たちが、遠慮を捨ててしまったのです、そうなるのも理解はできますけれど。というわけで、明日の晩はドイツ系学生との夕べの会、日曜日はわたしの大学院生たちの一グループとの会。来週はわがサーカス団との、弁証法的唯物論について番外のゼミナール。こんな調子がつづくんですよ、試験がはじまって彼らにそんな暇がなくなるまで。試験すら彼らにとってはどうでもいい。サーカス団全員、七〇人のわたしの子たちがみな、最後の数週にはゼミナールを週二回やってくれとうるさくせがんだくらいです。もう少しで承知しそうになったのを思いとどまって、弁証法的唯物論についての特別ゼミナールだけなら、と返事しました。彼らは死にものぐるいで勉強していますよ。最良の学生の一人が昨日、カミュについて一〇分間の短いレポートをやりましたが、大学院ゼミナールでやらせたいくらいの出来でした。彼はこのレポート一つのために三〇時間も勉強したと、あとでわたしに言ってました。うれしいですね《イット・イズ・ア・プレジャー》。しかもわたしがレポートでは「成績《グレイド》」をつけず、期末試験《ファイナルズ》だけで判定することを、彼らはちゃんと知ってのうえでのことですよ。いまでは彼らは純粋な愉しみと熱意から勉強しています。大学院のゼミナールさえよくなってきました、最初からわたしの最大の心配のたねでしたが。彼らはもうすっかり降参しています。もしわたしが同じゼミナールを歴史学部の院生たちとできたとしたら、いくらか違っていたでしょうけれど、歴史学部の院生は講義にしかいなかった——それにむろん彼らと一対一の果てしない面談もあります。なにしろわたしの同僚たちが寄越すのですから、断るわけにはいきません。

ヤスパースからは直接こちらへいくつも手紙が来ました。ハイデガーには何ヶ月かまえに数行の手紙を書きましたが、ひと言も音沙汰なし。どうしたのか、見当もつきません。ヨーロッパ行きについては、そのときはまだ行くとは決めていなかったので、彼への手紙には書きませんでした。なにが彼の気に障ったのか、あるいはなにがまた彼の不信感を掻き立てたのか、わかりません。〈わたしにはどうしようもないですし〉〔英〕。仕事に没頭中というだけのことかもしれません。

　体重が減ったからといって、たいしたことじゃありませんよ。わたしにとってはちょうどいい感じですし、おかげでスパゲッティをたんと食べられます。おまけにこちらはもう**桜んぼ**の季節ですからね。

　ロッテによろしく。彼女はとてもすてきなスカーフを送ってきてくれました。それにあのゲーテ・カレンダーもまさに正解だと判明。彼女はほんとに信じられないほど勘がよくて、ほかの人がなにを必要としているかがわかるんですね。たびたび彼女のことを考えています。そう伝えてください！

　ごきげんよう、最愛のひと、日曜日まで。本の小包は着きました。ありがとう《メルシ》。

あなたの——

（1）書簡176・注2参照。
（2）書簡175・注1参照。
（3）『人間の条件』のもともとの題名は*Amor Mundi*だった。

189

恋しい人

［ニューヨーク］五五・五・二九

　バードの件をきみが断ってきたので気分がいい。教えることと書くことについてのきみの意見はまったくその通りだ。とくに若い人たちを相手にそのように仕事をしなくてはならないとき、自分自身の案件を充分に追うことができなくなる。水準を始終切り替えることがいつも必要で、そんなことをしていたら持続的な仕事などできたもんじゃない。きみよりもぼくは忍耐できるんだ。ぼくなら同時に他のこともやってゆけるし。でも、いろいろな考えが虫のようにブンブンたかってきみを食らいつくそうとしているほどに奮い立たされているとは、そちらでのこの学期はやはりきみのためにもなったのだろう。提案の書名はとてもすばらしいと思う。きみの新しい計画を聞きたくてうずうずする。この数ヶ月間ぼく自身も〈世界への愛《アモール・ムンディ》〉の方向でだいぶ仕事を進めていた。これは形而上学におけるぼくの基本主題のひとつなんだ。

　バードでの最後の数週間は、ぼくにはかなり難儀だ。いままでにないほど疲れ切ってしまい、きちんとした休養を必要としている。さんざん学生たちとの騒動があって、もしぼくが口を出していなければ、これをぼくたちが持ちこたえられたかどうか。いまのところはみなぼくに深く感謝しているが、結局のところは妬みを深めるだけなのかどうかわからない。コースのためにぼくは新しい教員を養成しなくてはならず、おそらく夏にも何回かバードで会議を開かなくてはならないだろう。だがまだ先のことだし、たいした骨折りにはならない。いまは来年のための教材を練り上げている。この類のことがぼくは苦手だ。とくに延々とつづく書籍目録と事務的な準備が。

[…]

最後の数週間の流れはとてもゆっくりだけれど、それでもやはり最後の数週間なのだから、まもなくぼくたちはまたいっしょになり話すことができる。そちらの風景をよく見て、報告しておくれ。そしてサンフランシスコで少しは楽しむように。

では今度の日曜日に、ぼくの恋しい人。

きみのH.

190

［バークレー　一九五五年六月はじめ］

最愛のひと――

わたしの汽車の切符の件をいま全部、片づけてきたところです、なにしろ五時間もかかったんですよ。切符をべつの鉄道会社のものに書き換えてもらわなければならなかったのですが、そういうつまらぬ問題を処理してくれるエイジェンシーがアメリカ全土にただの一つもないのです。でも万事とても豪華な旅になりそうです。ここを六月一八日の土曜日に発って、まずグランド・キャニオンへ向かい、そこに一日滞在してから、つぎはニューメキシコを通ってシカゴへ、そこから家へ。到着は二二日の水曜日朝九時、グランド・セントラル駅、シカゴからの列車です。それまではまだすることがたくさんあり、見たいところもまだあれこれ考えていて、目が回りそう。明日はまたレッドウッドへ出かけます。土曜から日曜にかけてはカーメルへ、月曜日にはエリック・ホッファー[1]とハイキング。その一方では、すでに七〇人分の試験答案《ペーパー》がここの机に積みあがっているし、ドイツ語版の本の校正も、わたしの助手のやり方があまりにもお粗末で、まるっきりやらないでおいてくれたほうがよかったくらい。昨日は大パーティ、わたしが大学院ゼミナールの学生を招いたのです。四〇人がやってきて、わたしはワインとクッキーでもてなしました。とてもよかった。でもやっぱり未熟な連中です。でも一人だけ、申し分なく頭のいいモリスンという学生がいて、彼を木曜日にランチに招きました。彼は一九〇五年から一九二三年までのボリシェヴィキ党とソヴィエト〔勤労者代表会議〕の関係について、八〇ページもの長いペーパーを書いたのですが、これはわたしがこのテーマで読んだもののうち、断然、最良の論文です。

それでもやはり、ほっとしています。基本的にはもうすべて終わって、講義やゼミナールのことで心配する必要はなくなりましたからね。わたしにはいろいろとためになりましたが、それでももう十分。先週は「サーカス」との番外ゼミナールと、筆舌に尽くしがたいほどの個人面談のせいで、精も根も尽きはてそうでした。最後の講義では、ここで広くまかり通っている諸理論をほぼひとからげにして、こっぴどく攻撃したんですよ——行動科学、価値論、心理学、企業管理としての政治学——、教授陣はほぼこの四つの陣営に分かれていますから、こうしておけば少なくとも、なぜ彼らがわたしと対立するのかを悟ってくれるでしょう。なにしろこういう話はもちろんあっという間にキャンパスじゅうに広まりますからね。

そうですとも、大切なひと、ある程度でもそうできるなら、しばらくは家にいて、すぐまた世界をあちこち渡り歩いたりしないようにしたいものですね。あなたはもともとそれをいちばんお望みだし、わたしにしても今年はもう十分に自然を味わいました。一年じゅうニューヨークの石の砂漠と騒音のなかで暮らして、逃げだしたい気分になるのと、何ヶ月もひろびろとした空と緑のあるところにいたのとでは、やっぱり大きな違いがありますね。ここの静けさをわたしはとてもとても懐かしむことでしょう。ジェット機の尾を引く雲がはるか上空にたえず見えますが、音はまったくと言っていいほど聞こえません。

［…］いまは寸暇を惜しんで、提出されたペーパーの添削をしています。子どもたちの顔がまだ鮮やかに記憶に焼き付いていると、そう簡単に読みとばすわけにはいきません。これまで見たところでは、彼らはほんとうにものすごい努力をしたようです。サーカスの子たちですよ、大学院生たちではなく。来週にはまた、わたしの講義を受けていた五〇人のペーパーが来ます。まあ、いつかはすべて終わることでしょうが。

では、それまでに、最愛のひと、少しは元気を回復しておいてくださいね！

あなたの！

（1）全体主義の本。

191

［ニューヨーク］　五五・六・一二

恋しい人

帰り道の途中でやはり西部の一部を見てくる決心をしたようだね。そうそういつでもできることじゃない。こちらはここのところ涼しく、ぼくたちが家でゆっくりくつろげるようこのまま続いてほしいものだ。ぼくはもうちゃんと準備をしている。バードは一週間早く終わらせた。最後の学部会議では、共通課程が三年後に、バードの学務予定における基本的な常設教科として最終的に受け入れられた。根っからの敵たちのうちの誰ひとり、もはや反対しようとはしなかった。つまり全面勝利だ。いま必要とされるのは、大学が持ちこたえることだけだ。そうすればぼくもちゃんとした定職をもてる。まあ思いも寄らなかったことではあるが。だが学長ときたら軽率さと無能《イニフィシエンシー》さでもってぼくたちをだめにするための最善を尽くした。来年には開講できることは確実に思える。四月になって今年と同じ状況であるかどうかは、まったく不確かだけれど。ともあれそれまでに、出生数の上昇が目に見えてくれればいいのだが。

［…］

世界中がきみの消息を訊ねている。ニューヨークでの社会的関係を挽回するには、まずはやらなくてはならないことがたっぷりあるようだぞ。

でも当面は何事にものんびりと構えていこう。

新しい風景をおおいに楽しんで、あとは無事帰宅するよう。

きみの帰りを楽しみにしている《ルッキング・フォワード・トゥ・ユー》。

きみの

H.

192

五五・六・一五

最愛のひと

いまあなたの手紙を落手——これが最後ですね。ありがたいことに、このすばらしさにも終わりがある。それでもやはりすばらしい景観です。たくさん見てまわりましたが、お話しするのは会ってからにしましょう。でも第一印象では、太平洋の両岸の景観はそっくりで、大西洋の両岸が似通っているのとまったくおなじですよ！　カーメル〔サンフランシスコの南、太平洋に臨む町〕へ行って、そこのおよそありえないような建築物、つまりお菓子の家の出来損ないの真似ものに目が惑わされさえしなければ、すぐさま、ほとんどもう中国にいるような気がしてきます。

けれどもレッドウッド——こんどはほんとうに、正真正銘のレッドウッドの森を見ましたよ！　月曜日にエリック・ホッファーと、もう一人べつの港湾労働者もいっしょに、ハイキングに出かけたのです。じつに雄大、しかしとても馴染みのないものです、これらの巨木たちは。自分が急に子どもに戻ったような感じです——子どものころ、木というものがどんなに大きかったかを思い出して。

わたしのブルー・ブックス(1)は全部、誤りのチェックが済みました。それに若き詩人たちのものした詩も、出来のいいもの、悪いもの、いろいろですが、全部読みました。なかに一作、直接わたしのことを詠んだ詩までありましたよ。ご覧のとおり、これですべて完了。試験答案のなかには、末尾にわたしへのれっきとした手紙を書き添えてあるものがいくつもあります。まったく奇妙ですね。まるで突然みんな、われを忘れてしまったかのよう。彼らが三々五々、ニューヨークにまでのこのこやって来たりしないことを願うばかりです。そうなったらお手上げですもの。ここのクラブでも、みんなたいへんな悲しみよう。始末の悪いこの人気。早く家へ帰りたいとしか思っていない自分が、極悪非道な悪党のように感じられてしまいます。

[…]

来週の今日、いまごろの時間には、最愛のひと、わたしたちはまたいっしょですね。

あなたの

ハンナ

(1) アメリカの大学では、学生は試験のとき青表紙のノートを渡されて、それに答案を書く。

第８部

1955年９月–12月

［ハンナ・アーレントがミラノ会議（書簡164・注５および書簡196、197参照）を機にヨーロッパとイスラエルを訪れた大々的な旅行は、一九五五年九月一一日から一二月二〇日まで続き、滞在地はフランス、イタリア、ギリシャ、イスラエル、トルコ、スイス、ルクセンブルク、イギリス、ドイツにおよんだ。］

193

［パリ　一九五五・九・二］　金曜日——朝食

大切な最愛のひと——

あの桟橋での件、すてきでしたね。わたしたち、どういうわけか間に合うように来られなかった一組のカップルを待っていたのです。旅《トリップ》は申し分ありませんでした。機内はがらがらに空いていて、だれもが一列三人分の座席を一人でまるごと占領して横になって眠れたほど。飛行機はどんな鉄道よりはるかに静かですね、自動車よりは言わずもがな。時間どおりにこちらに到着、郵便物がもう山ほど来ていました。そのなかにオイロペーイッシェ・フェアラークスアンシュタルトからの手紙があって、プロン(1)(2)が本を出そうと言っているとのこと。すぐに行ってみるつもりです。——昨日。パリはみごとな秋の美しさ。——ピカソ展はちょっとがっかりでした。でもカタログを通常便で送ります。そのあとジュリエット［・ステルン］と会いました、老けましたよ。つぎはコイレと、抜群に楽しく友情あふれる長い一晩。今日はアルコプレーに会います、それとピカソの素描展。（ちなみに、このカード(3)にあるピカソの作品は展覧会に出ていませんでした！）明日の早朝五時半!!!に、また出発。［…］——たったいまメアリー［・マッカーシー］から電報(4)——わたしに部屋を見つけられそうもない、と。ヴェネツィアはなにもかも「売り切れ」のようです。パリ——たいへんな景気！　建設もいくらか進み、物価は法外に高くて、外国人しか買えない。パリは観光客で荒稼ぎ。ひどいもの《アウトレイジャス》です。その一方ではもちろん窮乏が、ふつうの仕事に就いている者すべてに。知識人はみんな狂信的になり、子どもじみてしまいました。共産主義者になるか、あるいはカトリックに、あるいは——もうたくさんですね！

あなたの——

(1) パリの出版社。
(2) アーレントの全体主義の本。そのドイツ語版をオイロペーイッシェ・フェアラークスアンシュタルトが出版した（書簡125・注4参照）。
(3) この手紙は絵葉書に書かれている。
(4) メアリー・マッカーシーはヴェネツィアで休暇を一人で過ごしていた。

194

ラヴェンナ　九・八　木曜日［一九五五］

大切な最愛のひと――
　ありがたいことに雨が降りだしたので、ラヴェンナのカフェで外にすわって、モザイク〔初期キリスト教建築物群のモザイク画や装飾〕のあとの一息を入れているところです。でもまずはヴェネツィアのことから。メアリーのところに泊まっています。彼女には住まいがあって、あらゆるアメリカ人と同様、金ぴかのゲットー暮らし。ぞっとします。されどヴェネツィアですねえ――全身を目にして見てまわっています。おまけにすばらしい天気、イタリア人は魅力的で、意気軒昂。いたるところで建設ラッシュ、いい建物。ヴェネツィアはまさに観光客天国ですが、フェラーラ（昨日行きました）やラヴェンナのようなもっと小さな町を訪れるのはドイツ人ばかり、まさしく大挙して押しかけて（invades）〔イタリア語〕います。すごいですよ、でもいやな感じではありません。イタリアは物価が安い、アメリカ人にとってではなく、まだ分別を失っていない者にはだれにとっても。――昨日はフェラーラでコッサ[1]のフレスコ画――ちっとも知りませんでしたが、一五世紀のものです。絵葉書で見られるかぎりのものを、ありったけ送りますね、絵葉書はよくできているし、安いですから。ラヴェンナは、モザイクを見たことのない者にとっては天啓で、こんなに全部いちどきに見られるのはここだけ。それにこの古い由緒ある都は、小さな町になってしまってはいるけれど、魅力と活気に溢れています。そのうえ、とうとうひとりきりになれました！　メアリーはとても不幸せで、すっかり沈みこんでしまって、〈なんの探索にも出ようとしない〉〔仏〕。――パリでは、コイレはいつものように親切で友好的でした。でもフランスはどうも感心しない、フランス知識人たちはヘーゲルにいかれて駄目になっています。

　わたしの調子がおかしいのがおわかりでしょ。頭がくらくらしているんです。そんな頭でどうして書けます？　こんな旅ははじめてです。まるで自分が新しい人間になりかわってしまって、突然あらゆるものがどっと目に飛びこんでくる、言葉はまだ喉もとにさえ出てこない、とでもいう感じ。わたしがヴェネツィアについて書かずにいるのは、あそこがまだ言葉の領域に入ってこないからです。おまけに、こうやっていつも戸外にいるすばらしさ、広場はどれも、サン・マルコにかぎらず、まるで一つの部屋のよう。

そして満月の夜の橋！

最愛のひと、お手紙ください。今学期はどんなふうですか？　バードの教員問題はどう解決なさいました？［…］

いつも、
あなたの！

H.

（1）フランチェスコ・コッサ（ほぼ一四三五―一四七八年）イタリアの画家。フェラーラのエステ公爵家の宮廷画家。

195

ヴェネツィア　五五・九・一〇

最愛のひと

わたしの手書きの絵葉書や短信はもうぜんぶ着いたでしょうね。いまわたしは、メアリーが朝食をとっているあいだ、彼女のタイプライターのまえに座っているところ。頭がすっかり混乱しています、三日のあいだひたすら駈けまわって、この信じられないほど美しい世界と風景のなかを巡りあるき、昨夜遅くにジプシーか浮浪者のような姿で、優美なヴェネツィアにもどってきたところです。ここはまた別世界。訪ねたのは、フェラーラ、ラヴェンナ、ボローニャ、パドヴァ。明日は朝早くにまた出て、バスでマントヴァをへてミラノへ向かいます。ロッテ［・ベラート］に、バスにしたのはまさに正解だったと伝えてくださいな。それにどこへ行ってもこの国の風景に違和感がなく、とっくから知っていて馴染みがある、ただ忘れていたか意識しなかっただけ、という感じがします。人びとは、たとえこっちがイタリア語をひと言も話せず、向こうがほかの言語を知らなくとも、ここの一員であるかのように扱ってくれます。ヨーロッパはどうやらここでは現実なのです。それも、築きあげられた世界の見事さ、耕作のゆきとどいた風景――樹々のあいだにひろがる葡萄畑が花づなのようにあらゆるものを結び合わせている風景――こういった点においてではなく、小都市の日々の暮らしや、小料理店や、ちっぽけなカフェなどの日常性においてなのです。地方でもすべてに活気があって、いたるところで建設がすすんでいます。［…］

あなたに絵葉書を山ほどお送りします。ロッテには、パドヴァにあるジオット[1]のフレスコ画の小冊子を。

心配しないでくださいね、わたしはそう簡単には迷子になりませんから。こうやってなんの責任も負わずにうろうろできるのは、最高の至福。メアリーのところにいるのは、いつもどおりすてきですよ。ヴェネツィアにはホテルの部屋はぜんぜん空きがありませんから、これが唯一の解決策です。

ごきげんよう、最愛のひと、お元気で、しっかり仕事をしてください、バードでなにがあろうと、あんまり深刻に考えないでくださいね。［…］

あなたのハンナ

(1)　ジオット・ディ・ボンドーノ（一二六七―一三三七）イタリアの画家でフィレンツェの建築家。とりわけパドヴァのアレーナ礼拝堂には彼のフレスコ壁画の連作がある。

196

ミラノ　五五・九・一二

最愛のひと――

いま、会議(1)の最初の集まりの最中――ちょうどフックがしゃべっているところですが、死ぬほど退屈。でもだれもが知るとおり、退屈くらいでは人は死にませんね。昨日、［ダニエル・］ブロディ(2)に会いました。彼ときたら、わたしのやったブロッホの仕事にすっかり感激したあまり、すぐさまじつに非文学的なやり方でわたしを攻略しようとして。でもそれもむしろ可愛らしかったですよ。ここでの宿はデラックス級ホテルで、大聖堂の見えるバルコニー付。今朝、ロッテからすてきな手紙をもらいました。彼女によろしく、でも葉書くらいは書きましょう。ここにはアメリカがまるごと来ていますよ――ベル(3)、ドワイト(4)などなど。わたしの隣はハンス・コーン(5)、わたしは彼ともども、費用を払ってもらっているからには仕方ないと退屈に耐えて座っています。――いましがた、ベルリン・フェスティヴァルに招待されたところ――費用はすべて向こう持ち――、でもちょうどアテネにいるころなので行けません。行きたいところだけれど。

バスの旅はすばらしかったですよ、またしてもずっと町や村、城や橋や教会のある風景を見ながらでした。今日の午後はそっと会議を抜け出してブレラ(6)に行きます。わたしの研究報告は水曜日、そのほかのことは、きっとうまいことサボれるでしょう。

ところで、ドイツ人観光客の洪水について。ある人が絵葉書を買おうとして、売り子にイタリア語で値段を言われたとき——どんな口調で、なんと言ったか！「ドイツ語で言ってくれ！」——このとおりの言葉遣い！ ミラノにはすてきな店がありますよ。大きな誘惑！

あなたの！

（1） 書簡164・注5参照。この会議には、レイモン・アロン、シドニー・フック、ジョン・ケネス・ガルブレイス、アーサー・シュレジンジャー・Jr.、フリードリヒ・フォン・ハイエク、マネス・シュペルバー、ベルトラン・ド・ジュヴネル、テオドール・リットなどが参加していた。

（2） 書簡130・注3参照。

（3） ダニエル・ベル（一九一九—二〇一一） 著作家、社会学者。

（4） ドワイト・マクドナルド（一九〇六—一九八二） 雑誌『ポリティックス』の発行人。

（5） ハンス・コーン（一八九一—一九七一） 歴史家、プラハ生まれ。一九三一年以来、合州国で暮らし、アメリカのさまざまな大学で教えた。

（6） パラッツォ・ディ・ブレラ 一六五一年にミラノに建てられたイエズス会神学校。一七七六年からは美術アカデミー、現在は絵画館。

197

［ミラノ 五五・九・一二 午後］

退屈が休息になるものなら——わたしは永遠の休息に入れそうなくらい、たっぷり休めそう。ここでは万事が突拍子もないんです——〈それも桁はずれに〉〔英〕。たとえば、わたしたちは町の最高級レストランで使える昼食券をもっていて、券一枚が二〇〇〇リラ、約三ドル。だれもこんなにたくさん食べられはしない。それゆえ《エルゴ》、わたしは食事のたびに、一、二ドルを返金してもらってます。ご想像ください——逸楽郷《シュララッフェンラント》ですよ。こうして食事で浮かせたお金で、買い物に行くことにしましょう。——

ときどき、なんとか耳を傾けようと努めてはいます——無駄骨《サン・スクセ》ですが。フランス人の話はほかよりもっとひどい。残念なことに、わたしは彼らの言葉がわかるだけに、そのまに書いたり読んだりするのができなくなってしまう。

それでも——ちょっと廊下に逃げていきさえすれば、ブレラ絵画館から借り出されたレオナルドの素描を、それに絵も、見ていられます。

198

［ミラノ］　五五・九・一三

ねえ、見てください、タイプライターですよ。デラックス・ホテルに泊まるというのは、それなりのことがあるんですね。今日の午後はサボりました、我慢できなくて。昨夜はスペンダー[1]とドワイトとシュレジンジャー[2]といっしょ。ドワイトは雑誌『エンカウンター』を引き受けることになるらしく、支援を必要としています。あとはなにもしなかったのに死ぬほど疲れてベッドへ。こんどのこと全体がとてつもないスキャンダルですよ。これではすべて、共産主義者に格好のプロパガンダを供給する意図で仕組まれたのじゃないかと、ほとんど邪推されかねません。みんな、想像もつかないほどの贅沢に浸って。だれもかも完全な、低級きわまる腐敗ぶり。観光に、食事に、買い物に、ばかみたいにうつつをぬかしている。まあ、わたしに害があるわけじゃありませんが。でもいくら善意をもって見ようと、こんな会議に本気にはなれない。わたしは自分のペーパーを見ると、ほんとうに笑ってしまいます。だれもそれに気がついてはいませんが、わたしがここではどんなに滑稽な登場人物を演じているか、自分にはいやというほどはっきり見えるんです。

メアリーのことは書きましたね、彼女はどんどん滑り落ちていて、〈自分でもどうなっているのか〉〔英〕わからないのです。それでもここにいる連中より百倍もまし。ドワイトはとてもナイーヴで感動的、ほんとに愉快になるほどです。ヨーロッパ人ときたら、神さまが怒りにまかせて創った最低の屑。昨日は、マネス・シュペルバー[3]、レイモン・アロン、などなどと、たくさんつづきました。みんな、わたしに大きな敬意といささかの怖れを示します。わたしのほうは、軽蔑が毛穴という毛穴から滲み出はしないかと心配で、だれにたいしてもやたらと愛想よくしてしまいます。

いまヤスパースから手紙が来たところ、わたしの本[4]にドイツ向けの序文を書いてくださっています。友情あふれるすばらしい序文で、とてもうれしい。

明日がここでのわたしの出番、どうでもいいという気分で、そわそわさえしません。［…］

最愛のひと、手紙をくださいね。ロッテがわたしのアドレスをもっているのは大きな救いで、あの短信をもらってとてもうれしかった。

ではごきげんよう。

あなたの
ハンナ

(1) スティーヴン・スペンダー（一九〇九―一九九五）イギリスの作家。
(2) アーサー・シュレジンジャー・Jr.（一九一七―二〇〇七）アメリカ政治において影響力のあった歴史家。
(3) マネス・シュペルバー（一九〇五―一九八四）オーストリア出のフランス作家。
(4) ドイツ語版の全体主義の本。

199

五五・九・一七
ローマ

最愛のひと
ローマでの最初の散策から、くたびれ果ててホテルへ戻ってきたところです——そして、見ればなんと、ちゃんとタイプライターが置いてあるじゃありませんか。でもキーボードの配列がすごく奇妙で、仲良くなれそうもありませんが。それはともかく——ここは簡素ながらいいホテルで、わたしの願いを（それもわたしのありえないようなイタリア語で言ったんですよ）叶えてくれたのですが、もしもフランスでこんなことを頼んだらなにが起きるか、想像しただけでぞっとします。今朝ミラノからの飛行機の旅は言いようもなくすばらしかったですよ。ジェノヴァ上空を通って海岸沿いにピサへ飛んだのですが、わたしの隣席のひどく活きのいいフランス人老神父が、世界中をたえずお楽しみの旅で回っている人で、いろんなことを話してくれました。わたしがイスタンブールで絶対《アブソリュマン》に見るべきもの、食べるべきもの、などなども、しっかり教えてくれて。イスタンブールのいいホテルは、と訊くと、彼はいつも修道院に泊まるんですって。〈おわかりでしょう、それならほとんど一文もかかりませんからね。——そうですね、わかります〉〔仏〕。
木曜日にはジェノヴァに。ブルーメンフェルト(1)はすっかり廃人みたいになっていましたが、それでいてすばらしいことに少しも変わっていない。奥さんはとびきり活動的・攻撃的・悪意たっぷりになって、これではわたしたちが想像していたとおり、彼はまさに監獄にいるようなものです。二人ともまことに頼りない。ドイツのヴィザなしで着いて、これでは一時間以内に退去しなければならないんですよ。

ところが彼らは、ヴィザはジェノヴァの領事館に用意されていると言い張るんです。もちろん、そんな形跡はまるでない。そこでわたしは彼らのパスポートをもって領事館に行きました。領事は強い東プロイセン訛りの人。そこですかさず、わたしたちはみんな同郷人だと言うと、たちまちヴィザがもらえたのです、写真もなしに、老人たちに五階まで階段を昇らせることもなしに——エレベーターは故障中でした。ほんとに大手柄でしたよ。奥さんはいかにもイスラエル人的な雰囲気の人で、わたしは会議のときにも、イスラエルの代表たちにすでにそういう雰囲気をいくらか感じたものです。周囲の荘厳華麗さのなかを、彼らは口をへの字に引き結んで歩いていく。なんであれ、ほかの国の人たちがつくりあげたものを妬んでいるかのように。それにここには、嫉妬するに足るだけのものがたんとありますからね。

　ああ、最愛のひと、この過剰なまでの美しさ。いちばん美しいものについては、シュトゥプスに見せてあげられる絵葉書はいつだって一枚もないのですが、それでも今朝また小包を一つ発送しました。でもあなたに飛行機からの眺めをいったいどう説明できるでしょう、雲が空ではなく地面の上を飛んでゆく様子を。あるいは、ロンバルディアの緑が南へゆくにつれてゆっくりと最初は明るい褐色に、それからもっと濃い褐色にと移ってゆき、こんどは突然、緑が濃く、重々しく、鬱蒼としてくるのを。そして小さな岩山が浮かんでいる湖。しかもこのすべてが、ミラノの聖アンブロシウス聖堂と、サンタ・マリア・デッレ・グラツィエ教会と、破損で消えかけている〈晩餐〉[2]——消えかけてはいてもなお輝いているあの絵——を見たあとのことなのですよ。そしてブラマンテ[3]のあの丸屋根《ドーム》も。

　あるいは、いまここローマにあるピンチョの丘のヴィラ・ボルゲーゼとヴィラ・メディチ。ただしご注意あれ、後者のほうは見られません、つまり庭に入れないのです。というのもここはフランスの所有で、特定の月以外、入場を許されるのはフランスのパスポートをもつ者のみ。ほんとうに、文字どおりそうなんですよ。わたしの特上級のフランス語を使って、最初は礼儀ただしく、つぎには礼儀をかなぐり捨てて頼んでみたけれど、だめでした。そのあとはスペイン階段、それからいましがたパンテオンをざっと見て、ナヴォーナ広場とかなんとかいう楕円形の広場へ。そこには三つの噴水があって、中央のはぞっとするしろもの。でもどうするんでしょうね、水が急にどっと噴き出して、流れていかなかったら。ローマにはいたるところに噴水がある、生命そのものが噴き出してこの永遠の都に溢れているんです。そしてわたしが偶然、疲れてぼうっとした頭でふらふら入ったのがデッラ・パーチェ教会、なんとも表現できないほど美しい純粋なルネッサンス的現象です。わたしはいまはじめて、ルネッサンスとは本来何なのか、光とは何なのかが、わかりました。でもこの小さな教会は、まったく目立たないところに建っていて、もうすでに夕暮れどき。自分がどこにいるのか漠然とすら見当がつかなくて、一人の殿方に訊いたところ、喜んですぐにすっかり説明してくれました。どこでもそうなのです。わたしはひどいイタリア語、というよりはイタリア語とは言えない言葉で、だれにでも話しかけて、なんでも教えてもらいます。みんなすぐに説明してくれますよ、そしてたいていのことは、わたしにもよくわかります。

会議。ありがたいことに、もう終わり。わたしは終幕を待たずに逃げだしてきました。フックと派手に衝突してしまって。彼はドワイトにたいして信じられないような企みをして、信じられないほどの成功を収め、わたしにたいしては、ありったけの人を動員して反対させようとしたのにうまくいかなかった。わたしはあそこで正真正銘の喧嘩をふっかけ(4)、彼は自分が個人攻撃をされたと感じたのです。退屈な話ですから説明は省きます。もしもあなたなり、だれなり、興味がおありなら、メアリーが話してくれますよ。いずれにしても、わたしはいささか座を賑わせて、またしても強き性たる殿方たちから、わたしのいわゆる勇気なるものを羨ましがられたというわけです。そこでもちろん、あらゆる放送局や新聞がインタヴューを申し込んできましたが、これはきわめて友好的にお断り申し上げた次第。でもそのかわり、ストックホルムとヨーテボリへの招待はお受けしましたよ(5)。一一月末か一二月はじめです。これはじつに楽しみ。

それでも贅沢三昧の暮らしが終わったことはうれしいかぎりです。ここではユーリエ［・ブラウン・フォーゲルシュタイン］といっしょに——彼女はすばらしく元気ですよ——、とても感じのいい、でもあまり値段の張らないホテルに泊まっています。場所柄がとてもいいし快適です、人間が必要とするもののすべてが備わっていて、要らないものは何ひとつ置いてない。あのふんだんな飲み喰いのおかげで自分がすっかり堕落したような気がしていましたが、そうじゃない、だいじょうぶです。

明日からいよいよ本格的に始動。今日はただ漫然と歩きまわっただけです、やっとひとりになれたのを味わいたくもありましたから。あの連中のおかげで頭のなかがすっかりごちゃごちゃなんです。メアリーは、ほかの人抜きで彼女とふたりきりならば、いつだって最良の相手。ドワイトは感動的なくらいおかしかったですよ、バラ色のシャツなんか着て、まるでヨーロッパにいるアメリカ人のカリカチュアみたいに。でも彼は絶対にそうじゃない。この栄冠はダニエル・ベルにこそふさわしい。――フランツ・ベームとはとても気持よく過ごせました。彼はとくに頭がいいとは言えないけれど、わたしの知るいちばん善良でまともな人間の一人です。

それよりずっと重要なのはシローネ、(6) 彼にはまた会うことになるでしょう。まるで陸に揚がった魚か、捕獲された大きな動物のように、彼はあのばかで厚かましい策士や寄食者ども（ホルクハイマーすらその一人）の網のなかでもがいているのです、すばらしい農民の顔をしている彼が。連中は彼とその名前を左翼のために利用し、彼を一から十まで嘘で欺しているのに、彼は昔とおなじように「規律」を守っている。ブラントラーとタールハイマー(7)のことをたくさん話してくれて、おかげで万事がすぐにずっとましになりました。彼とその妻とわたしだけで――彼女にはニューヨークで会っているから、知っているんですよ、イギリス人で、いたずらっ子の妖精《コーボルト》かなにかみたいなひと、たぶんアイルランド人でしょうね、とても遊びたがり屋で、知性があって、冒険好きで、彼とはまるでそぐわない。彼のことはとても気に入りました、小才は利かない、でも堅実で、あらゆる点でとてもとても正直。腐敗させることはけっしてできないひと。火曜日にまた会います。

［…］

ではもうベッドへ。

大切な最愛のひと――

あなたのH.

(1)　書簡58・注4参照。
(2)　レオナルド・ダ・ヴィンチの『最後の晩餐』のことで、ミラノのアンブロジアーナ図書館にあった。
(3)　ブラマンテ（本名ドナート・ダンジェロ、一四四四―一五一四）イタリアの建築家で画家。ルネッサンス最盛期の古典的建築様式の創始者。
(4)　この会議でアーレントが発表した論文については、書簡164・注5参照。
(5)　この企画は実現しなかった。
(6)　イニャツィオ・シローネ（一九〇〇―一九七八）イタリアの作家。イタリア共産党の創設メンバーの一人だったが、一九三〇年に離党。一九三〇―四四年、スイスで亡命生活を送った。
(7)　アウグスト・タールハイマー（一八八四―一九四八）党幹部、ジャーナリスト。一九一九―二四年、共産党中央委員会の一員をつとめ、ハインリヒ・ブラントラーとともに党内右派KPDOを組織した。一九四一年、ブラントラーとともにフランスからキューバへ逃れた。（書簡25・注2参照）

200

〔ニューヨーク　一九五五年九月半ば〕

恋しい人

　会議はまさしく拷問だったに違いない。とくに、ぼくたちの最古の都市のひとつで愚か者どもがどたばたやらかしているときたら。この現代のごろつき知識人どもはごろつき管理人どもの助けを借りて、アメリカからヨーロッパ、ロシアにいたる世界中の人民の負担でもってばか騒ぎをしてみせている。次の反精神運動を反知性運動として途方もなく俗受けさせようとするサルどもの痴態だ。ニーチェだったら何と言うだろうか。人目から隠れて生きていれば思い違いをされることもない。ああ、なんて軽々にぼくたちは、ぼくもきみも、思い違いされてしまうことか。きみはそちらで、ぼくはニュー・スクールとバードで。ぼくたちは、狭い片隅を確保して、そこに身を押し込めなくてはならない。そうすれば考えること、そして見ることが許される。きみはいま見ることの真の狂躁に浸っている。ぼくがきみに徹底して見本を見せてあげてよかっただろう。けれども、文化を欠如させたこの現代の群衆が、幸いにしてまだ残存している過去の偉大な文化的景観のなかを、教養俗物の不平の声を挙げて転げ回っている様子を聞いたり思い浮かべたりすると、気分が悪くなる。そして、ぼくたちのような者がこの偉大さを見られるのも、こうした状況においてだ。関連が狂ってしまっている。

　きみの手紙と葉書はすてきだよ。ぼくもすべてをいっしょにしているようだ。

　きみの成功を聞くのも嬉しい。でもいまの時代にきみが勤しんでいるような仕事〔『全体主義の起原』〕がひとりのお方にかくも多大な敬意と、ときとして直接に愛をももたらしうるとは、奇蹟であるように少しずつ思えている。

　時勢がどうあろうと、それを抜け出ることのできる人格というのはいかなる時代にもいるものだ。ヤスパースが前書き(1)を書いてくれているのはありがたい。だがおそらく、ハイデガーはこの本を決して読まないだろう。

　バードでの滑り出しはとても快調。驚くほどいいクラスだ。スタッフも落ち着きがあり親切だ。大学当局の愚かさはいつも通り。

　ロッテにこのままぼくの餌係をしてもらっていると、バードがあるにもかかわらずでっぷりとしてしまうだろう(2)。彼女とぼくに節制させる術を考えよう。彼女はきみに手紙を書くことができてたいそう喜んでいて、きみからの葉書の挨拶をとても大事にしている。ティリヒが電話をかけてきて、悲しそうな声で、いつもきみと行き違いだと残念がっていた。彼の健康状態は良くなっている。そんなで彼はこちらのラジオでインタヴューを受けることになっている。隠れて生きることなどけっしてしたくないんだろうが、でもそもそもあいつは生きているのか。ローベルトには、おそらくは新しいご夫人が女性の自己保存本能という高次の暴力を行使することで、赤ちゃんが生まれた。それも、ちょうど彼の娘に子どもが生まれる目前の夜だったようだ。この不安定な時代にあってなにもかもが、人間の年齢も文化の年齢もおかまいなしにめちゃめちゃだ。エルケ［・ギルベルト］の希望は無残にも砕かれてしまい、すっかり打ちのめされている。

きみはゲーテが勧めたようなギリシャのヘレーネのすばらしい饗宴に密着し、それを通してギリシャ人の土地を魂で求めるのではなく、目で見るよう試みるんだ。ユーリエにくれぐれもよろしく。きみたちがいっしょにいられてぼくも嬉しいよ。うってつけだね。この手紙がまだローマできみに届くかどうかわからない。アテネできみに挨拶をするほうがよいのかもしれない。少しばかりソクラテスを捜してみてくれ。きっとどこかでまだうろうろしているだろう。そして、彼がどんなにぼくを驚かせているかを伝えてほしい。

口づけと肩をぽんと

きみのH.

(1) 書簡198・注4参照。
(2) 書簡181・注1参照。

201

［アテネ］　五五・九・一二

最愛のひと――

いま無事に到着――でも雲の上を飛んだのでなにも見えませんでした！　ギリシャはバルカン諸国のすぐ先。詳しく話したいことが山ほどあります。このデラックス・ホテルにありがたくも意に反して辿りついてしまったのですが、なんとも言いようのないホテル。外見はりっぱで中はお粗末な代物の見本みたいなものです。

タイプライターがないあいだは書けません。それにいまはくたびれていますし。下階のバーにいるのですが、まわりは金持の、ぞっとするようなギリシャ人！　イタリア人はまるっきり違う。わたしの感覚はまだまるごとローマにいます。すべてが、外へむかって拡がっていくのではなく、内へむかって開いているローマ。広場をつなぎあわせ、広場から育ち、円熟していった都。一つ一つの広場が外部にとっては一種の内庭。パンテオン(1)のように。あるいはコンスタンツァ(2)の墓碑のように。パリでは逆に、街路は広場から放射状にのびていて、広場は街路の当然な終着地となっている。ローマでは街角を曲がると——そこには大小はともかくまた広場があるのです。

それになによりも、あの糸杉の悲しさ〔この木は喪のシンボル〕、あの暗い緑色。ああ、そしてティヴォーリ近くのあのオリーヴの森。そしてなんとはっきり見てとれることでしょう、ロマネスク様式はローマ様式の直接の結果であるにとどまらないこと、そればかりか、ロマン主義が生まれたのは、一九世紀がローマとその風景の古典的景観を発見したことによるのだということが。これこそ本来の、ほんもののロマン主義的風景なのです。

わたしはもう眠りこけていて、会議でもらったペン——ボールペン——が勝手に紙の上を走っています。

お元気でね、あまり働きすぎないようにしてください。ニュー・スクールはどんなふう？

あなたの

(1)　ローマのパンテオン〈すべての神々の聖殿〉（紀元前二七年建立、紀元一一五—一二五年に再建）を指している。

(2)　コンスタンツァ（一一五二—一一九八）ノルマン朝シチリア王国のロッジェーロ二世の王女で相続人。のちに神聖ローマ帝国皇帝ハインリヒ六世と結婚したことによって、シチリア王国は、ホーエンシュタウフェン家のものとなった。皇帝フリードリヒ二世の母。

202

〔ニューヨーク　一九五五年九月末〕

恋しい人

〔…〕

今週末にはもうバードへ行く。やらなければならないことがあるからだが、もういちどパレンヴィルまで急ぎで足を伸ばし、すばらしい秋をじっくり見てくるよ。きみが楽しんだ目の保養のすばらしい描写に羨ましくなって、ぼくも自分の目によい思いをさせてやりたくなったんだ。

バードではすべて順調だ。ぼくの最初の講義《レクチャー》は子どもたちに強い印象を与えた。いい学年だ。教師と世界の偉大なものごとにちゃんと敬意を払っている。来週はニュー・スクールがはじまる。いつも通りに不安だが、今度もうまく不安を克服できると思う。

　きみはこの間、ヨーロッパの偉大な数世紀を後戻りして飛び、いまは人類史のオリュンポス山といえるアクロポリスに立っているところだろう。ぼくもきみとともに、そしてきみのために、嬉しく思っている。このなんともすばらしい精神の旅の報告はぼくの心の慰めだ。

　ユーリエによろしく。きみが不良少女のように永遠の町を走り回ったローマの日々は、実際にすばらしかったに違いない。それに、そこでまたもやフランス人とフランス語で喧嘩をできる機会があったなんて。

　ローベルトはだんだんと族長のような顔つきになっている。彼ならハガルを追放することはまずしないだろうな、サラにだって何もしないだろうけれど。(1)

　ヘラス〔ギリシャを指す〕にぼくからよろしく。そしてぼくがヘラスについてもっともっとうまく語れるよう試みているとそちらで伝えてくれ。

　口づけと肩をぽんと、そして「旅が無事である」ように。

（1）書簡200を示唆している。〔『創世記』によると族長アブラハムは妻サラとのあいだに子どもがなかなかできないため、サラは自分の奴隷ハガルとのあいだに子をつくることをアブラハムに提案し、ハガルは身ごもる、その後にハガルとサラの関係が悪化してハガルは追放される。〕

203

アテネ　五五・九・二九

最愛のひと

　アテネに来て一週間、でもどのように書いたらいいのでしょう。見てばかりいるせいで、ほんとうに目が眩んでしまっています。目を持っていることがどれほどの至福か、これまで気がつきもしませんでした。喜ばしい日射しのなかですっかり日焼けしましたよ。タイプライターをなんとか手に入れしだい、ちゃんと書きましょう。

　いまいるところは戸外の楽隊つきカフェ、少なくとも三人の、なんとかして言い寄ろうとしている殿方に囲まれています。おかしいったらありません。わたしの後ろにはドイツ人の一団。わたしの暮らしはきわめて封建時代ふうですが、残念なことにけっして安上がりではありません。ギリシャでは物価は高くないのですが、万事が快適とはほど遠くて、時間を無駄にしたくなければ、なんであれ最良のものをとるしかないのです。散々探しまわったところで無駄骨に終わることになるのですから。しかも「現地の《ネイティヴ》」人とおなじように暮らそうにも、言葉ができなければどうしようもない。値段はすべてたちまち倍になって、結局、不便と高い出費を我慢して暮らすことになるというわけです。

ホテルはじつに上等、ここでは最高級で、浴室付き。ほぼ三・三〇ドルです。ユーリエといっしょに、どこへ行くにもタクシーを使います。外国語しか話せないと、どうにもならないのです。しかもここの人たちは、イタリア人と違って明らかに愚昧で原始的ですからねえ。

ユーリエはすばらしいひとだと、改めて実感しています、彼女の冷静さはここではまことに気持がよくて、わたしたちの仲はとてもうまくいっています。月曜日にはデルフォイに行きました。明日には、招いておいたケーテ・フュルストがパレスティナから来て、日曜日にはペロポネソス半島への旅に——コリントス、オリュンピア、エピダウロス、ミュケナイ、五日間！ 車と運転手を雇います、それでも車なしの場合より三〇ドル以上は高くつかないんですよ。そのあとはすぐデロス島へ。そしてまた何日かはアテネに。というのも、壮大さの尺度はアクロポリスからしか得られないからで、アクロポリスはどんな人が表現しうるよりも遥かに大きいのです。わたしはパレスティナ滞在の予定を縮めることにして、おそらく一〇月一三日に飛行機で発ちます。なんとしてでも、ここにできるかぎり長く留まりたいのです。

絵葉書にちょっとした財産を注ぎこんでいますが、それでもこれほどすばらしいものが多くてはとても間に合いません。ユーリエには、彼女のために写真を撮っている友人がいて、わたしたちは博物館で番号を確かめて頼んでおきましたから、ぜんぶ手に入るかもしれません。でもおよそ入手不可能なのは風景です。たとえば今日、サラミス島から見た湾の眺め。あるいはスニオン岬、そこから見た海はじっさい、いにしえのホメロスが言ったとおり、ほんとうに葡萄酒色。でもデルフォイの劇場もそうです、そもそも景観としてのデルフォイそのものも。言い換えれば、神殿と風景が姉妹のように手を取り合って、柱の一本一本が自然の永遠性をおのがうちに取りこんでしまっているのです。その凄さ——イタリアで見られるような美しいものの横溢ではまったくない、むしろ質素、けれども δεινός(1)。この民族にいったいどんなことが起きたのでしょう。そしてすべてが廃墟と化しているにもかかわらず、けっして悲しみはない、ローマのメランコリーがない。それは、松も糸杉もここではずっと明るい色をしているせいでもあります、暗緑色ではなく、明るいのです。それにオリーヴの森。今日は黒い実を一つ、木からじかにもらって食べました。口のなかに落ちてきたのです。

わたしたちはアクロポリスの麓にあるローマ時代の劇場に、『オイディプス王』を観に行ってきました。よい公演ではなかったとはいえ、あの物語のもつ力のせいですっかり惹き込まれました。もう少しで声を上げて泣くところでした。

現代ギリシャ語は学ぼうと思えば簡単に憶えられそうです。わたしは言いたいことをどうにか通じさせてはいますが、イタリアでのようにはうまくいきません。でもそれはただ、人びとがあまりにも愚昧でなんにも理解しないからです。イタリア人はいつも、こっちが言おうとしている語をぱっと察してくれるのに。たとえば、今日わたしたちはソクラテスの牢獄へ行ったのですが――イリッソス川沿いの、いまはもうないけれど、かつてパイドロスのプラタナスの木(2)があったところ――、わたしがソクラテスの名を第二音節ではなく第一音節にアクセントを置いて発音したら、なんとだれ一人、そんな男のことは聞いたこともないと言うのです。ああ、彼の霊魂はもうどこかへいってしまったのですね。たしかにその亡霊はいまでもあちこちにひそんではいますが、ここにはいない！　この都は味気なく、人びとはどちらかというと不愉快な感じです。

［…］

株価暴落(3)をどうお思いになります？　そしてアイゼンハワーのことは？

このまえのあなたの手紙はとても快活なひびきがして、すっかりうれしくなりました。最愛のひと、どうかお元気で！　そしてご不満なく。

あなたの

(1)　力強い。
(2)　プラトンの対話篇『パイドロス』。そこではソクラテスとパイドロスはプラタナスの樹下に座って話している。
(3)　これは一時的な相場下落だった。

204

［ニューヨーク　一九五五年九月末］

恋しい人

先週はロッテとまたパレンヴィルに行ってきた。一日は嵐、一日はとてつもなくすばらしい秋日和だった。ヘン家の人びと(1)は、他に誰もいなかったので退屈から抜け出せて大喜びしていた。きみは全ヨーロッパとその壮観を味わっているが、こちらの秋はいくばくかを埋め合わせてくれる。

バードはいまフル回転で、ぼくはまたおおいに煩わされている。新しい学生たちはとても感じよく、熱心に学んでいる。勉強することが多すぎてたいへんだという嘆きを聞かないのは初めてだ。もっとたくさん、と要求されている。けれども会議はその分多くなってしまった。木曜日の夜行列車に間に合うときなんか、嬉しくなってしまう。

ニュー・スクールがはじまった。クラスにはかなりの人数がいる。とても奮い立たせてくれるはじまりだった。[…] 教えるというのはおかしなものだ。与えうるものが多ければその分、知っていることがわずかであると思い知らされる。切に苦痛になる。それが、知っていることが少ないと思い知ると、ふたたびそれだけ多く与えることができる。まったく不思議なもんだ。

イタリアとギリシャの対比はきっときみの言っているそのとおりだろう。今回きみにとってローマがそんなに生き生きとしてきたのは嬉しい。絵葉書を手助けとしてぼくもほとんどいっしょに旅行しているよ。でもきみの描写がとても重要だ。なのにそれがかなり短くなっている。非難してるわけじゃない。語りたいことがそれだけ増えているのだろう。オリュンポスの神々が今回は意見を一致させて、見ることに貪欲な我らがご婦人方にこれをお見せしようと決めたのはよかった。それでもぼくとしては、そのあたりにいる現代のバルカンの悪霊たちを考えると、いささか不安になってしまう。古典期には模範的で明るかった場所を、またまたしゅるしゅると立ちのぼった地獄の靄が覆うのじゃないかと。ギリシャとトルコとパレスティナではよく心構えをしておくように。

[…]

ぼくはまたまた毎週きっちり縛りつけられており、ほとんど身動きが取れない。きみが鳥のように自由に南の国々を飛んで通り抜けているのを聞くと、まったくの正反対だ。ユーリエによろしく。そしてギリシャのことをもう少したくさん書いてほしい。また、どうかどうかパレスティナの状況を毎日よく考えるように。きな臭いようだったなら、即座に立ち去ること。

口づけと肩をぽんと

きみのH.

[…]

(1) パレンヴィルのペンション所有者。

205

［アテネ］五五・一〇・七

（手紙には日付を入れてくださいね）

最愛のひと――

ほんとにおっしゃるとおり！　今回はあなたのほうがすてきに詳しい手紙をくださった。わたしは――タイプライターなしではどうにもなりません！　テル・アヴィヴに行ったらちゃんと書けるようになります。

昨日、ペロポネソスから帰ってきました。オリュンピア、エピダウロス、ミュケナイ、コリントス、アルゴス、ナフプリオン。ナフプリオンでは海水浴も。それこそたくさん、見て、見て、見てきました。信じてくださいな、もしまだお気づきでないようならね、あなたの娘っ子《メーチヘン》は新しいことを少しは学びましたよ。――現代の地方にはぞっとさせられます。人びとはどうしようもなく愚昧で、ポルトガルなみ。貧しくて、怠け者で、愚か！　お話になりません！　さて――明日からはデロス島へ、ギリシャの多島世界をめぐる四日間の旅。そのあとアテネにまた二日いて、一三日に発ちます。心配しないでくださいね、なにか危険なことがあればすぐ飛行機にとび乗って、また文明の地を旅することにしますから。

あなたに絵葉書をまだ送ってもいない！　わたしは宝をまるごと溜め込んで、どうしても手放せないんです。モリエールの「守銭奴」みたいに、かき集めた宝に見入っています。オリュンピアは泣けてくるほど美しく、ミュケナイは予想もしなかったほど壮大。

［…］

ごきげんよう、からだに気をつけて。そしてじれったがらずに待ってください！　タイプライターが使えるようになったら、すぐに詳しい手紙を書きますから。

あなたの

206

［ニューヨーク　一九五五年一〇月初頭］

最愛の人

いつまでアテネにいるのかきみにも定かでない以上、手紙をまっすぐテル・アヴィヴに送るほうが確実だろう。ぼくとしては、できるだけ長くギリシャにいてほしい。ぼくの考えでは、それは一生つづきうる、つづくべき、一回限りの大きな喜びだからだ。でもきみの誕生日にはおそらく家族[1]のもとにいなくてはならないだろうから、誕生日のお祝いをそちらに送る。ロッテ、ローズ、ブッシュ[2]、エルケ、ホルティ、ペピター[3]、みんながぼくを通して誕生日のお祝いときみの健康を祈って、にもかかわらず、きみが早く戻ってくることを祈ってもいる。ぼくからも、そちらできみを祝っているすべての人に、とりわけクルト・ブルーメンフェルトによろしく。ぼくのほうでは今度の金曜の講義《レクチャー》の後で、置いてけぼりにされた婦人方といっしょに、きみのためにグラスを打ち合わせよう。きみへの誕生日とクリスマスの贈り物はすでに少しずつ準備している。そこでぼくは自分に向かって心からきみの誕生日を祝い、すでにそれだけできみが誕生日を楽しく思ってくれるよう、祈っている。とくに今回は、人間の文化世界の中心地点を通る旅の頂点に当たっている。きみはぼくにとってどんなに大事な存在となっていることか。ぼくは毎日頭のなかでほとんどきみの旅に同行している。

　バードは順調だが、あいにく予想していたよりもやることがたくさんある。ニュー・スクールでは大きなクラスをもっているが、とても興味をもって、なかにはただただ夢中になっている者もいるようだ。ともあれ議論は活発で、そのため仕事がいつも少しばかり楽しくなっている。からだはあいかわらずまずまずだ。けれどもこの毎週の宿題はやはり毎回とてもとても疲れる。こちらは輝かんばかりの一〇月の陽気で、だからバードは、自由になる二、三時間があるので、少しばかりの骨休めでもあるんだ。

　アイゼンハワーだって？　内政でぼくの恐れているのは、ニクソン[4]の子分どもがいっそう政府に入り込むことだ。外政は彼がいても動いていたように、彼がいなくとも動いていく。ロシアはやりたいようにじつに勝手にできる。いつもどおり真っ暗だが、ぼくたちは自分自身の光を絶やさずにおかなくてはならない。

［…］

誕生日のお祝いと、お祝いに肩をぽんとたくさん見たあとは、少しばかり休養とゆったりした生活に身を委ねるんだ。

きみのハインリヒ

（1）　彼女のいとこエルンスト・フュルストの家族。

（2）アネマリー・ブロッホはブッシュと呼ばれていた。
（3）ハインツ・ペヒター（一九〇一－一九八〇）　ジャーナリスト・歴史家。一九三三年フランスへ、一九四一年アメリカ合州国へ亡命。
（4）リチャード・ミルハウス・ニクソン（一九六九－七四年に第三七代合州国大統領）はこの手紙の当時副大統領だった。

207

［テル・アヴィヴ］　一九五五年一〇月一四日

大切な最愛のひと

昨夜、テル・アヴィヴに。一一日にデロス島、ミコノス島から帰りました。ギリシャの薄汚い汽船は朝三時に出航、明けそめた朝のなかを行きました。この島々の世界を想像するのはむずかしいでしょうね――そこでは海が島々にからめとられ、無限なるものが分節されて有限となっている世界。というのも地図はいつも大きな島ばかりを描いていて、ありとあらゆる島々が峨々たる頭をもたげて、海全体をふつうなら陸地でしか見られないような人の馴染める風景にしているところを、示してくれないからです。そこは厳密にはわたしたちの知っているような陸地でも海でもなく、果てしなく水に林立する岩山のつながりなのです。昨日と一昨日は、アテネとのお別れの日――〈もっとも美しいものと別れるべく定められた者は〉(1)――、けれども、そむけた視線にとって救いとなったのは、すさまじい勢いで降ってきてすべてを呑み込んでしまった豪雨でした。街路はすべて水びたしで、空港にたどりつくのもたいへんでした。でもそのほかは、まさに天気の点では厚かましいくらいに幸運に恵まれたんですよ、今年のアテネはいつになく天気が悪かったというのに。ペロポネソス半島では、オリュンピアでも、ミュケナイでも、このうえなく明るい陽の光が降り注いでいました。

ここではいまのところ万事順調です。今日、あなたの手紙が来ました、ぴったり誕生日に。この日をわたしはとくに祝うことはせず、家族の膝元で過ごしています。午後にはすてきな海水浴。従弟(2)はとても好ましい人柄で、昔、子どものころそうだったように、うまが合います。二人の娘のうちの幼いほう(3)はほんとにかわいらしい。明日はみんなと車であたりを少しまわってみます。そのほか、もう電話がたくさんかかってきていますが、まずは少しゆっくりしてからにします。ここではまだ夏のような気温ですが、暑すぎるほどではなく、晩はうれしい涼しさで、まさしくちょうどよい感じ。ブルーメンフェルトとは、あらんかぎりの災厄につきまとわれそう。ほんとうは災厄ではなく、おそらくマダム・ジェニー(4)が入念に知恵を絞った計略なのでしょうが。ショーレムは来週もどってくる予定。わたしはたぶんテル・アヴィヴに八日ほどいて、そのあとイェルサレムに八日間滞在します。

［…］

五五・一〇・一五

ここまで書いたところで、瞼が重くなってきて中断。いまは早朝、太陽が輝いていますが暑くはありません。わたしたちはこれからエメクへ行くところ、古くからのキブツ地区です。大家族というのは手紙を書くのに適した場所じゃありませんね。でもこの手紙をすぐに出さないと、こんどの週末にあなたに届く見込みがまったくなくなってしまいます。［…］

最愛のひと、味気ない手紙ですね、あなたがまともな手紙をじりじりして待っているというのに。心配しないでくださいね、そのうちにちゃんと書きますから。

お元気で、ではまた！　ご挨拶を。

あなたの

(1)　ゲーテの詩劇『パンドーラ』＝断片の一節の冒頭にこうある。「美しきものと別れるべく定められた者は、／目をそむけて逃れゆくがよい！」Hamburger Ausgabe Bd. 5, S. 356.

(2)　エルンスト・フュルスト。

(3)　エトナ・フュルスト（一九四三年生まれ）。

(4)　ジェニー・ブルーメンフェルト　クルト・ブルーメンフェルトの妻。

208

［テル・アヴィヴ］五五・一〇・一八

最愛のひと――

この小さな国、国境がいつでも見えています！　思っていたよりも腹立たしさは少なく、もっと悲しい気がします。ここのわたしの周囲の人たちが比較的、理性的な態度を維持しているからかもしれません。とりわけ、とてもかわいい子どもたちがいるせいもあります、下の女の子は格別ですよ。人びとの不安はとても強く、あらゆることにその影を落としていて、なにも見たがらず聞きたがらないという姿勢にそれは表われています。その結果、当然のことながら「活動的分子」が優勢を誇ることになるでしょう。おおかたのものがすでに荒廃しています。土曜日にわたしたちは車でキブツへ行って、昔の知り合いと話をしたのですが、衰退ややる気のなさは、汚らしい食堂や住人同士の関係にいたるまで、あらゆる面ではっきり感じとれます。だれもが口を開けば、腹立たしげにナショナリスティックな言辞を弄する。まだこの国にいるアラブ人どもをさっさと追い出すべきだ、等々と。途中、目下のところ平穏だと言われているアラブ人地区を通りましたが、車のなかで気楽にしていたのはわたし以外に一人もいませんでした。わたしはなにも気がつかなかったか、あるいはやっと少しずつ気がつきはじめたという程度だったのです。［…］つぎつぎと人に会っていますが、会うのはいつもここの家で、ほんとうにわが家のように感じられます。細かなことまでは説明しきれませんが、ここにはわたしの子どものころ、娘のころの習慣が、そっくりそのまま維持されているのです。

［…］

ああ、最愛のひと、わたしもひどく不安になってきました。

［…］

あなたの

ご挨拶と接吻を。

209

［ニューヨーク　一九五五年一〇月半ば］

ぼくの恋しい人

山ほどの絵葉書を受け取った。それらを見るのは大きな喜びだ。それに、ぼくのスケジュールからしたら他のことはいっさい何もできない。［…］そんな具合で自分のための時間はほとんど残っていない。それでもときどき、少なくとも映画に行ったり、金曜の晩には音楽を聞いたりもする。そうはいっても、きみがいなくなってからというもの、ぼくの周りのなにもかもがいささか不毛だ。空虚と言ったほうがいいかもしれない。ぼくはますます静けさを愛するようになっているが、きみがぱたぱたと歩き回っているのが聞こえなくなってしまい、ぼくたちの住居は静かすぎる。きみがときどき「邪魔」しに来ないと、それもまたとても邪魔になる。

きみの誕生日には、こちらのほとんどすべての人がお祝いを書き送ったと聞いている。きみが喜んでくれていればよいのだが。より広大になった新しいバルカンでの政治状況は、あいかわらず面倒できな臭いようだ。ぼくの言っているのは当事国すべてだ。目をよく見開いて、ときが来たらさっさと逃げ出すんだ。まさかきみはそちらでいわゆる統治権問題なんかを真面目に取って、議論をしなくてはならないようなことはないだろうね。現代のような危険な時代は、そうでなくともごくごく個人的に限定された偉大さの他にはどんな種類の偉大さも欠けており、人間の歴史全体にとってじつに面汚しだ。

［…］

元気でいてくれ、恋しい人

きみの

ハインリヒ

210

イェルサレム　五五・一〇・二二

最愛のひと――

いまイェルサレムに着いたところ、週の半ばまでここにいるつもりです。たくさんの人に会い、たくさんのものを見てきました。［…］

でも従弟のあの子ども(1)は、困ったことにわたしにちょっと似ているみたい。一二歳で、とても才能があって、活発で、わたしたち、すっかり仲良しになりました。

この国。ここで達成されている事柄は、ひじょうに印象ぶかいものが多いのですが、それらのもとをただせば結局のところ、都市や社会事業でのドイツ系ユダヤ人に行きつきます。みずから近東と名乗るこの豚小屋の内部でいったいなにが可能だったろうかと思うと、信じられないほどです。でもこういうことすべてが、ちっとも重要な役割を果たしていない！　政治的にはいまなお、わたしの思っていたよりさらに絶望的なのです。だれもが無関心になっている。人びとはみな、わずかな例外を除いてどうしようもなく愚かで、それもしばしば途方もないほど。ベン＝グリオン(2)政権への反対派も完全に時代遅れで愚鈍化しています。似たような状況は、程度はこれほどひどくはないにしても、ドイツでしかみたことがありません。ガルート(3)的・ゲットー的メンタリティが全盛を極めているのです。そのばかばかしさは、だれの目にも明らかです。ここイェルサレムではわたしは散歩もほとんどできない、うっかり角をまがって「外国」、つまりアラブ人居住区に迷い込んでしまいかねないからです。じっさい、いたるところがそうなのです。しかもユダヤ人はまだいるアラブ人にたいして、おまえらがそこにいるばっかりに全世界がイスラエル反対に回ってしまうのだ、という態度です。彼らは国連の自動車を見ると罵声を浴びせる――国連は多くの面で事態の緩和に役立っているのですが。だれもが戦争を恐れているくせに、だれもが戦争を煽動する。キブツはもはやなんの役割も果たしていない。それでいて物質的＝経済的、社会的な諸成果はものすごい、とりわけ移民受け入れがそうです。そしてことをやりやすくするために、ユダヤ教正統派の内部テロルまでおこなわれる始末。それでも驚くことに、だれ一人正統派に反対しないので、権力に飢えたこの黒色団はますます図にのってくる。しかも、ユダヤ人の大多数はもちろん信心深くはないのにですよ。典型的なのは、闘争が――それが闘争と言えるとしての話ですけれど――民法による〔ユダヤ教によらない〕結婚や、政教分離の是非についてではなく、ハムをめぐっておこなわれていることです〔ユダヤ教では豚肉はタブー〕。ほんとうですよ！　そしてさしあたり正統派が、養豚なんぞなければ農業がひじょうに向上するという理屈だけで、豚肉をめぐるこの闘争に勝ったのです。だれもかも、全世界が自分たちに反対している、そしてそのことは世界の愚かさを証明しているという意見だとはいえ、この国の遵法精神はほぼフランス並み。だれ一人、法律なんぞ本気にしていない。ある弁護士がわたしに言ったように、法律をつくる人たちですらそうなのです。

ここで生きる人びとにかかる圧力はひじょうに大きく、気候もひじょうに耐えがたい。いまの時期ですらそうです――もう家のなかは涼しいし、夜も眠れるのですが。この国は地中海諸国と比べれば貧しくはありません。ギリシャとは比較にならない。わたしはいまメンデルスゾーン家(4)での成人式《バル・ミツバー》の祝いから帰ってきたところですが、あなたも憶えておいででしょう、彼女の夫がニューヨークのわたしたちのところに、宣誓供述書《アフィディヴィット》(5)が欲しいと頼みに来たことを。これほど「優雅」な祝宴は、ドロシー・ニューマン(6)のところでしかわたしは見たことがない。おそらく彼らは返すのに何ヶ月もかかるほどの借金をしたのでしょう。でも、それにしても！　わたしはかっきり半時間いて、帰ってきてしまいました。

わたしがうっかり失言しはしないかなどという心配はご無用。とても口を慎んでいて、たいていはなにも言いませんよ。でも質問や謹聴はしています。

金曜の朝にイスタンブールへ向かい、そして三一日にはふたたび人間らしい地域へもどります、つまりチューリヒとバーゼルに。ヤスパースからはすてきな手紙をもらいました。すごく楽しみです。もう何ヶ月もまるで口をいっさい開かなかったような気がします。――さあ、これからあちこちと電話で話す仕事を片づけにかかります。そのあとはすぐに大忙しが始まるでしょう。

あなたの

（1）書簡207・注3参照。
（2）ダヴィッド・ベン＝グリオン（一八八六―一九七三）　イスラエル国家の初代首相。
（3）Galut〔追放を意味するヘブライ語〕はユダヤ教の中心的な宗教概念で、イスラエルの地からの強制的追放〔バビロニア捕囚やローマによる追放など〕を意味し、自由意志からの移住運動による離散《ディアスポラ》とは区別される。
（4）おそらく、アーレントの従妹の一人、エヴァ・メンデルスゾーン、旧姓フュルストの家族だろう。
（5）役所が訪問者や移住者の保証人に要求する書類で、特定の財政的義務を含めた保証を引き受けることを宣誓供述しなければならない。
（6）アーレントの弁護士、ランドルフ・H・ニューマンの妻。

211

イスタンブール　五五・一〇・二八

最愛のひと

いまパレスティナからここへ到着、というより逃げてきたところ。あの国全体をおおっているヒステリーじみた、半ばパニックに駆られ、半ばがむしゃらな戦争気分から逃げだしてきて、ほっとしていると同時に、悲しい気持です。イェルサレムすらわたしには楽しくなかった！　そしていま突然に、今回はすばらしくよく見えたギリシャ多島海の上を三時間飛んだのち、ボスポラス海峡にのぞむホテルのテラスに座って、トルコ・コーヒーを飲み、フランス語で話を交わし、涼しい夕暮れのなかのボスポラス越しにゴールデン・ホーンを眺めているところ――魔法がかかったように美しい。まだなにも見物していません、あなたが気を揉まないように急いで手紙を書きたかったのです。あそこの魔女の大釜じみた混乱はじっさい相当のもので、わたしはかなりのところ、お偉方はだれも戦争を望んではいない、あるいは本気でその準備をしているわけではないと、確信してはいるものの、あの騒ぎぶりではもちろんすぐに暴発しかねません。

こうして書いているあいだに、わたしの心臓から石が一つまた一つと音をたてて落ちていくようなのが、躰にじかに感じられます。「安堵」〔Erleichterung 原義は「軽くすること」〕という言葉の、身体的な意味がこんなにはっきりと実感できたのは、はじめてです。それとともにあそこの人たちをとても気の毒に思うし、彼らに不安を感じもします。（いま月がのぼりました、そしてじつにたくさんの小船！　隣の建物のなかにモスクがあって、そこの塔から老人がなにかの祈りを詠唱しています。でもうるさいとは感じられません。）それに気候のこの変わりよう！　ここではすでにしっかり涼しいのに、あっちではまだしっかり暑いのです。気候＋言語（ヘブライ語、むろんとても覚えられない！）＋貧困＝ファナティシズム。

でもそろそろあたりを見に出かけたくなりました。それにいろいろ必要なものを買わなくてはならないし。もうすっかり暮れかけています。すべてがじつに繊細な青味をおびた灰色――

月曜日の朝にはチューリヒへ、火曜日にはバーゼル！

最愛のひと、わたしはとても不安になっています、世界をほっつき歩くのはもうたくさん。みんなによろしく。

あなたの

［…］

212

［バード大学　一九五五年一〇月末］

恋しい人

この手紙、もうパレスティナではきみに届かないかと思い、むしろ直接バーゼルに送るのがよいだろう。ぼくはニューヨークからすぐまたバードに戻らなくてはならなかった。一二時門限に対して女子学生が起こした新たな反乱を鎮めるためだ。学生たちはすでに門の前で夜の座り込みの最中だったため、みんなすっかりパニックに陥っていた。学部は全員一致で、指揮を執るようぼくを選んだ。ぼくは集団《コミュニティ》と三〇分話して、全員勉強に戻った。でも、さまざまな準備や教師と学生の果てのない議論には消耗した。

［…］

ギリシャの島々についてのきみの描写はすばらしい。何もかもをきみが見ていることは、ぼくをとても元気づけてくれる。ヤスパースとご夫人にくれぐれもよろしく。

きみのH.

213

［チューリヒ］　五五・一一・一

最愛のひと

　昨日、イスタンブールからすばらしい空の旅をして――コルフ島、ブリンディジ、冬のアルプス――突如、チューリヒの森々の秋の色が見えてきたとき、うれしさのあまり大声で叫びたいくらいでした。ここのまともなホテルに二四時間いて、バーゼルへ行くまえに少し休んだところです。ヤスパースとは電話で話をしました、あと一時間でバーゼルへ発ちます。イスタンブール――アヤ・ソフィア聖堂、シナン[1]の建築物、ボスポラス海峡、そして途方もない城壁――とても時間が足りませんでした。わたしの計算違いでしたよ。それでもやはり！　トルコはその日、選りも選って国民の祝日（共和国建国記念日）で、ひじょうに軍国主義的で粗暴な雰囲気でしたが、でも知的水準は高い。（ギリシャとは比較になりません！）公式のトルコ・ポンドで買い物をすると目を剝くほど高くついて（もちろんわたしはそんなことはしません！）、闇市で両替すればいくらかましになります。愉快じゃありませんけれどね。チューリヒはちっとも変わってなく、いまのわたしにとっては最高です。いわゆる近東とはまさに正反対、あそこでは、だれもがだれをも欺して、それを最高の知恵だと心得ているんですからねえ。

　電話でのヤスパースはものすごくお元気でした。ミラノでの講演[2]をすぐに小さな本にしてピーパー社から出せとおっしゃる。いまにもご自分で契約書にサインしてしまいそうな意気込みでしたよ。――昨日、ここの劇場で『アンティゴネー』を観ました、ヘルダーリン訳で。舞台からのその韻文のひびきはすばらしかった。公演はおもしろくはありましたが、一級とまではいきません。どうです――まずは『オイディプス』をアテネで、こんどはさらに『アンティゴネー』を観たんですよ。

　でもそれと同じくらい重要なのは、今日の朝食にスモモのジャムが出たこと！　いまの体重はまだ五五キロしかありませんから、おいしいものはなんでもせっせと食べています。それにやっと、外は寒くて内は暖房のよく効いているところにいるんですからね。ついさきほど、温かなスラックスとそのほかいくつか買ってきたところです。

　絵葉書。喜んでいただけて、なによりです。イスタンブールのものは一枚もなし、ぜんぶ闇市で消えてしまっていました。ギリシャの絵葉書はヤスパースにもお見せしたいので、そのあとで、ばかでかい小包を送りますよ。――きっとバーゼルであなたの手紙が待っているでしょうが、早くあなたにニュースが届くように、この手紙を出すことにします。ロッテによろしく。

あなたの

（1）コジャ・ミマール・シナン（一四八九—一五八八）オスマン・トルコ最大の建築家。
（2）書簡164・注5参照。

214

［バード大学　一九五五年一一月初頭］

恋しい人

どうか、どうか勘弁してほしい、またまた予定より早くバードに来なければならなかったんだ。新たな財政危機が生じていて、どうやってこれを乗り越えたらいいか判らない。おまけに鼻風邪が本物の軽い流感に変わって、今日が熱のすっかり引いた最初の日になる。さらに腸がおそろしく不調で、アルコールによってなんとか生きながらえていた。ようやくぼちぼちおさまってきた。ただたんに、あまりに多くを負わされ過ぎなんだ。たえず危機についてしゃべり、どのみち過密なスケジュールに延々とつづく会議《ミーティング》がいくつも加わる。いまはおまけに、またまた四〇人もいる学生の呪わしい中間評価表《ミッドターム・クリテリア・シーツ》(1)でもって、ふたたび地獄状態だ。来週にはすべてましになるが、そうするとまた新たな危機がやってくるんだろう。

この間確実にヤスパースのもとに着陸していることと思う。きみはブルーメンフェルトのことをもう書いてこないが、それが充分に語っている。あの女(2)の仕業だ。つねづねぼくが言ってきたことだが、やきもちは妬みにすぎず、本当ならほとんど死刑にされてしかるべきなのだ。いまごろきみはヤスパース家の人間的な環境で骨休みできているものと思う。お二人にはぼくからくれぐれもよろしく伝えてほしい。

バードについての補足だ。『タイム』が合州国最後の進歩的大学《カレッジ》について、何か記事を載せる可能性ができて（ブラック・マウンテン(3)は閉じたばかりだ）、当然ぼくが野郎と話さなくてはならない。そして共通課程がいまバードを救う、となるんだ。見ていようじゃないか。

ドワイト［・マクドナルド］およびバーサ［・グルーナー］(4)としゃべった。彼はとても感じよかった。彼の件をフックは、きみが背を向けた後で、出資者の助けを借りて当然ながら潰してしまった。［…］けれどドワイトは、そのほうが彼個人にとってはるかによかったのだが、ロンドンに一年間住所を移してヨーロッパ担当の独立記者《ローヴィング・リポーター》になる。そこでの彼の初めての記事の題はもちろん「ミラノで奇蹟は起こらなかった」[5]で、すべてそれ以上に驚くほどのことでもない。［…］ところでドワイトは、ぼくに夢中になっている学生を何人か知っていて、バードにだいぶ関心をもっている。これを利用して彼に『ニューヨーカー』への記事を書かせるべきだろうか。少しばかり気分が悪いけれど。ニュー・スクールは順調だ。クラスはますます膨れあがっている。どうすればいいか、自分でもわからない。でもなんとかできるだろう。

どうか嬉しいことを長く書いてほしい。そしてしっかり楽しむよう、きみの時間を利用するように。それがぼくのためになるんだ。

［…］

口づけと肩をぽんと

きみのH.

（1）書簡179・注1参照。
（2）クルト・ブルーメンフェルトの妻。
（3）ブラック・マウンテン大学は、一九三三年にノース・キャロライナ州ブラック・マウンテンに創立された小大学。
（4）ドワイト・マクドナルドを『エンカウンター』の編集者にする計画。書簡198参照。
（5）ミラノ会議報告。書簡164・注5参照。Dwight Macdonald: »No Miracle in Milan«. In: *Encounter*, Bd. V, Nr. 6, Dezember 1955, S. 68–74.

215

バーゼル　五五・一一・六

大切な最愛のひと——

可哀想な、過労気味の、風邪でご機嫌ななめのわたしのシュトゥプスへ、お言いつけ通りに楽しげな手紙を書くのは、このすてきな環境にいるとちっともむずかしくはありませんよ。わたしは見るみるうちにイスラエルの恐怖から立ち直りました。ヤスパースのいつも変わらぬ明るい陽気さのもとで、あんまりけろりと元気になってしまって、ちょっと気が咎めているほどです。すべてがすばらしく、彼はじつに活きいきしていて、三年まえよりもっとみずみずしいし、奥さまは魅力的で、ちっともお変わりなく、ほとんど若々しいくらい、でも悪い意味でではありませんよ。彼はまえよりもっと新しい事柄に耳を開いています。おふたりの親切ぶりはもう心とろかすほどで、どう表現していいかわかりません。たとえば、わたしがさんざん反対したのに、新しいバッグを買ってくださることになってしまったんですよ。いまのところバッグはまるっきり必要ないのですが、止めようがありません。目下のところ、わたしたちは原子爆弾についての長い会話にはまりこんでいます。わたしは彼のシェリングの本[1]も読んでいるところですが、これは抜群の本で、彼がここ何年かに出版したもののうちでも断然最上のもの。ニーチェについての本[2]と同様、それなりにやはり模範となる仕事です。これがあるとシェリングを読むのがたいへん楽になります。持って帰るか、いえむしろ、いまだに別れがたく抱えているギリシャの絵葉書といっしょに、そのうちに送ることにしましょう。――

最愛のひと、バードの慢性的財政難のことでそんなに頭を悩ませないでくださいな。ブラック・マウンテン・カレッジはそれとは別のケースですよ。退屈な説明は省きましょう。もちろん、ドワイトがその気なら『ニューヨーカー』に書いてもらったらいいし、それに、『タイム』誌の連中が奮い立つように助けておあげなさいませ。おまけに有名になりますよ、わたしたちにはどうでもいいことですけれど。印刷文字でのちょっとしたプロパガンダもいいじゃないですか、あなたはご自分ではなにも印刷したものを発表なさらないのですもの。[…]

バーサ［・グルーナー］からは一度も手紙をもらっていませんし、わたしも書くつもりはありません。どうしようもありませんもの。たぶん閉経期のせいもあるんでしょう。わたしがやはりその歳になったなら、シュトゥプスにふさわしいやり方でわたしを小突いてしゃんとさせてくださいね。――チューリヒでヘルダーリン訳の『アンティゴネー』を聴いたこと、書きましたかしら？　とくべついい公演ではなかったけれど、あの訳詩が舞台で詠じられのを聴いたのです。じつにすばらしかった、理解しにくいけれど、読むよりむしろよくわかる。まさに唯一無比の翻訳です。

家にはすっかり金持になって帰ることになりそうですよ。ヤスパースが「負債」を返したいと言ってきかないんです。ギリシャではあれこれ考えずにお金を使いましたし、イスラエルではみんなにしっかりプレゼントをあげてきましたけれど、懐具合はまだひじょうに良好です。出版社のピーパーとこちらで話し合って、彼のやっているなかなかいい「入門」叢書のために[3]――最初に出たのがヤスパースのあの哲学入門講話です[4]――短い政治学入門を書く仕事を半ば引き受けました。やれるなら、ほんとうはうれしいんです。またドイツ語で書きたいですしね。そうなると今度の夏、シカゴ[5]が終わったらすぐにやらなくてはなりません。

〔…〕

ほんとうに楽しそうな手紙になったかどうかはわかりませんが、わたしはじっさい楽しんでいますし、ゆっくり休養もして、おばかさんになりかけています。きっとこの手紙にもそれが出ているでしょうね。家に帰るまでには、よくなっていますよ。

ごきげんよう、最愛のひと。この手紙は明日まで出さずにおきます、どうせ木曜日か金曜日にしか着かないでしょうから。電報でびっくりなさらなかったでしょうね、あなたがあの話〔旅程変更の話〕をすっかり忘れてしまったのではないかと心配になったのです。わたしがここにいるのはほんの限られた時間。だから念のために電報を打ったわけです。ちなみに、ここには帰途につくまえにおそらくもう一度ちょっと寄ることになるでしょう。

ヤスパースが下から声をかけて、あなたによろしくと伝えるのを忘れないようにと言っておられます。

五五・一一・七

たったいま出版社から連絡があって、二〇日ごろにフランクフルトで講演をしろと言ってきました。本[6]が出たのです。やれやれ。〔…〕

あなたの——

（1）Karl Jaspers: *Schelling. Größe und Verhängnis.* München 1955.

（2）Karl Jaspers: *Nietzsche. Einführung in das Verständnis seines Philosophierens.* Berlin und Leipzig 1936.〔邦訳『ニーチェ——その哲学理解入門』草薙正夫訳、『ヤスパース選集』18・19、理想社、一九六三、一九六六〕

（3）Karl Jaspers: *Einführungen in die Philosophie. Zwölf Radiovorträge.* Zürich 1950.〔邦訳『哲学とは何か？』林田新二訳、白水社、一九七八〕

（4）この本のために書かれた原稿はもっとほかの断片とともに詳細な注解を付して彼女の死後に出版された。Hannah Arendt: *Was ist Politik?* Aus dem Nachlaß herausgegeben von Ursula Ludz. München 1993.

（5）書簡175・注1参照。

（6）全体主義の本のドイツ語版。

216

〔バード大学　一九五五年一一月初頭〕

恋しい人
　バードから今回はどうしても逃れられない。その代わりに今日は三週間ぶりにようやく流感から治った。ぼくは、長いことたえてなかったような神経過敏状態だ。おそらくその根にも、大学が破滅してあらゆる努力が無駄になったんじゃないかという不安があるのだろう。歳を取って臆病になっているんだろうか。ニュー・スクールはとてもうまくいっているが、ここでもぼくはくたくただ。彼らは資金をもっとせがんでかき集めてこられる見込みのようで、あそこでならぼくに少しばかりの可能性があるのかもしれない。
　［…］
　きみが中近東を後にして、いまはもっと快適な緯度に来ているのを、喜んでいる。本気でそちらで本を一冊まとめるための骨を折るつもりだろうか。そのための時間をもっと後にずらせないのだろうか。それよりヤスパースと心ゆくまでおしゃべりするほうがいいんじゃないか。ハイデガーはどうしたろう。ブルーメンフェルトのことにはもうまったく触れないのか。アンヒェンとは来週におそらく会うだろう。どうか順調にいくように。
　［…］

きみのH.

（1）　書簡215・注4参照。

217

［ニューヨーク　一九五五年一一月半ば］

恋しい人
　拡大した新しいバルカンの憎悪と愚かさの混乱から抜け出して、まっすぐヤスパースのもとへ向かうことができてよかった。どんなにきみがほっとしたか、きみの手紙からうかがえる。愛することのできないところは通り過ぎるべし、とはいみじくもニーチェの言う通りだが[1]、とくにより成熟した人びとに対してはただ次のように加えるべきだ。そして愛するところにいつまでもいるべきだ、と。きみはいまヤスパース家に避難所を得た（ぼくはシェリング本[2]にとても興味をもっている）が、アンヒェン［・ヴェイユ］のところでも同じように大事に扱ってくれるものと思う。この間きみは、時間的にも空間的にもすでに、ぼくと家とにふたたび近づいている。そしてきみの到着が、ぼくには

ほんの一週間先に思えるほど、もはやさほど遠いことではない。[…]

今回の流感はようやく抜けたので、またまともに働ける。しかしたくさんのことを先延ばしにしなくてはならなかったため、昼も夜も、そして来週も働かなくてはならない。緊急に必要なことだけしかこなせないできた。またもやバードの用務を引き受けられるようになってきた。今回もまた当分尾を引くのかもしれない。けれどぼくには、あらゆる悪の根源はあの年齢にしてかくも狭い場所ではありえない共学の理念なのではないかと、ほとんど思えてくる。おそらくぼくだってこんな年頃のときにあんなに誘惑の機会に恵まれていたなら、勉強なんかほったらかしにして、うるわしき女性にうつつを抜かしているだろう。けれどもこの連中ときたら、それ以前からまったく勉強なんかしていなかったのだから、手のほどこしようがない。

勉学という点で、ニュー・スクールもたいして変わりばえはしない。クラスは優秀なので聡明な議論ができる。けれどゼミナールになるともう準備をしてきていないものだから、情けないかぎりだ。文字通り何にもしないで棚からぼた餅が落ちるのを待って、大なり小なり聡明そうに口をぽっかり開けているだけだ。わずかの、年々わずかになってゆく例外がいなければ、結局のところ自分たちは現代巨大娯楽産業の労働者にすぎないと思い知らされるのが関の山だ。おまけにもっともばかばかしく、おまけにもっとも給料の悪い部門、形而上学的な娯楽産業の労働者にすぎない、と。このままの状態がつづいて、ぼくがバードとニュー・スクールでの業務にとどまるなら、もしかしたらふたたび学問に取り組み、歴史を教えようとするのは、たんに生活のため《フォア・ア・リヴィング》になるのかもしれない。学生たちが無知の青草のうえを夢見心地に歩き回るのでなく、本腰を入れてかかることを強制できるように、政治地理学を教えられたらいいのに。ときどき切に思う。

[…]

きみの本のドイツ語版(3)がようやく出るとのこと、よかったよ。ドイツ語による政治学入門書(4)をほんとうに楽しく思えるなら、どうして新しい本(5)への一種の序文としてきみが書くことにしないのか、理解できない。でもピーパーにはその分ちゃんと払わせるんだ。

口づけと肩をぽんと

きみのハインリヒ

(1) ニーチェ『ツァラトゥストラはこう語った』第三部のなか、「通り過ぎることについて」では、次のように書かれている。「もはや愛することができないところで、ひとは——通り過ぎる！——べきだ。」

(2) 書簡215・注1参照。

(3) ドイツ語版『全体主義の起原』。
(4) 書簡215・注4参照。
(5) 『人間の条件』。書簡175・注1参照。

218

ルクセンブルク（狐でも出そうな淋しいところ）

五五・一一・一四

大切な最愛のひと――

一昨日からここにいて、アンヒェンとすてきにおしゃべりしています。いま彼女は、六ヶ国による石炭鉄鋼共同体(1)を名乗る権威あるお役所に移ってきていて、わたしはここでタイプライターのまえに悠然と座って、今後数週間の予定を組んでいるところ。ここには日曜日までいます。それからあのケルンの人(2)が迎えにきて、火曜日には講演のためにフランクフルトに、などなど。そこからはハイデルベルクへ行く用事も片づけることになるでしょう。できればそのあとベルリンへと思っていますが、ラスキー(3)からまだ連絡がありません。残念ながらストックホルムからは音沙汰なし。とても行きたかったのですが、まあ、そう重要なことじゃありません。

バーゼルはほんとうにこれ以上ないほど楽しく、すばらしかった。あなたが思い切っていっしょにいらっしゃらなかったのは、なんという間違いだったことかと、たえず思わざるをえませんでした。あの方一人に会うためだけにでもヨーロッパへ来る甲斐はありますよ。わたしはいつものように、わが家に帰った子どもさながら、あそこにしっくり馴染みます。今回はほんものの論争もやりましたよ。ヤスパースはこれまで以上によく耳を傾け、なにかを受け容れる（学ぶ、ではもちろんありません）心の寛さを示しました。奥さまは七六歳というのにおどろくほど若々しくて、ちっとも変わっていません。

ハイデガー――どうするかまだ決めていませんが、会いに行くことはしないと思います。選りも選っていまわたしの本(4)が出るという事実が（さっき、最初の数冊を受け取ったところです、八〇〇ページもの、たいへんりっぱに見える本）、考えられるかぎり最悪の状況を生みだしています。彼はわたしがこの国に来ていることを知りません。でもどっちみちわたしの印象では、いま再会することに彼はとくべつ関心をもたないでしょう。その理由――前記のとおり。そのうえ、まえまえからすでにある困難も。まずはまた少し草が生えるに任せておくほうがいい、という気がします。わたしの見方は間違っているかもしれません。いまここで見ているせいで、ふたたびここへ来ることの困難を過小評価しているのかもしれません。でも、今度は三年もしないうちにまた来られそうに思えるのです。ヤスパースのためだけにでもそうしたい。それに、人びとはわたしを呼びたがるでしょうし、なんとか旅費を払ってくれるでしょうから、何週間か滞在しに飛んでくることはできます。いずれにしてもいまは事態がこういうふうに見えるのです、わたしにはどうしようもありません。あなたもご存知のように、わたしはハイデガーにたいして、本など一行も書いたことがない、将来もけっして書きそうもない、とでもいうような態度でいるようにいつも心がけている。そしてこれは暗黙のうちに、わたしたちの関係全体の必須の条件になっているのです。でもちょうどいまは――そしてわたしにとって重要なことを紙にしっかり書きとどめて安心できるようにしてしまわないうちは――、そんなふうにするのは途方もない無理をしなければできないし、する気にもなれません。おわかりでしょ、長い話をひとことで言えば、わたしは三〇年まえにしたのと同じことをしようとしている、そしてそれはどうにも変えられない。見出しを付けるなら――「それ」が始まったときと同じ法則によって……

バードのことでそんなにやきもきしないでくださいな。なんとかなるものですよ。そしてそんなにばかばかしいほどお荷物を背負い込まないこと。もう若くはないんですからね。休暇が早く来るといいのに。評価表《クリテリア・シート》(5)のことでは、あなたはいつかストライキをせざるをえなくなるでしょうね。ニュー・スクールではなにか変化はありましたか?

ギュンター［・アンダース］から便りがありました。なんとか都合がつけば、彼とミュンヘンで会うようにするつもりです、それを思うとひどく気が重いのですけれど。イエルサレムで彼の妹から聞いたのですが、彼はまた離婚したそうです。でも彼はたくさん本を出していますし、ほとんど有名と言えるほどになっています。

［…］

ごきげんよう、最愛のひと。ああ、家にいられるのはどんなにすてきなことか。いまからもうそわそわしていますが、もうそんな先のことじゃありませんね。わたしは十分に休養を取りましたよ、ほとんどスキャンダルだと言えそうなほどに。［…］

元気を出してくださいね、そしてあんまり気を揉まないこと、ちゃんとうまくいくものですよ。

あなたの

（1）石炭と鉄鋼のための共同市場の創出と調整を目的として、一九五一年に設立されたヨーロッパ石炭鉄鋼共同体、モンタンユニオンとも呼ばれる。
（2）ツィルケンス博士。
（3）アーレントはストックホルムとヨーテボリからの招待を受けていた。書簡199・注5参照。
（4）全体主義の本のドイツ語版。
（5）書簡179・注1参照。

219

［バード大学　一九五五年一一月半ば］

恋しい人

バードではラストスパートに入った。事務上の厄介ごとが次から次へとぼくに降りかかってくるため、すっかり混乱状態だ。予定通りに手紙を書けなかった。いま学部の査定[1]がようやく終わったところだ。ぼくは全員一致で終身雇用《テニュア》に推薦される。ということは、みすぼらしいこのおんぼろ小屋がこの先崩れずにいるならば、ぼくは常勤職を、いわば終身職を得たのだ。ここでぼくには次のように言えるだけだ。「ハンス坊や、ハンス坊や、何になれるのか考えてごらん。」[*]どう見たって、ただのプチブルになるだけだ。

学生たちは学期の終わりに近づくとまたいままでよりしっかりと勉強していて、ときどきじつに楽しい授業となる。きみがあちこちをうろつきまわっているのは嬉しい。講義のいくつかもそんなふうにして仕上げたらどうだろう。ヤスパースともういちど会うことも、アンヒェンがすばらしかったことも、よかった。こうして今回の旅は、別な本質的な点でも、つまり個人的な点でも、行っただけの甲斐があったわけだ。

そして、そう、もうすぐきみは新しい話をいっぱい手土産にして家に帰ってくる。みんながよろしく言っているよ。きみのことを待ち受けている。どうやらもっとも会いたくてたまらないでいるのはレースヒェン〔ローズ〕のようだ。

挨拶と口づけと肩をぽんと

きみの

H.

（1）常勤職のための。

＊ 一八四八年の三月革命に到る政治的動乱期に活躍したユーモア詩人・ジャーナリスト、ルードルフ・レーベンシュタイン（一八一九―一八九一）による子ども向けの詩「愚かなハンス坊やの悲しい話」（一八四八年）からの詩句。さまざまな職業に就こうと試みるがどれ

も失敗に終わる「ハンス坊や」に向けられている言葉。

220

「ケルン」　五五・一一・二一

大切な最愛のひと

今日は残念ながら講演(1)をまとめあげる仕事があるので、短いご挨拶だけ。講演は明日はフランクフルトで、一二月一日にはケルンで、そして八日にはベルリンで、それぞれ大学でおこないます。これまであんまりうろつきまわったせいで、仕事をするのがいわば難事になってしまいました。でもそう深刻な問題じゃありません。ほんとうはただもう家に帰りたいだけ、でももちろん乗りかかった船です、最後までやるしかありません。

昨夜からケルンに来ています。アンヒェンのところはじつにすばらしかった。わたしたちふたりは、話などしなくても弾き慣れた楽器みたいにぴったり調子が合って、小さなアパートのなかでおたがい相手のまわりをくるくる回りながら、最高にくつろいだ時を過ごしました。昨日、ケルンの友人(2)がわたしたちを車で迎えにきてくれて、トリーアへ行き、黒い城門《ポルタ・ニグラ》と大聖堂とローマ時代のバジリカを見て、それぞれにふさわしい賛嘆を捧げてきました。今日はここの友人たちのところで静かに仕事、明日は早くにフランクフルトへ行って一二月一日まで滞在。そのあとは四日までまたケルンに、そこの大学で一日に講演、四日にはエッセンでオルフの『アンティゴネー』を観に行きます。ね、おわかりでしょ、わたしは家に帰りますが、ほんとうにこの娘《こ》はいくらか新しいことを学んだんですよ。ドイツは繁栄していて、ぴかぴかの新品の国。どのレストランのどの椅子も、まるで昨日工場から出てきたばかりのようだし、どの家も真新しい。ケルンはすでにすっかり再建されています、しかもケルンは戦災がいちばんひどかったのに。どこもかしこも近代的で堅固なりっぱな建物。あらゆる人の暮らしが順調で、物価は高目ですが、それでもみんなの懐はそれ以上のゆとりがある。それに加えて、イタリアですでに感じたように、ヨーロッパがれっきとした一つの現実になっています。たとえば国境には、すべての言語でこう記されている。「ここであなたは別の国に入りますが、それでもあなたはヨーロッパ内にいるのです。」とても印象的。関税や外国為替の手続きもそうです。そんなことは、税関事務局や役人もふくめて、およそ誰ももう本気にはできない形式だけだ、とでもいうように。

いましがたギュンター［・アンダース］に、来週フランクフルトで会えないかと手紙を書いたところです。うまく都合がつくといいのですが。［…］

あんまり腹を立ててはいけませんよ、あなたは働きすぎで、休暇が必要です。いずれにせよ、少しビタミンを飲んでみてはどうかしら、いつだってよく効きますよ。ぜひ試してみてください！

そしてこの手紙がまともに書けていないからといって、怒らないでくださいね。それでもロッテには、わたしがトリーアに行ったと言ってください。彼女はわたしの教養のほどを心配していましたからね。でもほかならぬその点に関しては、いまでは少しばかり改善がみられますよ。いまいましい講演に関しては、バークレーのときとおなじ気分。たとえ赤恥をかこうと、約束なんか取り消しちまえ！

最愛のひと、もうすぐぜんぶ終わりますね、待ち遠しくてなりません。

あなたの

ハンナ

（1）Hannah Arendt: “Was ist Autorität?” In: *Der Monat*, Jg. 8, Heft 89, Februar 1956, S. 29-44.

（2）ツィルケンス博士。

221

［ニューヨーク　一九五五年一一月末］

恋しい人

ぼくの心配はいらない。流感が治ってからはもう、すっかり平常に戻っている。

バーゼルではほんとうにすばらしい時間を過ごしたようだな。ヤスパースが長くてとても丁寧な手紙[1]を送ってくれた。きみへの愛の告白がいっぱい書いてあった。お二人をきみはほんとうに喜ばせたんだね。

ハイデガーとの件についてのきみの感情は、まったく適切とはいえないんじゃないか。きみが来ていることを知らせないままに立ち去るとは、なんとも冷酷に思え、ぼくにはうまく理解できない。それ以外はきみの言う通り、けっこうだ。ニュー・スクールが、「著名な」哲学者の三回の講義のための助成金を取得できる可能性がある。お歴々は奇妙奇天烈な候補者を提案していた。ぼくはクララ［・メイヤー」にヤスパースかハイデガーの名を挙げておく。

これについてきみはどう思うだろう。しかしまだ決定を下せる段階ではない。きみの念頭に誰かイギリス人でもいれば、クララが知りたがるだろう。

ヨーナスがちょうど訪れたところだった。とても愛想よく、よろしくと言っていた。

[…]

ヤスパースはぼくに、きみの本(2)はドイツで事件となるだろう、もしならなければ問題はドイツ人のほうにある、と書いていた。いまドイツ語となって出されて、ともかくぼくは喜んでいる。

口づけと肩をぽんと

きみのH.

（1） *Hannah Arendt - Karl Jaspers Briefwechsel 1926-1969.* München 1985, S. 307f.〔前掲邦訳『アーレント＝ヤスパース往復書簡2』、四八―四九頁〕

（2）『全体主義の起原』。

222

［フランクフルト］ 五五・一一・二八

大切な最愛のひと――

もうあとわずか三週間になりましたね、家に帰りたくて、それこそむずむずしています。ドイツはじっさいとても興味ぶかいですよ。頭のてっぺんから爪先まで、ぴかぴかの新しさ。戦災の痕はもうおよそ見当たらず、そればかりか建設現場もない。（このまえ来たときには、どこも巨大な建設現場に見えたのですが。）ただし、いまでも建設は大いにおこなわれてはいます。都市はぜんぶ新しく再建されて、まさにすべてがぴっかぴか、瓦屋根から椅子一つ一つにいたるまで。そして近代的。じつに奇妙です。世間の気分を典型的に示しているのは、ハイデルベルクが完全に空襲を免れたことをおおかたの人が残念がっていること。あんまり古い町だから、一から十まですっかり壊さなければ再建できないじゃないか、と。ほかの面でもまさに経済の奇跡はすべてに及んでいて、その水面下でなにがすすんでいるかは、だれも知らない。けれども、すべては見せかけだけにすぎないという感情も、やはりここではどこよりも強い。かなり不気味ですね！　すべてを悪臭芬々たる復興の名が覆っているのです！

この国は新しいラパロ[1]へと向かっているように見えます、じっさいにはだれもそう望んではいないのに、そっちへ流されていっている。正面から見るといかにもブルジョワ的俗物ふうなので、わたしはいつもそっと〈後ろにぶら下げた弁髪[2]〉の唄を口ずさんでいます。知的な面ではたいしたことは起きてなくて、ただあらゆる古典の華々しい復活が見られるだけ。それ以外ではいまもなおハイデガーばかり、これにしてもかなりぞっとする現象で、みんな、ハイデガーなんてまったくのナンセンスだと説くか、とんでもないかたちで彼の真似をするかのどちらかです。彼自身がどこまでこれを助長しているのかはわかりません。レーヴィットが悪意のかけらもなしに話してくれたのですが（彼の仕事部屋にはハイデガーの写真が掛けてあります）、ハイデガーはトトナウベルクのさる農家で教授連中のためのゼミナールをおこなっていて、そこで本格的に彼の哲学を言うなれば「叩き込んで」いるそうです。たしかにこれはドイツで現に活力を見せている唯一のものですが、それが及ぼす効果の面でも、やはり疑いもなく災いのもととなるでしょう。でもこれですら、世間一般の生活からは消えて見えなくなっています。本屋の棚にはユンガーもハイデガーも並んでない、あるのはゲーテ、またゲーテ。知的にはだれもかもかなり眠り込んでいて、平均的な読者はアメリカに比べてももっと寝ぼけています。でもこれはフランクフルトだからなのかもしれません、いまのところ、わたしはこのことしか知らないのです。

これまでに、マリアンネ・ヴェントがのこのこやってきましたし、それにわたしの「甥[3]」がアメリカ領事館で首尾よく目的を果たしたあと、彼の「伯母さん」に別れを告げにきました。この若造はあなたの気に入ると思いますよ。やっぱりいまでも、こういう独立心旺盛で理性を愛するドイツは健在なのです。三月はじめに、彼はわたしたちのところに顔を出してから、すぐにある農場へ送り込まれることになっています。マリアンネはいつもどおり元気にやっています。それにコーン＝ベンディット[4]も、相変わらず飲んだくれてはいますが、それでもまえよりずっと楽しそう、新しい女友だちもいて。彼はここでの政治的展開に鼻の利く唯一の人で、少し心配な臭いがするのを気にしています。補償問題のおかげで、とてもいい暮らしをしているようですよ。ドルフ・シュテルンベルガーは、とてもとても我慢なりません。でもカール・ラインハルト[5]は魅力的な人。講演に来てくれましたし、わたしも彼を訪ねました。高齢の紳士です、さきごろリーツラーで一人の近しい友人を失ったと言っていました。客観的に見れば、そうたくさんいい仕事をしているわけではありません。彼らはみなハイデガー反対で食べているのです。

さて、ハイデガーの件ですが、最愛のひと、わたしが手短に書いたほど簡単なことではないのです。わたしがあそこへ行かないことは、ハイデガーとわたしのあいだの暗黙の申し合わせのような気がします。わたしがバークレーへ行ってからこのかた、彼からはそもそもまるっきり音沙汰がない。わたしは例年どおり彼の誕生日にお祝いの手紙をギリシャから出したし、住所も知らせました。彼はわたしの誕生日にすらなにも書いてきませんでした。おわかりでしょ《テュ・ヴォワ》……わたしがドイツに来るだろうと、彼はすぐわかったはずなのです。理由ははっきりしているように思えます。片や、わたしの本[6]プラス教授職[7]（これはここドイツではもちろん鳴り物入りで喧伝されています）、片や、フライブルクの騒動、これについてわたしがどう思っているかは、わたしが行かなくとも彼にはわかっています。彼は今学期、一時間の講義をもっていて、わたしの訪問は我慢のならない攪乱にしかなるまいと思っているでしょう。じっさいそうなりそうですし。講義があるからには、フライブルクの外で会うというのは問題外です。でも会うにはそれしかない。これらすべてを踏み越えて、出かけていく、それで終わり、ということも可能かもしれません。でもいまはとてもできないのです、わたし自身の仕事で頭がいっぱいで、彼は五分でそれに気がつくでしょうから。まずこれらの当面の仕事を無事に仕上げてからなら、できるでしょう。それに、ピーパーとヤスパースの言うようにことがすすめば、わたしは一年以内にラジオ講演に招かれて、旅費向こう持ちでまたここへ来ることになる。そのときはきっとフライブルクへ行きます。けれど、あなたのお考えを聞かせてくださいね。

たったいま、ロッテからの手紙。わたしのために蓄音機を買ったとのこと、すごく楽しげにこう書いていますよ。「ハインリヒはそのことをちっとも知りませんが、あらゆる贈り物を喜んでくれる彼のことですから、たとえそれが〔ケルンの〕大聖堂《ドーム》だって、顔をかがやかすでしょう、だからあなたが彼に助けを求めなくても大丈夫。」せめて、彼女が間違っていると証明する試みくらい、していただけません？　なんといっても間違ってますよ。神かけて彼女よりわたしたちのほうが懐にゆとりがあるんですもの。お願い、できるだけのことをしてくださいな、少なくとも知らん顔をしないで。さもないと、彼女がすでに危惧しているとおりに、お返しにケルンの大聖堂をかついで帰りますよ。明後日はケルンにいますから、簡単なことです。

本はもう出て、どこでもきれいに並べられています。わたしの出版社(8)はたいへん気の利いた小さな会社で、政治関係のよい本を出していることがわかりました（マティエ、フランス革命、ローゼンベルク、ワイマール共和国、等々）。[…]

　彼らはここでの講演(9)の準備をよくととのえていて、ひじょうに多くの聴衆がつめかけましたし、新聞でも詳しく報じられました。万事にひじょうに丁重で、感じがいい。もったいぶったところがない《サン・シシ》。[…] 一二月一日にはケルン大学で、八日にはベルリンで、ロイター(10)を記念する一連の講演の一つとして話します。このシリーズではこれまでケナン(11)とスパーク(12)が講演しています。会場は大学の大講堂。ちょっと怖いです。[…]

　これまでにしましょう。手紙の往復もそろそろ終わりですね、そしてわたしはもうすぐ居るべきところに帰って、しかるべく落ち着きます。でもこうしてほっつき歩くのもじつにすてきですよ。ただときおり、どうにも我慢できなくなって、帰るときを待ちきれなくなります。[…]

　いまハンブルクから電話がありました。そこの大学も講演を望んでいて、古典語学者のスネル(13)がぜひやってくれと頼んできたのです。そうなるとベルリン滞在を一日切り詰めなければならなくて、たいへん悲しい。考えてみましょう、一時間後にもう一度また電話をくれと言っておきました。

　ご覧のとおり、さんざんうろつきまわって、すっかり怠け者になりました。でも機嫌は悪くないし、イスラエル＝ショックからはとうとう立ち直れましたよ。

あなたの

ハンナ

(1) 一九二二年にドイツとソ連が両国の外交および経済関係の正常化について交わしたラパロ条約を指す。

(2) ハイネ『ドイツ冬物語』の詩の一つに、"Der Zopf, der ehmals hinten hing..."という一行がある。〔ハイネがプロイセン軍の髭面を揶揄して、「長い口髭は本来、弁髪のたんなる新しいかたちにすぎぬ。かつては後ろにぶら下がっていた弁髪が、いまじゃ鼻の下に」とうたった一節。弁髪 Zopf（後頭部に垂らした髷）は旧弊のシンボル。〕

(3) フリッツ・イェンシュ　ヘラ・イェンシュの息子。

(4) エーリヒ・コーン＝ベンディットは弁護士として補償問題〔ナチ政権の不法の被害者にたいする補償〕でクライエントのために働いていたらしい。

(5) カール・ラインハルト（一八八六―一九五九）古典文献学者。

(6) Hannah Arendt: *Elemente und Ursprünge totaler Herrschaft.* Frankfurt 1955.〔『全体主義の起原』ドイツ語版〕

(7) 一九五五年春学期にバークレーで客員教授をつとめたことを指す。

(8) 全体主義の本の出版社はフランクフルト・アム・マインのオイロペーイシェ・フェアラークスアンシュタルト社。

(9) 書簡220・注1参照。

(10) エルンスト・ロイター（一八八九―一九五三）社会民主党の政

治家、一九五一年からベルリン市長。このシリーズの名は“Reuter Memorial Service”。
(11) ジョージ・ケナン(一九〇四—二〇〇五) アメリカの政治家で歴史家。
(12) ポール・アンリ・スパーク(一八九九—一九七二) ベルギーの政治家。一九三六年以降、たびたび外務大臣や首相となり、一九五七—六一年にはNATOの事務総長。
(13) ブルーノ・スネル(一八九六—一九七〇) 古典語学者、一九三一年からハンブルク大学教授。

223

フランクフルト—ケルン 五五・一一・三〇

最愛のひと——

急行列車に乗ってライン河沿いに走っています、たったいまリューデスハイムを過ぎたところ。いいお天気で、小さな船の群がるラインはすばらしく美しい。それに、さすがのドイツ人でもぴかぴかの新品に作り変えるわけにいかなかったものを見るのも、じつにいい気分です。

でもいま手紙を書いているのは、ニュー・スクールでの哲学者の件(1)をすっかり失念していたためです。ヤスパースはきっと行きませんよ、健康上の理由から。(2)それでも敬意を表するために招待すべきでしょうか。それはそれで、たいへん結構なことでしょう。ご判断に任せます。ハイデガーはむろんドイツ語で話すでしょう。彼が行くとはとても思えませんが、絶対にありえないことでもない。イギリスでは、わたしの思うに、考慮に入りうるのはラッセル(3)だけでしょうね。招くのはおそらくいくらか意味があるでしょう、つまり政治的意味が。哲学はイギリスには存在しません!

ラインがあまりに美しすぎて手紙を書いていられません。それに列車もかなり揺れますし。

最愛のひと、ご挨拶と接吻を

あなたの

ギュンターはどうやらひどく惨めな状態にあるようで、来ませんでした。ほんとのところ、ほっとしました。

(1) 書簡221参照。
(2) ヤスパースは手術不可能な慢性的気管支拡張症を煩っていた。
(3) バートランド・ラッセル(一八七二—一九七〇) イギリスの哲学者。

224

［ニューヨーク　一九五五年一二月初頭］

恋しい人

［…］

ハイデガーがきみに返事を寄越さなかったとすると、きみの状況理解はおそらくただしいのだろう。そしてそうなら、何の手出しもできない。なんという不安、なんという狭量であることか。

ロッテにやってあげられることはほとんどない。でも七日の誕生日には高価な贈り物攻めにして、くらくらさせてやろう。彼女の抱く自己像のなかで、いくつか途方もない特徴がことさら気に入っているようなので、これの矯正を提案したりせぬよう気をつけるつもりだ。それに、ぼくの邪魔にさえならなければ、実際何事も彼女のするに任せてきた。レースヒェン〔ローズ〕はすっかり復調しているようで、いまの職に申し分なく満足している。たくさん本も読み、きみが戻ったらまた会いたがっている。またまたとんでもなくきみを誇りにしているんだ。

バードへはあと二回行けば済む。なんと言っても、ぼくの頭のなかをまさに駆けめぐっている諸事と取り組むには、少しばかり休養をとる潮時だ。

おそらくドイツでは、古く愚かなものばかりがぴかぴかに磨き上げられていて、それ以上はやはり期待しようがなかったのだ。愚かなひけらかしがこっちまで響いてくるので、耳をふさいでおく。

では、もうすぐだね。

きみのH.

225

［ニューヨーク　一九五五年一二月前半］

恋しい人

古きラインからの大急ぎの手紙は、とてもすばらしかった。でもラインすら、真新しいぴかぴかにされてしまうんだろうな。きみがもういちどヤスパースのところへ行けるとのこと、喜んでいる。やはりこれがきみにとって旅全体でいちばん重要なものだ。昔からの友人たちというものが。どうかよろしくお伝えして、彼からのみごとな手紙にお礼を述べておいてほしい。ぼくは学期末の熱にうなされているところだが、ここバードでは良くなるどころかよりいっそう悪くなってゆきそうだ。誰もが神経の能力ぎりぎりのところにいる。とはいえぼくは基本的には絶好調だ。ニュー・スクールの件では当然ながら、まずは何があってもヤスパースを提案させるよう試みるつもりだ。ハイデガーがドイツ語で講義をするならば、いぜんとしてそれは大騒ぎとなるだろう。けれども本当は、政治的な意味からしてカミュが好ましいと思っている。おそらくは、誰に来てもらうかをヨーナスが決定する、という結果になるだろう。

来学期はすでに、最上級生《シニア》(1)のためのコースで講義を行い、そうすることで共通課程を上級者へも拡げる。面倒な仕事になるだろうが、それでも基本的には楽しみにしている。でもきみがここにいてくれれば、もっと落ち着くんだろう。

成功を収めたメアリーがふたたびこちらにいる。彼女たちは持ち家を売却し、ニューヨークのマンションを入手した。[…] ヤスパースのシェリング論の本(2)を待ちわびている。ぼくの扱う宗教哲学上のいくつかの問題に、なんとか間に合ってくれるだろう。学期間休暇《フィールド・ピリオド》には、バードの新しい講座に関してやるべきことがたくさんあるが、少しくらいは自分自身のことに向かい、ひたすら読書をすることもできるものと思っている。

挨拶と口づけと肩をぽんと

きみのH.

(1) すべての初学期学生のためにハインリヒ・ブリュッヒャーが導入した講義授業。書簡191参照。
(2) 書簡215・注1参照。

226

[ハンブルク] 五五・一二・九

大切な最愛のひと

この会議(1)と関わりあうことになって以来、なにしろわたしはミラノでひどく噛みついてしまいましたからね、彼らはわたしを動かすにはどう振る舞ったらいいか、まるでわからなくなっている始末、簡単に言うと、わたしは月曜以来、「裕福に暮らすやつだけが、快適に生きるのさ(2)」と口ずさむばかり。あと二日もこんなことが続いたら、我慢の緒がまた切れそうです。でも——明日の昼にはバーゼルへ。そしていまはここに座って、目のまえのアルスター川を眺めているところです、ほんとうとは思えないほど美しい！
　昨日のベルリン。たいへんな喝采を浴びました(3)、とりわけロイター夫人からも、うれしいことです。それ以外はどうでもいい。そして今日、飛行機でここへ、スネルが出迎えてくれました。手紙を書きはじめると、いつもそのとたんに電話が鳴るわ、若い男たちがバラだのスミレだのを手にして現れるわ――『ヴァンドルング』に載せたエッセイ(4)に感謝を表しに――［…］
　ベルリンはまたとてもきれいになっていました。ドイツではここだけが、市の創設者をめぐるばか騒ぎがほかのすべてを洗い流してしまうことがなく、縞ズボンかそれとも黒ズボンかの問題(5)でも、人びとがある程度冷静に構えている唯一の都市。そのほかは――
　でもベルリンです、東ベルリンはちがう、そっちにも行きましたが、かなりひどいですよ。
　グルーマッハとはとてもいいひとときを！　エッセンでのオルフの『アンティゴネー』、じつに偉大な芸術作品！
［…］
　さて、わたしのスケジュールを。一四日水曜日のロンドン行きの便と、二〇日のニューヨーク行きの便を、明日予約しますから、二一日にはそちらに帰り着きます。でも到着時刻はまた電報で。［…］
ではこれまで。着替えをして、講演に出かけなければなりません。

あなたの

(1) 文化自由会議。書簡164・注5参照。
(2) ブレヒト『三文オペラ』〔快適な生活のバラード〕より。
(3) エルンスト・ロイター協会と提携して開かれた文化自由会議の枠内で、アーレントは一二月八日にベルリン自由大学の大講堂において、「権威主義的および全体主義的国家形態」と題する講演をおこなった。
(4) 書簡90・注2参照。
(5) 社交界用正装や日曜の晴着にどちらを着用すべきかの問題。

227

バーゼル　五五・一二・一三

大切な最愛のひと――
　これが最後の手紙によるご挨拶、バーゼルからです。わたしのかたわらにあるのは、すばらしいオストリッチのバッグ、まるで百万長者の持ち物、でもこれ以下の品ではわたし向きではないとお二人はお思いになったのです。それに、インディアペーパーを使ったすばらしい四巻のゲーテ書簡集。そしてまたしてもヤスパースは、どうしてもあなたに会いたい、知り合いたい、とおっしゃっています。ほんとうにすばらしかった、けっして変わることのない真情と闊達さ。

［…］

いまからまだ、どこでも成功のうちに終わった講演[1]を印刷用に仕上げてしまわなくてはなりません。あらゆるところから、ラジオで話してくれだのなんだのと、つまらぬことを電報で言ってきます。もちろんぜんぶ断っていますよ。今日の願いはただ一つ――家へ！

ではこれまで――もうすぐ会えます。今週はわたしが帰るまでのあなたの最後の週、また少しは元気を取りもどしておいででしょうね。睡眠をたっぷりとってください。

あなたの

あなたの

あなたの

ハンナ

もうすぐまた、あなたをうるさがらせる――

（1） 書簡220・注1参照。

第9部

1956年10月-11月

［一九五六年秋のヨーロッパ旅行で、アーレントは旧友たちと再会し――メアリー・マッカーシー、ヤスパース、アンヌ・ヴェイユ、ベンノ・フォン・ヴィーゼ――、ケルンで二つの講演をおこない、そして一九五八年に世に出る本『人間の条件』のための勉強と関係があるのだろう、パリ、ジュネーヴ、ケルン、ハーグの図書館を訪ねた。］

228

アムステルダム　一九五六年一〇月三日

最愛のひと――

窓の向こうは天国のような日の光。ロンドンまで飛行機は満席で、あまり快適とはいきませんでした。ロンドンで、というよりロンドンに近づいたあたりからすでに、かなりの遅れが生じてきました。オーストラリアからのジェット機がちょうどロンドンで墜落したばかりだと判明。飛行場の様子はすさまじく、わたしたちが着いたときは飛行場の半分が炎に包まれていました。これまで見たことのないような火です、子どもが絵に描く火のあの真っ赤な色。イギリス当局は空港のほとんど全域を閉鎖せざるをえなかったために、わたしたちは着陸できなかったのです。そのうえロンドンの霧、黒ずんだ灰色で悪臭のする、ロンドンにしかないしろもの。そのあとまた一時間半待たされました。待機中の飛行機がやたらと増えてしまって、間隔をあけて出発させるしかなかったからです。そうしてようやくアムステルダムへ、空港でメアリーが待っていてくれました。かわいそうに、半日も空費させられて。すぐにホテルへ――アルフレッド［・ケイジン］のご推奨の宿で、とても安く、とても快適。わたしたちそれぞれが浴室付の部屋、値段は朝食込みで二・五ドルほど、こんなのはオランダにしかありません。そしてこれから一時間ほど、レンブラント展、素描の展覧会を、見に行くところ。昨日は絵をロッテルダムと、ハーグのマウリッツハイス美術館で見ました。

メアリーは心とろかすほどすてき、わたしたちは昔からの二人組の仲間《コパン》のように、おたがいしっくり馴染んでいます。彼女は変わりましたよ、そのことはまたお話ししますね、いまじゃなく。ほんとうにきれいになって、じつに魅力的。わたしは彼女がとくべつ好きなのだと、またしても確信したところです。彼女はホテルやレストランについてのばかげた贅沢好みをきっぱり捨ててましたよ。

オランダ――予想していたよりずっといいところです。人びとはとても親切で、おどろくほど文明的な、いつも変わることのない友好的態度で世話《ティク・ケア》してくれます。市街電車の車掌、ウェイター、街にいる人びと、みんなおなじように友好的でさらりとした穏やかな対応の仕方なのです。とてもとても気持いい。大声など出す人はどこにもいない——ただし、運悪くドイツ人の観光客集団に出くわしさえしなければの話。ほかには外国人はほとんどいません。どこもかしこもきれいに磨き立てられています。食べものはいいし、おまけに安い。

昨日はハーグで『サウルとダヴィデ』[1]。二五年まえと同じにすっかり圧倒されました。ロッテルダムでは、花で身を飾った女性の信じがたいほどの絵。いくつかの自画像も。でもエルミタージュからはほんのいくつかの絵しか出展されてなく、全体としてあまりよくないし、素描はそれ以上に普通とはかけ離れているように思えました、展示の構成のことです。

今日の午後はおそらくハールレムとデルフトへ。どれもたがいにすぐ隣り合っている町です、近郊交通の駅のように。市街電車で行きますよ、タクシーなぞ無用。たくさん歩きもします。今日のわたしはよく眠ったのにまだ寝足りなくて、完全には目が覚めていません。［…］

では、これまで。手紙を書くには、お天気がよすぎます。わたしはご満悦で、うろつくのを楽しんでいます。ロッテ［・ベラート］によろしく！

あなたの

（1）ハーグのマウリッツハイス美術館にあるレンブラントの絵。

229

［パリ］　五六年一〇月九日

大切な最愛のひと——

パリは凍てつく寒さ、暖房はなし、けれどとてもとても美しい。残念ですね《セ・マルール》、とフランス人は言います、つまりこんなに寒いことが。暖房をすればいいとは考えないのです。図書館でもレストランでも。暖房がほしいとこっちがおずおずと仄めかすと、返事は、〈でもマダム、まだ時期が早すぎますよ〉〔仏〕。わたしはありったけのものを着込んでいます。そしてありがたいことにわたしの部屋は浴室付で、それこそ奇蹟中の奇蹟、蛇口からお湯が、それもちゃんと熱いのが出ますから、部屋をとても具合よく暖めることができて、ほんわりした気持のいい霧のなかに座っています。

［…］図書館通い[1]はたいへん成果があって、来た甲斐がありました。だいたい、とても楽しい。司書たちはわたしのことを la mangeuse des livres〔本を喰らう人〕と呼んで

いますよ。ところでプレイヤード(2)の件。バルザック一〇巻、サン＝シモン（公爵）五巻、ラブレー一巻、値段は一巻につき五から六ドルのあいだ。計算してみて、全部欲しいかどうかを知らせてください。わたしはいま十分なフランを持ち合わせませんが、スイスから持ち帰ることはできます。ですから手紙はジュネーヴかバーゼル宛に出してください。二〇日ごろにバーゼルへ行って、二五日あたりまでいます。

　わたしの家族はとてもよくしてくれます。トウピ(3)はほんとにすばらしいですよ。医者としてわたしの相談に乗ってくれています。もうわたしのリューマチの治療をはじめて、この先数年の心得をいろいろと助言してくれます。わたしたち、ほんとに和気藹々《アン・ファミーユ》とやっています。従妹(4)はじっさいの歳より一〇は若く見えて、まぶしいほど、そしてとても親切です。二人とも働き者で、いまではインドに従業員五〇〇人の工場を二つもっています。

　以下はオランダのようす。

みどり、みどり、みどりの牧場
雌牛たちがあちこちで草をはみ、
空は重たい雲を
陸深くまで垂れ込めさせる。

茶色、茶色、茶色の水
放牧地をかこんで正方形に
運河を流れゆく。垣と道路。
静かに世界は横たわる。

人びとは水と水のあいだで
雲の下の草原にかがみこみ、
湿った黒い土を掘り起こす
目に入るかぎり遠くひろがる世界。

要するに、ほんとうにロイスダール(5)の絵のようなのです。

　急いで出かけなければなりません。ごきげんよう、からだに気をつけて《テイク・グッド・ケア・オヴ・ユアセルフ》［…］

あなたの

(1)　アーレントは一九五八年出版の本『人間の条件』のための調べものをしていた。
(2)　パリのガリマール出版社刊行のプレイヤード叢書。
(3)　トウピ・ゴッシュ博士　アーレントの従妹ニュータ・ゴッシュの夫。
(4)　ニュータ・ゴッシュ。
(5)　サロモン・ファン・ロイスダール（ほぼ一六〇〇―一六七〇）オランダの風景画家。

230

［バード大学　一九五六年一〇月半ば］

恋しい人

詩はとても良かった。目の前に風景全体が広がり、自分もそのなかにいる気分だ。家庭医がすぐそばにいるからといって、パリの寒さがリューマチを誘発しないことを祈る。家族からきみがまだ気に入られているとは嬉しいね。何年も経ってしまった後なのに、とても稀なことだ。そのうえ裕福な家族だ。世の中、いろいろあるものだ。

ニューヨークに二、三週間滞在していた東京の教授から電話があった。セイゾー・オーエ氏*だ。ハイデルベルクでの昔のきみの語学生徒のひとりとして、くれぐれもきみによろしくとのことだ。こちらに来て電話帳できみを見つけ出したんだ。きみと会うことができず、悲しがっていた。ちなみに、キタヤマ(1)は日本にはいちども帰っておらず、あいかわらずプラハにいると言っていた。どういうことだろう。共産主義者にでもなったのだろうか。

バードでの授業は、今回は特段に楽しい。その代わりに、委員会の仕事は［…］ほとんど耐え難いまでになってきた。それを措けば、澄み切った一〇月の空で、空気もきれいだ。金曜朝になってから帰るようにしているので、はじめてバードでも暮らしてあちこちを歩き回る時間をかなり取れている。クラスの授業や会議《ミーティング》の合間にも、少しばかり休養ができる。ニューヨークに戻るとロッテのもとでおいしい食事とおいしいワインがある。あらゆる種類の蒸留酒をきっぱり遠ざけているところだ。気分は快調、太ってもいない。

何回も何回も、挨拶と口づけと肩をぽんと

きみの

ハインリヒ

＊　大江精三（一九〇五―一九九二）と推測される。

(1)　不明。〔北山淳友（一九〇二―一九六二）と推測される。北山は宗教大学で仏教学、インド学などを学んだ後、一九二四年よりフライブルク大学、二七年よりハイデルベルク大学で学び、ヤスパースのもとで学位論文「仏教の形而上学」を提出。四〇年代前半にはドイツで仏教紹介や東西比較思想の書籍を刊行している。一九四四年に現カレル大学の東洋文化精神史研究所再建のためにプラハに移る。戦後の政変に当たって一時拘束され、釈放後も出国を許されずに柔道や日本語の教師を務め、六二年に客死。〕

231

ジュネーヴ　一九五六年一〇月一七日

最愛のひと――

心待ちにしていたあなたの手紙がいま届いたところです。それにしても――わたしは思い込んでいたんですよ、誕生日おめでとうの手紙をきっとくださると。ところがそうじゃなかった。あなたとちがってヤスパースは、日曜日にちゃんと着くように速達でお祝いの手紙をくださった。もちろんロッテや、ほかの人たちも、でもシュトゥプスからはなし。このことでは、わたしたちの死ぬ最後の日まであなたを虐めてあげるつもりですからね。ともかく、お忘れだったとしたら言っておきますが、わたしはいま五〇歳になったところですよ。

パリはまだなお、セーヌの島《イル・ド・セーヌ》〔シテ島〕の灯りといい、輝くばかりの暖かな秋の天気といい、筆舌に尽くせないほどすてきでした。でも部屋が暖房していないせいで、あなたが羨ましがるかもしれない鼻風邪をひいてしまいました。わたしにはちょうどいい、一種の対リューマチ保険です。

パリでいちばんすてきだったのは、メアリーでした。あんなにぞくぞくするほど、ほんとに魅力的《シャルマン》な彼女を見たのは、はじめてです。たくさんの時間をいっしょに過ごしました。わたしの家族は近々と見ていると、最初のころの印象ほどすてきには思えなくなってしまいました。金持で、欲深い、その他もろもろ。日曜日には、わたしはクラマールへ。ケートヒェン〔・メンデルスゾーン〕がすばらしいディナーを料理し、ヴェイユはシャンパンをひと壜、奮発してくれました。でも彼はそれを悔やんだらしく、〈これまで以上に不愉快な態度〉〔仏〕でした。ほんとうのところじつに滑稽な話で、それ以後だれにもお慰みにこの「祝宴」の話をしてあげられなかったのが、残念でなりませんでしたよ。アンヒェン〔・ヴェイユ〕にももちろん会いました。日曜ごとにブリュッセルからパリへ帰っていますから。

ジュネーヴはとても快適、暖房があります！　食事はよくないけれど、とても静かで、安らぎます。かなり疲労困憊していましたので、それ以来、図書館とわたしの鼻風邪だけにかかりきりにしています。それはそれで楽しいですよ。土曜日にはエルケ〔・ギルベルト〕にベルンで会い、日曜日の午前中にはバーゼルへ。そこに二七日までいて、それからブリュッセル経由でケルンへ行きます。

［…］

日本のオーエ――ぼんやりと憶えていますよ、キタヤマがよく言っていました、この名前は日本でよく使われる略称で、Olles Ekel＊のことなんだ、と。キタがプラハにいるというのは訳がわかりませんが、共産主義者になったというのは完全にありうるでしょう。

忘れていました。クラマールではケートヒェンの音頭であなたに乾杯しましたよ。

［…］

これでお終い。こんな手紙になったのは、あなたの自業自得ですからね。プレイヤード叢書のどの巻が欲しいのか、ヤスパースのところ宛に書いてきてください。［…］

あなたの――

＊ Olles Ekel は俗語で「いやなやつ」というほどの意味で、オーエという日本人の姓の綴りにひっかけた冗談だと思われる。（書簡230・訳注参照）

232

［ニューヨーク　一九五六年一〇月後半］

最愛の人

いまやきみが一世紀の半分を掌中にし、それをある程度自分の思い通りにしているとは、なんとすばらしいことか。そしてきみはいままさに、きみが本来なすべきことのまっただなかにたどり着いているのだから、ゆくゆくは一世紀をまるごと身にまとうところまで行くものと、ぼくは期待していいだろう。

きみの最初の半世紀のかなりの部分をきみといっしょにいられたとは、いい気分だね。もうそれだけで、ぼくはどうしてもより多くを欲しくなっている。きみとそうであるように、二人でいて適切に二者一対でいられるとすると、一人きりでいて、それによってほんとうに一者でいられることも、どんなにすてきなことだろうか。この世には死んだ円環があるだけでなく、生き生きとした螺旋もある。古代中国の生命力の生産的な円環運動である陰と陽のように。

きみがこうして外を飛び回っているあいだに、きみの〈わが家〉の周りにはますます多くが結晶しているのだから、この時間はよりいっそうすばらしいんじゃないか。

鼻風邪は、とくに自分がかかっていないとすすり上げる音が不快に聞こえるもの。きみはもう治っていて、ヤスパースのもとに参上できることだろうね。彼にはぼくからよろしく伝えておいてもらいたい。

ロシアはありがたいことに、巨大な槌をほんとうに全体主義の歯車装置に投げつけたようだ。彼らがいまポーランドで自分自身の足につまずいているのを見ると、わくわくしてくる。[1] ロッテは芝居を観に行くことでまぎれもなく元気になっている。レースヒェン〔ローズ〕はダンスをするのがいちばん気に入っている。ヴィルヘルム二世以来の流儀の、太った男たちの狩の薄汚い写真を、チトーといっしょに見せている太ったフルシチョフが、きみの本を読んでいないのはたしかだ。もし読んでいれば、事態をよく考えただろうが。

新しい問題をめぐってぼく自身努力をしてきた。これを通じて、この前の原稿[2]でのきみの思考の歩みに、再三再四、かなり近づけた。ぼくはきみの論点がよりいっそうすぐれていると思うようになった。そこには実体と一貫性とがまさしくすっかり備わっている。

大学運営上の「活動」にはますますげんなりしている。でも学生はまずまずだ。いまはニュー・スクールの講座のために計画を練っている。これも楽しい。とくに中国哲学にまたしても全力で打ち込んでいて、いくつかおもしろい論点を見つけ出している。

それ以外はすべて昔ながらの調子だ。フランス人はぼくには高価すぎる。バルザックは一冊もっている。サン゠シモンは図書館で借りられるので、実際に必要なときにはそのほうがいい。でもラブレーならこのきれいな版でもっていたいし、また必要でもある。その他では、敢えて言えばヴォーヴェナルグ[3]くらいしかぼくには興味ない。

きみのいるそちらでも、こちらのハドソン渓谷でぼくが味わっているようなすてきな秋の天候でありますように。

昔ながらの、まったく錆びることのない愛をもって

きみの

ハインリヒ

（1）一九五六年一〇月のポズナン暴動の後、ソヴィエトおよびポーランド軍元帥コンスタンチン・コンスタンチノヴィチ・ロコソフスキー（一八九六—一九六八）は、ポーランドでの国防大臣、最高司令官の役職からの退陣を強いられた。彼はソ連に帰国した。

（2）Hannah Arendt: »Authority in the Twentieth Century«. In: *Review of Politics*, October 1956, S. 403-17 を指すと思われる。

（3）リュック・ド・クラピエ・ヴォーヴェナルグ侯爵（一七一五—一七四七）フランスの哲学者。

233

バーゼル　一九五六年一〇月二四日

大切な最愛のひと――

たったいまお手紙落手――ジュラ山脈へのすばらしいドライヴから帰ってきたところです。（ご存知ないといけないので説明しますと、ジュラはとても変わった組成の岩山の連なりで、森に覆われてはいるものの、いたるところに古い岩壁が聳え、小高い草原がある、つまりどこにもなだらかな山腹がないのです。その向こうにはアルプスが、まるでこの小さな丘陵の連なりなど眼中にないかのように、威風堂々たる帝王の姿を見せています。）

わたしが一週間後にやっと効果を発揮する講演をでっちあげたように、あなたは実際の誕生日から何週間もたってから書く祝いの手紙というものを、どうやら発明なさったらしいですね。いたしかたありません。それはともかく、およそ想像できるかぎりいちばんすてきな誕生日の手紙になっています！

そう、わたしたちはここまでかなりちゃんとやってきましたし、この先も多少ともまともにやってゆけるでしょう。世界を飛びまわることについても、あなたのおっしゃるとおりですね。およそ旅をする意欲がわたしに出てきたのは、わが家がしっかりとした中心となり、それを核にして全世界をまわりに結晶させうるようになってからのことでした。

たったいま、ロシア軍がハンガリーに介入したとのニュース[1]を読みました。なんともご立派なこと、とうとう手の内を見せざるをえなくなったのですね。そしてロシアの側が介入できるのなら、チトーは明日にも別の側から介入できる。事件全体から、結局はモロトフと旧スターリン派[2]が勝ちを制して、ふたたび調子づくという結果が出てくることも、もちろんありうる。でもかつてのようにうまくいくことは、もうありえないでしょうね。彼らが信頼できる党ないし国は、現地自前の党がもはやまったく存在しないところばかり、フランスや東ドイツの党のように、モスクワの直接の手先ではない者はおよそ一人もいないところだけだと、いまでは明らかになっているのです。

こちらでは万事好調です。ヤスパースはこれまでとちっともお変わりありません。大哲学者の第一巻、一〇〇〇ページもの大冊をちょうど仕上げられたところで、彼はそれを仏陀、孔子、イエス、ソクラテスという、四人の「基準を与える人びと」をもって始めています[3]。わたしはまだ全然読んでないのです。ここではとてもそこまでいきそうもありません。なにしろ歴史についてのラジオ講話[4]の準備に忙しいものですから。もとの講演をもちろん書きなおさなくてはならないのです。ロッテに怒らないように言ってくださいね[5]、わたしはネズミを追いかけるのをどうしてもやめられないネコみたいなものですから。

[…]

ヤスパースは、いまこそドイツについての本[6]を書こうという気になっています。わたしたちが（それにほかの人たちも）彼に話したことがすべて、ひとえに彼にこの決意を固めさせる役割ばかり果たしてしまったようです。わたしはもうなにも言わないことにします！

おふたりとも、言いようのないくらいよくしてくださいます。あなたに心からよろしくとのこと。ヤスパースは、あなたがやっと来てくれるころにはふたりともが耄碌してしまっているんじゃないかと、おっしゃってますよ。でもわたしの見るところ、それまでにはまだたっぷりと長い時間があります。

わたしの最愛のひとにしてわが家たるあなたに、ご挨拶とキスを

あなたの――

（1） 共産主義支配にたいするハンガリーの民衆蜂起は、結局一一月にロシア軍によって血なまぐさく鎮圧された。

（2） ヴャチェスラフ・ミハイロヴィチ・モロトフ（一八九〇―一九八六） ソ連の政治家。この当時は外相。

（3） Karl Jaspers: *Die Großen Philosophen*. Bd. 1, München 1957.

（4） 「自然と歴史」および「近代における歴史と政治」と題するこれらの講話は、一年後に、Hannah Arendt *Fragwürdige Traditionsbestände im politischen Denken der Gegenwart: Vier Essays*, Frankfurt am Main, o.J. に収められて出版されている。

（5） シャルロッテ・ベラートが、もともと英語で書かれていた講演原稿をドイツ語に翻訳してくれていた。

（6） この本は結局、出来上がらなかった（*Hannah Arendt – Karl Jaspers Briefwechsel*, a.a.O., S. 82〔前掲邦訳『アーレント＝ヤスパース往復書簡1』の書簡41・八三頁〕参照）。

234

［バード大学　一九五六年一〇月末］

最愛の人

今週にかぎってきみが手紙を一通も書いてこなかったのは残念だ。何日にもわたって悪質な頭痛に悩まされてほとんど仕事もできず、いっさいをなるにまかせるしかなかった。今日はいくぶんましだ。ともあれうめきながらもやっ

とのことで講座の計画を作成し終えたよ。きみはヤスパースのところで楽しい思いをしていたと思う。それとも、もしかしたらバーゼルに宛てた手紙を受け取っていないのだろうか。ありえないことだ。あるいはきみからの手紙が紛失してしまったのか。

大学管理のくだらない雑用は重たくぼくにのしかかっている。ここからもういちど抜け出さなくては。場合によっては不能証明を出してもらいたいところだ。

パウルス［パウル・ティリヒ］が電話をしてきて、きみと会えないことに文字通り愕然としていた。彼はまたしてもあまりにあちこちかけずり回るあまり、疲れ切っている。痛風もあり不安そうだ。きみの痛風の話をして彼を慰めてやって、きみがそれでもあいかわらず飲んでいると聞いて喜んでいた。赤ワインを飲みたくて仕方なかったんだ。メアリーが楽しそうに、というよりむしろ興奮して電話をかけてきた。きみの安否は不確実だったが、それでもきみがよろしく言っていたよと伝えるだけはした。きみの知らせをぼくは必要としてるんだよ、最愛の人。

バークレー(1)の連中は必死になっているようだ。バードにまでぼくを追いかけてきて、きみの居所を知ろうとしていた。

今度の金曜日はメアリーの家で晩餐《ディナー》なので、またきみのことをいろいろ聞かせてもらえるだろう。そちらではいま、ライン・ワインはどんなだろうか。

パウルスがもの悲しそうによろしくとのこと。ロッテもレースヒェンも、心からの挨拶を送っている。ぼくもだ。でもどうか手紙を書いてくれ。さもないと、どのみちすでに不安で仕方ないのが、さらに昂じてしまう。

きみの

H.

(1) バークレーのカリフォルニア大学はハンナ・アーレントをふたたび客員教授として迎えようと試みていた。

235

ケルン　一九五六年一〇月三一日

大切な最愛のひと――

［…］

バーゼルでは最後にヤスパースと一種の総括的討議をおこなったのですが、そのとき彼はハイデガーのことで、ほとんど最後通牒と言えそうなものをわたしに突き付けてきました(1)。わたしは怒り心頭に発して、わたしに最後通牒を突き付けるなんて、断じてだれにもさせはしないと宣言しました。彼はすぐに引っ込めました。このことがすべてに影を落とすようなことはないと思いますが、そう確信できるほどではありません。いずれわかるでしょう《オン・ヴラ》……

この間になにもかも、ハンガリーの民衆蜂起(2)についての喜びさえも、狂気の沙汰のイスラエル事件(3)のせいで暗く翳らされてしまいました。この事件、あなたは理解できます？

ぜひぜひ手紙で書いてきてください。おそらく明日の晩に電報を打ちます、金曜日の朝には届くように。わたしの計画を変えることになりそうなのです。キールの代わりにハーグへ行こうかと考えています、そこには重要な図書館があるのに、わたしはその存在すら知らなかったものですから。というわけで、びっくりしないでください——なんて無意味な文でしょう、あなたはどっちみち後になってからこの手紙をお読みになるのに。

ブリュッセルではアンヒェンと、制約はあるもののいつものようにとても気持よく過ごしました。でも一つ、信じがたいようなこと、新しいピカソ映画(4)です。ぜひともすぐに観にいってください。この人がほんとうは何者なのかがわかりますよ——プローテウス*です。息を呑むほどの緊張感があり、信じられないくらいすばらしい。わたしはすっかり興奮しました。

ここはとても結構なところ、とてもたくさんの人に会い、それに加えて二回のラジオ講話(5)、そしてすぐに図書館へ。いまのイスラエル事件のように、予期しなかったようなことが起こると、心配で気が変になりそうです。すっかり心細くなってしまいます。でもそれ以外ではドイツはむしろ居心地がいい。ここでは小さな、じつに魅力的なホテルに泊まっています。夜にはナイト・テーブルにリンゴが一つ置いてあるし、とてもきれいな書き物机もあります。

バークレーのこと、もちろん断ります。この件はまったく不可解ですよ。あのときパレンヴィルで、次の一年間はまったくどうにもならないとちゃんと言っておいたのに。すぐに手紙を書きましょう。

［…］わたしの予定。［…］

一七日土曜日にはまたパリに、宛先はまえとおなじ。

ではこれで、もうすぐ家へ!!

あなたの

（1）この「最後通牒」がどんなたぐいのものだったかについては、ここでは言及されないままになっている。

（2）　書簡233・注1参照。
（3）　スエズ危機のこと。エジプトはスエズ運河を国有化したことで、イスラエル、イギリス、フランスとの武力衝突を惹き起こした。〔イスラエル軍は一〇月二九日にシナイ半島へ侵攻。〕
（4）　スペイン内乱で都市ゲルニカはドイツのコンドル軍団による空爆で破壊された。ピカソの絵『ゲルニカ』は、戦争と流血への彼の嫌悪を表現したもので、一九五三年の同名の映画はこれを撮っている。
＊　ギリシャ神話の海神で、ポセイドンの息子もしくは従者とされ、「海の老人」とも呼ばれる。予言能力をもち、あらゆるものに変身することができる。
（5）　書簡233・注4参照。

236

〔ニューヨーク　一九五六年一一月はじめ〕

恋しい人

［…］

ニュー・スクールの授業計画ができあがり、評価表《クリティカル・シート》は提出した。古参の何人かはまったくひどい酔っぱらいのように頑迷さに毒されている。ドイツについての本[1]もハイデガー問題も、ヤスパースにあっては一種の固定観念になってしまったようだ。

こちらでの選挙戦は、ユダヤ愛国主義の噴出[2]という暗雲にほとんど覆われている。ラーヴとナターリエ[3]が目下戦闘的ユダヤ人に変わってしまったと、メアリーが悲しげに話してくれた。きみがここではなくヨーロッパにいて、イスラエルの銃声からもここからも遠く離れているのは、天の恵みだ。ドワイト［・マクドナルド］はいま、ナセルにインタヴューするためよりによってエジプトにいる。きみは、ユダヤ系アラブ人とアラブ系ユダヤ人の民族的な英雄的闘争に、そんなに愕然とすることはない。これは大量殺戮状況などではなく、イギリスの巧妙な駆け引きだ。そしてイギリスに残されているのは、アメリカの博打のような政策を頼りに、石油をヨーロッパに確保するために老いた獅子をもういちど吠えさせておくしかなかったのだ。これは戦争ではなく、国連の窓の前での諸民族の武装デモだ。とはいえユダヤ人が勝利したと感じると、大量殺戮が近づくことになる。けれど――時いたらば知恵も湧くさ。

メアリーの家での晩餐《ディナー》に呼ばれてきたが、とても楽しい夕べだった。ぼくたちはきみの健康を祝して飲み、二人[4]は会話ではまったく開けっぴろげで、おそろしくぼくに親切だった。二人が心からよろしく言っていた。レースヒェンは順調だ。ロッテがよろしくと。

ヴィーゼ夫妻とアンヒェンにぼくからよろしくと伝えて

くれ。

きみの
ハインリヒ

(1) 書簡233・注6参照。
(2) スエズ危機にイスラエルが乗り出したことと関連している。
(3) フィリップ・ラーヴとナターリエ・ラーヴ。フィリップ・ラーヴは『パーティザン・レヴュー』の共同編集者だった。
(4) メアリー・マッカーシーと夫のボウドン・ブロードウォーター。

237

ミュンスター　五六・一一・五

大切な最愛のひと――

いまや世界の歴史[1]がわたしたちを不意打ちしましたね、わたしたちがもっとも予期しなかったときに。わたしの心がどんなに重いかは、書く気になれません。ほんとうはここを離れたい、なにもかも急におっぽり出してしまって帰りたい、ということも。昨日は一日中、家に電話をかけてあなたをつかまえようとしましたが、あなたは不在。こんどは電報を打ちますね。わたしは家に帰ったほうがいいとお思いなら、そう返電してください。ほんとうのところ、事態があっという間に尖鋭化するとは思いませんし、わたしたちアメリカ人はちゃんと出てゆけるでしょう。でも先のことは知りようがない。よく気をつけていることにします。あなたがいないと、これはむずかしいのですが。

それよりはるかに辛いのは、いま、あなたなしでいること。耐えられないほどに。さもなければ、ここにいるのはとてもとてもすてきだったでしょうに。一昨日も昨日も、ハルダー[2]――彼はわたしの本[3]をわたし自身よりもよく知り尽くしていますが、じつに打ち解けにくく無口で、明らかに何年ものあいだ、完全な計画性をもって自分を罰しようとしてきた人です。でもいまはそれについて書く気分にはなれません。すべて、じかに会ってからお話ししましょう。昨日の午後は、ベンノ[4]が彼のところの三人の学位取得者[5]をここに招いて、みんなでほんとうに気持よく活きいきと時を過ごしました。彼らは政治的にひじょうに柔軟な感受性をもっていて、これならここではなにかが動き出すかもしれないと、幾度となく思ったものです。ほんとうにうれしかった。

ベンノは年月をへても、まったく自明なことのように昔と変わらぬ友情を示してくれました。でも基本的には、ここの生活はラジオ講話からまたつぎのラジオ講話へと、せわしく過ぎていきます。

最愛のひと、どうかいまは連絡を絶やさないでくださいね、あえて電報を使ってでも、それも少なすぎるより多すぎるくらいに。

あなたの——

いま、ニュースがありました。すぐ戦争にはならなさそうです、たとえそれが、同盟体制や国連もふくめてすべてが崩壊してしまったからにすぎないとしても。ということは、いまや第三次世界大戦がほんとうにもうドアのまえまで来ている、ということになりそうです。そして戦争が始まるのは、いまの出来事と同様の始まり方になる——宣戦布告なしに！　しかしそれまでにはまだ何ヶ月もあるでしょう。ああ、最愛のひと、世界はなんと暗いことか、そしてわたしはその世界のなかで、あなたといっしょにいられないと、なんと心細いことか。

ごきげんよう、からだに気をつけてください《テイク・グッド・ケア・オヴ・ユアセルフ》、そしてつまらぬことに腹を立てたり骨身を削ったりしないでくださいね、いまは重要に見えても、ほんとうはそうではないことに。

H.

ハンナ［手書き］

（1）書簡233・注1参照。

（2）リヒャルト・ハルダー（一八九六―一九五七）古典文献学者、キール、ミュンヘン、およびミュンスターの大学で教授をつとめた。

（3）全体主義の本。

（4）ベンノ・フォン・ヴィーゼ（一九〇三―一九八七）ドイツ学者、この当時はミュンスター大学教授。アーレントとともにハイデルベルク大学で学位論文の指導をヤスパースから受けた、学生時代からの友人。

（5）この三人は、美術史家のマックス・イムダール、哲学者のギュンター・ローアモーザー、ドイツ学者のハンス・ヨアヒム・シュリンプで、当時、ミュンスター大学の助手だった。

238

［ニューヨーク　一九五六年一一月初頭］

恋しい人

電報を打ってこないところをみると、この前ぼくが出した手紙でいくぶん安心したのだろう。だからぼくは即座に状況判断を送ろうと思ったのだ。この間に第三次世界大戦の直接の危機は消え去った。ロシアは大々的な兵力移動を行ない、大口を叩いては世界をぎょっとさせている。新しい策略であって、外交文書についてのプレス声明は、文書そのものよりはるかに厳しい内容だった。彼らが欲しかったのは、ハンガリーを圧殺するための時間と平安だったのであり、それはやり遂げた。ベン゠グリオンはナショナリスティックな大言壮語を吐いて、いまはそれをふたたび飲み込もうと大忙しだ。その理由としては、ロシアと中国がエジプトに義勇兵を送るといったロシアのはったりに奴が大量殺戮の現実性を感じたことも挙げられるだろうが、アイゼンハワーがはじめてアメリカのユダヤ人の金について語りはじめた、それが主な原因だろう。ナセルが実際に何をしたのかはよくわからない。自分で他のアラブ諸国を煽動しておきながら、それをより適した機会に備えて押しとどめたのだろうか。自分自身の軍隊を温存したのか、それとも軍隊が機能しなかったのか。彼はベン゠グリオンや他の多くと同類だ。見識ある政治家となるべきか、大衆の指導者となるべきか、彼らは決めかねている。ナショナリズムであれインターナショナリズムであれ、健全な努力がどれも、繰り返し人種主義や社会主義の大衆感情によって偏向させられ、打ち砕かれている。ロシアは、ナショナリスティックな非共産主義ハンガリーに甘んじることはできない。そこで赤色テロルが荒れ狂い、ハンガリーは、当初あったナショナリスティックな英雄的抵抗がまったく自明のごとくに変貌した白色テロルで応えている。イギリスは、アメリカがいささかも動かないことに絶望して、またしても国家帝国主義を弱々しく見せている。そしてロシアはハンガリーで突如として、大衆帝国主義とは何であるのかを示した。もう彼らはハンガリーでハンガリー共産党とともに支配してはゆけない。ロシア共産党はあからさまにせざるをえない。こうして、長い間隠されてきた党派帝国主義が公然となりはじめている。

こちらではアイゼンハワーが選ばれ、両院では民主党が多数派を占めた[1]。これはまったく愚かというわけではない。アイゼンハワーは自分の党から、より多くの自立性を獲得する。残念なことに南部民主党がそこにはいる。南部はすでに白人市民の委員会に牛耳られていて、もはやワシントンによってではない。こちらでも人種運動が国家政策を歪めている。

そちらではワインがおいしいことと思う。こちらで飲む[2]輸入ワインも悪くはない。バードの子どもたちが老子に熱中するのは、暗く冷たい時代にあってぼくにはおおきな慰めだ。それにきみがもうすぐ戻ってくるし。そうしたらぼくたちは固く手を握り合わずにはいられないだろう。

きみの

ハインリヒ

（1）一九五六年一一月のアメリカ大統領選挙で、アイゼンハワー〔共和党〕が合州国大統領に再選された。
（2）ハインリヒ・ブリュッヒャーは講義で、紀元前三世紀ないし四世紀の中国の賢人老子について話をした。

第10部

1958年5月–10月

〔ハンナ・アーレントはミュンヘン市の招きで、一九五八年七月はじめに国際文化批評家会議で講演することを引き受けていた。これと、そのほか一連の講演を機に、四月末から七月末までつづく今回の旅がおこなわれた。（旅の一部にはローズ・ファイテルソンが同行している。）

一九五八年九月には、ヤスパースにたいするドイツ出版販売取引所組合の平和賞の授賞式で頌辞を述べるために、フランクフルトへ飛んで数日滞在した。〕

239

パリ　一九五八年五月四日

最愛のひと——

この便箋が、海を越えてきたあと手もとにまだ残っている用紙のすべてです。あれは旅ではなく、空白です。旅ならば、速くであれ、ゆっくりとであれ、一つの場所からまた一つの場所へたどりつくもの。といって飛行機のような一跳びでもない。あたかも、このうえなく心地よい無が、国と国のあいだ、もしくは時間と時間のあいだに割り込んで居すわったかのようで、完全にリアリティを欠き、大洋と呼ばれるこの途方もない水の沙漠の、水そのものと同様に、感触できる抵抗がまったくない。でも航海はとても快適でした。嵐には遭わず、たった一日、海が荒れただけ［…］。わたしの船酔いし易さはまたこれで終わったようです。わたしたちは乗ってすぐに二つ目の船室をもらえて、わたしは最初の船室に。事務長《コミッセール》はチップであれほかの何であれ、いっさい受け取ろうとしませんでした。〈よく世話してくれましたよ〉〔仏〕。これは大事なことでした。一つ部屋にいっしょでは——むずかしかったでしょう。［…］でもわたしたちは毎日いっしょに、なま温かい海水のプールで泳ぎましたよ。塩分がとても強くて、仰向けに浮かんだままちゃんと眠れるほど、足を下におろすのに苦労しました。

昨日は中国のオペラを観に行きました——こちらでは大評判になっています。全体は一種のポピュラーで愉快なヴァリエテ付きサーカスといったところで、ときどき少し社会主義ふうの、ヨーロッパのメヌエットに似た民族舞踊が入っていました。ただ驚いたのはほんとうのところ一つだけ、マリオネット芝居にとても似ていて、それを人形ではなく人間がやっているという点です。そこがとても気に入りました、人形芝居が大好きですから。でも芸術じゃありませんね。唯一、ほんとうに興味ぶかかったのは音楽、それも伴奏だけでなく、独立した曲も。その一つは、鳥の声を真似た四重奏でした。つまり五人で演奏するのですが、リーダーがまず鳥の声を提示すると、ほかの四人が一つの弦楽器といろいろな管楽器でその変奏をするのです。すべて旋律だけで、和声はいっさいないし、けれどもとてもとても美しくて、ちっとも馴染みのない音楽とは聞こえない。そのあと、弦楽器を手にした人が出てきて――絃は一本か二本しかない楽器です――、ソロで二曲弾きましたが、それがまた並はずれて美しいひびきでした。彼らはみんなとても好感のもてる人に見えました、北京から来たのです。

明日の晩にはルクセンブルクへ向かいます。今晩はコイレの家へ。夫妻とは昨日、劇場でひょっこり出くわして、そのあとも長いこといっしょでした。ほかに会う予定は、ヤスパースの翻訳のことでラルフ・マンハイム[1]と、それにさっき電話で話したジャン・ヴァールだけ。コイレはすばらしく元気そうで、たいへん上機嫌でした。あんなに魅力的な彼は、これまで何年ものあいだ一度も見たことがありません。

パリはほんとうにすばらしい。陽光があふれ、暖かい、度の過ぎないちょうどよい暖かさ。まだアメリカ人観光客は押し寄せてなくて、ドイツ人がいっぱいいますが、不愉快ではありません。この都は途方もない繁栄ぶり。たとえばこの小さなホテルでは、どこもかしこも改装されて、新しい浴室に新しいトイレ。町じゅうがとても活気づいて陽気です。まるでアルジェリア[2]など存在せず、政府についても自分の懐具合についてもなんの心配もないかのように。コイレ夫妻もそういう話をしていました。どこの守衛だろうと冷蔵庫をもっている、などなど。大売り出し《セール》などを見向きもしない《レジスタント》ここの人たちのあいだに、ほんものの買いあさり熱病がひろがっているのです。物価はたえず上がってゆく、そしてだれもがなにもかも買い込む。

アメリカ暮らしのあとでは爽快に感じられるのは、ここでは新聞ですらとても知的で、世界へのひろやかな関心を示していることです。ここへ来ると、愚かしさで淀んだアメリカの雰囲気を二倍も三倍も強く感じます。

[…]

もうお終いにしなくては。ローズが迎えに来ます。いっしょにモディリアーニの展覧会を観にゆきます。

[…]

あなたの

ご挨拶とキスを

(1)　ラルフ・マンハイムはカール・ヤスパースの『大哲学者たち』第一巻（*Die großen Philosophen*. Bd. 1. München 1957）を英語に翻訳した。

(2)　第二次世界大戦後、アルジェリアではフランスの支配に対する抵抗が強まっていた。一九五八年五月一三日、アルジェリア駐在フランス軍が本国政府に対して反乱を起こし、これがフランス政府崩壊の危機を招いて、シャルル・ド・ゴール将軍（一八九〇―一九七〇）が政権についた。

240

［ニューヨーク］ 五八・五・四

最愛の人

［…］

航海の模様を聞きたくてたまらない。こちらではしばしば悪天候だったからだ。いまは氷の聖人たち*でもやってきそうだ。アンヒェンとはパリで無事に落ち合えたんだろうね。

ぼくはいつも通りのもたもたした歩みだ。ニュー・スクールの講座は三週間で終わる。そうすればいくらか息をつける。バードが学期末に向かうにつれて、負担が重くなるからだ。〈倫理的混乱と道徳的腐敗《エシカル・コンフュージョン・アンド・モラル・コラプション》〉(1)を扱う新しい講座案を練り上げ、送付した。ここではいくつか新しく思い切った哲学的論点を提示するつもりだ。

エスター(2)が涙ぐましいまでにぼくの面倒を見てくれている。もちろんロッテも。だから自由な女房となって歌ってくれ。いまごろはようやく少し休養できたろうね。それとも働き過ぎによる動揺がいまだにつづいているのだろうか。

いま半分しか人が住んでいない住まいはいつもと違った雰囲気だ。でも大丈夫。きみの姿をどうしても見いだせず愕然とするのは、ときたまにすぎない。

元気で、ぼくの恋しい人、そしてゆったりとやって《アンド・テイク・イット・イージー》ほしい。

H.

* 五月中旬の冬の寒波が戻ったような日々を言う。
(1) この講座がニュー・スクールで指定されていた。
(2) ハンナ・アーレントの家政婦。

241

ルクセンブルク 五八・五・一〇

大切な最愛のひと——

［…］

ここ、アンヒェンのところでは最高でした。おしゃべりの狂宴、そのうえわたしたちふたりは、年をへた所帯か夫婦みたいに、信じられないくらいにぴったり息が合ったんですよ、いっしょに暮らしたことなんかなかったのに。昨日と今日、アンヒェンは仕事が休みでした。彼女は三部屋あるすばらしくすてきな住まいをもっていて、家具は彼女の実家からのもの、アレンシュタイン(1)の家とそっくりの趣き。でもそれがちっとも気味悪くないんです。[…]

パリは美しかった、夢のように美しかった、それも長らく知っている夢のように。コイレの家では、夫妻とだけのすてきな晩を過ごしました。ほかに会ったのはジャン・ヴァール、彼はおそらく突然にでしょう、とても老けこんでいました。最大級の友情《グランド・アミティエ》をもってもてなしてくれて。じつにおかしかったですよ。あとはモディリアーニ展だけ。あなたが観られなかったのは、ほんとに残念。

新しいテーマ――〈倫理的混乱と道徳的腐敗〉〔英〕――、とてもいいですね。すごく好奇心をそそられます。

[…]

最愛のひと、一人暮らしであんまり甘やかされないようにしてくださいな、さもないとまたわたしとの暮らしに慣れることができなくなりますよ。そんなことになったら残念至極。[…]

いまアンヒェンがあなたのためにと言って、ロワイヤル橋の写真をくれました。じつにすばらしい写真。でも郵送はしたくありません、途中でなにかあるといけないし、それにいまはまだ手放したくないし。でもあなたのものです！　そのかわりにアルジェリアについての論説(2)を一つ送りますから、ちゃんと読んでくださいね。これはまさにわたしたちがちっとも知らずにいる事柄なのです。ルクセンブルクへの汽車では、一人の若いフランス人に出会って、ひじょうに気持のいい、ほとんど友人同士と言えるほどの会話がはずみました。収穫《スラ・アリヴ》ですよ――おかげで、この国にたいする触感をまた少し取り戻しました。わたしのフランス語はまだしっかりしている。

講演(3)をまえにすると、もちろんいまでも不安になります、でももうパニックを起こすほどじゃありません。どうせうまくいかないでしょう。ヤスパースと奥さまからこちらへ二通、歓迎の手紙。あちらへうかがうのがとても楽しみです。

エスターによろしく。ほかの人たちにも、とりわけロッテに。〈のんびりと、楽しく過ごしてくださいね〉〔英〕。

あなたの――

（1）アンヌ・ヴェイユは東プロイセンのアレンシュタイン（現在はオルシュティン）出身。
（2）この論説は保存されていない。
（3）書簡244・注1、および書簡246・注2参照。

242

［ニューヨーク］ 五八・五・一一

ぼくの恋しい人

きみが太陽の照り輝くなかを世界に開かれた町へと入城できてよかった。パリ、暖かく、太陽が輝き、快適で、楽しく――すてきなんだろうな。ドイツもきみにとって楽しければよいのだが――でもきみも知るとおり、むやみに真面目なドイツ人たちがきみを詩人アカデミー(1)へと荘重に招聘なさったのだ。詩人たちを侮辱しようなどと誰も思わないだろうから、おそらくきみは喜劇のために真面目な表情をしてみせねばならないだろう。有名であるとはなんと煩わしく、著名人であるとはなんと気まずいことか。他方で、栄誉と位でもって世に認められる、それはじつに、図太い神経をもつことなんだ。この類のことを、お利口な犬がにわか雨を我慢するように甘受しなくてはならない。

こちらはすべていつもの歩みだ。きちんと規則正しく、ほとんど飲まず、いくつか新しい課題に向かっている。あと二回の授業で講座は終わるが、今回は残念なくらいだ。ぼくはいつも通り快調で、うまいこと倫理学講座への橋渡しをできるかもしれない。

[…]

たくさん楽しんで、無理をしないように。

口づけと肩をぽんと

きみのハインリヒ

(1) ダルムシュタットのドイツ言語・文学アカデミーは、一九六七年にはハンナ・アーレントに〈学問的散文のためのジークムント・フロイト賞〉を授ける。

243

ニューヨーク 五八・五・一八

恋しい人

この前のは、楽しくすてきな手紙だった。ぼくにはとても役立った。というのもバードでは具合を悪くしている者が多く、ぼくもすっかりがたがただったからだ。これまでにもまして持病に苦しめられた。それを突然いっさい吹き飛ばしてくれたようで、申し分ない気分。バードでは今年のみごとな長い春を楽しんでいる。暖かで、あいかわらず暑くはならない。

［…］

フランスの政治的混乱(1)についてきみは何も書いてこない。この一週間というものぼくたちはまたもや、世界におけるアメリカの敗北(2)を見てきた。すべてがますます愚かで危険になっている。そしてみんなこぞって、ぼくたちを混沌へと導こうとしている。

だからきみは、そちらできみの若々しい命を楽しんで、少なくとも聞く耳をもつ者には真理を伝えるんだ。でもいきり立ってはいけない。さもないと聞き流されてしまう。たいへんな任務をぼくたちは抱えているんだ。

伝えることのできるすべての人によろしく［…］。ヤスパースからは何か便りがあるだろうか。

挨拶と口づけと肩をぽんと

きみの

H.

(1)　財政難と、ド・ゴールの権力掌握を支持してなされたアルジェリアでの軍隊反乱を指す。ド・ゴールは一九五八年六月一日に組閣を委託され、一二月に大統領に選ばれた。

(2)　リチャード・ニクソン副大統領の南アメリカ旅行の際に、繰り返し反アメリカ・デモや、彼とその随員に対して具体的な攻撃が加えられた。そのため五月一五日に予定よりも早く旅行を中断することになった。

244

［ケルン］　一九五八年五月一九日

大切な最愛のひと――

あなたの手紙はツィルケンスのところに無事にとどき、わたしたちは無事にケルンに到着。ハンブルクとブレーメン(1)はなかなかすてきでした。レースヒェン〔ローズ〕は言葉に不自由なく話せますし、周囲にまたたくさんの人（わたしの友人たち）がいるようになってからは、かなり気が楽になっています。昨日、わたしたちはアーヘンとオランダのマーストリヒトへ行ってきました。並はずれて印象ぶかい美しいところ。アーヘンははじめてでした。ツィルケンスはそれこそ喜び勇んでわたしたちを車で連れ回してくれます。でもわたしはこれから、ボンのベンノ［・フォン・ヴィーゼ］のところへ電車で行くつもり。

詩人のアカデミーのことで頭を痛めるにはおよびません

よ。ベンノの話では、これは貧弱な団体で、通信会員は正規の会員ではないとのこと。ほかにどんな会員がいるのか教えてもらって、それで承諾したのです、だれも興味なぞもたないような会ですから。

ルクセンブルクから出した手紙はとっくに着いているはずですよ、郵便がまったく機能しなくなったわけでなければ――そういうことだって起こりかねませんけど。わたしたちの頭はもちろんフランスのことでいっぱいです。さっきもフランスの新聞を読んだところですが、新聞は当然、マシュ[2]がついにフランス軍をアルジェリア植民地行政府の御用に供することに成功したと言っている――もちろんこれが意味するのは、とりわけ、フランスは現在のところまったく軍をもたなくなったということ。ご覧のとおり、わたしが家を離れると、きまってなにかがおっぱじまりますね。

［…］

こちらでキーペンホイアー社のヴィッチュと交渉しました。彼を信用はしていないのですが、万事うまくいくかもしれません――ラーエルに補遺として書簡を載せることと、前払いにすること[3]。書簡を選ぶ仕事への報酬は、本への報酬から差し引かないこと。［…］

［…］

ここドイツでは原爆の騒ぎばかりです[4]。わたしのまわりの人たちは、それをたんなるヒステリー、ＳＰＤ〔ドイツ社会民主党〕の党略としか見ていませんが、わたしは別の意見です。これらの連中が自分たちの主張を表現するやり方が、じっさい耐えがたいのは確かですが。ヤスパースの本の出版[5]はどこでも大きな期待をもって待たれています。きっとたいへんな成功を収めるでしょう。放送局その他の人たちはすでに本をゲラ刷りで読んで知っています。

ドイツ――これについてはスイスに行ってから。フランスとの一般的知的水準の差は、まさに情けないほど目立ちますね。繁栄にはまったく翳りがなく、人びとの暮らしはすばらしく順調。

ハンブルクで、わたしたちは坊や[6]と知り合って――ロッテ［・ベラート］の坊やです――、まる一日、彼といっしょに歩きまわりました。これまでで断然いちばん喜ばしい印象を与えたのがこの人。いつも同じですね――ドイツではそういう人間がほんの少ししかいないのです。この若者はまったく並はずれて感じがよく、利口で、わたしの見るところ、まちがいなくいい人間。わたしは彼の相手の女の子[7]のことを少し話してやりました。この二人のことを思うと、もういまからうれしくなります。ロッテによろしく伝えてください、彼女はほんとにすばらしいことをしました

ね。(8)

忘れないうちにもう一つ――『ダントンの死』(9)。演出も演技もかなりよかったのですが、圧倒されるほどではありませんでした。**それにしても**なんとすごい戯曲でしょう！

愛するひと、働きすぎないで、のんびりやってください《テイク・イット・イージー》ね。キスをおくります。

あなたの

(1)　アーレントはブレーメンで五八年五月一三日に、「教育の危機」と題する講演をおこなった。これは *Aktuelle Bildungskrise in den USA*, hrsg. von Leonhard Froese, Heidelberg 1968, S. 11-30 に収められている。〔この講演は The Crisis in Education の表題で *Partisan Review*, vol. 25, No. 4 (Fall 1958), pp. 493-513 に発表され、その後『過去と未来の間』（一九六八）の第5章に収録された。邦訳『過去と未来の間』引田隆也・齋藤純一訳、みすず書房、一九九四。〕

(2)　フランスの将軍ジャック・マシュ（一九〇八―二〇〇二）は、一九五八年五月、アルジェリアにおける軍の反乱で決定的な役割を演じた。

(3)　アーレントの本『ラーエル』をキーペンホイアー＆ヴィッチュ社から公刊するという計画は、結局、断念された。

(4)　五〇年代後半の原子爆弾反対運動やデモのことを言っている。

(5)　Karl Jaspers: *Die Atombombe und die Zukunft der Menschen. Politische Bewußtsein in unserer Zeit.* München 1958.〔邦訳『現代の政治意識――原子爆弾と人間の将来』飯島宗享他訳、『ヤスパース選集』15、16、理想社、一九六六、一九七六〕

(6)　ヘルムート・バルツ（一九三二年生まれ）のちに精神科および神経科の専門医となった。

(7)　エリノーア・バルツ（一九三一年生まれ）のちにヘルムート・バルツの妻。

(8)　ロッテ・ベラートがこの二人を引き合わせた。

(9)　ゲオルク・ビュヒナーの戯曲『ダントンの死』、一八三五年。

245

〔ニューヨーク〕五八・五・二五

ぼくの恋しい人

ニュー・スクールは終わった。最後までよくなる一方だったとみんな言っている。拍手喝采。やれやれ。バードではまだ四週間ある。今週は二回のおまけ講演だ。とても疲れてしまう。でもからだは順調だ。

すでに次の課題を考慮に入れはじめている。けっこう楽しいよ。考えてごらん、今度の金曜はまるまる自分のために使えるんだ。

［…］ぼくは、あれこれ考えをめぐらせる以外には、何もする気が起こらない。

ベンノはいまどうしてるだろう。資金があまりに少ないため、［ロッテ・ケーラーは］バードに来てもらえそうにない。[1] このように、いわゆる生というものにあっては、得られるものはいつも多すぎるか少なすぎる、その中身にしたってたいていは間違ったものだ。

［…］

フランスのことはまったくわからないのだが、それでもおそらく懐疑的ファシズムに到って、やがてロシアのブタ兄弟どもと折り合いをつけるだろう。わたしたちはみなここアルジェリアでは犠牲者です、とは当地のドミニコ会修道士の言葉だが、なんて悲しい真理か。明るく照らし出された自己利益が行き着くところ――盲目的な憎悪、それをぼくたちはいま見ている。

人間とは気の毒なものだ。だがこれらの個人個人が気の毒ということでは断じてない。

この国の指導層はますますへんてこになっている。アメリカの王位継承者に向けて南アメリカで投げつけられた礫[2]は、それが可能だとするなら、さらにアイゼンハワー氏を、それどころかダレス氏[3]すらをも不安におとしいれるものだ。だがアメリカ大衆は、誰かに感情を傷つけられたからというだけで、孤立を望んでいる。たとえ世界のすべてがこんなべらぼうな論理でないにしても、クソはその論理からしてまったく当然におのずと生み出される。遺憾なことに、この自己再生過程のために奴らは、こんな目に遭うのも当然だと知ることすらまったくできない無垢な愚か者たちの血を利用している。［…］

憮然としているけれど、その他はまったく上機嫌な、きみの

H.

（1） バード大学からの講師職の申し出の支払い額がわずかであることを指している。

（2） ニクソンの南アメリカ訪問を指す。書簡243・注2参照。

（3） ジョン・フォスター・ダレス（一八八八―一九五九） アメリカの政治家。一九五三―五九年に国務長官を務める。

246

チューリヒ　一九五八年五月二五日

大切な最愛のひと――

お手紙ありがとう、わたしたちは水曜日の晩からこちらに来ていて、手紙はちょうどよくここに届きました。エルケが花と果物とクッキーを部屋に置いておくよう手配してくれていて、その心遣いに心温まりました。できれば彼女

に電話して、一分でも時間ができしだい手紙を書くと伝えてください。この住まい[1]はなかなかきれいで、典型的な転借用アパートですが、わたしの目的には理想的で、たいへん静かですが中心街にあり、仕事部屋兼寝室として必要なものすべてが揃っています。

チューリヒに来てからは目のまわりそうな騒ぎ。着くか着かないかのうちに、もう電話が鳴りはじめました。（かけてきたのはヤスパースで、長い話になりました。）それについては、すぐあとで。どうでもいいことを先に書きますね。チューリヒでの講演[2]は、ひとが成功と呼ぶたぐいのもので、大講義室から大講堂《アウラ》へ場所替えをしたほど、こんなことははじめてだったそうです――等々。そのあと、『チューリヒ新聞』の編集長ブレッチャーとたいへんすてきなディナー、彼は休暇先からわざわざ来てくれたのです。とても感じのいい、頭の切れる人、それにユーモアたっぷり。（彼が提案して言うには、ドイツの核兵器反対大集会[3]は〈死ぬのはいや〉デモ行進にしたらいい、そうすればきっと、もっとたくさんの人をおびき寄せられる。）講演のあと、新聞社の人たち、でも感じのいい人たちが、花をもってどっと家に押しかけて来ました。要するに、とても愉快でしたよ。ちょうどそこには選りにも選って、五月の花*ことハンス・コーンがいて、このうえなく渋い顔をしていたんですからね。彼はわたしの言ったことも気に喰わず、それをほとんど押し隠しもせずに、わたしのチューリヒ滞在の最良のことはレースヒェンをいっしょに連れてきたことだと、何度も言うんです。けれども昨日からはやっと静かになって、助かります。たしかにケルンはツィルケンスとベンノのおかげで格別に楽しく、友情につつまれていましたが、それでもやっぱりかなり疲れましたから。おまけに明日はジュネーヴへ行って国際協会で講演[4]をしなければなりません。

こんなのはすべて、どうでもいいこと。それとはちがって――新聞でご覧になったでしょうが、ヤスパースがドイツ出版販売取引所組合の平和賞を授かることになり[5]、その授賞式がパウロ教会で厳かにとりおこなわれます。式ではここの習慣で、いわゆる頌辞《ラウダーツィオ》、つまり栄誉を受けた者をほめたたえる式辞があって、それによって受賞者がいわば紹介されます。そして――なんとしたことか――主催者たちの頭に、わたしにその頌辞をやらせようという奇想天外な思いつきが浮かんでしまったのです!!　お願い、いますぐ熟考をめぐらしはじめてください、わたしはやるべきか、やらざるべきか。この思いつきはヤスパースから出たのではないのですが、彼は大喜びで即座に賛成なさったとのこと。でもそれにわたしが縛られているわけではありません。彼がさっき電話をくださったのは、わたしがそうする義務があると感じてはいけないと、もう一度念を押すためだけだったのです。もしわたしがこの件を引き受けるべきではないと感じるのであれば（ダイモニオン(6)に聴け）、やらなくていい、と。でもわたしが渋る理由を、彼は認めてくれませんでした。

　わたしの挙げた理由は以下のとおり。これは公的＝政治的な行為です。わたしがそれに適さないのは、一、ほかの著名人と肩を並べうるような者ではないから。わたしが断った場合の候補に挙げられているのが、カミュか、ひょっとしたらラインホルド・ニーバー(7)だと言えば、どういう意味かおわかりでしょう。二、ヤスパースとわたしの個人的友情が妨げになる。ただしこれはわたしにとってだけで、ヤスパースは私と公のこういう峻別はしません。三、わたしは女で、ユダヤ人で、非ドイツ人、あるいはむしろ亡命者だから。これらはすべて公共世界にひじょうに悪い印象を与えるでしょう。ヤスパースもこの点は否定しないのですが、むしろそれを愉快がっています。（わたしが当のドイツ人たちに、どうしてわたしなんかを、と訊いたら、彼らの曰く。女性がはじめてパウロ教会**に登壇するというのも、なかなかいいでしょう。）（見出しを付けるなら、そばかすだって、それなりの観点!!***）。四、わたしは怖くてしようがない。

　ヤスパースは、以上の理由はみなわたしの尻込みの合理化にすぎないと見て、議論する気にすらなってくれません。彼のほうの理由。これは彼にとって大きな喜び、この件全体でのおそらく唯一の楽しみであって、それを除いたらこんどの件には格別うれしいことなぞ一つもない。彼はもう七五歳、だからこれはわたしが彼を喜ばすことのできる空前絶後の機会だということになる。

　このほかにもちろん、わたしにはヤスパースに言えない理由がもう一つ、あるいは二つもあります。第一に――ハイデガー。この話は、どっちみちすでに生じてしまった事態、いやむしろ生じなかった――しかもわたしの責任ではない――事態を、固定化してしまうことにしかならないでしょう。でもそうなるとわたしは、どっちにつくかを明確にした立場、少なくとも見かけはそう見える立場に、いやでも追い込まれますが、もちろんそれは困るのです。そしてそこに結びついているのが、これもまた一種の政治的な連帯表明行為、もしくはそのように思われかねない行為だという事実ですが、もちろん、それもやはりわたしの気持にそぐわないのです。これにたいしては、わたしにだってちゃんと口がある、自分の言いたいことを言っていいのだと、言えるでしょうけれど。

実際的な面では。九月末に、数日の予定でフランクフルトへ飛ぶことになるでしょう——これは災難と言うほどじゃありません。費用は向こう持ち。二晩徹夜する羽目になったところで、たいしたことじゃない。

さて、これで全部です。あなたのシュヌッパーはどうすべきでしょうか？　ここチューリヒに、電報か電話をくださいませんか。電話番号は二四—六七四五。わたしは三〇日金曜日の晩にまたチューリヒへもどってきて、月曜の朝までいます。それまでにあなたの意見を知りたいのです。火曜日にはハイデルベルクに行くので、そのさい、わたしがどう決めたか先方に返事しなくてはなりません。

あとほかには、もっと大事なことだけを。『人間の条件』(8)のことでコールハマー社と交渉中です。ラーエル(9)を出すと言っているキーペンホイアー&ヴィッチュ社とは、おそらくすっかり関係を絶つことになるでしょう。なにしろヴィッチュ氏はとても当てにならない人だし、典型的にドイツ風ですから、なにを考えているのかさっぱりわからない。ピーパーがラーエルを出したいと言っているので、たぶんそっちに決めることになるでしょう。ヴィッチュはクルト・ヴォルフの同類と言えそうな人、ただし、はるかに低い水準で。おおかたの人は彼には用心しろと言いますし、わたしだってあとで自分の報酬をかちとるために弁護士を雇うなんて羽目になるのは真っ平です。コールハマー社はシュトゥトガルトにあるので、七月二日、ハイデルベルクへ行くまえに立ち寄ります。

[…]

昨日、わたしたちはここの劇場へ行きましたよ。マックス・フリッシュの作品のとてもいい公演で、一種のスイス風ニヒリズム、でも形式はフランス風の風習喜劇、ですから少なくとも愉快に笑えました。

こんなにおかしな手紙でごめんなさい。でもわかってくださいますね——あっちこっち駆けずりまわり、ほんとうにパニックになっているのに、相談できるシュトゥプスはどこにもいない。

[…]

ここのブリッチュギ夫人(10)が話してくれたのですが、どうやらローベルトは再婚したらしい、ところがエルケはそのことを知らない！　そしてローベルトはまた父親になったとのこと。かわいそうなエルケ、彼女はなにか仕事につく決心さえできればいいのに。ここスイスでは彼女は外国人だからそうはいきませんが、ニューヨークでなら、あの針仕事の腕をもってすればなんとかなるでしょうに。こんなふうに両大陸のあいだをあっち行きこっち行きしているのは、やっぱり相当に惨めです。ほんとうですよ、愛するひ

と、女は結婚していないと生きられないのです。(11)

[…]

あなたの　あなたの——

(1) アーレントはチューリヒにあるエルケ・ギルベルトの住まいを使わせてもらっていた。

(2) 五八年五月二二日におこなわれたこの講演の題名は「自由と政治」。書簡250、および Hannah Arendt: "Freiheit und Politik." In: *Die neue Rundschau*. Jg. 69, H. 4, 1958, S. 670-694 参照。

(3) 書簡244・注4参照。

* Maiblümchen 五月に咲くかわいらしい花の総称で、代表的なのはスズラン。しかしここではハンス・コーンとどう関係があるのかは不明。

(4) 注2参照。

(5) 一九五八年九月二八日、カール・ヤスパースはドイツ出版販売取引所組合の平和賞を、フランクフルトのパウロ教会において授与され、アーレントが頌辞を述べた。

(6) ここでは、人間の内心で語りかける本人自身のデーモンの警告の声のこと。〔ソクラテスに因む。〕

(7) ラインホルド・ニーバー（一八九二—一九七一）　アメリカのプロテスタント神学者。

** フランクフルト・アム・マインのパウロ教会は、一八四八年三月革命の際の「国民議会」の開催場所として知られている。

*** Sommersprossen sind auch Gesichtspunkte. Sommersprossen はそばかすのことだが、字義どおりには「夏の芽吹き」、Gesichtspunkte は観点・見解のことだが、「顔の点」という字義から転じて、そばかすのことにもなる。

(8) Hannah Arendt: *The Human Condition*. Chicago 1958〔邦訳『人間の条件』〕は、コールハマー社からドイツ語版 *Vita activa oder Vom tätigen Leben*, Stuttgart 1960 として出版された。

(9) アーレントの『ラーエル』本。

(10) アパートの家主。

(11) エルケ・ギルベルトはのちにチューリヒの居住権を得て、翻訳家として成功した。

247

ニューヨーク　五八・六・一

ぼくの恋しい人

現代技術をぼくたちすら現実に利用できるとは、なんて便利なものなのか。こんなふうに大洋を飛び越えて、また同じ部屋にいっしょにいられるなんて、すごいもんだ。

格式張った祝典はもちろんいつだって不愉快なもの。でも友だちのためだ。それもパウロ教会に参列するとは、なんとも愉快じゃないか。国政やら主義主張やらといった問題は、ここではいっさい容れられない。政治の根本なら容れられる。つまりヤスパースもきみもその点ですっかり一致しているということ、きみたちが心を配っているのは人間の未来についてであってそれ以外ではないこと、これだ。

ニーチェがそうだったように。そしてぼくがそうだ。良きヨーロッパ人の概念については、やはりきちんと述べておくべきだ。〈そうすれば、まさにハイデガーがなんとしても聞かなくてはならないだろう〉〔英〕。あのドイツの半ズボン坊やが。

［…］

ラーエル(1)をどこが取ろうが、ドイツの男たちが群がってきてふたたび奪い合いをするかぎり、ぼくにはどうでもいい。

［…］

この金曜は用事が何もなくて気分がいい。バードであと三週間、そうすればひとりで自分の考えに浸れる。

何回も挨拶と口づけと肩をぽんと

H.

(1)　書簡246・注9参照。

248

［チューリヒ］　一九五八年六月一日

大切な最愛のひと――

ここで突然にあなたの声を聴くなんて、なんという奇蹟、なんという幸せ。そのあとすぐにヤスパースに電話しました、彼はすっかり安心して喜んでいましたよ。ヤスパース夫人もあとでまたここに電話をくださって、フランクフルトに来てくれるとはほんとにうれしいと、すっかり浮き浮きした声でおっしゃってました。もちろんのこと、あなたの言うとおりですね――この話は畢竟、引き受けようと引き受けまいと五十歩百歩。そして引き受けることは、すなわち彼を喜ばせること。

一昨日、ジュネーヴから戻りました。あそこでは学生たちを「熱狂させ」、一人の若いイギリス人学生と愉快に語り合いましたよ。とてもよかった。チューリヒは来るごとにますます好きになります。昨日はドルダー*へ行きましたし、今日は湖を船で大遊覧。ほんとにすばらしい。活気あふれた、人間味のある、居心地のいい町です。ここなら住めるでしょうね、それもひじょうに快適に。ここのところ電話が陽気に鳴りっぱなしです。（ユング(1)がわたしに会いたいと言ってきたことは、たぶんもう話しましたね。これもまあなんとか切り抜けられるでしょう。）明日はシュトゥトガルト（コールハマー社）に寄ってから、ハイデルベ

ルクへ行きます。[…]

ド・ゴール担ぎ出しの狂騒《ヒステリー》(2)はひとまず尋常な決着をみたようですね。彼はもちろん政党内閣をつくる、ほかの連中すべてとおなじに。グロテスクですね。社会主義者たちの態度はこれまで以上にいささか滑稽ですが、それでも万事これまでとおなじ流儀。これでアルジェリアの公安委員会にも終止符が打たれるのかどうか。あるいは公安委員会がこの愚かな祖国の救い主に反対する挙に出るかどうか。いずれにせよロシア側は彼に早くもさかんに秋波を送っている。そしてこれと、ドイツの反核運動が連動すれば、NATOの終焉となるかもしれません。ドイツでの状況は深刻ではないものの、きわめて感情過多な動きを見せています。ギュンター[・アンダース]は運動の最前列に伍して行進しているし、民衆運動となると放っておけないハイデガーも、かなり身を入れている。事柄全体はもちろん、ソ連との相互理解をという方向へ向かっています。間近で見ていると、かなりげんなりしますね。ヨーロッパの中立化をめざす本気の運動を考えたっていいはずなのに、そんな気配は露ほどもない。いまの事態はただのヒステリーで、これは現在の政体がすべてどんなに脆弱な土台の上に立っているかを示しているだけです。なにしろイタリアでだって、共産党とネンニ(3)の社会党の支持者が有権者の三六パーセント以上も占めているんですよ。重視されているのは基本的には中立化ではなくて、ロシアとの協調、そして歴史という列車に乗り遅れまいとする追随の姿勢。こんなばかげた主張から見ると、ヤスパースの無条件の親アメリカ主義ですら理解できる気になります——もちろんそれはそれでナンセンスなのですけれど。

わたしたちは「沈思黙考する」しかありませんね。それが道理にかなったことへ辿り着けるいちばんの道。この混乱のなかで行動するのは不可能に思えます。どう行動しようと、間違った前線に入りこんで、狂気の沙汰の選択を強いられてしまうだけです。

愛するひと、わたしはそうは書かなくとも、ほんとうは不安でたまりません。合間には楽しいこともありますけれど。あちこちうろつくのはすてきだとはいえ、ただ、迷子にだけはなってはいけませんね。

このまえの学期とおなじように、またじっくりと沈思黙考なさいますように。こんどの学期のことを、いまからもう楽しみにしています。

シュトゥプス、飲みすぎないでくださいね。

あなたの　あなたの

ロッテによろしく。彼女の手紙はすばらしい——わたしの行く先ざきに、かならずちょっとした便りが来ます。わたしが迷子になるのを怖がっていると知っていて、しかるべく対応してくれているのです。ハイデルベルクから帰って来たら彼女に手紙を書きます。今日はもう疲れすぎていますので。

＊　おそらくグランド・ホテル・ドルダーのことだろう。チューリヒの高台にあって湖と町とアルプスを一望できる由緒あるホテルである。

（1）　カール・グスタフ・ユング（一八七五―一九六一）　スイスの心理学者で精神科医。

（2）　書簡243・注1参照。

（3）　ピエトロ・ネンニ（一八九一―一九八〇）　イタリアの政治家。一九四九―六四年にはイタリア社会党の書記長。

249

［ニューヨーク］　一九五八・六・三

恋しい人

今回の件を、(1)きみが軽くとらえてくれてよかった。そのようにとらえられるべき性質のものだ。きみの描写を読むと、チューリヒはなんとも魅力的に響く。ぼくはいつも絵葉書のように思っていた。食事はおいしいものの、ここで二日以上暮らせるだろうかと考えるようなところでもあった。ド・ゴールは支持者を抑え、とてもしっかりとした姿勢を示した。しかしこの最後のぎりぎりの瞬間、ヨーロッパ人、そして他ならぬフランス人がまだアフリカに片足を置きつづけられるかどうかは、疑問だ。さもないとアラブ諸国ブロックがあらゆる恐ろしい可能性をもって次第次第に押し寄せてくる。

こちらはあいかわらず清澄で爽やかな春を送っている。純粋な自然の奇蹟だ。今年のバードでの緑と花々の充溢はすばらしいものがある。とはいっても――二週間もすればこれも終わりだ。学部の多数派は、来年は新しい四学期制で仕事をするとすでに表明した。フォード(2)から実験のための資金が出れば、ということだが、ぼくはそうはいかないと思っている。でも同僚たちはそう見ている。この件とぼく自身の未来全体について、実はもはや皮肉な考えしかもっていない。

［…］

バードでは、来年不在となる文学教員の代わりとなるような名士を何人か獲得しようとしている。誰もが一コースだけだ。アルフレッドはすでにほぼ承諾した。メアリーはどこにいるのだろう。彼女をもう一度バードに呼び戻せたら[3]楽しいのだが。彼女の住所を教えてくれないか。あるいは、ぼくの問い合わせを伝えておいてくれるならもっといい。ドワイト［・マクドナルド］にも訊ねてみるつもりだ。アルフレッドはきみが発ったことを知らずにいたよ。彼がきみに愛を送っている。［…］

ゆったりとやるように《テイク・イット・イージー》。

きみのH.

（1）書簡246・注5参照。
（2）フォード財団。
（3）一九四五年から四六年の学期にメアリー・マッカーシーはバード大学で文学を教えていた。

250

［チューリヒ］一九五八年六月八日

大切な最愛のひと――

　わたしのはじめての静かな日曜日、すばらしい天気で、住まいのなかにはわたしひとり、かなり騒々しいのは鳥たちばかりです。ローズは昨日発ちました。最後もまた、とてもほろりとさせられましたよ、わたしへの愛情を盛大に誓ったりして。［…］

　一連の講演もひとまず終わりました。あとは三週間後のミュンヘンだけ、そこでの講演[1]はこれからゆったりと寛いで書くつもりです。フランクフルトのパウロ教会のことについては、ようやく気持が落ち着きました。ハイデルベルクで、書籍出版業組合の現理事長で賞の創設者のランベルト・シュナイダーと会って話をしたのです。そのあとでは、これからのわたしの最大の心配の種は、式にはなにを着たらいいか、ホイスにはどう呼びかけたらいいか、くらいなものだろうなという印象です。どちらの問題もなんとか解決できるでしょう。

　ギュンター［・アンダース］は反核運動のなかをご機嫌で泳ぎまわっていて、ごく近いうちに東京へ行けそうで、ついでにインドやどこやらにも寄ってきたいとのこと。今月末にはここへ来るかもしれません。例によって感動的な手紙を書いてきます、ちっとも変わらない――彼の書きようも、わたしの反応も。また会うのはどうも気が進まなくて、彼のほうから行けないと言ってきてくれないかと密かに期待しています。チューリヒで三週間、静かに過ごしたいので、ほかの講演は一応断りました。でも一〇月はじめになら二、三の講演は引き受けられるかもしれないと言ってあります——もちろん、それ相応の報酬がもらえる場合だけですよ。すでにやった講演を、そのまままた使うわけにはいきませんもの。自由についてのチューリヒ講演(2)は、ここのラジオのためにあらためて録音します。いちばん実入りがあったのは、教育危機についての講演で(3)——ケルンとブレーメンで放送されたし、どこかで活字にもなります。ケルンは一五〇〇マルク払ってくれました。ご覧のとおり——こういうことが実際、少しはお金になりはじめたのです。

［…］

お伝えするのを忘れていた気がしますが、ベンノが心からよろしくとのこと。彼とはとてもすてきな一日と、ツィルケンスのところでの一晩を、いっしょに過ごしました。それにしてもドイツの大学教授というのは、いつだってどうにも奇妙な動物《アニマル》ですね、ベンノみたいにあんなにいい人であっても。なにをしていてもわたしの思いはいつも——わが家へ、シュトゥプスのもとへ。

あなたの

（1）ミュンヘン市八〇〇年祭の行事として一九五八年六月三〇日から七月五日まで、第一回国際文化批評家会議が開催され、アーレントはそれに参加した。—— Hannah Arendt: "Kultur und Politik". In: *Untergang oder Übergang. Erster Kulturkritikerkongreß in München.* München 1959, S. 35–66 参照。

（2）書簡246・注2参照。

（3）書簡244・注1参照。

251

ニューヨーク　五八・六・一四

恋しい人

こちらは何日か湿度が高く熱帯みたいだったが、いまはドイツのような、こよなくすばらしい六月日和だ。チューリヒではそんなにいいところに泊まれてよかったじゃないか。一休みできるだろう。ギュンターにしてもハイデガーにしても、ありありと思い浮かぶ。すべてが動き、そしてすべてが遊園地のコーヒーカップのようにぐるぐる回って、彼らときたら目まいのうちで、すべては自分の周りを回っており、世界がまさにそれをいつも待っていたんだから世界のために何かするんだ、とみずからに言い聞かせることにもなる。いつになったらぼくたちは救済者たちの手から救われるのか。

　バードでは学期末に向かって慌ただしく、来週はおそろしいことになる。いまから六〇もの答案に汗をかいている。その後は評価表《クリテリア・シート》(1)――やれやれ。

　その他に報告することはない。なにしろ、ありがたいことに、なんにも見ていないし、なんにも聞いていない。メアリーはぼくに連絡してこなかったようだ。残念。[…]巨大な小包がハンブルクから届いた。開けてはいない。でもエスターが、上等な食器が入っているものとわくわくして待っている。[…] 本(2)の何部かがようやく届いた。とてもきれいな作りだ。

　おそらく近いうちにコネチカットのシュルツ一家のところへ行かなくてはならないだろう。

　金を稼ぐことと〈マス・メディア〉で、どうか無理をしないでほしい。

　口づけと肩をぽんと

（1）書簡179・注1参照。
（2）ハンナ・アーレント『人間の条件』（シカゴ、一九五八年）。

252

［チューリヒ］五八・六・一五　日曜日

大切な最愛のひと――
　わたしのチューリヒでの三週間の第一週はもう終わってしまいましたが、とてもすてきな一週間でしたよ。じつにじつに静かで、ほとんどだれとも話さない。もちろんバーゼルのヤスパースはべつですが、それも電話ですからね。仕事もしっかりできました、平穏につつまれ、ほんとうに満ち足りた気分で。じっさいこれは何年分もの休養です。なにしろチューリヒは依然としてとても気に入っていますもの。絵葉書みたいというのはいくらかほんとうですが、それでもたしかに一種の美しさです。太陽のきらめく今日、湖はただもうこの世ならぬ美しさでした、そこに浮かぶ小さなヨットとたくさんの白鳥、背景の山々とバラの花。そしてなにもかもみごとに清潔で、まるで猫みたいに毎日自分を舐めあげているかのようです。あなたがここにいらしたときはまだ若すぎて、この町のよさがわからなかったのですよ。町もまだいまのように、フランス、ドイツ、イタリアがすぐ手の届くところに位置する〈ヨーロッパの交流地点《カルフール》〉にはなっていなかったのですものね。
バードのことは、やっぱり心配です。来年は休みを取ってはどうかしら、そうすればみなさんがその実験なるものを、ともかくあなたなしでやるでしょうよ。来年はプリンストンがあるから大丈夫。[1] 考えてみてくださいね。あなたの最初の反応が〈否《ナイン》〉だということはわかっていますが、一度ニュー・スクールだけにしてみるのも悪くないじゃありませんか。メアリーの住所はわかりません。電話をかけて、ボウドン［・ブロードウォーター］に訊いてみてくださいな。［…］

ギュンターは手紙で、東京へ発つのでやっぱり来られないと言ってきました。そのことはもう書きましたよね。いまはパウロ教会のことで興奮してなどいられません。ヤスパース夫人と長い議論をしたんですよ、彼がなにを着るべきかについて。わたしは黒いスーツを主張。彼女の曰く、彼は黒いのをもっていないし、もう歳だからそんなものにお金を使うのは無駄である。ハイデルベルク時代からの古い青のスーツがまだ十分着られるから、それでもいいのではないか。わたしの反論、「どうしておわかりになります、いつ彼が亡くなるかなんて?」彼女、「たとえあと一〇年生きながらえたとしても、そんなスーツを着る機会なんて二度とありませんよ。」わたし、「あるかもしれないじゃないですか」――これはノーベル賞を控えめに仄めかした発言――「買うとすると、どのくらいかかります?」彼女、（恐怖の聴きとれる声で）「一〇〇〇フラン!」（約二五〇ドル）。わたし、「それなら賞金の一〇パーセントを超えないですよ。一〇パーセントの経費ならごくあたりまえです。」

どちらが勝ちを制するか、興味津々です。経費という論拠に彼女はいまのところ納得した模様です。彼女にも服が要ると思いますが、それは彼と相談することにしましょう。どうです、なかなかおもしろいでしょ。

この手紙に同封して、ラルフ・マンハイム宛の手紙のコピー[2]を送ります。彼はヤスパースの翻訳者ですが、ハイデガーも訳しています、それも『形而上学入門』[3]を。彼はパリでわたしと会ったあとで手紙をくれたのですが、パリでの会話は、かつての［ハイデガーの］ナチとの関係について、もちろんとりわけ、その本のなかの一九三四年の講義からまだ削除されていない箇所についてでした。わたしは説明を試みました――その結果、マンハイムはアメリカ版のその訳書（イェール大学出版局）に序文を書いてくれとわたしに頼んできたのです。それにたいする返事が同封の手紙です。わたしの取った態度が正しいとあなたもお思いかどうか、言ってください。この問題については長いことよくよく考えてみたのですが、どうしてもこれ以外の結論

にはいたらなかったのです。(4)
　そういうわけでお知らせするほどの新しいことはなにもありません。ただし一つだけ。わたしの中年人生《マイ・ミドル・エイジ・ライフ》の願いを叶えました。鼻眼鏡を買ったのです。すごくおもしろいですよ、いかにも時代遅れに見えますけどね。明日はまたバーゼルへ行きます、週末にはそこへピーパーとランベルト・シュナイダーも来て、パウロ教会の準備の打ち合わせをします。
［…］
　ああ、そうでした、お伝えすべきことがもう一つ。桜んぼの旬がなんともすばらしく、桜んぼは日に日に安くなり、味がよくなって、いくら食べても追いつけません。もうおなかが痛くなっていますが、わたしの腸のほうが馴染みはじめてくれています。とっても美味しいですよ。
　ご覧のとおり、〈わたしは気楽にやっています、あなたもどうかご同様に‼〉〔英〕
　エスターによろしく‼

あなたの

　忘れていました。二度、劇場へ行きましたよ、一度はバロー劇団(5)、アヌイの出来損ないの戯曲をやったのですが、みごとな演技でした。つぎにはクライストの『アンフィトリオーン』――演技はとてもお粗末、でもこの戯曲はそんな演技で殺されはしませんね。

あなたの、あなたの

（1）一九五九年春学期には、アーレントはプリンストン大学歴史・文化学部の客員教授をつとめて、完全な教授給与を支給された。
（2）五八年六月一一日付のこの手紙はワシントンの国会図書館のハンナ・アーレント遺稿中にある。
（3）Martin Heidegger: *Einführung in die Metaphysik.* Tübingen 1953.〔邦訳『形而上学入門』河原栄峰訳、平凡社ライブラリー、一九九四〕
（4）アーレントは序文を書くのを断った。
（5）ジャン＝ルイ・バロー（一九一〇―一九九四）フランスの俳優、とくに映画『天井桟敷の人びと』で有名、演出家でもあった。

253

［チューリヒ］　五八年六月一七日

最愛のひと――
　たったいまメアリー(1)から手紙が来たところです。フィレンツェでの写真撮影にありとあらゆるとんでもない厄介ごとがつきまとっているとのこと、来週にはここへ息抜きに来るかもしれません。来てくれたら、とてもうれしい。

［…］

昨日はバーゼルに。明日もたぶんまた行きます。講義[2]──パスカル──は断然すばらしく、彼はそれこそ絶好調《イン・トップ・フォーム》です。そのうえ、いまなおいっしょにいられることにあんなに感謝しておられるあの老いたおふたり。それも、死もしくは死の脅威にたいする悲壮感も不安もまったくなしに。彼の原爆の本[3]はわたしももっていて、いそいで読むつもり、とても良識ある本のようです。読んだらお送りしますね。

最愛のひと、心配でなりません、この手紙を書いている唯一の理由がそれなのです。こちらもすばらしいお天気ですが、今日はかなりぐずぐずと怠けて過ごしました。というのも、ひどい痛風の発作が起きて、左肩がまともに動かせなくなってしまい、これまで痛風にもおなじくらい効いたアトーファンを飲んだところ、皮膚にひどいアレルギー発疹が出てしまったからです。いまのわたしは、手足を動かせなくなってもいいか、それとも皮膚を掻きむしるか、どちらかを選ばなくてはならない羽目に。夜どおし眠れませんでしたが、それでもご機嫌はいいんですよ。桜んぼで自分を慰めています。

あなたの──わたしが過労だなんて思わないでくださいね！

あなたの──

（1）メアリー・マッカーシーは彼女の本 *The Stones of Florence*, New York 1959〔邦訳『フィレンツェの石』幸田礼雅訳、新評論、一九九六〕を仕上げる仕事をしていた。写真を撮ったのはイーヴリン・ホーファー。

（2）ヤスパースの講義。

（3）書簡244・注5参照。

254

［バード大学］　五八・六・二三

ぼくの恋しい人

［…］

メアリーにはいまとても書けない。きみに書くのがやっとだ。バードでの最後の数日は筆舌に尽くしがたいほどに骨が折れ腹立たしかった。学生たちが新制度に反乱を起こしたんだ。教員は飯の心配から多数の賛成で受け容れた。

どうなるか誰もわからない。来年は望もうが望むまいが、あっさり離れるわけにはいかないだろう。それにぼく自身だって望まない。事態を収拾するためぼくならかなり力になれるかもしれないんだ。いまぼくはこの件にかかりきりだ。ましな教員の何人かは来年すでに休暇を取っていて、彼らがはたして戻ってくるかどうかわからないから、ぼくは彼らをもっと有能な教員に代えるつもりだ。いまはこうして、いくらか遅れただけの評価表《クリテリア・シート》を前にどっかと座り、怒りのあまり頭から湯気を立てている。

ヤスパースの調子がそんなに良好とはすばらしいことだ。きみにとってもよかった。リューマチにはどうか気をつけて。こちらはいままで冷たく雨がちの天候で、まだまだつづく見込み。異常だけれど、まあまあ快適だ。

口づけと肩をぽんと

きみのH.

［…］

255

［チューリヒ］　五八年六月二四日

大切な最愛のひと——

こちらではなかなか夏が来ません、ときおり何時間か暖かいときはありますが、全体としてはいまなお上着の要る天候です。でもヨーロッパの夏というのはこういうもので、わたしたち、それをもう忘れてしまったのですね。わたしたちの気候のほうが、わたしには好ましいような気がします。少なくとも、なんのために夏があるのかわかりますもの。

さっきブルーメンフェルトから手紙をもらいました。ジェニー(1)がやっと退院したばかりで、七月一六日まえにこちらへ来るのは無理だとのこと。だとすると、予定より早く家に帰るというわたしの胸算用は、やっぱり泡と消えたわけです。クルトヒェン［・ブルーメンフェルト］にはヤスパースのあとで会うことにするしかないので、家に帰るのはようやく七月の末、二九日か三〇日あたりになってしまうでしょう。家が恋しくてたまらないので、これでは好都合どころじゃないのですが、ほかにどうしようがありますか？

ところで、行方知れずだとハナン［・クレンボルト］が言っていたコーン＝ベンディットが、ここでひょっこり見つかりましたよ。日曜日にミュンヘンで会うことにしてい

ます。[…]

ほかにはとくにお知らせするほどのことはありません。バーゼルには土曜日にも行きましたし、明日もまた。ヤスパースはものすごくお元気で、ご機嫌よろしい。原爆の本[2]はじつにみごとなところがたくさんあります。あの説教臭さだけは捨ててくださるといいんですけれどね。でも無理です、彼はもちろんそこをいちばん重視していますから。彼はあなたに一冊送らせてくださいましたよ。土曜日にはあとでピーパー夫妻とバーゼルを少し歩き回りました。途中で桜んぼの果樹園にさまよいこんでしまって、三人で木からもいで食べたのなんの、それこそ思いっきり――たくさん食べられるものですねえ。もしだれかに見つかっていたら、わたしたち三人ともバーゼルの監獄行き、そしてヤスパースは日曜日の新聞で、彼の出版者ならびに彼の授賞式での頌徳者を公式に任ぜられた者が、遺憾や遺憾、現在のところ自由の身ではないと、読む羽目になったことでしょう。そうなればおもしろかったでしょうに。

秋にまたいくつか講演を引き受けようかと思っています、いくらかお金も入ってくるように。それにノートルダムから[3]の招聘にも応じることにしました。三〇〇ドルは三〇〇ドルですからね、シュヌッパーは少しでもお金を家に入れたいのです。さもないとどうも気がひけて。

そう、シカゴの本[4]はすてきな装丁に出来上がりましたね、それに読みやすいと思いますよ。ロッテがすばらしくうれしい手紙をくれました――この本のことや、ほかのことで。わたしがこちらでどんなに「受けて」いるか、あなたに知ってもらうために、そしてその結果、着るものの問題もどうやらうまく解決したことがわかっていただけるように、ハイデルベルク講演[5]についての批評を同封しますね。おかしいったらありません！　おわかりでしょ――ドイツ人異教徒《ゴーイム》たちにわたしはいまでもまだもてるんですよ。

[…]

ごきげんよう、最愛のひと、着るものに気をつけて少し温かく過ごせるようにしてくださいね。あなたのほうではもう学期が終わるというのに、わたしはそばにいられない。なんて情けないこと。

あなたの、あなたの、あなたの

(1) クルト・ブルーメンフェルトの妻。
(2) 書簡244・注5参照。
(3) インディアナ州のノートルダム大学。
(4) 書簡251・注2参照。
(5) アーレントはこのときの旅ではハイデルベルクへ行っていないから、おそらくブレーメンでの講演のことだろう。書簡244・注1参照。

256

ニューヨーク　五八・六・二九

ぼくの恋しい人

そちらは本格的な夏になっていないとはお気の毒。こちらは夏になるのが遅かったが、いまは真っ盛りだ。どちらがよいかは何とも言えないが、きみのリューマチが起きていないことを願う。バーゼルでのきみの暮らしは日増しに牧歌的になっているようだな。チューリヒでは予定していた書き物は進んだだろうか。それともやはり楽しむだけにしたのかな。コーン＝ベンディットによろしく。彼にまだ挨拶ができるようならよいのだが。

ぼくは〔大学の〕仕事は全部家から放り出し、〔自分の〕仕事にかかりはじめた。よく書けている新しいドイツの生物学の本[1]が見あたらない。いままさに必要というときに見つからないんだ。きみが誰かに貸したのか。それとも新規の自然哲学者ヨーナスが持っていったのだろうか。ぼくは毎日本を整理しているし、エスターはいたるところ埃を払っている。それ以外では、何本か映画を見て、音楽を聞いている。カール・オルフのオペラ『賢い女』のレコード盤がある。なんともみごとな、新しい演劇だ。バルトークもよりいっそう好きになっている。ロルカのとてもよくできた戯曲『血の婚礼』を読んだ。インゼル社の小型版叢書で出ている。一冊買って、持ち帰ってくれ。

ブルーメンフェルトと会うのはもちろん必要だろう。するとぼくたちがパレンヴィルに行くのはやはり八月になってからだな。

ヤスパースご夫妻によろしく。きみがミュンヘンの後で公式のお祭り騒ぎを忘れるためにどこをぶらつくつもりなのか、ぼくに手紙で知らせてほしい。

〔…〕

挨拶と肩をぽんと、そして口づけを

H.

（1）　不明。

257

〔ミュンヘン　一九五八年七月初頭〕

大切な最愛のひと——

こんどはいったいなにが起きたんです？　わたしの手紙が着かなかった？　それとも成績評価表に加えてバードでのむしゃくしゃのせいで、頭がどうかしてしまった？　それに、あなたの手紙は今回チューリヒに着くのがあんまり遅くて、わたしはもう少しで電報を打つところだったんですよ。

いずれにせよ、わたしのほうも少々頭がおかしくなっていますけどね。ここでの講演[1]はまさしく成功でした、とくに学生たちには。討論のなかでだれかがわたしに反論しようとすると、学生たちはいっせいにシーッと言いはじめたほどです。おもしろい見ものでした。それにコーン＝ベンディットも来ていましたよ、なんとヘルタ[2]と！　試験的にまたいっしょに暮らしているんですって。彼は四月に一度ぶっ倒れて、お酒を控えていました。最初の日なぞはまったくのしらふで、頭も冴えて。じっさい、ドイツについて政治的な議論のしがいある唯一の相手です。でも昨日またふたりでわたしのところに昼食に来てくれたときは、もうかなり怪しい臭いをさせていました。ほんとに泣きたい気分です。医者たちは、こんなことでは精神病院行きになるのがおちだと、かなりむきつけに彼に言ったとのこと。最初はこれが彼にショックを与えたものの、それがいつまで続くやら。おきまりの話ですね、これは自覚の問題、などなどと。

およそここにいると、過去の一つ一つの層がつぎつぎと目のまえに出現します。突然、若いころケーニヒスベルクでの友人だったニッケルの未亡人が、彼の最後のころの写真をもって現われた。そしてハイデルベルク時代のヨーナス、あのハンス坊やの大いなる恋。という具合につぎつぎと。そのかたわら、ずっと会議[3]はつづく。かなりひどい会議。ホルクハイマーやシュテルンベルガーが来ています。それにペーター・ド・メンデルスゾーンも。才能はあるけれど落ちぶれたジャーナリストで、感じはいいけれど、どうしようもない人。ピーパーも来ています、彼とは友人になりかけていますよ。いまわたしはこれを書きながら、魅力的な人を待っているところ。デーンホフ伯爵夫人[4]、ドイツのジャーナリストで、知性があり、四〇歳前後、美人で、じつに冴えた人。

そのほかに。講演に先だってわたしをみんなに紹介した人が、わたしをローザ・ルクセンブルクとリカルダ・フーフになぞらえたんですよ。（だれかになぞらえるという手法は、どうも避けられないようですね。）わたしは、フーフには触れずに、ローザ・ルクセンブルクと並べて呼ばれるとは、たいへんな名誉だと応じました。すると会場にいた一人の青二歳が、なんととっさに大きな拍手！　教えてくださいな、いったい彼はどこで彼女の名を知ったのかしら。彼女の本はどの本屋にも一冊もないんですよ。たとえばピーパーだってぜんぜん知らないほどです。

　若い人たちにはなにかが始まっている、それにひきかえほかの連中ときたらおよそ信じられないほど鼻持ちなりません。大言壮語し、勿体ぶり、得意がる。吐き気がしますよ。それにホルクハイマー！　もちろん、おべんちゃらばかり。スティーヴンソン(5)とシローネは会議への参加を断りました。シローネが来ていれば、いろいろな面でちがっていたでしょうに。

　最愛のひと、チューリヒから出した手紙には、もっと詳しく、もっとうまく書いたんですよ。バード問題が心配でなりません。バードがどうこうというよりも、あなたがすっかり消耗させられていることが心配なのです。この新しい改革はわたしには完全に誤っているように思えますし、教師たちが去っていくのも理解できます。学生もおなじことをするでしょうよ。［…］

　最愛のひと、音沙汰なしでわたしを放っておかないで！

あなたの

H.

（1）書簡250・注1参照。
（2）エーリヒ・コーン＝ベンディットの妻。［この夫妻はパリ亡命中に離婚して、エーリヒだけがドイツに戻ってきていた。］
（3）この書簡の注1参照。
（4）マリオン・デーンホフ伯爵夫人（一九〇九―二〇〇二）ジャーナリスト。一九六八―七二年には週刊新聞『ディ・ツァイト（*Die Zeit*）』の編集長、その後は共同発行者。
（5）アドレイ・ユーイング・スティーヴンソン（一九〇〇―一九六五）アメリカの政治家。一九四八―五三年にイリノイ州知事、一九六一年からは合州国の国連首席大使。

258

ニューヨーク　五八・七・六

ぼくの恋しい人

　一通少しばかり遅れたからといって、何をそういきり立っているんだ。いちばん最後は月曜夕方にようやく投函した。これですべてだ。来週にはバードへ協議のために行かなくてはならないかもしれない。それと週末《ウィークエンド》にはシュルツ家に行き、それからそのすぐそばに夏のあいだ腰を据えているドワイト［・マクドナルド］を訪問するつもりだ。だから手紙を書く日が少し入れ替わったからと言って、肝を冷やさないでほしい。

バードについては、ぼくにはどうでもよいので、気持もすっかりおさまった。フォード財団は学長に、いわゆる試行事業《パイロット・オペレーション》のため、驚くなかれまるまる一五〇〇〇ドルを認可した。笑止千万。これを学長が自分の懐に入れてしまって、ほとんど何もしなければいいと思っている。さもないとこんなくだらないことのために大学を破滅させてしまう。

ぼくはもう目に見えて回復した。毎日ガキどもの面倒を見ることもなく、生まれ変わったような気分だ。新しい課程計画は、形になりつつある。

きみが若者たちに感銘を与えたとは、嬉しいかぎりだ。大地からはふたたび何かが生えてくることになるだろうか。悪は完璧なかたちで存続しないし、善もすっかり没落することはない。

ヤスパースによろしく。ラーヴがきみによろしく言っていた。彼とは夕食をいっしょにした。とても感じよく、孤独をかこっている。

［…］

口づけと肩を軽くぽんと

きみの

H.

259

チューリヒ　一九五八年七月九日

大切な最愛のひと——

今朝チュービンゲン[1]からここへまた戻ってきました、いかにもドイツ的な列車で、なんと朝七時発ですよ！　でもそのあとよく眠ったので、いまはミュンヘンとチュービンゲンでの疲れから回復しはじめたところです。想像してみてもください、ホルクハイマーと、ルートヴィヒ・マルクーゼ[2]と、ヴィルヘルム・ヘルツォーク[3]と、ヘルマン・ケステン[4]がいっしょだったんですよ！　これでは、あの東プロイセン語で話す皮膚病学者[5]が手を尽くして会議をりっぱに司ろうとしても、どうしようもない。あの紳士方は髪を引っつかみ合わんばかりの、なんとも盛大な喧嘩。しかもその自惚れぶり。拍手でも起きようものなら、オペラの舞台よろしく、さっと立ち上がってお辞儀する！　お話になりません。これほどの虚栄は、この二五年のあいだ一度も見たことがない、つまりあまりにもあからさまなのです。いまでも夜半に目覚めてこれを思い出すと、笑ってしまいます。あなたのシュヌッパーはちょっとしたスターでしたよ、ジャーナリスト諸氏の言う「手に負えない気性」のせいで。殿方たちは気分を損ね、ご婦人がたは、例のごとく大いにご満足というわけです。とてもすてきで、とても賢くて気持よかったのはデーンホフ伯爵夫人、でも彼女は討論で発言しただけ、わたしとはたくさんおしゃべりしました。ほとんどのとき、わたしたちはふたりだけで議論していて、男という名でうろちょろしているばかな雄鶏たちには見向きもしない。さっきも言ったように殿方たちは、これがおもしろくないのです。そのほかにも、わたしはラーエルの手紙[6]の整理をしましたよ、つまりかなりちゃんと仕事もしたわけです。全部をもう一度チェックして、全体としてはロッテの選択に沿い、ただしニューヨークでは手に入らない手紙からいくつか選んで加えました。さらにピーパーが「ハンガリー革命」を小冊子[7]にして出すことになりました。そのためわたしの英語版テクスト[8]の抜き刷りが至急必要です。家に、おそらく書斎にあるはずですから、すぐに航空便、ファースト・クラス・メールで、ヤスパースのところへ送ってくださいませんか。

ヤスパースとはいましがた電話で話したところです。土曜日にはそちらへ行っています。彼の原爆の本[9]はドイツではたいへんな成功。ほんとに並はずれた本です。さるドイツ人批評家が書いていましたよ、ヤスパースはこれで新しい

七・一〇　朝

ここまで書いたところで、電話が鳴って、「こちらブルーメンフェルト」の声。予期していませんでした。もっと遅くにジュネーヴに直接来るのだろうとばかり思っていましたもの。大急ぎでホテルに駆けつけましたが、そのあとすぐアンヒェン［・ヴェイユ］を駅に迎えに行く時間になってしまって。彼女はわたしがヤスパースのところに引きこもってしまう[10]まえの最後の二日をいっしょに過ごすために、アローザから来てくれたのです。わたしたちはすっかりはしゃいで、これから朝食に出かけるところ。でももちろん詳しく書いてはいられません、なんと、驚くでしょ、朝食も食べずに書いているんですからね。アンネがまだ身支度中なので——それにひとえに、あなたが望むらくは我慢できる程度か、なかなか快適だったかの週末からお帰りになったとき、手紙が届いているようにと思いまして。ド

ワイト［・マクドナルド］と憂鬱症のラーヴによろしく。メアリーはフィレンツェにいます。便りがきますよ。それについては帰ってからもっとお話しします。

あなたの――

（1）アーレントはそこの大学で講演をおこなった。

（2）ルートヴィヒ・マルクーゼ（一八九四―一九七一）　著作家でジャーナリスト。一九三三年にフランスをへて合州国へ亡命、〔ロサンジェルスの南カリフォルニア大学で〕哲学と文学を講じた。一九六〇年代はじめにドイツへ帰る。〔六八年学生運動のアイドルとなったヘルベルト・マルクーゼとは別人〕。

（3）ヴィルヘルム・ヘルツォーク（一八八四―一九六〇）　著作家。一九三三年に亡命。

（4）ヘルマン・ケステン（一九〇〇―一九七七）　著作家。オーストリア生まれ。一九三三年にフランスに亡命、一九四〇年に合州国へ。

（5）アルフレート・マルキオニーニ　一八九九年、ケーニヒスベルク生まれ。ミュンヘンの皮膚病学教授。ミュンヘンでのこの文化批評家会議（書簡250・注1参照）の主催者。

（6）アーレントのドイツ語版ラーエル本には、第二部としてラーエル・ファルンハーゲンのかなりの数の手紙が収められている。書簡246および書簡267・注3参照。

（7）Hannah Arendt: *Die ungarische Revolution und der totalitäre Imperialismus.* München 1959.

（8）Hannah Arendt: "Totalitarian Imperialism: Reflections on the Hungarian Revolution." In: *Journal of Politics* 20/1. Februar 1958, S. 5-43.

（9）書簡244・注5参照。

（10）アーレントはバーゼル滞在のあいだヤスパースの家に泊まった。

260

ニューヨーク　五八・七・一四

ぼくの恋しい人

『ハンガリー革命』がドイツで出版されるとのこと、とても満足している。もしその地の若者たちがふたたびローザ・ルクセンブルクについて漠然とでも知ることになるなら、その試み、時代遅れになったあらゆる権力が抱く不安を梃子とした、自由な人間たちによる政治的管理の現実的・実践的手段を指摘しているこの最初の試みは、彼らの役に立つだろう。ヤスパースの本はじつに並外れているように思える。ここではいうなれば現代のカントが語っている。自由の新たな政治的必然性にとって、この本は政治の不可欠な哲学的基盤を明快に復元するものだ。この基盤なしに新たな建造物を建てることなどできない。しかしきみも知ってのとおり、共和国概念が新たに、そしてもっと決定的に把握されなくてはならない。このようにぼくたちはやはり、ヤスパースと内面的にしっかり結びついている。

クルト［・ブルーメンフェルト］とそちらで会えてよかったね。彼の筆跡を見て、とても嬉しかった。ぼくもしばしば彼のことを、それもいつだって心から嬉しく、思い出している。そのように彼に伝えておくれ。彼とアンヒェンによろしく。ヤスパースには今度の本への喜びと感謝の気持を表わしておいてほしい。まずざっと目を通した印象だけでもう、この本の価値を認めるには充分だ。

ぼくはいつだってバードの用件で煩わされて多くの時間を費やしているが、それでも少しばかり元気を回復した。新しいぼくの講座はよくなっている。ヤスパースの問題設定を少し紹介する機会にもなるだろう。準備万端。

［…］

ロッテは締切を守ってパレンヴィルできみが校正できるようにと、きみの本にかかりきり。ほとんどへとへとだ。(1) きみの成功は、虚栄心が強く気取った連中が腹を立てているにしても、とてもいいことだ。『ハンガリー革命』販売促進のための助けになるだろうから。

嬉しいことにまもなくきみが帰ってくるんだな。

口づけと肩をぽんと

立派なシュヌッパーのために

きみのH.

（1） シャルロッテ・ベラートはハンナ・アーレント『人間の条件』の［ドイツ語への］素訳を行っていた。これは『活動的生（*Vita activa oder Vom tätigen Leben*）』（シュトゥットガルト、一九六〇年）として出版された。

261

［バーゼル］ 一九五八年七月一六日

大切な最愛のひと——

ヤスパースは歯医者さんへ、それで午後に暇ができたので、急いで少し書きます。わたしはいろいろな話で満杯になってしまって、もう家に帰る潮時です、ただただそれらを語るためだけにでも。ここではまたすばらしい日々。でも今回は、わたしにはその理由が見当もつかないのですが、すっかり甘やかされてしまって、このぶんじゃきっと鼻持ちならない子になりそう。昨日は長い話し合い、というより彼の側からの長い講義がありました——絹ビロードについて。ばかなことにわたしは以前、絹ビロードというのはどんなにすばらしい生地か、ちらっと言ったことがありました。そこで彼はわたしにその生地の服を贈ることに決めてしまったのです。二〇〇〇フラン[1]、約五〇〇ドルはするでしょうよ。いくらなんでもそれは正気の沙汰じゃないと、わたしが丁重に言うと、そこで彼の長い講義がはじまったというわけです。なんとも表現できないほど魅力的《シャルマン》な語り口で。ありがたいことにその後、絹ビロードはどこでも手には入らないことが判明しました。彼は原爆の本が成功して第一刷がドイツではもう売り切れになっていることで、すっかり気前がよくなっています。ところが彼女[2]までそうなんですよ。おかげで銀のシガレットケースを頂戴せざるをえなくなりました。アンヒェンからは銀のコンパクトをもらったし、自分ではミュンヘンでとてもすてきな茶色のオストリッチのバッグを買ったし——ヤスパースがプレゼントしてくださった黒いオストリッチ・バッグと対になる、茶色い服のためのバッグです——、これですっかりエレガントなって帰りますよ、あなたにはこれがわたしだとはわからないくらいに。

[…]

時間があるときは——そうたくさんはありませんが——「ハンガリー革命」を印刷にまわせるように準備しています。ピーパーがついさっき契約書を送ってきました。ところが『全体主義』のペーパーバック[3]版では災難が起きてしまって。わたしは新版の変更箇所をチェックするために校正をするつもりでしたが、それは原稿がなければできません。前もってはっきりと、原稿を〔旅先に〕もっていく必要があるかと訊ねて、そこまでしなくていいという明確な返事をもらっていたんですよ——それがいまになって手紙で、わたしに原稿を送ることは不可能だと言ってきた。わたしは真っ青、そこでいま、せめて校正用ゲラ刷り《ページプルーフ》を送ってもらえないか、問い合わせているところです。もちろんニューヨークに。

[…]

いまのところはこれで全部です、ほかは書ききれませんから。わたしは残念ながら呆れるほど元気ですよ。

ここの方々すべてが、あなたに心からよろしくとのこと。ヤスパースの曰く、「ハインリヒは原爆の本について手紙をくれるかな？　一度は書いてくれたのだがねえ、じつにいい手紙を[4]。」彼はちょっとした点であなたに似ているところがいろいろありますよ。たとえば夕食のとき、肉を食べきれず残してしまって、ぜんぶ召し上がれ、食べ残しは傷んでしまうかもしれませんからね、と注意されると、腹を立てて言うんです。「わたしはゴミ箱じゃないぞ！」これまでになくお元気で快活ですよ。彼女のほうも七〇歳にも見えないくらいです、ほとんど八〇近いというのに。

あなたの、あなたの、あなたの

最愛のひと

たったいま、あなたの手紙——それに新聞も。どうやらわたしが大洋を越えようとすると、それだけでもう世界の歴史にドドーンとなにかがおっぱじまるみたいですね。[5] また新たな朝鮮のようになるとお思いですか⁇　お願い、すぐにお返事を。この手紙が月曜日に着いたらすぐ返事をくだされば、わたしがクルトヒェン［・ブルーメンフェルト］に会いにクシュタートへ行くまえに、ここで受け取れます。

［…］

ロッテのこと。あなたの手紙で彼女がわたしの本のための仕事でパニック状態だと知って、わたしのほうもパニックに。電報を打とうかと思ったほどです。だって彼女は誤解しているんですよ。わたしは来年の夏まえまでは、その一件に目を通して印刷にまわす準備をする余裕はないんです。あなただってご存知でしょ、思い出そうという気さえあれば。わたしはあなたに言いましたよ、まずは政治の入門書[6]を書き上げてしまわなくてはならない、そのあと〈ヴィタ・アクティーヴァ〉[7]に取りかかれるって。最愛のひと、どうしましょうか？　とっても当惑しています!!!

心配でたまりません、あなたに早く会いたい。わたしの大事なひと——愛しています。

あなたのH.

（1）スイス・フラン。
（2）ヤスパース夫人。
（3）アーレントの『全体主義の起原』は一九五八年にメリディアン・ブックス社からペーパーバックで増補版が出た。
（4）ハインリヒ・ブリュッヒャーのヤスパース宛一九五六年二月一四日付の手紙は、*Hannah Arendt - Karl Jaspers Briefwechsel 1926-1969*, S. 313-317〔前掲邦訳『アーレント＝ヤスパース往復書簡2』、五五—六〇頁〕にある。
（5）カセム将軍のもとでイラク革命によって王政が倒され、国王ファイサル二世は殺害された（一九五八年七月一四日）。
（6）書簡215・注4参照。
（7）書簡246・注8参照。

262

［ニューヨーク］　五八・七・二一

ぼくの恋しい人

きみが順調にやっているようでよかった。そんな思いは、すっかり行き詰まった世界情勢(1)のなかでも唯一残されてお り、そこに身を委ねなくてはならない。ヤスパースの甘やかしときたらたいしたもんだ。でもぼくのところへ帰ってきたらただちにそんなに甘やかされることはなくなってしまうだろうよ。ぼくだって自分をわかっている。彼の本(2)をまだ読み進められていないので、前より多くを言うこともできない。大成功は時代の窮状によるもので、当面は道を誤った連中の処方として利用されるだけだろう。ぼくは不快な肋膜炎に罹っていて、神経が切れそうだ。数週間一滴もアルコールを飲んでいない。そこでご存じの一連の手に負えない禁断症状が起きている。かなり滑稽だ。残念ながら仕事がこの被害にあって、講座のためにほとんど何もやっていない。これから持ち直して、まだいくばくか準備をできればと思っている。バードは四学期制の「実験」に対して一五〇〇〇ドルという取るに足らない額を受け取っただけで、ぼくはこれとまったく何の関係もない(3)。

　世界情勢については目下のところ、きみの身に危険が及ぶと感じるほど不安ではない。奴らは目下、イラク(4)を確保しておきたいだけのように思える。それは成し遂げられたわけだ。こうして一歩一歩前へ進むのだろう、それもゆっくりと。どこでも何か起きなければ——もちろんいつでも何か起こりうるのだが。それでも二九日まではまだ心安んじてきみはそちらでやっていくことができるだろう。みんなによろしく。

　ロッテに思い違いをさせたのは、とんでもなく申し訳ない。ぼくがもっとよく話を聞いて、世界のことばかりでなく周りの人にも少しばかり頭をめぐらせていたなら避けられたはずだった。

［…］

　そろそろぼくたちはまたいっしょに過ごすべきときになっている。きみには話したいことがいっぱいあり、ぼくがそれをとても聞きたいと思っているから、というだけではない。このような状況下ではよく議論しておくべきことがたくさんある、という理由にもよる。

　挨拶と口づけと肩をぽんと

きみのH.

(1)　書簡261・注5参照。
(2)　書簡244・注5参照。
(3)　書簡249参照。
(4)　王政につづくカセム将軍の政権では、親西側路線から離れていった。

263

ニューヨーク　五八・一〇・四(1)

ぼくの恋しい人

ヤスパースと奥様がそんなに喜んでくれたとは(2)、ぼくも嬉しい。きみがロッテ［・ベラート］とそぞろ歩きできたのもよかった。きみがロッテ泥棒(3)については笑い転げるほどだった。きみはティファニーであるかのように、その犠牲となったのだ。ダイヤモンド泥棒についてはアメリカからやってきた金持おばさんと思ったんだ。少しばかり気取ってみせようとしたりすると、そんなものさ。ロッテの被害もかわいそうなものだ。こうして、人間とは現実に盗みをはたらくものだという教訓を、人生のこんな遅くになって学ばねばならないもう一人の頭のおかしい友人のための授業料を、またしても彼女は支払うのだ。

［…］

挨拶と口づけと肩をぽんと

きみのH.

（1）九月二四日にハンナ・アーレントはフランクフルトに向かい、九月二八日にヤスパースのための頌辞を述べた。これに先立つと推測される一通は遺稿のなかに残されていない。
（2）ヤスパースのための祝辞、書簡246・注5参照。
（3）ハンナ・アーレントはフランクフルト到着直後、持参した装飾品のすべてを、ロッテ・ベラートのブローチともども、ホテルで盗まれた。

第11部

1959年9月–10月

［一九五九年秋の旅は、ハンナ・アーレントにたいするハンブルク市のレッシング賞授与がきっかけだった。授賞式のあと彼女はまずベルリンに飛んで損害補償請求の手続きをとり、そのあとフィレンツェへ行ってメアリー・マッカーシーといっしょに時をすごした。一〇月末にはふたたびバーゼルにヤスパースを訪ねている。］

264

［パリ］ 水曜日《メルクルディ》［一九五九・九・一六］

最愛のひと

いまジュリエット［・ステルン］のところから帰ってきたところです、彼女の夫が亡くなったのです。そこでたまたま耳にしたのですが、コーン＝ベンディットが亡くなったとのこと。パリの住まいに電話してみたところ、息子――ガービ(1)が出て、その通りだと言いました。肺癌だったそうです。ほんとうのことを言わずにすますためにそう言ったのかどうかは、わかりません。いずれにしても、ヘルタ［・コーン＝ベンディット］はフランクフルトで暮らしています。そっちで彼女に会えるように試みてみます。

悲しいです。ハナン［・クレンボルト］に電話して、このことを伝えていただけませんか。あなたに土曜日には知らせが届くように、ほんとうは今日、あなたにではなくロッテ［・ベラート］に手紙を書くつもりでした。彼女からはすでに昨日！ うれしい第一信をもらいましたから。でもいまはもうその気になれません。彼女によろしく、もうすぐ手紙を書くと言ってください。

飛行機はとても快適でした。席一列まるごと独占して、ずっと横になっていました。リュテシア(2)はもうかつてのようではありませんが、それでもまだホテルとしてはごくまともです。ずいぶんと落ちぶれてしまって。パリ――秋の光のなか、このうえない美しさ。穏やかな上天気。マンハイム(3)との仕事がとてもたくさんあります。彼の翻訳はとてもいい。抜群です。昨晩彼のところでの少人数のパーティに。それ以外はほんとうに仕事ばかり。ハンブルクでは市参事会の迎賓館に泊まります。住所は、Haus Wedel, Neue Rabenstr. 31, Hamburg 36.(4)

あなたはローベルト［・ギルベルト］のミュンヘンの住所をくださいませんでしたね。うっかりして？ それともわざと？

マンハイムが数分のうちに戻ってきます。ごきげんよう、しっかりね、からだに気をつけて《テイク・グッド・ケア・オヴ・ユアセルフ》。

あなたのH.

（1） ガブリエル・コーン＝バンディ。エーリヒとヘルタ・コーン＝ベンディットの長男。

（2）アーレントがよく泊まったパリのホテル。

（3）書簡239・注1参照。

（4）一九五九年九月二八日、アーレントはハンブルク市のレッシング賞を授与された。そのさいの彼女の講演は翌年に公刊されている。Hannah Arendt: *Von der Menschlichkeit in finsteren Zeiten. Rede über Lessing*. München 1960. のちに *Menschen in finsteren Zeiten*. Hrsg. und übersetzt von Ursula Ludz. München 1989, S. 17-48〔「暗い時代の人間性――レッシング考」、前掲邦訳『暗い時代の人々』〕に収録。

265

ニューヨーク　五九・九・二五

ぼくの恋しい人

ようやくきみの手紙だ。気分もよいようなので、満足している。ぼくはあいかわらず、新入生《フレッシュマン》一二五人と共通課程の新任教員四人とで、てんやわんやの大騒ぎだ。けれども調子はとてもよく、このままつづくと思う。新しい冬期*大学の準備は総じて、やはりぼくの負担になっている。でもユージェニオとフランク・オハ(1)がとてもよく助けてくれている。この先の二、三週間は、金曜遅くになってからニューヨークに戻ることにする。陽気はすばらしいので、少しばかり散歩をする時間を確保したいものだ。

コーン＝ベンディットは気の毒だった。じつに長いあいだ癌に蝕まれていて、だんだんと意志をなくしていったのかもしれない。［…］

クルト・ヴォルフがきみに心のこもった手紙を書いてきた。きみは彼と会えるのではないかな。くれぐれもよろしく伝えておいてほしい。ローベルトについては、彼を訪れるのがきみには愉快でないのではないかという印象をもっていた。これから彼の六〇歳の誕生日のお祝いを書き送るつもりだ。もちろんきみが彼と会うようならとても嬉しいのだが。ローベルト・ギルベルト、ローヴィッツ方、ミュンヘン二七、フォサルト通り一四番。［…］

ぼくはここでもバードでもまったく快適にやっている。新しいことを考えるための時間だって少しばかりある。

さあ、ゆったりとやるんだ、愛しい人よ、無理をせずにね。そしてリューマチに気をつけて。

挨拶と口づけ

そして肩をぽんと

そしてベッドのなかへ

きみのH.

＊「冬期大学」は冬期に短期間、集中的に開かれる授業。所属学生にのみ提供される場合と、市民大学的性格をもつ場合とがある。ここではどちらか不明。

（1）ユージェニオ・ヴィリカーナとフランク・オハはバード大学の若い講師。

266

ベルリン　［一九五九・九・三〇］

最愛のひと

あなたの手紙が来たところです、ハンブルクにいるうちに。いまは一族郎党(1)といっしょです。まだ手紙を書いてないし、明日にならないと書けそうもないので、心配になってしまって。ハンブルクは大成功(2)。詳しいことはまた。ベルリンの再建ぶり！　はるかに立派になっています。最愛のひと！

あなたの――

（1）ここの“Mespoke”は、“Mischpoke”〔ヘブライ語〕のアーレント流の書き方で、従弟エルンスト・フュルストの家族のことを言っている。

（2）書簡264・注4参照。

267

ベルリン　一九五九年一〇月二日

大切な最愛のひと――

今日になってやっと手紙を書くところまで漕ぎつけました。ただ運がとてもよくないと、この手紙は月曜日にあなたに届きそうもありませんけどね。その運には、あなたが郵便受けを開けてみるかどうかも含まれていますよ。さて、こちらの報告を順序どおりに、つまりハンブルクから始める気にはなりません。そこでベルリン――昨日は市内を一巡り。まるっきり見違えるよう！　ふたたび傷口はふさがり、癒えはじめています、致命傷ではなかったのです。東側地区ですらとても変わりました。どこもかしこもすさまじい建設ラッシュ。生命力がまた街頭に溢れかえっています――ただしこれがほんとうに言えるのは西側地区についてだけです。東への出入りも自由で、市はこの点でも一体となっている。これが夢のままに終わりませんように。あと一年もすれば、あなたのお眼鏡にすら叶うほどの姿になるでしょうよ。おぞましい困窮の痕跡はもうどこにもない。そしていちばん重要なのは、地方じみたところが突然また消えてしまったこと。たしかに世界的都市ではないものの、また大都市にはなったのです。ご覧のとおり、わたしはこんないいニュースを伝えられるのがうれしくてなりません。［…］フランスでは、アルジェリア問題(1)が破産しかけている。それでいまは？　ドイツの新聞からはろくに情報が得られないし、ヨーロッパ版の『ヘラルド・トリビューン』もよくない。事態についていくには、『チューリヒ』新聞を日に三度も読まなくてはならないほどです。というわけで《エルゴ》、ロッテにお願い、後生だから《プール・ラムール・ド・デュ》、今後もずっとニュースを知らせてください。さもないと、わたしはほんとに田舎娘になってしまいます。

今日は損害補償(2)のことでここの弁護士のところへ行ってきました。会ったのはヘルツベルクという人で、弁護士の代理。弁護士本人は、いまドイツでよくあるように過労でガタがきて、どこかのサナトリウムで療養中とやらなんとやら。ヘルツベルク自身は、職業は判事！　たいへん気持のいい厳正緻密な人で、わたしには願ったり叶ったりです。明日は、しかるべき役所にたどり着けるように、まず市政府大臣を訪ねます——ハンブルクからの推薦状をもって。これで見通しがつくでしょう。おそらく火曜日までにここで全部片をつけて、水曜日には発てると思いますよ。

そうしたらフィレンツェへ。ミュンヘンには行きません。わたしがいまラジオで話をするのを、ピーパーが望まないからです。本の宣伝のために、(3)六ヶ月先延ばしにしてほしいと言っています。ロッテ［・ケーラー］に伝えておいていただきたいのですが、そうなるとここ当分はお金が入ってきません。そのかわりピーパーは、ハンブルク講演(4)を単独でピーパー叢書の一冊として出そうと言っていて、そのためにはまた書き直しが必要ですが、それはフィレンツェでやるつもりです。結構すぎるくらいの話‼

わたしの家族については、じかにお話しするほうがよさそうです。万事うまくいってます。ひじょうに好調とはいきませんが！

ローベルトには六〇の誕生祝いを書きます。ひょっとするとロカルノで会えるかもしれません、そこに彼は家をもっていますよね。手紙はミュンヘンのほうへ出します。

今晩は東側地区で『ナクソス島のアリアドネ』(5)、日曜日には『ガリレイ』(6)、もしかすると月曜日にはやはり東で中国演劇を。そのほかにもペルガモン祭壇、その除幕式が日曜日にここで華々しくおこなわれます。[7] それに明日、わたしのいわゆるロッテ叔母さん[8]が休暇から戻ってきて、わたしたちみんなで彼女を胸に抱きしめることに。エルンスト・グルーマッハはクレタ島にいますが、奥さんには明日会います。ほかにはほとんどだれにも会わず、もっぱら一族郎党ばかり。妙な気分です、こんなに久しぶりで。

最後にひとこと、ハンブルク。あなたには想像もつかないでしょうね、見出しをつけるなら、「大人気のシュヌッパー」とでもいうところですよ。

最愛のひと、これから一風呂浴びて、着替えてオペラに——ばんざーい!!

お元気で。たったいま、ユージェニオ［・ヴィリカーナ］の手紙が来ましたよ。

あなたの——あなたの——あなたの！

(1) 書簡243・注1参照。
(2) 一九五三／一九五六年の法律により、ナチ迫害犠牲者に対してドイツ連邦共和国が損害補償を支払うことが定められた。
(3) この宣伝は、Hannah Arendt: *Rahel Varnhagen. Lebensgeschichte einer deutschen Jüdin aus der Romantik.* München, Piper, 1959〔邦訳『ラーエル・ファルンハーゲン』〕のため。
(4) 書簡264・注4参照。
(5) リヒャルト・シュトラウス（一八六四—一九四九）のオペラ。
(6) ブレヒトの戯曲『ガリレオ・ガリレイ』が東ベルリンのシフバウアーダム劇場で上演されていた。
(7) ペルガモン祭壇は一九二九年以来ベルリンのペルガモン博物館にあったが、一九四五年にソ連に運び去られ、一九五九年にふたたびペルガモン博物館（東ベルリン）に返還された。
(8) シャルロッテ・アーレントは、ハンナ・アーレントの父パウル・アーレントの義妹。

268

ベルリン　一九五九年一〇月七日

大切な最愛のひと——

お手紙ありがとう。[1] わたしは書くべきときにはいつだってちゃんと手紙を書いていますよ、でも投函はいつも遅れずにというわけにはいかないんです。ハンブルクではそれはほとんど不可能でした。なにしろホテル住まいじゃないし、郵便ポストはかなり遠いし、それに始終あれこれあって——人と会う、講演する、書き物をする、電話する、それにまわりのばかげた騒ぎ。

いまさっき損害補償局から帰ってきたところです。なんと、四万五〇〇〇マルクで「和解」。いえ、ほんとうは和解じゃなく、これはわたしがそもそも要求できる最高額だったのです。ツォルキー(2)は二万マルクでの和解を助言、この弁護士は三万マルクにしろと言っていました。四万五〇〇〇マルクを、ここの役所のほうがわたしに申し出たのですよ。なぜかは神々のみの知るところ。お金は来月はじめにもらえます。その二〇パーセントは弁護士への謝礼に消える。残念《タン・ピ》！　詳しい話は帰ってからしますね。わたしは人の言うように、いい印象を与えたようだし、それにドイツ人相手ではいつも運がいい。弁護士について言うと——親切で、まっとうで、ものわかりもいい男、とくに切れ者というほどではないけれど、とてもいい助言をしてくれました。だからわたしは、彼にお尻をつねられるのを防ぐのに苦心が要りました、解決したうれしさもあったと思いますよ。彼はわたしをハンナと呼ぶんです、“du” 呼ばわりはまだしませんけれど。その点ではわたしはとても厳格ですからね。

そのほか、ベルリンでのいちばんいいニュースは——ロットヒェン［・アーレント］叔母さん。これは本来ロッテ［・ベラート］宛てに書くべきところなので、彼女に話してあげてくださいね！　なにしろロットヒェンは「金持」になって、気楽に遊び暮らしていますが、とってもいい人なので、見ていて楽しくなってしまいます。おまけに彼女はなんとローマに行っていたんですよ、そして、だれひとり思いも寄らなかったことに、すばらしかった、楽しかったと、われを忘れるほどの興奮ぶり！（東プロイセン風にですが、でもそれなりに。）わたしは彼女と「ヤマアラシ座」(3)へ行きました、じつにおもしろかった。昨日はペルガモン祭壇と東ベルリンの大体を、親切な東ベルリンっ子といっしょに見てまわりました。彼女の名前はよく聞きとれなかったのですが、あっちこっちに案内してくれて。

［…］

にわかに大金が入ることになって、いささか混乱気味です、

お元気で、最愛のひと、

あなたの

(1)　この手紙は採録せず。
(2)　ヘンリー・ツォルキー（一九六二年没）アーレントの弁護士。
(3)　ベルリンのカバレット、“Stachelschweine”。

269

［ニューヨーク　一九五九年一〇月半ば］

こよなく愛しい、すばらしき娘

きみが生まれてこの世に送られてきたこと(1)、これはなんと善きことか。世界にとって善きことであり、たとえ世界がそれを知らないとしても、とてもよく知っているぼくにとってはより善きことだ。それにときとしてきみにとってもまったくひどいことというわけでもないかもしれない。このような日には本来いてしかるべきであるこの場にきみがもしいるなら、果てしなく続いてゆく毎週のぼくたちの会話を繰り広げ、しゃべることでもっともっとお互いのなかに入り込んでいっただろう。こんな日において二番目に好ましいのはもちろん、はじめてのフィレンツェにいることだ。これは世界そのものがきみのために用意したすばらしい誕生日の贈り物のようだ。（共和国を建てるという偉大な試みのひとつだったが頓挫して、思い出という化石になってしまったけれども。）きみに電報(2)を送ろうと思っている。改まった上品なものを。きみはとても裕福なのだから、まさにきみにうってつけだ。でも裕福な子にぼくは何を贈ったらいいのだろう。あれこれ奇抜な方向で考えてみたが、適切で魅力的で突飛で無駄に役立つ、ロッテ［・ベラート］が思いついたようなものは、ぼくにはおそらくうまくいかない。できるとすればきみに相談するくらいだ。そこでまずは元気づけとお祝いの気持の詰まった小包を送ることにする。

ハンブルクではみんなきみに再会したがっていただろうね。講演(3)はとてもうまくいったそうじゃないか。早くもワシントンのドイツ大使館文化担当官から手紙が届いている。ハンブルクできみの話を聞いて感激し、いちどニューヨークできみと会いたい、とのことだ。

［…］

至る所で不穏な空気が濃縮しているのが感じられる。こちらの鉄鋼ストライキはきわめて深刻になる可能性がある。アメリカの輸出品はゼロに近い。商人たちはドル引き下げが避けられないかもしれないと噂している。そんなことをしたらロシアの思うつぼだ。

ローベルトとクルト・ヴォルフにくれぐれもよろしく伝えてほしい。

フィレンツェの天気が良いことを祈る。

きみのH.

（1）一〇月一四日はハンナ・アーレントの誕生日。
（2）電報には次のように書かれていた。「この日がどれだけの意味をもつことか。」〔英〕
（3）書簡264・注4参照。

270

フィレンツェ、ホテル・ヘルヴェティア&ブリストル
ピアッツァ・ストロッツィ
一九五九年一〇月一三日

大切な最愛のひと――

フィレンツェは言いようもないほど興奮させます。わたしはかなりのぼせ気味。それでも仕事をしなければならなくて、懸命になってここの机に自分を縛り付けているところです。

ここには金曜日の晩から来ています。一晩チューリヒに泊まりましたが、だれにも知らせませんでした。なにしろベルリンでの冒険で死ぬほどくたびれていましたし、おまけにフランクフルトで飛行機の乗り継ぎ便が出ないという災難までありましたし。チューリヒに霧が出たのです。わたしたちは全員、ヴィースバーデンのどこやらひどいところに泊まらされました。仕方《タン・》ない《ピ》。それでもチューリヒではわたしたちのためのとてもすてきな時計を買いましたよ、それもなんと朝の八時半に。どうです、りっぱなものでしょ？

ローベルト。ミュンヘンへ手紙を出して、ここのわたしの宛て先を知らせたのですが、なんの返事もありません。ロカルノで途中下車してもいいのですが、彼からなにも言ってこなければ、寄らないほうがいいでしょうね。どうお思いですか？　すぐ返事をくだされば、わたしがここにいるあいだに着きます。ぜひそうしてください！　わたしの人間不信はよくご存知ですね、あなたがいないと、またしても自分がどうしようもないばかなことをしでかそうとしているのかどうか、さっぱりわからないのです。

ここでいま泊まっているところは、ごく上等の、フィレンツェにしては断然安いホテルで、部屋はいささか僧坊めいた感じ。町の中心にあるので、あらゆる誘惑に、それに残念ながらとんでもない騒音にも曝されています。でもわたしは耳栓にはもうすっかり慣れっこになってますよ。けれどもギリシャ（1）このかた、こういうたぐいの旅行はわたしにはもうそんなに重要ではなくなってしまいました。あなたがいっしょに来てくださってさえいればべつですが――

[…]

手紙を書くことがなかなかできません、くたくたになってベッドにへたりこんでいるか、机にしがみついているか（ちなみに、とてもしゃれた机ですよ）、親戚たち(2)につかまっているか、もしくは（これがいちばん多いのですが）すばらしいものに見とれながらうろつきまわっているかなのです。

ごきげんよう、だいじなひと。この手紙は今日のうちに投函します。明日にはあなたの手紙が来るだろうと期待していますけどね。なんといってもわたしの誕生日ですもの、お忘れだといけないので念のため。この手紙が土曜日までに確実にあなたに届くようにしたいのです。

ほら、親戚たちがベルを鳴らしています——ついでながら、彼らはとってもよくしてくれますよ。

あなたの——

あなたにご挨拶とキスを

（1）一九五五年秋のギリシャ旅行のこと。
（2）従弟のエルンスト・フュルストの家族。

271

ニューヨーク　五九・一〇・一八

最愛の娘

いまヤスパースといっしょにいられて、きっと幸福だろう。またまた贈り物でさんざん甘やかされているのだろうか。これは、年長の人士が少しばかり年少の者に投げつけることのできる悪罵なのだ。まあ、家に帰るまで待っていなさい。ぼくは怒りのあまりかっかとしている。きみを讃える手紙だとか招待状だとか何から何まできみに転送するなんて無体に決まってる。それにぼくはきみの秘書になるには向かない。（きみだってぼくの秘書になんかなれなかっただろうが。）

ヤスパースには心からの挨拶をお願いする。彼については、大学改革についてのいくらか早すぎた計画(1)のことが、頭を離れない。彼は科学と哲学を区別することで、じつに決定的な基礎を築いた。ここまではまだ、もどかしく感じさせられる理由にはならない。彼の宗教と哲学の区別は不鮮明で曖昧なのだ。芸術は言うに及ばず。政治に関する彼の努力はすばらしいのだが、しかし「短い瞬間から切り離されたものを、永遠が連れ戻してくれはしない」(2)。ぼくのささやかな、けれど本質的な実験から、彼との対話に徐々に入ろうと試みている。

ローベルトはどんな調子だったろうか。元気ならいいのだが。

ああ、著名なる小鳥よ、きみの巣に戻りふたたび身を隠すことのできる時がきた。でもまずは、きみに転送するだけの価値のない二〇通の手紙に返信しなくてはならないだろう。おとぎ話のなかでのようだ。

こちらでは合同研究所(3)の大々的なキャンペーン活動が進行中だ。〈世界においてもっともすばらしいこの近隣を改善するために〔彼らの言っているのは正しいのかもしれない〕〉〔英〕。家主は所有の建物を改善する等々を迫られているということだ。もしかしたらぼくたちは転居しなくて済むかもしれない(4)。そうなるといいんだが。ぼくはここが気に入っているんだから。

バードは財政的にはおそろしいまでに下降線で、学問的にはみごとな上昇線だ。すべてぼくには面白い。

挨拶をして、口づけをして、肩をぽんとたたいて

きみの

ハインリヒ

どうかどうかぼくに決して蒸留酒など買ってこないでくれ。その代わりに昔ながらのすばらしい葉巻を一〇〇本でも。イタリア国境に近いスイスのブリッサーゴで作られているやつで、青い帯がかけられ真ん中に藁が通った長いヴァージニアだ。

そして、ともあれ帰ってきてくれ。

(1)　ヤスパースのハンナ・アーレント宛、一九五九年七月三〇日付および八月二六日付書簡における彼の、一九四六年の「大学理念」の「改訂」、および、「大学の新たな創立」をめぐる構想についての発言を指す。ハインリヒ・ブリュッヒャーの意見に対してヤスパースは、一九五九年一〇月二八日付彼宛の書簡で答えている。*Hannah Arendt - Karl Jaspers Briefwechsel.* München 1985, S. 418ff.〔前掲邦訳『アーレント＝ヤスパース往復書簡2』、一七九―一八一頁〕参照。

(2)　シラーの詩「諦念」には次のようにある。「ひとが短い時間から切り離すものを／永遠が戻しはしない。」〔死んだ魂と永遠との対話にあって、後者が最後に述べる言葉で、生前に世俗的享楽を断念した者は死後の永遠の時にあってもその代償を得ることはない、といった要旨。〕

(3)　コロンビア大学のさまざまな研究所を指す。この近隣に夫婦の住居はあった。

(4)　一一月にハンナ・アーレントがニューヨークに戻った後、夫婦はリヴァーサイド・ドライヴ三七〇の住居に転居した。

272

フィレンツェ　五九年一〇月二〇日

大切な最愛のひと――

〈化石となった〉というのがこの都を言いあらわすぴったりの言葉です。そこに長くいればいるほど、奇蹟のような見事さがますますふくらんでいく。つまり、驚異がどんどん増えていくのです。どこを見ても、天賦の才のこの途方もない噴出。それに、ここにいるとなによりもはっきりわかるのは、中世だのルネッサンス期だのという通常の区別はまったくのナンセンスだということ。ここではしばしば一三世紀は、そしてかならず一四世紀は、すでに「ルネッサンス期」です。じっさいに見てとれるのは、いわゆる編年史《クロノロギー》や時代の精神などよりも、この都市の精神なのです。

　土曜日の朝にフュルスト一家は発ちました。最後まで気持よくいっしょにいられて、友情にあふれ、じつに和気藹々とした雰囲気でしたよ。政治的な話はこっちがなるべく避けるようにしましたからね。そういう話には彼らはとくべつ関心がありませんし。子ども時代の関係というのは長持ちするものですね。おたがいに一つの段階での相手のことをよく知っていて、それは決定的に重要な段階ではないかもしれないけれど、いまでもまだ動作とか習慣とかいろいろの面にはっきり残っている。わたしの従弟[1]はここではとても感じがよかった。ただベルリンでは、損害補償の件でとんでもない皮算用にうつつをぬかしていて、わたしの神経を苛立たせたのですが。ここでは彼は感激のあまりそんなことはぜんぶ忘れてしまった。その感激ぶりはほんものでしたよ。彼はたしか、ベルリンで二つの訴訟を起こしていて、一つは当局にたいして、もう一つは自分の弁護士にたいして。狂気の沙汰！

　あなたの手紙。最愛のひと、あなたったら、またわたしたちの旧き時代にもどって恋文をお書きなの？

　でもまだ報告すべきことがあります。昨晩ブッシ[2]がここに着いたんですよ、車で、シルキー［彼女の猫］を連れて。ええ、ほんとうに感動してしまいます、ここで会うために二日もかけて来てくれたのですもの。今日はいっしょにアレッツォへ行きます、明日はシエーナへ。そして木曜日の朝にロカルノへ。ヴォルフ[3]からの二度目の手紙で、わたしはやっぱり行こうと決めたのです。でもローベルトには会いません。わたしはできるだけのことはしたんですよ。彼は自分では返事をくれませんでした。ただエルケが手紙で、彼はチューリヒにいるとおしえてくれました。［…］

金曜日の晩にはバーゼルに着いて、やはりまたヤスパース家に泊まります。どうしても泊まれと、彼女が書いてきたのです、なんとも言いようもないほど心打つ手紙に。話のできる相手がいなくて彼がどんなに寂しがっているか、と。バーゼルには一週間滞在します。［…］

最愛のひと、心配です、ほんとうはいますぐ家に帰りたい。うろつくのはもうたくさん、こんどはあなたとすべてのことを詳しく話し合うべき時です。この可能性なしでは、すべてが沈黙したままになる。じっさい、わたしは絶えずあなたと話しているんですよ、ほっつき歩いているあいだも、宮殿の中をぶらついているあいだも。

お手紙くださいね、だいじなひと、腹痛なんぞ起こさないで、元気でいてくださいー！　過労はいけませんよ。お願いですから、一年間の休暇をとれないかどうかよく考えてみてください。わたしたち、それでもちゃんとやっていけますよ。

あなたの

H.

273

バーゼル　一九五九年一〇月二六日

大切な最愛のひと——

ここでの一週間はとても長くて、どこから書きはじめたらいいのかわかりません。ともかくいまはまたここに温かくかくまわれていて、その効き目は、こんなにあちこちの国を旅してきたあとでは二倍にも三倍にも感じられます。アンヒェン［・ヴェイユ］なら、逆立った神経をそっと《グラット》撫でつけ《シュトライヘン》てもらっている、と言うところでしょう。ヤスパースはごく好調、でもおふたりともちっともお変わりない。彼はじつにオープンで拘りがありません。あなたの手紙のうち、彼に関係のある部分を読んでさしあげましたよ(1)。彼は、あなたが「もどかしい」という言葉でなにを言おうとしているのかわからないとのこと。わたしが訊いてみましょうと言うと、いや、自分で訊くほうがいい、手紙を書こう、と。あなたから反応があったことを、とりわけ批判的な意見を言ってもらったのを、とても喜んでいましたよ。

(1) エルンスト・フュルスト。
(2) ヘルマン・ブロッホの未亡人。
(3) ヴォルフ夫妻はこのころロカルノに滞在していた。

さて、まずは旅の報告を。ブッシは計画どおりフィレンツェにやってきて、わたしとシルキーを連れて車でシエーナとアレッツォへ。えも言えぬ美しさでした、きらめく太陽がトスカーナのあらゆるみごとな景観に光を降り注いで。あなたはすべてご存知ですね、でもわたしははじめてでした。フィレンツェについては書きません。書きはじめたら、とめどなくなってしまいますから。あなたの言うとおり、石と化している、でもいうなれば、そのように構想されたのです。そしていまでは、あの大いなる石の都に住みついた惨めな小民族が、およそ信じがたいほどの種類の騒音を楽しんでいる――サルみたいで、気味が悪い。ミケランジェロについてわたしはメアリーとしかるべく喧嘩することになるでしょうけど、ほかにはそういう種はあまりありません。彼女はよく、しかも抜け目なく見てますね。すてきな本です。[2]

そのあとロカルノのエスプラナーデにヴォルフ夫妻を訪ねました。ほんとうにすてきなホテル。ヴォルフ夫妻は、彼女だけでなくふたりとも、信じられないほど友好的で、愛情をあらわに示してくれましたよ。あのケルンの人たち[3]がたまたま居合わせて、わたしたちを車でテッシンのあちこちへ連れていってくれました。またしてもすばらしい天気で、間然するところのない一日でした。

そして土曜日からはここに。今日は、ちょうどいまバーゼルにいるショーレムがわたしを連れ出しにきます。[…]もしも誕生日プレゼントのことでまだ頭が痛いようでしたら、一つ提案があります。アルテミス社版のゲーテ。(その書簡集をわたしたちはもっています。)どうお思いですか？　そうすればわたしたちの古びた全集のほうは処分するしかありませんね。でもどうしてもというわけではありません。

ヤスパースの翻訳者、マンハイムが、残りの部分[4]をパリからここへ送ってきます。もしなにか問題があるとわかったら、わたしはブリュッセルから一日か二日、パリへ行くことにするかもしれません。さらにご報告しておきたいこと。シュヴァルツヴァルトの鳥ども[5]が、わたしのアドレスを知らされていないと、ケルンの友人たちにひどくこぼしたそうです。(わたしは彼の七〇歳の誕生日[6]にハンブルクから祝電を打ったのです。)ハンブルク講演[7]をケルンの大学でもういちどやることは、手紙に書きましたよね？　〈やれやれ、そういうこと〉〔仏〕。わたしはいくらかお金を家にもってかえるつもりでした。ところがあの人たち、食事やらなにやら、祝宴をする計画なんです。そして食事代はもつけど、それ以上はびた一文出さないときている！　おまけにドイツ婦人ご一党とお付き合いすることになりそうです。

　こんなくだらぬ話《シュノーケス》〔イディッシュ語〕よりずっと大事なのは、あなたかロッテがすぐにヤスパース夫人に手紙を書いて、あなたの補聴器の名前を知らせてあげていただきたいこと。わたしは名前を忘れてしまったのですが、あの補聴器なら、彼女にもとても役立つように思えますので。ロッテがちゃんとやってくれますよね。

　ばかばかしい郵便物のことで、やきもきしないでくださいな。みんな紙くず籠に放りこんでしまいましょうよ、火をつけて盛大に燃やすことだけは我慢して。放火犯として監獄入りなんてことになりたくはありませんからね。それと、エスターによろしく！

　ご覧のとおり、わたしはいたって元気です。鉄鋼ストライキですら、わたしのご機嫌をぶちこわせません。それに、ヤスパースのところに来たさるハンガリー詩人だって同様。彼はあの革命全体をひどくセンチメンタルに語って、聴いていて反吐が出そうでしたけどね。バードのことでそんなに気を揉まないこと、大切なひと！　でも、いまのところに住みつづけられると思い込もうとするのもやめてくださいよ！　投資対象について、ガンパーズに相談してみてはどうかしら。場合によっては、お金はドイツに置いておく？　それともスイスに？　有価証券のかたちで？　損害補償金(8)はさし当たり、わたしたちのケルンの口座へ振り込んでおきます。

［…］

　さてこれから下のヤスパースのところへ行かなくてはなりません。喜びいさんで。とはいえ、行きたいのはどこよりも、あなたのもとへ。

あなたの――

(1) 書簡271参照。
(2) Mary McCarthy: *The Stones of Florence*. New York 1959.〔邦訳『フィレンツェの石』〕
(3) ツィルケンス博士とその夫人。
(4) 書簡264参照。
(5) マルティン・ハイデガー。
(6) ハイデガーの誕生日は九月二六日だった。
(7) 書簡264・注4参照。
(8) 書簡268参照。

第12部

1961年2月-6月

[一九六一年春学期に、ハンナ・アーレントはイリノイ州のシカゴの北、エヴァンストンにあるノースウェスタン大学で教えた。そのあと四月七日、雑誌『ニューヨーカー』の委嘱でアイヒマン裁判のリポーターとしてイスラエルへ飛んだ。そこでの滞在を一時中断して、バーゼルにヤスパースを訪ね、ミュンヘンに友人たちに会いに行っている。二度目の短いイェルサレム滞在のあと、六月二四日に夫とチューリヒで落ち合って、そこからいっしょにヤスパース訪問に出かけた。]

274

［エヴァンストン］　一九六一年二月一日

最愛のひと——

［…］

最愛のひと、いらっしゃらなかったのは不当です。約束は守らなくては、たとえ自分の妻にした約束だろうと。弁解にバードを持ちだすなんて、おかしいですよ。来る気があれば、きっかり二時間でシカゴに着くんですから。それに飛行機はいやだなんて言ってると、原則上まったく動けない状況にはまりこみますよ——五〇年まえ、鉄道なんぞに乗るものかと拒んだ人みたいに。ほんとうにもう潮時です、そろそろ試しに乗ってみてはいかが？　こんどのことでは驚きに身がすくむほどでした。なにしろ今回は、あなたが来ないかもしれないなんて思ってもみなかったのですもの。そして不安になったからです。わたしが断乎強制しないかぎり——そんなことをする気はありません——、あなたは夏のヨーロッパ行の件[1]でもおなじように振る舞うのではないか、と。

［…］どうかモーゲンソー[2]を送ってください！　それと、ロッテに『アウフバウ』[3]を送ってくれと頼んでおいたのですが、彼女は一度送ってきたきり忘れています。それもお願いします。アイヒマン事件[4]のことでどうしても見たいのですが、ここではむろん入手できないのです。

ギュンター［・アンダース］のケネディ宛書簡[5]をお読みになりました？　おかしいですねえ、ほかの面ではじつに正当なことを言っている人が、こんな不当な主張をするなんて。あなたはどうお思いかしら？　これとはべつのケネディ声明[6]はすばらしいですね。効果はあるでしょうか？　国民を納得させられる？　いま思われているよりもずっと困難だろうという気がしますが。いずれにせよ彼はなにが起きているのかを知っている。これは少なくとも一つの安心材料ですね。

月曜日にはカバレットに。なかなか気が利いていて、なかにはほんとうにいい演《だ》しものもありましたよ。ともかく楽しめました。わたしたちはカバレット所有者と同席、おかしな男でしてね、こういう人たちによくあるような半インテリ。そもそもこのシカゴというのは奇妙な都市なんです。ある意味ではニューヨークよりずっと知性が高い。とりわけユダヤ人はここでははっきりと中央ヨーロッパ的な雰囲気をもっている。それがどこから来るのか、わかりません。彼らはみんなロシア出身ですからね、つまり彼らの親の代が。ポーランドやガリツィアの出ではないのです！　お定まりの話。それ以外では、すべて平穏でなにごともなし。ここ数日はあなたのために時間を空けておきましたからね。これからはそうのんびりとはいかないでしょう。一連の特別講演《エクストラ＝レクチャー》があるし——これをするのは楽しみですけれど——、大学院生たちとの特別討論《エクストラ＝ディスカッション》もあります。彼らはとてもいい子で、やる気がある。ちなみに、政治学部のほうが哲学部よりも院生の質がいいですよ。これにはコロンビアでも驚かされたものです。才能ある若者たちが根本的に政治について無関心というようなことは、いまではもうなくなったのですね。五、六年まえとはべつの社会、べつの世代なのです。

さて今回、あなたはなにも贈りものをもらえなかったけれど[7]、あなたに罰を与えるとすれば、これはぴったりの罰でしょうね。そこで提案です。あなたのために小型のテレビジョン＝セットを買うのはどうでしょう。いままでよりもっといろいろのものを見たり聞いたりしたくなりますよ。どうお思いですか？

［…］

ごきげんよう、最愛のひと、そしてあなたの犯した罪を悔い改めるべし。ところでメアリーからうれしい手紙をもらいました。ボウドン[8]がこんどはほんとうに離婚のためにアラバマへ行くとのこと。ローウェル[9]が手紙に、就任式[10]に招待されたと書いてきました。世界はまたみどりに。驚くべきことじゃありませんか？

あなたの

(1)　この年の夏に計画していたヨーロッパ旅行のこと。
(2)　おそらく一九六一年に出た本、Hans Morgenthau: *The Purpose of American Politics*. 1960 のことだろう。
(3)　書簡77・注3参照。
(4)　一九六〇年四月、アドルフ・アイヒマンはアルゼンチンから拉致されて、イェルサレムで裁判にかけられることになった。アーレントは一九六一年四月七日、雑誌『ニューヨーカー』の委嘱で裁判の報告を書くべくイェルサレムへ飛んだ。
(5)　この書簡は見つかっていない。
(6)　おそらくケネディの大統領就任演説だろう。これは一九六一年一月二一日の『ニューヨーク・タイムズ』に掲載された。
(7)　一月二九日がハインリヒ・ブリュッヒャーの誕生日だった。
(8)　書簡140・注4参照。
(9)　ロバート・T・S・ローウェル（一九一七—一九七七）　アメリカの詩人で劇作家。
(10)　一九六一年一月にワシントンでおこなわれたジョン・F・ケネディ（一九一七—一九六三）の大統領就任式。この書簡の注6参照。

275

［イリノイ州エヴァンストン］ 六一・二・一七

大切な最愛のひと——

突然ものすごく心配になってきました。あんまり長すぎる。いまちょうど校正刷り(1)を読み終えたところです——ふうっ！ そしてヤスパースからすてきな手紙(2)、ケネディについて、そしてあなたの写真について、とても喜んでいらっしゃいますよ。そしてもちろん、わたしたちがいつバーゼルへ来るのかをお訊ねです。アイヒマン裁判(3)の延期で予定がなにもかも狂ってしまいます。もしあなたが学期を終えしだいすぐに行くと決心できるのなら、わたしはヨーロッパにそのまま残っていることにするのが、おそらくいちばんいいでしょうね。もっとも、要は七時間が問題なのではありません。五〇〇ドルほどの差が問題なのです。

［…］

ほかには、とくに重要なことはなし。ここは長くいるに《ア・ラ・ロング》はかなり侘びしい町(4)で、シカゴはタクシーで一時間！ も

かかるほど遠いし、学生はたしかにいい子たちなのですが、ほんとうに才能ある者は一人もいない。［…］

あなたの——

H.

(1) Hannah Arendt: *Between Past and Future. Six Exercises in Political Thought.* New York 1961〔邦訳『過去と未来の間』〕の校正刷り。

(2) *Hannah Arendt - Karl Jaspers Briefwechsel*, a.a.O., S. 460ff.〔前掲邦訳『アーレント゠ヤスパース往復書簡2』、二二六—二二九頁〕

(3) 証拠調べは一九六一年四月一一日から八月一四日までつづき、判決は一二月に下された。

(4) イリノイ州エヴァンストン。

276

［テル・アヴィヴ］ 日曜日［一九六一年四月九日］

大切な最愛のひと！

すべて申し分なく順調でしたよ！ 目も眩むほどすてきな空の旅、ジェット機だとまるっきり違います。それからパリで浴室付きの快適なホテル、そして今日、ここへのす

ばらしい飛行――モン・ブラン高地を越え、やがてイタリアの海岸沿いに飛び、クレタ島を越えて。なんとも美しい眺めでした！

　ハナン［・クレンボルト］がわたしの家族[1]といっしょに飛行場に。彼には明日イェルサレムでまた会います。明日の朝まではクルト［・ブルーメンフェルト］のところにいて、さっきジェニー［・ブルーメンフェルト］と話をしたところですが、いまは彼女の具合はよくなっているようです。わたしの小さな姪[2]はとてもかわいくて親切。ほかの点でもわたしはいわば家族の膝元に。

　最愛のひと、お便りなしに放っておかないでください！　パリではマロニエが咲いていましたよ！　ライラックも、果樹も、すべて同時に。

　　　　あなたの、あなたの

（1）従弟のエルンスト・フュルスト一家。
（2）エトナ・フュルスト（一九四三年生まれ）。

277

［ニューヨーク　一九六一年四月半ば］

恋しい人

　いまのところ上々の旅と到着の知らせをもらっているだけだ。みんなからきみの消息を訊ねられるが、言えることはほとんどない。ロッテ・S[1]は気の毒な状況をいまはよく理解し、娘さんには健気に振る舞っている。ゴルトシュタイン[2]の話では、彼女はもうすぐまた大学に通えるようになる。ニューヨークのバーナードではあるが。けなげな彼女はブルックリン大学の教員のもとでギリシャ語を習いはじめ、夢中になっている。ひょっとしたら哲学単位《フィロソフィー・クレジット》もこちらで取り、ぼくの助けを借りることになるかもしれない。片目はあいかわらずほとんど見えないが、症状は鎮まっている。ぼくの考えでは、ロッテの言う通りだった。ハナン[3]がいる必要はなく、いるなら騒ぎと混乱を引き起こすばかりだろう。

　ぼくは来週にはおそらく百科事典の助言《アイツェスゲーベン》［イディッシュ語］の仕事に入る[4]。さらに週末にはプエルト・リコに飛ばねばならない。バードは万事いつも通りだ。

きみはまたしても暗い時代のなかに入り込んでしまったね。ドイツ人弁護人(5)は、ジョージ・グロス*が描き出した人物でもおかしくない。

アイヒマンは、存在してはならなかったかのように見える。そしてユダヤ人のベーア氏(6)は、彼の指導者ベン゠グリオンのもとで、より正確には彼の背後で、現代の秘密の権力をもてあそぶ連中とはいかに簡単に相互が交換されうる、置き換えられうるものであるかを、またまた実証してみせた。

あちらでもこちらでも、いたるところ、充分に暗い。だから少なくともぼくたちは互いに明るい場所でなくてはならない。暗い時代にあってそれがいかに困難であろうとも。

クルト・ブルーメンフェルトにくれぐれもよろしく。それにもちろんホンネ(7)にも。

挨拶と口づけと肩をぽんと

きみの

H.

追伸　きみは著名になることを嫌がっているけれど。哲学事典（申し出が来ているぞ）に載せられざるをえないようだね。

278

一九六一年四月一五日

イェルサレム

ベイト・ハケレム

(1)　シャルロッテ・クレンボルト　旧姓ゼンペル、娘のイレーネ（一九四三—一九九一）が多発性硬化症に罹っていた。
(2)　クルト・ゴルトシュタイン博士、主治医。
(3)　ハナン・クレンボルトはこのときイスラエルにいた。書簡276参照。
(4)　計画は、出版社が他の手に渡った段階で放棄された。
(5)　ケルンのローベルト・セルヴァティウス博士がアイヒマンの弁護人だった。
*　ジョージ・グロス（一八九三—一九五九）諷刺画家。ベルリンで生まれ、ダダの運動などに係わった後、一九二〇年代には共産党系の画家として、政治家、軍人、資本家、聖職者への諷刺や戦傷兵の悲惨さなど都市を背景に描いている。ナチ時代はアメリカ合州国に亡命しここで市民権も得るものの、西ベルリンに帰還しここで没している。
(6)　イスラエル・ベーア（一九一二—一九六六）　イスラエルの軍事評論家にしてソヴィエトの諜報部員。イスラエル参謀本部のメンバーでイェルサレム大学軍事史教授。一九六一年に国家反逆罪が確定し、懲役一五年の判決を受ける。
(7)　ホンネはハナン・クレンボルトの愛称。

ホテル＝パンジオーン・ライヒ

大切な最愛のひと――

飛行機で飛び立ってから今日でちょうど一週間――もっともっと長かったように感じられます。イェルサレムは寒い春、美しくて暖かな陽がさしています。わたしのホテルはあまりにもひどかったので、ご覧のとおり、宿を替えました――騒々しくてぞっとする市内から逃げ出して。市内には、まさに近東で目にするたぐいのオリエントの有象無象の衆が溢れていて、ヨーロッパ的要素は陰に追いやられ、あらゆる点でバルカン化がひじょうに進んでいます。スキャンダル[1]のことは新聞でお読みになったでしょうね。こちらではたいへんな騒ぎになっていて、これでは裁判は影が薄くなってしまうと心配もされています。裁判そのもののほうでは、アイヒマンはまるで亡霊のよう、おまけに風邪まで引いていて、ガラスの箱に収まっているその姿はむしろ降霊術の会に降りてきた亡霊といったところ。不気味ですらありません。彼自身はひたすら落ち着きを失うまいと努めています。検事[2]は、数えきれないほどの助手を従え、目のまえには本や雑誌の山。ガリツィア出のユダヤ人で、ピリオドもコンマもなしにまくしたて、絶えずおなじことを繰り返したり矛盾することを言ったり、なんでも知っているぞと見せびらかしたがる生徒みたいに、学のあるところをひけらかす。弁護人[3]は、口達者で、利口で、芯の芯まで腐敗しているにちがいない男、でも検事よりはかなり利口です。この両者の上に君臨しているのが三人の裁判官[4]で、すべてドイツ系ユダヤ人。中央の裁判長、モシェ・ランダウはまったくすばらしい人――皮肉と辛辣さをにじませながらも、辛抱づよく友好的態度を持しています。クルト［・ブルーメンフェルト］が、自分のところでわたしを彼に引き合わせてやると約束してくれました。会えたらうれしいですね、ほかのことすべてはべつとして。裁判所のまえには、オリエント系ユダヤ人の子どもやパイエス・ユダヤ人[5]が群がっています――なにかセンセーショナルなことがあるとかならず集まってくる野次馬。この国はほんとうのところ、たいして興味を惹きません、人為的に興味を煽りたてているだけです。おまけにドイツ人が洪水のように押し寄せていて、その親ユダヤ的な言動たるや吐き気がするほど。たとえばここでのわたしの食卓の同席者、フランクフルト市長夫妻は、彼らの息子とその友だちをキブツに預けてきたところだそうです。ジャーナリストの一人などは、はやくも声をあげて泣きながらわたしの首に抱きついてきました――こんなことをしたのはおれたちなんだ、などと言って。まるで芝居小屋。やはり反吐が出ます。その一方には、経済の奇蹟の機敏でやり手の紳士方がいて、お泊まりはダビデ王ホテル、そして愛想と「善意」をふりまいている。これがいい結果に終わるとは思えませんね。こんなことはそう重要じゃないのが、唯一の慰めです。

クルトはとてもやつれてしまって。このさき長くやっていけるとは思えません。ジェニー（彼の妻）は白血病ですが、いまのところ比較的ましな体調。クルトはいまでも最高の話し相手で、知的には完璧にまともです。あなたの話をたくさんしていましたよ。心からよろしくとのこと。わたしの小さな姪(6)はすっかり魅力的になっています。いまわたしは、彼女たち(7)が二日間の遠出をしにテル・アヴィヴから車で来るのを待っているところ。バロンに会いました。彼は今月末に証言台に立って、全体的な歴史的概観を述べることになっています。裁判は何ヶ月もかかるでしょうから、終わるころにはここにいられそうもありません。判決が八月に下りるとしたら奇蹟ですよ。そこでさしあたり予定より一週間長く、五月八日までここにいることにして、その先は様子を見ることにします。昨日はここであのフリッツ・リヒテンシュタインに会いました、あのころ彼のキブツのためにピアノを手にいれようと奔走していて、あなたがとても感心していた人です。いまは外務省《フォーリン・サーヴィス》にいて、ちっとも変わらず、親切で間抜け。けれどもじつに礼儀ただしくて清潔、ここではこういう資質はおそらく徐々に、値のつけられないほど稀少なものになっていくでしょうね。わたしはこちらでマシューズ(8)と親しくなりました。彼は『サタデー・イーヴニング・ポスト』紙からの派遣。『タイム［・マガジーン］』の元編集長で、ユダヤ人問題を扱うのは生涯でこれがはじめて。すっかり頭をかかえていて、わたしは彼にイロハを教えこもうと空しい努力をしているところです。

宿を移ったことはロッテ［・ベラート］に電報で知らせておきました。あなたに電報がとどくかどうか心配でしたから。ハナンはイレーネのこんどの件全体にとても心を痛めながらも、とても男らしく振る舞っていました。ロッテ［・クレンボルト］のことは心配しないでいいと思いますよ。どういう成り行きになろうと彼は平静を失わないでしょう。彼は明日ロシアへ発ちます。あなたの最初の手紙が早く来ないかと、わたしはじりじりして待っています、とりわけ、あの子にさらなる症状が出てはいないかどうかの知らせを。

いまの宿はとてもいいところです。市外ですが、大学のすぐ近くで、丘陵地のどまんなか。今日までは浴室とバルコニー付きの部屋でしたが、明日から来週半ばの独立記念日(9)が終わるまでの期間、引き払わなくてはなりません。いっこうに構いませんが。この宿はたいへん信仰を重んじていますが、所有者はベーメン出身の元化学者で、とても感じのいい、親切な、分別ある人です。フランソワ・ボンディもここに泊まっています――それにアメリカのテレビ・チームまるごと、デンマークのジャーナリスト等々。ここの物価はとてつもなく高いですよ、それもタクシーや贅沢品ばかりか、ごくふつうの日用品、石鹼だの歯磨きだの肉などまで。三月以来、中等教育機関の教師のストライキがつづいていて、子どもたちはもう何ヶ月も学校へ行けずに家にいます。この闘争は妥協を頑として受け入れない。じっさい生活にもっとも必要なものがかかっていますからね。それでいてここには一種の繁栄も見られるのです、とりわけ補償金[10]をもらったドイツ系ユダヤ人のあいだに。いまのところ、わたしは朝から夕方までずっと法廷にいますが、来週にはもうそこまでする必要がなくなるだろうと期待しています。

最愛のひと、お手紙をください！　たとえわずか一行でも！

あなたの

H.

(1)　おそらくベーア事件のことだろう。書簡278・注6参照。

(2)　ギデオン・ハウスナー（一九一五―一九九〇）　イスラエルの検事総長として、この裁判で主任検事をつとめた。

(3)　ローベルト・セルヴァティウス博士。

(4)　モシェ・ランダウ（一九一二―二〇一一）　イスラエル国家の最高裁判所判事で、アイヒマン裁判の裁判長。その両脇にベンヤミン・ハレヴィ博士とイツァク・ラーヴェー博士。

(5)　こめかみに巻き毛を垂らした正統派ユダヤ教徒。

(6)　書簡276・注2参照。

(7)　フュルスト一家。

(8)　トマス・S・マシューズ。

(9)　パレスティナからイギリス軍が撤退した（委任統治の解消）日、一九四八年五月一四日、ユダヤ国民議会によって、パレスティナの四分の三を領土とするイスラエル国家の独立を宣言した。この独立記念日はヘブライ暦ではイヤールの月［8番目の月］五日に当たる。ヘブライ暦は月の長さがそれぞれに異なる太陰年にもとづいていて、一九六一年にはこの日は四月二〇日だった。

(10)　書簡267・注2参照。

279

［テル・アヴィヴ］　一九六一年四月二〇日

大切な最愛のひと！

あなたの第一信を待ちこがれていましたが、転送されてきた手紙の一つにあなたの手書きの文字を見て、とても安堵しました。こちらでは、上り下りの起伏はあっても万事予想どおりに進んでいます、ガラス箱のなかで録音テープから聞こえてくる自分の声に耳を傾けている亡霊とともに。きっとあなたも、公開の場でみずから首をくくって死にたいと彼が言ったことを、お読みになったでしょうね。わたしは驚きのあまり言葉を失いました。すべてが、ぞっとするほどありきたりで、言いようもなくくだらなく、嫌悪をもよおさせます。理解するところまではまだいきません、でもいつかコインがチャリンと落ちて、納得のいく答えが出てくるのではないかという気がします。今日は何時間も、セルヴァティウスの助手のヴェヒテンブルッフとかなんとかいう人といっしょにいました。彼は明日ドイツへ飛ぶのですが、その目的は証人を得るため、とりわけ、犯人引渡請求を出すようにドイツ人を動かすためです。じつに興味ぶかくて、とりわけ特徴的なことは、ドイツ連邦共和国を代表してここに来ている紳士方よりも、彼のほうが概してはるかに好感がもてる人であることです。あの紳士方は、“Israeritis”の最重症患者ですからね——これは新たに猛然と流行りはじめた親ユダヤ主義に、ここの人たちが与えた名称です。事柄全体がますますドイツ人とユダヤ人のあいだの問題になりつつあって、それを見ている他の人びととは呆気にとられ、ショックをうけています。ここでは今日、わたしは見物しませんでしたが大々的な戦車パレード[1]がありましたし、昨日は、若いユダヤ人たちがキャンプファイアーを囲んでセンチメンタルな唄をうたっているのを見かけました。わたしたちが若いころによく知っていて、大嫌いだった光景。この類似、とくに細部でのそれは不吉です。

宿はある程度ちゃんとしたところに移れました。大学の近くです。わたしの人生のあらゆる時期からの知り合いたちに、たえずとっつかまります。クルトのところには定期的に行っていますよ、おそらく今後はもう再会できないでしょうから。彼の頭はとても冴えているのですが、からだのほうはすっかり衰えて老けこんでいます。あなたの写真を見せたら、ぜひ一枚ほしいとのこと。居間にあるわたしの机の左の抽出に入っています、にこやかな顔で写っているほうが欲しいそうです。わたしは自分のもっている写真とは別れたくないので、わたしのところへ送るか、直接彼のほうへ（イェルサレム私書箱五三八）送るかしてください、ひとこと添えて。あなたからの友情の言葉があれば、彼には格別にうれしいでしょうから。それからあのフリッツ・リヒテンシュタイン[2]に会いましたよ、ピアノを調達しようとした努力に、あなたがとても感心していた人。でもこれはたぶんもう書きましたね。最高なのはいつもあのおちびさんのエトナ、彼女は今日一日ここへ訪ねてきてくれて、ついさっき帰っていったところです。わたしたちはすっかり親しくなって、まるで生涯ずっと知り合っていたかのようです。

［…］

ところで、検事[3]はますます不愉快きわまりなくなってきました。いまや彼はわれわれにこう語るのです。ユダヤ人はドイツ民族にエーミール・ルートヴィヒ[4]とカフカを（この順序で、もう一人をあいだに入れて）贈ってやった。また多くの——信じられないほど多くの——ノーベル賞受賞者たちを。そしてヒトラーはファラオとハマン[5]の列に連なる最後の者だったのだ、と。これを聞けばだれでも、検事殿は明らかにユダヤ人殺しを非ユダヤ人の通常の仕事だとみなしていると思いますよ。ゲットー・メンタリティです、それも戦車と軍事パレード付の。

ごきげんよう、最愛のひと。今日は手紙書きの日。モーゲンソー[6]に書かなくてはなりません、ぞっこん惚れ込んでいる（〈とても深くですよ、文字通りに！〉〔英〕）彼に。いま念頭にあるのは、わたしがついにチューリヒ空港に立ってあなたを待っている瞬間のこと。でもそれはずいぶん先の話ですね。

あなたの、あなたの——

間抜けなことに、大事なことを忘れていました。リカルダ・シュヴェーリン[7]があなたの名を出してわたしに電話してきたんですよ。彼女の夫が亡くなったことはご存知ですね。とてもいい人です、この地で非ユダヤ人がどう生きているのか、ひじょうに興味をそそられます。わたしたち、仲良くなりましたよ。彼女は二人の子持ち、魅力的な口調であなたのことを話してくれます。要するに、最高にうれしい！

さてこんどは、いちばん腹立たしいこと。いつここを離れられるのか、いまだにわからないのです。明日にはここで六（！）巻ものアイヒマンの供述書をもらうのですが、彼はおよそだれにも想像がつかないほどたくさんのことを供述しています。このぶんでは審理はもう二ヶ月くらいかかるでしょう、もっと長くかもしれません。わたしはできるだけ早くここを出たい、とはいえ重要なものを見逃すようなことになっては困る。もしかしたら五月一日あたりにはここを出て、もう一度また戻ってくることにするかもしれません。あるいはもう少し長く留まるかもしれない。飛行機の日取りが決まりしだい電報を打ちます、こんどもロッテ宛に、そのほうが確実でしょうから。

(1) おそらく独立記念日の行事だったのだろう。書簡278・注9参照。
(2) 書簡279参照、人物不詳。
(3) ギデオン・ハウスナー。
(4) エーミール・ルートヴィヒ（一八八一―一九四八）ドイツ語圏スイスの人気ある伝記作家。
(5) ペルシャ王クセルクセス〔旧約聖書ではアハシュエロス〕の宰相ハマン（紀元前五世紀）はユダヤ人殲滅を企てたが、王妃エステルによってその計画は挫かれた。〔旧約聖書エステル記三―七章〕
(6) ハンス・J・モーゲンソー（一九〇四―一九八〇）ドイツ系アメリカ人の政治学者。一九三七年に合州国に亡命し、アメリカのさまざまな大学で教えた。〔書簡274・注2参照。〕
(7) リカルダ・シュヴェーリン　ユダヤ人と結婚した非ユダヤ人で、ベルリン出身。そこでハインリヒ・ブリュッヒャーおよびシャルロッテ・ベラートと親交があった。

280

〔ニューヨーク〕　六一・四・二三

最愛の人

ひとりでいるのはとても快適だとはいえ、きみなしでいるのはじつにおぞましい。なんといっても、悪態をつくことで怒りをすぐさま胃袋からおろせるようでなくてはならない。たとえばケネディが、生き延びている第二のダレス(1)馬鹿によってキューバ(2)で愚かしい中途半端な冒険に嘴を突っ込まされたときなどに。しかし秘密警察やスパイ野郎の魔術から、いわゆる政治家は今日ではどうやらもはや逃れられないようだ。そしてダレス氏にしてもベーア氏(3)や他のあらゆる秘密警察野郎にしても、彼らが全世界を押し動かしているのは、おそらくは彼らが幼稚な者たちのなかでももっとも幼稚だからだ。けれどケネディは、ボウルズ(4)とラスク(5)を敵に回してまでダレスにいっぱい食わされて、えらく怒っており、いまはこの聡明《インテリゲント》ならざる諜報《インテリジェンス・》機関《エージェンシー》(6)から悪弊を取り除こうとしている。

〔…〕

アイヒマン裁判については、こちらで多くを見て、多くを聞いている。ぞっとする。けれど少なくともいままでは『ディ・ライニッシェ・メルクーア』紙ですら、イスラエルがこの件でどれほど正しいか世界はようやくのこと気づく必要性があると書いていて、ドイツにおいて係争中である殺戮の中心人物に対する九〇の裁判をすみやかに処理し、元ナチの政府高官（名前が挙げられている）を罷免するよう求めている。

〔…〕

ぼくは四ポンド痩せた。きみにはちょっとした喜びに、ぼくには楽しみとなる。

挨拶と口づけを、そして肩をぽんと

きみのH.

(1)　アラン・ウェルシュ・ダレス（一八九三―一九六九）　アメリカ諜報機関の長官。彼の兄ジョン・フォスター・ダレス（一八八八―一九五九）は一九五三年からアメリカ国務省長官だった。
(2)　亡命キューバ人による、一九六一年四月のキューバのコチーノス湾〔ピッグス湾〕上陸作戦の失敗を指す。
(3)　書簡277・注6参照。
(4)　チェスター・ボウルズ（一九〇一―一九八六）　アメリカの政治家。書簡当時、国務省次官。
(5)　ディーン・ラスク（一九〇九―一九九四）　アメリカの政治家、一九六一―六九年に国務省長官を務める。
(6)　CIA（Central Intelligence Agency）　アメリカの諜報機関。

281

〔テル・アヴィヴ〕　一九六一年四月二五日

大切な最愛のひと！

　やっとあなたの手紙が来ました。後生だから、郵便物をありったけわたしに転送したりしないでくださいな、その費用でひと財産とんでしまうし、無駄ですよ。第一種《ファースト・クラス》郵便《メール》だけで結構です、ほかのものはわたしが帰るまで待てますから、とくに書評なんかは。いましがたバロンに電話しておきましたよ、彼がニューヨークに着くなりあなたに電話して、手紙を書かないとはけしからんと叱りつける必要はもうなくなった、と。わたしはなにもかもおっぽりだしてニューヨークへ帰ると、脅しかねないほどでしたからね。

　こちらのことを書くのは、あんまりいろいろとありすぎて、とてもむずかしい。でも裁判はとても興味ぶかいですよ。たとえば今日のグリュンシュパンの父親[1]の証言。彼はナチが突然にすべてのポーランド系（しかしドイツに帰化していた）ユダヤ人を狩り集めて、一〇マルクだけもたせてポーランド国境に放りだしたときのことを、淡々と語ったのです。篤信者の縁なし帽を頭にのせた老人、じつに真率で直截な語り。身振り手振りはなし。ひじょうに印象的でした。わたしは自分に言いました――ふつうならこういう機会を得ることはまったくないだろう庶民の一人が、かつてあったことを公開の席で、大仰な感情表現なしに、一〇ほどの文ではっきりと語りえたこと、たとえこれだけのためであっても、すべてはやった甲斐があったのだ、と。アイヒマンの六巻の訊問調書は、ひじょうに興味ぶかくて、滑稽な部分さえあり、しかし全体としてはなんともグロテスクで鳥肌が立ちます。こんな分量では、どうやって持ち運んだらいいかわからないのですけれど。

でもこんな話はみな、たぶんあなたには〈うんざり〉[2]でしょうね。キューバとの事件は前代未聞、わたしの感じでは、長期的《ア・ラ・ロング》には前代未聞の危険です。わたしたちの敬愛する大統領[3]は、ひょっとしたらただの阿呆なのかしら?? それにアルジェリアの問題[4]も絶望的です。あなたもきっとご存知でしょうが、飛行機はいまオルリー空港にはいっさい着陸できなくて、フランスのジャーナリストたちはチューリヒかジュネーヴに飛んで、そこから鉄道でパリへ戻ろうとしています。

あなたはプエルト・リコへいつお発ちですか? そして事典の件はどんなふう? たぶん、かなりの時間外労働になりますね。手紙をください、手紙を、手紙を! わたしがいつここを発つか、まだ確かではありません。いずれにせよ来週、おそらく木曜か金曜か土曜になるでしょう。予定を変えたときは電報で知らせます。これからヤスパースに手紙を書いて、七日か八日あたりに着くと言うつもりです。あなたの手紙は彼のところ(バーゼル、アウ街一二六番地)へ出してくださるのがいちばんいいと思います。

昨日はファニア・ショーレム[5]がわたしのためにディナーパーティを開いてくれて、わたしのクラスの子たちがたくさん集まりました。とても愉快でしたよ。マルティン[6](・ローゼンブリュート)の弟に引き合わされました——司法大臣[7]です。とても好感のもてる人。そのうえ昨日は大学で講演、来週の月曜日にもまた。たいへんおもしろい。今週末はわたしの家族[8]といっしょに——おちびさんのエトナはとびきり感じがいいし、ほかの人たちも喜ばしい、いまケーテ[・フュルスト]がこの部屋にいますよ——サファドとアッコ[9]へ行きます。とてもすてきな遠出になりそう。ここ当分、暑さはまったく来そうもなく、いつもセーターを着ています。ウールの服をもってきてよかった、晩は凍えるほど冷えこみます。誇張じゃありませんよ。明日は大学で公式の午餐会があります。

セルヴァティウス——完全にグロスふうの人物とまではいかないけれど、それでもね! 彼の助手[10]はとても聡明な人で、カール・シュミット[11]の弟子。また会うことにするかもしれません。ほんとうに仕事をするなんてことは、もちろん問題外です。残念ながら《タン・ピ》。それでもともかく、わたしの原稿[12]はいまコピーがつくられているところで、ミュンヘンでは落ち着いて仕事ができると期待しています。ピーパーに手紙を書いてホテルの予約を頼んであります。

ここのおおぜいの人があなたによろしくと言っていますよ。とりわけブルーメンフェルト、彼のところへこれからまた行くところです。それから、いつかわたしたちのところに来たことのあるザンブルスキーも。リカルダ・シュヴエーリンには木曜日にまた会います。裁判のあいだたびたび思うのですが、ロッテ［・ベラート］はここにいるべきでしたね。六巻のアイヒマン陳述書は彼女にもってかえりましょう。読めば彼女だって唖然としますよ！

もうお終いにします。最愛のひと、からだに気をつけてください、減量を!!　飲むのはやめるか、ほどほどにするかして、体重計に乗ること。働きすぎないこと。そしてわたしに手紙を書くこと！

あなたの――

(1) ヘルシェル・グリュンシュパンの父親ジンデル。ヘルシェル・グリュンシュパンは一九三八年一一月七日、パリでドイツ大使館の参事官エルンスト・フォム・ラートを射殺した人物。ナチはこの殺害を理由に「水晶の夜」のユダヤ人迫害をおこなった。
(2) ここの“in der bekannten linken Peie liegen”というのはイディッシュ語の常套句。〔句の中の Peie については〕書簡278・注5も参照。
(3) ケネディ。
(4) 一九六一年四月、アルジェリアのフランス軍将軍たちによる反乱が失敗に帰した。それにつづいてフランス政府とアルジェリア亡命政府とのあいだの公式の交渉がはじまり、一九六二年にアルジェリアは独立した。
(5) ファニア・ショーレム　旧姓フロイト、ゲルショム・ショーレムの妻。
(6) マルティン・ローゼンブリュート（一八八六―一九六三）　エーバースヴァルデ生まれのシオニスト。ドイツからロンドンをへてパレスティナへ亡命し、さまざまなユダヤ人組織の長を勤めた。一九四〇年以降はアメリカに住んだ。
(7) フェリックス・ローゼンブリュート（一八八七―一九六五）　ベルリン生まれのシオニスト。一九四八―六一年、イスラエルの司法大臣。
(8) フュルスト一家。
(9) イスラエル北部にある町。
(10) ディーター・ヴェヒテンブルッフ。
(11) カール・シュミット（一八八八―一九八五）　政治学の著作家で国法学者、最後はベルリン大学で教えた。
(12) Hannah Arendt: *On Revolution*. New York 1963〔邦訳『革命について』志水速雄訳、ちくま学芸文庫、一九九五〕の原稿。

282

［テル・アヴィヴ］　六一・四・二六

大切な最愛のひと――

たったいまあなたの日曜の手紙。[1]［…］

ちょうどヤスパースへ手紙を書いて、五月八日あたりに伺うと伝えたところです。この予定でうまくいくだろうと[2]思います。昨日は、招かれた社交の席でゴルダ・マイアーと会い、夜中の一時まで意見をたたかわせました――でも彼女はさすがアメリカ人、喧嘩別れにはなりませんでしたよ、最後はほとんど友好的といってていいくらい。争点それ自体は――主として憲法の問題、国家と教会の分離の問題、異宗教・異人種間の結婚の禁止、あるいはむしろ、ニュルンベルク法(3)がここには存在するという問題で、かなりすさまじい議論になった部分もありました。わたしが手を焼いた問題はごく単純なもの――なにしろしまいには疲れきってしまいましたからね――、どうすれば外務大臣殿を、ご本人にその気がぜんぜんないのにベッドへ寝に行かせられるか、でした。そのまえには、わたしは一日おきに顔を見せに行くことにしているブルーメンフェルトのところにいたのです。彼は、最高裁判《シュプリーム・コート》事で〔アイヒマン裁判の〕裁判《プリザイディング・ジャッジ》長のランダウを夕食に招待してありました。格別に気持のいい、友好的な顔会わせでしたよ。でもどうか口外無用に願います、この人は報道関係者とは会わないことを原則としていて、わたしが絶対に公表しないと神明に誓うことを条件に、ようやく来てくれたのです。彼はもう何年もまえから、損害補償《レスティテューション》(4)を受けるのを拒んでいます――彼にとってこの決断は容易なことではありません、子どもが三人もいますから。でも裁判官としては、受けとるわけにはいきませんものね。ちょうど今日は大学で公式の午餐会がありました。月曜日にはそこの哲学ゼミナールへ行きます。先週の月曜には歴史・政治学ゼミに出ました。おもしろいですよ。週末にはなにか楽しい催しがあるようです。いずれ新聞で、自由主義政党をつくろうという〔ナウム・〕ゴールドマンの努力について、お読みになることでしょう。でもこれは死産児です。この国にはこの努力を支持するような現実的基盤はまったくないのです。それにゴールドマンが、自分を生涯にわたってイスラエルを護るべく働いてきた市民《プロテクティヴ・シティズン》として押し出す戦術は、現在ではまったく通用しません。彼はもはや存在しない世界の住人です。一人として彼の主張に声を合わせる者はない。じつに残念です、いまこそなにかをしなければならない時でしょうに。おまけに、法廷でのバロンの証言《テスティモニー》は、わたしが思っていたよりもっとまずいほどでした。こうは書いたものの、午後の新聞にどう書かれているかは知りませんが。キューバ(5)――ほんとにひどい話！　それにアルジェリアときたらもっとひどい。軍隊のいない国――これがせいぜいのところ、すべての帰する結果となるでしょう。ケネディが恥をかいたことは、半分しかダレス氏のせいにはできません。秘密情報がどうのこうのということすべてを措いても、彼はまさしく革命のなんたるかを、革命が人民の生活においてなにを意味するかを、理解していなかった。そしてこのことは彼の落ち度、あるいはむしろ、彼が自分の取り巻きにしていたアーサー・シュレジンジャーたちの落ち度なのです。

『デァ・ライニッシェ・メルクーア』紙から論説を切り抜いて送っていただけませんか？　そしてロッテに、わたしのために目をしっかり開けていてくれるように頼んでくださいね。こちらでは外国の新聞を手に入れるのはとてもむずかしいのです。入ってきても、あっという間になくなってしまう。それにドイツからはもともとほんの少ししか入ってきません。

この手紙を——たぶん、昨日出した手紙もいっしょでしょうが——受け取ったら、返事はヤスパースの住所宛に出してくださるのがいいと思います。もし予定が変わるようなら、電報でお知らせします。

あなたの、あなたの——H.

[…]

(1) 書簡280。
(2) ゴルダ・マイアー（一八九八—一九七八）　この当時は（一九五六—六五）外務大臣。〔彼女は生まれはロシアのキエフ、八歳のとき家族と渡米して、一九二一年にパレスティナのキブツに加わるまでアメリカで過ごした。〕
(3) 一九三五年のナチのニュルンベルク人種諸法では、ユダヤ人と「ドイツおよび同類の血統」との婚姻は禁止されていた。アーレントがここで暗に言っているのは、ユダヤ人と非ユダヤ人の通婚から生まれた子どもをイスラエルが差別していること、つまり、非ユダヤ人の母親から生まれた子どもをユダヤ人とは認めない、という点である。
(4) 書簡267・注2参照。
(5) 書簡280・注2参照。

283

［ニューヨーク］　六一・四・三〇

恋しい人

イスラエルへの手紙は、当地でのバルカン的な混乱経済のために、二週間かそれ以上要するので、直接バーゼルに書くことにする。きみもそちらで一息ついているんじゃないかと思う。そしていつものようにヤスパースから喜びをいただいているだろう。

そう、ぼくは事典の仕事[1]に巻き込まれている。いまのところ担当者はとても満足している[2]。でもぼくにしてみればそもそも面倒だ。ともあれ旅費を稼ぐことだ。バードでは授業計画の変更に取り組んでいる。これも決して容易では

ない。その他は順調。ブルーメンフェルトには今日中に書くつもり。[…]

愚かで途方もないキューバへの冒険的企てを、ケネディはアイゼンハワーが長く導入していた政策の帰結として敢行した。ペンタゴンの馬鹿ども、秘密めかした知ったかぶりの情報屋どもに屈した末に。ぼくたちには高くつくことになるだろう。それに対してフランス国民は正当にもまたもやド・ゴールを支持して立ち上がった。そしてファシストの軍隊は痛手を負った(3)。イスラエルとアフリカにいくばくかの希望が見える。

[…]

それでは郵便は転送せずに、その報告をしよう。だが一通はきみのサインが必要なので、送っておく。

今回の問題がきみにはずいぶん痛手だったという印象を受けている。衝撃から一刻も早く立ち直るように。ぼくも、長いこと彼女を捜していたロッテも、きみがリカルダ[・シュヴェーリン]を見つけて、無事であることを確かめたのを喜んでいる。損害補償では、シュヴェーリン家の財産から充分に受け取れるのではないだろうか。彼女がどんな様子で、子供たちはどうなったのか、もっと詳しく知りたいところだ。

ヤスパースとご夫人に心からのご挨拶をお願いする。お二人にぼくが会えるまで、もうそう長いことではない。ミンカ[・フーバー]は、ぼくがナターシャ[・モッホ]と会うのを望んでいる。これについてきみはどう思うだろう。

元気で、ぼくの大切な人、気を落とさずしっかり。

きみの

ハインリヒ

(1) 書簡277・注4参照。
(2) 予定されていたヨーロッパ旅行。
(3) 書簡281・注4参照。

284

テル・アヴィヴ　一九六一年五月六日

大切な最愛のひと――

さきほどジークフリート・モーゼス(1)にイェルサレムから車で送ってもらって、空港にあるとてもきれいなホテルにチェックインしたところです。明日の朝、とんでもなく早い時間にチューリヒへ発ちます。この手紙は、わたしの無事到着がすぐわかるように、チューリヒで投函しますね。バーゼルへは明日か月曜日かに行きますが、今回はヤスパースの家ではなくホテルに泊まります。そうさせてほしいと彼に懇願せんばかりに頼んだのですよ。お二人のところに泊まるのはいつもどんなにすばらしかったにしても、ホテルのほうがずっと気が楽ですから。それにわたしの印象では、あそこに泊り客がたびたびあると、関係する人みんなにたいへんな負担になってしまいます。いま昼食をとっていたら、わたしの学級友だちで、もう四〇年あまり一度も会わなかった人が、ぱっと近づいて声をかけてきました。これからフェルスト一家を待って、今日の残りをいっしょに過ごします。

　ここでの時機を逸したくはないとはいえ、出て行けるのがうれしくてなりません。裁判はほんとに世論操作のための見世物裁判で、アイヒマンとはなんの関係もない事柄がごまんと提示されます。たとえば、ポーランドで起きたことのすべて。裁判はどう見ても明らかに、ベン＝グリオンみずからが検事を通じて操っているのです。しかしこの見世物はじつに強烈な印象を与えます。いちばん印象ぶかかったのは、ワルシャワ・ゲットー出身の女性、あの蜂起の指導者の一人です。芝居がかったところはまったくない。それでもほかの証人はたいてい芝居気を大いに発揮して、それもしばしば、ひどく安っぽい《チープ》芝居。それでも効き目はあって、ふだんは空っぽの法廷を数週間まえから早くも満員にしているイスラエル人傍聴者ばかりでなく、ジャーナリストたちをも見るからに感動させています。主要な欠陥は――そういう言い方ができるとすれば――、アイヒマンのことはすっかり忘れられて、彼の名が何日も一度として出てこないことがしばしばだという点だけではありません。（それのごく典型的な例は、検察側がハンス・フランク[2]に関する二九巻！もの公訴状を法廷に提出したとき、セルヴァティウスが立ち上がって、この二九巻のなかにアイヒマンの名は出てくるのかと質問、答えは、否でした。）それだけでなく、とりわけ、ユダヤ人は世界にむかって自分たちの受難を語ろうとするあまり、出廷しているのは事実を述べるためだということを忘れてしまっているという点です。もちろん彼らの受難はアイヒマンの苦しみなぞよりずっと大きかった。このことが、裁判を同時にいわば歴史の在庫品調べに仕立てようとする誘惑にひそむ本来の厄介さなのです。そしてさらに、残虐行為はいかにおぞましいとはいえ、それらはまさに前代未聞《アンプレシデンティド》ではないのです。そのために本質的なことが、残虐と恐怖の汚物におおわれて見えなくなってしまうことに、わたしばかりではなく多くの人が不安を感じています。

たくさんの人に会いました。たとえばローゼン（マルティン・ローゼンブリュートの弟）には何回か、外務省のあらゆる種類の人たちにも。一つ明らかだと思えるのは、ゴールドマンと彼の自由主義政党は、ひじょうに必要であるにしても、まったく見込みがないこと。死産児です。彼らはみな古くさい人たちで、いまの世の中をもはや理解していない。ベン＝グリオンは、たしかに危険なほどむちゃくちゃではありますが、畢竟、唯一の人物《パーソナリティ》なのです。彼の最大の危険は、若者が彼に反感をもっていることですが、それにしても高校生や大学生の小さな層にすぎません。内政面での最大の問題は、「エジプトふうの不健全な信仰」(3)でしょう。すでに書いたと思いますが、たとえばゴルダ・マイアーは、肝心なのはもっぱら人種問題だと率直に認めていました。宗教・人種の異なる者同士の婚姻をなくす――これを実現するためなら、彼らはどんなことでも甘受する気でいます。ぞっとしますね！　とはいえ、リカルダ・シュヴェーリンのような人たちがひどい扱いを受けているとは言えません。この国には人生を可能にしてくれる人間がまだまだ十分にいるのです。でもそれがいつまで続くでしょうかね。

問題は、もう一度わたしは弁護側の審理を見に戻ってくるべきか否かです。おそらくそうせざるをえないでしょうが、確かではありません。セルヴァティウスの助手のヴェヒテンブルッフが――彼のことはまえに書きましたね――電話をかけてくると思います。彼は弁護側の証人聴取のためにドイツへ行かなければなりませんから。それにむろん、審理の期日にもよります。六月二四日、チューリヒ〔ブリュッツヒャーの来る日〕――これはなにがあろうと動かせませんからね。

いちばん大事なことを、もちろん忘れていました。ロッテのところに行っていた革命原稿(4)を航空便で、あるいはもっといいのは、面倒かもしれませんが航空貨物《エア・フレイト》で、わたしに送っていただけませんか。うちの書庫の机のうえに置いてきたように思います。送付先はミュンヘンにお願いします!!　そうすれば翻訳に取りかかれますから。もう一つ。いつものような小包ですが、書留にしてあるのが着いて、なかに英語の革命原稿が入っているのを見ても驚かないでくださいね。イェルサレムで原稿のカーボン複写をつくらせたものの、このお荷物をなんとかせざるをえなかったのです！　ところでここの天候は完全に調子が狂っていますよ。断然、寒い!!!　おまけにさっきは土砂降りの雨。

昨晩、ブルーメンフェルト家をまた訪ねましたが、あそこは少しまたうまく行くようになっていました。彼はすばらしく好調。

最愛のひと――お手紙をください。これでお終いにします。たったいま家族がそろってやってきました。またタイプライターをもってきてくれましたよ!!

あなたの

あなたの

H.

(1)　ジークフリート・モーゼス（一八八七―一九七四）　ドイツのラウテンブルク生まれ、法律家でシオニスト。一九四六年からパレスティナへ移り住み、一九四八―六一年にはイスラエル国家の会計監査査官。

(2)　ハンス・フランク（一九〇〇―一九四六）　ナチ政治家。一九三九年から四四年まで、ポーランド総督。ニュルンベルク裁判で死刑。

(3)　書簡140・注3参照。

(4)　アーレントの『革命について』の原稿のコピーをロッテ・ベラートに貸してあったらしい。〔この本のドイツ語版（一九六五年）はアーレントみずからの翻訳で、英語版よりのびやかな文体で分量も少し増えている。〕

285

［ニューヨーク　一九六一年六月半ば］

恋しい人

報告することは多くないし、時間もあまりない。

［…］

ケネディについては、きみの意見が残念ながら正しい。権力につくとみな常識が失せてしまう。知性を欠いた《アンインテリジェンス・》諜報機関《エージェンシー》がどうやら、フランスのファシスト将官たちと密通していたようだ。こうした人士は、共産主義への恐怖と憎悪でおつむがおかしくなっている。ロックフェラー(1)が、政府転覆に賛成していると証明された人びとは運転免許証をニューヨークで取得できない、との法案に署名した。『タイムズ』は、「かくもリベラルな人物がかくもばかげた法案にいかにして署名できたのか」〔英〕考えられない、と書いている。少なくともこうした記事がまだ印刷されている。いまやケネディすらも報道機関に、自発的に秘密を守るよう警告を発している。多くの人は、「共産主義者に甘くない」〔英〕といって、彼に歓呼の声援を送っている。ゴールドウォーター(2)氏は公然と戦争を煽り、急速に支持者を集めている。とくに若者のあいだに。バーチ協会(3)の他にも、〈一般人《コモン・マン》のためのバーチ協会〉というのもあり、共産主義からの防衛を組織している。狂信者たちが互いに利敵行為をして、ボリシェヴィキの水車に水を与えているようなものだ。こうしたヒステリックな雰囲気のもとでは、敵をほんとうに評定することなどいっさいできなくなってしまう。しかしいたるところでそうなのだ。いたるところで小人《しょうじん》がふたたび行進をはじめている。

ぼくたちがともにあるとは、なんてすばらしいんだか。

きみのハインリヒ

ヤスパースとご夫人によろしく。

（1）ネルソン・A・ロックフェラー（一九〇八―一九七九）アメリカの政治家。一九五八―七三年、ニューヨーク州知事。
（2）バリー・ゴールドウォーター（一九〇九―一九九八）一九五二―六四年のあいだアリゾナ州選出上院議員。
（3）ジョン・M・バーチ（一九一八―一九四五）にちなんで名づけられてはいるが、ロバート・H・ウェルチが一九五八年に創設した超保守主義秘密結社で、共産主義との戦いという口実のもと、自分たちに好ましくない人物や組織を攻撃する煽動宣伝を行なった。

286

［バーゼル］一九六一年五月八日　月曜日

大切な最愛のひと――

さて、ここバーゼルで、小さいすてきなホテルのライン川に面した部屋に座って、くつろいでいます。昨晩、ヤスパースのところであなたの手紙を。いま書いているこの手紙はおそらく、チューリヒで投函したイェルサレムからのと同時に着くでしょうね。イェルサレムからバーゼルへの手紙は、着くのに一〇日もかかりました！　でもそれはバルカン的混乱のせいではなくて――もっともそれについてなら、いやというほど話してあげられますけどね――、検閲のせいなんです！　どうやら、通信員の何人かがベーア[1]について町じゅうにひろまっていたニュースを送信したらしい、検閲なしで。その結果われわれの郵便すべてが徹底的に目を通されるようになった、ということのようです。正常な状態のところへまた帰ってこられて、うれしくてなりません――絶え間ない煽動とヒステリー、いたるところにつきまとう嘘八百、要するにバルカン的混乱から、脱けだしてこられて。ところがそういう状況のなかで世界じゅうのユダヤ人が、とりわけアメリカのユダヤ人も、ひじょうに快適に感じているのですから、なんともはや、言うべき言葉がありません。いわゆる「再建」なるものがどういうふうなのかは、曰く言いがたいところです。いつも感じさせられますよ、再建というのは、ユダヤ人がなににつけ相手を言いくるめて信じさせるために持ちだすしろものじゃないか、と。疑いもなくお金はおもに防衛費に使われている、これは当然でもある。軍と警察に関係のあることはすべて、いい印象を与えるのです。それに関係する人間も。

わたしは裁判からいくらか距離をとることもできるようになりました。このうえなく奇妙な裁判なのです。アイヒマンはほとんど忘れられている。とくに、弁護側すら彼にまったく関心をもっていないせいだと思えます。セルヴァティウスは、ふだんは産業界のために税と経営に関する弁護をやっている人で、明らかに彼の眼中にあるのはアイヒマンとはまったくべつの連中です。だから主たる狙いは、ある特定の名（アウシュヴィッツに毒ガスを供給したI・G・ファルベン等々）が挙げられるのを阻むことにあるらしい。他方、彼の助手たちとなると、アデナウアーにたいする憤懣と憎悪に燃えていますから、おそらく逆に、アデナウアー行政府中のある特定の人物たちを狙い撃ちすること、しかしとりわけ、ドイツが犯人引き渡しを一度として要求しないでいるのを糾弾することを、重視するでしょう。いま新聞で読んだところですが、〈ドイツ共同体〉(2)（極右）はアイヒマンを裁くための国際法廷を要求して、「イェルサレムでおこなわれているような見世物裁判」ではだめだと主張しています。最悪なのは、彼らに理があること。確かにこんなのは裁判ではありません。先週はまるまるポーランドのことに費やされましたが、アイヒマンはポーランドとはおよそなんの関係もなかった。要するに、検察側はアイヒマンをではなく、全世界を告発し、弁護側が弁護しているのはアイヒマンではなく、背景に隠れているだれとも知れぬ連中の利益なのです。判決はどっちみち、だれにもわかっています。アイヒマンは、文書ファイルに囲まれて法廷に鎮座して、被告の役をつとめている。イェルサレムでは、裁判が終わったらポーランドが彼を引き渡せと要求するだろうと言われています。*もちろん、そうなれば紛れもないほんものの絞首刑執行を避けて通れると想像して、気が楽になるというわけです。――

ヤスパースは見るからにとても元気で、お変わりありません。彼女のほうはすっかり耳が遠くなって、意思疎通がとてもむずかしいのですが、でもともかく不可能ではありません。今日は彼が講義をする日なので、わたしは完全に自由、つまり、あとで講義を聴きにゆくということ。そのほかでは、手もとにアイヒマン氏の六巻の著作集(3)があって、残念ながらそれに目を通さなければなりません。なかなか興味ぶかい部分があります。わたしのためにとても尽力してくれるヴェヒテンブルッフが、アイヒマンがたえず弁護側に書いてよこすメモの一枚をくれました。これはこんどハンナ・シュトラウス(4)にあげることにします。

ヤスパースのところにはもう彼の新著(5)が一冊届いていました。わたしはまだちゃんと読んではいませんが、じつにまっとうな本のようです。デンヴァー[6]に手紙を書くつもりです。

［…］――事典。この件であなたはご自分が思っている以上に無理をなさったのではないかと、少々気にかかります。こういう仕事は、長くかかずらわっていればいるほど苦労が少なくてすむどころか増えてしまうという、おもしろからぬ性質がありますからね。この状況では、プエルト・リコ行きの楽しみを秋に延期するほうがいいのではないかしら。

リカルダ。ロッテも彼女を知っているとは、知りませんでした。ぜひとも彼女に手紙を書くようロッテに言ってください、どうせあなたは書かないでしょうから。［…］事情はこうです。彼女は損害補償[7]の申請をする気になれなかったので、びた一文もらっていません。いまからでも打つ手があるかどうか、とても疑問です。老シュヴェーリンはひどい貧窮のうちに亡くなり、彼の〔ドイツにあった〕財産はおそらくＪＲＳＯ[8]に継承されてしまっています‼　彼女はとても頑固ですから、問題解決のための説得には何週間もかかります。わたしにはその時間がありませんでした。なにしろ、彼女はたいへんな金持の父親からお金をもらうことも拒んでいるのです‼　そしてイェルサレムでの彼女の暮らしは、いまではもう食うや食わずではないまでも、たいへん困難です‼　子どもが二人いて、一六歳と二〇歳。彼女は老シオニストの写真家ベルンハイム[9]のところで働いていますが、彼はもう七五歳くらい、彼が死んでしまったら彼女はどうなるか、神のみぞ知る。やっぱりあなたも手紙を書いてあげてくださいな‼　彼女は最初、あなたのアメリカ行き、ないしは永住を、裏切りだと見ていました――彼女自身はもう憶えていませんが。わたしにはもともと、いっさいイデオロギーぬきで、信頼を寄せてくれていました。でも彼女がたいへん難儀をしていること、それにあそこの環境が――彼女はヘブライ語がほとんどできない、だから無言で暮らす‼――さらに生きにくくしていることは、疑いのない事実です。ドイツの地を彼女はもう二度と踏む気がない、その他いろいろ、あなたご自身、想像がおつきになるでしょう。

ナターシャ［・モッホ］。その気がおありなら、帰りはパリ経由の便で飛べますよ。まったく違いはありません。そうできればすてきでしょうね。

銀行口座について。いいですか、わたしたちの口座はすべて、わたしたちの口座です。二人の名義になっていない口座など、わたしは一つとしてもっておりませんよ。

キューバとアルジェリアについてはまたいずれ。すべてがむなしいという思いにしばしばとらわれますね。神々はだれかを滅ぼそうと思うと、その男がキューバでさえ失敗するようにお仕向けになる!!　でもそれもおそらく無意味でしょうね。

［…］

あなたの――

ハンナ

（1） 書簡277・注6参照。

（2） Deutsche Gemeinschaft　一九四九年設立の右翼分派グループ。

＊ イスラエルには死刑制度はなく、これまでアイヒマン以外には死刑となった者はいない。

（3） アイヒマンの供述書のこと。書簡279、最終段落参照。

（4） ハンナ・シュトラウス（一九一二年生まれ）　筆跡学者、アーレントと親交があった。彼女の夫はショッケン出版の原稿監査人。

（5） Karl Jaspers: *Die Idee der Universität*. Berlin, Göttingen, Heidelberg 1961.〔邦訳『大学の理念』福井一光訳、理想社、一九九九〕

（6） デンヴァー・リンドレー（一九〇四―一九八二）　ニューヨークのさまざまな出版社の原稿監査人で、トマス・マンとエーリヒ・マリア・レマルクの翻訳者。

（7） 書簡267・注2参照。

（8） JRSO＝Jewish Restitution Successor Organization.〔ユダヤ人損害補償継承者組織。ナチに没収されていたユダヤ人財産で相続人のいないものについて、その法的継承者組織として、一九四八年にアメリカ占領地域で創設された。〕

（9） アルフレート・ベルンハイム（一八八五―一九七四）　写真家。一九三四年にパレスティナに移住。

287

［ニューヨーク］六一・五・一四

恋しい人

いくらか休みを取れているようでよかった。かなり凄まじいんだろうな。将来起こりうる事例において法的に何がなされるべきかという重要な問いが、あそこではいま埋もれて見えなくなってしまっている。けれどもこの裁判はやはり第一級の歴史的総括であって、感傷的になったり芝居じみた大見得を切って見せたりは、凄まじい内容を直視させられたほとんどの人たちにとって、ほとんど避けられないのだ。しかし何よりも、あらゆる反人間的な真実のなかでももっとも恐ろしいこの身の毛もよだつ姿が、目に見えるようになっている。そこできみの革命論の本がよりいっそう重要となっているのだから、じっくりと課題に取りかかってくれ。原稿[1]はロッテが航空便で送るはずなので、そこに郵便物をひと山同封する。

事典は思っていたよりも仕事が多いが、ここまでは少しばかり楽しくもあった。世界史の全体、美術史、政治学、それに経済学をぼくは完全に再編成した。世界史は、まったく新しいコスモポリタン的なやり方だ。この仕事で金を得るばかりか編纂者としてクレジットされもするだろう。

　ハナン［・クレンボルト］がロシアから帰ってきて、(2)スペイン戦争以来これほど興奮したことはなかった、と言っている。彼はあらゆるユダヤ人とも、またそうでない人びととも、自由にロシア語で話すことができた。とはいえ、話した相手は、それが書き留められていて、後になって自分たちへの攻撃材料となるのではないかなどとは、判っていないのだが。スターリンについては誰も語らず、彼に対する押し黙った恐ろしい憎悪が至る所で感じられたという。来週もっと話を聞くつもりだ。

［…］

ヤスパース宅に泊まらなくてよかったよ。老人に客の接待などさせるもんじゃない。ブルーメンフェルトには手紙を書いておいた。［…］

　こちらでは、湿っぽく寒かった春の後で、今日は暑くむっとする夏がはじまった。人びとが歩き回っている。明日はバードだが、いまのところすべてまったく順調だ。

［…］

　無理をしないよう《テイク・イット・イージー》。

きみのハインリヒ

(1)「革命論原稿」、書簡281・注12参照。
(2) ハナン・クレンボルトはイスラエル滞在の後、ロシアに旅行をしていた。

288

［バーゼル］一九六一年五月一五日

大切な最愛のひと！

　今日、月曜日、午後にヤスパースは超満員の大講堂で、超越者の暗号(1)について講義をなさいます——。そこでわたしは晩まで時間が空くので、エルケにこちらへ来てもらうことにしました。昨日はダニ(2)が来てくれて、いっしょに司教座聖堂と美術館を見て、長いこと話をしました。よくものわかった、格別に感じのいい子です。(3)彼はこんなふうに言っていましたよ。父はありのままの事実を見ようとしない、でもそのほうがいい。母は事態を少しずつ理解してゆくだろう。彼自身は関係文献を読んでみて、ニューヨークに帰りしだい、ひとりで医者に相談してみるつもりだ、と。そしてさらに、「もしぼくたちが幸運に恵まれるとすれば、それはつまり、これからは家族全体がなんとか事態に適応していかなくてはいけないということです。ぼくたちのような家族には、全然むずかしいことじゃありませんよ。」文字どおりそう言ったのです！　すばらしいでしょ。それに、ほかならぬイレーネ本人はそのような問題にきちんと向き合っていける人間なのだ、とも。彼自身はヒッチハイクでイタリアとギリシャへ旅をしてから、家へ帰るそうです。この子は、これまでもそうでしたが、ほんとに非の打ちどころなし。

ほかにもヴォルフ夫妻がロカルノからわざわざ来てくれました。ヤスパースにはかなりご迷惑そうでしたので、風邪気味だと彼らに伝えて、会わずにすむようにしました。ヴォルフは格別に親切で友好的でしたよ。彼の頼みは、ハイデガーの新しいニーチェ本を[4]、出版社のためにゲラ刷りの段階で読んでほしいということでした。ゲラはもうミュンヘンでわたしを待っているようです。もちろんヤスパースにはこのことは言いません。用心するに越したことはない、というのが原則です。ヴォルフの話では、この本の第一部には講義原稿が収められているとのこと。

［…］

ドイツでの最近の動きはじつに不気味です。地方選挙では、選挙民は外国がどう思うかなど気にせずに投票するものですから、どこでも旧ナチがふたたび政権につきそうな勢いです。どこからもそういう話が聞こえてくる。ダニが言っていましたが、ドイツの連邦鉄道のポスターや地図は、オーデル＝ナイセ線の向こう側を、「現在のところポーランドの管轄下に置かれている」領土として表示しているとか!!　連邦共和国内ではだれもが、一〇〇〇万人もの「難民[5]」がいる以上、こういう姿勢が必要だと見ているのです。だれも本気でそう考えてはいなくとも、そのあげくは、本気で考えている連中が権力を握り、一切合財をぶっとばして無に帰させてしまうでしょうに。これやその他の理由から、わたしはさきほどツィルケンス（ケルンの友人[6]）に、ライン地方でおこなわれる今年の彼の奨学生大会への出席を承知すると答えたところです。ですから五月二六日から二八日にかけての週末にはアイフェルに行っています。そこからハイデルベルクへ行くかもしれませんが、まだ確実ではありません。いまのところ、聖霊降臨祭の休みにアンヒェン［・ヴェイユ］にミュンヘンへ来てもらおうと誘っているところです。

スイスでのこの一週間で、すっかり元気を回復しました。たった一週間しかたっていないとは信じられないほどに。

奇妙な感じですね、「再建」中の国から、すっかり建設が仕上がっている国にやって来るのは。あまりにも完全に仕上がってしまって、もういささか化石になりかかったような。これ以上に対照的なものはありません。でもここはすてきに静かだし、ライン川に面したホテルはきれいで快適。イスラエルでのホテルと、そこでの無数の不便を経験したあとでは、この程度のことでもばかにできませんね。［…］

ごきげんよう、愛するひと。事典のことで過労になりませんように、そしてプエルト・リコ行きは延期してくださいね。消耗してしまいますよ。とてもうれしいことに、いくつものホテルの予約がうまくとれました。ここのホテルには七月一一日あたりにわたしたち二人の予約をしておきます。できればいまから、そうしておかなくてはいけないんです、ヨーロッパではどこでもホテルの部屋が不足していますから。チューリヒでの二泊の予約もとります――二四日から二六日まで。ああ、最愛のひと、いまがもうその日ならいいのに!!

あなたの――

エスターによろしく!!!

ロッテ宛に『フランクフルト画報』の切り抜きを送ります。それを見ると、今日ここでスペイン内戦についてどんな報告がされているか、わかりますよ。このフランコ賛美はまったくひどい！　それを、ヒトラーがフランコの盟友だった国でやっているんですからねえ。しかもこの国の人びとは、この問題全体について言うなればなに一つ知らないときている。なんとまあ結構な時代に向かっているのでしょう!!

（1） Karl Jaspers: *Chiffren der Transzendenz*. München 1970.〔邦訳『神の暗号』草薙正夫訳、『ヤスパース選集37』、理想社、一九八二〕

（2） ダニエル・クレンボルト、ハナンとロッテ・クレンボルトの息子。

（3） 彼の妹イレーネの多発性硬化症のことを指す。

（4） Martin Heidegger: *Nietzsche*, Pfullingen 1961.〔邦訳『ニーチェ』細谷貞雄他訳、平凡社ライブラリー、一九九七、ほか〕

（5） この難民（「追放者」）は戦争終結期に東部ドイツ領土から逃げてきたか、ポーランド（および他の東ヨーロッパ諸国）によって、一九四五年のヤルタ協定がそれらの国の領土と認めた地域から追放された人びとである。

（6） Die Studienstiftung des deutschen Volkes〔ドイツ国民奨学基金〕は、連邦政府の資金によって才能ある学生に奨学金を出している。

289

［ニューヨーク］　六一・五・二一

恋しい人

きみがドイツについて書き送ってくる内容は、この国を避けようというぼくの決心を強める。ローベルトには、ぼくと会うのはスイスにしてくれるよう頼むつもりだ。どの日を彼のためにあけておけばいいか、すぐに書き送ってもらいたい。事典に対してすぐれた提案をして、すでに三〇〇ドル取り立てた。コリアーズ(1)が大々的にペーパーバックに乗り出し、ユージェニオ［・ヴィリカーナ］を最高顧問として当面は非常勤で雇った。そこで、ロッテ・ケーラーは、ドイツ文法書を作成する依頼を受けることになるだろう。ぼくはドイツ書籍の最高顧問となるのを断った。そこでうまくいくならば、ぼくたちのロッテ［・ベラート］が職を得ることになる。ユージェニオは、きみもぼくも彼女に手を貸したいと思っているのを知っているので、見通しは明るい。そうなればロッテにとってすばらしいことだ。もうぼくには名案がある。ユージェニオがきみに、どの本ならペーパーバックにできるか指示してくれと言っている。

それに、ドイツの新刊書のなかで翻訳によさそうなものに目をつけておいてくれとも。(2)

［…］

政治のことは今日のところ何もなしにさせてほしい。ぞっとすることばかりだ。アンゴラでは黒人たちの見つけ出した神が、肌の色の異なるすべての人間を切り刻むよう命令している。そうすることでのみ、彼らが再来できないとわかるという。自分たちは再来することになっているので、安心して射殺されている。ヒトラー映画(3)を見たが、頭から離れない。

［…］

元気でやってくれ、そして働きすぎないように

きみの

ハインリヒ

（1）　ニューヨークの出版社。
（2）　計画は実行されなかった。完成した書籍も、出版社が他の手に渡ったため刊行されなかった。
（3）　一九六〇年にサンフランシスコで賞を受け、多くの国で上映され成功を収めたエルヴィン・ライザーの記録映画『我が闘争』と推測される。

290

［ミュンヘン］　六一・五・二二

大切な最愛のひと――

こちらでは今日は、わたしたちのところではもうなくなってしまった祭日、聖霊降臨祭です。アンヒェン［・ヴェイユ］が来ています。天気はこれ以上ひどいのはありえないほどで、凍えそうに寒いうえに大粒の雨まで降っていますが、わたしたちはすばらしい時をすごしています。ミュンヘン観光をして、昨日はニュンフェンブルク城に、とてもきれいでした。美術館を訪ねたり、ショーウィンドーを眺めたり（幸いなことになにも買えませんが）、晩には劇場かカバレット（かなりお粗末）に行ったり、その他よろず、おのぼりさんのふりして楽しくやっています。金曜日にはさる元同僚(1)と話をしました、あなたのご存知ない人で、重要な人物ではありませんが、ここの大学のアメリカ研究所の所長になっています。階段をすっかり高く昇ってしまったわけです。詳しい話はやめておきます、退屈ですから！　ところが――彼は逃げ出したくてたまらない。教授会でのぞっとするような話をしてくれました。とりわけ、全員がたがいに抱いている憎悪の絶えまない噴出。これはもちろん、誰もが誰をも手中に握っていることから来ています。ともかく、マウンツ氏がバイエルンの文化大臣で、所長はまず最初に彼に会いに行かざるをえなかった。まったく途方もない要求です。それにしても教授たちが現状を居心地よいと感じているとは言えないのですが、しかし彼らにとって重要なのはもちろん、アウトサイダーを彼らの安物店に入れないようにしておくことです。彼らが若手の採用にあれほど猛然と反対して、あれほど成功を収めてきたのは、これが理由の一つでしょう。数多くの例の一つを挙げると、むろんミュンヘン大学は、ドイツのあらゆる大学と同様に、定員をひどく超過する学生をかかえて、教授たちはたえず青息吐息、そこへ文化省が歴史学の三人の新しい教授の採用を提案してきた。それも火急に必要な補充だったのです！　そこで長々と教授会で検討した結果は、必要なし！　その理由は、もちろん受講料(2)、でもそれだけでなく、どんなやつかを知りようのない若手三人が入ってくることへの不安もあったのです。三人もでは多すぎる、と。

明日はギュンター［・アンダース］が来ます、今回はうまく避けきれなくて。たった一日のことですから、なんとかなるでしょう。彼はクルト・ヴォルフに会ったのですが、彼の誇大妄想にはかなり閉口したとヴォルフは言ってました。なんとかうまく対応するつもりでいます、いずれにしても善意のかぎりを尽くして。

　バーゼルにメアリー［・マッカーシー］の新しい夫(3)が電話をかけてきて、彼女はワルシャワでものすごい痛みに襲われたため、ウィーンの病院に入院したとのこと。診断は、椎間板損傷、痛みは神経根が圧迫されて擦れ合うせいだというような話でした。これは当今はやりの病となっている椎間板ヘルニアではないそうで、メアリーにすぐに電話をかけたところ、彼女は退化《ディジェネレイション》［年齢による変性］だと言ってました。わたしには全然わかりませんが。いずれにせよ彼女はいまではもうワルシャワに戻っていて、きっとミュンヘンへ行けるようになるだろうと言っています。わたしはすぐにも飛行機でウィーンへ飛ぶつもりでいたところでした。ここには話のできる知り合いの医者がいません。ヤスパースは結核か腫瘍かではないかという意見でした。でもアンヒェンはそういう退化もあると話していましたが、それがどういうものかは知らないそうです。メアリー自身が言うには、よくなることはないだろうけれど、痛みをなくす――もしくは痛みの発作がまた起こらないようにする――治療法はあるとのこと。だれもかも、なんにも知らないものなんですねえ。電話をくれたウェストに、だれか医者に相談したかと訊いたのですが、その質問の意味すら彼にはわからないようでした。じっさい、この件は胸の奥にひっかかったまま離れません。

　たったいまツィルケンスから電話があって、わたしは金曜日にコブレンツに行くことになりましたが(4)、日曜日にはまたミュンヘンに戻ってきます。もうそろそろ仕事にかからなければなりません。ところで、まえに書きましたよね、ヴォルフがハイデガーのニーチェ本を見てくれと言って送ってきていることを。そして夫妻でバーゼルに会いに来たことも。感動的なほどの親切さでしたが、ちょっぴり奇妙な感じもします。それはともかく、ハイデガーのニーチェ、講義録の第一巻は、じつにすばらしい、いきいきとした叙述も解釈も、ある意味ではわかりやすい。でも第二巻がどんなかは、まだ知りません。

　アンヒェンは何年もまえから、わたしの今後の趣味《ホビー》となる写真撮影に凝っていて、明日の午前中にいっしょにミノックス・カメラを見に行くことにしています。写真を撮ることについて、二人でもう長いこと真面目な会話を重ねてきたんですよ。わたしもカメラがぜひ欲しい。どんなことができるか、ぜひ試してみたい。そうしたらヘインズ・フォール(5)で撮りまくりますよ！　そしてイタリアでも。

　では、これで。アンヒェンが美術館へどうしても行きたいと言ってます。こんどの手紙もここ宛にお願いします。六月一〇日よりまえにイスラエルへ飛ぶことはないと思います。

あなたの――

（1）フリードリヒ・ゲオルク・フリードマン（一九一二―二〇〇八）ミュンヘン大学の北アメリカ文化史教授。Friedrich Georg Friedmann: *Hannah Arendt*. München, Serie Piper 5201, 1985, S.11 参照。

（2）この当時、ドイツの大学教授は給料に加えて、受講する学生の数に応じた額のいわゆる受講料 Kolleggeld を受け取っていた。学生は当時はまだ受講料を払っていたのだが、六〇年代の制度変更によってこのような料金は廃止された。

（3）ジェイムズ・ウェスト（一九一四年生まれ） アメリカの外交官。

（4）すぐあとの書簡291参照。

（5）ニューヨークの北のキャッツキル山地にある村で、アーレント夫妻は一九六〇年と一九六二年の夏の休暇をそこで過ごしている。

291

ミュンヘン　一九六一年五月二八日

最愛のひと！

昨夜、アイフェルでの奨学生大会から帰ってきたところ、あなたの手紙が着いていました。金曜日には汽車で六時間、車で（ツィルケンスが駅に迎えに来てくれて）二時間、土曜日の晩にはまたおなじようにして帰ってきました。その間には学生との三時間の討論が二回、人間的にも学問的にもごく選り抜きのグループで、自分たちはいまや数を増しつつある学生組合〔決闘を重んずる伝統的学生団体〕の連中への（小さな）対抗集団だという意識がある。とても興味ぶかく、とても好感がもてました。じつに闊達で率直、そしてひじょうに頭がいい者がかなりいる。最初にアイヒマン裁判について論じ合い、そこからあらゆることに話が及びましたが、基本的には政治について。アデナウアーはたいへん不人気でした。出席していた教授連中は彼を弁護しようとしていましたけどね。学生は自分たちがなんともひどい体制のなかで生きているのを知っている。彼らとともになにかできるだろうに、一人として彼らにほんとうに語りかける者はいない。彼らがわたしに熱烈に反応したのは、一つには、ほんとうにほかにだれもいないからです。世代間の断絶は途方もなく大きい。彼らは自分の父親と話ができない。父親がどんなに深くナチの諸問題とかかわりあっていたか、彼らは知っていますから。何人か、アメリカの大学に勉強に行っていた学生がいて、わたしがほかの学生たちに、アメリカではどんなふうに人びとが政治について議論するかをいくらか説明してやれたので、とてもほっとしていました。みんなにはまるで楽園の話みたいに聞こえてしまうのです。とりわけ、ひとの発言を悪くとらない、自説に固執しない、意見を変えてかまわない、ひとの話をよく聴く、などなど。わたしはまずは様子を見てみようと、なんの準備もせずに出たのですが、そこで見せられたのは、教授たちの用意してきたしろもの——信じられないほどのお粗末さでした。だからわたしは教授たちなどいないかのように振る舞った。それしかやりようがなかったのです。印象がよかったのは学生奨学金財団の会長[1]です。彼にはもう一度会うことになるかもしれません。彼は明らかに勉学支援にとどまらないそれ以上の意図を抱いています。この会から政治的新天地とでも言えるようなものが徐々に生まれてくるよう、努力しなくてはいけないでしょう。この考えもまた明らかに彼の念頭にあります。大きな、好感のもてる、正直な顔。彼は教授連のくだらぬおしゃべりが止んで、少し新鮮な風が吹き込んだことを、とても喜んでいました。

　アンヒェンのことはこのまえ書きましたね。すてきでしたよ。ひどい雨のなか、二人で文字通り陽気にはしゃぎながら、ミュンヘンとニュンフェンブルク（一見の価値あり！）を見てまわりましたし、最後にはまた連れだってミノックスを買いに出かけて、わたしはいまでは大事にそれを持ち歩いています。露出計付きで、そもそもかなりの部分がフール・プルーフ[2]になっている新しいモデルです。アンヒェンがパリへ発ったそのおなじ列車で、ギュンター［・アンダース］がウィーンから到着しました。ほんとにかなりのショックでしたよ。彼はひどく変わってしまったのです。老けこんだというわけではありません、髪は白くなっていましたが。でも、なんとも名状しがたい衰えが見えて、両手はすっかり不自由だし、からだは瘦せこけ、そわそわと落ち着きがない。考えているのは自分の名声のことだけで、ほかのことにはまるっきり無頓着、いささか狂ってます。とりわけ彼の母親そっくりに、いっさいの現実の埒外で生きていて、万事を決まり文句で片づけ、現実とは本来まったくかかわりのない一種のスペイン宮殿《シャトー・デスパーニュ》〔空中楼閣〕に平然と暮らしている。ほんとうは経済的な保障はまったくなく、どうしても必要なお金はなんとか稼いでいますが、それもいつもとはいかず、その日暮らしで、所有する住まいはなく、女家主とたえず揉めています。それに仕事のほうもなかなか仕上がらず、彼が言うには、どのページも三〇回も書き直すとか!!　それでいて自分は世界の頂点《オン・ザ・トップ・オヴ・ザ・ワールド》にいると感じていて、たとえば、自分はスター級のギャラしか受け取らないなどと言うのですが、その実、あとで判明したところでは、ここの相場並みか、むしろ少し低いくらいなのです。彼はどう見てもひどくつましく暮らしていて（ドイツの水準に比べてですが）、自分では健康だと感じてはいても、そうでないことは確かです。彼になにか言おうにも、そんなことは完全に不可能で、わたしはすぐに諦めてしまいました。政治的なことではありません、たとえば彼の健康とか財政状態についてです。彼はベルリンでの教授の座を提供されたが撥ねつけたと言ってましたが、ほんとうかどうか、わたしにはわかりません、ほんとうかもしれませんが。でもじっさいに断ったのだとしたら、老後にどうにか安心して暮らせる唯一の可能性を自分でぶち壊したことになる。彼は〈なにごとにも向き合わない〉〔仏〕、しかしその自覚もない、というのがほんとうのところだと思えます。彼はいま、ヒロシマに爆弾を落とした男（名前は忘れましたが）との往復書簡集[3]を出すところで、ローヴォルト社はヒットまちがいなしと言っているらしく、だからギュンターは、自分は金持だと信じている。要するに、おかしくなってしまったのです。でもほんとうに不気味だったのは、彼の母親とそっくりなことです。

　コリアーズ社のこと、うれしい話ですね。わたしたちのロットヒェン［・ケーラー］がドイツ語文法の本のまとめ役を務めることになれば、彼女は金持娘になれますよ、こういう仕事は実入りがいいですからね。それに彼女は役目をきっとりっぱに果たせます。ドイツの新しい本では、以下のものを薦められていますが、わたしはまだどれも読んでいません。エンツェンスベルガー[4]、彼は詩も散文も書いています。三〇年代はじめ。ノサックの『螺旋』[5]。アーノルト・ゲーレン（元ナチ！）の『時代像*』（ただし、人間についての彼の本[6]は家にあります）。クリスチャン・ガイスラーの『質問』[7]（つまり父親たちにたいする説明要求）、これは最近出たばかりの本。ペーター・ヴァイスの『両親との別れ』[8]。でもわたし自身はM・L・カシュニッツの『長い影』[9]を推薦したい。あなたも『メルクーア』に載ったすばらしい短編をご覧になりましたよね。

　さらには、わたしがいま読んでいるハイデガーの『ニーチェ』。これはまだ出版されてなく、クルト・ヴォルフに頼まれてゲラで読んでいるところです。とても重要で、ひじょうにいい本ですよ。じつにわかりやすく書かれていて、教科書のようなところもある。三〇年代と四〇年代の講義をまとめたものです。彼がこれを出版する気になったのはふしぎですね。この本は彼が本来どこへ向かおうとしていたのかを正確に示していて、これを前提して書かれたその後の著作よりも、ある意味ではかなり得るところが大きい。これをぜひ出版するようヴォルフに勧めるつもりですが、ヤスパースには内緒にしています。用心には用心を。

［…］

いつイェルサレムに戻らなくてはならないか、いまだにはっきりしません。ここでは『南ドイツ新聞』の通信員と連絡をとっています、彼は情報をむろんわたしよりもよく摑めますから。ちなみに今日は、なんの約束も入っていなくて好きなことのできる初めての日、というわけで仕事を。わたしの部屋はなかなか小ぎれいで、大きな机がありますし、冷たい雨の降るこんなにひどい天気でなかったなら、ここのすてきな庭で仕事ができたでしょう。部屋に暖房が入っているのがありがたい。持ち合わせの数少ないウール製品はまだまったく取り出さないですんでいます。

トラヴェラーズ・チェックのこと、了解《ダコール》。ここの口座から送金させます。イェルサレムへ飛ぶときはすぐ電報を打ちます。メアリーとはまた電話で話して、いまは手紙を待っているところ。彼女は自分では書けなくて、口述するしかないようです。ひどい話！　突然の変更が生じないかぎり、わたしは六月一〇日以前には飛ばずに、この先二週間はここにいます。すでに州立図書館から、わたしの欲しいものはほとんどすべてここの家に届けてもらっています。こういうことならピーパーは心得たものですよ。［…］

最愛のひと、この手紙をお手本にしてくださいね。ほんとうにとても長い手紙でしょ。ロッテからは長いすてきな手紙をもらいました。［…］

あなたの

最愛のひと！

H.

（1）　アドルフ・グリム（一八八九―一九六三）　教育者で政治家。元プロイセン文化大臣で、「赤い楽団《ローテ・カペレ》」〔反ナチ抵抗グループ〕と近い関係にあった（一九四二―四五年のあいだ獄につながれていた）。一九四六―四八年にはニーダーザクセン文化相、一九四八―五六年、北西ドイツ放送局長。

（2）　Fool proof〔器機が誤った操作をしても安全なように設計されていることを表す用語〕。

（3）　*Off Limits für das Gewissen. Der Briefwechsel zwischn dem Hiroshima-Piloten Claude Eatherly und Günther Anders*, Herausgegeben und eingeleitet von Robert Jungk. Reinbek bei Hamburg 1961.〔邦訳、ギュンター・アンデルス／クロード・イーザリー『ヒロシマわが罪と罰――原爆パイロットの苦悩の手紙』篠原正瑛訳、ちくま文庫、一九八七。ギュンター・アンダースは一九五八年広島での原水爆禁止世界大会に参加、国際的な反核運動の指導者の一人として日本でも知られ、著書も多数邦訳されている。3・11以後、彼の「ノアの寓話」が紹介され（ジャン＝ピエール・デュピュイ『ツナミの小形而上学』（岩波書店、二〇一一））、フクシマのあと読み返されるべき著作家としてふたたび注目を集めている。ちなみに、アイヒマンの息子への公開書簡、ギュンター・アンダース『われらはみな、アイヒマンの息子』（原書一九八八年、邦訳二〇〇二年、晶文社）には、アーレントの言う「悪の陳腐さ」という捉え方がこだましている。〕

（4）　ハンス・マグヌス・エンツェンスベルガー（一九二九年生まれ）。

（5）　Hans Erich Nossak: *Spirale. Roman einer schlaflosen Nacht.*

1956.

* Arnold Gehlen: *Zeit-Bilder. Zur Soziologie und Ästhetik der modernen Malerei.* Frankfurt am Main 1960.〔邦訳『現代絵画の社会学と美学——時代の画像』池井望訳、世界思想社、二〇〇四〕

(6) Arnold Gehlen: *Der Mensch.* 1940, 1960.〔邦訳『人間——その性質と世界の中の位置』池井望訳、世界思想社、二〇〇八〕

(7) Christian Geissler: *Die Anfrage.* 1960.

(8) Peter Weiss: *Abschied von den Eltern.* 1961.〔邦訳『両親との別れ』柏原兵三訳、白水社、一九七〇〕

(9) Marie Luise Kaschnitz: *Lange Schatten. Erzählungen.* Hamburg 1960.

292

〔ニューヨーク　一九六一年六月初頭〕

恋しい人

今回は嬉しい手紙だった。長いから、という理由からではなく、きみの嬉々とした気分で忙しくしている様子がうかがえたからだ。きみがミノックスで楽しんでいる姿が見える。だから言った通りだろう。その保証書がこちらに届いているぞ。

ローベルトにはきみの日程[1]を送っておく。予定は、もともとの心づもりよりも少し後になっている。そこでたぶん、まずは七月末にまっすぐ帰って、すぐにヘインズフォールズにまた行かなくてはならない。ぼくには森での四週間が最低限必要で、五週間ならなおよかった。バードでは学期末に来年度のための編成替えをするのだが、そのために今回はひどくへとへとにされた。もし実際に二四日の出発準備をしなければいけないとすると、何かをしている時間はもうほとんどない。事典の仕事はとても面白い。ぼくのまったく新しい構想に彼らは夢中になっている。けれどあまりにたくさんチェックをして、修正して、彼らと話さなくてはならず、暑さのなかではだいぶ身にこたえる。ニュー・スクールの昔の学生たちからぼくは、新しい成人アカデミー[2]の構想を求められている。何かできるかもしれない。だがこれも一仕事で、時間を食われる。きみの学生大会は、実際いくばくかの希望だ。こうしたことをすべてぼくたちはヤスパースと話し合いたい。彼からはちょうど大学改革についての新しい本[3]が送られてきたところだ。まだ読んでいない。

デンヴァー［・リンドレー］がきみの本[4]を送ってきた。ごく簡素でとてもきれいな装幀だ。ある事柄がいま自分の学生たちのために必要なので、もういちどこれを読んでいるところだ。ぼくの最良の学生のひとりがこれまでで最良の卒業研究《シニア・プロジェクト》を書いた。カフカについてだ。文学《リテラチュア・ディヴィジョン》科の教員たちはこれを好まない。半ばは愚かさから、半ばは純然たる妬みからだ。とくに、普通なら彼の立派な教師たち全員に捧げられる謝辞がない。おまけに、その代わりに空白の一ページのいちばん下隅にこうある。「ぶんぶんうるさいウシバエに。刺されたことに感謝する。[5]」［英］なんと非アカデミックであることか。

レースヒェン［・ファイテルソン］と会った。彼女はいま、はるかに良くなっている。きみによろしくと言っていた。ロッテ［・ベラート］も同様。ポール[6]はすばらしいブイヤベースに招待してくれてとても親切だった。ぼくたちはみな、いまでは彼ですらもが、政治的にとても不安で心配をしている。毎日新しい原因に事欠かない。もしかしたらもういちど大急ぎでヨーロッパを見るのがいいのかもしれない。別れの一瞥のために。

挨拶と口づけを、チューリヒの飛行場で最初に肩をぽんとたたけるまで

きみの

ハインリヒ

(1) ハンナ・アーレントはこれに先立つ一九六一年五月二八日付書簡で、詳細な旅程を告げていた。

(2) 計画は実現しなかった。

(3) 書簡286・注5参照。

(4) Hannah Arendt: *Between Past and Future. Six Excercises in Political Thought.* New York 1961.〔邦訳『過去と未来のあいだ』〕

(5) ハインリヒ・ブリュッヒャーに向けられているものと推測される。

(6) ハインツ・ポール（一九〇一―一九七二）ベルリンの新聞記者。一九三三年にパリを経由してアメリカ合州国に亡命、『アウフバウ（*Aufbau*）』や『ノイエ・ルントシャウ（*Neue Rundshau*）』などに執筆した。

293

［ミュンヘン］　一九六一年六月四日

最愛のひと――

［…］

そう、イェルサレムにいつ戻るかの件。たったいま『南ドイツ新聞』の人と電話で話をしたところです。あちらでは、もちろんまだぐずぐずとした進みぐあいだとのこと。いまのところ、わたしは一七日にあちらへ飛んで、二四日にムッシュー・シュトゥプスを出迎えにまたチューリヒへ戻る、というふうになりそうです。でも正確なことはだれ

にもわかりません。けれどわたしたちの予定は絶対に変えませんよ！　問題はセルヴァティウスが時間を要求していることだけなのですが、その狙いが本来なになのか、イェルサレムではだれ一人わからない。彼はいま、むろん証拠文書の山に埋まってかなり呻吟しているところ。検察陣は四人の検事から成り、そこにさらに無数の助手がついていて、要するに一大機関です。それにたいして彼は助手が一人いるきりで、おまけにその助手は証人の証言聴取のために世界中を駈けまわっている。証人たちはイェルサレムに来られないか、来る意志がないかですからね。それは理解できる。もしわたしにちょっとは運がついていれば、六月一七日の週のうちにアイヒマンが証言台に立つことになるかもしれません。

[…]

今朝メアリーが電話をくれて、声の調子からするとかなりよくなってきたようです。なんとか彼女に会えそうです、おそらく来週末にでもここミュンヘンで。もし彼女が、こういうことの治療にかけては有名なチューリヒの病院へ行く決心がついたなら、チューリヒへ飛ぶかもしれません。

わたしからの便りがもうなくても、あなたの手紙はここの住所宛に出してください。どうやら、この先の一四日間はここにいられそうな気配濃厚です。わたしにはそのほうが好都合。もっともこちらはひどい寒さで、温かな靴下とカーディガンを買いに走りました、いつも少なくとも二枚のウールを重ね着していないと、凍えそうですから。それに雨ばかり、文字どおり休みなく降っています。

なぜここよりもチューリヒ滞在を選ばないのか、理由を言いますとね、ここの図書館が断然、第一級だからです。それがすべて《ザット・イズ・オール》。どっちみち、ほとんど朝から夕方までずっと仕事をしています。フェーゲリン[1]夫妻に会いました、とてもいい人たち。彼のゼミナールで話をすることになりました。来週にはいろいろありますが、いつも晩だけ。それにこの小さなホテルにはわたしに必要なものがぜんぶ揃っていて、とても快適です。

[…]

旅暮らしにはもううんざりです。楽しみにしているのは、第一にわたしたちのイタリアへの旅、第二に家へ帰ること！

あなたの

H.

(1)　エリック・フェーゲリン（一九〇一―一九八五）　政治学、歴史哲学、宗教学の学者。一九三八年から合州国のさまざまな大学で教え、一九五八年からはミュンヘン大学教授。

294

［ミュンヘン］　一九六一年六月一二日

大切な最愛のひと――

いまメアリーをまた空港へ送っていったところです。ワルシャワから日帰りで来てくれたんですよ、とてもうれしかった。彼女はまた少し元気になってきています。詳しい話はお目にかかってから。彼女には大きな心配事（というより、彼女が事態を理解すれば心配になるはずの事柄）があります。彼女の夫がポーランドを離任させられたのです。明らかに懲戒転任、[1] それもほんとに理解しがたい騒ぎがあってのこと。どこに左遷になるのやら。ところが彼女は基本的にはまるっきり心配していなくて、外交官の妻となるというのはどういうことなのか、まだよくわかっていないのです。健康面では彼女は少しもよくなっていないし、顔色もすぐれませんが、それでもかなりましにはなっています。

それからいまイスラエルから知らせが来て、わたしはイェルサレムのホテル・エーデンに泊まることになりました。一七日の土曜日の予約を入れたところです。この宿泊先をロッテにも伝えてくださいませんか。彼女もわたしの居所を知っているとわかっていると、わたしは安心できますから。

［…］

忘れないうちに急いでもう一つ。いましがたヤスパースの手紙が来て、こう書いてあります。「いま楽しみにしているのは、七月にあなたとハインリヒが来てくださること、滞在があまり短すぎないように願いますよ。妙なものです、私はハインリヒをすでによく知っていてほとんど友人のようなつもりになっているのに、ほんとうはいちども会ったことがないのですからね。期待のなかで、いよいよ会えるという幸福感を味わっています――［…］どんな状況にあっても一頭地を抜き、かつ独立独歩でありつづけている一人の人間に。『大学の理念』がちょうど出たところなので、こういうことに専門知識と経験のある彼に送りましたが、いま読んでほしいと期待してのことではありません。おたがい、話したいことがたくさんありますね。よい時間がもてますように！[2]」

最愛のひと、もうすぐ会えますね、もうすぐ!!

あなたの

(1) ジェイムズ・ウェストは任地がパリに変わったが、アーレントが彼の離婚事件のせいだと思ったような「左遷」ではない。〔「騒ぎ」というのは、ウェストの先妻が離婚後もウェスト夫人としての外交官パスポートを使ってワルシャワへ戻ってきたため、新婚のウェスト夫妻がポーランドへ戻れなくなったことを指す。*Between Friends: The Correspondence of Hannah Arendt and Mary McCarthy 1949-1975*, Harcourt Brace & Co., 1995, p. 117 参照〕〔邦訳『アーレント＝マッカーシー往復書簡――知的生活のスカウトたち』佐藤佐智子訳、法政大学出版局、一九九九〕

(2) *Hannah Arendt - Karl Jaspers Briefwechsel*, a.a.O., München 1985, S. 475f.〔前掲邦訳『アーレント＝ヤスパース往復書簡2』、二四四頁〕

295

〔ミュンヘン〕　六一年六月一四日

最愛のひと――

今日はすばらしい日。まず、あなたの手紙[1]が来たこと。すっかりうれしくなって、それからわれながら驚いたことに、あなたがほんとうに来るとはどこか信じきれずにいたことに気がついたのです。そのあとローベルトから電話があって、いま何日かミュンヘンにいるとのこと。そこで彼とゆっくり昼食をともにして、いま帰ってきたところです。彼はほぼ確実に二四日には空港へ出迎えに来てくれて、わたしたちが月曜日にイタリアへ旅立つまで、いっしょにチューリヒにいるそうです。[…]

さて、そのローベルトのこと。彼はとてもとても親切でしたが、かなり不幸です。あのご婦人から明日とは言わない、今日にでも逃げ出したいのに、子どもがいるからそうできない、その子をとてもかわいがっているからです。かの貴婦人は自殺すると脅すばかりか、メデアのように子どもも殺すと断言している。彼はただただ、彼女のことを、彼女の本来の居場所であるエルケのところに帰りたがっていて、彼女のことをひじょうな尊敬をこめて話していましたよ、『マイ・フェア・レイディー』[2]の翻訳をどんなによく助けてくれたか、等々。もう一人の女性は彼の生活を地獄にしてしまった、と。どんなふうかは、あなたがロカルノで間近からよくご覧ください。でも一度、彼女抜きで彼だけとどこかで会うことも考えておいたほうがいいでしょうね。

[…]

まえに書いたように、わたしは土曜日にイスラエルへ向かいます。裁判は二〇日にようやくまた始まるのですが、ハウスナーはそれをさらに遅らせようとするのではないか、とても心配です。でも証言台に立つ《オン・ザ・ウィットネス・スタンド》アイヒマンを見られるように、少なくとも行ってみるだけはしなくてはなりません。裁判のない二日間をイスラエルで過ごすことになりますが、それもまた悪くはありません、何人かの人たちに会って話ができますから。クルトヒェン［・ブルーメンフェルト］は言うにおよばず――彼はご承知のようにほかの「人たち」とは別ですからね。そして二三日の金曜日にあちらを発ってチューリヒへ、便しだいで直行するか、アテネ経由で飛ぶかします。

［…］

二〇日［七月］にはハイデルベルクに行かなくてはなりません。シュテルンベルガーのゼミナールで話すことになっています。それ以外は完全に自由。もっとも九―一〇日にはデュッセルドルフに、一一日にはケルンにいることになるでしょうが、あなたはいっしょにいらっしゃれないわけだし、(3) それはそれでいっこうに構いません。そのあと、バーゼルで落ち合うことにしましょう。

では、これで。念のためにもう一度わたしのアドレスを。二三日の金曜日まではイェルサレムのホテル・エーデン。そのあとはあなたと、チューリヒのヴァルトハウス・ドルデラー。

最愛のひと、どんなに待ち望んでいることか――

あなたの

エスターに心からよろしく！　そして彼女に七月末まで週二回分の支払いをしておいてください。

(1) ここには載録しなかったが、正確な到着時刻を知らせる手紙だった。

(2) アメリカのこのミュージカルをローベルト・ギルベルトがドイツ語に翻訳した。

(3) この期間、ブリュッヒャーは友人のローベルト・ギルベルトとともに過ごすつもりでいた。

第13部

1963年2-3月、1968年9月

［一九六一年三月一九日にハンナ・アーレントはニューヨークでひどい自動車事故に遭った。彼女の乗っていたタクシーがトラックと衝突し、彼女は重傷を負って病院に運ばれたのである。そのときの損害補償金を使って、一九六三年に彼女と夫は、シャルロッテ・ベラートを客として同伴して、イタリアとギリシャへ長期の旅をした。それに先立ってアーレントはひとりでバーゼルへ行き、ヤスパースの八〇歳の誕生日の祝賀会に参加している。

一九六八年九月、ハンナ・アーレントはカール・ヤスパースを訪ねたが、これが彼に会う最後となった。彼は一九六九年二月二六日に死去。］

296

バーゼル、ホテル・オイラー
六三年二月二〇日

最愛のひと

　いま時計を取り出して、そちらは午後の三時だと確かめたところです。でもこちらは九時、もうベッドに入ります。空路は快調で、「時を告げる鐘に合わせて」の言葉どおり、予定時刻ぴったりにジュネーヴとチューリヒに到着。ファースト・クラスというのはどんなものか、ロッテ［・ベラート］とわたしの予想は外れましたよ。プードル連れのご婦人だけはりっぱなほんものでしたが、あとはすべてまがいもの、星空までフラッシュ撮影写真なのです。乗客たちはしかもかなりひどい連中。でも一晩じゅう、とてつもなく上等なコールド・ビュッフェがひっきりなしに出される、シャンパン、キャビア、ロブスター等々。これはじつに快適でした。チューリヒからは、のんびりと汽車に揺られてきましたが、ここには予定よりだいぶ遅れて到着。なにもかも雪に埋もれて、除雪が必要だったからです。たいへんな損害でしょうね。ホテルではヤスパース夫人からの蘭《らん》の花が出迎えてくれて、わたしはすぐに電話をして明日の朝まで休ませていただくお許しをもらいました。ホテルはとてもりっぱで、わたしには上等すぎますが、一週間の滞在にはなかなか快適です。いましがたすばらしい夕食をすませて、これからメグレ[1]といっしょにベッドに！　疲れてはいますが、そんなにひどくではありません。ほんとうのところ、『ニューヨーカー』騒動[2]から逃げてこられて、こんなにうれしいことはありません。

　ちなみに、いろんな新聞を読み漁っています。『新チューリヒ新聞』『フィガロ』などのような定番の新聞だけでなく、『ニューヨーク・タイムズ』や『ヘラルド・トリビューン』さえ、どこでも買えるのです。まったくすばらしい。そしてとても不思議。

　たった一つ、まだできることは、土曜日までに届くようにこの手紙を出すこと。新聞なしでは[3]、わたしたちの飛行機が墜落したかどうかもお知りになれませんものね。

あなたの

H.

(1) ジョルジュ・シムノンの推理小説シリーズの主人公メグレ警視。
(2) アーレントの『イェルサレムのアイヒマン』に対してこのとき始まっていた反応を指している。彼女の報告は『ニューヨーカー』誌に一九六三年二月と三月に五回に分けて発表され、同年中に本になり、ドイツ語版は一九六四年に出版された。〔邦訳『イェルサレムのアイヒマン——悪の陳腐さについての報告』大久保和郎訳、みすず書房、一九六九〕
(3) ニューヨークでは新聞ストライキがほぼ三ヶ月も続いていた。

297

〔バーゼル〕　一九六三年二月二二日

大切な最愛のひと——

この手紙は、わたしの連絡先をお伝えするためだけです。ヤスパースは、とくに約束の入っていない週はバーゼルで過ごしてくれとおっしゃるし、わたしも喜んでそうするつもり。彼は体調も最高だし、まったくお変わりなく、陽気で、賢く、よく話し、アデナウアーにもドイツにもひじょうに批判的で、およそ政治的な事柄ではすべてわたしたちとおなじです。ここにいるとまた家に帰った気分になります。寝るのと朝食はホテルで、そのあとはアウ街[1]へ、そこにはわたしの仕事部屋がある。最高の段取りでしょ！　明日のお祝い[2]はたいして差し障りにはなりません。きっと月曜日からはまた完全に平穏になりますから。三月一日にはここを発ってケルンへ、七日の朝までホテル・ブリストルに。ラジオで二回話します。[3]七日にはまっすぐロカルノのホテル・エスプラナーデへ、そして一〇日か一一日あたりまでクルト・ヴォルフのところに。その後はバーゼルへもどって、またホテルに部屋をとります——でも、いまいるホテル・オイラーではないところに。この部屋はとても狭いうえに、とてつもなく値段が高い。泊まるところが決まったらお知らせします。昨日はここに突然ケルンの友人ツィルケンスがあらわれて、車でわたしをナポリへ連れていけるが、どうだろうかとのお誘い。アンヒェン〔・ヴェイユ〕も電話をかけてきて、三月後半はストラスブールにいるとのこと——ここから二時間の距離です。それにまえにも言ったゲルハルト〔・カスパー[4]〕の住所を、ロッテ〔・ベラート〕からぜひ教えてもらおうと思っています。エルケにはまだ電話していませんが、ローベルトにはほんの一行、手紙を書いたところ。さきほどテル・アヴィヴから手紙が来て、わたしの従弟が損害補償[5]の件でベルリンとボンを駆け回っているとのこと。——天候はひじょうに冷えこんで、たいへんな雪です。飛行機があんなに順調に飛べたのはほんとに幸運でした。
最愛のひと、お便りなしに放っておかないでくださいね。

あなたの――

（1） ヤスパースの家はアウ街にあった。
（2） 二月二三日のヤスパース八〇歳の誕生日祝賀会。
（3） ケルンのラジオでアーレントは彼女のアイヒマン本の第一章を朗読、翌日はやはり放送による論争に参加した。書簡300・注5参照。
（4） ゲルハルト・カスパー（一九二七年、ハンブルク生まれ）一九六六年にシカゴ大学ロー・スクールの教授、一九七九年に学部長。
（5） 書簡267・注2参照。

298

［バーゼル］ 一九六三年二月二四日

大切な最愛のひと――

昨日のお誕生日、わたしたちはみんなめでたく乗り切ったようです。バーゼルの花屋という花屋はどこも売り切れてしまって、わたしたちでアウ街に一つ開店できそうなほどでした。祝電が――アデナウアーからのもありましたよ、ヤスパースは政府の最高の栄誉賞を断ったせいで（勲章をもらうことは自分の信条にそぐわないと言って）、ボンのたいへんな怒りを買っていたのに――、一ダースずつ大きな封筒に入れてつぎつぎと届けられました、手紙は言うにおよばず。ハイデガーからの手紙もあって、ヤスパースはやっぱりそれを喜んでいましたし、奥さまさえ少しほろりとなさったようです。バーゼルっ子たちの祝典はとてもすてきで、この枠以外で祝辞を述べた唯一の参加者はハイデルベルク大学の学長、彼はこのためにわざわざバーゼルへ来てくれたのです。バーゼル人はいずれも自分たちの「都市＝国家」について語っていましたが、ヤスパースはここでは市民ではなくとも、きわめて尊敬されている客人にして友人なのです。みんなが彼におなじ気持を寄せていることに感銘を受けました。彼が賞賛を浴びたのはもちろんですが、どれもけっして度を越すことのない表現でした。わたしは花束の包みを開くやら、手紙や電報の封を切って仕分けするやら、バーゼルの人びとへの彼の礼状をタイプするやら、要するに、たいへん役に立つところを実証したわけです。弟子のうちでは、ジャンヌ・エルシュとシュテルンベルガーが顔を見せました。祝典にはわたしはエルナ[1]といっしょに行き、晩には四人で――つまりエルナもいっしよに――シャンパンで祝杯。そのあとはともかく眠りも眠ったり、今朝の九時まで。

[……]

ヤスパースのところでは、すべてがまったく以前と変わらず、とてもすてきです。ただ、彼女が（もう八四歳です！）いまではもうほとんど耳が聴こえません。彼のほうはエスターとおなじように両眼とも白内障ですが、彼の場合は手術ができません。でもこの歳だとこういう病気はゆっくりとしか進行しません。

こちらはひどい寒さで、雪は高く積もっています。わたしの飛行機は断然、運がよかったんですね。手紙はヤスパースの住所宛にお願いします（転送郵便物も）。そうすれば不必要にややこしくならずにすみます。ケルンからロカルノへ行く汽車はバーゼルを通りますから、エルナが郵便物を汽車へもってくるか、転送するかしてくれるでしょうから。

[……]

万事、たいへん具合よく合理的にいきそうです。荷物はいつでもすべてアウ街に置いてゆけるので、とても身軽に旅ができます。ただ、タイプライターなんかもってきたのは愚の骨頂でした。

最愛のひと、どうかお手紙を！　お願いです！　ぜひ――

あなたの

H.

(1) エルナ・メールレ（一九二〇年生まれ）ゲルトルート・ヤスパースの死（一九七四年五月）までヤスパース家の家政婦をつとめた。彼女とヤスパース夫妻のあいだには歳月とともに固い絆が生まれていた。

299

[ニューヨーク]　六三・三・四

恋しい人

ぼくはまだいい気分で、きみの声が耳に残っている。言葉を交わすこと、これは本物《リアル・シング》だ。

そちらでは万事うまくいっているということで、よかった。すべてできるだけ落ち着いて。安らかにして、「世界の根底」[1]への大視察旅行を感受できるようにしておくことだ。

いまヤスパース[2]と並行してきみの革命論[3]を読み直してい

る。言うなれば前に読んだときよりずっとよくなっていて、ほんとうにケイジンが言うとおりきみの最良の本だ。明快でよく考量され、政治的判断力を備えている。効力をあらわすなら、長期的なものとなるだろう。以前のきみの二つの歴史の扱い方がここでは力強くひとつにされている。(4)

ぼくは二、三日バードへ行き、まだ何か手伝って、後で何をするべきかを見てくる。その後でギリシャの準備をする。

ぼくは危うく流感に罹るところだったようだ。天候がひどいもんで。気温はほぼ毎日三〇度の幅で上下している。馬のように頑強でないと。(5)

友人たちにぼくからよろしく。ローベルトときみが会えるならよいのだが。それにエルケ［・ギルベルト］にも。でも面倒に巻き込まれないように。

元気で、そして口づけと肩をぽんと

きみのハインリヒ

（1） その後に予定されていたイタリアとギリシャ旅行の印象を指す。
（2） ヤスパースのどの著書であるかは不明。
（3） Hannah Arendt: *On Revolution*. New York 1963.〔邦訳『革命について』〕
（4） 『全体主義の起原』と『人間の条件』での考察方法を指す。
（5） 原文ではこの箇所はすっかりにじんで読めなくなっている。

300

ロカルノ　一九六三年三月八日

大切な最愛のひと――

すてきでした、あんなにおたがいが近々と話せて、ほんとにすばらしかった。ほとんどそれ以上にうれしかったのは、ここロカルノのヴォルフのところに、バーゼルから転送されてきた手紙がわたしを待っていたこと、おかげで気を揉まないですみました。いまはそういうわけで最高のご機嫌でここに座っているところです。すでにさっき、わたしたちは盛大にあなたのために祝杯をあげたんですよ――バーゼルでの誕生祝いのときと同様、シャンパンで。わたしはいまヤスパースの本の翻訳原稿に手を入れていて、(1)残念ながら直すところがとてもたくさんある――そこへ電話が鳴って、クルト［・ヴォルフ］がなにがなんでもアペリティーフをやりにすぐに来いと言うのです。ちなみに彼はここで凍った地面に転んで腰を痛めて（ありがたいことに骨折はなし）、ベッドで寝ています。でもそれ以外はごく好調です。

　いままで夕食と、長いおしゃべりと、もう一度とても上等のシャンパン。では、まずはドイツ報告を。どことなく心に沁みる哀れさでしたよ、なにしろ、およそわたしが接触した人たちはみな、あらゆることを我慢して呑みこんでいる――多かれ少なかれ絶望から。見たところドイツは、結局ド・ゴールに占領される、あるいは言うなれば「強姦」されるのを、待っているらしいのです。そうなればようやくまた気分がすっきりするとでもいうように。このことはひじょうに広汎な層について言えると思います。もちろんド・ゴールはふたたび親切で友好的な物言いをせざるをえない――すぐれた民族、偉大な民族、などなど――人が犬を引き綱につなぐまえには愛想よく声をかけるのとおなじです。アデナウアーへの信頼はまったく消えてしまった、しかし彼のほかにはだれもいない。唯一の人――それがまさにド・ゴールなのです！　澱んだ雰囲気の黴臭さ、人びと、それもましな人びとにすら見られる独特なわざとらしさ、これはなんとも表現しがたいものの、やはりはっきりと感じ取れます。放送局では、われらがヴィーゲンシュタイン[2]のほかに、総監督のクラウス・フォン・ビスマルク[3]とも面識を得ましたが、彼はかつてわたしに抗いがたい魅力を感じていた部類のゴーイ〔非ユダヤ人〕たちの一人。その残光がまだいくらかのこっているんですよ。公開の討論には（これはあとで放送される予定――コーゴン[4]との論争[5]です。ちなみに、彼はひじょうに手際よかったけれど、まったく信用がおけません）、あの人も出ていましたよ――さあ、だれだか当ててごらんなさい――選りにも選って《オヴ・オール・ピープル》ハインリヒ・エードゥアルト・ヤーコプ[6]。もちろん、彼を避けるわけにはいきませんでした。なにしろ彼はわたしのすぐうしろの席についてしまったのです、そこには本来だれも座れないはずだったのに。討論では彼はブーヘンヴァルトとダッハウの代表者か、それに似たような者として発言――聴いているのはとても苦痛で耐えがたかったのですが、こういう場合には、こっちはひたすら連帯心を示すしかないですからねえ。そこでわたしはそれを口実に、ドイツ政府にもの申しました。もしもここが放送されるとしたら、しまった、どうぞご勘弁を、としか言えません。

［…］

　お天気の報告を忘れていましたね。ここさえも寒くて霧がたちこめ、冠雪した山々を望めるのはほんのときたまだけです。スイスの湖はどこもがっちりと凍りついています――ちゃんと自分の目で見たんですよ！

　いましがた革命の本の最初の書評がデンヴァー［・リンドレー］から送られてきました。とても好意的な批評です。

この本がきちんと書けているとあなたが見てくださって、うれしくてなりません。［…］ところでわたしはすばらしい休養をとったので元気いっぱい。旅は楽しいですよ、なによりもほとんど手荷物なしで動けるおかげです。

月曜日（一一日）以降はバーゼルにいます。

あなたの――H.

（1）ヤスパースの『大哲学者たち』第二巻のアメリカ版の原稿のことで、訳者はラルフ・マンハイム。Karl Jaspers: *Three Essays. Leonardo, Descartes, Max Weber.* New York 1964.

（2）ローラント・ヴィーゲンシュタイン（一九二六年生まれ）放送ジャーナリストで、ロッテ・ベラートと親しかった。

（3）クラウス・フォン・ビスマルク（一九一二―一九九七）一九六一年から七六年まで西部ドイツ放送局の総監督。

（4）オイゲン・コーゴン（一九〇三―一九八七）政治学者・政治評論家。一九四六年にミュンヘンで彼の著書『SS国家』が出ていた。

（5）討論のテーマは「国民国家と民主主義」。書簡297・注3参照。

（6）ハインリヒ・エードゥアルト・ヤーコプ（一八八九―一九六七）作家・ジャーナリスト。一九三八―三九年に一一ヶ月のあいだダッハウおよびブーヘンヴァルトの強制収容所にいた。一九三九年に合州国に亡命。

301

［ニューヨーク　一九六三年三月半ば］

恋しい人

ロッテへの手紙からは、きみが順調で楽しんでいることがわかる。こちらでは、きみへの電話(1)がたくさん舞い込んでいる。いなくてよかったね。ドロシー・ノーマン(2)はしゃべり出したら止まらず、しまいには興奮してどもっていた。まったくやりきれなかった。もしきみが何か欲しい、あるいは必要なら、そのためになんでもする用意があるという。等々。感動的だった。アメリカ在住のドイツ人教授たちからは抗議状だ。きみが彼らの抵抗《レジスタンス》にけちを付けたからだそうだ。一方イスラエル人はまずは結束を固めているようだ。すべて転送する。でも今度は普通便でね。このままいくと費用がだいぶかさんでしまうだろう。

リカルダ［・シュヴェーリン］がぼくに少女のように喜々とした手紙を書いてきた。ぼくに会えること、そもそも八年にしてはじめての休暇であることを。［…］

ぼくはあいかわらずヤスパースときみを読んでいる(3)。また、自分自身とまあそこそこの会談も開いている。

友だちみんなによろしく。

きみのハインリヒ

（1）『ニューヨーカー』でのアイヒマン連載との関連。
（2）ドロシー・ノーマン（一九〇五―一九九七）著述家・写真家。文化組織で活動していた。
（3）書簡299・注2および3を参照。

302

［バーゼル］一九六三年三月一五日

大切な最愛のひと――

あなたがひじょうに筆まめだとは、とても言えませんねえ。でもわかってますよ、あなたがアイヒマンの件でうんざりしておいでのことは。わたしは家にいなくてほんとによかった。こちらにはたくさんの格別すてきな手紙が届いています――なかでもほんとにすばらしいのはメアリーの手紙。ドイツ人やドイツ系ユダヤ人のところでの嵐は、じっさいコップのなかの大きめの嵐《タンペト》にすぎず、気にすることはありませんね。たしかに避けがたいことですからね。

こちらはありがたいことに快方に向かっています。昨日はもうヤスパースは何時間か床を離れていました。感冒性胃腸炎のあとでは普通そうなるように、とても衰弱していますが、もう本格的な病人ではありません。彼女の心臓病のほうがおそらくもっと深刻でしょう。でもなにが言えます？――彼女は八四歳ですよ！　一昨日からブッシ［アネマリー・ブロッホ］がここへ来ていましたが、今晩には発ちます。ぜひそう願いたいところでもあるのです、わたしのホテルにいっしょに泊まっているのですもの。でもわたしはいつでもアウ街へ逃げていけるし、じっさい、そうしています。

最愛のひと、あと一週間ほどでいよいよ乗船ですね！(1)なんとすばらしい！　それにリカルダのこと、ちゃんと対応してくださってよかった、すごくうれしい。［…］

（あの日付は――三月二八日と四月三〇日――発送日のことです！）そのさい彼女に手紙か電報を送ります。どうぞ彼女にくれぐれもよろしく！

［…］

メアリーは一種の仕事パニックに陥りながら小説(2)を書き上げているところ。今日か明日にでも電話しようと思っています。ナポリへ行くまえにローマで彼女に会えるかもしれません。彼女は締め切り（四月一日）までになんとか書き上げられたら、ローマへ行きたいと書いてきましたから。

［…］

ごきげんよう、大事なひと。ヤスパース夫妻がくれぐれもよろしくとのこと。

あなたの
H.

（1） ブリュッヒャーとロッテ・ベラートは三月二三日にイタリア航路の船でナポリへ向かった。

（2） Mary McCarthy: *The Group*. New York 1963; ドイツ語版 *Die Clique*, übers. von M. v. Zedlitz. München/ Zürich 1964.〔邦訳『グループ』小笠原豊樹訳、早川文庫、一九七二〕

303

［テル・アヴィヴ］ 水曜日［一九六七・八・二三］[1]

大切な最愛のひと——

すべて最高に順調。ひどい忙しさ。昨日はイェルサレムへ。今日は荒野に。明日はガザ。金曜と土曜は人に会います、古い友人のみ。公式の務めはなし。では日曜日に！

エルケ［・ギルベルト］によろしく！

あなたの——

（1） 一九六七年七月末に、ハンナ・アーレントと夫ブリュッヒャーは空路チューリヒへ赴き、八月一日にバーゼルへ行ってヤスパース夫妻を訪ねた。八月三〇日にジェノヴァから船で帰途につくまえに、六月の六日戦争〔第三次中東戦争〕に強い関心を寄せていたアーレントは一週間ほどイスラエルへ飛んで、そこから葉書を彼女の夫と（八月二三日）カール・ヤスパースへ（八月二六日）書き送った。

［一九六八年九月にハンナ・アーレントはヤスパースに会いにスイスへ飛んだが、これが彼に会う最後となった。彼は一九六九年二月に死去。］

304

［バーゼル 一九六八・九・一一］
水曜日

大切な最愛のひと——

無事に着きました。腰痛以外はすべて順調です。飛行機は満席。昨日は一日じゅうヤスパースのところに。なにもかもとても悲しい状態です――意思疎通がとてもむずかしい――でも彼にとってはそうでないのです。「わたしは幸せだ」とおっしゃる。脳卒中は軽かったのですが、全体的にはかなりお変わりになりました。でもいまはまた快活になって話もよくなさる。歩くことはほとんどできなくて、歩行器が頼りです。ほんとうは車椅子が必要なところですが。彼女は去年よりずっと具合がおよろしい。たちの悪い病気の症状はまったくなし。身体的にはちっともお変わりありません。

昨晩、ザーナー(1)と長いこと話をしました。たいへん好ましい人！

［…］

新聞――チェコスロヴァキア(2)。ほんとに怖ろしい。

バードはどうでした？ 一行でもいいからお便りをください！　ロッテによろしく。楽しくお過ごしのほどを。

あなたの――

(1)　ハンス・ザーナー（一九三四年生まれ）　ヤスパースの死まで彼の助手をつとめた。
(2)　一九六八年八月二一日、ソ連およびその他のワルシャワ条約機構諸国の軍がチェコスロヴァキアを占領し、ドゥブチェクのもとで始められていた自由化［いわゆるプラハの春］を帳消しにした。

305

［バーゼル］　六八・九・四

大切な最愛のひと――

昨日はチューリヒに行って、そのあとエルケ［・ギルベルト］といっしょにバーゼルで夕食をとるために連れだって帰ってきました。あちらでは万事順調。今日、ローベルトに電話したところ、くれぐれもよろしくとのこと。彼はちょうど家を買ったばかりで、きみたちもスイスで晩年を過ごしに来たらいい、いろいろ力になってあげるよと言ってました。ここはなんといってもまだとても平穏なので、一瞬、それもいいかなと思ってしまいました。

ヤスパースはいつもどおりですが、もうなにも隠したり秘密にしたりはなさろうとしなくなっただけに、一年まえよりもお相手がしやすくなりました。いままではご自分の衰弱を完全に自覚しておいでです――ときには不意にそれを忘れてしまうことがあるにしても。だからもちろん、まわりの人間は芝居を打つ必要がないのでとても楽です。まさにそういうことですね。それでも彼はいまなお生きる喜びを味わっておいでなのです。「人生はすばらしかった」と彼は言います。そこでわたしが言う。「いまでもそうお思いでしょう、人生はすばらしい、と。」彼、「そのとおりだ。わたしは知っているんだ、自分はがらくたにすぎん、とね。ときにはわれわれながらそれが情けないし、ほかの人たちには申し訳ないと思う。きみにはどんなにか退屈だろうね。しかしわたし自身はそれでいいと満足している。」こんなふうに、すてきにつづくのです。

　わたしの腰痛は今日になってすこし治まりました。それに時差ぼけからも今日ようやく抜けだせましたよ。（さっきは、いつものようにコーヒーをゲルトルート［・ヤスパース］と。万事が静かで穏やかな歩みを最後へむかってつづけています。彼女はとても体調がよくて、耳もおどろくほどよく聞こえます、彼よりずっといいくらいに。彼とは意思疎通がとてもむずかしい。命にかかわりそうな症候はいまのところ完全に遠のいています。）

［…］

　ハイデガーからはまったく音沙汰なし。だからたぶん会いには行きません。いまはフライブルクにはいないのかもしれない。残念《タン・ピ》。

　バードはいかがでした？　そちらではそろそろテレビの時間ですね。もうタイプライターのリボンが尽きました。

大切な最愛のひと——

あなたのH.

306

［バーゼル］六八・九・六

大切な最愛のひと——

　今日の手紙は正確な旅程をお伝えするだけに。すでにお知らせしたように日曜日の朝ミュンヘンへ、宿は〈ホテル四季〉、水曜日の午後か木曜日の朝までいます。ミュンヘンからは、目下アンヒェンがいるフランスのニースへ飛び、彼女のところに泊まります。［…］そこからパリ経由でニューヨークへ。［…］もしメアリーがパリにいるようなら、一日だけパリに留まるつもり。ですから帰り着くのは来週の金曜日か土曜日。きっと一五日にはパレンヴィルに行けるでしょう。最終的にはまた電報でお知らせします。

　ここではあなたのことがとてもよく話題にのぼりますよ。あなたがいっしょに来なかったことを［ヤスパースは］とても残念がって。あなたの無頓着さ、あなたの的確さ。［ゲルトルート・ヤスパースも］あなたにとても好意をもっています。そのほかはまえに書いたとおり。昨日から彼の頭は急にまた活発に働きだしています――記憶の欠落はありますが、一年まえほど派手に目立つことはありません。彼女はまったくお変わりなし、ということはつまり、かなり耐えきれなくなっておられるということです。わたしが来て、ほんとによかった。

ロッテによろしく。二人ともよい時をお過ごしください。お元気で。バードではどんなだったか、ぜひ教えてください。

あなたの
ハンナ

とり急ぎ

共通課程の一講義*

ハインリヒ・ブリュッヒャー

われわれはこの連続講義を、今日のような状況に人間がこれまでいたことはない、このことを確認するところからはじめた。自分が誰であるかを知らないが、それを知らないことを知っている、そんな状況だ。この〈知らない〉ということは、ニヒリズムの基本条件だ。われわれはニヒリズムの時代に生きている。そこでわれわれはこの連続講義において、この被造物について少しばかりより多くを見つけだそうと試みた。この、みずからを人間と呼び、みずからを神の似姿であるかまたは動物に属するものであるかといつでも定義してきた、この被造物について。そしてわれわれは、人間が何を為すか、その主要行動を追うことで、この試みを行なってきた。

人間は三種類の道具を創造し、それによってみずからを他のあらゆる動物から区別した。動物が道具を発明することなどないからだ。第一の種類は用具類から成り、第二の種類は、現代にあって用具類の発明をはるかに越え出る武器から成る。そして第三の、人間が創造した、みずからを表現するために創造せざるをえなかった、もっとも危険な種類の道具は、言葉から成る。

言葉を扱うなかでわれわれは、言葉とは観念の表象であると、見きわめた。人間とは観念を作り出す者、向こう見ずに観念を作り出す者だ。なぜならわれわれが今日いる状況の跡をたどると、この能力にまで遡りうるのだから。われわれの時代に対して批判的になるためには、われわれはまず観念と言葉に対して批判的になる必要がある。というのも、観念と言葉は、われわれがいままで世界を変革しようと試みた際に、そしてある程度まではあっても、自分自身を変革しようと試みた際に、中心となる道具であるからだ。

われわれは探求を、神話的思考の分析からはじめた。人間と呼ばれる被造物は自己への自覚をもって、世界への意識をもって、さらには別な世界、神々の世界の可能性という考えをもって生まれてくる。人間の意識、世界の意識、そして神の意識は、人間にははじめから与えられているように思える。これはまずは、何千年もつづいた、そしてその間にこの三つの種類の意識が絡み合った、神話的段階においてである。神話的思考、ここにあっては世界の意識、人間の意識、神の意識の区別はない。次の段階は、自由という観念の出現によって達せられた。この観念の発展をわれわれは、ギリシャ、近東、そしてアジア、とりわけ仏陀における、形而上学的企図の発展によって跡づけ、これが世界的拡がりをもつ発展であり、時代を確定できるような突然の革命ではなく、その思想が吟味され批判的に考察されうる人びとによって成し遂げられた発展であることを見てきた。こうしてわれわれは、われわれが住んでいる時代、いみじくも戦争と革命の時代と呼ばれてきた世紀、さらにはほとんどすべての言葉が虚偽に転化した、きわめて頻繁に意識的に虚偽に転化されている時代、このための準備を整えた。言葉と言語は、それによって人が虚偽も真理も創造することのできる道具なのだ。

　言葉が虚偽になったのは、戦争と革命の時代においてである。すなわちこの倒錯は、言葉が権力の用具となってしまった政治状況に因っている。他方で、われわれがこの世紀を振り返ってみるなら、これまで夢に見たこともないような科学の発展にこの世紀の真の栄光があるとわかる。自然を恐れた人間は、はじめから自然の支配者となることを欲し、ついにはそうなることに成功した。自然をどう扱うのか人間は学び、自然はもはや人間の仇敵ではない。しかしわれわれがこの大々的な勝利を達成するやいなや、別な敵が現われた。はるかに恐ろしい敵とは、人間自身だ。人間は、人間にとっての最悪の敵となった。したがって、科学が今世紀における人間精神のもっとも輝かしい成功の一部であるのに対して、政治はそのもっとも偉大にしてもっとも危険な失敗の一部なのだ。私はこれを、政治学者として述べているのではない。そうではなく、ソクラテスに倣って、人間のもっとも重要な使命は、最終的には人類のすべてを覆うべき人と人との関係を打ち立てることである、そしてこれこそが政治の課題である、そう確信する一般市民《シティズン》のひとりとして述べている。現代の政治的課題が、すべての人類に立ち向かい、それを受け容れることであるのは、明白だ。なぜなら、われわれが人類すべてを知り、それに依存するというのは、世界史上はじめてのことだからだ。かつては、人類や人間についてわれわれが語るとき、それは抽象概念、あるいは理念だった。だが今日ではそれは世界でもっとも具体的なものである。地球の未発見の片隅に居住するきわめて孤絶した部族が、訪問者、旅行客、民族学者たちを受け容れ、まもなく彼らについて何もかもが知られるようになる。この状況への準備をわれわれはつゆほどもしていない。そして国際連合〔United Nations＝統一した諸国家〕という名の最後の夢は、どんな人びとをも統一することなどわれわれにはできないことの証明となっただけのようだった。

この、できない、ということにはそれなりの歴史がある。ルネッサンスにおいてわれわれは、政治と倫理は互いに完全に切り離されなくてはならないという考えを思いついた。マキャヴェリは、政治学をあらゆる倫理的考察から解放した最初の政治学者だった。そして彼の後には他の多くの「科学的」思想家が現われた。最大の影響力をもっているのは、いまなおカール・マルクスだ。けれどもわれわれは、われわれの窮状をもっと遡ってたどることができた。つまり、ソクラテス以後のギリシャ哲学、プラトンとアリストテレスが後の形而上学すべての基礎を打ち立てた時点にまで。このとき以降われわれは、形而上学的思考の線をおおまかにふたつ、たどることができる。ひとつは、ヘブライ人によってつくられた、排他的な神意識を強調する線、もうひとつは、ギリシャ人によってつくられた、排他的な世界、あるいはむしろ宇宙《コスモス》意識を強調する線だ。このようにしてわれわれは、ふたつの誤った方向に導かれてしまったのだ。——人間は神ないし世界－宇宙のいずれかと関連づけられたのだ。そして人間とは頑固かつ癒しがたく関係づけを行なう者で、さまざまなやり方、異なった形式であらゆるものをあらゆるものに関係づけるように生まれている。これは人間の情熱のうちでもっとも人間的であり、すばらしいことで、あるいはわれわれのあらゆる創造力の源泉ですらあるかもしれない。いったん絶対者——宇宙《コスモス》なり存在なり神なり——を見いだしたと信ずるや、すべてをこの絶対なる一者に関係づけることをもはや止められなくなる、危険はこの点のみにある。つまり、諸関係の体系を開かれた、それゆえ不安定なものにとどめる代わりに、閉じた体系を創り出そうとして、そこではすべてが他のすべてに断固として関係づけられるのだ。これは驚くべきではないだろうか。

形而上学的思考の道の双方ともが、非人間性の原因に転化してしまった。一方は宗教に帰結し、他方は科学に帰結する、というようにふたつは明白に異なっている。にもかかわらず、それでも両者がいまだに共有しているのは、形而上学的な言い方をするなら、絶対知へのわれわれの予知を表わしている、それらが絶対知を約束している、という点だ。もしかしたら、ここでの宗教の約束は科学のそれと比べると少しばかり弱いのではないかと考えたくなるかもしれない。ただ重要なのは、ヤハウェなりキリスト教の神なりのなんらかの神がわれわれにそれを明かすにせよ、われわれが自分自身の努力でそれを獲得するにせよ、われわれは絶対知を獲得できる、そう両者が信じていることだ。そこでマルクスは、数百万年経てば知るべきすべてを人間は知ることになるのだから、現在われわれが無知であるからといって悩むことはない、とまだ信じることができた。他方で科学はといえば、悲しいことに、宇宙は無限であり、使命は成就されえないことを発見した。科学はよりいっそう多くを発見しつづけてゆき、いわば究極の結論などないということになる。そこで科学には、われわれの生活をいかに送ったらよいか、何をするべきか、われわれに教えてくれることもできない。宗教にもわれわれにとってのこの問題を解決できないし、絶対原理や絶対理念を知っているとやはり主張する観念論哲学者や形而上学者にもできはしない。そしてこれらの例がことごとくうまくゆかないのに対して、地球上ではますます人間存在が増大し、その欲求は人間の大量生産のためにますます切迫している。こうした大衆はもはや神に留意することはなく、彼らにはいま形而上学に代わって、ますます安っぽくなってゆくさまざまな代替物が、主としてイデオロギーのあれこれが提供されている。すべてを関連づけることができて、あらゆる出来事を説明し、閉じた体系のなかに分類する、そんななんらかの絶対者、自然ないし歴史のなんらかの原理を、イデオロギーはふたたび頼ってくる者たちに差し出すのだ。その前提はつねに同じだ――この原理を無批判的に、吟味することなく受け容れるべし、と。

そのような絶対者に対してどうしたら批判的になれるかを学ぶため、われわれはソクラテスに遡る。何も信じるな、みずから吟味していないことを知っているふりをするな、みずからが知らないことに気づけ、彼はこうわれわれに教える。彼が哲学を開始したときの方法がこれであり、哲学とは、自分の知らないことに直面しながら生きる心構え以上のなにごとをも意味していない。人間はみずからの知っていることに、とりわけみずから学んだばかりのことに向き合いつづけていれば、ただ幸福なばかりでいられるのだが、しかしみずからの知らないこととともに生きるのは少しばかり困難だといつも感じてきた。この後者は、ソクラテスによれば、人間の行動原理にとって重要である。この意味で哲学は、思考の第三の方向を為している。科学であろうが宗教であろうがイデオロギーであろうが、それがどんな様相をとっていようとも、いかなる種類の形而上学的前提にも反対し、それに批判的である、そのような方向だ。ソクラテスの思考の唯一の原理は、批判そのものである。そして彼がこの批判原理を打ち立てた手続きは、きみたちの知っているとおりだ――まずは対話相手に向けて、もしわたしが知らないであなたが知っているなら教えてほしい、と告げる、その後で相手を論破し、相手が知っているふりをしていたことを暴露する。この批判的なあり方をする思考の伝統は存在しない。われわれが通常哲学と呼んでいるものは実際には一般理論以外のなにものでもなく、それによってあらゆる現在の知識が系統立てられ、統一性に組み込まれはするが、そこに備わった暴虐性、いかなる体系にも備わっている暴虐性によって、結局のところ知識は破滅させられる。今日われわれがまずもってそのような体系を知ることになるのは、今世紀にあってならば戦争と革命の原因となるとともに、それに随伴してきたイデオロギーを通じてである。われわれはヴェトナムで神の戦争を戦っている、あるいは民主主義の戦争、歴史の戦争、自然の戦争を戦っている、そう信じている者はみな、絶対的な原理について語っているのだが、これについて実はまったく知らない。そして、一方の側は未来とともに、他方の側は神とともに歩んでいると信じているかどうかなど、たいしたことではない。神であれ未来であれ歴史であれ、政治的に述べるなら、みな非現実的なものであり、実際に何が起きているかを隠蔽する働きをしている。政治的雰囲気をこうした声高な言葉の汚染から浄化することが、批判的思考の第一にして喫緊の使命である。そしてこの使命をいかに前へ進めるかは、ソクラテスの例に倣うとき、いまなおもっともよく学ぶことができる。

　現に生じてきた事態とは、われわれがはじめて人類全体と直面しているということ、そして、地球に住むすべての人口の六〇ないし七〇パーセントが飢餓あるいは飢餓に近い状態で暮らしていると知っていることだ。貧困のうちに暮らすとは、われわれが動物と共有する衝動へと運命づけられていることを意味する。そのような条件のもとで人間は動物のように行動するだろうし、唯一の問いは、誰が生き残るのか、お前か俺か、となるだろう。戦争はわれわれにとってのこの問題をもはや解決しない。明らかなのは、「人類が戦争を廃棄するのか、それとも戦争が人類を廃棄するのか」、であり、同様に明らかなのは、さまざまなイデオロギーは、戦争や暴力を廃棄する助けとなってはくれない、ということだ。なぜなら、世界の一部がより貧しくなるなら、似非革命家たちには、人びとが反目するよう動員をして彼らをもわれわれをも災厄へと導く見込みがそれだけ大きくなるからだ。神学なり形而上学なりイデオロギーなり、いかなる信仰に対しても向けられるべき、唯一現実的で賢明な問いはこうなる。あなたの神なりあなたの原理なりあなたのイデオロギーのために何人の人たちが殺されなくてはならなかったか、と。それに対して科学は、犠牲者の数をどのように数値化するか、われわれの破壊手段をどのように改良するべきか、それ以上の多くを伝えてくれはしない。そして「社会科学」の発展に信頼を置くのもやめておこう。たしかに自然科学と比べるなら遅れているが、「社会工学」や類似した近代的なお遊びの学問分野でそれは最善を尽くしているからだ。みずからの本分を心得た、自分が何を知っていて何を知らないかをわかっている社会科学者は、人びとがあらゆる時代を通してどのように共生を試み、いつもどのように失敗してきたか、歴史から学びうるだけだ。ともすれば意気消沈させられるこの知識の実践的帰結は、ただ別な迷信であるか、形而上学的構築物か、という別な迷信であるにすぎない。というのも、楽観的にであろうと悲観的にであろうと科学を信じることは、当然純然たる迷信であるからだ。（ここで誤解しないでもらいたい。わたしの述べているのは科学の実践に反対することではなく、科学的形而上学に反対することであり、科学がすべてでありどんな問題も解決する、という信仰に反対することなのだ。そう信ずる人びとは通例科学的でない。もし科学者がより懐疑的でないならば、みずからの仕事をつづけることはできないだろう。）そのような信仰はすべて、たとえそれが実証可能な科学的結果にもとづいていようとも、未来が、歴史の次の時代がどのようであるかを知っていると主張するいかさま師の信仰だ。彼らの述べることは部分的には科学的結果で、部分的には単なる戯言で、また部分的には半ばの真理、無批判的思考の頼る安易な杖なのだ。彼らは、われわれの前にある政治的使命に関して、つまり道を見いだし、人類の平和と人間的発展を保証しうるような諸個人、諸集団の新しい位置関係を考案することに、役立ちはしない。

共通課程にあってわれわれは、人間の創造力とはすべての他者の助けなしには、人間相互の関係と助け合いなしには、まともに機能できない、と実証しようとつねに努めてきた。ソクラテスにとって、人間というこの癒しがたく関係づけを行なうものは、まずは——神々とのよりよい関係、自然とのよりよい関係を打ち立てようとするまえに——人と人のあいだの人間的な関係を打ち立てるように気を配るべきであることは、明白だった。他方またこれが達成されうるのは、ソクラテスによるなら、人間の自分自身に対する、もしくは自分の魂に対する、まっとうで生産的な関係を創ることによってのみだった。ソクラテスが関心を抱き、それについて語っていた事柄のいっさい——真理、正義、愛、友情、勇気等々——に心遣いをする、それがこの魂だった。これらはまだ、心の目で見て摑めるプラトン的イデアではなかった。むしろそれらは、決して到達しえない原理であり、適切な定義すらできない。それでももしそれらを見失い、そうした方向性で行動をしないなら、人生を無駄でなくしているいっさいが失われるだろう。適切なる懐疑を抱いたソクラテスは、こうした事柄を伝道することも教えることもなかった。彼は誰かがこれらを「学ぶ」ことができるなどと、信じていなかった。しかしアテネの人びととの交わりのなかで、ともにそれらを実践してみようと提案したのだった。真理を追い求めつつ、特定の個々の真理が真であると証明しようと試みることで、真理を実践できるのだ。これは容易でなく、つねに危険である。ポリスの真理を探求した、そして真理に向けてすべてを吟味するのをやめることを拒否した、その代償として、ソクラテスは命を失った。同じことを正義についてやってみるがよい。同じことを自由についてやってみるがよい。同じことをソクラテスが神々の案件と呼んだことについてやってみるがよい。それらはいつも、きみたちの手が届く範囲外、人間の手が届く範囲外にあるだろう。しかしそれらを追い求めることによって、人間はいわばよりいっそう高くのぼってゆける、言い換えるなら倫理的能力を発展させられるようになるのだ。突如として不可解にも、より多くの正義が世界に生まれようとも、世界の正義は充分とは言えないし、少しばかり多くの自由があろうとも、世界の自由が充分であることはないし、少しばかり多くの真理が世界にあろうとも、世界の真理が充分であることはない。それらは神々などではない。それらは、われわれ自身が世界のなかに持ち込んだ、世界の本質だ。しかしもしわれわれがそれに注意を向けるなら、われわれを助けてくれる不可解な力をそれらは所有している。

ソクラテスにとって、人間には科学的に探求しえない、緊密に関連した三つの領域がある——人間の自分自身との関係、自分の愛する者、みずからと同等と認める他の人物との関係、そして人類そのものとの関係、この最後がなかでももっとも困難になる。もしもこれらの関係を、先に述べた原理の精神で打ち立てるなら、人間生活の環境が改まるだろう。われわれは、人間の条件を改善するさまざまな約束を聞いてきた——国の経済構造を変えさえすれば、あるいは、日常生活に科学を適用しさえすれば、人はなんと幸福になることか！と。わたしの考えるところでは、人びとの成し遂げるこうした改善のすべては、地獄のごとくに不幸なものであると、この世紀は証明した。たとえば社会主義は、それが理論にとどまっていたかぎりではすぐれた提案であるように思われた。同じことは豊かさでも言えた。だがわれわれはこの間、社会主義が地獄のごとき状態を打ち立てうる（打ち立てざるをえない、というわけではない）と学んできた。まったく同様に、贅沢が呪いでありうることも学んできた。豊かさと豊かさに伴う倦怠から人びとは麻薬に手を出し、自分たちの知覚能力を荒廃させ破壊し――むろんそれを拡張しているとの口実ではあるが――そして真理を追い求められないようにみずから仕向けている。彼らは他の誰にも伝えられない体験を求め、そうして自分のもつ語る能力を荒廃させる。しかしこれもまた、古い話の新しい変種にすぎない。人間はいつでもなにものにもまして幻覚を見ている、幻想という病に患っている、とでも言えるかもしれない。人間は永遠に幻想を創りつづけているのだから。

正義とは何であるかを知っていると考える者は誰であれ、幻想という病を患っている。そこで正義について知る最良の方法は否定的な方法だ。正義の本性についていくばくか教えてくれるのは不正であるし、まったく同様に、幻想や虚偽からみずからを解放することに成功したとき、真理についてなにごとかを学んでいるだろう。正義、真理、そして「神々の案件」は一般に奇妙な生き方をしている。これらの女神を追い、彼女たちを求めて出かけてゆくたびに、彼女たちはその手をすり抜けてしまう。これらの「理念」が存在しない、というのではない。逆であって、それらは、永遠と言わないまでも、他のほとんどのものよりも長く持続する。けれどもそれらを経験するためには、それらの不在を思い知る必要があるだろう。強制収容所にあって、すべてが失われている条件下、宗教的な人は神を思うだろうし、哲学的な人は自由を思うだろう。そして両者とも、これらの言葉によって何が意味されているのかをよりよく理解するだろう。これは苛酷な教師だ。そしてソクラテスは、現実の無慈悲な声に耳を傾けるようわれわれに最初に教えたのだった。というのも、人間の三つの創造力の根底に統一性を与え、人間がどこへ行こうと関係を打ち立てることを可能にしているのが、この現実なのだから。人間は自然との関係を千ものやり方によって、たとえば呼吸しなくてはならない空気を汚染することによって、荒廃させることもある。しかしそうした後で、そのような件について少しばかりよりよく考えられるようになるかもしれない。そしてそれから、適切な科学的解決を見いだすだろう。これは比較的容易である。しかし、人間は何ものでありうるか、しかし何ものではないか、つまり、誰もそうではないが、しかし誰もがなりうるもの、これを確定する使命のためには、どこに解決を見いだすことができるだろう。というのも、人間とはただの存在にとどまらず、存在へと生成する存在であって、世界で唯一そのような存在であるからだ。人間を精神だけの存在から、道徳やそれに伴う倫理的属性のすべてを身につけた人格へと育成するのが哲学の使命だ。哲学が立てるかもしれない他のいかなる問いをも扱うだけの時間をソクラテスはもっていなかった。彼には自然や宇宙や存在を論ずる時間はなかった。彼は正しかったのかもしれない。われわれも、こうした魅力的な事柄すべてを研究し、それらについてより魅力的な理論すらつくりだすことに、あまり時間を費やすべきでなかったのかもしれない。われわれは、本質において人間的でありかつ人道的な活動が要求される特質に、注意を集中するべきだったのかもしれない――つまり、哲学もしくは人間の自分自身との関係、性愛もしくは人間の人間との関係、そして政治もしくは人間の人類との関係に。もしこの三者が相互に関係していないならば、もしそれぞれに他から独立した発展が許されるならば、それぞれはわれわれを引き裂く力を発展させるだろう。なぜならば、この三者のひとつひとつからなんらかの考案物を引き出すことが可能で、それらを独自に放置すると、ふたたび絶対者となるからだ。そこからは、わたしが先に言及したイデオロギーのもうひとつが引き出されることになる。

ソクラテスはご存じの通り、自然と自然科学に関心を寄せるだけの余裕はないと考えていた。そのような知識は、わたしは何をなすべきかという問いに答えうる何かを決して教えることはできない、という単純な理由からだ。この問いへの答えは、自然のなかに書き記されてはいない。そこに答えを見つけることのできる問いは、生きつづけるためにわたしは何をする必要があるか、というものであり、この答えは、すべての有機体、動物にも植物にも、そして人間にも同じものだ。わたしは何をなすべきか、という問いが立てられるのは、自由についての何らかの観念をもつ被造物によってのみであり、この問いに対してはあらゆる種類の形而上学、道徳、宗教の体系によって答えが出されてきた。これに宗教は、汝かくあるべし、汝かくあるべからず、という命令と禁止によって答える。そしてこれは完璧に正当である。なぜならば、宗教とはより高次の力に訴えるものであり、高次の力は命令を下すことを常とするからだ。しかし同じ形式の命令は、道徳体系と形而上学体系のうちにも見いだされるだろう。ただこちらでは、命じる声は自分自身のなかから出てくる――良心であれ理性であれ、道徳意識であれ。こうした道徳説法の例外がソクラテスなのだ。彼はほとんどもっぱら道徳問題に係わったにもかかわらず、命令のかたちで意見を申し述べることは決してしなかった。彼は、自分自身であれアテネの人びとであれ、人間を観察するために歩き回った。人間と呼ばれている奇妙な被造物が本当は何であるのかを見つけ出そうと試みた。そして、人間とはほんとうに悪行をすることもあるし、ほんとうに善行をすることもある事実を見いだした。その際、何が善であるのか、さらに言えば何が悪であるのか、彼にはわからなかったのではあるが。ただ両者のあいだに相違があるということだけはわかっていた。この相違は、何がより善く何がより悪いかを確かめるための助けとなってくれる。(「不当なことをするより不当なことをされるほうが善い」のであって、不当なことをされるのは善であり不当なことをするのは悪である、というわけではない。)この文脈で善であるとは、何かに対して善いことを意味する。たとえば真理に対して、あるいは正義に対して。プラトンの場合のように、絶対善のイデアを知ることではない。「何かに対して善い」という代わりに、真理に誠実《トゥルー》な、愛に、美に、敬神に、正義に誠実《トゥルー》な、と言うこともできよう——これらすべては危険なものとなるかもしれない。絶対なるものを求めようとしてはいけないのだ。完全とは、われわれの心に顕われる夢想である。しかし完全は、死すべき者たちにとってのものではない。もしかすると不死の神々にとってのものであるのかもしれないが、神々についてソクラテスは、何も知らないと述べていた。これは彼の叡智だった。そしてこの叡智は実際のところ美徳なのだ——彼の教えでは、美徳が知識であると、通常われわれは聞いているにもかかわらず。美徳と叡智は不可分であり、両者はともに育つ——これがソクラテスの命題だ。自由な人間への命題であって、いかなる命令でもなく、誰でもそれを採用するなり無視するなり、自由なのだ。それは、汝すべし、とは言わない。あなたにはできる、あなたはできるかもしれない、あなたはしてよい、とそれは言う。ソクラテスは哲人王ではなく、哲人市民《フィロソファー・シティズン》であり、彼が万人に告げたのは、誰もが哲学的思索をする存在でありうること、そして、同時に哲学者でないならば善き市民——すなわち政治的存在——でいられもしないことだった。

別な言い方をするならば、将来われわれに何が起ころうとも、それは人間次第である。そして人類が変わるのは、人間が変わるときにだけだろうし、われわれの政治システムが変化するのは市民が変化するときにだけだろう。これが意味するのは、根底から開始し、長い旅程を経なくてはならない、ということだ。そして、われわれは急いでいる、それもおそろしく急いでいる、という点にわたしは同意する。けれども、われわれはいま、近道をするわけにはいかぬ、と知ることになるかもしれない。また、自由人などわれわれは必要としない、必要なのは社会化された人間だ、みずからの頭で考える人びとなど必要としない、必要なのはうまく機能する歯車だ、などと唱える者は、すべての人間の価値を破壊してきたばかりでなく、人間を破壊しつつあるに等しい、と知ることにも。人間という、価値評価をする者自身、世界に価値をもたらし、その価値に従い振る舞いうる唯一の被造物、これを破壊しつつあるに等しいと。だから昔の話を蒸し返し、ふたたび議論をすることにしよう。ふたたびよく吟味し、批判的になろうではないか。そして昔の問いをふたたび立ててみよう――正義とは何か、真理とは何か、と。

この営みの助けとなるよう、われわれはソクラテスについて語り、あらたに彼を解釈し、二〇世紀のわれわれの目的に彼を活用し、できるかぎり多く彼から引き出そうとしてきた。彼から多くを引き出すことができたのは、注目に値する。彼がいまもってきわめて著名であるのはたしかだ。しかし詩人たちに歌われるという、受けるに値する最大の栄誉が、彼に授けられることは絶えてなかった。彼が得たのは二番目に大きな栄誉――人類に忘却されない、というものだった。この栄誉を彼は、ナザレ人イエスと分かち合う。わたしがここで説明した意味でのあたらしい哲学をわれわれがいつ始めなくてはいけないにしても、われわれの能力をいつ再評価して新しい人間関係をつくりあげなくてはならないにしても、われわれは彼のもとへと戻らなくてはならないだろう。ここには新しいヒューマニズムのあり方にとっての唯一の希望がある。この方向で仕事を進めるためには、他のすべてを忘れるのも許されるだろう。自然や宇宙を説明するのは、安んじて科学者に委ねられる。彼らは最善を尽くすだろう。そして彼らがその最後まで到達することは決してないではあろうが、それでも彼らに信頼を置ける。神がわれわれに何を求めているかをわれわれに説明するのは、神学者に委ねられるが、さほど安んじてというわけにはいかない。われわれはこれを決して知ることがないだろうからだ。もしかしたらわれわれは、あたらしい神の考えを必要としているのかもしれない。以前にもっていたよりもよい、高次の考えを。とはいえわたしは、あたらしい神学者たちがあたらしい宗教について何を企んでいようと、そのようなことに関心はない。ソクラテスが哲学的思索と呼んだこの営み、そしてこの営みの前提条件においてわたしが関心を抱くいっさいは、どんな高次の生活にとってもそうであるように、政治的自由という点だ。まさにこの事実がわれわれのすべてを哲人市民にする、あるいはするべきであるのだ。われわれは他の何にもまして政治的自由を必要とする。というのも、なぜわれわれはそれを必要とするのか、何のために必要とするのか、知っているのだから。ソクラテスの教えが最終的に達するのは、人は自由を必要とする、という点だ――幸福とは何かを割り出せる者などいないのだから、幸福を追求するためではない、そうではなく叡智を追求するためだ。賢明であるよう目指すのではなく、いつか目標に到達することのないまま賢明になるよう目指すのだ。これは、進歩の近代的観念のはるか以前から存在していた永遠の目標地点を追求する過程なのだ。そしてこの過程にあってソクラテスは、いつの時代でも道案内人なのだ。われわれが彼を信頼できるのは、彼があまりに多くを約束しない、実際に誰もが少なくとも部分的にはなしうる以上を約束しないからだ。この道に乗り出すことはわれわれを幸福にしないだろう。だが、充実して意味に満たされた生活を生み出しうるだけの満足を与えてくれるだろう。われわれは、人間よりも高次であると推定されたあらゆる種類の大義のために、あまりに自分たちの生命を犠牲にしがちだった。そしてその結果はさして芳しいものではない。それはニヒリズムだ。この条件から抜け出す第一歩は、ソクラテスが第一に行なったことをはじめること——哲学的に思索し、人とは誰であり何になりうるか、これを吟味することだ。

［バード大学『聖スティーヴン・アルムニ・マガジン』一九六八年二月号、六—一三ページに印刷された。導入部には以下の注釈が記されていた。

ハインリヒ・ブリュッヒャーはバード大学名誉教授。氏は五〇年代初頭に本学に着任し、大学全体に向けた新しい課程である共通課程を設立した。これをユージェニオ・ヴィリカーナは一九六〇年に本誌に、「私の知るもっとも大胆な課程のひとつ」と述べていた。

この論考は、一九六七年にブリュッヒャー教授最終講義として六月に共通課程でなされたものに若干の修正と短縮が施されている。講義は図書館に保存するためテープに録音されていた。タイプ原稿はこのテープから起こされたものである。そしてブリュッヒャー氏は本誌掲載に合わせてこれを短縮した。

ブリュッヒャー氏は一九六八年九月にバードに戻り、上級生シンポジウムを開催、また共通課程を再建する予定である。］

＊　原文は英語によって書かれているため、この箇所は英語版より訳出した。

訳者あとがき

ハンナ・アーレントの著作が日本に翻訳・紹介されはじめた一九六〇年代末から七〇年代にかけて、日本の読書界の反応は比較的冷ややかだったが、彼女の死後二〇年をへた一九九〇年代以降、アーレント・ルネッサンスと呼ばれるほどの関心の高まりがこの国でもつづいている。彼女の主な著作はほとんどすべて邦訳され、彼女がさまざまな相手と交わした私信のうち、カール・ヤスパース、マルティン・ハイデガー、メアリー・マッカーシーとのそれぞれ往復書簡集の日本語版がすでに出版されている。

遅ればせながらようやくここに訳出したハインリヒ・ブリュッヒャーとの夫婦間のこの私信集は、編者が序文で述べているとおり、その親密さと率直さと直接性の点できわめて特異であり、ふたりの関係のありようとそれぞれの人柄を雄弁に物語っている。とりわけ、これまでヤング＝ブルーエルによる『ハンナ・アーレント伝』のほかではほとんど照明が当てられてこなかったハインリヒ・ブリュッヒャーが、この書簡集ではじつに生きいきとした姿を見せていて、なにごとにもベルリンっ子ふうの毒舌と諧謔で立ち向かう鋭い批判精神と、直情的であるとともに温かみのある人間的な包容力を読む者にまざまざと感じさせる。手紙であるから当然、夫婦が離れればなれの限られた期間だけの断片的記録にとどまるが、それでもふたりが日常的に交わしていた思想的対話のありよう、とりわけブリュッヒャーがアーレントに与えたと思える影響の大きさと、実り豊かな知的協力関係がはっきりとうかがえる。

アーレントとブリュッヒャーの手紙のやりとりが始まったのは、ふたりが亡命地パリで出会って間もない一九三六年夏、アーレントが人生の大きな転機を体験しつつあるさなかだった。一九二〇年代末から、ラーエル・ファルンハーゲンの伝記とともに反ユダヤ主義とユダヤ人の同化の問題と取り組んできた彼女は、ナチの政権奪取とユダヤ人迫害に直面して、みずからのユダヤ性と真剣に向きあい、「いまやユダヤ人への帰属は自分自身の問題となった」（ガウス・インタヴュー）としてシオニズム運動へのコミットメントへと踏み出し、パリではさらに具体的に行動しはじめていた。（この時期の彼女の思索と活動をよく示しているのは、最近邦訳の出た彼女の『ユダヤ論集1』の『反ユダヤ主義』［みすず書房、二〇一三］に収められた三〇年代の諸論文である。）ハイデガー的な純粋思考の枠を乗り越えて、人生のただなかでみずからの経験をふまえて思考する、その後の彼女のこの基本姿勢が明確になっていった時期である。ドイツ共産党（反対派）活動家だったハインリヒ・ブリュッヒャーとのパリでの出会いも、偶然ではなかったろう。

転機のもう一つのきわめて私的な側面は、ハイデガーとの恋の清算と最初の結婚の破綻からくる内面の不安定さからの脱出である。彼女の著作や公的発言などから抱かれることのある自信たっぷりで傲慢な女性という印象（ニューヨークでは『パーティザン・レヴュー』の男たちから「ハンナ・アロガンス」と綽名されたという）とはちがって、彼女は生来ひじょうに内気で、傷つきやすいところがあったことは、彼女の多くの書簡集からもうかがわれる。とりわけ一九二五年、マールブルク時代にハイデガーへ贈った「影」と題する手記は、三人称で描いた抽象的な自画像で、この世での「違和感《フレムトハイト》」と「感じやすさ」につねに自縛されて自閉的になりがちだった彼女が、魔力的な恋の「呪縛」で「自壊」してゆく病的なまでの不安と絶望を描いている。だがそれから一〇年余ののち、彼女はブリュッヒャーに書く。彼と出会ってやっと不安をもたずにいられるようになった。「大いなる愛」と自分が自分でいられる自己同一性の両方を得られたということが、まだ信じられないような気分だ、と（書簡33）。むろん彼女の傷つきやすさはその後もこの書簡集の随所に顔を覗かせはするが、たがいの結びつきと信頼、しかも自分を見失わずに独立性を維持できるという相互関係が確かな基礎となって、彼女はブリュッヒャーに繰り返し「あなたはわたしの四つの壁」と呼びかけるようになる。

この関係がアーレントの知的生産力に豊かな養分を与えつづけた。彼女がブリュッヒャーからものごとを「歴史的に見る、政治的に思考する」ことを学んだのは、彼女自身が強調するとおりだが、この書簡集には彼のおかげで建築や造形美術を見る目が開けた喜びも、とても印象的に語られている。また彼女の感情生活でも、恋人であるとともに友でも兄か父でもあるような伴侶を得て、生来の性格の明るい側面がいっそう陽光を受けて伸びやかになっていくのが感じられる。もっと日常的なレベルでも、「友人をつくる天賦の才」（ハンス・ヨーナス）ばかりでなく、女であることの（フェミニストから批判もされている）かなり保守的な捉え方、ときにはぽろりと出てしまうヨーロッパ中心主義とエリート臭を感じさせる偏見、しょっちゅう文句ばかりいうブリュッヒャーをたしなめたり煽《おだ》てたりするようす、「台所の小悪魔」と彼が呼ぶほど料理好きだったらしい点など、じつに興味ぶかい。そのようなところも含めて、この書簡集は人生の半分をともにすごしたふたりの、おたがいを豊かにする対話の希有な証明となっていると思う。

この本の翻訳を校正ゲラで読みなおす段階に入ったころ、マルガレーテ・フォン・トロッタ監督によるドイツ映画『ハンナ・アーレント』の日本上映がはじまり、会場の岩波ホールが連日満員という珍しい現象がニュースになったほどで、二〇一四年が明けてからは全国各地で上映されているという。この予期せぬ人気の秘密をさぐる記事がいろいろメディアを賑わしていたが、インターネットでおそらく評論家としてではなく普通の市民として感想を述べている人たちのほとんどが、いちばん感銘深かった場面として映画の最後のアーレントの講演を挙げて、四面楚歌のなかで「悪の凡庸さ」の主張を曲げず「思考する」ことの重要性を訴えたヒロインの勇気に賛嘆していた。とりわけ注目を惹くのは、とくに「フクシマ以後」の日本の状況と重ねあわせて、思考の欠如と無責任さの瀰漫にたいするきびしい警鐘と受けとめている人が少なくないことだった。これらの人たちに、「生きる」ということは現実の経験と他者とのつながりのなかで「思考する」ことなしには成りたたないというアーレント（とフォン・トロッタ監督）の基本メッセージが的確に伝わっていることに、この書簡集の日本語版を準備中のわたしたちはとても勇気づけられた。この本がすこしでも多くそのような人たちの手に渡って読まれることを願わずにはいられない。

翻訳は、初見基がブリュッヒャー書簡と彼の講義および編者序文を、大島かおりがアーレント書簡を担当して、両者の呼吸が合うように何度も原稿を交換しながらつづけてきたが、これだけのページ数の分厚い本であることもあって、思いのほか長い時間がかかってしまった。その間、担当のみすず書房編集長、守田省吾氏の忍耐づよい励ましに助けられ、ことに昨年末、最後の校正ゲラ読みの段階に入ってからは、二人の訳者の表記や用語の調整や索引づくりなど、煩雑な仕事をすべて引き受けてくださったおかげで、文字どおりの過密スケジュールをわたしたちはなんとか乗り切ることができた。この場を借りて感謝を申し上げたい。

二〇一四年一月

大島かおり
初見　基

人名索引

（出版社名，財団名なども含む）

ア 行

アイゼンハワー，ドワイト・D　Eisenhower, Dwight D.　299, 363, 366, 410, 422, 482
アイヒマン，アドルフ　Eichmann, Adolf　xvii, xxii, 466-468, 470, 471, 473, 475-477, 479, 483, 487, 489, 496, 502, 505, 510, 515
アウグスティヌス　Augustin　xv, 97, 113, 142, 146, 158, 170
アッペルバウム，アンネ　Appelbaum, Anne　174, 178, 182
アッペルバウム，クルト　Appelbaum, Kurt　173, 174, 182, 189
アデナウアー，コンラート　Adenauer, Konrad　241, 247, 487, 496, 509, 510, 513
アドルノ，テオドール・W　Adorno, Theodor W.　92, 95
アヌイ，ジャン　Anouilh, Jean　434
アーノルド，マシュー　Arnold, Matthew　118, 119
アミエル　Hamiel, Hr.　68
アリストテレス　Aristoteles　307, 523
アルコプレー　Alcopley　x, xxii, 143, 144, 173, 183, 214, 348
アルテミス社　Artemis-Verlag　462
アーレント，シャルロッテ　Arendt, Charlotte　454, 455
アーレント，パウル　Arendt, Paul　454
アーレント，マルタ（母，旧姓ベーアヴァルト）　Arendt, Martha　xviii, 1, 14, 32, 33, 35, 40, 41, 43-45, 47-55, 62-65, 67, 71, 73, 75, 77-80, 88, 97, 101, 109, 117-122, 125
アロン，レイモン　Aron, Raymond　214-216, 228, 245, 248, 352, 353
アンセルムス　Anselmus　240
アンダース，ギュンター（ギュンター・シュテルン）　Anders, Günther　v, 4, 73, 88, 92, 382, 390, 428, 430, 431, 433, 466, 494, 497, 498
アンドレ（ブリュッヒャーの同志）　André　10

イエス・キリスト　Jesus Christus　403, 531
イェール大学出版局　Yale Press　433
イェンシュ，ハンナ　Jaensch, Hannah　241
イェンシュ，フリッツ　Jaensch, Fritz　274, 276, 281, 387, 389
イェンシュ，ヘラ　Jaensch, Hella　187, 241, 274, 276, 281, 389
イーザリー，クロード　Eatherly, Claude　499
イーストマン，マックス・F　Eastman, Max F.　207, 208
イムダール，マックス　Imdahl, Max　409

ヴァイス，ペーター　Weiss, Peter　498, 500
ヴァーグナー，リヒャルト　Wagner, Richard　39, 157
ヴァール，ジャン　Wahl, Jean　214-216, 415, 417
ヴァルター，ブルーノ　Walter, Bruno　4, 156
ヴァルツ，エリカ　Waltz, Erika　285
ヴィーゲンシュタイン，ローラント　Wiegenstein, Roland　513, 514
ヴィーゼ，ベンノ・フォン　Wiese, Benno von　395, 407-409, 419-421, 423, 431
ヴィーゼ夫人　Wiese, Fr. von　407
ヴィリカーナ，ユージェニオ　Villicana, Eugenio　451, 452, 454, 493, 532
ヴィルヘルム二世　Wilhelm II.　318, 402
ヴェイユ，アンヌ（アンネ・メンデルスゾーン，アンヒェン）　Weil, Anne　vii, xxii, 2, 16, 64, 65, 120, 130-132, 152, 153, 161, 163, 170, 185, 186, 198-201, 203, 206, 215, 217, 221, 223, 228, 263, 266, 379, 381, 383, 384, 395, 400, 406, 407, 416, 417, 442, 445, 461, 491, 494, 495, 497, 509,

518
ヴェイユ，エリック　Weil, Eric　2, 132, 163, 164, 200, 214, 400
ヴェスターマン，ハンス　Westermann, Hans　10
ウェスト，ジェイムズ　West, James　494-496, 504
ウェチェン　Waetjen, Mr.　114
ヴェーバー，アルフレート　Weber, Alfred　165, 167, 271
ヴェーバー，マックス　Weber, Max　88, 90, 167
ヴェヒテンブルッフ，ディーター　Wechtenbruch, Dieter　474, 479, 484, 487
ウェルチ，ジョン・M　Welch, John M.　486
ウェルチ，ロバート・H　Welch, Robert H.　486
ヴェント，マリアンネ　Wendt, Marianne　281, 387
ヴォーヴォナルグ侯爵　Vauvenargues, Marquis de　402
ヴォルテール　Voltaire (François-Marie Arouet)　118
ヴォルフ，クルト　Wolff, Kurt　xxii, 118, 119, 126-128, 315, 425, 451, 456, 460-462, 491, 494, 495, 498, 509, 512
ヴォルフ，ヘレン　Wolff, Helen　xxii, 461, 462, 491
ウーゼ，ボード　Uhse, Bodo　156, 157
ウーラント，ルートヴィヒ　Uhland, Ludwig　95, 216, 224
ウリア　Uri　42
ウルフ，ヴァージニア　Woolf, Virginia　147, 153
ウルフ，バートラム・D　Wolfe, Bertram D.　244, 247, 248

エスター　Esther, Ms.　416, 417, 432, 434, 463, 492, 511
エステル王妃　Esther, Königin　476
エップスタイン　Epstein, Mrs.　79
エッペルスハイマー，ハンス・ヴィルヘルム　Eppelsheimer, Hans Wilhelm　241, 243
エルシュ，ジャンヌ　Hersch, Jeanne　213, 215, 510
エンゲルス，フリードリヒ　Engels, Friedrich　19, 34
エンツェンスベルガー，ハンス・マグヌス　Enzensberger, Hans Magnus　498, 499

オイローペイシェ・フェアラークスアンシュタルト社　Europäische Verlagsanstalt　225, 389
オーヴァーヴェック，フランツ・カミーユ　Overbeck, Franz Camille　248, 249
大江精三　Ōe, Seizō　399, 401
オシエツキー，M・フォン　Ossietzky, M. von　17
オストヴァルト，ヴィルヘルム　Ostwald, Wilhelm　261
オストヴァルト，リーゼロッテ　Ostwald, Lieselotte　260
オーデン，W・H　Auden, W. H.　xxii
オハ，フランク　Oja, Frank　451, 452
オルシュキ，レオナルド　Olschki, Leonard　308, 309
オルフ，カール　Orff, Carl　281, 317, 384, 393, 438

カ　行

ガイスラー，クリスチャン　Geissler, Christian　498, 500
ガウス，ギュンター　Gaus, Günter　15
ガウス，クリスチャン　Gauss, Christian　225
カウフマン，ヴァルター　Kaufmann, Walter　295, 306
カシュニッツ，マリー・ルイーゼ　Kaschnitz, Marie Luise　498, 500
カスパー，ゲルハルト　Casper, Gerhard　509, 510
カセム将軍　Kassem, General　447
カフカ，フランツ　Kafka, Franz　150, 160, 290, 475, 501
カミュ，アルベール　Camus, Albert　106, 153, 214, 224, 228, 251, 341, 392, 424
カーラー，エーリヒ・フォン　Kahler, Erich von　116, 126, 184, 237
カール・O（ブリュッヒャーの同志）　Karl O.　11
ガルシア＝ロルカ，フェデリコ　García Lorca, Federico　438
ガルディーニ，ロマーノ　Guardini, Romano　230, 231

ガルブレイス，ジョン・ケネス　Galbraith, John Kenneth　352
カレヌー　Carenous, Mr.　85
カレン，ホレイス　Kallen, Horace　232, 233, 273
ガンジー，マハトマ　Gandhi, Mahatma　328
カント，イマヌエル　Kant, Immanuel　xi–xiii, xv, 5, 64, 67, 94, 96, 122, 124, 142, 150, 158, 159, 170, 333, 334, 338, 443
ガンパーズ，ジュリアン　Gumperz, Julian　124–126, 128, 143, 203, 229, 246, 273, 323, 463
ガンパーズ，リディア　Gumperz, Lydia　125, 244, 273

キケロ，マルクス・トゥリウス　Cicero, Marcus Tullius　287
キースラー，フレデリク・J　Kiesler, Frederick J.　212, 213
ギーゼキング，ヴァルター　Gieseking, Walter　297, 298
北山淳友　Kitayama, Mr.　399, 401
ギドゥーズ氏　Giduz, Mr.　75–77
ギドゥーズ夫人　Giduz, Mrs.　75–77
キーペンホイアー＆ヴィッチュ社　Kiepenheuer & Witsch　420, 425
キルケゴール，セーレン　Kierkegaard, Søren　xiii, 111, 123, 124
ギルベルト，エリーザベト（エルケ）　Gilbert, Elisabeth（Elke）　146, 147, 211, 212, 221, 223, 259, 359, 366, 400, 422, 425, 426, 460, 490, 504, 512, 516, 517
ギルベルト，ローベルト　Gilbert, Robert　xxi, xxii, 9, 11, 57, 113, 120, 143, 146, 147, 155, 179, 183, 224, 225, 227, 239, 246, 249, 252, 254, 258, 269, 359, 361, 425, 450, 451, 453, 456, 457, 459, 460, 493, 500, 504, 505, 509, 512, 517
ギルベルト（娘）　Gilbert-Tochter　253

グゲンハイム財団　Guggenheim Foundation　195, 201, 202, 205, 206, 208, 215, 222, 223, 225, 244, 279, 285
クザーヌス　→「ニコラウス・フォン・クース」をみよ
グストロフ，ヴィルヘルム　Gustloff, Wilhelm　29, 30
クセルクセス王　Xerxes　476
クナウス　Knaus, Hr.　68
クナッパーツブッシュ，ハンス　Knappertsbusch, Hans　158, 159
クノップ，アルフレッド・A　Knopf, Alfred　126, 127, 139
クライスト，ハインリヒ・フォン　Kleist, Heinrich von　118, 434
クラウスコップ夫妻　Krauskopf, Mr. & Mrs.　138
クラックホーン，クライド・K・M　Kluckhohn, Clyde K. M.　307, 309
グリアン，ヴァルデマール　Gurian, Waldemar　xxii, 136, 187, 190, 192, 214, 230, 241, 244, 270, 287, 297, 305
クリステラー，ポール・オスカー　Kristeller, Paul Oskar　143, 144
クリストル，アーヴィング　Kristol, Irving　229, 230
グリム，アドルフ　Grimme, Adolf　499
グリム，フリードリヒ　Grimm, Friedrich　29, 30
クリューガー，ゲルハルト　Krüger, Gerhard　274, 276
グリュンシュパン，ジンデル　Grynszpan, Zindel　479
グリュンシュパン，ヘルシェル　Grynszpan, Herschel　477, 479
クルティ，オイゲン　Curti, Eugen　29, 30
グルーナー，バーサ　Gruner, Bertha　199, 268, 324, 375, 377
グルファンケル，ニーナ　Gourfinkel, Nina　152, 153
グルーマッハ，イレーネ　Grumach, Irene　175
グルーマッハ，エルンスト　Grumach, Ernst　174, 176–178, 315, 393, 454
グルーマッハ，レーネ　Grumach, Lene　313, 315
グレイ，グレン　Gray, Glenn　xxii
クレンボルト，イレーネ　Klenbort, Irene　470, 472, 491, 492
クレンボルト，シャルロッテ　Klenbort, Charlotte　xxii, 48, 63–66, 71, 469, 470, 472, 492
クレンボルト，ダニエル　Klenbort, Daniel　490–492
クレンボルト，ハナン　Klenbort, Chanan

xxii, 9, 63, 143, 436, 450, 469, 470, 472, 490, 492
グロス，ジェラルド　Gross, Gerald　333
グロス，ジョージ　Grosz, George　470
クローネンベルガー，フリーデ　Kronenberger, Friede　258, 261, 262
クローネンベルガー氏　Kronenberger, Mr.　261

ケイガン　Kagan, Mr.　205
ケイジン，アルフレッド　Kazin, Alfred　x, xxii, 142, 143, 146, 148, 173, 180–182, 188–190, 197, 199, 200, 203, 208, 214, 221, 223, 230, 241, 243, 246, 248, 249, 253, 256, 258, 265, 269, 281, 287, 396, 429, 430, 512
ケイジン，キャロル　Kazin, Carol　143, 148, 152, 173, 181, 182, 184, 190
ケイス，ジェイムズ　Case, James　273, 274
ケステン，ヘルマン　Kesten, Hermann　441, 443
ゲーテ，ヨハン・ヴォルフガング・フォン　Goethe, Johann Wolfgang von　2, 7, 17, 22, 29, 30, 54, 106, 118, 134, 151, 159, 177, 213, 224, 282, 294, 334, 338, 339, 342, 359, 368, 387, 394, 462
ケナン，ジョージ　Kennan, George　389, 390
ケネディ，ジョン・F　Kennedy, John F.　466–468, 476, 479, 480, 482, 485
ケーラー，ヴォルフガング　Köhler, Wolfgang　317, 319
ケーラー，ロッテ　Köhler, Lotte　xxii, 421, 453, 493, 498
ケルゼン，ハンス　Kelsen, Hans　297, 298
ゲーレン，アルノルト　Gehlen, Arnold　498, 499

コイレ，アレクサンドル　Koyré, Alexandre　214, 215, 348, 349, 415, 417
コイレ夫人　Koyré, Mme.　415, 417
孔子　Konfuzius　403
コーエン，エリオット　Cohen, Elliot　117, 148, 190
コーゴン，オイゲン　Kogon, Eugen　513, 514
コジェーヴ，アレクサンドル　Kojève, Alexandre　209, 210
コッサ，フランチェスコ　Cossa, Francesco　350
ゴッシュ，トウピ　Gosh, Toupi　398
ゴッシュ，ニュータ　Gosh, Njuta　198, 200, 398
コッホ，エイドリエン　Koch, Adrienne　297, 302
コプレー，アルフレート　→「アルコプレー」をみよ
コプレー夫人　Copley, Mrs.　183
コリアーズ（出版社）　Colliers　493
ゴールドウォーター，バリー　Goldwater, Barry　485, 486
ゴルトシュタイン，クルト　Goldstein, Kurt　182, 183, 469, 470
ゴールドマン，ナウム　Goldmann, Nahum　46, 480, 484
コールハマー社　Kohlhammer Verlag　425, 427
コーン，アルフレート　Cohn, Alfred　60, 62, 64, 66, 67, 69, 72
コーン夫人　Cohn, Fr.　66, 67
コーン，ハンス　Kohn, Hans　351, 352, 423, 426
コンスタンツァ　Konstanze von Sizilien　360
コーン＝バンディ，ガブリエル（ガービ）　Cohn-Bendit, Gabriel (Gabi)　450
コーン＝ベンディット，エーリヒ　Cohn-Bendit, Erich　152, 153, 387, 389, 436, 438–440, 450, 451
コーン＝ベンディット，ヘルタ　Cohn-Bendit, Herta　439, 440, 450

サ　行

サウル　Saul　42
サッパー　→「マクニール，ハーマン・シリル」をみよ
ザーナー，ハンス　Saner, Hans　517
サルトル，ジャン＝ポール　Sartre, Jean-Paul　214
サロモン，アルバート　Salomon, Albert　77–79, 81, 86, 87, 89, 90, 92
サン＝シモン　Saint-Simon, Duc de　398, 402
ザンブルスキー　Samburski, Hr.　479

シェイクスピア，ウィリアム　Shakespeare, William　104
ジェイコブソン，ジェローム　Jacobson, Jerome

205
シェーファー，フレデリク　Shafer, Frederick　xxiv
ジェフロイキン，ナターリエ　Jefroikyn, Natalie　v, 259, 260, 266, 482, 488
ジエム，ゴ・ディン　Diem, Ngo Dinh　300
シェリング，フリードリヒ・ヴィルヘルム　Schelling, Friedrich Wilhelm　309, 377, 379, 392
ジオット・ディ・ボンドーネ　Giotto di Bondone　350, 351
シナン，コジャ・ミマール　Sinan　374, 375
シムノン，ジョルジュ　Simenon, Georges　509
シャガール，マルク　Chagall, Marc　201
シャトーブリアン，フランソワ・ルネ　Chateaubriand, François René Vicomte de　118
シャピロ，メイヤー　Shapiro, Meyer　180, 183
ジャレル，ランダル　Jarrell, Randall　xx
ジャン　Jean, Mr.　131
シュヴァルツシルト，レオポルド　Schwarzschild, Leopold　17
シュヴァルツバルト，シャロム　Schwarzbard, Schalom　28
シュヴェーリン，リカルダ　Schwerin, Ricarda　475, 476, 479, 482, 484, 488, 514, 515
シュヴェーリン　Schwerin, Hr.　488
シュウォーツ，デルモア　Schwartz, Delmore　115, 116
ジュヴネル，ベルトラン・ド　Jouvenel, Bertrand de　352
シュテルン，ギュンター　→「アンダース，ギュンター」をみよ
シュテルンベルガー，ドルフ　Sternberger, Dolf　148, 149, 156, 161, 241, 271, 272, 276, 280, 387, 439, 505, 510
シュテルンベルガー夫人　Sternberger, Fr.　272
シュトラウス，ハンナ　Strauss, Hannah　487, 489
シュトラウス，ヨハン　Strauss, Johann　193
シュトラウス，リヒャルト　Strauss, Richard　454
シュトラウス，レオ　Strauss, Leo　96, 97
シュトラウス　Strauss, Mr.　489
シュナイダー，ランベルト　Schneider, Lambert　430, 434
シュペルバー，マネス　Sperber, Manès　352–354
シュペングラー，オズヴァルト　Spengler, Oswald　233
シューマン，ロベルト　Schumann, Robert　4, 87
シュミット，カール　Schmitt, Carl　478, 479
シュリンプ，ハンス・ヨアヒム　Schrimpf, Hans Joachim　409
シュルツ，ジューリアス　Schulz, Julius　227, 286, 319, 334, 432, 440
シュルツ，ルース　Schulz, Ruth　227, 286, 291, 292, 294, 319, 432, 440
シュレジンジャー，アーサー，ジュニア　Schlesinger, Jr., Arthur　352–354, 481
ショー，ジョージ・バーナード　Shaw, George Bernard　95
ジョイス，ジェイムズ　Joyce, James　115
ジョヴァノヴィチ，ウィリアム　Jovanovich, William　xxii
ショッケン，ザルマン（ショッケン出版）　Schocken, Salman　xviii, 92, 99, 125, 129, 133, 148, 162, 281
ショーペンハウアー，アルトゥール　Schopenhauer, Arthur　245
ショーレム，ゲルハルト（ゲルショム）　Scholem, Gerhard (Gershom)　92, 200, 205, 285, 368, 462, 479
ショーレム，ファニア　Scholem, Fania　478, 479
シラー，フリードリヒ・フォン　Schiller, Friedrich von　7, 43, 225, 459
シールズフィールド，チャールズ　Sealsfield, Charles (Karl Anton Postl)　118, 119
ジルソン，エティエンヌ・H　Gilson, Etienne H.　191, 192
シローネ，イニャツィオ　Silone, Ignazio　357, 440
シローネ夫人　Silone, Fr.　357

スター，ジョシュア　Starr, Joshua　132, 134, 135, 144
スター夫人　Starr, Mrs.　133

スターリン，ヨシフ　Stalin, Josef W.　45, 50, 121, 175, 206, 250, 251, 403, 490
スティーヴンソン，アドレイ・ユーイング　Stevenson, Adlai E.　440
ステルン，ジュリエット　Stern, Juliette　67, 68, 217, 348, 450
ストリンドベリ，アウグスト　Strindberg, August　165
スネル，ブルーノ　Snell, Bruno　389, 390, 393
スパーク，ポール・アンリ　Spaak, Paul Henry　389, 390
スペンダー，スティーヴン　Spender, Stephen　353, 354

ゼーガル，ベルタ　Segal, Bertha　85
セザンヌ，ポール　Cézanne, Paul　63, 81, 212, 219, 225
ゼードルマイア，ハンス　Sedlmayr, Hans　230, 231
ゼーバッハ，ハッソ・フォン　Seebach, Hasso von　109, 112, 187
セルヴァティウス，ローベルト　Servatius, Robert　470, 473, 474, 478, 483, 484, 487, 502
ゼンペル，シャルロッテ　→「クレンボルト，シャルロッテ」をみよ

ソクラテス　Sokrates　x–xvi, xxiv, 112, 211, 277, 359, 363, 403, 522–532
ソレル，ジョルジュ　Sorel, Georges　225

タ　行

タネンバウム，ヘルマン　Tannenbaum, Herman　158, 160, 165, 166, 170, 178
ダビデ　David　40, 42
タフト，ロバート・A　Taft, Robert A.　206, 268
ダラディエ，エドゥアール　Daladier, Édouard　7, 70, 71
タールハイマー，アウグスト　Thalheimer, August　357
ダレス，アラン・ウェルシュ　Dulles, Allan Welsh　476, 477, 480
ダレス，ジョン・フォスター　Dulles, John Foster　422, 477

チェンバーズ，ウィットテイカー　Chambers, Whittaker　250, 251
チトー，ヨシップ・ブローズ　Tito, Josip Broz　402, 403
チャールズ　Charles, Mr.　154

ツィルケンス，ヨハネス　Zilkens, Johannes　xxii, 185, 228, 265, 269, 271, 383, 385, 419, 423, 431, 463, 491, 495, 496, 509
ツィルケンス夫人　Zilkens, Fr.　463
ツィンマー，クリスティアーネ　Zimmer, Christiane　315
ツィンマー，ハインリヒ　Zimmer, Heinrich　315
ツヴァイク，アルノルト　Zweig, Arnold　333
ツォルキー，ヘンリー　Zolki, Henry　455

ディケンズ，チャールズ　Dickens, Charles　119
ティツィアーノ　Tizian　37, 38
テイト　Tate, Mr.　232
ティリヒ，エルンスト　Tillich, Ernst　178
ティリヒ，パウル　Tillich, Paul　103, 134, 143, 154, 164, 178, 181, 268, 359, 405
ディルタイ，ヴィルヘルム　Dilthey, Wilhelm　78
デカルト，ルネ　Descartes, René　64, 66
デーンホフ伯爵夫人　Dönhoff, Marion Gräfin　439, 440, 442

ドゥブチェク，アレクサンダー　Dubček, Alexander　517
ドゥンス・スコトゥス，ヨハネス　Duns Scotus, Johannes　192
トクヴィル，アレシス・ド　Tocqueville, Alexis de　104, 118
ド・ゴール，シャルル　de Gaulle, Charles　415, 419, 428, 429, 482, 513
トルーマン，ハリー・S　Truman, Harry S.　269, 294

ナ　行

ナセル，ガマル・アブデル　Nasser, Gamal Abd el　407, 410
ナポレオン一世　Napoléon　70, 259

ニクソン，リチャード・ミルハウス　Nixon,

Richard Milhous　366, 367, 419, 422
ニコラウス・フォン・クース（クザーヌス）　Nikolaus von Kues　xv, 112, 158
ニーチェ，フリードリヒ　Nietzsche, Friedrich　viii, xi–xiii, xv, xix, 122, 124, 137, 139, 158, 159, 170, 172, 182, 204, 231, 281, 286, 298, 358, 377, 379, 380, 427, 491, 495, 498
ニッケル　Nickel, Hr.　439
ニーバー，ラインホルド　Niebuhr, Reinhold　424, 426
ニーメラー，マルティン　Niemöller, Martin　270, 272
ニューマン，ドロシー　Newman, Dorothy　371
ニューマン，ランドルフ　Newman, Randolph　372

ネルー，ジャワーラル　Nehru, Jawaharlal　299
ネンニ，ピエトロ　Nenni, Pietro　428, 429

ノイマン，フレンツェ　Neumann, Fränze　45
ノサック，ハンス・エーリヒ　Nossak, Hans Erich　498, 499
ノーサンバーランド大公　Duke of Northumberland　261
ノーマン，ドロシー　Norman, Dorothy　514, 515

ハ　行

ハイエク，フリードリヒ・フォン　Hayek, Friedrich von　352
ハイデガー，エルフリーデ　Heidegger, Elfride　168–170, 186, 234, 236, 238, 242–244, 253, 256, 258–260
ハイデガー，マルティン　Heidegger, Martin　v, vii, xix, xx, 4, 140, 146, 147, 150, 151, 166–169, 173, 179, 182, 184, 186, 189, 203, 204, 215, 220, 223, 225, 228, 236–240, 242, 245, 248, 250, 253, 255, 256, 258–260, 264, 266, 271, 275, 280, 281, 300, 340, 341, 358, 379, 381, 382, 385–388, 390–392, 405, 407, 424, 427, 428, 431, 433, 434, 463, 491, 492, 495, 498, 510, 518
ハイデガー（弟）　Heidegger-Bruder　242
ハイデガー（息子）　Heidegger-Söhne　242, 258
ハイデンライヒ，カール　Heidenreich, Karl　xxii, 55, 127, 148, 149, 313
ハイドン，フランツ・ヨーゼフ　Haydn, Franz Joseph　193, 281
パイドン　Phaidros　363
ハイネ，ハインリヒ　Heine, Heinrich　36, 260, 389
ハインリヒ六世　Heinrich VI.　360
ハウスナー，ギデオン　Hausner, Gideon　473, 475, 504
パウル・J（ブリュッヒャーの同志）　Paul J.　11
バーガー，エルマー　Berger, Elmer　207
パーク　Park, Mr.　307
ハーコート・ブレイス（出版社）　Harcourt Brace　119, 183, 190, 221, 323, 333
パーシー，ヘンリー　Percy, Henry　23
パスカル，ブレーズ　Pascal, Blaise　435
バースタイン，アン（アン・ケイジン）　Burstein, Ann　199, 200, 203, 206, 208, 214, 241, 243, 246, 265, 266, 287
バーチ，ジョン・M　Birch, John　485, 486
バッハ，ヨハン・ゼバスチャン　Bach, Johann Sebastian　212
バテシバ　Bathseba　40, 42
パドーヴァー，ソール　Padover, Saul　219, 220, 222, 229
ハーバー，フリッツ　Haber, Fritz　318, 319
ハーバー　Haber, Mr.　318
ハマン　Haman　475
バルザック，オノレ・ド　Balzac, Honoré de　398, 402
ハルダー，リヒャルト　Harder, Richard　408, 409
バルツ，エリノーア　Barz, Ellynor　421
バルツ，ヘルムート　Barz, Helmut　421
バルトーク，ベラ　Bartok, Béla　440
パルメニデス　Parmenides　185
ハレヴィ，ベンヤミン　Halevi, Benjamin　473
バロー，ジャン＝ルイ　Barrault, Jean-Louis　434
バロン，サロ　Baron, Salo　109, 124, 125, 133, 135, 138, 139, 143–145, 151, 176, 179, 185, 199, 200, 205, 219, 221, 228, 234, 241, 252, 254, 285, 472, 477, 480

バロン，ジャネット　Baron, Jeannette　108, 109, 121, 125, 139, 143, 144, 179, 219, 254
パンシオン社　Pantheon Books　128

ピカソ，パブロ　Picasso, Pablo　217, 348, 407
ビスマルク，クラウス・フォン　Bismarck, Klaus von　513, 514
ピック，ローベルト　Pick, Robert　137, 139
ヒトラー，アドルフ　Hitler, Adolf　xv, 5, 21, 23, 26, 43, 51, 121, 135, 171, 250, 251, 309, 475, 492, 493
ピネー，アントワーヌ　Pinay, Antoine　247, 249
ピーパー，エリーザベト　Piper, Elisabeth　437
ピーパー，クラウス　Piper, Klaus　229, 230, 377, 380, 388, 425, 434, 437, 439, 440, 445, 453, 478, 499
ピーパー社　Piper Verlag　225, 442
ヒムラー，ハインリヒ　Himmler, Heinrich　329
ヒューズ，スチュアート　Hughes, Stuart H.　307, 309, 330
ビュヒナー，ゲオルク　Büchner, Georg　219, 421
ピール　Peel, Mr.　46

ファイサル二世　Feisal II　446
ファイテルソン，ローズ　Feitelson, Rose　xxii, 133, 134, 143, 189, 196, 199, 206, 209, 220, 226, 229, 231, 260, 275, 281, 283, 317, 324, 366, 383, 391, 402, 404, 405, 407, 413, 415, 419, 423, 430, 501
ファイテレス，モルデカイ　Veiteles, Mordechai　23
ファルンハーゲン，ラーエル　Varnhagen, Rahel　xxii, 15, 81, 202, 219, 223, 285, 420, 425, 427, 442, 443
フィリップス，ウィリアム　Phillips, William　131, 132, 290
フィンケルスタイン，ルイス　Finkelstein, Louis　221, 223
フェーゲリン，エリック　Voegelin, Erich　502
フェーゲリン夫人　Voegelin, Fr.　502
フォーゲルシュタイン，ヘルタ　Vogelstein, Hertha　101, 114
フォード財団　Ford Foundation　313, 429, 430, 441
プジョロン夫妻　Poujollon, Mme. & Mr.　65, 66
フック，シドニー　Hook, Sidney　155, 351, 352, 356, 376
ブッシュ，ブッシ，ブシ　→「マイアー゠グレーフェ，アヌマリー」をみよ
ブッシュ，ヴィルヘルム　Busch, Wilhelm　31, 284, 334
ブッセ，ギーゼラ・フォン　Busse, Gisela von　241, 243
仏陀　Buddha　403
フーバー，ハーバート・C　Hoover, Herbert C.　307, 318, 319, 323, 329, 331
フーバー，ペーター　Huber, Peter　55, 238
フーバー，ミンカ　Huber, Minka　55, 259, 482
フーフ，リカルダ　Huch, Ricarda　439
フュルスト，エトナ　Fürst, Edna　368, 460, 469, 473, 474, 478, 479, 483
フュルスト，エルンスト　Fürst, Ernst　200, 366, 370, 452, 458, 460, 461, 469, 473, 479. 483
フュルスト，ケーテ　Fürst, Käte　102, 200, 249, 261, 362, 460, 469, 473, 478, 479, 483
ブライス，ジェイムズ　Bryce, James　118, 119
ブラウン，ハインリヒ　Braun, Heinrich　101
ブラウン・フォーゲルシュタイン，ユーリエ　Braun Vogelstein, Julie　99, 101, 103, 112, 114, 116-118, 126, 127, 137, 143, 356, 359, 361, 362, 364
プラトン　Plato　xv, 78, 87, 105, 122, 142, 158, 170, 182, 233, 363, 523, 526, 530
ブラマンテ　Bramante, Donato d'Angelo　357
ブラームス，ヨハネス　Brahms, Johannes　4
フランク，ジョゼフ　Frank, Joseph N.　180, 183
フランク，ハンス　Frank, Hans　483, 485
フランク夫人　Franc, Mrs.　191
フランクフルター，ダーフィト　Frankfurter, David　29, 30
フランコ，フランシスコ　Franco, Francisco　4, 25, 492
フランチェスコ（聖）　Franziskus　16
プラント，リチャード　Plant, Richard　191
ブラントラー，ハインリヒ　Brandler, Heinrich

35, 45, 50, 209, 357
フリゼー，アドルフ　Frisé, Adolf　115
フリッシュ，マックス　Frisch, Max　425
ブリッチュギ夫人　Britschgi, Fr.　425
フリードマン，フリードリヒ・ゲオルク　Friedmann, Friedrich G.　496
フリードリヒ二世　Friedrich II　360
フリートレンダー，レベッカ　Friedländer, Rebekka　15
ブリュッヒャー（母）　Blücher, Fr.　xix, 102, 104, 105, 121, 122
ブルガーニン，ニコライ・A　Bulganin, Nikolai A.　299, 300
フルシチョフ，ニキータ　Chruschtschow, Nikita　303, 402
プルースト，マルセル　Proust, Marcel　277
フルトヴェングラー，ヴィルヘルム　Furtwängler, Wilhelm　281, 282
ブルトマン，ルドルフ・K　Bultmann, Rudolf K.　274, 276
プルードン，ピエール＝ジョゼフ　Proudhon, Pierre-Joseph　225
ブルム，レオン　Blum, Léon　7
ブルーメンフェルト，クルト　Blumenfeld, Kurt　v, x, xvii, xxi, xxii, 89, 102, 354, 366, 367, 375, 376, 379, 436–438, 442, 444, 446, 469–472, 474, 478, 480, 482, 484, 490, 505
ブルーメンフェルト，ジェニー　Blumenfeld, Jenny　368, 375, 376, 436, 469, 472, 484
ブレッチャー　Bretscher, Hr.　423
フレネ，アンリ　Fresnay, Henri　216, 218
ブレヒト，ベルトルト　Brecht, Bertolt　8, 9, 88, 120, 148, 176, 393, 454
フレンケル，ヒルデ　Fränkel, Hilde　xxii, 102, 103, 132–134, 136, 139, 143, 151, 154–156, 160, 162, 164–167, 173, 180, 181, 189
フレンケル，フリッツ　Fränkel, Fritz　45
ブロア，レオン　Bloy, Léon　100, 101
ブロイデ，エルゼ　Bräude, Else　263
ブロイデ，マンフレート　Bräude, Manfred　263
フロイト，ジーグムント　Freud, Sigmund　95, 418
ブロイニング，カール　Breuning, Karl　106
ブロッホ，アネマリー　→「マイアー＝グレーフェ，アネマリー」をみよ
ブロッホ，ヘルマン　Broch, Hermann　v, xiv, xx, xxii, 102–104, 106–109, 114, 117, 125–128, 132, 134, 137, 142, 145, 149, 154, 156, 160, 165, 167, 184, 185, 188, 189, 201, 237, 336, 351, 461
ブロディ，ダニエル　Brody, Daniel　237, 240, 351
ブロードウォーター，ボウドン　Broadwater, Bowden　260, 288, 408, 433, 467
フロベール，ギュスターヴ　Flaubert, Gustave　57
フロム，エーリヒ　Fromm, Erich　183
プロン，フィリップ・アンリ　Plon, Philippe Henry　219
プロン（出版社）　Plon　216, 219, 221, 348

ベーア，イスラエル　Beer, Israel　470, 476, 486
ベーアヴァルト，エヴァ　Beerwald, Eva　44, 56, 57, 78, 117, 118, 120, 149, 153
ベアデン，ロメール　Bearden, Romaire　173, 174
ペギー，シャルル　Péguy, Charles　100, 101
ヘーゲル，ゲオルク・ヴィルヘルム・フリードリヒ　Hegel, Georg Wilhelm Friedrich　30, 50, 109, 110, 159, 209, 210, 214, 307, 349
ベートーヴェン，ルートヴィヒ・ヴァン　Beethoven, Ludwig van　304
ペトリューラ，ジーモン・W　Petljura, Simon W.　26, 28
ペヒター，ハインツ　Pächter, Heinz　366, 367
ベーム，フランツ　Böhm, Franz　241, 243, 357
ヘラー，オットー　Heller, O.　19
ベラート，シャルロッテ（ロッテ）　Beradt, Charlotte（Lotte）　xxii, 132, 134, 143, 193, 295, 315, 323, 324, 327, 332, 342, 350, 351, 353, 358, 363, 366, 375, 385, 388, 391, 397, 400, 402–405, 407, 416, 417, 420, 421, 428, 437, 442, 444, 446–448, 450, 453, 455, 456, 463, 466, 469, 475, 476, 479, 481, 482, 485, 489, 492, 493, 499, 501, 503, 507–509, 514, 516, 517, 519
ベラート，マルティン　Beradt, Martin　132, 134
ベル，ダニエル　Bell, Daniel　351, 352, 357
ベルク，アルバン　Berg, Alban　217, 219
ベルクソン，アンリ　Bergson, Henri　101, 225
ベルクマン　Bergmann, Ms.　325, 338

ヘルダー，ヨハン・ゴットフリート　Herder, Johann Gottfried　vi, 27, 28
ヘルダーリン，フリードリヒ　Hölderlin, Friedrich　204, 374, 377
ヘルツォーク，ヴィルヘルム　Herzog, Wilhelm　441, 443
ヘルツベルク　Herzberg, Hr.　453
ベルナルド夫人　Bernard, Mrs.　117
ヘルマン　Herman, Mr.　254
ベルマン＝フィッシャー，ゴットフリート　Bermann-Fischer, Gottfried　148, 149
ベルンハイム，アルフレート　Bernheim, Alfred　488, 489
ヘン夫妻　Henn, Mr. & Mrs.　192, 193, 364
ベン＝グリオン，ダヴィッド　Ben Gurion, David　370, 372, 410, 470, 483, 484
ベンジ　→「ベンヤミン，ヴァルター」をみよ
ヘンデル，ゲオルク・フリードリヒ　Händel, Georg Friedrich　230, 239
ベンヤミン，ヴァルター　Benjamin, Walter　xxii, 50–52, 57, 60, 85, 88, 91–93

ホイス，テオドール　Heuss, Theodor　145, 146, 430
ボイマー，ゲルトルート　Bäumer, Gertrud　242, 244
ボウルズ，チェスター　Bowles, Chester　476, 477
ボエティウス　Boëtius, Anicius Mantius Torquatus Severinus　265, 267
ホッファー，エリック　Hoffer, Eric　302–304, 307, 312, 319, 343, 346
ホーファー，イーヴリン　Hofer, Evelyn　435
ホフマン　Hofmann, Hr.　229
ホフマンスタール，フーゴ・フォン　Hofmannsthal, Hugo von　65, 126, 137, 204, 223, 237, 315
ホメロス　Homer　362
ボリンゲン財団　Bollingn Foundation　126, 127
ポール，ハインツ　Pol, Heinz　501
ホルクハイマー，マックス　Horkheimer, Max　92, 95, 309, 357, 439–441
ホルツ，アルノー　Holz, Arno　4, 6
ホルティ，カール　Holty, Karl　xxii, 127, 138, 141–143, 146, 148, 174, 212, 244, 260, 313, 366
ホルバッハ，パウル・H・フォン　Holbach, Paul H. von　218, 219
ホロフェルネス　Holofernes　25
ホワイトヘッド，アルフレッド　Whitehead, Alfred　101
ボンディ，フランソワ　Bondy, François　209, 210, 473

マ　行

マイアー，ゴルダ　Meir, Golda　479, 481, 484
マイアー＝グレーフェ，アネマリー（ブロッホ）　Meier-Graefe, Annemarie　126, 127, 134, 137, 143, 154, 156, 167, 188, 189, 201, 282, 366, 367, 460, 462, 515
マウンツ，テオドール　Maunz, Theodor　494
マキャヴェリ，ニッコロ　Machiavelli, Niccolò　289, 318, 523
マクドナルド，ドワイト　Macdonald, Dwight　xxi, 190, 351–353, 356, 375–377, 407, 430, 441, 443
マクニール，ハーマン・シリル　McNeile, Herman Cyril　114, 115
マグネス，ジューダ・レオン　Magnes, Judah　117, 118, 125, 128
マザーウェル，ロバート　Motherwell, Robert　180, 181, 183
マーシャル，ジョージ　Marshall, George C.　152, 153
マシュ，ジャック　Massu, Jacques　420, 421
マシューズ，トマス・S　Matthews, Thomas S.　472, 473
マッカーサー，ダグラス　MacArthur, Douglas　268, 269, 303
マッカーシー，ジョゼフ・R　McCarthy, Joseph R.　207, 208, 233, 264, 268, 296, 329, 335, 336
マッカーシー，メアリー　McCarthy, Mary　v, xvii, xxii, xxiv, 207, 208, 210, 226, 236, 255, 260, 268, 271, 275, 286, 287, 292, 348–351, 353, 356, 392, 395, 396, 400, 405, 408, 429, 432–435, 443, 449, 462, 463, 467, 495, 499, 502, 503, 515, 516, 518
マッカーシー（メアリーの息子）　McCarthy (Mary)-Sohn　288
マティエ，アルベール　Mathiez, Albert　389
マネ，エドゥアール　Manet, Édouard　87
マリク出版　Malik-Verlag　124

マルキオニーニ，アルフレート　Marchionini, Alfred　443
マルクス，カール　Marx, Karl　vi, xii, xiii, 9, 19, 24, 34, 123, 124, 225, 232, 311, 523
マルクーゼ，ルートヴィヒ　Marcuse, Ludwig　441, 443
マルロー，アンドレ　Malraux, André　152, 153, 158, 160, 180
マレンコフ，ゲオルギー・M　Malenkow, Georgij M.　ix, 300
マン，クラウス　Mann, Klaus　89, 91
マン，トマス　Mann, Thomas　489
マンデス＝フランス，ピエール　Mendès-France, Pierre　291, 294
マンハイム，ラルフ　Manheim, Ralph　262, 415, 433, 450, 462, 514

ミウォシュ，チェスワフ　Milosz, Czeslaw　209, 210, 213, 227
ミケランジェロ　Michelangelo Buonarroti　462
ミッテラー，エリカ　Mitterer, Erika　285
ミード，マーガレット　Mead, Margaret　232, 233
ミュラー，ルートヴィヒ　Müller, Ludwig　43, 44
ミルトン，ジョン　Milton, John　39

ムッソリーニ，ベニト　Mussolini, Benito　45
ムント，マルタ　Mundt, Martha　3, 4, 32, 33, 46, 56

メイ　May, Ms.　287
メイヤー，クララ　Mayer, Clara　207, 208, 211, 220, 225, 229, 232, 256, 273, 332, 339, 386
メーストル，ジョゼフ・ド　Maistre, Joseph de　100, 101
メーリング，フランツ　Mehring, Franz　19, 25
メルヴィル，ハーマン　Melville, Herman　142
メールレ，エルナ　Möhrle, Erna　510, 511
メレディアン・ブックス社　Meridian Books　446
メレディス，ジョージ　Meredith, George　88, 89
メンデルスゾーン，エヴァ　Mendelssohn, Eva　372
メンデルスゾーン，ケーテ　Mendelssohn, Käte　131, 132, 161, 200, 400, 401
メンデルスゾーン，ペーター・ド　Mendelssohn, Peter de　439
メンデルスゾーン夫人　Mendelssohn, Fr.　120

モーゲンソー，ハンス　Morgenthau, Hans　xxii, 466, 467, 475, 476
モーゼス，ジークフリート　Moses, Siegfried　482, 485
モーツァルト，ヴォルフガング・アマデウス　Mozart, Wolfgang Amadeus　193
モッホ，ナターリエ（ナターシャ）　→「ジェフロイキン，ナターリエ」をみよ
モディリアーニ，アマデオ　Modigliani, Amadeo　217, 415, 417
モラヴィア，アルベルト　Moravia, Alberto　333
モリエール　Molière (Jean-Baptiste Pocquelin)　365
モリスン　Morrison, Mr.　344
モルゲンシュテルン，クリスチャン　Morgenstern, Christian　6, 7
モロトフ，ヴャチェスラフ・M　Molotow, Wjatscheslaw M.　403, 404
モンテスキュー，シャルル・ド・スコンダ　Montesqieu, Charles de Secondat　242, 243, 281, 289

ヤ　行

ヤーコプ，ハインリヒ・エードゥアルト　Jacob, Heinrich Eduard　513, 514
ヤコブゾーン，ジークフリート　Jakobsohn, Siegfried　17
ヤスパース，カール　Jaspers, Karl　v, xiii–xx, xxii, 80, 104, 106–115, 119, 122, 123, 125, 140–150, 153, 155, 157–163, 165–168, 170–173, 177, 180–183, 186, 189, 192, 195, 198, 200, 202, 203, 206, 210, 212–214, 220, 222, 225, 227–230, 233, 235, 239, 240, 245, 248, 251–253, 261, 264, 265, 269, 270, 275, 276, 278–286, 289, 308, 309, 319, 340, 341, 353, 358, 371, 373–379, 381–383, 385, 386, 388, 390–392, 394, 395, 400, 401, 403–405, 407, 413, 415, 417, 419, 420, 421, 423, 424, 426–428, 433, 435–438, 441–449, 458–463, 465, 468, 478, 479, 481, 482, 486, 487, 489–492, 495, 498,

500, 503, 507, 509–512, 514–518
ヤスパース，ゲルトルート　Jaspers, Gertrud　106, 140, 142, 148, 150, 160, 187, 195, 203, 206, 212, 253, 262, 264, 269, 285, 373, 427, 433, 438, 446, 460, 463, 482, 486, 490, 508, 516, 518, 519
ヤノーホ，グスタフ　Janouch, Gustav　254

ユダ・マカバイ　Judas Makkabi　24, 25
ユディト　Judith　24, 25
ユンガー，エルンスト　Jünger, Ernst　158, 160, 275, 387
ユング，カール・グスタフ　Jung, Carl Gustav　427, 429

ヨーナス，ハンス　Jonas, Hans　xxii, 144, 244, 250, 251, 255, 257, 260, 263, 264, 269, 274, 276, 283, 308, 332, 386, 392, 438, 439
ヨーンゾン，ウーヴェ　Johnson, Uwe　xxii

ラ　行

ライプニッツ，ゴットフリート・ヴィルヘルム・フォン　Leibniz, Gottfried Wilhelm von　94, 214
ラインハルト，カール　Reinhardt, Karl　387, 389
ラーヴ，ナターリエ　Rahv, Natalie　407, 408
ラーヴ，フィリップ　Rahv, Philip　288, 407, 408, 441, 443
ラーヴェー，イツァク　Raveh, Yitzhak　473
ラスキー，メルヴィン・J　Lasky, Melvin J.　176–178, 191, 214, 226, 228, 236, 381
ラスク，ディーン　Rusk, Dean　476, 477
ラッセル，バートランド　Russell, Bertrand　390
ラート，エルンスト・フォム　Rath, Ernst vom　479
ラファエロ　Rffael　38
ラブレー，フランソワ　Rabelais, François　398
ラ・ロシュフコー，フランソワ　La Rochefoucault, François VI　312
ランダウ，モシェ　Landau, Moshe　471, 473
ランダムハウス（出版社）　Random House　250

リースマン，デイヴィッド　Riesman, David　232, 233
リット，テオドール　Litt, Theodor　352
リーツラー，クルト　Riezler, Kurt　232, 233, 387
リード，ハーバート　Read, Herbert　261, 262
リーバーマン　Liebermann, Mr.　315
リヒテンシュタイン，フリッツ　Lichtenstein, Fritz　472, 474
リヒトハイム，ジョージ　Lichtheim, Georg　257, 258
リプシッツ　Lippschitz, M.　68
リプソン，レズリー　Lipson, Leslie　302
リュストウ，アレクサンダー　Rüstow, Alexander　271, 272, 280
リュッケルト，フリードリヒ　Rückert, Friedrich　87
リュティ，ヘルベルト　Luethy, Herbert　213
リルケ，ライナー・マリア　Rilke, Rainer Maria　203, 204, 285
リンドレー，デンヴァー　Lindley, Denver　488, 489, 500, 513

ルオー，ジョルジュ　Rouault, Georges　213
ルクセンブルク，ローザ　Luxemburg, Rosa　19, 25, 439, 443
ルター，マルティン　Luther, Martin　39, 110
ルートヴィヒ，エーミール　Ludwig, Emil　475, 476

レーヴィット，カール　Löwith, Karl　205, 232, 233, 245, 248, 255, 271, 275, 280, 387
レーヴィット　Leavitt, Mr.　205
レーヴェンタール，レオ　Löwenthal, Leo　309, 314, 323, 325, 337
レオナルド・ダ・ヴィンチ　Leonardo da Vinci　38, 352, 357
レオンハルト，H．Leonhard, H.　17
レッシング，ゴットホルト・エフライム　Lessing, Gotthold Ephraim　xv, 94, 158, 159, 451
レーニン，W・I　Lenin, W. I.　19
レーボック兄弟　Rehbock, Gebr.　68
レマルク，エーリヒ・マリア　Remarque, Erich Maria　489
レンブラント　Rembrandt, Harmensz van Rijn　37–42, 87, 396, 397

ローアモーザー，ギュンター　Rohrmoser, Günter　409
ロイスダール，サロモン・ファン　Ruysdael, Salomon van　398
ロイター，エルンスト　Reuter, Ernst　389, 393
ロイター夫人　Reuter, Fr.　393
ローヴィッツ　Lowitz, Fam.　451
ローウェル，ロバート　Lowell, Robert　467
ローヴォルト社　Rowohlt Verlag　498
老子　Laotse　122, 411
ロコソフスキー，コンスタンチン・K　Rokossowskij, Konstantin K.　402
ローゼンバーグ，ハロルド　Rosenberg, Harold　143, 144, 148, 180, 181, 183, 189
ローゼンフェルト，クルト　Rosenfeld, Kurt　8, 9
ローゼンブリュート，フェリックス　Rosenblüth, Felix　478, 479, 484
ローゼンブリュート，マルティン　Rosenblüth, Martin　478, 479, 484
ローゼンベルク，アルトゥール　Rosenberg, Arthur　389
ロダン，オーギュスト　Rodin, Auguste　212
ロック，ジョン　Locke, John　340
ロックフェラー，ネルソン・A　Rockefeller, Nelson A.　485, 486
ロックフェラー財団　Rockefeller Foundation　223, 225, 327
ロッジェーロ二世　Roger II. von Sizilien　360
ロレンス，T・E　Lawrence, T. E.　191, 327
ロワンジェ（父）　Loinger, Hr.　68
ロワンジェ兄弟　Loinger, Gebr.　68
ロング　Long, Ms.　74

ワ　行

ワトソン，ジョン・ブローダス　Watson, John Broadus　95, 96

ハンナ・アーレント略年譜

1906年	10月14日，ハノーファーに生まれる
1909年	一家はケーニヒスベルクに移住
1913年	父死亡
1924年	ケーニヒスベルク人文ギムナジウムにて，他校（Externe）修了試験合格 冬学期よりマールブルク大学で学業開始，ハイデガーとブルトマンのもとで哲学，神学，ギリシャ語を学ぶ
1926年	夏学期をハイデルベルク大学ヤスパースのもとで学ぶ
1926-27年	冬学期をフライブルク大学フッサールのもとで学ぶ
1927-28年	ハイデルベルク大学で学ぶ
1928年	秋にヤスパースのもと博士論文「アウグスティヌスの愛の概念」（公刊は1929年，ベルリン）で学位取得
1929年	ギュンター・シュテルンと結婚
1930年	「ドイツ・ユダヤ人の同化の問題，ラーエル・ファルンハーゲンを例に」の課題でドイツ学術助成会の奨学金を得る
1930-33年	新聞・雑誌に中編の論説を公表
1933年	プラハ，ジュネーヴを経由してパリに逃れる
1933-42年	世界シオニスト組織に所属する
1935-38年	パリ青少年アリヤーの事務局長
1935年	青少年アリヤーの仕事の関連でパレスティナに３ヶ月逗留
1936年	ハインリヒ・ブリュッヒャーと出会う
1936-39年	毎年ジュネーヴへ旅行
1937年	８月26日，ギュンター・シュテルンと離婚
1937-38年	ラーエル・ファルンハーゲン論文を完成させる
1938-39年	パリのユダヤ機関のために働く
1940年	１月16日，ハインリヒ・ブリュッヒャーと結婚 夏，南フランスのギュルス収容所に抑留
1941年	スペインを経由してリスボンへ，さらに船でアメリカ合州国に逃れる ５月，ニューヨーク到着．26番街西95，315室の家具付き部屋．６月26日，マルタ・アーレントの到着
1941-45年	ニューヨークで週刊新聞『アウフバウ』に寄稿
1945-46年	ヨーロッパ・ユダヤ文化再建機構調査委員長
1945-47年	ブルックリン大学ヨーロッパ史講師
1946-48年	ニューヨークのショッケン出版の編集顧問
1948年	母死去 『エッセー六篇』（ハイデルベルク）刊行
1949-52年	ユダヤ文化再建機構実行委員
1949年	夏，モーニングサイド・ドライヴ130番の持ち家に転居

1949-50年	戦後初のヨーロッパ旅行
1951年	『全体主義の起原』刊行
	12月11日，アメリカ国籍を取得
1955年	２月から５月末まで，カリフォルニア大学バークレー校で客員教授
1957年	『現在の政治思想における疑わしき伝統の存続』刊行
1958年	『人間の条件』刊行
	『ラーエル・ファルンハーゲン――あるユダヤ人女性の生涯』刊行
1959年	ハンブルク市よりレッシング賞を受賞
	『暗い時代の人間性について――レッシング考』刊行
	秋，リヴァーサイド・ドライヴ370番の住居へ転居
1961年	『過去と未来の間――政治思想の６試論』刊行
1963年	『イェルサレムのアイヒマン――報告』『革命について』刊行
1963-67年	シカゴ大学教授職
1967年	ダルムシュタットのドイツ言語・文学アカデミーからジークムント・フロイト賞受賞
1967-75年	ニューヨーク，ニュー・スクール・フォア・ソーシャル・リサーチ教授職
1968年	『暗い時代の人々』刊行
1969年	２月26日，ヤスパース死去
1970年	『暴力について』刊行
	10月31日，ハインリヒ・ブリュッヒャー死去
1971年	『ヴァルター・ベンヤミン／ベルト・ブレヒト　エッセー２篇』刊行
1972年	『共和国の危機』刊行
1973, 74年	スコットランド，アバディーン大学でギフォード講義
1974年	５月，心筋梗塞
1975年	コペンハーゲン大学でソニング賞受賞
	12月４日，ニューヨークで死去

ハインリヒ・ブリュッヒャー略年譜

1899年	1月29日，ベルリンの労働者家庭に生まれる
	国民学校卒業後，オーバーラウズィツのライヒェンバッハで教員養成所に通うも中退
1917年	徴兵
	スパルタクス団，後のドイツ共産党に加わる
1918-20年	ベルリン大学の夜間講義を聴講
	暫時，「東西政治通信社」に勤務
1924-33年	著述家・作曲家のローベルト・ギルベルトと，カバレット，オペレッタ，映画の諸企画で共同作業
	リーゼロッテ・オストヴァルトと結婚，まもなく離婚
1932年	ナターリエ・ジェフロイキンと結婚
1933年	プラハへ逃れる
1934年	パリに到着
1936年	ハンナ・アーレントと出会う
1938年	ナターリエ・ジェフロイキンと離婚
1939年	9月から12月，フランスの敵国人収容所に抑留
1940年	1月16日，ハンナ・アーレントと結婚
1941年	スペインを経由してリスボンへ，さらに船でアメリカ合州国へ逃れる
	5月，ニューヨーク到着
1941-51年	戦時中は国民士気委員会の助手を務め，メリーランドとプリンストンのアメリカ軍訓練課程のためにドイツ軍事史の講義を行なう，いくつかの臨時職
1950-58年	ニューヨークのニュー・スクール・フォア・ソーシャル・リサーチで美術史および哲学の講義
1952年	8月7日，アメリカ国籍取得
1952-68年	ニューヨーク州バード大学で哲学教授
1961年	6月，ハンナ・アーレントとともにバーゼルにカール・ヤスパースとゲルトルート夫人を訪問（ブリュッヒャー戦後初のヨーロッパ旅行），その後1963，1965，1967年にもヤスパース家を訪問する
1969年	夏，ハンナ・アーレントとともにフライブルクにマルティン・ハイデガーとその妻エルフリーデを訪問
1970年	10月31日，ニューヨークで死去

ハンナ・アーレント旅行年譜

1933年　ベルリンからプラハとジュネーヴを経由してパリに逃れる
1935年　青少年アリヤーでの仕事との関連で３ヶ月パレスティナ逗留
1936-39年　ジュネーヴを毎年訪問，母の友人のもとに滞在
1941年　スペインを経由してリスボンへ，さらにニューヨークへ逃れる
1944-75年　講演，友人訪問，保養のためのアメリカ内旅行．ニューヨーク州パレンヴィルに繰り返し休暇逗留
1949-50年　戦後初のヨーロッパ旅行．行きは空路，帰りはシェルブールよりクイーン・メアリ号での海路．パリ，バーゼル，ロンドン，フライブルク，ヴィースバーデン，ベルリン，ニュルンベルクに逗留
1952年　３月，イル・ド・フランス号による船旅．パリ，バーゼル，ミュンヘン，フライブルク，ルガーノ，シュトゥトガルト，ミュンヘン，マンチェスター，ケンブリッジ，ハイデルベルク，フランクフルト，サン・モリッツ，シルス＝マリアに逗留．８月16日空路にて帰る
1955年　９月１日，空路でパリに．その後，ヴェネツィア，ミラノ，ローマ，アテネ，イスラエル，イスタンブール，チューリヒ，バーゼル，ルクセンブルク，フランクフルト，ケルン，ベルリン，ハンブルク，ロンドンに逗留．12月13日，空路で帰る
1956年　９月30日，空路でロンドン経由，アムステルダムへ．その後，パリ，ジュネーヴ，バーゼル，ブリュッセル，ケルン，ミュンスター，キール，デン・ハーグ，フランクフルトに逗留．11月21日空路でパリから帰る
1958年　５月４日，フレンチ・ライン号で船旅．パリ，ルクセンブルク，ブレーメン，ハンブルク，ボン，チューリヒ，ジュネーヴ，バーゼル，ミュンヘン，チュービンゲン，グシュタードに逗留．７月28日，空路でジュネーヴから帰る
９月24日，空路でフランクフルトへ（ヤスパースのドイツ出版協会平和賞受賞への祝辞のため）
1959年　９月半ば，空路でパリへ．その後，ハンブルク，ベルリン，フィレンツェ，ロカルノ，バーゼル，フランクフルト，ケルン，ブリュッセルに逗留．11月９日ないし10日，空路で帰る
1961年　４月７日，空路でパリへ．４月９日，さらにテルアヴィヴへ．その後，バーゼル，ミュンヘン，チューリヒ，デュッセルドルフ，ケルン，ハイデルベルクに逗留．７月終わりに空路で帰る
1963年　２月19日，空路でチューリヒへ．その後，バーゼル，ケルン，ロカルノ，ストラスブール，アテネ，イスラエル，ローマ，プロヴァンスに逗留．帰りは，レオナルド・ダ・ヴィンチ号による海路．７月８日にニューヨーク到着
1964年　９月２日，空路でチューリヒへ．その後，バーゼル，ミュンヘン，フランクフルト，ブリュッセルに逗留．９月26日に空路で帰る
1965年　７月31日もしくは８月１日，空路でケルンへ．その後，イタリア，チューリヒ，バーゼルに逗留．９月７日，ロッテルダムより船で帰路につく

1966年	9月15日，空路でチューリヒへ．バーゼルに逗留．10月はじめ空路で帰る
1967年	7月末，空路でチューリヒへ．バーゼル，フライブルク，北イタリア，イスラエルに逗留．8月30日，ジェノヴァから船で帰途につく
1968年	8月31日，空路でチューリヒへ．バーゼル，ミュンヘン，フライブルク，ニース，パリに滞在．9月半ば，空路でニューヨークに帰る
1969年	2月末，空路でチューリヒへ．バーゼルでヤスパース追悼演説 初夏，空路でチューリヒへ．スイスのテニャに保養滞在
1970年	夏をテニャで過ごす．フライブルクへの旅
1971年	春，空路でパリへ．メアリー・マッカーシーおよび彼女の夫ジェイムズ・ウェストとシチリア旅行．その後チューリヒ，ボン，ロンドンに逗留
1972年	イタリア，テニャ
1973年	スコットランドのアバディーン，テニャ，ロードス
1974年	アバディーンとテニャ
1975年	コペンハーゲン．テニャ

著者・編者略歴

ハンナ・アーレント（Hannah Arendt, 1906-1975） 哲学をフッサール，ハイデガー，ヤスパースのもとで学ぶ．1933年パリに，1941年ニューヨークに亡命．1963年からシカゴ大学で，1967年からニューヨークのニュー・スクール・フォア・ソーシャル・リサーチで哲学教授．

ハインリヒ・ブリュッヒャー（Heinrich Blücher, 1899-1970） 独学者，1933年パリに，1941年ニューヨークに亡命．1950年からニュー・スクール・フォア・ソーシャル・リサーチで教え，1952年からバード大学教授．

ロッテ・ケーラー（Lotte Köhler, 1925-2011） ローストック生まれ，ハンス・ザーナーとともに『アーレント＝ヤスパース往復書簡』を編集．1990年からハンナ・アーレント・ブリュッヒャー文書委託機関（Hannah Arendt Blücher Literary Trust）管財人．

訳者略歴

大島かおり〈おおしま・かおり〉 1931年生まれ．東京女子大学文学部卒業．翻訳家．多数の翻訳書のうちアーレントの翻訳に『全体主義の起原』2，3（共訳）『ラーエル・ファルンハーゲン――ドイツ・ロマン派のあるユダヤ女性の伝記』『アーレント＝ハイデガー往復書簡 1925-1975』（共訳）『アーレント＝ヤスパース往復書簡 1926-1969』（全3巻）『反ユダヤ主義　ユダヤ論集1』『アイヒマン論争　ユダヤ論集2』（共訳，いずれもみすず書房）．

初見 基〈はつみ・もとい〉 1957年生まれ．東京都立大学大学院博士課程退学．ドイツ文学専攻．現在　日本大学教員．著書『ルカーチ』（講談社），訳書にハイン『僕はあるときスターリンを見た』（共訳）シュミット『ハムレットもしくはヘカベ』（いずれもみすず書房）ほか．

ハンナ・アーレント／ハインリヒ・ブリュッヒャー
アーレント＝ブリュッヒャー往復書簡
1936-1968
ロッテ・ケーラー編
大島かおり
初見　基
共訳

2014年 2月10日　印刷
2014年 2月20日　発行

発行所　株式会社 みすず書房
〒113-0033 東京都文京区本郷5丁目32-21
電話 03-3814-0131(営業) 03-3815-9181(編集)
http://www.msz.co.jp

本文組版　キャップス
本文印刷所　三陽社
扉・カバー印刷所　リヒトプランニング
製本所　誠製本

ISBN 978-4-622-07818-0
[アーレントブリュッヒャーおうふくしょかん]
落丁・乱丁本はお取替えいたします